姚念慈 著

康熙盛世与帝王心术

评『自古得天下之正莫如我朝』

生活·讀書·新知三联书店

Copyright ⓒ 2018 by SDX Joint Publishing Company.
All Rights Reserved.
本作品版权由生活・读书・新知三联书店所有。
未经许可，不得翻印。

图书在版编目（CIP）数据

康熙盛世与帝王心术：评"自古得天下之正莫如我朝"／姚念慈著．—北京：
生活・读书・新知三联书店，2018.10　（2024.6 重印）
ISBN 978 − 7 − 108 − 06268 − 0

Ⅰ．①康…　Ⅱ．①姚…　Ⅲ．①康熙帝（1654-1722）− 评传
②政治 − 谋略 − 中国 − 清代　Ⅳ．① K827=49 ② D691

中国版本图书馆 CIP 数据核字（2018）第 196274 号

责任编辑　张　龙
装帧设计　蔡立国
责任印制　董　欢

出版发行　生活・讀書・新知 三联书店
　　　　　（北京市东城区美术馆东街 22 号　100010）
网　　址　www.sdxjpc.com
经　　销　新华书店
制　　作　北京金舵手世纪图文设计有限公司
印　　刷　河北鹏润印刷有限公司
版　　次　2018 年 10 月北京第 1 版
　　　　　2024 年 6 月北京第 4 次印刷
开　　本　635 毫米 × 965 毫米　1/16　印张 30
字　　数　457 千字
印　　数　13,001 − 16,000 册
定　　价　79.00 元

（印装查询：01064002715；邮购查询：01084010542）

燕京研究院
YENCHING GRADUATE INSTITUTE
Tel(fax):(10)2351433
E-mail:ygi@moon.bjnet.edu.cn

念群同志：

顷接赐函，所示均悉。

大作曾仔细拜读，对康熙废立太子之事乃清史上最难说清楚的事。皇帝专制的政治体制下个人内起的作用故难把握。某些微妙的偶然因素往往起决定作用。因此，对历史人物心理上的研究不可忽视，但难度极大，稍有不慎，便误入陷井，必须多取旁证。大作严谨设防，步步为营。我本想给大作减少点字数，才发觉全文已结为密网，不便删削。所以，全文照发，估史学界你一个示范，给史学研究开一个新园地。表示祝贺你成功。

改革步伐受到人文社科中跨大课题，长期完成，不符合学术发展的规律，不等与也罢。

此颂

俞安

今后希望多关心《燕京学报》再次谢谢您的支持。还是去自己的路吧！

徐苹芳 敬复 二〇〇九、六、廿三

徐苹芳先生就《评"自古得天下之正莫如我朝"》一文致作者信函

目 录

自 序   *1*

魏象枢独对与玄烨的心理阴影   *1*
——康熙朝满汉关系释例

一、魏象枢密奏请杀索额图考辨   *1*
  （一）有关魏象枢的上谕及其流传   *1*
  （二）魏象枢阻挠发兵纯为诬辞   *5*
  （三）魏象枢独对之真相   *15*

二、玄烨对三藩之乱的反思   *28*
  （一）三藩之乱中的汉人动向   *28*
  （二）地震之后的政局波澜   *36*
  （三）八旗梦幻的破灭与玄烨的心影   *51*

余论：玄烨内心的满汉情结   *58*

评"自古得天下之正莫如我朝"   *71*
——《面谕》与皇太子的兴废及玄烨的内心世界

- 一、《面谕》的基本内容与宗旨　　　　　　　　　　　　73
- 二、皇太子出阁的背景与玄烨的指导思想　　　　　　　79
  - （一）姗姗来迟的皇太子出阁　　　　　　　　　　79
  - （二）满洲家法下昙花一现的出阁读书　　　　　　86
- 三、废黜皇太子与玄烨内心的困惑　　　　　　　　　　111
  - （一）初废皇太子有关上谕的解读　　　　　　　　111
  - （二）玄烨心理人格的基本特征：内怯与猜疑　　　116
  - （三）闹剧般的皇太子再度立废　　　　　　　　　127
- 四、玄烨晚年的窘境及《面谕》的思想来源　　　　　　144
  - （一）孤独与惶惑中的玄烨　　　　　　　　　　　144
  - （二）《面谕》的思想来源与感情基调　　　　　　154

再评"自古得天下之正莫如我朝"　　　　　　　　　　162
——《面谕》、历代帝王庙与玄烨的道学心诀

- 引　言　　　　　　　　　　　　　　　　　　　　　　162
- 一、精心构撰的开国"得天下之正"　　　　　　　　　164
  - （一）从"孝陵神功圣德碑"说起　　　　　　　　165
  - （二）关于清太祖立国与起兵反明　　　　　　　　168
  - （三）玄烨的《明史》情结　　　　　　　　　　　172
  - （四）关于明清之间的战与和　　　　　　　　　　179
  - （五）关于明朝灭亡与清军入关　　　　　　　　　187
- 二、历代帝王庙与满洲传统　　　　　　　　　　　　　195
  - （一）帝王庙重新安排确系玄烨生前亲自主持　　　195
  - （二）满洲传统与清世祖福临的反叛　　　　　　　199

  （三）玄烨重新安排历代统绪的背景 *208*
  （四）特尊辽金的新格局 *220*
三、玄烨身兼治道的秘诀 *224*
  （一）对抗汉人传统之学的新功夫 *225*
  （二）以治兼道的法门与心诀 *233*

结 语 *248*

准噶尔之役与玄烨的兴兵之由 *250*

引 言 *250*
一、准噶尔军入藏与玄烨的误判 *252*
  （一）策零敦多布率军入藏时间及线路再探讨 *252*
  （二）关于准军入藏的信息与玄烨的误判 *267*
二、清廷与准噶尔的关系以及玄烨兴兵 *285*
  （一）玄烨的天下观与边界限制 *285*
  （二）玄烨对准噶尔蓄志已久与图理琛使俄意图蠡测 *290*
  （三）哈密事件的性质及意义 *296*
  （四）玄烨兴兵的真实意图 *300*
三、清廷与拉藏汗关系再探索 *302*
  （一）达赖喇嘛的影响及第巴与清廷的周旋 *303*
  （二）六世达赖的废立及清廷与拉藏汗的相与为用 *306*
  （三）赫寿出使西藏与拉藏汗的态度 *311*
四、游移暧昧的青海蒙古与里塘胡必尔汗的争夺 *317*
  （一）里塘胡必尔汗现身 *318*

（二）玄烨亲征噶尔丹与青海台吉朝觐　　320
　　（三）清廷的积极笼络与青海台吉的若即若离　　324
　　（四）争夺里塘胡必尔汗之始末　　329
　　（五）里塘胡必尔汗与准部之役　　336

未完的结语：兴师准噶尔是否为合理选择　　342

准噶尔之役与玄烨的盛世心态　　349

一、西北清军的合击态势与剿抚兼施　　351
　　（一）两路大军合剿与噶斯口疏于驻防　　351
　　（二）诱降准噶尔与乞援俄罗斯　　359
　　（三）西北清军的运输供给与五十六年"三路进剿"　　365

二、盛世心态与玄烨内心的满汉纠葛　　381
　　（一）臻于盛世与正统之争　　382
　　（二）"家给人足"与"移风易俗"　　385
　　（三）对外征伐与汉人的梦魇　　398

三、专制皇权与玄烨晚年的孤独　　413
　　（一）满汉阁臣之别　　414
　　（二）战事期间的祈雨风波　　428
　　（三）《面谕》颁发的时机与进一步解读　　437

结语：太后之丧与玄烨的道德诉求　　448

主要参考文献　　454

自　序

　　真理绝不会装饰好了来到世界上，绝不会头戴王冠，在敲锣打鼓的欢迎声中而来，而总是在偏僻的暗角落里，在哭声和叹息声中诞生。受到世界史的浪潮的冲击的，常只是职位卑微的人，而绝不是"高官显爵"，就是因为他们高高在上，太显赫了。

——路德维希·费尔巴哈

　　历史学家有一种习焉不察的教条，误导人心莫此为甚：他们把强大国家的建立说成是文化进化的顶峰，其实这经常标志着文化进化的结束。研究早期历史的人完全被那些掌权者留下的遗迹和文献所左右，因此也受到了它们的欺骗。

——弗里德里希·哈耶克

这本书稿最终能受到三联书店的青睐，而且无须出版津贴，完全出乎我的意料。我退休前是名副其实的"三无教授"，非但一文不名，还简直一名不闻，故我不能不由衷佩服三联的襟怀，同时感谢关心和促成本书出版的朋友们。

目前高校各种科研经费激增，出版资助途径不少，但我多年来从不申请任何科研项目，这不单是害怕束缚，更因有一种本能的抵触。毋庸讳言，高校经费日益充裕的同时，是权力体制日益强化，与之相伴的考核制度和评估系统，已将传统学术价值体系推向瓦解。学术腐败的滋生，人类灵魂工程师们的精神塌陷,也就不足为怪。层出不穷的著述,虽不乏苦心钻研的成果,但大多数倒像是"计划产品",是出自权力的赏赐和金钱的刺激。当初为扶植科研而设置的各种项目基金,而今已变成贫富差距的推动器和学术新贵的助产婆。对权力体制的迎合和屈从,不仅是从事教学科研的前提,更是各种头衔、荣誉和利益的保证,乃至跻身权势的捷径,从而成为人们奉行不渝的信条。于是人人都在振振有词地诅咒体制的弊端,实际上又无不接受或利用这种弊端,无人能独善其身。而像我这样患有体制适应不良症的人,几乎注定就是失败者。所幸我尚有自知之明,习惯于站在潮流之外,宁愿葆有内心的一点自由。若为出一本书而违心地去乞讨一笔扶贫似的津贴,万一不幸被误归入与学术大腕同享科研资助之列,岂不自惭形秽?今三联书店慷慨出版此书,在我固然有梦游"黄金台"的幸运感,因此受到鼓舞的人或许更多。

我自1989年追随恩师王锺翰先生改习清史、满族史,二十余年来,除2008年集结为一本《清初政治史探微》之外,剩余的成果就是这本论文集,合起来也只80万字左右,即使脸皮再厚,也难以自我解嘲。

我的兴趣在政治史。政治史在传统史学中被认为是"脊梁"。在中国古代专制王朝,政治主宰着一切社会领域,清代尤其如此。清代前期政治史的研究看起来几题无剩义,稍稍阅览,即知差不多都陷入一种"盛世"模式,改头换面地重复清代官修史书。要想揭示清代政治的本质特征及其特定形式的隐秘,研究者首先必须有一种批判精神,并以解决问题为目的来进行研究,否则无法突破以往的框架。虽说问题意识是研究的前提,但也不是说有了问题意识就一定能成功。历史研究很像案件审断,不止需要怀疑批判的眼光,更有待于证据,而证据的获得在很大程度上有赖于机缘。清代史料看似浩如烟海,真实可靠的记录却很有限,辨析之功至为繁重。随意找一条史料都有可能引起疑问,一旦追寻下去,原来的线索又往往湮没在不相干的新的疑问之中,结果是汇聚了一大堆零散的疑问,仍难以完整地构成问题。

问题有真问题和假问题之分。刻意标新立异的那些类似"画鬼"的问题，我不敢置论。真问题亦有具体问题和核心问题之分。只有关切政治核心问题，个案研究结论才能逐层提升，获得透彻的说明。孔飞力先生的《叫魂》一书就具有典范意义。而我所谓的政治核心问题，是指统治者一切举措的基本指导思想所指向的目的何在。不言而喻，要研究这类真正的核心问题，思维方式就不能停留在具体的考证上，而必须作相应的转换：每一个具体问题都应围绕核心问题展开，即"身处草野，心存魏阙"；当具体结论有了一定积累，并发现有贯穿始终的线索之后，接下来就进到类似于"神游"的建构阶段；而且必须自感在思想上达到某种程度上的完满和透彻，才能转化为成果。当然，研究没有绝对的完满透彻，是否如此，取决于研究者的自我约束。由于问题的性质所决定，这种结果很可能仍带有推论性，不能如具体考证那样有望定谳，而需要随时等待后来者的修正。

我转入摸索康熙朝近十年，不自量力，试图从各个方面逼近康熙朝的政治核心。积攒的史料加上批注即有数百万字，最后能成型的就是这几篇文章，数量不及十分之一，有些地方尚自觉欠缺。许多辛辛苦苦修筑的"道路"都中途搁浅，未能通达罗马。愚钝如我，只能说，失败或不成功，本身就是探索的一部分，甚至可能是大部分，作为"为己"之学，不必懊恼。

本书的五篇论文先后发表于《燕京学报》和《清史论丛》。我的文章不知裁剪，因此很感激两位主编徐苹芳先生和李世愉先生的宽容，不吝篇幅，使我得以从容表达。徐先生是我的前辈，于我有知遇之恩，我竟未曾拜望过一次，他的故去，令我极其感伤。今特将徐先生当年鼓励我的一信予以发表，以示纪念。锺翰师过世之后，这些文章没能呈送先生审阅，聆听教诲，深为遗憾。

此次结集，无意修补得完善光鲜，只是订正了史料引用中的一些错误，并作了适量的删减，原来一些置于注文的考证不得不割爱。自知浅陋，故无意求序名家以光大眉目，对那些出于情面的虚言褒奖，我亦缺乏心理承受力，两相违心，不如自序。

本书主题只有一个，即批判玄烨提出的"自古得天下之正莫如我朝"。研究历史，不论是从宏观上考察，还是具体论证，历史主题必须始终存之于胸。只有把握住历史主题,才有可能厘清历史发展的主线,确定各个阶段的特征,各种具体研究才能因此获得合理的安顿。为大清王朝争正统,这是康熙朝的政治核心,也是清前期的历史主题。正统之争可以追溯久远,然贵为天子,亲自披挂口诛笔伐,舍清代而外,还别无他朝。中国古代帝王中,像玄烨这样被戴上层层光环的并不多见,而"康熙盛世"所受到的推崇似也无以复加。大清得天下自古最正出自玄烨之口,本身即带有极大的权威性,故其声教所被,非止有清一代,至今仍余音不歇。

  清代是满族统治下的王朝,其基本前提无疑是要确保满族征服者居于统治地位。但这并不是清代统治者的唯一目标,甚至不是其核心任务。否则,满清王朝充其量亦不过是第二个蒙元。这一概括上的差异,暗含着我与国外某些学者在如何定性清王朝上的分歧。我以为,满族定鼎中原具有民族征服的性质,不但引起主体民族汉族的激烈反抗,而且满汉双方都存有严重的对立心理。清代统治者的高明之处,不仅在于保证满族的统治地位不可动摇,也不仅在于避免满族被汉人同化,更在于竭尽全力使主体民族,即被统治民族汉族,接受满族统治承继中原历代王朝的正朔,并承认这种统治的最大合理性与合法性。这并不仅仅是一种政治宣传或欺骗,而是切切实实地以此作为统治者的最高使命,乃至不惜代价地营造盛世,这又是清前期所以能超越以往各代王朝的关键。而最先自觉意识到这一任务的,即首倡本朝为盛世,且以"自古得天下之正莫如我朝"相标榜的玄烨。因此,康熙朝的一切大政方针必须紧紧围绕着这一政治目标而展开。

  在常人看来,这一历史主题或政治核心似乎不言自明,对于史学工作者而言,则需要严格的论证。我开始悟到这个思想,借用马克思的话来说,也仅是一个"混沌"的表象。这一"抽象"是否成立,只有回到史料中,经过多重复杂的史实验证,才能在最后呈现出一个带有丰富规定性的"具体"。为此,我不得不就康熙一朝的各个方面,如经筵日讲、义理史学、巡游视察、治河蠲免、立废皇太子、平定叛乱、对外征伐等等,分别进行考察与思索。要得到昔人所谓"自家体贴",没有一番"百死千难"的经历恐怕是不行的。

三藩之乱及各地反清势力的时伏时起,暴露出清初的民族征服和民族压迫导致满汉之间的深刻对立,这对清廷统治者是一场严峻挑战,给玄烨的心理蒙上浓厚的阴影。满族贵族虽自清初入关即善于利用汉族官员,但直至康熙朝,才算真正意识到被统治民族汉族的巨大潜力。为使广大汉人接受清廷的统治,并驱除自身的心理压力,重拾满洲统治集团的信心,玄烨必须证明大清政权的最大合法性。为证明大清立国即正,玄烨就不能不干预《明史》,证明天命所归在清,明朝之亡始于万历,清太祖、太宗有可取天下而不取之仁;清之代明,既非"征诛",亦非"禅让",而是明朝官民的急切"迎请"。欲令天下臣民信服大清得天下之正为自古之最,最具说服力的莫过于以本朝成就为证,为此玄烨势必要维持高额赋税,最大限度地集中财政,借此演出种种活剧,然后不断施行蠲免的"德政";为证明大清王朝的正朝所承,玄烨就必须厘正历代各朝的统绪,重新安排历代帝王庙;为使汉人在思想意识上承认清朝统治超越往古,玄烨又必须兼道统与治统于一身,成为裁断学术的最高权威,牢牢控制话语权;而对于皇太子出阁读书的设计,非但要超过明朝,亦应垂之久远;即玄烨本人的在位之久,得寿之长,孝道之纯,无一不是大清得天下最正的明证。即使在父子矛盾无可收拾、储位久虚的晚年,国内已是危机频现,玄烨仍在鼓吹承平盛世,家给人足,乃至冀图侥幸,大举兴兵准噶尔;当战事受阻,海内虚耗,被迫走下无往不胜的神坛,却又能迈向道德纯粹的圣殿,依然是自古最正的天子。

就以上事件展开论述,构成本书的基本内容,可见本书的主题是随着研究的拓展和深入而逐步明确的。本书虽然以分析为手段,但基本取向则是综合。是以必须结合表象与本质、客观环境与内在动因,将具体考辨串联于主线之中,才有可能展现出康熙朝一幅较为真实的历史图景。也惟其如此,我才敢说,玄烨所有的重大举措,其目的皆在于证明清廷得天下最正,而且也确实体现出这一特征。以今天的话说,即一切服从于政治。

争正统虽是清代前期统治者的共同任务,但各朝皆有其特定的历史特点。康熙朝政治及其表现形式,既有历史发展阶段的规定,也与玄烨个人的思想和心理密切相关,即带有某种偶然性或特殊性。思想意识与其背后的深层心理结构,两者之间有共通之处,亦有各自的内容。思想意识大体由社会存在所决定,而其转化成行为的内心冲动,时机和场合的选择,表现出来的形式,则在很大程度上取决于心理和人格特征。心理人格的形成,首先是由个人早期独特的经历所决定的,又因后来各个发展阶段的环境和影响而有所改变。自弗洛伊德创立精神分析以来,社会人文科学各个领域无不受其影响。其继起者以精神心理分析运用于历史和历史人物研究,达到空前的深度。而国内的史学研究,似未充分注意这一趋势。

本书尝试分析玄烨的心理。康熙一朝史料丰富,但需慎重选择和甄别,原则是严格以史实为依据,避免妄作推测。既然是尝试,就不能保证处处成功。尽管小心翼翼,非常笨拙,但我终究看到另有一片天地,而且也确实一脚踏了进去。在我看来,玄烨的心理基本特征是内怯和猜疑,其言谈行事则表现为夸诞和矫饰,似相反而实相成。康熙朝几乎所有的重大事件,其原因、过程和结局,都可以从中得到进一步的解释。在玄烨的许多看似真诚情感表达的背后,隐藏着不易察觉的深层意图;而每一次大的行动之前,却又几乎都能找到其内心冲突,并遵循某种固定的模式。

如果不了解康熙十八年北京大地震期间玄烨所受到来自汉官的冲击,就无法理解玄烨为何要污蔑魏象枢,批评汉人的"伪理学"。如果不懂得满汉文化在玄烨内心引起的冲突,就无法想象玄烨为何会极度苛求皇太子;如果不了解父子双方巨大的心理压力,就不能理解皇太子的两次废黜。反之,深入地捕捉玄烨的真实思想和心理,又需要对史实有准确的理解。要想证明玄烨对准噶尔军入藏的判断失误,就不仅要考证准噶尔进军的实际线路,而且要指明玄烨憧憬的蓝图是通过控制西藏而进一步争夺蒙古统治权,其对准噶尔的误判即源自对西藏和青海方面的担忧;要想说明玄烨用兵西北的意图实在青海活佛,就必须考察西部各方与清廷的关系;要想确认清军远征是虚张声势,企图侥幸一箭双雕,就不得不剖析玄烨的"盛世"心态,而这又必须涉及清廷面临的国内各种矛盾。结合心理学来研究历史,无疑使研究过程复杂化,但要达到简明、确切而透彻的结论,这种复杂化又是必须的,专业史学工作者不应表现出畏惧和退缩。只有将玄烨置身于具体的历史冲突之中,并透过其上谕的表面细细体察,发现其真实含义及其心理动机,才能还原一个更为真实的玄烨。

中国古代专制帝王在历史上的作用,不能简单地以其代表和执行某个统治集团或国家全体的意志和利益的模式来理解。帝王个人的意志、性情、心理、风格,在很大程度上影响着历史的面貌。康熙中叶以后,朝野上下谀颂成风,并不完全是由当时的权力结构和政治体制造成的,而是出于迎合玄烨的心理需要。至康熙末年,这种风气又反过来极大地助长了玄烨的盲目自信,使其孤立于上,独断专行,社会由是陷入巨大动荡。忽视帝王个人因素的影响,对历史即难免陷入知其然而不知其所以然,其结果,历史的发展不是被粗暴地塞入某种模式,便是归结为帝王个人的胡作非为。

"任何一个时代的统治思想都不过是统治阶级的思想。"这句话早已不时髦,而用于清代政治思想研究,却也再适合不过。"自古得天下之正莫如我朝"是清代统治思想的结晶,也可以说是清前期的意识形态。有意思的是,当玄烨提出这个纲领,并以本朝的成就予以证明时,政权的合法性已经不限于传统意义上的解释,即如何取得统治权,而且具有使"大多数公民认为政府的统治是正当的,应当得到普遍的服从"的现代意义。这是以往历代王朝所不曾具有的。在清代政治中发现现代国家的政治特征,给我一种意外的惊喜,也增强了我摸索历史的信心。

历史学不同于考古学,其对象不是静止不动的客体,而是不断累积和变化的个人和集体的回忆。我们在力求探索历史真相时,直接面对的其实是各种观念和意识的记录,只有通过层层剥离,还原其本意,才有可能进行重构。历史研究虽不是"选择一个最接近真理的虚构",然而我们永远也只能无限接近于历史真实。另一方面,历史研究又绝不应止于重现过去客观过程的真实,虽说这是历史研究的基点,但显然无法满足我们对历史内在动因的追求。这种内在动因不但是体现于客观可视性的物质条件及其所构成的各种社会关系,更直接地体现在决定历史进程的那些重要人物的思想意识和心理。即是说,历史研究的对象不仅仅是物质性的客观过程,还包括作为历史存在的主观因素。历史运动总是综合各种因素而形成的趋向,并含有其意图或意义,需要后来的研究者去发掘、体味和品评,而绝不止是史实的考证。

同样毫无疑问,正统性之类的问题属于政治道德范畴,必然涉及价值判断。任何接触历史的人,都不可能绝对秉持所谓纯客观的态度,而不可避免地带有个人主观倾向。研究者总以为自己在独立思考,实则思考的内容、方式、方向及所持的准则,都是由社会所提供的。研究者的主体意识也必然反映出某种社会观念,或某个社会阶层和集团的要求。这就是说,在具体地进入历史之前,研究者已经有了先入为主的"意见"。而研究结论,实际上是主体意识与研究对象之间反复映射和校订的结果。研究者按照自己的意识发掘历史的意义,而同时又以对历史的认识来修正自己的意识和立场。或者说,我们赋予历史以意义,历史也在熔铸我们,并调整我们面临现实的角度和基点。历史倘若失去了意义,即不成其为历史,研究亦失去了光彩。

陈寅恪先生提出的"独立之精神,自由之思想",是现代人文学者立身立言的最高准的。历史工作者欲想追求此种境界,既要使主体意识进入到客观对象的情景之中,又需自觉地与之保持必要的距离,还必须对支配主体意识的现实存在具有一种批判的审视态度。这对于清史研究尤为要紧,因为清代遗留下来的与政治史有关的史料,基本上是统治者的官方记录;而清前期出现的"康乾盛世"又一直为人所偏爱,甘心顶礼膜拜;更重要的是,中国长期的专制集权统治使权威主义盛行而且根深蒂固,无形中支配着人们的意识或转为潜意识,极难消除。他们虽不属于高官显爵,却习惯仰视权力顶层,并将其神化,由此妨碍了他们的透视力,无法觉察历史的真实气息。研究者如果缺乏自省意识和批判精神,则其结论必然是皈依于威权。而历史上的威权,往往就是现实中威权的幽灵。作为现代的历史研究者,负有解剖自身的任务,在考察历史的同时,也需要质疑自己的良知,假如我们还有良知的话。

虽然我自以为把握住"自古得天下之正莫如我朝"这一康熙朝政治的核心,但必须承认探讨还只停留于表面,粗糙和肤浅在所难免。无论如何，这一历史主题关涉清代历史的许多重大问题，则是无法回避的。如：统治民族满族和被统治民族汉族究竟处于一种什么样的关系？这种关系在多大程度上支配着清代的历史进程？所谓清朝统治的成功和兴盛，其原因是如美国"新清史"所说的，统治民族满族始终未曾被汉族同化，并不断向内亚地区开拓殖民地？还是如国内传统史学所认为的，清代进入了中华民族融合的新阶段？以现代文明和人文主义精神来权衡，清统治果真是成功的吗？在辉煌与阴暗相为表里的"盛世"之下，中国人的"国民性"受到何种影响？20世纪之初满清帝制这个庞然大物崩溃之后，中国社会陷入长期动荡不安。人们面对西方文明的挑战，常见的是激烈与虚无并存，惶惑与顽固共生，而始终不能持有一个稳定而自信的开放心理，这是否应该追究历史上高度皇权专制及其遗存国家主义对个人自由的扼杀和对人性的践踏？凡此种种，当然不能在短期内达成共识，然而却亟需提出来探讨。这不仅涉及史实层面的深化、研究立场和视角的调整，更关乎我们应该从历史中继承什么，每一个面对历史的人都不能不认真思考。

  清史研究是一个充满争议的领域。本书的观点很可能不合时宜，然而我探索的目的，在于清理自己的思想，所需要负责的，是个人的理性与良知。本书犹如被清史主流冲刷到岸边的一粒微弱的水滴，其命运将是干涸直至被挥发，不会留下任何痕迹。失掉了水珠的光润，水分子却未消亡，或升腾汇入云雾，或渗入地下滋养土壤，仍将尽其绵薄。

  我把这本书奉献给远在天国的米儿。2011年初，本书最后一篇文章交出，米儿即被检查出身患绝症，无法手术，我们全家惊呆了。经过七十一个日夜的抗争，米儿终未逃脱噩运，死于我的怀中。在我最艰难的日子，米儿一直伴随在我身边。她短暂的生命给了我那么多安慰和欢乐，而我对她的却尽是亏欠。在米儿灵前，这本书黯淡无光，只表示我的深心忏悔。

2014年暮春寒夜

魏象枢独对与玄烨的心理阴影
——康熙朝满汉关系释例

从来史家论及玄烨反思三藩之乱，多着眼于其缓和民族矛盾、留心国计民生等积极面，甚至后来的"康乾盛世"即发轫于此。本文拟用最习见的史料，通过一个具体事件的考察，证明三藩之乱亦为玄烨带来极为消极的影响。玄烨心理中所形成的巨大阴影，终其一生不曾消除，并严重阻碍朝局中满汉关系的正常发展。

一、魏象枢密奏请杀索额图考辨

（一）有关魏象枢的上谕及其流传

《碑传集》卷12，韩菼《文靖王公熙行状》：

> 公能持大体，有远虑。菼为学士，撰《平定三逆方略》失上指。一日，上谕阁臣曰："当三桂初反时，汉官有言'不必发兵，七旬有苗格'者。又其时，汉官尽移其妻子回家，何也？"即顾菼曰："汝为朕载之！"菼退而皇恐，语公曰："当奈何？"公奋曰："待缚我之东市，君乃载耳！"公大言于阁曰："有苗格，乃会议时魏蔚州语，告者截去首尾，遂失其本意。**然若如其言，岂不是误国！汉官移家故有之，**

亦多有否者，日久何从分别，岂不是背主！汉官负此两大罪之名，复何颜立于朝乎？"因语大学士明公："幸好为我执奏也。"翌日入见，明公为上言，略引其端，公即继之，恳恳如阁中语。上微笑曰："朕固知此两事载不得也。"事遂寝。

清修《平定三逆方略》在康熙二十一年（1682）至二十五年。[1] 韩菼任学士在二十四年三月，二十六年二月乞归，[2] 则《行状》所述之事当在二十四、二十五年间。魏蔚州即魏象枢，字环极，与柏乡魏裔介石生均以正色立朝，称清初"二魏"。象枢二十三年以刑部尚书休致，三年后去世，玄烨论此事时，象枢尚在家居。明公即满大学士明珠，势正灼。韩菼记玄烨所言两事，于《康熙起居注》（下简称《起居注》）、《清圣祖实录》皆能印证，可视为实录。

一、《起居注》十八年八月二十九日，玄烨与群臣议论风闻言事，语科臣姚缔虞曰："尔等皆以风闻为言，朕亦何尝无风闻，姑举一二端言之。君臣分义，休戚相关。当吴逆初叛时，诸臣中有一闻变乱，即遣妻子回原籍者，此属何心？视国如家之谊，当如是耶？"

二、《实录》三十三年闰五月癸酉，谕大学士等有云："原任刑部尚书魏象枢，亦系讲道学之人。先年吴逆叛时，著议政王大臣议奏发兵。魏象枢云：'此乌合之众，何须发兵。昔舜诞敷文德，舞干羽而有苗格。今不烦用兵，抚之自定。'与索额图争论成隙。后十八年地震时，魏象枢密奏：'速杀大学士索额图，则于皇上无干矣！'朕曰：'凡事皆朕听理，与索额图何关轻重？'道学之人，果如是挟仇怀恨乎！"

三、《起居注》四十五年三月初八日，玄烨谓阁臣曰："汉朝灾异见，即诛一宰相，此甚谬矣！夫宰相者，佐君理事之人，倘有失误，君臣共之，可竟诿之宰相乎？……康熙十八年地震，魏象枢云有密本，因独留向朕密

---

[1] 见《平定三逆方略》《四库全书》本提要，文渊阁《四库全书》，台湾商务印书馆1982年影印本。更准确的时间见《起居注》二十一年八月十三日准修；二十五年十一月初十日，玄烨已将进呈样稿《方略》四册，朕已览讫。中华书局1984年点校本。
[2] 《清史列传》卷9《韩菼传》，中华书局1987年点校本；并参《起居注》二十四年三月十四日。

言：'此非常之变,重处索额图、明珠,可以弭此灾矣。'朕谓：'此皆朕身之过,与若辈何预。朕断不以己之过移之他人也。'魏象枢惶遽不能对。"

四、同书五十六年十月二十三日,玄烨谓阁臣曰："昔三藩叛逆,将自京师发兵。原任尚书魏象枢力言不可：'圣人舞干羽而有苗格,何必劳师于远。贼至,我以逸待劳,即可以消弭矣。'满大臣面嗤之曰：'贼逼城下始出兵御敌,有是理乎？'"

上举第一条即王熙所云背主一罪。十八年玄烨尚承认得自风闻,有汉官遣妻子回原籍,属个别现象。待修《方略》时,则为"汉官尽移其妻子回家",语势斩截,故王熙不得不提醒他,"亦多有否者"。第二、三、四条皆有关误国。魏象枢"有苗格"之言,非玄烨所亲闻,乃"告者截去首尾,遂失其本意"。经王熙力争,不但明珠能明其原委,玄烨亦自知其言无据,只得改其初衷,承认"固知此两事载不得也"。王熙为汉官中追随满洲之最积极者,曾受命草拟世祖遗诏。康熙十三年首倡诛吴三桂子应熊,效忠清廷无贰,不曾给自己留半点余地,故深得满洲君臣信赖。但他懂得玄烨之言的分量,关系到汉官能否于朝廷立足。

今本《平定三逆方略》无此二事,当是王熙据理直言的结果。但"事遂寝"却非实情。二十六年,汤斌辅教皇太子以得罪告终,自此之后,玄烨不能信任汉官,即不绝于言辞。而魏象枢误国一罪,亦屡屡出自玄烨之口。可见,玄烨当初迫于事实,表面对魏象枢等汉官表示宽容,然其心中却始终铭刻着汉官"背主"、"误国"两大罪。玄烨所见与事实相符若何,为另一问题。但其思想上抱此成见,且一经认定,即终生不改,则可确信无疑。

魏象枢"有苗格"一语经王熙申辩,玄烨既已辞穷,何以终未释之于怀,一遇波澜,便腾诸口？此必玄烨心中另有郁结,不能因王熙一番言辞而消除。回顾前引第二条三十三年上谕,即可明了玄烨心中症结所在。据《实录》,玄烨此时于畅春园听政,拟"理学真伪论"一题考试翰林起居注官员,就考试结果而谕随侍阁臣,不知王熙是否在侧。[1]玄烨将数年前审

---

[1] 《清圣祖实录》卷163三十三年闰五月庚午（初四）、癸酉（初七日）,中华书局1985年影印本。

阅《方略》时为王熙翻驳之论,重申于众。依玄烨所言,魏象枢之倡"有苗格",乃在议政王大臣议奏发兵讨逆之际,意在阻挠清廷出师,因而"与索额图争论成隙",其后遂因十八年京城地震密请杀索,以报其私怨。玄烨此语,较审阅《方略》时更为严重。魏之密奏,他人皆不曾预闻,即使王熙在场,恐亦感兹事体大,时异势非,不敢造次。发兵争论为因,借地震请诛索为果,前引第四条五十六年上谕再补证其因,第三条四十五年上谕又强调其果,并将象枢欲杀之人由索泛及明珠。玄烨言之凿凿,魏象枢因前出兵与满大臣争论成仇,遂于十八年地震密请玄烨诛杀满臣,则几成铁案。

然清廷发兵讨逆,魏象枢是否参与议论,其争论的对方是索额图一人,抑众满洲大臣？又,十八年魏象枢密陈速杀之满臣究竟为索一人,还是索、明二人？上引玄烨上谕皆未交代确切。但玄烨认定魏象枢报复泄愤,却为后人所尊信不疑,辗转传述,愈说愈详。

最早为魏象枢作《墓志铭》的陈廷敬,作《神道碑》的徐乾学,均未提到魏象枢与索额图争论及密请玄烨杀索之事。《铭》、《碑》撰于二十八年以前,[1]玄烨三十三年的上谕尚在腹中。而自玄烨一系列上谕之后,魏与索之事便广泛见于私家记载。方苞《记徐司空逸事》云:"康熙十有七年,京城地连震。上昼夜坐武帐中,魏公环极直入,奏天变若此,乃二相（按:即索额图、明珠）植党市权,排忠良,引用金壬,以剥黎蒸之应。继之者则德公（德格勒）,用此名震天下。"[2]方苞于康熙末年交好满洲掌院学士徐元梦,魏象枢、德格勒说玄烨惩办索、明,当得自徐元梦所述。其后彭绍升《魏敏果公事状》云:"京师地震。时大学士索额图、明珠方树党招权利,廷臣莫敢言。公奏言,……圣祖立诏见。公伏地流涕,言时政缺失,乃索额图、明珠挟私市权所致,乞重谴二人以消天变。圣祖寻下诏切责诸臣,二人皆惕息。"其史料来源,《事状》交代得很清楚,即四十五年上

---

[1] 见《碑传集》卷9陈廷敬《刑部尚书敏果魏公象枢墓志铭》、徐乾学《资政大夫刑部尚书谥敏果魏公神道碑》,中华书局1993年点校本。
[2] 见《方望溪全集·集外文》卷6,中国书店1991年版。

谕。[1]至于以索、明二人先后罢相,乃魏象枢"最先有以发之",则以象枢所奏为玄烨深然,纯属一厢情愿。方、彭皆以象枢请杀者为索、明二人,可以肯定,他们都没有见到《起居注》。而乾嘉时满洲宗室昭梿对魏象枢笔诛尤严,《啸亭杂录》云其"及复召后,以撤藩事请诛明、米二公,乃蹈袁盎故辙;又以地震请诛索相以应灾咎,亦有违宋景之心;至吴逆叛时,首建招抚之策,有'七旬苗格'之语,虽曰持重,几误国事,尤非大臣之所用心。"[2]魏源《圣武记》完全承袭昭梿此说,且曰:"使用其言,大事几去。"[3]皆判定象枢为清廷之蠹虫,平藩之罪人,且以辅佐玄烨撤藩平叛的另一重臣米思翰,亦成为象枢之仇隙。章太炎接受象枢曾请诛明、米之说,而别作异解。其云:"会吴三桂以湘蜀滇黔拒命,欲割地,称帝号。仁帝玄烨问象枢,象枢曰:'尧、禹之师,舞干羽于两阶,七旬而有苗格。本谋撤藩者,明珠、米思翰,今势糜烂,当诛二臣以谢诸藩。'不省。"并引谭献语,认为象枢此议,旨在存汉种:"汉种有分地,则王土幸无全制于满洲。故象枢假为阔语以谲上。"拟如郑泰、孔融"和光同垢,与象枢而三"。[4]依太炎所述,象枢请诛明、米当在康熙十三年之后,正所谓"顾笫弗深考",想当然耳。[5]

以上诸说虽有异同,而论魏象枢请杀索额图,自方苞之后,其史源皆一本于上谕。故本文首先面临的问题,即在于辨别玄烨上谕的可信度如何。

(二)魏象枢阻挠发兵纯为诬辞

玄烨一再咬定魏象枢反对清廷出兵讨逆,已如前所述。当初王熙已

---

[1] 见《二林居集》卷12《故资政大夫刑部尚书魏敏果公事状》,《续修四库全书》,上海古籍出版社1996年影印本。
[2] 见《啸亭续录》卷3《魏柏乡相公》,中华书局1980年点校本。
[3] 《圣武记》卷13《武事余记·事功杂述》,中华书局1984年点校本。
[4] 《訄书》(重订本)《别录乙第六十二》,并见《检论》卷4《许二魏汤李别录》,生活·读书·新知三联书店1998年版。
[5] 《清史列传》卷8《魏象枢传》不载其地震独对一事,或本于《国史馆本传》。《清史稿》卷263《魏象枢传》记其"入对,语移时,至泣下"云云,不见密请杀索之事,当采自陈《铭》、徐《碑》。中华书局1976年点校本。

向玄烨指出,魏象枢倡"有苗格"是在会议时所言,且为人曲解。王熙所说的会议,乃满汉廷议甚明。而三十三年玄烨却说,象枢此议发于"(满洲)议政王大臣议奏发兵"之际,使后人无从质证。但问题也由此而生,魏象枢究竟是在什么时间、什么场合阻挠发兵的。

现据《实录》,将清廷得知吴三桂叛乱的应对措施列举如下:

一、十二年十二月二十一日丙辰,奉命撤藩的使臣党务礼、萨穆哈从云南逃至北京,向玄烨报告吴三桂已于上月起兵。玄烨召议政王大臣面谕,今吴三桂已反,荆州咽喉要地,命前锋统领硕岱率军兼程前往,进驻常德。议政王大臣议奏所派兵员。

二、二十二日丁巳,湖广总督蔡毓荣疏报吴三桂反。谕兵部:调云南提督桑峨为湖广提督;授孙延龄为将军,线国安为总统,固守广西。命西安将军瓦尔喀进驻四川。京城内杨起隆称朱三太子叛乱,当日被镇压。

三、二十三日戊午,谕吏、兵二部,吴三桂背恩叛乱,原属吴三桂藩下文武官员概不株连。谕户部拨给出征八旗兵丁银两。

四、二十四日己未,命郡王勒尔锦为宁南靖寇大将军。[1]议政王大臣议奏拘拿吴应熊。

五、二十五日庚申,谕议政王大臣等,发兵驻兖州、太原。

六、二十七日壬戌,诏削吴三桂王爵。命都统赫业为将军,同瓦尔喀由汉中入蜀。

七、二十八日癸亥,硕岱启行赴荆州。

据《平定三逆方略》,党务礼等逃至京城,玄烨即"命议政王贝勒大臣议出师",即《实录》二十一日丙戌玄烨与议政王大臣之面议。又《方略》己未日,命勒尔锦为大将军云:"先是,议出师时,上命勒尔锦为帅。"亦定于二十一日玄烨与议政王大臣面议,应无可疑,二十四日方正式授勒尔锦职衔。《方略》癸亥日,硕岱赴荆州,明书"上谕议政王等"。

---

[1] 次年正月初十日乙亥出京,见《清圣祖实录》卷55。

由是可知，清廷得知叛乱在二十一日丙戌，[1]当日即由玄烨与议政王大臣面议决定出兵。这就彻底排除了魏象枢在议政会议中阻挠出兵，并与索额图争论的可能。按清初定制，"凡议军情，汉官从未与议"。大举出征，议政会议更由皇帝主持。[2]玄烨此次会议出兵，即谨守满洲传统，且所发之兵为禁旅八旗，岂容汉官厕身其中。唯一的例外可能就是王熙。韩菼《王熙行状》："十二月，闻吴逆之报，即赴内朝集议，至除夕始归。"此所谓"内朝集议"，即议政王大臣会议无疑。[3]正因王熙参与清廷发兵会议的全过程，[4]所以，他为象枢辩诬才格外有力。此其一。

那么，是否存在清廷定计出兵之后，又遭魏象枢阻挠的可能？上列第二条二十二日丁巳所记三事，即调桑峨为湖广提督，命孙、线固守广西，命瓦尔喀进四川，皆为前一日议政会议的结果。《实录》、《方略》皆书谕兵部，即奉命行事。揆之惯例，绝无大举出征既定而又于具体调动任命之时再集满汉群臣会议之理。另据《王熙行状》，"丙辰（十五年），奉谕专管密本。前此汉官不与闻兵机，盖异数也"。王熙以兵部尚书的身份，至康熙十五年方破例参预军机。可见叛乱初期，清廷军事调动皆对汉官保密，魏象枢根本无从得知其情，更遑论挺身而出阻挠。此其二。

---

[1] 据《碑传集》卷63张贞《巡抚贵州曹公申吉墓志铭》，曹申吉闻知吴三桂反，"遣家僮飞章入奏，疾驰六千里，十六日而达都门，上始得吴逆反状。"较玄烨得自党务礼早五日，或在疑信之间。若官书所记不误，则玄烨由党务礼确证之后，方集议诸王大臣。乾隆时до曹申吉入《逆臣传》，乃旗人法式善之坚执，不能厌后人之心，说见陈垣《明季滇黔佛教考》卷6《释氏之有教无类第十六》，河北教育出版社2001年版。据《清圣祖实录》，卷269五十五年九月戊寅，卷273五十六年七月壬申并当日《起居注》，曹定为从逆，实由玄烨。
[2] 《清世祖实录》卷141顺治十七年十月己亥，卷104十三年十一月辛亥，议出征西南，福临谕云："朕将亲与议政王、贝勒、大臣面为筹画。"中华书局1985年影印本。
[3] 《碑传集》卷12张玉书《王熙墓志铭》云："十二月，吴三桂反于云南，日赴内廷议用兵机宜。"亦证王熙在得知吴反当日即赴宫内议事，非指《起居注》该日所载玄烨听政之乾清门。
[4] 王熙参与满议政王大臣的宫内会议乃一时例外，非谓王熙有议政之资格。下引故宫博物院《文献丛刊增编·清三藩史料》中议政王大臣会议题奏，绝无汉官署名。《明清宫藏台湾档案汇编》第189册，九州出版社2009年版。

二十二日以后的情况又如何。从上引第二条可知,二十二日当晚,京城中爆发了颇具规模的杨起隆叛乱,旋为清廷镇压,逮捕数千人。《方略》记杨起隆案于二十四日,乃逮捕后进行审理的综述,细谷良夫已经指出。[1] 而魏象枢则立即卷入到杨起隆案的审理之中。《寒松老人年谱》癸丑年(康熙十二年)"十二月十九日,奉旨升补都察院左佥都御史。甫到任,即同三法司会审放火大盗杨起隆一案。除夕,乃出署。"[2] 也就是说,至迟从二十三日起直至三十日除夕,魏象枢一直封闭在衙署中审理案情,无从分身参与朝廷议事。即使他能通过某种途径获知吴三桂叛乱,以及清廷二十三日的上谕和二十七日的诏文,也绝无可能在会议中阻挠发兵。除夕之前,王熙在宫中,魏象枢在都察院衙署,二人不可能相接。故可断言,王熙于会议中所曾闻知象枢"有苗格"的议论,必不在商议发兵的议政会议。再看十三年初的情况。《实录》十三年正月戊辰(初三日),遣都统巴尔布,护军伊尔度齐先赴荆州,又命副都统扩尔坤将兵往西安。壬申(初七日)谕湖广总督蔡毓荣调兵守沅州。对照《起居注》,自元旦至初八日,玄烨一直在宫中宴请、祭祀,未接见汉官,初九日方御门听政。又可证戊辰、壬申两日的三次调发军队皆为宫中密议。满汉部院大臣概不得预,魏象枢岂有例外。此其三。

以上三点,足证玄烨所谓魏象枢阻挠议政王大臣会议发兵平叛,且与索额图争论成隙,洵属诬辞。且可知,王熙所说魏象枢于会议时"有苗格"之论,必在十三年初清廷发兵已成定局之后。《年谱》甲寅(康熙十三年)首记:"是时吴逆变乱,人惊风鹤。余凡有奏疏,皆从地方人心起见。因邪教煽惑勾连,则有《谨陈要地当设之道员以资弹压等事》一疏;因湖广、四川大兵屯集,供应浩繁,则有《用兵之地钱粮暂宜缓征等事》一疏;因逆贼蛊惑,人心披靡,则有《密陈申明法纪鼓励人心之大端等事》一疏:皆系密奏。"因

---

[1] 见《吴三桂的叛乱和杨起隆朱三太子之关系》,载《庆贺王锺翰教授九十华诞清史论集》,紫禁城出版社2003年版。另据王士祯《池北偶谈》卷26《谈异七·李坤》条,"妖人杨起龙(隆)之变,都门戒严,多所刑戮,至二三月始定",则十二月二十四日并未平息,见中华书局1982年点校本。
[2] 载《寒松堂全集》,中华书局1996年点校本。我曾将《年谱》与《起居注》对勘,发现《年谱》记事极为准确,可补官书之缺。

系密奏,例不收存于文集,[1]非专为避某人之嫌。而象枢积极为清廷献策,殚精竭虑,以尽其愚诚,则可以想见。象枢登清廷首科进士。康熙十三年初,"奉上谕因大兵进剿逆贼,指日荡平,地方恢复,需人甚急,着臣等虚公举荐"。象枢即举顺治朝摘发吴三桂在四川观望不前,不亟进攻西南,而遭反噬流徙塞外的郝浴。云其"当三桂身居王爵,手握兵柄之时,因从封疆起见,不附其势,不畏其威,致三桂成不共戴天之仇。三桂之所仇,正为国家今日之所取,何忍终弃之"。[2]观此则知象枢效忠清廷,与叛逆势不两立,绝无丝毫瞻顾之心。积极支持玄烨撤藩平叛的满洲户部尚书米思翰于十三年底去世,[3]象枢挽诗有云:"持筹共念输将苦,切齿难忘寇贼频。社稷忧劳惟此日,朝廷依赖少斯人。"[4]象枢引其为同志,即非自外于清廷,亦证昭梿、魏源以象枢欲杀米,适为无根浮谈。我们完全有理由推断,象枢会议时"有苗格"的议论,是在十三年初清廷大兵征发之后,提醒清廷需申明纪律,维护其王师形象,并大修文德争取民心,以瓦解叛军之类。此与当时谕令大军出征,"务令秋毫无犯,安辑地方","统兵主帅各宜体朕为民除叛用兵之意,申明纪律,严加钤束"等谕旨一脉相承。[5]而后来玄烨所谓"不必发兵","力言不可",并为"满大臣面啐之"等等,与象枢本意风马牛不相及。

魏象枢于十三年初连上三密疏为清廷积极进策,次月又举荐吴三桂的宿怨郝浴复出。[6]按说,象枢对三藩的态度已甚明朗。但如果此前象枢曾在其他场合,因反对发兵而与索额图相争,为玄烨所闻,又恰为王熙所未闻,果尔,则后来玄烨上谕只不过是魏、索二人争论的时间、地点之误,而于象枢基本立场的判断并无偏差。那么,有无可能象枢得知清廷出兵已成定局之后,急忙调转立场,以求得玄烨及满洲统治集团的宽容呢?

---

[1] 《年谱》丙辰(十五年)五月,具疏驳王光前请加征练饷并二十九日的回奏,即记"此二疏原系密封,不敢存稿"。
[2] 《寒松堂全集》卷3《钦奉上谕事疏》。
[3] 见《清史列传》卷6《米思翰传》。
[4] 《寒松堂全集》卷7《挽大司农米公》。
[5] 《清圣祖实录》卷45十三年正月癸未、卷44十二年十二月癸亥。
[6] 参《碑传集》卷64熊赐履《光禄大夫巡抚广西都察院右副都御史加四级郝公碑铭》。

魏象枢独对与玄烨的心理阴影

欲解除此一疑惑,可以考虑如下数端:首先,从象枢人品而言,不是趋附形势、依违易变之辈。清朝开国名臣范文程为象枢座主,顺治十一年宁完我弹劾陈名夏致死,诬象枢为名夏一党,赖文程力为辩解得免,是文程于象枢有知遇与再造之恩。然直至六年之后,象枢以养母乞归,方肯"力疾一谒。吾师乃延入园亭,命之坐,曰:'十余年,师弟今日才见一面。'象枢起而谢曰:'吾师未受象枢一瓶酒,象枢未领吾师一杯茶,何独于四百门弟子中知象枢之深邪?'吾师曰:'尝在会议处,见丈有直气,是我国家可用之人,不欲他人诬害耳。'"[1]康熙十一年象枢起复补御史,由大学士益都冯溥之荐,以象枢"居谏垣,赫赫有直谏声,此人所共知也",又"深信之,知为至诚君子"。[2]冯溥立朝亢直敢言,李光地许为康熙朝第一人,其于象枢引重若此,则象枢非长袖善舞可知。康熙朝前期,象枢与汤斌、崔蔚林并以理学著称。[3]后来玄烨攻击"假道学"不遗余力,象枢亦在其列。若象枢果曾先阻挠清廷发兵并与索额图争论成隙,旋又因出兵已成定局,遂见风使舵,改头换面,岂能不被玄烨引为口实,又岂能见重于朝士。[4]其次,从象枢的居官履历来看,康熙十二年"冬十二月擢都察院左佥都御史,明年二月拜顺天府府尹,四月除大理寺卿,七月升户部右侍郎,十一月转左侍郎,一岁五迁"。[5]若象枢对叛乱所持立场与清廷稍有违异,安能迁升如此之速?亦证明所谓象枢阻挠出兵为必无之事。更重要的是,我们要进一步追问,在发兵平叛的问题上,魏象枢与索额图的立场是否对立且争论成隙,这是判断玄烨三十三年上谕是否可信的关键。

三藩叛乱起于清廷撤藩之举,已是治清史者的共识。前引细谷良夫一文据清初海外史料《华夷变态》,有"吴三桂在三十年前已有叛乱企图"一说,尚需更有力的史料来证明。清廷撤藩时曾有赞成与反对两议。平

---

[1]《寒松堂全集》卷11《祭太傅范座主文》;并参《年谱》甲午年记事。
[2]《寒松老人年谱》壬子年,并见《碑传集》卷11《大学士冯文毅公溥事实》。
[3]《碑传集》卷44徐元文《崔先生蔚林墓志铭》、胡具庆《崔定斋先生传》。
[4]《榕村续语录》卷9《本朝人物》:"本朝人物以魏环溪、汤潜庵为第一流,他两个实实有要天下好的意思。"中华书局1995年版。
[5]《碑传集》卷8徐乾学《敏果魏公神道碑》,并见《寒松老人年谱》癸丑、甲寅年。

藩战事甫毕,玄烨曾说:"尔时惟有莫洛、米思汉、明珠、苏拜、塞克德等言应迁移。"[1]总之,主张撤藩者居少数,但为玄烨所支持。玄烨之主张三藩并撤,是其对形势错误估计所致。至于玄烨所谓"撤亦反,不撤亦反",是事后的自饰之词,吴伯娅已辨之甚晰。[2]

还可以补充的是,玄烨屡次申明议撤藩时,无人曾预言会导致叛乱,"试问当日曾有言吴三桂必反者否?""亦曾两议,未有议及吴三桂必反者,亦未有议及吴三桂必不反者",[3]显然又是谎言。《碑传集》卷11彭绍升《熊文端公事状》:"时有诏撤三藩,圣祖举以问之。(对)曰:'国家方太平,以无事为福,道在休养绥定之而已。今无故徙数十万安居乐业之众,移置穷荒不毛之墟,仓卒逼迫,势逐刑驱,未有不生怼怨。众怒不可激,一夫称乱,所至瓦解。前事如此,可勿戒与?'圣祖以语诸大臣,皆言吴三桂仅一子,质于朝,可勿虑,其它又安能为?未几,三桂反。"熊赐履已明确发出警告,但玄烨惑于诸人怂恿,终于激起大乱。二十年、二十五年玄烨两次宣称无人曾言吴三桂必反时,熊正罢官闲居金陵。即便其在朝,敢披露玄烨私下询问之事乎?朱彝尊《曝书亭集》卷80《征士李君行状》:"时曹侍郎申吉出抚贵州,引君为助。既闻三藩同撤,君曰:'乱将作矣。'遂力辞归为母寿。既抵家,云贵告变。"[4]李良年为作者多年挚友,非道听途说之辞。良年以书生方入幕黔抚,即能预见三桂必反。另据徐乾学《高层云神道碑》,"留蜀二年,策滇黔必乱,势将及两川,乃亟归。放船滟滪,浮江而下,抵家而吴三桂反,川途梗塞,人咸服其先见"。[5]是知

---

[1] 《起居注》二十年十二月十四日。
[2] 见《关于康熙平定三藩的几个问题》,载《清史论丛》1992年号,辽宁人民出版社1993年版。
[3] 分见《起居注》二十年十二月十四日、二十五年十一月十一日。
[4] 《曝书亭集》,《四部丛刊》,商务印书馆1929年影印本。
[5] 见《碑传集》卷54。徐作此碑在康熙三十年,谪居在家,徐氏兄弟正遭玄烨亲信傅拉塔、佛伦辈攻讦,徐记此事必隐约其辞,又可知矣。同书卷80李因笃《湖广督学前方伯王公孙蔚墓表》:"及公督粮储、盐驿于湖北,而予亲在座上,接并徙三藩之檄,公独忧之。未几,趣漕糈倒载聚荆,曰:'倘后不须此,吾自任往还费。'舟子与士民皆疑,予窃知公之用意深也。载甫毕,而滇黔果叛。人始服公秉几先之哲云。"更当事人之实感。

吴三桂反情,已播于邻省矣。迨吴三桂反时,云南一省为清廷殉节者尚有数人,〔1〕岂能说无一察觉三桂情状,并得以诉诸朝廷?清廷或自讳之,以掩玄烨之失耳。〔2〕所有这些都与本文主旨无关,但有一点可以确定,那就是玄烨善于文过饰非,绝不像他自诩的那样坦荡诚实。

　　索额图不属主张撤藩之列,已见前引《起居注》。得知吴三桂叛乱,索额图态度如何,于魏象枢是否与之"争论成隙"至关重要。《起居注》二十五年十一月十一日,阁臣"将《方略》内舛错七处改正呈览",玄烨在上引无人预料吴三桂必反那段话之后,即曰:"后索额图曾云,主议当迁移之人应当处斩。此事举朝悉知。"同书四十五年三月初八日,玄烨谈及魏象枢借地震密请诛索额图、明珠,又曰:"吴三桂叛,索额图奏曰:'始言迁徙吴三桂之人可斩也。'朕云:'欲迁徙吴三桂者,朕之意也,与他人何涉?'索额图甚惧而退。"同年七月初二日,玄烨谓马齐等曰:"索额图常奏言,当斩议迁三逆之人,朕不准行。"可见不主撤藩者虽多,但请诛撤藩者则似唯索一人,玄烨于此前后无异辞。问题是,索额图具体在何时何地提出此议。

　　首先可以肯定,索额图提出处死主撤者是清廷闻知吴三桂起兵,即十二年十二月二十一日之后。但还有一点也可以立即肯定,索额图此议也只能在清廷定计出兵之前。道理很简单,清廷一旦决定出兵,就已经断绝了退路,如同吴三桂既已反叛,就不可能再为清臣一样。〔3〕是以当吴三桂进兵长江与清军相对峙,达赖喇嘛建议清廷"裂土罢兵",为玄烨断然拒绝,亦势理之必然。苟明乎此,即可确定索额图请杀迁藩之人,不可能在清廷定计出兵之后。据上引《起居注》,索之奏请应在与玄烨面议之际,遭玄烨

---

〔1〕《碑传集》卷91张庚《刘昆传》记吴三桂反前,昆得知其已铸"天下兵马大元帅"之印。昆与其弟白之枭司,又共白之抚军。昆代抚军草疏吴三桂反状,抚军稽迟数日始发疏,竟为吴军逻者所截留。
〔2〕《起居注》二十五年十一月初十,玄烨审毕《平定三逆方略》,谓阁臣曰:"至于论赞中援宋祖杯酒释兵权故事以况朕,在作者或有所见,朕心实为惭愧。"此语颇堪玩味。
〔3〕李治亭《吴三桂大传》说玄烨"从一开始就采取了毫不妥协、坚决镇压的立场","根本就不想和吴三桂和解。不久,叛乱几乎蔓延到全国,他才感到形势严重,一度被迫向吴三桂作出和解的姿态"。江西教育出版社2005年版,第415页。但遍检全书,并未发现作者出示过玄烨"一度"、"和解"及"姿态"的任何史料证据。

斥责,故有索的"甚惧而退"。故又可断言,索额图绝无可能继续坚持己意,有第二次谏请杀撤藩之人。玄烨的态度一经表明,索若再行妄请,就不仅是对清军自毁长城,更是对玄烨的地位和权威的挑衅,也就无可能日后作为玄烨平定叛乱的主要谋臣。[1]如果上述推断可以成立,那么,索额图谏请杀撤藩者,必在二十一日玄烨召集议政王大臣面议时所言,而且仅此一次而已。上引二十五年玄烨说"此事举朝悉知",只能是后来玄烨自己或入议者宣泄于他人。二十五年索虽仍以内大臣兼议政,但罢去大学士已达六年之久。宠信远不如往昔,故玄烨不惜将其"妄请"载之《方略》。

现在剩下的问题是,十二年年底,玄烨召集议政会议决定发兵时,索额图的身份是保和殿大学士,未兼议政大臣,[2]是否可能参与十二月二十一日的会议?

清初内三院大学士首次兼任议政大臣,是清世祖福临亲政之后的顺治九年(1652)三月,且全以满洲和汉军大学士为限,汉大学士不与。十三年八月,福临停止大学士兼议政,随后于十五年改内三院为内阁。这一变化,反映出顺治朝从议政会议全面干预国家机构,到内阁走向皇权下的独立行政中枢的发展趋势,拙文《评清世祖遗诏》说较详。[3]康熙初年四辅臣执政伊始,即将内阁改回内三院,并宣称"一切政务思欲率循祖制,咸复旧章"。"凡事皆遵太祖、太宗时定制行。"[4]既一切制度以关外为准绳,自不容大学士预议政。玄烨亲政恢复顺治末年规模,内三院重新改为内阁,但大学士并不议政。

然而三藩叛乱爆发,情况又有了变化。玄烨为迅速处理军情,特命满洲内阁大学士同兵部大臣一并参与议政王大臣会议。随着时间的推移,连会推总督这类事务,议政王大臣也奏请满洲阁臣共同参与,详见《起居注》十八年十一月初五、初七两日。另据《起居注》二十年十一月初六日、初八

---

[1] 关于索额图在平定三藩中的作用,参杨珍《索额图研究》,载《清史论丛》1996年号,辽宁古籍出版社1996年版。
[2] 《清史列传》卷8《索额图传》,其任议政大臣在罢大学士之后;《清史稿》本传同。
[3] 载拙著《清初政治史探微》,辽宁民族出版社2008年版。
[4] 《清圣祖实录》卷3顺治十八年六月丁酉、卷1顺治十八年二月乙未。

日及十二月初九日、十六日记载,明珠亦参与议政会议,则满大学士皆有此项权力。[1]议政会议与御门听政是玄烨分别处理军机和行政的两个系统,议政会议的结果若按正常的题奏、票拟等程序,显然不适应处理紧急军机的需要。玄烨"因军务孔急,凡有会议,俱用白本启奏,不拟票签,故令阁臣得预议军机,原出自朕旨"。[2]即为简化程序,将会议结果由阁臣直接呈奏玄烨,并将玄烨的谕旨迅速下达,使政令军务更为统一,效率更高。在这一体制变化中,显然不能排除所有的汉大臣参预军机。除上文提到的王熙外,大学士李霨,"上所依任,参预机密。天子尝口授公起草谕统兵亲藩将帅方略,退食或至夜分,或留宿阁中。出,或问以时事,默不应。其慎重不泄,识者谓得古大臣体"。[3]李霨、王熙参与军机,是汉官中的特例,但充其量只能说深蒙玄烨信任,未因民族歧见被排斥于本身职任之外,与满大学士参与议政性质迥然有别。值得注意的是,任左都御史的魏象枢至十八年似仍不了解满大学士参与议政的原委,以至在九卿会议此事时云:"阁臣原不预会议。(山东巡抚周)有德系外臣,想不知此例。"[4]阁臣参与议政起自于何时,《起居注》、《实录》等官书均无记载。

故宫博物院所编《文献丛编增刊》专集《清三藩史料》,多载康熙十三、十四年间议政王大臣会议题奏,其中最早出现大学士署名的,即十三年六月二十五日康亲王杰书、安亲王岳乐领衔的题本,署名大学士的依次为:中和殿大学士图海、保和殿大学士索额图、文华殿大学士对哈纳、中和殿大学士巴泰,清一色的满员。勒德洪未见,乃因其十六年方任大学士。明珠、米斯翰分别以兵部尚书和户部尚书在列,亦沿顺治九年的成例。可见,满阁臣预议政于十三年已成定制,上距叛乱爆发仅仅半年。但我们毕竟没有直接证据,说索额图参加了十二年十二月二十一日的议政会议。历史考证往往会面临这种尴尬,我们明知已经非常逼近目标,可就

---

[1] 明珠以满兵部尚书议政,则更早在十三年六月二十五日,见故宫博物院《文献丛编增刊·清三藩史料》。
[2] 《起居注》十八年十一月二十二日。
[3] 《碑传集》卷4王熙《大学士李公霨墓志铭》。
[4] 《起居注》十八年十一月二十二日。

是无法获得"现场"证据。为了弥补这一缺憾,我们不妨将以下两点考虑进来:第一,凡一制度的形成,必有相当过程,多是先有既成事实,然后形成定制。况且,顺治朝已有大学士议政的先例。第二,索额图是清除鳌拜集团的最大功臣,又是玄烨皇后的亲叔,其与玄烨关系之深,受玄烨依任之重,远非议政王大臣所能相比。虽在撤藩问题上与玄烨所见不同,但非独持异议。事实上在平藩战争前期,索仍是玄烨最得力的辅佐。至于后来说"昔吴三桂之乱,索额图时参谋议,从未发一善策",[1]乃索依附皇太子被玄烨处死三年之后所言。此刻索在玄烨心中已是"本朝第一罪人",玄烨愤恨之余,不惜过甚其辞。总之,玄烨在获知吴三桂叛乱紧急召开议政会议,势无撇开索之理。基于这两点,我宁愿推断索以大学士参与了二十一日的议政王大臣会议,并以此开启康熙朝满阁臣预议政的端倪。如前所述,索额图杀撤藩者的妄请,正是在这次会议中提出来的。

索额图参与十二年十二月二十一日决定发兵的议政会议,并提出杀撤藩之人;而魏象枢的"有苗格"之议既为王熙所闻,则必发于十三年以后的满汉集议之中:二者在时空上邈不相接。而且,索额图既不主张撤藩,且欲杀主撤者,则当初绝无可能赞成发兵甚明。若按玄烨所说,魏象枢亦阻挠发兵,则索、魏二人所持立场岂非一致?无论从哪一方面考虑,说魏象枢因阻挠发兵与索"争论成隙",皆无法成立。玄烨上谕所云,不应属误记,而是诬辞。

欲进一步探讨玄烨的这种混淆和诬蔑何以产生,必须分析康熙十八年地震引起的一场政治风波。

(三)魏象枢独对之真相

前引"十八年地震时魏象枢密奏速杀大学士索额图"一语,是玄烨十五年之后的回忆。《起居注》、《实录》于十八年皆记载七月二十八日京师发生大地震,却不载魏象枢密奏事。但其他史料表明,魏象枢确于地

---

[1]《起居注》四十五年七月初二日。

震当日独见玄烨,这一点玄烨并没有记错。

《碑传集》卷8,陈廷敬《魏公象枢墓志铭》:

> 一日拜三疏,疏甫入而地震。公言:"地,臣道。臣失职,则地反常。臣总风宪,咎实在臣。"是日,独被召对,近御座前语移时,或至泣下。其言秘不传。

同卷,徐乾学《敏果魏公神道碑》:

> 京师地大震,公与副都御史施公维翰入奏。(中略)上即召公入内殿。公伏地涕泣,请屏左右,语移时。是时用事大臣为之股栗。然公之语,近侍皆莫得闻。施公迎于后左门,见公泪流颊未干也。

《碑》作于象枢殁后二年。《铭》更在前,且言象枢之子"学诚以《状》来乞铭"。故从史源而论,《行状》、《铭》、《碑》不免父子证之嫌。但我们必须了解,徐、陈二人同与魏立朝多年,为当时人记当时事。更何况象枢死后安葬,"有司以天子命襄其事,于是谕祭有碑"。[1] 既奉玄烨之命,《铭》、《碑》又皆将示之于人,如此大事,岂敢随意杜撰。故魏独对一事,《碑》、《铭》记载应无可疑。而最权威的史料,还当属《寒松老人年谱》,其云:

> 七月二十八日,具有三疏。……是日拜疏归寓,书斋独坐。忽于巳时地大震,有声如雷,尘土蔽天,垣屋倾圮。余凝神立于窗下。移时少定,余即立奔入朝,躬请圣安。司禁门者曰:"满官请安已毕,汉官一人未至,不便启奏。"余大哭曰:"此事天翻地覆,异常大变,若不面见皇上,恭请太皇太后、皇太后、皇上、皇太子尊安,死不敢回也。"乃转奏。蒙宣至乾清门,请安毕,奏曰:"臣罪当先死,以回天变。"圣心恻然者久之,即蒙召对而出。奏对语失记。

---

[1] 见《敏果魏公神道碑》。

三家记载详略不同,可互相印证。《铭》、《年谱》记象枢于当日地震之前曾连上《直纠不法司官》、《抚臣因循溺职》、《督抚实政当修》三疏,收入《寒松堂全集》卷4,皆署七月二十八日具题。《起居注》记当日听政,三疏即听政时所陈,玄烨左右皆闻之,故三家所记大意相同而措辞少异。至于地震之后象枢独对密奏,《碑》曰:"召公入内殿","公之语,近侍皆莫得闻"。《铭》曰:"近御坐前语移时,其言秘不传。"《年谱》曰"即蒙召对而出",亦透露独对之处在内殿御座前,三家记载相合。而独对之内容,陈、徐二人不得其详,象枢本人亦不敢记载。《年谱》记"奏对语失记"者凡三处,另二处为同年八月二十九日、九月十三日,稽诸《起居注》,此三日玄烨均曾与臣下讨论地震之后的应对措置,象枢皆为当事人。凡玄烨有关地震之后具体处置,《年谱》一一讳之,略可体会其中利害轻重,非同一般。

《碑》与《年谱》之重大差异在于,《碑》虽云象枢独被召对,却是与副都御史施维翰一同赴朝的。而且象枢独对出宫之后,"是日,公与施宿署中"。而《年谱》对施维翰只字未提,此为何故?《清史稿》卷273《施维翰传》:"浙江巡抚陈秉直荐举学道陈汝璞,为左都御史魏象枢所劾,秉直应降调,以加级抵销。维翰言:'秉直与汝璞见闻最近,乃徇情妄举,非寻常诖误可比。请敕部定议,凡保举非人坐降调者,不许抵销。'上然之,因著为例。给事中李宗孔继劾秉直,坐左迁。"《传》末云"施维翰在台敢言",于象枢当属同志。象枢劾疏见《寒松堂全集》卷4,题于十八年二月十二日,在地震之前。《实录》十八年八月甲戌(十二日)九卿议覆李宗孔条奏,其中有"江西总督董卫国不能料理政务,致失民心,浙江巡抚陈秉直察吏无能,贤否混淆,俱应解任"。则陈之解职,又在地震之后。据《八旗通志》卷123《直省大臣年表》,董卫国正白旗汉军,陈秉直镶黄旗汉军。[1] 又知陈

---

[1] 《八旗通志初集》,东北师范大学出版社1985年版。《国朝耆献类征初编》卷153《陈秉直传》为栋佳氏,镶黄旗满洲,清光绪十年湘阴李氏藏版。《满汉名臣传》同。一说陈秉直为陈佳氏,见东洋文库满文老档研究会《八旗通志列传索引·人物志索引》。陈佳为满洲世姓,见《八旗满洲氏族通谱》,朱彭寿《清代人物大事纪年》采此说。

魏象枢独对与玄烨的心理阴影

秉直之落职,为象枢首劾,施、李继之。玄烨惩办满族封疆大吏,是象枢地震日独对后的余波,详后。而可注意的是,玄烨公开斥责汉官结党,与满洲立异,正是始于此次地震。象枢不独于《年谱》地震当日隐去同施一同赴朝,《全集》亦不见有与施之任何酬答文字,极可能是震慑于玄烨的警告,特地消除了与施"结党"的痕迹。但徐《碑》却似有意留下一段文字,让读者玩味:

> (独对之后)公与施宿署中,语施云:"今民生困苦已极,而大臣之家日益富饶,皆地方官吏谄媚上司,朘削百姓,督抚司道转馈送在京大臣。以天地有限物力,民生易竭脂膏,尽归贪吏私橐。小民愁苦之气,上干天和,致召水旱、日食、星变、地震、泉涌之异。又,会推选择,徇私不公;行间将帅,复无纪律;蠲免钱粮,灾黎不沾实惠;刑官鬻狱,豪右周利;等威荡然,贵贱倒置:皆为可忧。"施公曰:"公何不极言之?"公曰:"圣明烛照,何待吾言。吾侪负国,万死不足塞辜。"明日,上以六条宣廷臣集议,大略如公指。于是朝士或谓出于公造膝所请。公之密友与子弟,究不知公所陈何语也。

此条材料既非采自《年谱》,亦不见于陈《铭》,乾学当另有所闻,故尤为可贵。《碑》中所记象枢与施语及种种弊端,与《起居注》、《实录》以及《御制文集》所载地震之后玄烨颁示诏旨之六事一一相合。可见"出于公造膝所请",绝非虚语。但徐乾学偏偏要加上象枢说"圣明烛照,何待吾言",明明说"大略如公指",又特补"朝士或谓"一语。乾学文章典雅简洁,叙事赡详,玄烨每每叹赏不置。[1]何以此段叙述闪烁其词,必其心中有所瞻顾,不敢直书其事,其要害究竟何在?

---

[1] 《碑传集》卷20韩菼《徐公乾学行状》:"在馆局,于诸书开宗起例,每奏一篇,多称善也。"《起居注》二十三年六月二十三日,玄烨与扈从阁臣论文,常书等奏曰:"汤斌道学优长,徐乾学文章富丽。"上曰:"然。作文章谁及徐乾学?"二十六年五月十四日,内臣考试,王熙、余国柱力挺高士奇,玄烨仍说:"徐乾学所作甚好。"又,《清史列传》本传,二十四年召试翰詹,"乾学列上等第一"。

玄烨颁布六条令群臣集议,徐《碑》记在地震之"明日",魏象枢《年谱》亦曰:"次日,因地震示警,下诏修省,特召臣象枢同大学士臣明珠、臣李霨、尚书臣宋德宜捧出诏款六条,颁行天下。"二者皆以颁布六条事在七月二十九日。而稽诸《起居注》、《实录》,却又不然。对此须加细细考证。先迻录《起居注》如下:

> 七月二十八日庚申,早,上御乾清门,听部院各衙门官员面奏政事。巳时,地大震,上复诣太皇太后、皇太后宫问安。未时,奉旨传内阁、九卿、詹事、科道满汉各官齐集。召大学士明珠、李霨,尚书宋德宜,左都御史魏象枢,学士佛伦入乾清宫面奉上谕,曰:"兹者异常地震,尔九卿大臣各官其意若何?朕每念及,甚为悚惕。岂非皆由朕躬料理机务未当,大小臣工所行不公不法,科道各官不直行参奏,无以仰合天意,以致变生耶?今朕躬力图修省,务期挽回天意。尔各官亦各宜洗涤肺肠,公忠自矢,痛改前非,存心爱民为国。且尔等自被任用以来,家计颇已饶裕,乃全无为国报效之心。尔等所善之人,即以为善而奏闻;尔等所不合之人,即不行奏请。此等不公事情,朕闻见最确。欲即行处分,犹望改过,虽知之,不行议罪也。今见所行愈加贪酷,习以为常。且从前遇此等灾变之事,朕亦屡曾申饬,但在朕前云钦遵申饬之旨,究竟全不奉行。前此大奸大恶之人,朕重加处分,尔等亦所明知,此即榜样也。再,科道各官向来于大奸大恶之人未见纠参……此后科道各官如有确见,即行据实参奏,若依然虚饰,……或事情发觉,或经朕访出,虽欲宽免,国法具在,决不饶恕!着即传谕齐集诸臣,咸令知悉。"

《实录》此谕亦载于二十八日,除个别字词之外,内容完全相同,唯将五人入宫奉面谕,改为"命大学士明珠等传谕"。此谕之前,《实录》还载有数谕,依次为谕户部、工部,谕大学士等,又谕大学士等,谕吏部等衙门,皆处理震后具体事宜,为《起居注》所无。

而令群臣集议的诏旨六事,《起居注》、《实录》皆载于三十日壬戌。据《起居注》:

是日早,命满汉学士以下,[1]副都御史以上各官,集左翼门候旨。少顷,上遣一等侍卫捧谕旨出,仍口传上命,曰:"顷者地震示警,实因一切政事不协天心,故召此灾变。在朕固应受谴,尔诸臣亦无所辞责。然朕不敢诿过臣下,惟有力图修省,以冀消弭。兹朕于宫中勤思召灾之由,精求弭灾之道,约举大端,凡有六事。尔等可详议举行,勿得仍前,以空文塞责。"传旨毕,宣读上谕。(即六事,文长不具录,《实录》略同。)

于是,私家记载的徐《碑》、象枢《年谱》,与官修《起居注》、《实录》便出现两点差异:第一,明珠、魏象枢等五人所传面奉上谕și宣布诏旨六事,《碑》、《年谱》以为一事,而《起居注》、《实录》则分为二事;第二,就时间而言,《碑》、《年谱》所载传谕以及六事在地震次日,即二十九日,而官方记载则分别以五人传面谕在二十八日。而六条则为侍卫所传,在三十日。究竟孰是孰非,值得认真对待。

我们先看《起居注》、《实录》二十八和三十日的记载传达了哪些讯息?二十八日,《实录》于明珠等传谕之前曾有数道谕旨,谓"京城内外军民房屋多有倾倒","穷苦兵丁出征在外,房屋毁坏,妻子露处,无力修葺,更堪悯恻";"其摧塌房屋、压伤人口"令各御史"详加稽察","作何加恩轸恤,速议以闻"云云:皆在体现玄烨对京城八旗的关切,于非常之际指挥若定。象枢《年谱》记其入奏之前,"满官请安已毕",则这些上谕当是满官请安之际的口谕,后经文饰载入《御制文集》、《实录》,此无关宏旨。

关键在于《起居注》所载五人奉面谕。玄烨的意思很明显,以前大小臣工的种种不公不法,他已经"闻见最确",但他希望犯法行私者自行悔改,只因"屡曾申饬",未加议罪,乃变本加厉,"愈加贪酷,习以为常",对玄烨的告诫"全不奉行"。因此,玄烨决心对为首者重加处分,并令科道据实参奏,无得隐瞒。玄烨要惩处的是谁? 明珠既在奉旨之列,自应排除在外。而向居明珠之前的索额图、勒德洪均被玄烨摒弃不见,实则为待罪听

---

[1] 按:当为大学士,从《实录》。

宣。此康熙朝惯例，研史者习知。索额图失势后，玄烨云其"巨富通国莫敌"。[1]故此谕中"自被任用以来，家计颇已饶裕"者，亦以索首当其冲。谕中"前此大奸大恶之人，朕重加处分"，必指鳌拜。《起居注》二十二年三月十六日，诸王九卿议索罪行入奏，玄烨曰："自尚书以下诸臣，谁不往来。"又知此谕直以索拟鳌拜，未将勒德洪、明珠视为索之同党。玄烨所欲惩办者索额图一人而已，固不言自明。总之，《起居注》、《实录》二十八日明珠等所传上谕，意在表明玄烨不再隐忍，决心惩办首恶，以警其余。而至三十日，由侍卫所传口谕，则风向为之一变。虽云"在朕固应受谴，尔诸臣亦无所辞责"，但其要旨却在"朕不敢诿过臣下"。而所颁六事，措辞虽然严厉，其目的自然在于惩前毖后，既往不咎。而且同时也表明，诏旨六事，出于玄烨本人的"勤思"、"精求"，非得自他人。于是我们看到：地震当日，玄烨警于天变，即欲惩治首恶，以弭灾异；经过两天慎重"思惟"之后，乃一改初衷，决定不诿过臣下，而以六事来约束内外臣工将帅士卒。这种安排，既与二十八日隐去魏象枢独对前后照应，又可以解释何以二十九日这一天玄烨无所措置的原因。似乎一切都处理得妥当无缝。

但仔细分析，《起居注》、《实录》二十八日和三十日的记载，不仅与私家《碑》、《年谱》所记难以吻合，即使是《起居注》、《实录》本身，亦难自圆其说。首先是《起居注》二十八日明珠等五人入宫面奉上谕，如果依上述解释是针对索额图而发，欲拿索开刀以警众人，以回天意，何以有兵部尚书宋德宜、左都御史魏象枢的入宫奉旨。当时汉官中大学士杜立德、冯溥、吏部尚书郝维讷等人地位都在宋、魏之上，玄烨如此大手笔，撇开杜立德等人而独钟情于宋、魏，恐无此理。所以，既然隐去魏象枢独对一事，又召魏参与奉旨处治索额图，无论如何也说不通。如果说二十八日上谕本无深意，非有特指，上文所作惩办索额图的分析纯系捕风捉影，但那么一来，由明珠、魏象枢五人入宫，不但毫无意义，简直莫名其妙。而且，二十八日玄烨既发布一系列上谕，又召集群臣由明珠等人传达面谕，似雷厉风行，按理各衙门臣工立即就应有所反应，但奇怪的是，次日（二十九日辛酉）《起居注》记玄烨乾清

---

[1]《清圣祖实录》卷108二十二年三月庚戌。

门听政,而《实录》却只记户、工二部给银受灾者一条。地震何等大事,亦非机密,故不存在有所隐讳的问题。即使说玄烨独自在宫中精思明日的六条,但臣工们何由而知。难道满汉大臣暗中达成默契,置玄烨的一系列诏谕不顾,一齐静候玄烨的下一步布置。此皆《起居注》、《实录》所不能自解者。

如果与《碑》、《年谱》相对校,则更为抵牾。地震发生于当日巳时,《起居注》记玄烨于地震后赴两宫请安。然后,未时集满汉各官,命明珠、魏象枢等人入宫奉面谕宣示群臣。但据《年谱》,象枢在巳时地大震之后,"移时(地震)少定",即"立奔入朝"。至时,司禁门者告之"满官请安已毕",此即《实录》一系列上谕所由出。问题是,象枢好不容易说通司禁门者,又经过乾清门启奏,玄烨"恻然者久之",才召入便殿独对。据陈《铭》、徐《碑》,独对"语移时"。即使玄烨当下即被象枢说动,亦不可能在未时就召集满汉九卿科道。如果考虑到当时汉官皆居南城,非能闻宣立至,则未时齐集宣谕就更无可能。再者,若未时宣谕,距日暮尚早,象枢何至要当晚留宿衙署,与施维翰夜谈。独对之后,非不得已,如此行迹,岂非启人疑窦?唯有在象枢独对毕,天色已晚,不便返回寓所,才会留宿署中,与施交谈。是又知所谓集群臣宣谕于未时之愈不可信。如按《起居注》,则玄烨在象枢独对之后,即杀心顿起,且宣示群臣。以魏象枢一汉官,能对玄烨有如此之大的影响力,以致仅凭一番奏对,便欲处置满洲重臣,稍稍了解清初政局中的满汉关系,恐无敢作此设想。如果独对之后玄烨态度已极为明朗,施维翰也不至于有"公何不极言"之责,魏象枢也不必说"圣明烛照,何待吾言"。前引三十三年玄烨上谕,魏象枢密奏杀索,遭到玄烨面斥,"凡事皆朕听理,与索额图何关轻重?"玄烨此语,与"朕不敢诿过臣下"如出一辙,则地震当日玄烨召象枢独对时已持此意。既然如此,又何来二十八日那道杀机毕露的面谕,又何必将"不敢诿过臣下"一谕载诸三十日?凡此,皆《起居注》、《实录》不能与他书相印证者。

事实上,如依徐《碑》,象枢《年谱》,以象枢独对在二十八日,象枢与明珠等人入宫奉面谕及颁诏旨六事均在次日,则上述种种疑惑与违戾之处皆可消除。象枢独对虽不为左右预闻,但事后必朝士传诵。综合《碑》中象枢与施之夜谈,《起居注》、《实录》所宣上谕及诏旨六事,可知象枢独对时必力言吏治败坏,军队暴行,甚至提出惩办满洲权臣。至于是否言杀索,则无从对证。玄烨于象枢直陈,不能无动于衷。但仓促之间,显然毫无思想准备。而惩处当权满洲,尤非玄烨所能从,故不能立即答复象枢。当晚象枢与施维翰于署中交谈时之所以惴惴不安,正是感到前途未卜。次日,玄烨取一折衷方式,召五人入宫面谕。汉大学士唯李霨在列,以其最为玄烨所信任且未对满洲有过正面批评,亦反映玄烨不欲多召汉人,以启满洲之嫌。宋德宜入召,乃因其对整治军队弊端所持见解与象枢相合,且为最早予以抨击者。德宜"每议朝廷事,侃侃正色而言,无或有所顾避"。[1]这一点后文详述。玄烨所颁六事,极可能即由宋、魏二人代为草拟。而所宣玄烨上谕,我以为此即《起居注》、《实录》二十八日面谕以及三十日侍卫所传口谕。将此两谕合而读之,玄烨之意图毕现无遗。先以"大奸大恶之人,朕重加处分,此即榜样",声色俱厉;紧随之以"朕不敢诿过臣下"一转语,即化干戈为玉帛。五人先向群臣宣读面谕,然后命群臣集议所颁六条。群臣陷于议论六条之中,何人还敢再谏请玄烨追究首恶。索额图、勒德洪之不入宫奉旨,自然是玄烨迫于压力,不得不示之儆戒,以缓解汉官的不满。质言之,若将《起居注》、《实录》中二十八日面谕及三十日口谕及诏示六事合为一体,移至二十九日,则前述所有矛盾皆迎刃而解。我以为事实真相即是如此。

如果这一推断成立,那么随之而来的疑问便是,原本二十九日之事,《起居注》、《实录》何以要割裂为二,分记于二十八日和三十日之下,其意图何在?在回答此一问题之前,有必要再次排除《碑》、《年谱》误记的可能。《年谱》记事精确,前已有述。[2]其所以能如此,象枢应有日记之

---

〔1〕 徐元文《含经堂集》卷24《宋蓼天先生晋吏部尚书序》,《续修四库全书》,上海古籍出版社1996年影印本。
〔2〕 如十八年十月二十六日,玄烨召象枢谈论,先问其诗文,次及崔蔚林之格物,阳明与朱子异同,再问象枢几子,任科员时与何人对参,最后论及明朝言官杨继盛。二十三年九月二十六日象枢陛辞,君臣答对赐诗,《年谱》与《起居注》不但顺序、内容相同,即语气也完全一致,须知象枢及其子学诚皆不曾任起居注官,无从翻阅《起居注》以订正《年谱》。

魏象枢独对与玄烨的心理阴影

类为据,绝非依晚年回忆,口授其子笔录所能致。象枢回籍之后,曾云:"每一回想仕途风波之险,危而复安者不知凡几,赖圣明在上,鉴我愚诚,卒得保全。"[1]而借地震入宫独对,无疑为其仕途中最大的一次冒险。《年谱》于独对之前的心理和行为记载尤详,可见其事后下笔时仍不平静,自知此举非同一般。得以与明珠等入宫奉旨,实为破格殊荣,亦恐出象枢意外,且平生仅一次。此事若如《起居注》即在地震当日紧随独对之后,则不仅证明象枢能说动人主,更能体现玄烨当机立断,从谏如流。《年谱》断无将此误记于次日之理。若以《年谱》有意篡改于次日,则更无可能。因为这样篡改,于己既无所增重,且于玄烨形象有损,其中利害,象枢岂有不晓?奉诏独对如同地震一样,皆为震撼朝廷的大事件。《年谱》尚不敢稍有随意,何况示之于朝的《神道碑》。二十八年乾学撰此《碑》时,因上年牵连张汧案解任,虽蒙玄烨宽容,留京修书,但怨家丛集。象枢朝廷大臣,其《碑》必传示于朝廷君臣。乾学若在奉诏一事上不加审慎,或径依行状之误,率尔落笔,即授人口实。众所周知,玄烨对朝廷大臣不仅于其生前密加访问,即其身后如何评价,亦极其留意。二十三年,两江总督于成龙去世。当年玄烨南巡还京,谓群臣:"朕巡幸江南,延访吏治,博采舆评,咸称居官清正,为今古第一廉吏,应加褒恤。"[2]其后,玄烨于臣下所拟祭文、碑文,"从容细阅,改定发出"。又亲撰"御制碑文,御笔贞珉,俾立墓上"。[3]玄烨所撰《于成龙墓碑》载《御制文集》卷23,可按。又,二十九年乌兰布通之战,佟国纲阵亡,翰林编修杨瑄撰拟祭文,引喻失当,玄烨阅后极为不满,杨瑄革职,拟发往奉天入旗为奴。玄烨命掌院学士"张英及撰文者,以从前姚文然、魏象枢、叶方蔼祭文,与此祭文较看"。[4]可见玄烨对大臣身后之论何其严格慎重,真是一字不肯轻易

---

[1]《年谱》甲子岁末。
[2]《碑传集》卷65陈廷敬《总督江南江西清端于公传》。
[3]《起居注》二十四年三月初一日、四月十二日;《碑传集》卷65范鄗鼎《请于清端入三立祠呈词》。
[4]《清圣祖实录》卷149二十九年十月辛巳。

放过。[1]有鉴于此,对于"亲定谥曰敏果","有司以天子命襄其事,谕祭有碑"的魏象枢《铭》、《碑》,玄烨又焉能轻轻放过。徐乾学历任日讲起居注官,入直南书房,内阁学士等职,当然知晓其中利害。徐乾学曾撰刑部侍郎叶方蔼祭文呈御览,玄烨谕曰:"凡祭文、碑文自应视其实绩撰拟,即一字褒贬皆有关系。嗣后撰祭文、碑文,凡同乡之人及亲戚应令回避。这祭文暂留,着另行撰拟。"[2]后又遵嘱作李霨祭文,玄烨览毕,说:"祭文、碑文关系紧要,须相其人之行事而为文,方可信服天下。此文虽佳,尚当按其行事稍加更改。"[3]其时徐以阁臣捧本,于玄烨耳提面命,敢不铭记于心!故我以为徐《碑》、象枢《年谱》记象枢等入宫奉面谕并颁示六事皆在二十九日,绝无可疑。[4]

《碑》、《年谱》不可能误记的理由既明,对于《起居注》、《实录》何以要篡改事实,将象枢等人入宫奉面谕与颁示六事断裂开来,也就不难予以解释了。

如前所述,《实录》二十八日所载一系列上谕,是召见魏象枢之前满官请安时的口谕,事后由修纂者整理润饰载入《实录》,意在表现玄烨于地震之际指挥若定,挂念在京八旗的安危。当日汉官仅召见象枢一人,且在宫中。众多汉官于天崩地陷之际,理应渴望天颜,聆听玉音。而玄烨亦不应举措失当,心中所念唯止满洲。故必须设计当日召集满汉群臣宣布上谕一幕,才更符合玄烨自我标榜的"君臣一体"、"情意不隔"、"满汉官员均属一体"的宗旨,[5]凸显其满汉无异、天下共主的形象。而且这一举动又不能出自汉官的推动,故《起居注》、《实录》删去了象枢独对,将五人入宫奉上谕移至地震当日,以掩饰玄烨于地震之际置汉官于不顾,且于群

---

[1] 参考《起居注》二十年九月二十四日对范承谟、马雄镇二人碑文的批谕。
[2] 《起居注》二十二年六月初八日。
[3] 《起居注》二十四年三月二十九日。
[4] 《清史稿·圣祖本纪》虽记玄烨谕六事在壬戌(三十日),然魏、索二人本传及《清史列传》索本传皆以奉上谕在象枢独对之次日,不从《起居注》、《实录》,而取《碑》、《年谱》之说,是否另有所据,还待查证。
[5] 分见《起居注》十八年十二月初五日、二十年十二月初九日。

魏象枢独对与玄烨的心理阴影

臣无所表示的缺憾。此其一。

《起居注》、《实录》二十八日所奉上谕,可以表达玄烨对权臣腐败,怙恶不悛以及科道官员不予揭发的严厉谴责,是欲凸显玄烨整饬吏治,惩治首恶,以扭转风气的决心。而将"不敢诿过臣下",令群臣共图修省的口谕置于两天之后的三十日,是为表明玄烨此一思想转向是经过反复考虑,慎重作出的决定。从而掩饰玄烨面对象枢独奏时,内心即已抱定拒绝处置权臣,回护满洲的立场。此其二。

魏象枢密请杀索额图,出自十五年后玄烨之口,谁敢质问?象枢又自晦其奏对语,留给他人的只是猜测。《起居注》记象枢二十八日参与召见,所奉上谕又隐含杀机,则玄烨欲杀索出于象枢怂恿,与玄烨后来所言恰好相符。《起居注》三十日集群臣于左翼门传玄烨口谕及六事,群臣奏对首记索额图之语,即玄烨不诿过臣下之体现。象枢又非传谕之人,则表明玄烨经二十九日思考,已识破象枢奸谋。如此安排,以后玄烨放言便可无所顾忌,即使稽诸《起居注》,仍可证玄烨所言不诞。即象枢复生,亦百口不能解。此其三。

最后,将所颁六事移至三十日,意在表明六条出于玄烨本人之思虑。玄烨睿智洞见,无所不照,绝非得自他人所献,由此掩盖玄烨于满洲权贵贪腐、军队暴行的长期纵容,只是迫于汉官魏象枢等人的压力,不得已而命群臣集议的被动姿态。

我以为正是出于上述目的,《起居注》、《实录》才不惜违背事实,进行篡改。官方编纂者很清楚,这种篡改虽不能质诸当时,也无须质之舆情,[1]却可以欺瞒后世。

---

[1] 徐元文《含经堂集》卷18《恭陈明史事宜疏》:"明世史臣纪载或多失实,将欲剪其繁芜,正其矫诬,非窥国史莫定是非。乞许恭阅三朝实录,以便参稽。"并见《起居注》二十六年四月初四日。三朝实录,即清太祖、太宗、世祖实录。是知非修史廷臣不得阅本朝实录,此沿明朝旧例,见顾炎武《亭林文集》卷19《书吴潘二子事》。至于《起居注》,更臣下所不敢阅,见下文。臣下私阅本朝《实录》,是为犯禁,当严惩,见《清圣祖实录》卷288五十九年五月甲申。

再检诸玄烨手定的《御制文集》，[1]有关地震的谕旨亦为二十八日、三十日，[2]日期与《起居注》、《实录》相同。若说三书同样篡改，似乎令人难以置信，但其间并非全无踪迹可寻。《起居注》二十八日明载明珠、象枢等五人入宫奉上谕，《实录》则书"谕大学士明珠等"，隐去李霨以下四人，显然是察觉到五人身份与谕旨内容并不相符。而在《御制文集》中，却标以"谕内阁九卿詹事科道"，完全消除了此为五人入宫所奉面谕的线索。更令人惊讶的是，《御制文集》中的"谕大学士明珠、李霨、尚书宋德宜、左都御史魏象枢、学士佛伦"，其内容却是恐八旗灾民"不得均沾实惠"，令各御史详加访察，与《起居注》五人所奉面谕全不相干。在《御制文集》中，五人的角色较之在《起居注》中更加微不足道，这显然不是一时疏忽所致。此外，《起居注》、《实录》载三十日侍卫宣口谕及六事，明书群臣齐集左翼门，而二十八日五人奉上谕在乾清宫，群臣却不书集于何处。《实录》既改书"谕大学士明珠等"，或可有此一失，而《起居注》凡有会议集群臣，皆明书地点，当不容有此误。《御制文集》干脆删去三十日口谕，将《起居注》"着九卿詹事科道会同详议具奏"颁示六事，改成公文，集群臣一事便毫无踪影。此亦非《御制文集》体例使然。以上记载差异虽然隐微，但足以证明玄烨在审定有关地震上谕时曾指使编纂者作过篡改。只是各书编纂时间不同，编纂者于玄烨旨意领会不能尽合，才留下些许蛛丝马迹。

众所悉知，孟森的清史研究之所以取得巨大成就，其原因之一即以《东华录》校正《清实录》，故多能发前人未发之覆。可惜孟森未能利用《起居注》。今人又因推崇玄烨，而对《起居注》从不置疑。较之《圣祖实录》，《起居注》自然更接近事实，但亦非绝对可靠。须知玄烨本人即不相信。仅中华书局本《起居注》，即载有四次关于《起居注》的风波，五十七年终于将起居注馆裁掉。[3]李光地亦说："《起居注》凡予所奏对

---

[1] 《圣祖仁皇帝御制文集》前三集皆玄烨身前所定，见《四库全书提要》。
[2] 见《御制文集》卷8、卷9，文渊阁《四库全书》，台湾商务印书馆1982年影印本。
[3] 关于康熙朝起居注馆的四次风波，参见《起居注》二十二年二月初一至初二日，二十五年九月三十、十月初二日，二十七年二月初三日，五十七年三月初三日；并《清圣祖实录》卷278五十七年三月戊辰（十九日）。

之语,无一载者,大约有人去之。"[1]若非亲自或托人检索,光地何得出此言?方苞为德格勒辩诬,云:"起居注故事:数易稿,然后登籍。"[2]起居注馆虽制度严格,却不能排除君主和权臣的干扰,所记言事须时时秉承玄烨的意旨。

本文用了较多的笔墨,来考辨地震时象枢独对及奉谕之事官私记载的纠葛,不过欲证明官书的改篡更有利于维护统治者玄烨的形象,尽量贬低魏象枢等汉官的作用。结论是否成立,有待方家鉴别。但无论如何,象枢独对一事对政坛的影响及对玄烨的心理冲击,都是不容忽视的。事隔多年,玄烨仍耿耿于怀,时时对象枢诬蔑诋毁。何以象枢一次独对会对玄烨产生如此持久的影响,下面我们就试图对此进行探讨。

二、玄烨对三藩之乱的反思

要想深入认识康熙十八年魏象枢独对一事的意义,须将其置于当时的政治背景中来理解,具体地说,即对三藩之乱予以玄烨的心理影响作出充分的估计。

(一)三藩之乱中的汉人动向

三藩之乱爆发于玄烨亲政四年之后,距康熙三年清廷完成对大茅山农民军的围剿尚不过十年。大规模的武装对抗虽已结束,并不意味民族矛盾已经缓和。这里涉及清初社会主要矛盾转化及三藩之乱基本性质的认定,本文不深论。但我不能赞成目前清史研究中流行的观点,即以武装抗清斗争的结束,作为清初社会主要矛盾已由民族矛盾转化为阶级矛盾

---

[1] 《榕村续语录》卷15《本朝时事》。
[2] 《方望溪全集》集外文卷6《记徐司空逸事》。

的标志。这种观点在理论上的荒谬以及在史实解释上的危害,都是显而易见的。

康熙八年以前鳌拜集团执政,清廷的大政方针及各项政策,其宗旨在于巩固满族的统治民族地位,政治体制以恢复关外旧制为准则。这一时期的社会弊端,广大民众的沉重负担,较之顺治一朝并无改善。民族征服政策的继续,必然使清政权中的满汉对立进一步加深。康熙六年,储方庆于殿试对策中公开批评清廷当局,"信满人之心,常胜于信汉人","汉人有所顾忌而不敢尽忠于朝廷,满人又有所凭藉而无以取信于天下矣"。[1]这正是满族统治者目光短浅,为征服所陶醉的反映。玄烨逮治鳌拜,辅政体制结束,终止了四辅臣时期的倒行逆施。"于是世祖皇帝时旧章次第酌复,中外便云"。[2]但就汉化的程度和规模而言,充其量不过在制度、条例上恢复到顺治后期的水平。[3]至于四辅臣时期在部院衙门中大量充实满洲司员及笔帖式,使满洲官员在比例上进一步压倒汉官,则未予任何纠正。从现有史料,看不出玄烨亲政后曾对清初满汉矛盾根源及现实中的民族对立有过深刻的思考。

玄烨在宣扬所谓"朕满汉一视","朕于满汉内外总无异视"的同时,[4]仍坚持"不忘武备","安不可忘危",谨遵开创之初的"甚重骑射",[5]即恪守满族马上治天下的传统。《起居注》虽有玄烨询问民生的记载,但此时的玄烨却"粟麦不辨",其所热衷者,乃频频出游巡幸。熊赐履《请止北征疏》云:"兹道路传云车驾将幸关外,……而乃忽有边疆千里之役,此不待智者而知其万万不可也。""且目今水旱频仍,流亡遍野,而乘舆一出,

---

[1] 见《清经世文编》卷7《治体一》,中华书局1992年影印本。
[2] 《碑传集》卷12《王熙行状》。
[3] 见《清圣祖实录》卷32九年三月甲戌上谕:"查顺治十五年,曾将满洲官员品级与汉人画一……今应行画一,将满洲官员品级照顺治十五年之例。"卷33八月乙未,恢复内阁大学士、学士官衔及设立翰林院衙门等官,"俱著察顺治十五年例议奏"。卷34十一月丙辰,"经筵应照顺治十四年例"等条。
[4] 分见《起居注》十一年六月二十日、八月十二日。
[5] 分见《起居注》十一年五月十一日、十二月十六日。

扈从千官,骑乘糗刍,供亿匪易,是亦不可不为之念也。"〔1〕然玄烨充耳不闻,置四海于水火而不顾。十年,又远赴关外谒陵。其告祭祖宗曰:"天下底定,盗贼戢宁,兵戈偃息。"随后颁诏天下:"继述无疆,永著显承之盛;升平胥庆,益彰乐利之休。"〔2〕完全是一派意满志得的虚矫辞令。先前预定的十年秋季日讲,十一年初的经筵大典,皆已置诸脑后。次年,熊赐履再次面陈:"昨年皇上谒陵,大典也;今年同太皇太后幸赤城汤泉,至孝也。但海内未必知之,皆云万乘之尊,不居法宫,常常游幸关外,道路喧传,甚为不便。嗣后请皇上节巡游,慎起居,以塞天下之望。"玄烨甚不以为然。〔3〕值得注意的是,玄烨在提出"与民休息,道在不扰"的同时,断然禁止言官风闻言事,实则拒绝群臣议论朝廷政治得失。他满心以为奉行"多一事不如少一事"的态度,便可自然进入太平治世。〔4〕这种为史家所盛赞的无为而治,其本质不过是因循苟且。三藩并撤的轻率之举,即为对现实矛盾毫无认识的盲目心理的驱使。本文强调这一点,不仅仅是为补充对三藩之乱爆发原因的认识,更在于说明,玄烨在三藩叛乱之前的这种思想心态,必然会影响他后来对三藩之乱的反思和总结。

《起居注》二十年十二月十四日,玄烨却群臣上尊号,曰:

> 吴三桂背恩反叛,天下骚动,伪檄一传,在在响应,八年之间,兵疲民困。幸荷上天眷佑,祖宗福庇,逆贼遂尔荡平。**倘复再延数年,将若之何?**

---

〔1〕 见《清经世文编》卷9《治体三》。又,孔继涵《熊赐履年谱》康熙七年有《谏北巡》一疏;《清圣祖实录》卷27当年九月壬子有节录。并参当日赵元符疏。

〔2〕 分见《清圣祖实录》卷34九年九月丙辰,卷37十年十一月丙辰。

〔3〕 《起居注》十一年四月初九日。《碑传集》卷44《侍讲学士张公贞生行略》:康熙七年秋九月,圣祖将出关田猎,幹臣(贞生字)以上春秋方富,宜益崇文德、后武功,上疏切谏……明年秋八月,驾将幸盛京谒陵,且议遣大臣巡方。幹臣请见,言:"方今淮阳被水,诸省报旱,日月并蚀,宜节事宁人,以承天意。况太皇太后春秋已高,皇上不宜轻出。"又言:"大臣巡方,徒扰百姓,无益。"寻下部议,降二级用。贞生谪降革职为民在康熙十年辛亥,见王士禛《池北偶谈》卷5"张学士"条。

〔4〕 参见《清圣祖实录》卷36十年五月庚午,《起居注》十一年十二月十七日。

今幸赖天地祖宗之灵,剿灭逆贼,方为此言。**倘逆贼未能殄灭,其咎岂不尽归朕身**!

可见叛乱平定之后,玄烨仍心有余悸!

《实录》采录此谕颇有删改。"倘复再延数年,将若之何?"改为"倘复再延数年,百姓不几疲敝耶?"而将"倘逆贼未能殄灭,其咎岂不尽归朕身"一段完全删去。"将若之何",暴露出玄烨当初对战争胜负并无把握,"倘未能殄灭",又正好是其注脚。若清廷一方失败,玄烨将不得不为自己的轻率撤藩承担全部责任。玄烨此谕不仅公开承认吴三桂叛乱出乎自己意料之外,尤可注意的是,他在无意中流露出,清廷赢得这场战争是出于侥幸。

玄烨类似的言论,我们还可以在其他地方捕捉到。诸如:"朕听政二十余年,阅历世务已多,甚觉慄慄危惧。前者凡事视以为易,自逆贼变乱之后,觉事多难处。"[1]"回思前者数年之间如何阅历,转觉悚然可惧矣。"[2]十七年的永兴之役,是平藩战争的转折点。玄烨回忆道:"吴三桂兵围永兴城,破在旦夕。吴三桂一死,其兵皆退。此亦天意也。"[3]就连他的身边大臣也说:"皇上若此,则懦怯不及祖宗矣。"[4]然玄烨死后被追尊为圣祖,"六十余年,手定太平,论继统为守成,论事业则为开创",[5]以平定三藩与歼灭噶尔丹为玄烨开基创业两大功绩。其实,就对玄烨的思想心理冲击而论,其他任何事件都远不能与三藩之乱相比。玄烨自云:"三逆之事,非终身可忘者也。"[6]《起居注》、《实录》中所载玄烨对三藩之乱的回顾与评论比比皆是,直至去世前一月尚在论及,[7]确实是终

---

[1]《起居注》二十七年五月初二日。
[2]《圣祖仁皇帝庭训格言》,文渊阁《四库全书》,台湾商务印书馆1982年影印本。
[3]《起居注》四十五年十一月初八日。
[4]《庭训格言》。
[5]《永宪录》卷1康熙六十一年十一月世宗胤禛上谕,中华书局1959年点校本。
[6]《起居注》二十五年十一月十一日。
[7]《永宪录》卷1康熙六十一年十月丁巳。《清圣祖实录》卷299,载前三日甲寅。

身不忘。

　　本文不拟全面分析战争双方的成败得失,而是关注这场战争对玄烨的影响。必须指出,清廷之所以如此艰难,根本原因在于未曾料到人心的向背具有那么巨大的力量。清廷定鼎北京三十年之后爆发的三藩叛乱,迅速扩展为一场全国规模的反清斗争,实出于满族统治者意外。明末镇将在社会动荡中逐渐形成为各地的军事集团,是社会的赘瘤,又是不安定的根源。他们本无确定的政治目标,投靠满洲贵族,甘为其效命疆场,不过欲换取更高的地位和更大的利益。而清廷正好借他们来弥补八旗兵力的不足,彼此相与为用。质言之,三藩势力的膨胀,既是满族征服全国的产物,也是清廷统治者自己培殖的逆种。当全国财政经济状况持续恶化影响到社会秩序稳定时,满族统治者决定断然抛弃三藩,以保证其征服者地位的巩固。在我看来,玄烨撤藩仍含有民族歧视和民族征服的目的。三藩本身的兵力,远不足以与八旗及绿营抗衡,清廷敢于贸然三藩并撤,很可能就因只看到这种表面的兵力对比,而忽视了各地官吏将士以及广大民众的政治倾向。

　　然而吴三桂进军之速,出乎清廷意料之外,[1]起兵不到一年,即八省俱陷。[2]如果考虑到河南和安徽等地的叛乱,最严重的时候,叛乱竟蔓延十五省,半壁河山非清廷所有。西起陕西,经湖北、湖南东至浙江,皆为双方反复争夺、僵持数年的前沿阵地。形势之严峻,实自顺治二年以来所未有。《清史稿·田六善传》康熙十四年疏言:"臣昔为河南知县时,孙可望、李定国尚据云贵四川,其势不减于吴三桂。金声桓叛江西,姜瓖叛大

---

[1] 邓之诚《清诗纪事初编》卷1杨炤《甲寅元夕》:"闻道汉阳口,流血事征战。"卷4庄天锦《甲寅除夕》:"南楚多金鼓。"上海古籍出版社1965年版。二人皆居下江,元旦得知两湖战事,以最快水路计,汉阳至江宁亦需三四日,则吴军抵达长江不迟于上年十二月二十六日。然清廷八旗前锋硕岱二十八日方从北京启程。
[2] 魏源《圣武记》卷2《康熙戡定三藩记》上云,"数月而六省皆陷",是以云、贵、川、桂、湘、闽计,自是准确。本文所云八省,乃考虑广东平南一藩终反,以及湖北长江以南长期为叛军所拒。玄烨亦自言:"当吴三桂叛乱时,已失八省。"见《清圣祖实录》卷253五十二年二月庚戌。下文所云十五省,则包括赣、皖、浙、豫、陕、甘、宁。

同,亦不异耿精忠、王辅臣。而当日民心,未若今之惊惶疑惧。"他的历史对比,不一定准确,但无疑代表了当时的一种看法。多年以后,玄烨与李光地论及三藩,李光地坦言:"方三藩播乱,民心摇摇,未知所归。"[1]最为清廷所担心的,是各地民众重新蓄发易服,[2]以反清复明相号召武装起来,与三藩鼓桴相应。清军处处举步维艰,很大程度上是受到各地民众武装的掣肘,虽官方《实录》亦不能完全掩盖反清势力的浩大及玄烨的惊恐。[3]面对各地民众的反清及大量地方官员附逆,玄烨内心反应如何,由于史料限制,使这方面的研究难以深入,在此略作钩稽。

叛乱初起,御史宁尔讲曾奏言:"外官宣布皇上德意者,曾无一人。"玄烨表面虽说:"外官中岂无一二公忠者?尔此言太过。"但其内心失望不难想见。[4]魏象枢为李光地母撰寿辞,说耿精忠反福建,"一时封疆大吏守节无亏者仅二三人耳"。[5]此言肯定得自曾在福建身历的李光地。康熙十五年底,左都御史陈𪖢永疏云:"陷贼之员,偷生者多,尽节者少,因而展转煽惑,所在胁从。"[6]可见叛军所至各省情况略同。最能说明问题的,是二十二年三藩之乱后清廷的首次大计。依《起居注》所记,各省布政使以下,依八法处置者凡783名,其中从贼官员522名,近70%。[7]其比

---

[1] 《碑传集》卷13彭绍升《李文贞公事状》。
[2] 《清圣祖实录》卷53十四年二月壬寅谕:"秦中兵民……一时无知,割辫去缨。……其临(洮)、巩(昌)、平(凉)、庆(原)等处文武官员军民人等,凡有割辫去缨者,一概赦免不究。"卷62十五年七月己酉,谕兵部:江西吉安"逆贼盘踞日久,小民被胁蓄发者多。……若大兵所至,将蓄发者概行诛戮,殊非朕抚恤残黎至意"。
[3] 《清圣祖实录》卷49十三年八月辛亥,玄烨手敕谕护军统领桑额:"今兵民之心,尚持两端,若不先灭地方小丑,大兵难以前进。"卷53十四年三月庚申上谕:"今我兵渡江之后,万一川贼乘桴东下,侵犯荆州,彝陵、茅麓山贼又出襄阳诸处,则我军必至却顾。"卷57八月己未,陕督哈占疏言:"兴安叛兵已与蜀寇合,攻陷旧县关,将逼西安。南山群盗又分出各口。"此类记载甚多,不备举。
[4] 《起居注》十三年三月初六日。
[5] 《寒松堂全集》卷8《寿李太母吴太淑人序》。《榕村续语录》卷10《本朝时事》:"甲寅,耿精忠乱,闽绅进士以上者,无不驱而为伪官。其时不独官迫之而出,即乡里奸猾亦皆以此挟制作威。"
[6] 《清圣祖实录》卷64十五年十二月癸酉。
[7] 《起居注》二十二年二月初三日。

魏象枢独对与玄烨的心理阴影

例之大,令人瞠目。如果考虑到此次大计包括叛军未曾进入的各省,则叛乱地区从逆官员的比例必将更大。所以,后来清廷纂修《实录》不得不对此数据进行修改,将从逆官员按"不谨"处理,[1]以掩盖各地绝大多数官员倒向叛军的真相。据上述材料,玄烨对各地从逆官员的数量比例应该是了然于胸的。而以密丸上书为玄烨青眼有加,破格授内阁学士的李光地,自述其上密丸的动机,实由于对清廷镇压叛乱后滥杀政策的恐惧。[2]即便如此,玄烨后仍疑其曾受伪职,谓明珠曰:"(李光地)不过是乡绅,又无城守之责,何必死? 所争者,受伪命不受伪命耳。"[3]对乡绅尚须鉴别其曾受伪命与否,至于地方官员的进退顺逆,在玄烨心中是何等严重,即可想而知。[4]二十一年,御史王自修条奏:"凡曾受伪职之人,已经补用及注册候补者,一概罢斥。"吏部议覆准行。玄烨当即曰:"此等人其可用耶? 此议甚当,着依议。"[5]其对从叛官员内心深处的憎恶毕现无遗。当初"一概赦免","照旧供职"的虚伪诺言已抛到九霄云外,这就是次年大计的

---

[1]《清圣祖实录》卷107二十二年二月丙子:"大计天下各官……从逆官员二百四十员,亦照不谨例革职。"汤斌《家书》提供一个实例:"正月二十七日奉上谕添设讲官。二月初二日引见",玄烨拟"学问最优者"八人。适逢甄别,其中李来泰"掌院以昔年在家被诬通贼一案,上(玄烨)曾问及,遂不敢注留,以怠惰不谨定考"。《汤文正公家书》,清康熙刻本。则凡玄烨所疑,主事者即以实拟处。据《起居注》,李来泰革职事在二十年,参该年二月初二、初三、初五日。又知二年后大计以"不谨"代指从逆,实已定于此时。

[2]《榕村续语录》卷10《本朝时事》记光地私说其叔秘行赴京,曰:"今日本朝有事,以此请起兵,致诚款,亦君臣之义当尔。且昔闻海兵至南京(按:指顺治十六年郑成功围攻南京),后兵败,镇江乡绅杀数百人。今日看群盗举动,也不似能成大事者,倘异日如南京之败,亦可免覆宗之祸。不尔,何以自明也。"其叔乃行。

[3]《榕村续语录》卷10《本朝时事》。

[4]《起居注》十九年二月二十二日,科臣姚祖顼奏请奖叙被难人员。玄烨曰:"我兵已恢复地方,贼众渐溃,奸猾之人,先附贼妄行者,今掩饰其罪,将伪札焚毁……以图侥幸者甚多。善恶不分,概请旌奖,甚为不合。着严饬行。"次日,廉州知府钟进明等呈辩,被贼拘执,并未从逆。玄烨曰:"此辈向已从贼,今见击败贼众,地方渐平,辄妄行呈辩,希图徼幸。"二十年七月十七日,玄烨谓明珠:"近日看来,有已受伪职假称未受者甚多。臣节关系重大,曾否降贼,岂容混冒。"

[5]《起居注》二十一年十月初十日。而邵长蘅乃云:"自滇、闽变起,朝廷一切务宽大以安反侧,郡县不幸中寇,吏走且降者,后自拔抱印来归,皆贳其罪,复官之,中材以下大抵皆苟免偷生自营矣。"见《碑传集》卷91《登州太守谭君吉璁传》,真可谓不知玄烨的

基调。而当大计结果呈奏玄烨时,亦必令他铭记终身。

在地方官员首鼠两端,甚至大批叛清附逆的形势下,如何笼络控制朝中汉官,使之与清廷休戚与共,便成为玄烨面临的重要任务。"曩者三孽作乱,朕料理军务,日昃不遑。持心坚定,而外则示以暇豫,每日出游景山骑射。朕若稍有疑惧之意,则人心摇动,或致意外,未可知也。"[1]外示镇定闲暇,只可安人心于一时。为了真正体现"我太祖、太宗、世祖相传以来,上下一心,满汉文武,皆为一体"的"祖宗之家法","常以家人父子之意相待"。[2]汉大臣有丧,派满大臣赐茶酒致祭,汉大臣有疾,派满大臣前往私第问候,皆起于此时。[3]后来破例许汉臣入宴乾清宫,亦是此类手段之拓展。玄烨最富象征意义的举动,还是坚持经筵日讲,显示崇儒重道,[4]以满足汉族士大夫的理想追求,实现所谓"君德成就在经筵"。在《御制日讲四书解义序》中,他明确宣布:"万世道统之传,即万世治统之所系也。"遵从二帝三王周公孔子之道。"道统在是,治统亦在是矣。"[5]竭力将自己打扮成中原王朝正朔的继承者。

然而在这些表象的背后,玄烨始终未曾消除对汉官的猜疑,心中牢记着汉官"背主"和"叛国"两大罪。不只如此,玄烨甚至怀疑朝中汉官为叛逆暗通机密,[6]不啻又加"通敌"一罪。玄烨既如此神经过敏,其对汉官处处防范监视,亦势所必然。苟明乎此,玄烨对九卿詹事科道宣称:"朕于诸臣素行,无论在官在家,一举一动,罔弗知之。"[7]也就不是虚声恫吓,而是实有所指的底牌。这就是玄烨的真实心态。汉官聆听此言,能不惕然自警!对汉人官员外表的亲昵与内在的猜忌之间的矛盾冲突,造成了

---

[1] 见《庭训格言》。
[2] 《起居注》十七年五月十五日。
[3] 分见《起居注》十七年十二月初八日,十八年六月初一日。
[4] 《起居注》十六年三月十四日谕满汉讲官"治道在崇儒雅",《实录》作"首崇"。
[5] 《起居注》十六年十二月初八日。
[6] 《起居注》十九年十二月十八日,玄烨曰:"自比年用兵以来,凡颁发谕旨,虽极其严密,往往泄露,以致贼境皆得闻知。贼中屡有密奏报部,辄云汉官中以消息传语奸细通贼,以故事虽警密,辄行漏泄。"
[7] 《起居注》十九年正月二十一日。

玄烨心理上极大的紧张。而且正因有表象的缘饰，其内在的真实倾向才愈加顽固隐蔽，更难消除。

在对玄烨的基本思想和心理略事剖析之后，我们再来展示魏象枢独对引起的波澜。

（二）地震之后的政局波澜

1. 清军暴行与朝廷汉官的反应

魏象枢借地震独对之所以对玄烨造成心理震动，绝非一人之力所能致。由魏象枢力陈之后为玄烨所颁示的六事，应是汉官的普遍反映。早在十七年正月，左都御史宋德宜即疏言："各处领兵大将军、王、贝勒及将军、大臣等亦有玩寇殃民，营私自便。或嘱托把持督抚各官；或有越省购买妇女；其尤甚者，抢夺民间财物，稍不如意，即指为叛逆。"宋疏直为满洲统兵大帅而发，故玄烨以"疏下议政王贝勒大臣，申饬严禁"。[1]《实录》十七年正月戊戌，谕议政王大臣等：各地将军大臣，"甚而干预公事，挟制有司，贪冒货贿，占据利薮；更有多方渔色，购女邻疆；顾恋私家，信使络绎；尤可异者，新定地方亟需安辑，乃于所在攘夺焚掠。种种妄行，殊乖法纪"。此谕即宋德宜疏奏的结果。可见满洲统帅军队的暴行已引起朝廷重视。次月，玄烨又令两广察明被掠人口，"令人民识认，悉皆发还"，或"遣还原籍"。[2]凡此似不能说玄烨对此毫无认识。

问题是玄烨自发布这几道谕令之后，便认定满洲将帅大兵必将痛改前非。"自吴逆叛乱以来，命将出师，虑其在外骚扰，无不痛切告戒。前岁（十七年）江西大军抢掠民间，朕心切痛恨，但以方在用兵之际，姑示宽容，未即正罪。此后朕更加严饬，闻诸路禁军（按：即八旗禁旅）无有敢仍前犯法者，此尔等所知也。"[3]玄烨既心存此见，自不愿汉官再行渎奏。

---

〔1〕《清史列传》卷7《宋德宜传》。
〔2〕《清圣祖实录》卷71十七年二月甲辰。
〔3〕《起居注》十八年十月初九日。

然而满洲大兵并未稍有收敛。就在十八年地震之前不久,御史蒋伊疏言其回籍常熟时,途经淮安、京口、江宁,目睹江西、浙江难民惨状:"匍匐千里,哀号乞钱,求赎妻女。""臣目击领回难妇,细加询问,皆搜之深山僻落,并非得自贼营。向使其夫与父果为贼也,即诛锄何恤焉。今其夫与父间关跋涉,俨然于通都省会之中哀鸣道路,则其为良民可知矣。""至于某地转贩,某地寄放,一则江南青阳县之详文可据,一则安徽藩司之牌票可凭。臣有刊版簿籍,凿凿现据,非与风闻者比也。"这是蒋伊亲对其所绘《游民图》第一幅的解说,即《题为恭绎第一图以严军政事》。[1]这位御史真是一位有心人,他似乎预料到玄烨会以传闻无据之辞而置之不理,是以特准备了"凿凿现据"呈上。然蒋伊的苦心非但未能感动玄烨,反而引起玄烨厌恶。[2]七月二十八日的地震,显然给汉官提供了一个进言的机会,而魏象枢直请独对,又无异于当面给玄烨施压。

史料表明,象枢此举又非单纯发自个人一时冲动。《汤子遗书》卷5《上总宪魏环极先生书》云:"近复辞司寇之命,请留总宪,以汲黯自拟,皇上亦嘉悦而留之。君臣相信无间,三代而后不多见也。先生正色立朝,百僚严惮,所谓猛虎在山,藜藿为之不采,固不在条举一二事,纠参一二人,遂足尽职掌称报效也。而都下缙绅以及儒生,不能尽明斯意,以为翘首跂足,愿闻谠论。而两月以来,未闻有所论说,议论纷纷。"最后又说:"总宪非久居之地,壮往直遂,非大臣之道;而委蛇顺时,非自任之谊。盛名难副,晚节难保,先生详审之。"[3]象枢辞刑部尚书留任左都御史,《实录》及《寒松老人年谱》皆在十八年五月初二日乙未,则汤斌此书当在七月,

---

〔1〕 见蒋伊《条奏疏稿》,《丛书集成新编》,台湾新文丰出版公司1984年影印本。并参《碑传集》卷53彭绍升《蒋伊事状》。
〔2〕 此前蒋伊借地震密陈《因灾变请止巡行疏》以"京师根本重地,而震惊如此,则断非细故",见《清经世文编》卷9,对玄烨平藩以来连年巡行境外提出批评,不啻指责玄烨略无居敬之意。据《碑传集》卷12韩菼《徐元文行状》钱仪吉案:"时上怒御史蒋伊,欲因考试黜之。"据彭绍升《蒋伊事状》,事在康熙十八、十九年之间。又,《起居注》二十年二月初三日,玄烨论蒋伊:"朕闻此人各处奔竞,巡城时声名亦不佳。"玄烨深恶蒋伊,或许伏因于此。
〔3〕 《汤子遗书》,文渊阁《四库全书》,台湾商务印书馆1982年影印本。

正地震将发之前。书中所谓京城士夫"翘首跂足"、"议论纷纷"、"委蛇顺时"、"盛名难副"等语，必给象枢以强烈刺激。他借地震固请密奏，直陈无隐，以至于涕泪俱下，实有感而发，亦可谓不负众望。

玄烨于地震次日命李霨、宋德宜、魏象枢三人参入奉诏颁示六条，当然也明白象枢的独对代表汉官群体的意志。他虽然以"不诿过臣下"化解了象枢惩办首恶的意图，但不作一番表示是说不过去的。谕中首云"地震示警，实因一切政事不协天心"，即承认平叛战争六年以来用兵行政的全部过恶。其所颁六事："民生困苦已极，而大臣长吏之家日益富饶"，"此皆地方官吏谄媚上官，苛派百姓"，"民间易尽之脂膏，尽归贪吏私橐"；大臣"朋比徇私"，推用非人；用兵地方诸王将军大臣"多掠占小民子女"，"每将良民庐舍焚毁，子女俘获，财物攘取"，"实则陷民于水火之中"；外官隐瞒百姓疾苦，"百姓不沾（赈济）实惠"；刑狱官员"枉坐人罪"，"恐吓索诈，致一事而破数家之产"；包衣下人及诸王贝勒大臣家人侵占小民生理，"有司不敢犯其锋，反行财贿"云云，[1]毕竟是战争以来满族统治者的首次全面检讨。十天之后，九卿集议即拟定严格的处治条例，[2]似乎汉官的意见取得预期效果，朝廷的气氛也确实为之一变。"近阅章奏，更张者甚多"，"条奏纷纭"，"各部事例，言官条奏更改者良多"，[3]"外廷诸臣连章累牍"。[4]可见借地震上言的汉官为数甚多，大有冲破风闻言事禁令之势。他们不仅指陈弊端，而且泛及战争期间的各种制度。此种局面为平藩战争以来所未有，实由魏象枢独对所启之。玄烨之所以深衔象枢，盖由于此。

2. 玄烨与汉官的三次交锋

玄烨当然不能容忍汉官肆言无忌，他要将朝局牢牢掌控在自己手中。就在九卿议奏六条处置条例的第二天，玄烨便开始反击。《实录》康

---

[1]　见《起居注》十八年七月三十日。
[2]　参见《清圣祖实录》卷83十八年八月癸酉。
[3]　《起居注》十八年八月二十七日、二十九日。
[4]　《起居注》十八年十月初九日。

熙十八年八月甲戌(十二日)谕吏部等衙门:

今各部院办理事务大小汉官,凡事推诿满官。事之得当,则归功于己;如事失宜,则卸过于人。至于入署,不待事毕,诿于满官,只图早归,宴会嬉游,不为国家尽力担当,料理公务。至科道各官,平日章奏内将一二可行之事,隐附私情,希图作弊。凡有条议,鲜非无因。多以己为至公至廉,其嘱托公事,肆行妄为,外播威势,挟制多端。地方督抚等官莫不畏惧,小民困苦未必不由于此。作何惩戒,著九卿詹事科道详议具奏。寻九卿等议覆:嗣后汉官推诿满官,瞻徇延挨者,革职;科道条奏有嘱托挟制等弊者,革职提问;至大臣科道官原籍子弟有挟势妄行者,照律处分;父兄不约束,督抚不提参者,皆革职。从之。

此谕纯为汉大臣而发。魏象枢独对,玄烨颁示六事及九卿议奏处分条例既然针对满洲权贵和统帅将卒,则玄烨此谕报复意图甚明,且急不可待。诏示六事既为玄烨"勤思精求"所得,明言地方官吏敲剥下民,通过督抚司道转馈朝中大臣,朝中大臣则徇私推举,故地方长吏便无所顾忌,尽情搜括以媚上官。然而此谕非但不鼓励言官揭发,反而认定科道挟持督抚,以至"小民困苦未必不由于此",更是一"莫须有"。究其心理,无非因"六条"迫于一时压力,将满洲王贝勒统帅士卒及内府包衣种种过恶暴示于众,而玄烨内心实不能平,故亟以汉官不与满官同心,推诿卸责于满官,致使满官代为受过。总而言之,地震天谴表面虽由满洲权贵将士贪虐所致,夷考其实,根由却尽在汉官大臣科道。这才是玄烨精心构思的结论!

就史籍所见,这是玄烨亲政以来第一次公开指责汉官。其直接原因,正是魏象枢独对之后在朝廷内外掀起的波澜。广而言之,是三藩之乱引起的反清形势,使朝廷中的满汉分歧呈现表面化。值得注意的是,玄烨先以"不诿过臣下"化解了汉官惩处首恶的要求,继则以此谕指责汉大臣科道,企图扭转六事专对满洲的矛头所向。巨贪大憨既不绳之以法,六事处分条例的所谓"国法俱在",又其谁与欺?满洲将士残害地方屠掠生灵,何尝见玄烨处分一人?所有谕旨禁令皆为欺人之谈。正如潘耒应诏条陈所言,玄烨虽"赫然震怒"颁示六条,但"立法而行之不断,守之不坚,与无法同"。[1]

《实录》甲戌日载上"谕吏部等衙门"之后,又载有九卿议覆吏科给事中李宗孔条奏,其中弹劾江西总督董卫国"失民心",浙江巡抚陈秉直"察吏无能",并言"良民男妇子女身陷贼营,官兵败贼后,应令亲属认识,酌量给价取赎"。玄烨批旨董留任,陈解职,余依议。九卿既于当日议覆,则李疏应上于甲戌日之前,玄烨已阅览过这份条奏并授意阁臣票拟。《起居注》唯记当日玄烨"御门听政"一语,内容不详。但从《起居注》反映的题奏及上谕的程序来看,《实录》甲戌日的"谕吏部等衙门"应在听政之后。也就是说,《实录》所载甲戌日的上谕和九卿议覆的顺序,与实际情形正好相反。李宗孔的条奏更在甲戌日之前,很可能是应地震次日下诏求言而上的。澄清这一细节,有助于我们理解玄烨甲戌日上谕的动机。上谕中的科道"凡有条例,鲜非无因"云云,显然包括李宗孔。说明玄烨在看过李宗孔等人题疏之后,即开始酝酿甲戌日的上谕。而甲戌日的前一天癸酉日九卿议覆六事的处置条例时,仍在遵循上月末玄烨颁示六事时的思路。玄烨与九卿双方的思维发生错位,使九卿在甲戌日议覆李宗孔条奏时,未能及时跟上玄烨的思想转向。或者说玄烨的转向过于迅速,紧随前一日九卿议覆六条处置和当日议覆李宗孔条奏之后,立刻就颁布了警告汉大臣科道的上谕。从不透过满洲权臣到指责汉官,不到半月,玄烨已两次转向,表明他决心以攻为守,要将朝议的方向彻底扭转。

甲戌(十二日)诏谕之所以对科道横加指责,也起于给事中姚缔虞请求重开风闻言事。姚缔虞疏言:"科道乃朝廷耳目之官,原期知无不言,有闻则告。已故宪臣艾元征有请禁风闻条奏,从此言官气靡,中外无顾忌矣。试观世祖章皇帝时诸臣奏议何如鲠直,即未禁风闻以前诸臣奏议,亦犹有可观。伏乞敕下在廷诸臣会议。得旨:九卿詹事科道会同确议具奏。"《实录》载此疏于八月二十四日丙戌,似在甲戌日之后,但这是玄烨批复下发之日。据徐乾学《姚缔虞墓志铭》:"十八年七月地震求言,公以科臣疏言,疏留中久不下。至八月某日下廷臣会议。某日宣旨,令面对。

---

[1] 潘耒《遵谕陈言疏》,见《清经世文编》卷13《治体七》。

敕令九卿台省集殿廷,且命内阁以世祖时章奏上。次日,上御乾清门,问公疏意云何"云云。[1]则姚疏应上于七月底,"留中久不下"者,以稽迟二十日有余也。其间玄烨不但于甲戌日示以警告,且为面质姚缔虞作了充分准备。"某日宣旨",即二十六日戊子;玄烨面质姚缔虞,《起居注》、《实录》皆载于二十九日辛卯,《铭》微异。《实录》戊子日谕九卿,先斥科道"徇私好名",然后就姚疏"言官气靡,中外无忌"予以反驳,"如今之章奏,已见施行者,虽不明言为风闻,何尝不是风闻"。但玄烨之要旨在绝不开风闻言事之例,故又云:"倘生事之小人,恃为可以风闻,但徇己之好恶,必致擅作威福,以行其私。彼言之者既无确见,听之者安能问其是非?"此又与甲戌日诏谕中"督抚畏惧(科道),小民困苦未必不由于此"一语相呼应。玄烨再次强调此一宗旨,当然是警告九卿切不可为姚疏所惑。随之玄烨就要面折姚缔虞了。

《起居注》二十九日辛卯,集群臣于中左门,命满侍郎折尔肯、屯泰入内殿奉召谕:"朕亲决机务十年余矣。科道为朝廷耳目之官,每览章疏,实能为国有裨政事者甚少,草率塞责者甚多。"命将谕旨传示九卿,九卿"少顷进见,朕将面询得失"。可见玄烨早已成竹在胸。二人宣读谕旨篇幅甚长,更足见玄烨已与阁臣作过充分酝酿。在对科道一番指责之后,玄烨便大谈科道与部院、督抚之间的矛盾:"今日之所谓是,明日又转而为非,朝更夕改……茫无成宪,难取信于天下。"随后以"举人才、核销算"二事设难,皆以风闻不可开之理由。实际上,这又是对甲戌日上谕的具体补充,进一步证明吏治之所以败坏,弊端之所以丛生,盖由于科道,当然咎在汉官。

经过上述两次转向之后,现在玄烨必须进行第三步,杜绝风闻言事这一危险的企求。为此,他不得不周密准备,甚至不惜与汉官当面交锋。其内心之紧张,说明他不啻将与汉官的较量视为另一战场。甲戌日上谕既已将种种弊端归于科道,此时却又说"朕曾处分几言官来",实不过证明玄烨

---

[1] 见《碑传集》卷65徐乾学《巡抚四川等处地方兼理粮饷都察院右佥都御史姚公缔虞墓志铭》。

手中并无任何把柄,但非如此不足以震慑言官,转移方向。玄烨既将问题转到风闻言事,九卿的乾清门会议亦只得就此议论纷纷。多数人自然迎合玄烨,论现状则曰:"原不禁其风闻","人人原可尽言","未尝不是风闻"等等;论危害则曰:"亦无典故","亦非好事","恐有借称风闻挟私报怨"等等。唯魏象枢"另为一议",仍赞成开禁。于是,玄烨只得亲自结案:风闻言事"系明末陋习,若此例一开,恐有不肖言官借端挟制,罔上行私,颠倒是非,诬害良善"。此即前二日与阁臣所说的:"明末一切事例,朝更夕改,全无一定,以致沦亡。此皆尔等所亲见,亦众所共知也。"[1]总而言之,在玄烨看来,第一,言官中公忠者绝少,所有条奏,不属空言,即挟私念;第二,若开启风闻言事这道闸门,局面必将不可收拾,以至于重蹈亡明的覆辙。

　　在人才、奏销问题稍事敷衍之后,会议本当结束。但不教训一下姚缔虞,玄烨心有不甘。他两度召姚近前面质:"尔去年差往江西,闻所行不善,朕亦未必即信。此亦是风闻,果可信耶,否耶?"姚对曰:"臣(去年)八月初五至江西,九月初即行,并未有不善之事。"玄烨说:"若要钱,原不在时日多少。"后一次问姚:"尔可见世祖章皇帝本章来?"姚答曾见几参本。玄烨曰:"尔之意,恐朕未曾览世祖章皇帝时本章耶?""尔亦知世祖时科道官有互参之事乎?"玄烨情急失态,已顾不得君臣之体。《姚缔虞墓志铭》记此事:"时群臣跪立者,骤闻严命,无不胁息震悼。"玄烨对自己表演的这一幕肯定得意之极,故"令以所言宣付史馆。次日,复命公入起居注(馆),授纸笔记之"。故我们今日方能稍稍窥见玄烨的真面目。当时战争虽未结束,但大局已定,开放言禁以供玄烨斟酌取舍,无疑会有助于由战时状态到承平阶段的转化。然而,汉官的视焦集中在吏治贪腐和军队暴行,却触痛了玄烨紧绷的神经。在玄烨心目中,这将使满洲统治集团极为被动,甚至会导致满汉的主客易位。这就是他所谓的亡明覆辙,也是他何以要对开风闻大动干戈的原因。玄烨确实将问题提到有关本民族存亡的高度。而指责汉官不肯"实心为公"、"意见偏执"、与满洲论事"不能和衷",[2]这是玄烨

---

[1] 《起居注》十八年八月二十七日。
[2] 本段引文未注明者,均出自《起居注》十八年八月二十九日。

发明"伪道学"之前,满族统治者用以治服汉官的不二法门。

需要指出的是,玄烨虽以势压人,但姚缔虞并未屈服。针对玄烨的威胁,姚仍坚持:"皇上亲政以后,原未禁风闻,因故宪臣艾元征条奏,始定此例。"这无异于是点明玄烨放弃了乃父世祖福临所继承的"明末陋习"。无怪乎玄烨恼羞成怒,以为姚讽刺他未阅世祖时章奏,是数典忘祖。为此须稍作追述。

艾元征疏请禁风闻,事在康熙十年。《实录》摘录其言:"世祖章皇帝时,于出位妄言及风闻失实者,皆立加惩处。以风闻言事,伐异党同,挟诈报复故也。嗣后果有确见关系政治及大奸隐弊,仍无论有无言责,悉听其指实陈奏外,余并不许以风闻浮词擅行入告。下部议行。"[1]顺治朝言官得罪者,多因指陈时弊,而非由风闻弹奏,《世祖实录》俱在,不难验证。《清史列传·魏象枢传》:"(顺治)十年,会大计,连上四疏,皆言计典。其一言纠拾之旧制宜复,言官不宜反坐。下所司议,著为令。"[2]据《圣祖实录》顺治十八年正月丁丑,"吏部议覆山西道御史胡来相条奏:科道纠参,必据所闻具奏,定有具揭之人。嗣后科道纠参,应注明身经目击,或某人具揭字样。若审系情虚,即行反坐,诬揭之人亦反坐。从之"。庚午"谕吏部、都察院:(言官)凡发奸剔弊,须据实指陈,……嗣后指陈利弊,必切实可行,纠弹官吏,必确有证据。如参欺虚诬,必不宽贷"。此即顺治朝不禁风闻之明证。福临死后,四辅臣方制定相应处分条例,亦即姚缔虞所谓"但有处分条例在,言官皆生畏惧"。《碑传集》卷52乔莱《邹给事之璜传》:"初,侍读学士熊赐履于辅臣时上疏陈时政,被恩遇,词臣因多上疏言事。至是,左都御史艾元征上疏禁词臣言事,著为令。"可知玄烨亲政初,词臣在熊赐履影响下多指陈时政,即上引艾疏中所谓"出位

---

[1] 《清圣祖实录》卷36十年五月庚午。
[2] 陈廷敬《魏象枢墓志铭》:"于是言四事。其一事,上尤嘉允,谓'言官纠拾例当复,虽失实,不当反坐'。得旨:比年纠拾,反坐言官,坏吏治,塞言路,其已之。"《寒松堂全集》卷2微臣就职言职以明职业等事疏:"向来言有可行者,皇上未尝不采其言;言有不可行者,皇上亦未尝重弃其人。所以满汉之臣,大作敢言之气。"并参《遵旨奏明事疏》及《寒松老人年谱》癸巳(顺治十年)条。

妄言"。亦见四辅臣虽定处分条例,但并未严禁风闻。艾元征求媚玄烨,故请将词臣指陈政事及言官风闻一并禁止,为玄烨所接受。即本文前面所说,玄烨在提出"道在不挠"的同时,断然禁止言官风闻言事。此有《起居注》为证:十一年十二月十七日,玄烨召熊赐履至懋勤殿,问曰:"汉官中有以言官风闻言事请者。朕思忠爱之言,切中事理,患其不多;若其不肖之徒,借端生事,假公济私,人主不察,必至倾害善良,扰乱国政,为害甚钜。"熊对曰:"言官渎奏乱政,固足为害,但言路通塞,关天下治乱。……盖人主深居九重,一日万机,若非兼听广纳,明目达聪,则政事得失,生灵休戚,何由周知其故?……闻见不广,则病在壅塞;采纳不慎,则病在泛滥。"可见艾元征禁风闻,遭致汉官的不满。熊赐履主张开风闻,其意甚明,但未能说服玄烨。[1]

　　自艾元征请禁风闻至十八年地震,已过八年,其间艾已于十五年去世。此时姚缔虞以顺治朝及康熙十年以前事实为据,请重开风闻。玄烨不能正面反驳,故只得诬姚刺己未阅顺治朝章奏,并以科道互参例相威胁,虽盛气凌人,实则窘态毕现。值得注意的是,从这时起,玄烨逐渐加强了对科道条奏的控制。先是命阁臣"务加详酌",随即规定"科道官员条奏,朕将所奏本章先行披览",[2]绝不让科道疏奏随意播示群臣。是收是放,只能操之玄烨之手,"凡言官条奏事宜,俱朕独断"。[3]后来玄烨欲去

---

[1] 前引潘耒《遵谕陈言疏》:"本朝旧制,京官并许条陈。自康熙十年宪臣奏请停止,凡非言官而建言为越职言事,例当降调处分。"并"请除越职言事之禁"。"更请许台谏之官得风闻言事,以作敢言之气。"即玄烨亲政之后严禁风闻言事之明证。而高翔《熊赐履述论》却说"康熙帝和熊赐履的看法完全一样",似未细审《起居注》;其引后来玄烨开风闻的谕旨为证,在时间上已错位,不足为训。载《清史论丛》2006年号,中国广播电视出版社2006年版。

[2] 分见《起居注》十八年八月二十七日,十九年二月二十二日。

[3] 《起居注》二十四年十二月初四日。汪琬《钝翁续稿》卷20《总督施公研山(维翰号)传》:"是时方奉新例,凡言官所纠不实,准反坐论。公力争之,且言臣恐言路从此结舌钳口矣。"即是这次争论的结局,《四库全书存目丛书》,齐鲁书社1997年影印本。三十九年,御史胡德迈《请开言路疏》云"明知而无确据,不敢妄谈,且与受同罪,定以发觉者为虚诬",故言官只能"畏缩"、"缄默"。又批评玄烨"凡遇灾异修省,便许直言,事过即止"。《清经世文编》卷9《治体三》。康熙中期言路禁锢,可见一斑。

明珠,又自开风闻之禁,云:"今间有弹章,亦止据风闻参劾耳。苟非通同受贿,何以深知?天下岂有通同受贿而尚肯题参者乎?自来原有风闻之例,世祖皇帝时及辅政大臣停止。今再行此例,贪官似有畏惧。"命九卿确议具奏。[1]玄烨欲达目的,又绝口不提"明末陋习"。且其不欲承担禁风闻之名,乃不惜诬及其考,不亦甚乎!帝王之言,信口雌黄,此一时,彼一时,岂可奉以为训。

地震之后,玄烨所受汉官压力非止一端。《起居注》十八年十月十二日,会议流徙乌喇人犯,两议具奏,迁延不决。至次年五月,已三年不雨。满洲大兵掳掠良民一事仍未了结,詹事沈荃又提出:"从来发遣(犯罪)原分远近,今一概流徙乌喇,恐未合皇上好生之心。倘此一事蒙圣恩停止,天若不雨,臣甘坐欺罔之罪。"数日后,九卿竟从沈荃,玄烨只得依议而行,停止发遣。[2]据邵长蘅《沈公神道碑》:"十八年,大旱,诏求直言。时方更定新例,令罪人当流者,徙乌喇极北以实边。下廷臣集议,公独以谓乌喇距蒙古三四千里,地不毛,极寒,人畜冻辄死。今法,罪不至死者乃遣流,而更驱之死地,失好生之意,宜如旧例便。乃独为一议上之。有诏令画一。公坚持前议,又力争之上前,曰:'此议行,三日不雨,臣愿受欺罔之罪。'闻者皆悚,上为改容纳之。越二日,大雨盈尺,流徙乌喇例竟罢。"[3]沈荃本以书法受知玄烨,却能于掠良、流徙二事直言。虽其本人不以弄臣自甘,亦当时形势使其感奋,不觉中推波助澜。

玄烨内外交困,身心俱疲,《起居注》十八年十二月初三日,太和殿火灾。初五日,玄烨谓阁臣云:"惟是今秋有地震之变,又各处饥馑荐臻,寇盗未息,此朕早作夜思,中心惶惧,寝食靡宁者。至于殿廷告灾,乃上天致警于朕,敢不夙夜祇畏,循省厥愆。"孝庄太后亦谕满大臣:"皇帝自入秋以来,未甚爽健。且此数年间,种种忧劳,心怀不畅。"此种情况自三藩

──────────
[1] 《起居注》二十六年十一月二十日。《清圣祖实录》卷131同日谕云:"原有风闻纠弹之例,辅政大臣停止。"略去世祖,亦见玄烨当初失言。
[2] 见《起居注》十九年五月十五日、二十一日。
[3] 见《碑传集》卷18。

魏象枢独对与玄烨的心理阴影　　　　　　　　　　　　　　　　　　　　45

乱起所未曾有,朝中汉官给玄烨心理压力之大,可见一斑。而揆厥所由,实启自地震当日的魏象枢独对。但玄烨既将此视为对满洲统治的挑战,就绝无可能作出真正退让。[1]

3. 满洲主子的本色

自地震以来,一月之内玄烨已三次扭转朝议方向。玄烨的态度逐渐明朗,满洲大臣自然也心领神会。八月二十九日会议上,兵部侍郎温代便底气十足地为满洲军队掳掠良民辩护:"江西等省人民反叛于建昌、饶州等处,抗敌满洲官兵。击败之后,俘其子女,此可谓之良民子女乎?满洲官兵捐躯杀贼,将所俘子女,有变卖取直,以疗治疮瘢者,亦有制办马匹衣服等物者,今欲径行释放及减价取赎,其可行乎?且昔年征取云南时,释放俘掠之人,满洲官兵遂至重困。"这种赤裸裸的强盗逻辑,即玄烨也不得不代为转圜。[2]其实,温代之言正是在玄烨面斥汉官偏私的鼓动下道出的,亦是玄烨的心声。玄烨宗旨既定,汉官所有释放良民的请求则无异与虎谋皮。浙督李之芳疏陈四事,"首请给还难民子女",称"今日第一疾苦,无如被掠难民一事"。"不意各旗营将,恢复地方之后,男女尽为俘掳。父失其子,夫失其妇,老幼呼号,不可胜计。"[3]但李之芳的奏疏被兵部所格。满洲尚书郭四海奏曰:"兵丁所掠人口,或变卖资用,难以追求,所请不便允行。"玄烨即曰:"李之芳为总督大臣,身在地方,目击情形,尔时何不即言?直至今日,方行陈请。且册内所开被掠人口俱无着落,又

---

[1] 关于此次地震,时人记载甚多,兹从略。在此仅提示玄烨与汉官的交锋正是在余震中进行的,地震及随后的灾变,无疑给汉官进言提供了持续的心理支持,但能否对玄烨内心产生震撼,则颇可怀疑。因为早在数年前,他就对熊赐履说过:"天灾流行,何代无之,唯在修人事以格天心耳。"见《起居注》十一年七月十四日。而玄烨修人事的首务,当然是使汉官"协同"满洲。后来,玄烨在《阅史绪论》中写道:"汉文帝即位之初,善政累累,顾有地震山崩之异,殆所谓天心仁爱而示以时保之义耶?"则更以自己当年不为汉官所动而自矜,见《御制文集》第二集卷38。
[2] 《起居注》十八年八月二十九日。
[3] 《国朝耆献类征初编》卷5王士禛《李之芳神道碑》。

从何处追还释放耶？"[1]之芳既开列册籍，自可按图索骥，然被一口否定，玄烨的态度尚有疑乎？据徐乾学《项景襄墓志铭》，李之芳疏上，"奉旨诘责。下廷臣议，佥言非所宜言，当罢；公独明其无罪，议两上。上亦意解，竟从后议"。[2]然依《起居注》，李之芳仍降六级。[3]玄烨虽口口声声"岂不可怜"，"断宜严禁"，一将付诸实行，便会以各种理由拒绝。针对玄烨所说"所抢人口，时移岁久，皆不可问"，沈荃坚持曰："人口见在，可查问者似应仍听取赎。"玄烨即颇不耐："苟可查问，自当从民便取赎，朝廷曷尝禁止耶？"[4]

但汉官并未完全放弃。十九年夏，玄烨以久旱无雨求言，宋德宜等人再次提出归还良民："臣等窃议，大兵房获子女，其间真正从贼者固多，无辜误掠者亦复不少。目今逆贼俱已扫荡，各处人民从贼与否，业已水落石出。请敕各省督抚查实，系良民妻子被掠到京者，准其题请给还完聚。"这一要求并不过分，根本没有提到按上年议定的六事处分条例来惩处满洲将士，而且也正是时机。玄烨若真有爱民之心，完全可以因此施恩百姓，缓和重新激化的满汉民族对立。但对战争已稳操胜券的玄烨却全不虑及，竟斥之曰："尔等所奏，尚属肤词。"然后便大谈一番端本清源、奉公杜私的高调。宋德宜仍不死心，说若"给还完聚，则无匹妇含冤、三年不雨之患矣"。欲以感动玄烨。不料玄烨的回答更加蛮横："如照尔等所奏，察其从贼虚实，其以前从贼官员士庶作何处治？现为职官者又何以堪？且江西之人亦有曾经受札从逆、现任在京者，如复行察，将此等人员岂可一概处分乎？"[5]玄烨故意将水搅浑，宋德宜提出的是误掠良民，玄烨则答之从逆百姓如从逆官员，概不应赦免。可见玄烨对从逆官员切齿难忘，当初一概不究、皆为赤子的诏令纯为欺人之谈。同时也揭穿了上年他为温代遮掩时，"概加抢掠，岂不可悯。自今以后，断宜严禁"云云，何其虚

---

[1]《起居注》十八年十月二十二日。
[2] 见《碑传集》卷18。
[3]《起居注》十九年正月二十六日。
[4]《起居注》十八年十月初九日。
[5]《起居注》十九年五月十五日。

伪!在残酷镇压、掠夺汉族人民方面,这位被人称颂不已的圣君仁帝,是无丝毫仁慈可言的。

清军的暴行,与入关初年并无二致。清初"凡平定地方,降者抚之以示恩,抗者杀之以示惩。如此,则人皆感恩畏死求生而来归矣"。[1]指地方稍有抵抗,即行杀戮屠城,非谓攻破之后再行鉴别。《实录》康熙十三年十一月辛未谕兵部:"凡陷贼地方,皆我赤子。念愚氓被胁截发,特一时贪生畏死之恒情。若大兵所至概行诛戮,非朕救民水火之意。嗣后大兵进剿,有乡民持械拒敌,及窃踞城池山寨,不即迎降者,仍行诛戮,其余概从宽免。至剿杀贼徒,自应俘其子女。但贼营妇女多系掳掠胁从,破贼之后,凡所掳难民子女,许民间认领,不得一概妄收。"这就是战争初期玄烨所定的原则。满洲大兵之所以肆无忌惮,放手屠掠,孰令为之,难道还不清楚吗?待清军取胜在望,玄烨连最后的虚伪许诺也干脆抛弃了。

三藩之乱的确唤起了汉族人民的反满情绪,但不必讳言,这场战争也同样加强了满洲统治者对汉族士民的仇恨心理。只要稍稍触及历史的真相和玄烨的心灵深处,任何头脑清醒的人,都不会相信康熙初年民族矛盾缓和的奢谈。关于掳掠无辜良民,温代振振有词,说明是满洲生计所需,即八旗大兵的生存之道。玄烨为其辩解,当然不能不用一些虚伪的辞令,但下述史料却将玄烨的思想本质彻底暴露出来。江西底定后,玄烨谕户部:

> 江西旧欠钱粮,屡经督抚及科道等官奏请蠲免,朕已洞悉。但当逆贼煽乱之时,各省地方与贼接壤者,被其侵犯,迫而从逆,情非得已。故于平定之后,其旧欠钱粮悉行蠲免。江西于贼未到之先,地方奸徒辄行倡乱,所在背叛,忠义全无。绅衿兵民人等,或附和啸

---

[1]《清世祖实录》卷42顺治六年二月辛卯,多尔衮于兵部题本批旨。另,此前五年九月壬申,郑亲王出征南方,敕曰:"抗拒不顺者,戮之;不得已而后降者,杀无赦;大兵一到即来迎降者,悉行赦宥。"见卷40。后来济尔哈朗在南方屠城即本此。

聚，抗拒官军；或运送粮米，助张贼势；或布散伪札，煽诱良民；或窝藏奸细，潜通消息。轻负国恩，相率从逆。以致寇氛益炽，兵力多分，迟延平定之期，劳师费饷，揆厥所由，良可痛恨！**即今田庐荡析，家室仳离，皆其自作之孽。逋赋未蠲，职此之故**。但思逆寇渐经歼除，地方凋散，旧欠追比，民困愈深，朕心殊为不忍。其康熙十六年以前旧欠钱粮，著尽行蠲免，以昭朕爱养百姓至意。[1]

将玄烨心中积蓄已久的愤恨作如此淋漓尽致的宣泄，在《实录》中确不多见。江西各地民众纷纷反抗清军，规模浩大，本应引起玄烨认真反思，但在玄烨看来，江西简直就是另一叛乱策源地，全省皆是背恩负义的暴民。两年前玄烨对"大兵所至，将蓄发者概行诛戮"了然于心，虽说过"殊非朕抚恤残黎"的门面话，[2]对屠杀者却全无惩罚之意。在这道谕旨中，我们看到玄烨本人对附从叛逆的民众深为"痛恨"，恨不得让他们"田庐荡析，家室仳离"，无论清军如何施以暴虐，亦是他们咎由自取。"自作孽"者，不可活也。虽属愤激之辞，亦为由衷之言。免除三年以前的逋欠，为康熙初年惯例，本无任何实际意义，但玄烨仍要江西人民感激他的天恩"至意"。

还可注意的是，永兴之役结束于十七年八月，清廷底定江西全境在当年年底。蒋伊、李之芳等人疏奏满兵大量掳掠人口在十八年下半年。而上引十八年二月玄烨对江西的诏谕恰在其间。换句话说，满洲大兵的暴行是在玄烨诏谕之后才大规模发生的。这表明满洲统帅对玄烨态度的确心领神会，才敢放开手脚大肆掠夺。始作俑者为谁，难道还不清楚吗？前引温代在汉官面前的那番狂妄之辞，当然也是基于对玄烨本意的理

---

[1]《清圣祖实录》卷79十八年二月己巳。然徐元文《含经堂集》卷19《推广皇仁疏》有云："江西遭乱以来，人民窜散，十八年报阙地丁银四十六万两。奉旨会议，十九年半征，二十年全征。……祈恩与宽免。"疏上于二十年底，被玄烨斥为市恩，见《起居注》二十年十二月初八日。据此，则江西十八年赋税并未免除，玄烨当年仍开的是一张空头支票。

[2]《清圣祖实录》卷62十五年七月己酉。

魏象枢独对与玄烨的心理阴影

解。玄烨这种态度,史料中也非止一见。

《起居注》二十年十一月十七日,云南总督赵良栋条奏:应逼困云南省城,投诚人等不应为奴,已经掳掠在军中的民人应予释放。玄烨阅后极为不满,曰:"赵良栋乃一骄纵狂妄之人。此疏内'殷鉴不远'之语,尤属悖谬,可谓不知礼矣。"[1]清军进攻云南时,玄烨曾下诏招降云贵从逆官员,以显示"朕宽大好生之心";[2]即使叛军首领,包括后来被凌迟的马宝等人,也曾许诺不予追究,声称此诏"昭如星日"。[3]良栋上此疏,即本自玄烨之诏,岂知玄烨本心却截然相反。玄烨之能公然呵斥良栋悖谬,乃因身边唯有满臣,故出语不需忌讳。收复云南之后,接任的云南总督蔡毓荣请蠲免荒地钱粮以苏残民,又以从贼虽受虚衔,然未曾助逆者,应停迁移。玄烨的答复是:"云南官民并无可悯。如吴三桂稍能成事,则伊等岂非有功之人、效力之氓乎?蔡毓荣此奏明系市恩徇情,断不可准。"[4]此时云南平定已近一年,玄烨当然更无顾忌。这位高唱"丽日和风被万方"[5]的天下赤子之主,其内心云南百姓仍为不赦之叛民奸徒。

显然,玄烨对江西、云南两省民众的憎恶,是由于两省民众支持三藩抗击清军,使清军屡遭重创,付出了沉重的代价。但实际上,其他地区的情况也与江西类似,这一点玄烨心中清楚得很。他不可能认识不到,广大地区汉族民众割辫蓄发,以恢复华夏制度、汉族衣冠相号召,附从叛军,正表明汉族民众不能接受按征服方式所建立起来的满族统治政权,不能容

---

[1] 又,《起居注》二十一年十月十八日,玄烨论赵良栋与王进宝不和,云:"至赵良栋之罪,不止于此。伊每参人抢劫良民,却自纵兵掠民,又擅责满州护军,若将此等事深究,其罪尚重。但朕欲始终保全功臣,故概行宽赦。"可知良栋弹劾满洲官兵,为玄烨所深恶。

[2] 《清圣祖实录》卷80十八年四月乙酉。又,卷76十七年八月丙申,谕各路大军统帅:"凡在贼中文武官员兵民人等,皆朕赤子,素受国家恩养,必非甘心从逆。"

[3] 《清圣祖实录》卷85十八年十月癸酉。

[4] 《起居注》二十一年十月十四日。三藩之乱后云南赋役沉重,见《碑传集》卷92焦循《张君瑾治昆明记》,其云:"康熙初,云南军卫领于逆藩。将作难时,丰欠而量收之,以市义于民。贼平,额征于县,故赋不能供。……故徭重于赋,赋累于徭,徭赋累重,民力不能支。"

[5] 《起居注》二十一年正月十五日。

忍八旗大兵的残暴行径。本文前面说过,玄烨的撤藩不仅是失之轻率,更严重的是,满族统治集团对清初民族对立潜在的严重性缺乏清醒的认识。八年战争,才使玄烨开始意识到,真正给满族统治者造成威胁的,不是三藩所凭仗的武力那一点点本钱,而是广大汉族民众对清政权的否定。

传统史家将南明弘光、隆武、永历政权称为前三藩,而以吴、尚、耿为后三藩。前后三藩的本质差异是显而易见的。但从满族征服中国的历史进程来看,二者之间不仅存在着某种内在的因果联系,即以后三藩之兴是前三藩之亡的结果;而且,二者之间还存在着一种类比或历史的重复,那就是广大汉族民众并没有选择持有八旗铁骑和满口德义的清廷,却倾向于劣势甚明的三藩。或许人们以为,如果清廷统治者能及时吸取历史教训,就不会有后三藩战争这一幕。其实这种谴责含有明显的道德伦理意味。而历史分析的意义,其重要性并不仅在于指出历史反思的必要,而更在于引导人们关注,只有或者应当具备什么客观条件和环境,才能形成正确的历史反思。

平定前后三藩,造成了清入关之后相继出现两位守成兼开创的君主。世祖、圣祖二祖相承,艳称于清朝史册,这也恰恰是清初的历史悲剧。长期的战乱和杀戮,当然会促使统治者的反思,但战争和杀戮无疑加深了满汉民族之间的对立和仇视。对汉族民众士庶积淀着一层深厚憎恶和恐惧心理的玄烨,恐怕很难以一种冷静的思维和豁朗的心态来反思历史,并以此指导其政治实践。尤其是当他清楚看到满族军队处处暴露出来的懦怯无能时,玄烨的心理阴影无疑会更加浓重。

(三)八旗梦幻的破灭与玄烨的心影

八旗是清朝的开基立国之本。一向以武力自豪的满族统治者绝没有料到,清初所向披靡的八旗铁骑竟然长时期在叛军面前一筹莫展。这不能不使玄烨错愕惊讶,焦虑万分。

战争初起,清军前锋抵达荆州,"所率前锋护军,每佐领下五名,兵力不为弱矣。乃不急渡江,耽延迟误,而常德、澧州遂叛。王(勒尔锦)亲率大兵至荆州,又不即渡江进取,致令吴三桂一至,而常德等处遂为所据。都统朱满率兵至武昌时,岳州、长沙尤未叛也。又不急趋镇守,逍遥武昌,六百里之程,行逮一月,而岳州、长沙又陷。且糜费粮饷,倍于他处,究之寸步不能前进。因贼渠与我精兵相持荆、岳间,而广西孙延龄、福建耿精忠遂相继变叛,贼寇蜂起"。[1]正是湖广方面八旗军的畏缩延宕,使清军陷入全面被动,叛乱遂成燎原之势。玄烨对前方将领的不满愤怒之情,其后便屡屡见诸谕旨:"我国家自创业以来,克敌攻城,必主帅奋勇先登,军士效死戮力,方能速建肤功。今闻尔等凡与敌遇,率皆乘间伺隙,观望不前,但令士卒前驱冲突。""今出师三年,未获尺寸,坐失机会,使疆圉日逼,贼势鸱张。"至十七年下半年,湖南、江西主战场仍呈胶着,玄烨对前方统帅极为愤怒,甚至以亲征岳州相挟。[2]战争期间及其结束之后,除安亲王岳乐、将军赖塔之外,几乎所有的统帅将领都受到玄烨的斥责惩处。《起居注》二十年十二月初一日,户部议云南凯旋官兵马匹令于常德喂养二十日,玄烨说:"从前所回官兵,俱系无功中途而返,故不曾令其喂马。今云南凯旋官兵已成大功,非他兵可比。"此句前后两处"官兵",皆指撤回北京的八旗兵。这段史料之可贵,是因当时只有满族君臣相处,玄烨才会袒露些许真情。其实,大将军章泰、赖塔以数十万满汉军队围攻云南省城,自二月至十月与叛军相持,不敢紧逼。而川陕一路赵良栋一至,即刻率先攻陷昆明。然赵良栋于平叛后郁郁不得志,实由玄烨有意贬抑,不欲其凌驾于满洲之上。

上引《起居注》提醒我们注意一个重要问题,即清廷虽与叛军鏖战八年,但随着形势逐渐好转,部分满兵已有步骤地撤离前线,返回北京休整。《实录》康熙十六年二月丁卯,玄烨遣人至岳州劳问将军大臣满汉官兵云:"陕西官兵戮力成功,今并获休息。诸将士倘能奋勇奏效,亦与彼同。"[3]十七年八月吴三桂死后,江西、湖南次第为清军收复。从次年四

---

[1] 《清圣祖实录》卷55十四年闰五月壬辰。
[2] 《清圣祖实录》卷59十五年二月乙亥,卷64十五年十一月丁亥,卷76十七年八月甲申。
[3] 《清圣祖实录》卷65。二日后己巳,谕兵部追究陕西大兵失利及不法之事,"及至京师,敕令首举倡告之人。官兵又互相隐匿不举。……宜将左翼四旗并阵亡署护军统领喀锡泰部下官兵,俱行拿问。""我国家创业以来,从未有此行事。"是知陕西满兵已回京轮休。

月起,清廷即开始逐步将蒙古、乌喇、宁古塔及八旗禁旅回撤,福建满兵开始回撤,亦于此时。[1]清廷此举,固有"恐满兵不耐水土,因而挫锐",[2]需要番代休整的考虑,但"不忍官兵惨罹锋镝",[3]担心满洲士兵这点家底在旷日持久的战争中消耗殆尽,则是玄烨的深意所在。

十八年初吴军在湖南已呈溃败之势,清军却未能紧紧追击,迅速进入贵州,其原因当然是多方面的。从战略上考虑,玄烨后来采纳川陕、广西和湖广三路大军对云贵合围的意见,固然获得成功。然若湖广满汉大军紧追不舍,不给吴军以喘息之机,或许战争结束得更早。此非故作悬揣,而有玄烨的话可以为证。其斥大将军勒尔锦:"逆贼从湖南败遁日久,我大兵即当尾击。若推诿逡巡,不行速行追蹑,俾贼复得固守,则劳费倍多。乃顺承郡王等至今犹未亟进,殊为不合","不疾驱而进,致辰龙关复为贼守"。斥章泰:"若乘逆贼败走云南之际,即行追蹑,则云南蚤已荡平。乃先借秣马逗留,今复以逆贼肆犯推诿。"[4]问题是,既有陕西满兵"并获休息"的先例,随之又有江西、湖广、福建的满兵陆续回撤,章泰的逗留观望,岂非玄烨以上举措使然。前文所叙满洲大兵在江西、浙江肆行掳掠良民,正是奉命凯旋北还时乘机攫取自己的战争补偿,而章泰、赖塔率军抵达昆明后迟迟不进攻,必待赵良栋所部冒死冲锋,[5]理由即"皇上豢养之满洲,岂可轻进,委之于敌",[6]都是玄烨保存满洲宗旨的体现。

在此有必要提及玄烨著名的汉人叛乱用汉人平定的方针。《实录》康熙十八年十月辛未,玄烨遣学士禧佛传谕张勇等西北汉将曰:"自古汉人逆乱,亦惟以汉人剿平,彼时岂有满兵助战哉。"又云:"贼既败遁负险,

---

[1] 分见《清圣祖实录》卷80十八年四月丁亥,卷81六月己丑、庚寅,卷82七月癸丑诸条。
[2] 《清圣祖实录》卷76十七年八月甲申。
[3] 《清圣祖实录》卷75十七年七月甲子上谕。此"官兵"亦专指满洲兵。
[4] 《清圣祖实录》卷80十八年三月癸亥、四月己卯,卷94二十年正月丙寅。
[5] 《康熙朝满文朱批奏折全译》五十六年三月二十三日《康熙帝上谕》:"我大军(按:章泰、赖塔两路)于云南城七十里外围城达十月之久。后赵良栋至立营远矣,议应取得胜桥,遂克得胜桥,十日内即收复云南矣。攻桥时,唯赵良栋兵战之,(另两路)满洲、绿营众兵殿后而已,并未参战。"中国社会科学出版社1996年版,第1178页。
[6] 《清圣祖实录》卷287五十九年正月壬申谕议政王大臣。

无容专恃马兵。若用绿旗步兵之力,于灭贼殊为有济。况我绿旗兵较之贼兵甚强。"随后便露出了玄烨的真实意图,即"尔等官兵前进,则满洲大兵亦即相继进剿,接运粮饷"。还应注意到,同日"又遣给事中莫罗、郎中伊尔格图赍敕赴湖广,詹事库勒纳、郎中额尔赫图赍敕赴广西,其敕谕与谕陕西诸将大指略同"。可知在围剿云贵的战役中,不仅仅是川陕一路,其余湖广、广西两路都是以汉人绿旗军前驱冲锋,[1]满洲大兵则是"相继进剿,接运粮饷",其中显然还有保证满洲大兵粮饷自肥的用意。[2]

自十五年陕西底定之后,清廷即开始酝酿出兵四川,进逼云贵,以减轻湖广战场的压力。但被玄烨寄予厚望的大将军图海,却迟迟不能付诸实行。稽诸《实录》,十八年初图海奉命回京陛见,在京凡十八日;[3]玄烨礼遇甚隆,俱见《起居注》。图海重赴陕西,仍无所作为。玄烨大为失望:"如此懦怯易退,何时乃得破贼!"[4]九月,再谕满洲将军吴丹:"尔等陕西将士驻扎善地,马无伤毙,人无疾病,不思速灭贼寇,支吾推诿,进取无期,又有何人代为尔等破贼耶?"[5]正因满洲"领兵诸将咸以恢复为难",[6]玄烨不得不界赵良栋以方面重任,并令各路大军皆以绿营为前驱,满洲大兵居后继进。玄烨谓汉将云,汉人平汉人叛乱,满兵是为汉军助战。当他与满洲将领说自家子话时,却分明坦言,这场战争是汉人将士在替满人破贼!而自来治清史者对玄烨此一策略赞叹不已,以为玄烨对汉将信任无猜,故能得其死力,以收平叛全功,真令人啼笑皆非!

以绿营为前驱并以汉人独当川陕一路统帅,这一策略变化与各路满

---

〔1〕 赖塔一路由广西入云南后,并入章泰军,见《清史列传》卷7《赖塔传》。
〔2〕 《清圣祖实录》卷287五十九年正月壬申,玄烨论往事云,二十年川陕绿旗抵昆明后,赵良栋谓统率章泰:"不就近速战,迨至日久,米粮不继,满兵无妨,绿旗兵何以存立耶?"
〔3〕 《清圣祖实录》卷79十八年二月丁卯、甲申。
〔4〕 《清圣祖实录》卷82十八年七月丁巳。《起居注》二十四年正月二十八日,公诺敏请照伊父图海遗言停其叙功。兵部议仍行议叙。玄烨曰:"图海先经超授公爵,后出征川陕,并未著有功绩,此事着从诺敏之请。"亦证图海作为西北方面统帅于入川之役并无贡献。
〔5〕 《清圣祖实录》卷84十八年九月辛丑。
〔6〕 《起居注》二十一年九月初一日。

兵陆续撤离相辅相成，皆出自于玄烨保存满兵的同一宗旨。吴军虽退缩西南一隅，但困兽犹斗。玄烨既胜券在握，自不欲满兵蒙受更多伤亡。但这一策略变化的明确化，何以不迟不早，恰好发生于十八年十月，似又与京师地震有关。

《实录》十八年九月庚子，凉州提督孙思克疏言，以汉中、兴安未便进取。"又疏称八旗出征官员，今年七月二十八日京师地震，房屋倾圮，压毙人民，闻之各怀内顾之忧。臣所以暂停进取，以回天意。俟人心稍定，再议进兵未晚。"玄烨阅后大为不满，曰："朕思八旗官兵，世受豢养，朕之加意臣僚士卒，尤为渥厚，不特房屋倾圮细故，即赴汤蹈火，谊亦难辞。"孙思克"妄言人情皆动，以惑军心"，"不思奋力前进，反煽惑满汉，动摇民心，情罪殊属可恶。"孙思克以汉军任绿营提督，出位妄言，将满洲大兵惶恐内顾之情形诸疏章，自然令玄烨格外恼怒。然玄烨虽虚张声势，内心却未必不为其言所动。庚子日为九月初八，玄烨已命人取孙思克口供回京，则其疏至京当不迟于八月底。玄烨于九月初三日乙未颁布敕令，湖广满洲大兵一半撤回京师。次月初七日戊辰，又议撤集结福建的满兵一半，旋于初十日辛未发布进剿云贵各路大军皆以绿营为前驱的决策。将这一系列动向联系起来，我们有理由推断，虽然回京番代是八旗出征的传统，且十八年四月江西、湖广大兵已开始部分撤回，但大规模回撤满兵，以及明确决定进剿云贵以绿营在前冲杀，满兵后继接运粮饷，却是九月之后。促成这一变化的，正是玄烨得知京师地震使在外征战的八旗官兵"各怀内顾之忧"。玄烨十八年十月辛未的敕谕表明，在最后围剿云贵的战役中，尽管湖广、广西两路的统帅为满洲大将军章泰和赖塔，但各路大军前驱厮杀的主力是绿营而非八旗兵，[1]则毫无疑义。

三藩之乱使八旗武力的虚弱暴露无遗，十七年的永兴、海澄两役最能证明。玄烨自云，"永兴所有满兵，每佐领八名有余，绿旗复及三千"，"兵力不为不足"。然"于贼来攻城时，竟不拒截，坐令三面受围"，"未尝一

---

[1]《清圣祖实录》卷92十九年九月丙辰，大将军章泰疏报，湖广一路大军从沅州进取贵州，蔡毓荣所率绿旗兵八月十二日起行。六天之后，章泰所部才出发。

战"。其后都统宜理布、护统哈克山阵亡。"永兴两次失利,朕心深为萦虑"。[1]玄烨屡敕增援,但各路满洲诸将无人敢犯吴军之锋。设非吴三桂病死,前途实难预料。稍前,郑经大将刘国轩围攻海澄,城中受困满兵数千。玄烨坐卧不安,"谕兵部:海澄官兵所关甚重,非寻常比",令康亲王杰书、将军赖塔、都统喇哈达奋力救援,"务期拔出城内官兵"。玄烨情急之下,悬出重赏,并曰:"将军以下将士,即从前屡有失利退缩之罪,俱从宽宥。不必顾恋城池,但使被困官兵得出,即为克奏肤功。"但赖塔等"所统官兵甚众,卒不能解海澄之围"。[2]数千满兵终成战俘,实为清廷之奇耻大辱。虽南方气候地形不利于满兵,但满兵士气低落、战斗力下降也显而易见。[3]即使是在八旗骑兵有利的西北,当年王辅臣倡乱,经略莫洛身死,满洲统帅董额亦束手无策。玄烨命图海为大将军,调集满汉各路军队围剿一年有余,最后仍以招抚了事。八年中,满洲将士装病逃脱有之,被俘者有之,投降者有之,此皆开国以来所未有。

  入关仅三十年,满洲统治者赖以为根本的八旗兵,衰颓如此之骤,几乎令人难以置信。我在对入关前八旗制度略加探讨之后,曾得到过如下结论:八旗制的建立之所以具有凝聚力,是因各旗贵族分养国人,必须履行其"赡养其民"的责任。而八旗生存的基础在于对异族人口的掠夺和奴役,随着奴隶制的发展,八旗贵族势必抛弃最初的宗旨,进而奴役本族部民。我还以为,入关前夕,就其本质而言,八旗制已越过了兴盛的顶点并

---

[1]《清圣祖实录》卷75十七年七月丙辰、甲子。

[2]《清圣祖实录》卷74十七年六月乙未,卷75十七年七月己亥。海澄内外满兵互相观望,见《起居注》二十二年四月二十七日,玄烨审订海澄功罪,曰:"(都统)喇哈达不能攻破海澄贼众,以致贼众围困海澄;其后赖塔虽至,亦不能救援,情罪重大。"二十二年十一月三十日,议政王大臣会议伯穆赫临罪行,玄烨曰:"在海澄时,身为兵主,不能预先防剿贼寇,及赖塔等往援,又不从内冲出,坐误军机,陷没城池,丧失许多士卒。""赖塔等再三移文令其杀出,反谓其众曰'我等何须力战? 赖塔等兵多,彼若不救我等,其罪大矣!'及城陷后方自尽,此亦可谓之阵亡乎?"

[3]《清圣祖实录》卷75十七年七月庚子,上谕永兴形势,"满兵之势贵聚,聚则处处攻战,始克有济。若无用空城使满兵分驻,以寡力而遇615轻战,有志气者尽殁行阵,无赖之徒俱行败北,如此则实为可惜。满兵关系极为重大,利战则战,利守则守"云云,虽论战术,亦可见士气兵力。它不备举。

开始走向反面。[1]清廷定鼎北京，八旗贵族拥有大量庄园奴仆及丰厚的俸禄，恩养属人的责任已完全转卸到国家身上。八旗兵丁通过圈地投充和兵饷赏赐，同样可以优游卒岁。征战掳掠虽仍具有刺激，但已不是八旗生计的主要来源和基本保证。八旗贵族官兵享有各种寄生性特权，是无可否认的事实。随之而生的腐化怠惰，也就不可避免。[2]玄烨亲政后，一再宣称不忘武备骑射，说明统治集团对此并非全无觉察。而其后不断讨论贪靡奢侈之风何由而来，也反映出这一趋势的严重性。这是八旗制移植关内的必然结果，也是其演化过程中无可避免的阶段。认为入关之后八旗制度即由盛转衰，不可复返，固然失之于简单；然若忽视八旗制入关前后的本质转变及其暴露的问题，以为三藩之乱期间八旗制仍处在生机勃勃的上升时期，则必将妨碍对清初民族矛盾和满汉关系认识的深入。

而巧合的是，今人治清史对这一盲点的忽视，恰与玄烨当时的心理期待相符。玄烨既对前线满族军队了如指掌，则其内心焦虑自不待言。然而玄烨每日景山骑射，以"外示暇豫"，并检阅演武，鼓舞满洲士气。[3]而其与汉官品评兵法箭术，仍夸耀"祖宗制度，诚非前代所及"，目的在于使汉官折服。"自古兵制，莫如我朝禁旅最善"，"满洲弓马皆经百炼"，汉人武举"安可与之并论"。[4]玄烨绝不能令八旗武力对汉人的心理震慑稍有动摇。更可注意的是，玄烨在三藩平定之后，公然宣称："幸赖上天眷佑，祖宗威灵，及满洲兵士之力，逆渠授首，奸党悉除，地方平靖。"[5]竟将平

---

[1] 参拙著《满族八旗制国家初探》余论，北京燕山出版社1996年版。
[2] 《起居注》十二年十二月初六日，即玄烨得知吴三桂反叛前半月，谕八旗都统及满洲尚书曰："今见满洲贫而负债者甚多，赌博虽禁，犹然未息。""比来满洲习于嬉戏，凡丧祭婚嫁，过于糜费，不可胜言。""今见以佐领争讼者甚多，但知荣贵，而爱养所属之道，全然不知。"至康熙末年，玄烨仍云："今官兵行走处，马匹口粮器械等，俱给帑置办，且以为不足，而怨咨主焉。"见《清圣祖实录》卷287五十九年正月壬申。并参卷212四十二年四月己亥上谕八旗将领，可知八旗奢靡赌博之风盛行，从未稍杀。
[3] 《起居注》十六年二月十七日、十八日，当时玄烨命扈从大学士、学士、起居注官"俱各擐甲"，依次骑射，故知扈从者俱为满员。《庭训格言》："彼时满洲兵俱已出征，余者尽系老弱。"玄烨必不肯示此老弱于汉官。
[4] 《起居注》十八年十月初七日、初九日。
[5] 《起居注》二十年十二月十四日，并见《实录》卷99及《御制文集》卷12。

叛功绩全归于满洲大兵。这番话的关键之处,并不止是抹杀了绿旗兵及汉将的功绩,以掩盖八旗战斗力的衰颓,更暴露出在玄烨心中,这场战争就是满族和汉族之间的战争。此与上年他训斥吴丹时所说的"又有何人代为尔等破贼",同样反映了玄烨对这场战争以及清廷政权实质的认识。与此相比,他平时宣扬的满汉无异、君臣一体,就变得无比虚伪和苍白。

余论:玄烨内心的满汉情结

三藩之乱的爆发确实具有偶然性,出乎玄烨意外;而由于清初民族矛盾的积淀,演变成大规模的反清斗争,更是玄烨始料所不及。汉族士庶持久的反清意识以及广大民众中潜藏的巨大能量,与满洲贵族的贪腐和八旗武力的衰颓,形成鲜明的反差,不能不对玄烨的思想和心理予以强烈冲击。尽管清廷取得了战争的最后胜利,但不论玄烨如何粉饰,仍不能掩盖他内心的惊恐。而在战争有利于清廷的转折时,十八年的地震引发了魏象枢的独对及随之而来的汉官抗议浪潮,使朝廷中的满汉分歧表面化,同样给玄烨以沉重的压力。对三藩之乱的反思,虽远不是玄烨认识满汉关系的全部内容,但正是通过三藩之乱,玄烨才开始对满汉关系认真思考,应该是没有问题的。

康熙朝之不同于顺治朝,在于它是满洲贵族基本奠定民族征服之后,真正置身于中原内地统治长达六十年之久的王朝。也只有到康熙朝,作为主体民族汉族的各方面优势,才可能为满洲统治者所清醒认识。而促成这种认识的关键一环,竟是重新爆发并延绵八年之久的一场战争,这实在是历史的悲剧。通过民族征服建立的清王朝,其权力结构使最高统治者非但在制度上不受任何制约,而且在政治力量的对比中,没有任何集团能对其掣肘,这又是清王朝不同于明王朝之所在。清王朝这种权力结构的定型并不在顺治朝,恰在结束四大臣辅政的康熙朝。因此,清廷大政方针的决策和走向,并不是朝臣中各种政治势力之间斗争或协调的结果,而在极大程度上取决于最高统治者个人对现实状况的认识和判断。清廷真正实行"休养民力,乃治道第一义",[1]以及其他缓和民族矛盾的措施,皆在康熙二十年之后,即是玄烨对三藩之乱反思的产物。

但同样不可否认的是,三藩之乱显示出来的满汉严重对立,在玄烨思想心理上留下了巨大的阴影。这一阴影深深地熔铸入玄烨的性格和思维模式中,难以改变消除。这又在很大程度上决定了康熙朝的政治特征,或所谓"盛世"的外貌。

三藩之乱后,玄烨竭力以儒教作缘饰。他一面大倡二帝三王的"道统之传",颂扬孔子,"师道所建,百王治理备焉。舍是而图郅隆,曷所依据哉?"[2]同时却信誓旦旦,宣称:"一入汉习,即大背祖父明训,朕誓不为此!"[3]平藩期间,玄烨明明自供:"迩年以来,大兵诸路征缴,军需浩繁,一切供应,皆取给于民。"[4]"各省大兵往来,凡米豆草料及供应等物,闻皆派之民间,不给价值。"获胜之后,他却立即翻脸,曰:"数年之间,翦灭大寇,拯救黎庶。即大兵需用钱粮浩繁,不于民间加征,故天下生灵无不威戴。"[5]康熙五十年,普蠲天下钱粮,为玄烨生平得意事。后世颂此"浩荡之恩,实史册所未有"。[6]实际上有多大效果,玄烨心中有数。此前,他曾说:"各省朕虽不时蠲免钱粮,而小民生计终属艰难。"普蠲之后,他仍得承认,"现今地方凋瘵,民不聊生,大非南巡时景象"。[7]推究其原因,不外有二:其一,平定三藩和噶尔丹耗费了巨大的国力。如唐甄所说:"清兴五十余年矣,四海之内,日益困穷。"[8]其二,为了支持战争,清廷的财政最大限度地集中在中央,地方财政普遍亏空。解决的办法,只有两途:捐

---

[1] 《起居注》二十二年十一月初一日。
[2] 《清圣祖实录》卷130二十六年五月壬辰,御制周公、孔子碑文。
[3] 《起居注》二十六年六月初七日。
[4] 《清圣祖实录》卷62十五年八月乙丑。
[5] 《起居注》十九年正月二十日、二十年十二月十四日。
[6] 王庆云《石渠余记》卷1,北京古籍出版社1985年点校本。
[7] 《清圣祖实录》卷206四十年十月辛酉,《起居注》五十四年十一月初八日。
[8] 见唐甄《潜书·存言》,四川人民出版社1984年点校本。

纳和加派。[1]最终,仍成为百姓的沉重负担。玄烨却恬不知耻地说:"朕岂宜受加派之名乎?"[2]

康熙四十年之后,玄烨似颇为承平之世所陶醉,满汉党争亦久不再现。玄烨多次自诩于汉人大臣予以保全,[3]实则汉官一举一动皆在玄烨监视之中。玄烨曾不无得意地说:"无论若何动作,能逃出朕之掌心乎?"[4]玄烨表面称:"朕于蒙古、满洲、汉军、汉人视同一体",[5]而其心底却认为,"大约观汉人虽似易,而知之却甚难。凡其所言,必计及日后,易于变更"。[6]他告诫身边满臣:"汉人好寻仇雠。或本人不得报复,其门生故旧展转相报,历数十年而不已。昔年山东、直隶、江南人俱以报复为事,朕尤记忆。"[7]这些言论并不全属于思维层面,而是发自心灵深处对汉人的拒斥。这种内心倾向,其实是玄烨根本不相信汉人会接受满族统治的心理折射。正因玄烨的种族歧见涉及人的本性,所以才异常顽固。他教导满族官员必须体察汉人"习性,止观其行用,而不视其言语"。同时强调:"我满洲姓人,应遵满洲之道。以己之迁效法汉人,复为汉人所笑骂,自食其果"。[8]满洲官员取悦汉人的任何言行,尤为玄烨所不容。[9]玄烨的这种心理和认识,即伏因于三藩之乱时的汉人叛乱及朝中汉官的"背

---

[1] 五十四年以后,西线战事又起,"现今军需,各省俱行捐助"。见《起居注》五十四年六月二十二日。另,《满文奏折》六十一年八月五日朱批:"自古以来,惟禁止火耗而已,不可开。奈何地方官稍征一二分,朕如何办?"第1509页。

[2] 《永宪录》卷1康熙六十一年十月丁巳。又,《清圣祖实录》卷299六十一年九月戊子谕廷从官员亦云:"加派之名,朕岂受乎!"

[3] 《清圣祖实录》卷218四十三年十一月壬戌:"朕今御极四十余年,大学士卫周祚、冯溥、杜立德、李霨、宋德宜、王熙等,俱得全功名而考终命者,皆朕极力保全之所致也。"并参卷246五十年五月丁未谕大学士。

[4] 《满文奏折·步军统领托和齐参奏裕王狂妄并张廷枢徇情折》,第1639页。

[5] 《清圣祖实录》卷218四十三年十一月戊午。

[6] 《起居注》四十五年七月初二日。

[7] 《起居注》五十四年四月二十五日。

[8] 《满文奏折·两江总督阿山奏谢宽恕折》,第352页。

[9] 《满文奏折·两江总督阿山奏报秋收分数折》朱批:"满洲姓人,仍做满洲好。……尔自以为督学,而全江南人皆云尔庸弱且好事。满洲人言尔不向满洲,而欲取信于汉人。果能取得汉人,自不待言。此民众皆知,而尔未必知已。"第275页。

主"、"叛国"两大罪。玄烨曾感叹:"人心向背者,不知其几。"[1]可见三藩之乱的噩梦纠缠了他整整一生。直至晚年,他仍说:"若有变动,或在中国,蒙古断无此虑。"汉人地区始终不能令他放心,其原因是"蒙古终年无杀伤人命之事,即此可见风俗醇厚。中国各省人命案件不止千百,固缘人多,亦习尚浇漓使然也"。[2]真正与满人同心同德的,是蒙古而不是汉人,尽管玄烨内心对蒙古充满鄙夷。[3]在玄烨看来,汉族民众在三藩之乱的反清,原因不在于满族统治者的民族征服和民族压迫,而是汉人本性"浇漓"、"好寻仇"、"易于变更"。所以他才对各地汉人严加控制,时时提防。他警惕梦魇再现:"天下承平久矣。自昔太平日久,必生事端。""制治于未乱,保邦于未危,朕之素志也。"[4]清廷之所以能在康熙四十七年将做了六十多年清朝顺民的"朱三太子"朱慈焕捕获,又岂非伏因于三藩之乱各地浮现的"朱三太子"案?朱慈焕于垂暮之年和全家被清廷处死,即使孟森也认为"太过矣"。[5]三年之后,发生涉猎南明史实的戴名世《南山集》案,掀开了历经康、雍、乾三朝的文字狱惨烈的序幕。[6]然而玄烨就敢宣称:"我朝得天下之正,待前朝之厚,可谓超出往古矣。"[7]真可谓无耻之尤!清廷这种残忍行径,完全超出了维护其统治地位的需要,而纯粹出于最原始狭隘的种族仇恨和报复心理。四十八年,江南出现疫情,苏州织造李煦奏报:"地方官现在设立药局,选医调理。"玄烨却冷冷批道:"知道了。皆因一念(按:即一念和尚,涉及朱三太子)等作反,所以有此一

---

[1] 见《清圣祖实录》卷211四十二年三月癸亥,玄烨五十寿辰颁诏天下。
[2] 《起居注》五十六年十一月二十六日。
[3] 《清圣祖实录》卷143二十八年十一月庚申:"蒙古之性,深信诡言,但闻喇嘛胡土克图胡必尔汗,不详其真伪,便极诚叩头,送牲畜等物,以为可以获福长生,至破荡家产不以为意。"卷198三十九年三月甲午:"蒙古性情怠惰愚蠢,贪得无厌。且蒙古惟信喇嘛,一切不顾。"卷203四十年三月戊申:"喀尔喀蒙古其性无常,且不知足。尔等至彼,慎勿多与之物,取悦彼等。日后不继,反招其怨。"
[4] 《起居注》五十四年三月二十九日。
[5] 参孟森《明烈皇殉国后记》,载《明清史论著集刊》上册,中华书局1959年版。
[6] 此采章太炎说,不取康熙初年庄廷鑨《明史案》,见《检论·哀清史》。
[7] 见《庭训格言》。

难,亦未可知!"〔1〕这与前引十八年谕旨说江西民众"自作孽",二十年说云南人民"本不可怜",同样暴露了玄烨内心最底层的情结。同样是疫情,他对驻防浙江的满洲大兵却关怀备至。〔2〕玄烨的心理既如此阴暗褊狭,谁能相信他会笃信孔孟程朱,集治统、道统于一身!

　　平心而论,玄烨也许算忍人,但不是暴君。他能统治六十余年,并不全是依赖暴力。而之所以如此,其中一个重要原因,即在于他的思维富于理性和性格中的克制。康熙二十六年至三十二年,法国传教士白晋曾近距离接触过玄烨,他在《康熙帝传》一书中写道:玄烨有着"对欲望的惊人自制力"。"能克制自己,能像他主宰自己的帝国一样地主宰自己。尽管这位皇帝脾气容易动怒,但在治理国事或皇族事务中,碰到某些不如意的事情,他能够控制自己不发怒"。"康熙的意图是如此高深莫测,越是接近他的人越难理解"。〔3〕这是相当准确的观察。但玄烨并非天生早熟,他年轻时期在政治上就有两次大冲动,一为不顾孝庄的意愿而逮治鳌拜,〔4〕另一即并撤三藩。前引玄烨在三十五岁时曾说:"前者凡事视以为易,自逆贼变乱之后,觉事多难处。每遇事必慎重图维,详细商榷而后定。"〔5〕足见三藩之乱对玄烨的思想性格影响之深。可以说,玄烨身上的理性成分,正是经历了三藩之乱,也是在与汉人的反复周旋与较量中才日渐成熟起来的。在玄烨一生中,内心冲动和理性相比较,无疑是后者占据上风。

　　但是,心理和思想毕竟是属于两个不同层面的东西。理性可以影响、改变思维,却无法对心理产生同样的作用。理性化的思维可以排斥、转移乃至压抑心理,而极少可能改变它。三藩之乱八年,正值玄烨十九岁到二十七岁,即从青春期进入成年期阶段,也是他心理的成熟定型时期。

---

〔1〕《康熙朝汉文朱批奏折汇编》第2册,档案出版社1984年影印本,第459页。
〔2〕《满文奏折》四十八年六月十二日《杭州织造孙文成奏请万安折》朱批:"尔地今年染病,杭州满洲人皆好?""朕心甚为满洲人担忧。此谕著给满洲人看。"第626页。玄烨爱憎何其分明!
〔3〕载中国社会科学院历史研究所清史研究室编《清史资料》第一辑,中华书局1980年版。
〔4〕详参拙文《康熙初年四大臣辅政刍议》,载《清初政治史探微》。
〔5〕《起居注》二十七年五月初二日。

这一期间玄烨最关注的,除平叛战争之外,就是汉人的顺逆和忠贰。较之三藩,后者对玄烨的思想和心理影响显然更为深刻。严重的民族对立和仇恨的意识、情绪,必然在玄烨内心留下深深的烙印和浓厚的阴影,不会因理性的增长而消除,而且一定会在某种条件下表现出来。他晚年已将汉官整治得服服帖帖,但可因一次祈雨有汉官未至,身在热河的玄烨便立刻判定汉人结党,魁首即是他最信任的李光地,并联想到"今满洲大臣内,竟无能御汉大臣者"。于是起用先前被他鄙弃的马齐取代松祝,以制服汉人。[1]六十年春,王掞请玄烨"念国本之重","早定储位"。[2]玄烨竟斥为"其视清朝之安危休戚,必且谓与我汉人何涉",其祖"王锡爵已灭明朝,王掞以朕为神宗,意欲摇动清朝"。[3]李、王二人曾被玄烨许为与满洲君臣"事事同心,不分尔我",[4]而一触及心中所忌,便肆口诋毁,辱及先人,都是其猜疑仇恨汉人心理的发泄。玄烨之对魏象枢耿耿于怀,不时加以诬蔑,也是如此。

魏象枢生前是幸运的,这得力于他的谨慎。对于清廷,他也实无贰心。从康熙十一年重返仕途,至二十三年休致,十余年间他唯一的一次冒险犯难,即十八年地震时的独对,其实还是由汤斌所激。当他对玄烨的态度有了直接的了解之后,立刻就产生了退缩。仅过三天,他便在自陈中向玄烨忏悔,说自己"溺职之罪,擢发难赎","素餐尸位","国法难容"。[5]以后,除前述十八年八月二十九日会议中支持过姚缔虞的请开风闻之外,其余皆唯玄烨之马首是瞻。前引赞颂八旗兵制骑射自古莫及的,也是他。

更有意思的是,十八年十月二十六日魏象枢与玄烨的又一次单独交谈。玄烨论及科道曰:"如明季参劾本章虽多,然甚好者亦少。"象枢奏:"如杨继盛参本还是好本。"玄烨曰:"前一本言开马市,亦未甚好。后一本,因继盛一死,乃见其好耳。"象枢奏:"圣谕极是。以臣愚见,继盛降

---

[1]《起居注》五十五年五月初二日。
[2]见《清代三朝史案》上册,《康熙建储案·王掞折》,江苏广陵古籍刻印社1993年版。
[3]《清圣祖实录》卷291六十年三月丙子。
[4]《起居注》五十四年四月二十五日。
[5]《寒松堂全集》卷4《微臣溺职难辞良心不能自昧等事疏》。

谪典史,复起员外,已经挫抑之后,不改忠烈之心。此处更好。"玄烨"颔之"。[1]杨继盛以参劾"天下第一大贼"严嵩,为嘉靖所杀,举国惜其冤。隆庆初年,即为之昭雪,《杨忠愍公集》不胫而走,传诵天下,明末清初皆有刊本。其中最著名的即《请罢马市疏》和《请诛贼臣疏》。[2]玄烨谓第一疏不甚好,或由识见有异,而对第二疏亦不以为然,则无疑直为数月前象枢独对而发。满洲家法最严,不容严嵩之类的权臣,自不待言。玄烨对杨继盛的疏奏不予肯定,且示之于魏,实则暗示汉官不当触犯满洲权臣,即再次否定了象枢的独对。象枢岂听不出这弦外之音,故只得强调继盛的"忠烈之心",实则无异是恳求玄烨体谅自己。从魏《年谱》自记"皇上颔之"来看,似乎他也相信了玄烨的谅解。

十八年底,玄烨为地震及汉官谏疏忧烦致病,魏象枢竟当着群臣表演了一出跪瞻圣颜的丑剧,[3]令人作呕。那时他必为自己此前出于冲动的独对胆战心惊。为取悦玄烨,他在十九年初的会推之后,竟与满洲大臣科尔昆等人无端参劾地震次日与自己同奉面谕的宋德宜。[4]这些虽与大节无关,亦不致尽失羞恶之心,但与他以前正色立朝、直言敢谏的形象相去甚远,正是汤斌所说的"其实难副"。

魏象枢的苦心没有白费,在他"每发头晕之症"后,[5]玄烨没有强留,终于放他回籍,陛辞时,御书"寒松堂"匾及"古北口诗"一幅。死后予谥"敏果",总算保住了名声。[6]但其身后却没有逃过玄烨的口诛。在玄烨心中,早已将魏象枢牢牢地钉在"误国"的耻辱柱上。

要想完整地复原玄烨如何重塑魏象枢形象的心理历程,仅凭现有的史

---

[1] 见《起居注》,并参《寒松老人年谱》同日。
[2] 参陈智超《杨继盛请诛严嵩疏稿本考》,载《中国社会科学院历史研究所学刊》第一集,社会科学文献出版社2001年版。
[3] 《起居注》十八年十二月初五日。
[4] 《清史列传》卷7《宋德宜传》,《起居注》十九年三月三十日。
[5] 见《寒松老人年谱》癸亥(二十二年)、甲子(二十三年)有关诸条。
[6] 朱彝尊《曝书亭集》卷38《尚书魏公刻集序》云:"自公去,而士林之毁誉,莫有定论矣。"显系顾及情面的恭维之词。

料,几乎是不可能的。魏象枢独对时,玄烨是否联想到他议出兵"与索额图争论成隙";玄烨审阅《方略》,说魏以"有苗格"阻挠发兵时,是否有魏借地震奏请杀索一念在胸:皆不能断言。唯有三十三年玄烨的上谕才将魏的这两件事联系起来,所以,我们必须对此上谕特别关注。玄烨对魏象枢的批评是就"理学真伪论"而发的,这是康熙朝政治的一大题目,此不能详。但玄烨关于"伪理学"的认识至此已有定见则无疑,所以他才以此为题检验词臣。从玄烨的长篇评论可以看出,他是要将汉人的理学名臣一概打倒,均冠以"伪理学"之名。只有他自己才是"以治天下国家之道存之于心"。既以真理学自居,则伪理学自然是制服汉人领袖的武器。熊赐履、汤斌、李光地皆不能免,魏象枢当然也不能免。赐履之弟赐瓒在词臣中名望最高,对以此为题的用意甚为了然。玄烨说他见此题而"大拂其意",有意犯讳,因此黜落。[1]

　　玄烨与魏象枢在理学上曾有一段过节。十八年十月,玄烨读侍读学士崔蔚林所呈《大学格物诚意辨》,发现与自己在日讲中所学有异。在格物、心意的理解上,崔从陆王心学的立场出发,对朱熹提出质疑。而只知株守朱学的玄烨,自然大惑不解。从他"尔以朱子所讲非耶","王守仁之说何如","朱子所解"四书"何如"来看,此时玄烨对程朱之外的陆王一派似全无所知。[2]玄烨与崔辩论之后,曾召见魏象枢,希望魏能剖析崔说的破绽,但结果令他失望。玄烨失意之余,只得说:"圣贤言语包蕴无穷,若止就数语翻驳,徒滋纷扰,反于学问无益。"[3]朱子格物、心意说,当时及后世皆有质疑。所以,玄烨与崔蔚林之争没有任何学术上的新意义。问题在于,认为自己早已精熟"四书",并欲身兼治统、道统的玄烨,在与崔

---

[1] 见《清圣祖实录》卷163三十三年闰五月癸酉。
[2] 《起居注》十八年十月十六日,二十二年四月初九日。至五十四年三月二十九日,玄烨仍说:"朱子所著诸书,其意甚明,迄今五百余年,人无訾议。"另,《御制文集》第四集,卷21《朱子全书序》:"往往见元明至于我朝,著作讲解万不及朱子,而各出己见,每有驳杂,反为有玷宋儒之本意。"并参卷22《周易折中序》、《春秋传说汇纂序》。玄烨这些言论,固有其宣扬卫道的需要,但全无仁智之殊,绝少异同之辨,也反映他实乏学术创造性。
[3] 《起居注》十八年十月二十六日。并参《寒松老人年谱》同日。

蔚林的这番折冲之中，不仅占不到半点上风，反而暴露出自己的无知，根本未曾进入理学的精微处。这对玄烨的心理无疑又是一次震撼。崔蔚林不认同他奉信的朱学，象枢虽不似崔强项，似亦明确告诉玄烨，他连崔的意思也未全领会。这无疑是对他代表道统资格的否定。玄烨在沉醉于经筵日讲官多年的奉承谀颂之后，也许第一次意识到，自己全然无能进行更深入的义理辨析。这是玄烨学术思想历程中的一次挫折，必引以为深耻，同时也激发他日后寻找折服并超越汉人的新武器。玄烨于是将行事、践履提高到辨别学术高下真伪的准的。[1]

玄烨的理学真伪论，萌生于三藩平定之后不久，是极可注意的政治动向。玄烨与崔蔚林论学不胜，转而鄙其所作之文。[2]继之又攻击崔蔚林乃"极恶之人"，指责其"在地方好生事端，干预词讼"，"又动辄以道学自居"，"又诋先贤所释经传为差讹，自撰讲章，甚属谬戾"。"此等人不行惩治，则汉官孰知畏惧！"[3]这纯粹是心理挫折之后的报复，于是崔蔚林便成为"伪道学"锋刃之下的第一个牺牲品。而以当代醇儒著称的汤斌，亦因未按玄烨的意旨辅导皇太子，玄烨竟说"朕不以汤斌为人"。[4]同样显示出玄烨在学术上不能折服汉人即转而于内心产生出一股怨愤。然而其欲令汉官"知畏惧"，舍权势之外，又能何求？

魏象枢不幸又偏偏是崔、汤两人的同道。[5]在玄烨看来，魏象枢既与

---

[1]《起居注》二十二年十月二十四日，玄烨与讲官论理学之名，说："朕见言行不相符者甚多，终日讲理学，而所行之事全与其言悖谬，岂可谓之理学！若口虽不讲，而行事皆与道理符合，此即真理学也。"并参陈祖武《清初学术思辨录》一书中《清初文化政策批判》一节，中国社会科学出版社1992年版。

[2]《起居注》二十三年二月初一日，吏部议准崔蔚林因病请解任调理。玄烨曰："崔蔚林自来入署之日少，旷官之日多，其胸中或有异才伟抱。但观其品概及所作文章，亦属平常，无大胜人处。"以此时玄烨所学，岂足评崔氏之文？玄烨命明珠"着汝衙门学士等观其病势来奏"。是知崔有以病避祸之意，玄烨却有不依不饶之势。

[3]《起居注》二十三年二月初三日。

[4]《起居注》二十七年二月初三日。

[5]《碑传集》卷44徐元文《崔蔚林墓志铭》："生平道义自信，不苟取友，独深善尚书蔚州魏公、睢州汤公。二公当代人宗，年辈在先生前，顾独深重先生，以为益友。"胡具庆《崔定斋先生传》亦称汤、魏为"先生道义交也"。

崔、汤同类，亦必伪道学之属，绝不能轻易放过。而魏之"有苗格"和地震当日的独对，恰为触犯满洲之二事，自然成为玄烨构造其伪道学的依据。于是，"有苗格"被歪曲为阻扰发兵，独对请求惩处满洲权贵，则是魏的报复。魏何以要报复索额图？就只能再构造会议中因"有苗格"魏、索二人"争论成隙"。经过玄烨的思维联想，魏象枢"伪道学"的真面目便活灵活现地浮现于心中。魏象枢早年曾自负道统之传，[1] 将魏打入伪道学，又隐然有玄烨绝不许道统他属，而必由己兼之的意图。有意思的是，玄烨此时的以"道存之于心"一语，正是十八年与崔辩论之后，对魏所说的"不欲数语翻驳，徒滋纷扰"的发挥。看来，玄烨的这一理学情结，如同象枢独对一样，也在他心中缠绕不散。

关于魏象枢是否在独对中密请杀索额图，是本文所有问题中最难解决的一环。这一问题无论答案如何，不会影响到本文的基本论点和宗旨，但对更深入认识玄烨的为人，似仍有意义。也只有对玄烨的思想和心理略加分析之后，才可能作进一步的推论。

魏象枢独对之语，只有他和玄烨知悉。魏既隐秘不宣，则玄烨之言，自当成为第一手证据。其他记载皆由此派生。所以，玄烨之言可信与否，又是关键。玄烨之诬魏阻扰发兵，虽属曲解，但自二十五年至五十六年无异词。故我们完全有理由认为，这是玄烨固执偏见，有意加汉官以"误国"一罪。然而"密请速杀索额图"出自玄烨之口，唯三十三年一次。且此时魏已作古，死无对证。我们现在所能做的，只能是查找玄烨是否还别有类似的诬陷。如果真有这样的证据，就极可支持我们认定他有重犯的可能，即是说，所谓魏请杀索额图，同样是诬陷。值得庆幸的是，我们恰好找到了这样的证据。

三十三年六月二十九日，也就是玄烨判定魏象枢之后的一月有余，玄烨对川陕总督佛伦的请安折上有一朱批。为了避免断章取义的误会，我将此完整移录如下：

---

[1]《寒松堂文集》卷9《柬孙退谷先生书》："惟先生期许深厚，谆谆以道统属之，将谓枢颇足语此耶？枢虽不敏，敬闻命矣。"

朕体安。将于七月二十四日幸木兰围场。尔可好？数月前尔奏书未到,亦曾问尔子。将刘洪祖等所奏之事票拟而议时,大学士伊桑阿曾奏曰:"佛伦原系尚书,若皇上召之,即召之内阁耳,尚书何事？"等语,对此,朕冷笑了。**前参劾明珠、科尔坤、佛伦等人时,众皆指望必杀伊等。朕心里很明白,件件分析,不令生事,巧以完结。今言佛伦之事,其源仍系前人所参**,何不申述冤情,但言召其至内阁入伙也。况且徐乾学给稿使郭琇参劾,索额图为首令陈氏参劾,于成龙倡导结党等项,事关大,朕心中很明白。今畏佛伦而取悦之,何用！此等事宜,谕尔知会。据闻,总督傅拉塔既逝,江南通省顿觉如丧父母,而徐乾学连饮三日以庆贺等语。尔在山东时,郭琇不知何说？[1]

这段史料涉及许多复杂的问题,不在本文主旨之内。我们感兴趣的只是,二十七年"参劾明珠、科尔坤、佛伦等人时,众皆指望必杀伊等"一语。郭琇弹章既由徐乾学提供,徐又因明珠党羽傅拉塔之死欢欣不已,玄烨亟欲了解郭对傅死反应如何,则徐、郭皆属欲"必杀伊等之众"无疑。此一"众"中可能还包括受索指使的陈紫芝。至于"畏佛伦而取悦之",欲召其"至内阁入仕"的伊桑阿,乃二十七年代明珠、勒德洪之缺补大学士,本人虽非明珠政敌,却为明珠政敌索额图之婿。[2]据杨珍的研究,明珠于三十年已被重新起用为大学士,至三十八年辞职。则此时以议政大臣、内大臣兼大学士,颇受玄烨依任,[3]正与伊桑阿为同僚。由是看来,玄烨以伊桑阿入阁,意在调和索额图、明珠纷争。伊桑阿欲取悦明珠一党,防嫌而已,故绝不在彼"众"之列。玄烨之于伊桑阿不满,是因伊唯想到给佛伦以补偿,而忘记了申述佛伦被汉人参劾的"冤情"。

依李光地记载,徐乾学,同时还有刘楷、陈世安参劾明珠的三份疏稿,

---

[1]《满文奏折》,第62页。
[2]《满文奏折》四十二年七月二十五日《山西巡抚噶礼奏明未照索额图指示行事折》,第293页。
[3] 见《盛世初叶的皇权政治》,载《清史论丛》1999年号,河北教育出版社2001年版。

皆由高士奇"先呈皇上,请皇上改定,上曰:即此便好"。[1]则索之指使陈,亦可能受玄烨风示。总之,弹劾明珠纯为玄烨所操纵。[2]而据《起居注》,罢免明珠前二天,玄烨曾撇开大学士,专门召见满洲内阁学士齐色等谕之:"一切事务朕岂有不知者乎?尔等诚能据理各抒己见争论,自朕而外,其谁奈尔等何!前曾将鳌拜、班布尔善俱行正法,若有败乱国政者,朕岂加宽宥耶?"[3]在宣谕罢明珠时,玄烨重申:"前者班布尔善、阿思哈等身为大臣,所行悖乱,致干宪典,遂行正法。至今尚耿于怀。"[4]是则表示欲处死明珠一党的并非别人,正是玄烨自己。到玄烨改弦易辙之后的三十三年,他却将"指望必杀伊等"栽到汉人头上,这是彻头彻尾的诬陷。此与他"证实"魏象枢奏请杀索,相隔仅一月有余。可以说,二者几乎是在同一思维模式和同一心境之中发生的。疏谏者同为汉人,弹劾的对象同为满权臣,两案中表达处死意向的同为玄烨;而事后同将此意归诸汉人;其实所谓汉人之杀心,都是玄烨自己的猜度。真何其相似乃尔!我们既可断定其一为诬,另一自应"虽不中亦不远矣"。且十八年之独对,象枢为主,玄烨为客;而二十七年之去明珠,主使者乃玄烨,徐、郭不过是其工具。盖不得玄烨风示,无人敢弹明珠。既然如此,若玄烨不故露杀心以启人,何人又敢"指望必杀"明珠一党。玄烨诬陷徐、郭既无疑义,其于象枢,岂有不诬之理!三十三年,魏已物故,因此可以实指其名;徐、郭虽罢职乡居,毕竟尚在人世,故泛称之以"众",此为玄烨精明处。即使是奏折,他也担心泄露。后来佛伦果因此而得罪。[5]

---

[1] 见《榕村续语录》卷14《本朝时事》。
[2] 可参刘凤云《试论康熙中期官僚集团的党争》,载《清史论丛》2000年号,中国广播电视出版社2001年版。
[3] 《起居注》二十七年二月初七日。
[4] 《起居注》二十七年二月初九日。
[5] 《清史列传》卷8《佛伦传》,玄烨说:"佛伦为总督时,密奏赵良栋不可居宁夏,乞召赴京师。后良栋来朝,朕命之归。良栋奏曰:'有人言臣不宜居宁夏,臣不便归。'朕问何人,良栋言:'佛伦以告索额图,而索额图语臣。'以此观之,人之无耻,未有如佛伦者。"另参《实录》卷164三十三年八月乙亥。然而当初,佛伦密折奏"赵良栋似应速离本地",玄烨朱批分明说"朕亦有所考虑"。见《满文奏折》三十三年四月初八日《川陕总督佛伦奏请劣员赵良栋应速离本地折》,第60页。

魏象枢独对与玄烨的心理阴影

喜欢运用心术的玄烨,是很善于识别他人的"无证之言"的。[1]玄烨污蔑魏象枢请杀索额图时,魏已死去七年,对于他本人而言,其实已无所谓幸或不幸。玄烨一向以记忆力自豪,"朕一生所赖者,惟在记性。"[2]可惜他并不诚实。如果把玄烨的每一回忆录都信以为真,那倒是我们自己可悲。

附识:本文初稿草成于前年,此番整理,有些关节的理解,立意竟与原来迥异。虽不能遽信今是而昨非,然于清代官书,须始终持一怀疑批判之态度,方有资格探讨清代政治问题,此种信念,则未敢须臾或忘。文中所引史料,不出方家眼底,实无一新可言。至于昔贤所谓旧瓶新酒之训,亦不必矫情自谦,曰:全未遵循。

二〇〇七年五月

(原载《清史论丛》2008年号)

---

[1] 参《清圣祖实录》卷166三十四年三月辛未谕大学士:赵良栋疏言己功,而隐蔽满洲将帅劳绩。"与赵良栋同时出兵将军等俱已物故,此皆无证之言。"《起居注》二十六年五月十一日,玄烨论修《明史》云:"品评古人犹易,古人无可对证。若品评时人,即有对证,非古人可比矣。"又,《御批续资治通鉴纲目》:"尝言论古人易,论时事难者,有活口辩耳。"文渊阁《四库全书》,台湾商务印书馆1982年影印本。可见无论论事论史,玄烨皆深谙此理。其论魏象枢于身后,自当充分运用其平素所蓄。
[2] 《起居注》五十六年七月二十九日。白晋也说"他有惊人的记忆力",见前书。

评"自古得天下之正莫如我朝"
——《面谕》与皇太子的兴废及玄烨的内心世界

康熙五十六年,清圣祖玄烨颁布一份长篇《面谕》,末云:"若有遗诏,无非此言。"[1]五年之后,玄烨辞世,继位者胤禛对此稍加润饰,即以圣祖《遗诏》之名晓喻天下。[2]先师王锺翰曾撰有《清圣祖遗诏考辨》一文,据现存《遗诏》满汉文原件,与《实录》中所载《遗诏》、《面谕》详加比勘,断言:"现存《遗诏》(原注:包括汉文本和满汉文本)原件系从《面谕》增删、修改润饰而来。"[3]应为的论。

向来史家论及《面谕》,多从立储一事着眼,以至聚讼纷纭,未得确解。稍审《面谕》全文,则为玄烨自叙承继祖宗创业,及其生平守成兼备开基,辛苦备尝,朝惕夕励,以至喋喋不休。其中关于嗣君之事,虽有长篇敷衍,但插叙旁出,语义暧昧不明。故视《面谕》为玄烨自评可也,为慎重其家业之承传可也,若强以为玄烨于此暗示已传位某某,则终难免穿凿附会之嫌。然亦无可否认,《面谕》毕竟因储位而发,[4]其归结点亦在于此。本文后面将证明,《面谕》思想基本来源于

---

[1] 见《清圣祖实录》卷275五十六年十一月辛未(二十一日)。下引《面谕》不再一一注明。
[2] 《清圣祖实录》卷300六十一年十一月甲午。
[3] 文载《清史国际学术讨论会论文集》,辽宁人民出版社1990年版。
[4] 《碑传集》卷13王昶《王相国(掞)传》:"五十六年冬,会有御史八人以建储请。上下其疏,并出掞五月间折,外廷始知掞有是请。"并见同卷袁枚《文渊阁大学士太仓王公传》、《清史稿》卷286《王掞传》。《清代三朝史案·康熙建储案》按:"五十二年二月,赵申乔奏请册立太子。五十六年十一月,大学士王掞及御史陈嘉猷等八

两废太子期间的上谕。若以《面谕》与立储无甚关涉,亦不免过甚其辞。[1]

兹所欲论,其意义更有远过于此者。我以为,《面谕》中最可关注之处,是玄烨首次公开提出"自古得天下之正莫如我朝",并以此纲领全文。其余所言,皆为此一宗旨之伸延。而此一关键,竟似未曾为史家留意。[2]正是玄烨首倡清朝得天下最正,其后继者胤禛、弘历辈,才得以秉承声气,大肆煽扬。胤禛《大义觉迷录》曰:"本朝之得天下,较之成汤之放桀、周武之伐纣,更为名正而言顺。"[3]弘历《世祖章皇帝实录序》亦堂而皇之曰:"自古得天下之正,未之有比也。"帝王高倡于庙堂之上,于是朝野应

(接上页)人又密疏奏请建储。谕揆等勿以为名起见。"故宫《文献丛编》五十六年陈嘉猷等八人所上一折,其明为十一月二十三日。王掞之折应在前。已引起玄烨的考虑,应无可疑。陈嘉猷折有"与皇上分其忧"、"分其劳"之语。《面谕》中"今臣邻奏请立储分理,此乃虑朕有猝然之变耳。死生常理,朕所不讳。惟是天下大权,当统于一"。明显针对陈嘉猷折而发。《起居注》五十六年十一月二十六日,阁臣议覆请大学士王掞密奏请立皇太子,又御史陈嘉猷等八人条奏请立皇太子二疏。玄烨曰:"伊等所奏,以朕为忘之矣。此等大事,朕岂有遗忘之理?但不当奏请分理耳。天下之事,岂可分理乎?"

[1] 杨启樵《康熙遗诏与雍正篡位》认为:"皇位的继承在遗诏(按:即《面谕》)中并不占重要的地位。"文载《清史论丛》1992年号。

[2] 《清史稿》卷8《圣祖本纪三》摘录《面谕》即略去"得天下之正"一语。许曾重《清世宗胤禛继承皇位问题新探》,载《清史论丛》第四辑;冯尔康《雍正传》,第14—16页;前注引杨启樵文;杨珍《满文档案中所见允礽皇位继承人的新证据》,载《中国史研究》1990年第3期,利用《面谕》讨论储位问题均未提及"得天下之正"。孟昭信《康熙帝》一书有讨论《面谕》的专节《康熙的自我总结》,亦将玄烨的"得天下之正"一语放过,吉林文史出版社1993年版,第367—370页。郭松义、杨珍《康熙帝本传》论及玄烨"著名的长篇谕旨":"首先,他承认自己年迈体衰,力不从心"云云,偏偏将前面的"得天下之正"视而不见,辽宁古籍出版社1996年版,第388—390页。杨珍《清朝皇位继承制度》概括《面谕》的主要内容为四点,这一内容依然不在其中,学苑出版社2001年版,第326—327页。拙文《评清世祖遗诏》序言中亦云,《面谕》"似无关历史发展宏旨",诚为一时卤见,载《清初政治史探微》。

[3] 《大义觉迷录》,载中国社会科学院历史研究所清史研究室编《清史资料》第四辑,中华书局1983年版。

和,流风所及,以至清社既屋,仍不衰绝。[1]中国历代更替,莫不为本朝争正统,然如有清一代之甚嚣尘上者,殆绝无仅有。有鉴于此,认真清理其始作俑者之思想历程及其时代背景,并剖析其真正内涵,或许就显得尤为迫切。

一、《面谕》的基本内容与宗旨

要想准确把握《面谕》的宗旨,首先须对其基本内容有一大致完整的理解,然后才谈得上对玄烨所展示的全部思想涵义进行深入剖析。

《面谕》洋洋二千余言,归纳起来,其要约有三端:

其一,即论述清开国得天下为最正。短引之后,便提出"自古得天下之正,莫如我朝"。申明"太祖、太宗初无取天下之心",皇太极曾兵临北京城下,能取而不取。后至世祖朝,因"李自成攻破京城,崇祯自缢,臣民相率来迎,乃翦灭闯寇,入承大统"。因此,较之汉高祖、明太祖崛起于草莽,趁乱攫取天下,清军入关,不仅"承席先烈",更是"应天顺人"。此即构成清代官方史学关于明清嬗代之历史基调。

我们必须注意,玄烨所说乃有清得天下为自古"最"正,不仅要盖过汉、明,而且要超逸三代。玄烨说这番话时,显然胸中浮现出太史公《秦汉之际月表序》。他以"承席先烈",将清入关前的开国阶段拟作商、周、秦得天下之前的"积功累德数百年";而以大顺军李自成喻为陈胜、项羽,

---

[1] 《章学诚遗书·丙辰札记》:"自唐虞三代以还,得天下之正者,未有如我大清。我朝以讨贼入关,继绝兴废,褒忠录义,天与人归,而于故明但存恤之德,毫无鼎革之嫌。"文物出版社1985年版。昭梿《啸亭杂录》卷9《韩贞文先生》:"皇清以义受命,其垂统之谊甚正。"清末皮锡瑞论明清易代,谓清为"奉天伐罪",势、理、仁义俱在"我朝"。见《湘报类纂》载《皮鹿门学长第十次讲义:论胜朝昭代之兴亡原因》。《清史稿》卷500《遗逸一》:"清初,代明平贼,顺天应人,得天下之正,古未有也。"

目的在于为"贤者"大清作驱除,以引出最终得天下的"大圣",其意甚明。然若因此认为,《面谕》似颇欣赏"一泗上亭长"的刘邦及"一皇觉寺僧"的朱元璋也能得天下,则对玄烨大为误解。陈廷敬《午亭文编》卷32有《汉高帝得天下之正论》云:"自古帝王受命而兴者,率皆当世之诸侯增修其德,至于其子孙以有天下。"即明显以之喻清。"而汉高帝,秦之眇然一黔首也。"世人"谓汉起自匹夫,得天下为最正,予窃谓不然也"。直斥刘邦为"创古今之未有,坏天地之大防,启斯民犯上作乱之心"。"使天下后世之凡为匹夫者日生其心,而有犯上作乱之事也,是乌乎可哉!"[1]《文编》未注明此篇作于何年。然《文编》系作者手定,由其门人林佶刻于康熙四十七年。篇中"眇然一黔首"与《面谕》中"一泗上亭长","增修其德"与《面谕》中"承席先烈",一一相合,皆袭太史公《月表序》而来。不过,太史公承认汉得天命,陈廷敬则惊呼为"古今之大变"。此又与《面谕》斥"流贼"李自成为清作驱除同调。汉得天下以征诛,从来拟之如汤、武。汉既不正,则汤、武亦难免不正。自明以来,学者又往往汉、明并论,[2]汉既被驳倒,明也就自在其中。则得天下之正者,非大清莫属。唯玄烨尚需以尊明作装饰,故陈廷敬不便指明罢了。此篇既与《面谕》如此契合,我们有理由推断,玄烨读过陈廷敬这篇文字。论者只见廷敬为清廷制礼作乐,受玄烨赏识,不知此篇文字实为玄烨倡清得天下之正导之以先路。廷敬死于五十一年,玄烨甚惜之,似并非因其"世传诗赋重",而在其"朝恩葵志励,国典玉衡平"。[3]廷敬死前一年,戴名世《南山集》案发。据《戴名世集》附录《记桐城方戴两家书案》,康熙"五十年辛卯冬十月丁卯,左都御史赵申乔据《南山集》奏参,得旨:'这所参事情,该部严察审明具奏。'旋据九卿议戴名世一案:'我朝定鼎燕京,剿除流寇,顺天应人,得天下之正,

---

[1] 《午亭文编》,文渊阁《四库全书》,台湾商务印书馆1982年影印本。
[2] 钱大昕《潜研堂文集》卷36《与邱草心书》:"后世得天下必以征诛为正之语,此本诸宜兴储中子文。殆明时士大夫欲尊崇其太祖,驾乎唐宋开创诸君之上,故有是论。"《四部丛刊》,上海商务印书馆1929年影印本。
[3] 《御制文集》第四集,卷32《大学士陈廷敬挽诗》。

千古之未有也。'"[1]《书案》不著撰者姓名，而所记《南山集》案发时间及玄烨批旨语，与《清圣祖实录》完全相合。清"得天下之正，千古之所未有"一语，究竟系奉玄烨原旨，还是九卿自议以迎合玄烨，无从判断。而今本《实录》不载九卿会议题奏，必待数年之后出自玄烨《面谕》，则将首倡专利归于玄烨所有，意又甚明。比起"剿除流寇，顺天应人"而言，《面谕》的叙述毕竟系统得多，我们似也无聚讼于此的必要。一年之后，礼部就次年玄烨六旬大寿请旨，玄烨批旨即云："朕本凉德，惟赖祖考得国之正，积福之深。"[2]迨五十六年《面谕》，就变成自古得天下最正。

其二，从"今朕年将七旬，在位五十余年者"开始，《面谕》以大量的篇幅，自述其临御以来的人生经历与感受。学者研读《面谕》，往往忽视下面一句话，即玄烨云其通过读书明理，终于得出结论："凡帝王自有天命，应享寿考者，不能使之不享寿考；应享太平者，不能使之不享太平。"换言之，玄烨之所以长寿，康熙朝之所以能延续几十年的太平，皆是天命的体现。早在初废太子之际，玄烨就曾说："朕今御极四十八年矣。历览史册，鲜有如朕在位之久者，以此观之，上天之眷佑可知矣。"[3]至此，他当然更相信这一点。显然，这一段是上承清得天下最正的逻辑延伸。得天下既正，则后继者自然当正。可见，玄烨不但以本朝成就自豪，且将其包含在清得天下之正这一命题之中。不难察觉，其中还隐含着为顺治朝的辩解。顺治一朝仅十八年，几与明朝亡国之君崇祯一朝相同，又与南明三藩相始终。而且，福临非善终，顺治末年的亡秦之迹亦有目共睹，凡此，皆无得国之正的征兆。是以玄烨必须大力宣扬本朝，否则无法弥补大清得天下的缺憾。只有理解这一点，才能明白《面谕》何以连篇累牍地大谈其人生。"始皇元年至今，一千九百六十余年，称帝而有年号者，二百一十有一。朕何人斯，自秦汉以下，在位久者，朕为之首。"可以想见，玄烨历

---

[1]《戴名世集》，中华书局1986年编校本。法国学者戴廷杰所著《戴名世年谱》搜罗至勤，对《书案》信之甚确，中华书局2004年版，第864—871页。
[2]《清圣祖实录》卷251五十一年十月庚午。
[3]《清圣祖实录》卷234四十七年九月庚寅。

数各代君王，发现自己在位之久，三代以来在位长久如汉武帝、梁武帝以及明神宗皆被一一超越时，其欣喜之情，不觉溢于言表。至于《史记》记载尧在位八十年，得寿百年，看来是难以企及，故只得云"秦火以前，三代之事，不可全信"。他对于自己一生似有一种无法掩饰之满足感："五福以考终命列于第五者，诚以其难得故也。今朕年将七十，子孙曾孙百五十余人。天下粗安，四海承平。"无一不是天命所钟，无一不体现得天下最正。[1]至于他如何"孜孜汲汲、小心敬慎"、"殚心竭力"、"鞠躬尽瘁"，无非是说他终于不负上天所托。同时，玄烨也要告诉满汉臣工，天下之所以能享太平，皆出自他"五十余年，每多先事绸缪"，以及诸事节俭，所以"四海兆人，亦皆戴朕德意"，天下臣民也应知足感激。而他临御天下最重要的经验，则在于既"举大纲"，又"兼综细务"，即诸事独断，"一心运筹"，绝不能使权柄稍有旁落。玄烨不厌其烦地自我表白，其寓意至为明显，不仅其父祖得天下之正，而且他本人更是体现大清得天下之所以为正的标本。故而他断然拒绝臣下对帝王妄加讥评，这一点他曾屡次告诫群臣，包括他后来一手安排历代帝王庙，表面是说臣下不知帝王艰辛，实则都表明玄烨意在建立皇权绝对权威，绝不允许于治统之外另存所谓道统。这一姿态，决定了下面论及立储问题上的基调。

其三，"自康熙四十七年大病之后"以下，《面谕》转入群臣关注的立储一事。立储虽不是《面谕》的重心所在，但《面谕》毕竟因群臣进谏立储而发。而得天下之正与不正，也终究要体现在储君是否得人。这段文字略显杂冗，意义也不甚明朗。若无前面分析，确也不易理解。玄烨先说自己"大病之后，过伤心神，渐不及往时"，故欲趁精神"明爽之际"，将心中曲衷"一一言之，可以尽一生之事，岂不快哉"！他又虑及自己"岂能久存？况承平日久，人心懈怠，福尽祸至，泰去否来"，一旦病重不起，"必然招天灾人害，杂然并至"，自己将"死不瞑目"，并以梁武、隋文自警。然后列举历朝

---

[1] 当年三月，李光地曾于玄烨诞辰折奏："盖仁必寿者，理之常；而德过历者，天所厚。斯实邦家亿世无疆之运，皆兆于我皇上万年有道之长。驾汉唐而莫与京，稽史册而未之有。"见《汉文奏折》第七册，第813页。玄烨以多寿而自诩古未有，可能即由此获得启示。

更替授受不明,以至骨肉相残之事,"朕每览此,深为耻之!或有小人,希图仓卒之际,废立可以自专,推戴一人,以期后福。朕一息尚存,岂肯容此辈乎!"玄烨表示他会以史为鉴,在生前解决立储一事,绝不寄托旁人。"立储大事,朕岂忘耶!"但他不同意自己尚健在时"立储分理","惟是天下大权,当统于一"。他绝不允许群臣干预立储一事,《面谕》表达得明白无误。然而随后他却说:"天下神器至重,倘得释此负荷,优游安适,无一事婴心,便可望加增年岁。诸臣受朕深恩,何道俾朕得此息肩之日也。"自己"至于垂老之际,不能宽怀瞬息,故视弃天下犹敝屣,视富贵如泥沙也"。他并表达对宋高宗禅让后得享高年的羡慕,希望臣工与他"同寅协恭",使天下"终于无事"。这似乎又给人一种误解,以为他要与臣工来共同安排身后大计。其实不然。以玄烨当时的年岁及身心状况而言,一时流露出某种厌倦情绪,甚至希图早日退位,不能说绝无可能,但其前提必须是,他已将立储一事安排妥帖。在此之前,他绝不希望臣下反复催促,另生枝节,只能一切静候自己处置。这就是臣工与他"同寅协恭",也是使他得以息肩之道。这与前面警告臣下企图"推戴一人以期后福"一脉相承。安排立储也罢,得享天年也罢,唯有出自宸衷独断。即使在他极为苦恼之时,仍云自己"身虽不德,而亲握乾纲。一切政务,悉由独断"。[1]臣工进谏,只会令他烦恼。唯有他亲自独断,才能在储君选择上,保证大清得天下之正得以延续。毫无疑问,《面谕》亦是对群臣又一次儆戒。就《面谕》而言,我们所看到玄烨对立储的态度仅此而已,绝无所谓成竹在胸,更不见已内定传位于某某。其实,玄烨对此一事既无定见,又拒绝群臣敦促,本身就表现为一种心理不安。矛盾的根源,即在他既明晓此事刻不容缓,但又竭力逃避拖延;而且还必须显示出早有决断,从容不迫,以敷衍群臣。结果证明适得其反,这样做只会增加其内心焦虑情绪,更加应激。这一点以后还要论及。

综上所述,可以看出《面谕》其实隐伏着一以贯之的主线,即"自古得天下之正莫如我朝"。清开国得天下是正,玄烨守成也是正,继嗣者同样须是正。若无守成或继嗣之正,则开国也终将不正。这就是《面谕》之根

---

[1]《清圣祖实录》卷234四十七年九月辛卯。

本宗旨。从《面谕》自身的内容和逻辑来看,其归结点似在守成和继嗣,这与玄烨以往所言"深惧祖宗垂贻之大业,自臣而隳","今欲立皇太子,必能以朕心为心者,方可立之"等语,[1]完全一致。然而其前提本身,即大清得国之正,却是一个未经检验的假设。而玄烨这一假设一经建立,便令天下臣民奉信无疑,不容有异。锺翰先师认为,清世宗胤禛以《面谕》为基础上修改而成的《遗诏》,较之《面谕》显得"层次井然",[2]其实,《遗诏》固然简明,但将"得天下之正"一段移至末尾,令《面谕》一以贯之之宗旨转而隐晦不明,颇失玄烨本意。胤禛仓促之间,或未遑识其大者。

玄烨于《面谕》结尾说,"此谕已备十年"。但这并非指十年之前已有成稿。《面谕》中有些话,如"享寿考"、"在位五十余年"之类,不可能出自十年前。然而,《面谕》中玄烨分明承认,"十年以来,朕将所行之事,所存之心,俱书写封固,仍未告竣"。十年之前为康熙四十七年,正值皇太子初废,这就是说,玄烨当时即起念记录有关立储之事。他希望有朝一日能成功解决此一问题,然后诉诸群臣。虽然《面谕》一些内容来自于这些记录,但这与《面谕》本身,毕竟不能等同视之。论者据李光地《年谱》,认为《面谕》颁布之前已经修改,并非原貌。[3]此说亦缺乏过硬证据。《起居注》明确记载,满洲大学士马齐曾请求对《面谕》文字稍作修改,玄烨断然予以拒绝。[4]若说此事李光地肯以死谏,恐难以服人。《面谕》为玄烨"手书谕旨"。玄烨自云当时"寝卧几及五旬","脚背浮肿,不能转移",[5]居然书写谕旨长逾二千余字,[6]《面谕》无疑准确代表其意图。稽诸《起居注》和《实

---

[1] 《清圣祖实录》卷234四十七年九月辛卯,卷253五十二年二月庚戌。
[2] 见前揭王锺翰师文。
[3] 见杨珍《清朝皇位继承制度》,第326页。
[4] 《起居注》五十六年十二月二十二日,大学士马齐等奏曰:"皇上谕旨,前已召入诸臣面谕,不必再行颁发,乞请留中。"奉旨:"甚属错误,悖谬极矣。"次日,大学士马齐等奏曰:"昨谕旨内觉语有太重者,乞皇上裁去数语,以安臣民之心。"奉旨:"这所议又误,更加悖谬矣。"
[5] 分见《清圣祖实录》卷277五十七年正月癸丑,《起居注》五十六年十二月初五日。
[6] 《起居注》五十六年十二月二十五日,大学士马齐等奏:"皇上一生所行之事,所存之心,俱已手书发出。"细读二十一、二十五日记载,《面谕》最初似为汉文。

录》,《面谕》颁布前十余日,玄烨一直没有听政,连日静养于汤泉行宫及畅春园内,他有充裕时间来精心撰构这篇文字。[1]其实,五十六年十月下旬即《面谕》颁布前一月,玄烨已得知西线战事形势陡变,策妄阿喇布坦避开清军主力,穿越雪山突入西藏。这一突然变化迫使玄烨必须及时选择一个适当的时机来稳住人心,并立即结束群臣在立储一事上的纠缠,以专心应付与准部的战争。这也就是《面谕》何以会在十一月颁布的直接原因。

总之,玄烨为何要在此时采取颁布"面谕"这一非同寻常之举?或者说,他究竟背负着哪些压力,迫使他非采取"遗诏"这种形式不可?他何以会如此郑重亮出"自古得天下之正莫如我朝"这面旗帜?一言以蔽之,正是当时形势恶化以及他所积聚的心理冲突,迫使玄烨不得不乞灵于构建大清得国最正的神话,以驱除现实困扰与内心恐惧,使人们坚信清朝依然兴盛与稳固。

细检《实录》即不难发现,康熙五十六年《面谕》就内容而言,几乎全部来源于四十七年初废皇太子之后数年间所颁各道上谕,也就是说,《面谕》之思想基调形成于玄烨两废皇太子之际。可见若无废黜皇太子一举,则根本无从产生十年之后的《面谕》。二者关系既如此密切,所以,皇太子储位在玄烨思想中处于何种位置,其成败与玄烨为清朝争正统之关系如何,这些问题不解决,对于玄烨何以必须以大清得天下最正来贯穿《面谕》全文,最终也势难获得完全理解。

二、皇太子出阁的背景与玄烨的指导思想

(一)姗姗来迟的皇太子出阁

康熙四十七年九月,玄烨在热河行宫突然宣布废黜皇太子允礽,暴

---

[1] 见《起居注》五十六年十一月初三日癸丑至二十三日癸酉,并参《清圣祖实录》卷275。

露其种种过恶,信誓旦旦:"太祖、太宗、世祖缔造勤劳,与朕治平之天下,断不可以付此人。"自十四年允礽立为太子,至此已三十五年。此次废黜,是玄烨隐忍"包容二十年"之后的爆发。玄烨"实不胜愤懑,六日未尝安寝",以至大病。这对玄烨无疑是一次极为沉重的打击。他在悲痛之余,于告天祭文中不禁哀叹:

不知臣有何辜,生子如允礽!
臣虽有众子,远不及臣。**如大清历数绵长,延臣寿命,臣当益加勤勉,谨保始终**;如我国无福,即殃及臣躬,以全臣令名。[1]

我以为这几句话尤值得注意,因为这不仅是玄烨最真实的感情流露,更重要的是,它暴露出玄烨内心深处,太子的立废与大清历数的延绵与否紧密相连。也许这是我们第一次发现玄烨泄露出他对清朝国祚的担忧。不难想见,废黜太子在玄烨思想上引起何等惊恐。在玄烨克服了这最初的感情恐慌之后,我们再也不易接触到这类真实情感,而所见的大多是矫揉掩饰的文字。

显然,对玄烨而言,废黜皇太子绝不仅仅是确定储位人选上的失败。他子嗣众多,然皆不如己。不论后来实际如何,但当时玄烨所见如此。更使他难堪的是,这些子嗣都是严格按照他的要求培养起来的,绝对秉承满洲家法,国语骑射既精,又兼通汉人儒学辞章。玄烨向来以此自豪,而且傲视世人,如今竟然面临江山托付无人。但这还不是问题的全部。玄烨当初培养太子,其所悬定的目标是要远胜于中原历朝。他隐然以太子的成就作筹码,来为满洲建立的大清王朝争正统。换言之,皇太子实成为玄烨"自古得天下之正莫如我朝"构建中的一环。不了解这一背景,就不可能领会玄烨何以将废黜太子与大清国祚的兴衰联系起来,也就无法理解玄烨在废黜太子之后的言行举措。

允礽立为皇太子在康熙十四年,其时两岁。前年吴三桂起兵反清,同

---

[1] 分见《清圣祖实录》卷234四十七年九月丁丑、壬午、辛卯。

时以复明号召天下,华夷之辨意味甚浓。清廷听从汉人王熙建议,处死平西王世子吴应熊。仅过一年,即打破满洲传统,宣布立允礽为皇太子。[1]清廷此举,不欲甘居夷狄之意显然。不料三藩之乱迁延八年,战事未平,太子出阁一事便提到议事日程。十七年,沈荃"为詹事时,即疏言青宫在于豫养,引明臣马文升言并霍韬《圣功十三图》进之。未几,复疏列出阁四事奏上。皆报闻"。[2]沈荃所引明马文升、霍韬事,分别指孝宗朝太子(武宗)及世宗朝简敬太子(世宗第二子)之出阁,皆四岁。[3]当年五月允礽将满四岁,虚龄则五岁。沈荃既引明代故事,则疏谏太子出阁当在其甫任詹事之际。此今日所见最早向玄烨建议太子出阁之史料。沈荃连疏以上,急切之情可以想见。然而玄烨却全不理会,"报闻"而已。其时三藩之乱已近五年,清廷虽度过了最初的危机,但在十七年八月吴三桂死之前,中原战局仍胜负未卜。玄烨外示优游,实则心焦如焚。[4]据《起居注》记载,十七年全年玄烨日讲仅四十七次,较上年的八十三次大为减少。

军务孔急虽是事实,却非玄烨拒绝太子出阁的真实理由。正是在三藩之乱期间,清廷标榜汉化、满汉一家的文饰似乎才进入高潮。十六年专设南书房,命文臣"常侍左右,讲究文义",以附会玄烨"勤学书写"之"盛事"。年底又颁出《御制日讲四书解义序》,大言治道合一,明学术,正人心,"欲进于唐虞三代之盛"。[5]十七年初,更向全国征召博学鸿儒。凡此所展示的全然是一番崇儒重道、欣染华风的气象。沈荃上疏,或许就出于玄烨的鼓动。玄烨果真欲在制度上承奉中原正朔,正其时也。一旦太子出阁,对朝野汉族士夫必是一大鼓舞,也有利于增强他们对清廷的向心力;对于正在苦撑难局的清廷而言,同样是争取人心的一着好棋。这些都是显而易见的。况且,按中原王朝的传统,太子出阁即意味托付于朝廷

---

[1] 分见《清圣祖实录》卷47十三年四月丁未,卷56十四年六月癸亥。
[2] 《碑传集》卷18王昶《沈荃传》。同卷邵长蘅《沈公神道碑》文字略同。
[3] 分见《明史》卷182《马文升传》,卷120《诸王传五》,中华书局1974年点校本;《明通鉴》卷57世宗嘉靖十八年,中华书局1959年点校本。
[4] 《庭训格言》:"朕料理军务,日昃不遑。""朕心忧之,现于词色。"
[5] 《起居注》十六年十二月初八日。

大臣，无须玄烨分心旁骛。且辅导太子"日闻正言，见正事"的汉族士夫也不乏其人。然玄烨却计不出此，其理由就绝非军情旁午、无暇分心所能解释。仅凭现有的史料，我们无从窥见玄烨拒绝太子出阁的全部心理。但至少可以作如下推断：三年前玄烨不顾祖训，毅然采纳汉制立皇太子，是吴三桂突然反叛造成巨大应激下的一时之举，而非循序有渐的汉化之道。玄烨立皇太子，重在政治意义，却不是文化价值上的选择。他对此将产生的更深远的效果和影响，看来当初并未有充分的估计。

待十九年三月，战事进入尾声，又有科臣余国柱疏请太子出阁。詹事府议覆题本呈进，玄烨谓阁臣曰："皇太子方在幼龄，教以读书，必须严切教训，方为有益。其出阁讲书，俱属虚文。即字句或有错讹，亦以为大礼所在，无人敢于匡正，反误每日讲习之功。"李霨提醒他："皇太子出阁讲读，系从来大典。"玄烨却冷冷答道："与其循典礼虚文，有误为学功夫，不如严励训习之有益。且观故明末季，虽遵行此典，无一精通学问之主。这事情着候旨行。"[1]在汉官看来，本以为玄烨已无任何理由再加推延，不料玄烨的反应却如此冷漠。玄烨此时似已成竹在胸，认为太子为学全在平日功夫，而不在典礼虚文。他以明末为鉴，又包含对沈荃的答复。两年前沈荃恰恰是以明朝为典范，而这次议覆余国柱条奏的也是他。疏奏议覆得到阁臣李霨的支持，看来朝廷上下已形成一种舆论，要求太子出阁。这种舆论显然又是针对玄烨在宫中亲教太子而来，不能不引起他的警惕。上年七月京师大地震，引发汉官对满洲贵族及在外八旗大兵的抗议浪潮，此时仍余波未平，玄烨正焦虑不安。所以他绝不肯屈从汉官的压力，在太子出阁上轻易采用明制。然而玄烨又缺乏合理而周全的应对之策，他虽答应"着候旨行"，却并无下文，也就在情理之中。但既立太子，汉官对出阁一事势必重提，玄烨不可能永远将此束之高阁。按理，他也应有更为积极的姿态。

康熙二十年底三藩平定，历史又一次给清廷提供了革故鼎新、与民更始的机会。御史戴王缙乘机再次疏请太子出阁，玄烨答复得虽然痛快，

---

[1]《起居注》十九年三月二十三日。

却依然杳无音信。[1]次年九月,皇太子宫宝座等物造办已毕,[2]出阁一事仍不见动静。玄烨究竟在作何考虑?《起居注》记载他和陈廷敬等人关于贾谊《治安策》的一段对话,值得注意:

> 上曰:"贾谊《治安策》文字高古,其指陈时政,可一一见诸施行否?"牛钮、陈廷敬、孙在丰对曰:"《治安策》指陈时政,皆切中当时利害得失之故,然亦实可通于后世,不止切于一时。**如所言'早谕教太子,使闻正言,前后左右无非正人'。盖太子国本,实国家治乱安危之所系**。故又曰:'太子之善,在于早谕教与选左右。'此诚万年社稷灵长之至计,后世人主所宜亟加之意。又如定经制,兴礼义,后刑罚,别等威,其指皆致治之良规。"因又奏言:"**贾谊欲改正朔,易服色制度,定官名,兴礼乐,文帝谦让未遑。其所欲'易服色制度',盖辨上下,定民志,乃久安长治之规模,有天下者所当急讲也。**"[3]

这段史料透露了一个极为重要的讯息。玄烨既以《治安策》为问,则贾谊"天下之命,悬于太子"及其《新书》"太子正而天下定"等义,自必已在胸中;既问"可一一见诸施行否",则对战后如何改作亦未尝不动心。但玄烨却茫然未知如何措置,除宴饮汉官、诗歌唱赓之类的表面文章外,清廷在汉化改制方面并无多少实质性变化。其时太子已过八岁,玄烨亲自在宫中施教也约有四年。陈廷敬借机进言,建议早谕教太子,显然对玄烨的做法不加赞同。他以为确保清廷万年的至计,唯在太子出阁。更有甚者,他特陈《治安策》"可通于后世,不止切于一时";并希望玄烨不要像汉文帝那样坐失时机,而立即讲求"改正朔,易服色、制度",这才是当务之急。太子出阁虽重要,但不是问题的全部。清廷只有趁平定三藩之后,迅速建立中原正朔,继承历朝传统制度,才能最终

---

[1] 《起居注》二十年十一月十三日。
[2] 《起居注》二十一年九月二十八日。
[3] 《起居注》二十一年十月初二日。

赢得人心,长治久安。这些意思都是显而易见的。陈、孙二人当时皆以正色敢言称,与张英、高士奇辈判然两途。牛钮虽满人,然酷嗜汉学。徐乾学撰牛钮《墓志铭》云:"国有大议公可倚,知己之言在我先。"竟引为同道。[1]故此次三人同对,不仅反映汉官的意见,也反映了满洲有识者对时局的认识。

其实,早在一年以前,徐元文就上疏提出过更为全面的改制,即"持盈保泰"一疏。据韩菼《徐元文行状》:

> 滇南既定,告庙肆赦。公疏言:"惟愿皇上于景运方新之会,倍切尧咨舜儆之心,日甚一日,以成保泰之治。如政体宜讲也,不妨详考旧章;国用当节也,不宜过加综核。行一事必谋久远,勿狃目前之浅图;为百姓必留有余,务培国家之元气。**至于振纪纲以崇大体,核名实以课吏功,崇清议以定国是,(中略)并当世急务。**"疏将上,同列有止公以言太直者,公不顾也。[2]

三藩平定,朝廷一片升平,"群臣多称颂功德","有识之士皆深忧之而不敢言"。元文"独以孤悰劲节","发为保泰一疏","前之隐忍于军兴者,欲以此持其终;后之与天下更新者,欲以此善其始"。[3]可以说是势所必发。在他看来,直至康熙二十年,政体依然不合旧典,国是仍旧悬而未决,则直谓清廷基本体制及大政方针;至于各项具体政策措施,多因平叛

---

[1] 《碑传集》卷40,又云,康熙九年,"始命满、汉同以经义赐进士,而内阁学士兼礼部侍郎牛公衷然兴焉。满洲之有汉文进士自兹始,人咸以为荣"。

[2] 见《碑传集》卷12。并参同卷张玉书《徐公神道碑》。徐元文《含经堂集》卷19《求治安实效疏》,似即此疏。上疏具体时间,据陶元淳《墓志铭》,在"辛酉(二十年)、癸亥(二十二年)之间"。彭绍升《事状》则云"滇南平"。并见《国朝耆献类征》卷8《宰辅八》。《清圣祖实录》卷99二十年十二月己亥,清廷大赦。《起居注》二十年十二月初八日,徐元文曾条拟恩诏十五款,玄烨斥为"沽名市恩"。可判定此疏上于二十年底,叛乱甫平。

[3] 分见前注《事状》、《墓志铭》。

需要,乃苟且目前。玄烨果欲"与民更始","以昭维新",[1]非趁此良机,彻底改作不可。而"崇清议以定国是",则直承明末士大夫与国君共天下之余绪,在当时可谓骇人听闻。故元文后来的命运即可想知。《含经堂集》中没有专就太子出阁的奏疏,并不能说他未注意这一问题。只能说太子出阁是政体、国是中的应有之义,故未特别拈出。与陈、孙等人就《治安策》引出太子出阁,再扩充至"所当讲求"的大纲目,二者前后相应。元文公开直谏,固为可贵;陈、孙在徐疏被冷落之后,继之以言,亦属难得。这是史料中所见最后一次汉官主动提出太子出阁。据此,我们有理由进一步推断,在平藩战争结束一年多来,玄烨在基本体制及政治取向上未有进行根本性改作的迹象。玄烨的冷漠,不能不给汉官心理上投下一层阴影。事实上,玄烨在三藩之乱期间所高唱的崇儒重道、满汉一体,并没有在战后付诸实践。八年战争给他造成的民族歧见与对汉人的猜忌心理,一时还无法被理性所克服。

应该指出,玄烨在缘饰汉化、倡导儒学的同时,一刻也不曾遗忘祖宗传统。顺治朝后期,福临曾下令终止元旦及出征行满洲拜堂子礼。玄烨登基不及两年,即改其父道,又开始重新在宫中上演。[2]战争最胶着之际,玄烨急于遣人寻找"祖宗发祥之地"的长白山,并"加封号,永著祀典";又"敕封长白山之神,祀典如五岳"。[3]不言而喻,玄烨意在以崇敬始祖灵祉来增强本民族的凝聚力。战争刚刚结束,群臣正热衷于玄烨上尊号,他却急不可待欲返回盛京祭告祖陵。"盛京者,祖宗开创根本重地,朕时时思念不忘。前幸盛京时(按:指十年东巡),未至永陵致奠,迄今尚歉

---

[1] 见《清圣祖实录》卷99二十年十二月甲申谕礼部。
[2] 《清世祖实录》卷105顺治十三年十二月丙申,礼部奏请元旦请上诣堂子,得旨:"既行拜神礼,何必又诣堂子。以后著永行停止,尔部亦不必奏请。"卷114十五年正月壬寅,礼部以将征云南,奏出兵仪注。得旨:"既因祭太庙斋戒,不必筵宴。其诣堂子,著永行停止。"康熙朝从二年元旦即恢复拜堂子,直至六十一年未曾间断,《清圣祖实录》可稽。出征拜堂子,首见《起居注》十三年正月初十日大将军勒尔锦征讨吴三桂,后成惯例。
[3] 见《清圣祖实录》卷70十六年十一月庚子,卷71十七年正月庚寅。

于怀。兹若果往，当身历其处，仰瞻祖宗发祥旧址。"[1]二十一年东巡，从孝陵至福陵、昭陵，再至永陵，最后终于乌喇地方遥祭长白山"祖宗龙兴之地"。[2]这一系列的追祭，显然不同于一般的告慰祖先。玄烨欲将传说中的神灵远祖全部发掘出来，旨在精神上重现本民族诞降以来逐渐兴盛，直至征服中原的完整历程。这种精神诉求所蕴含的民族情结及所昭示的现实意义，即在于从祖宗传统中坚定自己的民族信仰，作为承先启后的精神支柱。只有意识到在与异质文明冲突和交融时，一个民族的基本信仰才会异常凸显出来，也只有它才能使这个民族获得自信和认同。玄烨的行踪为我们提供了一个鲜明的历史例证。毋庸赘言，此时玄烨根本无从提出"自古得天下之正，莫如我朝"。他所以迟迟不肯让太子依汉制出阁，或许也能于此得到某种解释。

（二）满洲家法下昙花一现的出阁读书[3]

1. 太子出阁的时机选择

玄烨再一次大煽崇儒之风，是从二十三年南巡开始的。此前一年，他似乎还未将提倡理学置于特别重要的地位来考虑。但二十三年南巡，玄烨便一反常态，亲祭明孝陵，拜孔子阙里，皆行三跪九叩礼。[4]又作《过金陵论》，赞明太祖"应天顺人，奄有区夏"。亲撰周公、孔子祭文，题

---

[1]《武皇帝实录》篇首关于长白山天池三仙女因神鹊朱果感孕而生满洲始祖布库里英雄的神话，原本满洲所无，乃天聪九年五月初六日得自黑龙江虎儿哈部自述其远祖，《满文旧文件》记载甚明。次年清太宗皇太极修《武皇帝实录》，乃窜夺以作满洲始祖诞生，显然借以自大。玄烨于康熙十六年派人至长白山追寻祖先踪迹，始终不得要领，实不过为加强本民族认同。并参《清圣祖实录》卷99二十年十二月丁亥谕奉天将军安珠护，卷100二十一年正月乙丑谕礼部。

[2]《起居注》二十一年三月二十五日。

[3] 本文所论的出阁读书，仅指康熙二十五年闰四月二十四日至二十六年六月十四日之间皇太子正式出阁的日讲，而不包括以后仍然存在的会讲及宫内读书。

[4]《清史稿》卷84《礼志三》："凡时巡祭帝王陵寝，仪同祭庙，率二跪六拜。"

"万世师表"悬于孔庙。[1]此后,又颁"万世师表"于全国各省府州县学,亲书周公、孔子、孟子碑文,书"学达性天"颁赐宋六子祠堂,予周公及宋六子后裔世袭五经博士,等等。[2]这些行动都在表明玄烨欲继承中原正朔,重新积极寻求汉族士大夫的支持。所以当时就有汉官上疏云:"我皇上创守同揆,文武兼济,超越明太祖万万。"[3]但其意义尚不仅于此。

南巡之前,清廷曾有一次封禅的议论。当年二月,九卿会议:翰林院编修曹禾请封泰山,应不准行;科臣王承祖请行巡狩,燔柴泰山,即过孔林,观礼器,应准行。玄烨顿觉"事关重大",令大学士与九卿详议。[4]随后,礼部题祭泰山如祭天坛礼,诣孔林致祭如幸太学致祭礼。满大学士明珠以为封禅之礼,"年代久远,无从考其仪注","燔柴致祭之典,亦无仪注",不赞成封禅,为玄烨首肯。[5]曹、王二疏及礼部议,今不可见,不能知其详。据张玉书《停止封禅等议》,得知曹、王二人皆以康熙二十三年为甲子贞元起运说玄烨,封禅巡方,承继唐虞。但张于二者皆不附和。其于封禅,则直云:"封禅之说,不著于经。至于甲子纪岁始于黄帝,其为上元甲子,则史无明文。""封禅告成之礼无庸议"。于巡方则曰:"自设郡县以后未有行者。""我皇上銮舆巡历,凡所至之地辄询考吏治,延访舆情,无非省方问俗、勤民重农之意。""至历代帝王诣孔里,始于汉高帝,其后未有专诣阙里故事。我皇上博综经学,宏阐心传,重道崇文,千古莫并。其东巡特祀阙里,应候睿裁。"[6]张时任礼部侍郎兼翰林院掌院学士,[7]礼部议覆曹、王二疏时,

---

[1] 见《起居注》二十三年十一月初二日、十八日。
[2] 分见《清圣祖实录》卷120二十四年三月壬戌、癸亥,卷125二十五年三月丁卯,卷128二十五年十一月丙申,卷130二十六年五月壬辰,卷119二十四年二月庚子,卷130二十六年五月辛丑。朱彝尊《曝书亭集》卷33《上山东巡抚张公书》:"伏睹孔氏弟子颜、曾、仲、孟皆立五经博士,下至宋儒二程子、朱子亦皆有博士世袭,而先圣周公反不得下同于有宋诸儒,于义有未安者。"
[3] 《清圣祖实录》卷119二十四年正月戊子,左副都御史张可前疏。
[4] 《起居注》二十三年二月二十九日。
[5] 《起居注》二十三年三月十四日,此条《实录》不载。
[6] 见张玉书《张文贞集》卷3,文渊阁《四库全书》,台湾商务印书馆1982年影印本。
[7] 见《清史列传》卷10《张玉书传》。

他的意见应有相当大的影响。明珠附从部议或亦由此。比张玉书更激烈的，还有给事中任辰旦。他以为封禅之说，"固猥陋无足道矣"。巡狩则古封建之法。今天下一家，"普天率土，人人奉一圣天子以为治，是省方固与神禹齐踪，即垂拱亦仍大舜并美"。[1]任辰旦的议论，在内阁中曾引起分歧。[2]

对于玄烨来说，还真有些无所适从。由汉人吁请他效仿尧舜封禅巡方，他固然求之不得，但又怕流于荒诞，为识者所讥议。须知他内心虽持定满洲家法，然在一些昭示天下的大礼仪上，却唯恐稍失汉家法度。[3]是以玄烨从舜而不从尧，以"体察民情，周知吏治"为名，[4]登泰山而不封禅，[5]恐怕就有这层顾虑在内。议封禅事在二、三月间，玄烨既从部议，则南巡已成定局。他颁诏天下所谓"虞廷肆觐，肇举省方"，"历逢甲子，世际升平，乘时命驾，咨彼民依"云云，[6]看来是经过一番斟酌的。他既要折衷于经典，又绝不能错失甲子起运这一良机。至于视察河工，至多也只是兼顾而已。但从此"南巡视河"即成为玄烨巡访东南的理由。论史者也多作如是说，真是辜负了玄烨直追三代，效法尧舜的美意！

---

[1]《清经世文编》卷9任辰旦康熙二十三年《议封禅巡狩书》。其时任兵科给事中，见《碑传集》卷92齐召南《任公辰旦传》。

[2]《碑传集》卷16彭绍升《汤文正公事状》："给事中任辰旦议巡狩封禅事，大学士拟旨切责。公曰：'给事言是。李沆曰，边患既息，恐人主渐生侈心。相公独不以为虑乎？'"

[3]《起居注》十八年四月十二日，为遏必隆建祠立碑，玄烨亲制碑文，云其女孝昭皇后崩，"十七年十二月，工作造成，因谕内阁详考明代实录，允符典例"。二十四年四月二十日，太常寺、礼部会议文华殿供设伏羲至孔子牌位，玄烨问阁臣意如何，明珠等奏："文华殿奉祀先圣先师，明代原有此制。"玄烨曰："前代既有此例，着照例举行。"《清圣祖实录》卷196三十八年十二月壬午，谕大学士："元旦祫祭奉先殿，捧请四祖神牌往来，朕心不安。尔等会同内务府、礼部、太常寺考明代典礼议奏。"《起居注》五十七年正月二十一日，议立皇太子仪制，玄烨谕阁臣："名不正则言不顺。今于未立之前，预将典礼议定，尔等会同将明朝会典及汉、唐、宋以来典礼细查，详定议奏。"

[4]《清圣祖实录》卷116二十三年九月癸未。又，《御制文集》卷20《南巡笔记》："东南黎民风俗尚未周知，乃于秋九月陈两宫，二十八日出京师。"

[5]《清圣祖实录》卷116二十三年九月乙亥。礼部遵旨议覆："今皇上圣德神功，同符尧舜，仿古之制，爰事东巡。经过泰山阙里，亦应致祭。泰山照祀五岳礼行，孔子照阙里祀典行。"从之。《起居注》二十三年底，记注官赞论有"皇上斥封禅之具文，行时巡之实政"之语。

[6]《清圣祖实录》卷116二十三年九月癸未，谕户部；丁亥，诏文。

虽然玄烨在十六年《日讲四书解义序》中就提出"道统在是，治统亦在是"，但当时毕竟是以"治"从"道"，而且这个道还在孔子那里。出仕清廷的汉人不久就窥透他的意图，提出由"我皇上"来"以君道而兼师道"。[1]起初，玄烨还稍作谦避，[2]至此，他就当仁不让，直以身兼治统、道统于一身的姿态现身。南巡时，玄烨祭周公之前，命诸臣议定礼仪。"该衙门议得：道统之传，上自尧、舜，逮于周、孔。我皇上备尧、舜之德，明周、孔之道"。[3]玄烨是以何等身份前来祭祀的，难道还不清楚吗？他能命属臣改定孔毓圻准备的孔庙讲章，[4]又有何奇怪的呢？玄烨自己道破他身兼治道，恰恰是在皇太子出阁前夕的文华殿竣工之时。其云："先圣先师，道法相传，昭垂统绪，炳若日星。朕远承心学，稽古敏求，效法不已，渐近自然。然后施之政教，庶不与圣贤相悖。"[5]这番话说得自负无比！他不仅表示上承周、孔道统，而且达到毫无阻滞、浑然不觉的境界，"然后施之于政教"，则是说他的治统纯由道统而出，已臻于治、道一体。其后，这一基调就定于一尊，为士大夫称颂不绝。[6]正是在这样的背景中，玄烨才让太子登场出阁，决定由"自古所未有，尧舜所不及"的他们"圣父圣子"[7]联袂登场，将崇儒重道的一幕推向高潮。

---

[1] 魏裔介《兼济堂文集》卷2康熙十八年《纂修经书大全疏》，中华书局2007年点校本。又，李光地亦云："自朱子而来至我皇上又五百岁，应王者之期，躬圣贤之学，天其殆将复启尧舜之运，而道与治之统复合乎！"见《榕村全集》卷10《进读书笔录及论说序记杂文序》，文作于康熙十九年，福建人民出版社2013年点校本。
[2] 《起居注》二十一年八月初四日。掌院学士牛钮等奏，经筵讲章内颂圣处有"道备君师，功兼覆载"二语，玄烨曰："此二语太过，着改撰。"
[3] 《起居注》二十三年十一月十八日。
[4] 《起居注》二十三年十一月十七日。
[5] 《清圣祖实录》卷124二十五年二月癸丑。
[6] 张玉书《张文贞集》卷3《修御制文集议》："钦惟皇上圣德神功，卓越千古，道统治法，兼总百王。"陈廷敬《午亭文编》卷35《癸未会试录序》："故知今日者道统之传，果在上而不在下矣。""我皇上……使尧、舜、禹、汤、文、武之道，常在上而不在下，故道统之传由下以归于上者，此正其时也。"《汉文奏折》，张伯行《奏进濂洛关闽书籍折》："我皇上功业并于唐、虞，道德高乎孔、孟。""是孔子集群圣之大成，朱子集诸儒之大成，而我皇上直集历代帝王圣贤之大成也。"第五册，第115页。
[7] 见《起居注》二十六年六月初二日。

2. 宫中预教与出阁规制

二十五年闰四月二十四日,皇太子正式出阁。《起居注》记当日"辰时,举行皇太子出阁读书典礼。上御保和殿,皇太子率满汉大学士、九卿、詹事府官员行三跪九叩礼。礼毕,上回宫"。汤斌《家书》记载:"二十四日,东宫出阁,讲'四书'一章。"[1]可见,玄烨离去后,太子即在保和殿开讲。早在三年前,玄烨即觉太子出阁时机成熟,"此时太子正宜讲书"。因文华殿尚未修建,命传谕工部"即行起造"。二十五年,文华殿竣工,玄烨即首次在此举行当年的春季经筵大典。与此前后,太子出阁亦在加紧准备。从出阁的礼仪,讲官的遴选,进讲的程序,讲章的内容等等,玄烨无不躬与议定,斟酌再三,可谓慎之又慎。他宣称:"我朝令太子出阁读书,乃初次举行,当垂之永久,遵循勿替。"[2]从最初沈荃的建议,至此已有八年,即使从玄烨认为太子宜出阁读书,也三年有余。如此姗姗来迟的一幕,玄烨究竟是如何精心设计的呢?

首先值得我们注意的是太子读书的地点。从上引《起居注》可知,太子出阁当天是在保和殿,而非文华殿。揆之情理,亦无可能在保和殿典礼完毕之后,再移至文华殿。文华殿当初确实是为太子出阁而修葺的,[3]但玄烨在此举行经筵大典之后,宣布太子出阁当"永久勿替"时,接着又说:"且皇太子宫殿尚未建造,诸王大臣于何处行礼?此事关系,最为钜要。"又分明不以文华殿为太子出阁读书之所。

《起居注》二十五年底有一段论赞云:"(玄烨)春秋经筵礼罢之后,皇太子诣主敬殿讲书,使臣僚瞻望颜色。"按《日下旧闻考》,主敬殿为文华殿之侧殿;[4]唯以太子会讲与玄烨经筵为同一日,显误。既谓"使臣僚瞻

---

[1] 见《潜庵文正公家书》,清康熙刻本。
[2] 分见《起居注》二十二年三月二十六日,二十五年三月二十九日、闰四月初六日。
[3] 《起居注》二十二年三月二十六日,玄烨谓大学士等"此时太子正宜讲书"。明珠奏曰:"臣等尝思皇太子出阁典礼当举,但不便御正殿,以御别殿讲书为宜。目今文华殿尚未修建,似无讲书之所。"玄烨乃命传谕工部即行起造。
[4] 《日下旧闻考》卷12《国朝宫室》:"协和门东出为文华殿,后为主敬殿。"北京古籍出版社1983年点校本。

望颜色",则似为太子会讲,而非日讲。《乾隆朝大清会典则例》卷153《詹事府·会讲》条:"康熙二十五年奏准,每岁二月、八月,驾御经筵后,钦天监择吉日具题皇太子行会讲礼。是日皇太子恭诣传心殿祗告礼成,升主敬殿座",[1]然后讲官依次进讲。可见太子会讲在玄烨经筵之后数日于主敬殿举行。章乃炜《清宫述闻》卷三《文华门》引王士禛《香祖笔记》云:"康熙四十一年三月初八日,东宫会讲持敬殿。"当年九月初九日、次年三月二十八日东宫会讲,均与此同。《香祖笔记》所记皆可证诸《实录》。章氏疑持敬殿为主敬殿,甚是。据此,太子会讲一直在主敬殿,可以无疑。但日讲是否在此,尚难断言。《起居注》二十一年九月二十八日,工部议制造六宫及皇太子宫宝座等物用银,此事在玄烨命修文华殿之前,可见太子确有一宫。前叙陈廷敬借机陈《治安策》说太子出阁,或因此宫建成。但此宫是上书房、毓庆宫,还是南熏殿,仍有待查证。[2]章氏又据姜宸英《湛园未定稿》云:"前年,皇上命东宫出阁讲学文华殿。"但日讲规制不应高于会讲,似无可能反在主殿文华殿。[3]玄烨何以要如此安排,自当有其深意。

太子出阁前,玄烨的两次上谕值得注意。《起居注》三月二十九日,明珠等为出阁讲书事请旨,玄烨曰:"读书贵于精进,必攻苦勤劳,日久

---

[1] 《钦定大清会典则例》,文渊阁《四库全书》,台湾商务印书馆1982年影印本。
[2] 《养吉斋丛录》卷4:"康熙二十五年,命汤斌、耿介为皇太子讲官。时汤为詹事,耿为少詹,盖尚沿宫僚旧制。三十二年,命徐元梦入直上书房,上书房之名始见于此。"北京古籍出版社1983年点校本。《乾隆大清会典则例·詹事府》日讲条,记皇太子日讲在毓庆宫惇本殿。《清宫述闻》卷5《述内廷二》毓庆宫,注引《嘉庆帝毓庆宫记事诗自跋》按曰:"是康熙谕旨所称皇太子宫,宫为皇太子允礽特建。又阅康熙三十九年九月十五日谕,似允礽曾居此宫。"据此,康熙二十七年太子出阁告终后,即应在毓庆宫日讲。杨珍认为康熙朝皇子读书不在上书房,而在南熏殿。见《康熙皇帝一家》,学苑出版社2009年版,第173、174页。
[3] 《湛园未定稿》卷3《赠翁祭酒迁少詹事序》,的确有"东宫出阁讲学文华殿"一语。其记翁叔元"自国子祭酒擢为少詹",事在出阁次年,皆是,清光绪十五年刻本。姜氏当时在明珠府上做西席,见《全祖望集汇校集注·鲒埼亭集内编》卷16《翰林院编修湛园姜先生墓表》。他于太子出阁一事当知之甚详,又熟悉明代故事,明代太子出阁文华殿读书事亦必在其胸中,故于康熙太子出阁地点未作究研,作《序》时以文华殿代指主敬殿,不为大误。《清宫述闻》自无定见,故游移于两殿之间。《康熙皇帝一家》,以太子出阁讲书在文华殿,似未细审,见第176页。

始能洞彻,非一时骤能贯通者也。若在大庭广厦之中,群臣纷集,未尝质疑问难,俄顷之间讲诵已毕,岂得谓之学耶?凡人学业成就,俱在少年。""朕观前代之教太子,真同儿戏,何可为法!"玄烨以前代为鉴,不以徒重形式为然。所谓前代具体何指,尚未特别点明。待闰四月六日礼部议皇太子出阁典礼时,玄烨便将自己的思想和盘托出:

> 人君预教太子,令出阁读书,原期于朝夕无间,洞彻书史,实有益于身心,实有裨于治道,本不在此繁文缛节也。况情之最亲者莫如父子,父子之恩出自天性。礼节繁多,则父子之间反或疏远。历观前代往往有之。至若明季东宫出阁,每另设官属,旅进旅退,无非具文,并未笃志黾勉,以求实学,遂令太子不能通贯经史,以致庸闇。诸臣且因便乘间,欺隐蒙蔽,肆其奸诡,离间父子,止图自利身家。此皆专尚仪文,不求实学之故。种种积弊,不可胜道。朕思东宫官属,总属朝廷臣子,宁有异耶!

可见玄烨所谓前代,明代为尤甚。则出阁地点的选择,必针对明代而发。而所谓明季,又特指万历以来;两次提及明代教皇子如儿戏,则指万历时光宗出阁事,尽管此时玄烨并不悉知这段历史,但思想上既存此参照,故于出阁一事,势必处处与明代相立异。明太子出阁文华殿,[1]玄烨则选择保和殿举行出阁礼。文华殿既作玄烨的经筵之所,则绝不能让皇太子日讲亦在此举行,以造成"位亚至尊"的态势,使父子对峙,朝臣分裂,这是显而易见的。明神宗不受朝贺,玄烨则亲临受太子群臣拜礼。明太子日讲以阁臣轮侍,[2]玄烨则只任讲官而弃阁

---

[1] 《万历野获编》卷4《元子出阁》条:"故事,太子出阁,设座于文华殿。今东宫未立,先出讲学。上(神宗)命设座于文华殿之左室,视两朝(嘉靖、隆庆)加隆焉。虽储位未升,而规仪已亚至尊",中华书局1959年点校本。《国榷》卷96崇祯十一年二月辛丑,"皇太子出阁,就讲文华殿",中华书局1958年版。
[2] 焦竑《澹园集》卷3《恭进图解以仰神谕教疏》,中华书局1999年点校本。

臣。明制礼仪繁炫,玄烨则"诏从裁损",[1]力求实效。明代詹事府为东宫属官,玄烨则将詹事府与翰林院视同一体,[2]均为朝廷职官。所有这些,无不体现玄烨欲超越明代,以"垂之永久"的企图。总之,在玄烨看来,明代太子出阁全然流于形式,而且易致父子疏离。他以为出阁既在于使太子洞彻书史,有裨于治道,又绝不能让太子与属官另成系统,造成父子并立,他一定要在这两方面下足功夫。其所以要在宫中预教太子,原因也在于此。

据《起居注》,玄烨为使皇子"成就德器,皆在自幼豫教,四五岁即令读书,教以彝常。是以诸皇子自五六岁,动止进退应对,皆合法度"。[3]二十五年曾宣称:"朕于宫中谕教皇太子,勤加提命,日习经书,务令背诵,复亲为讲解,未尝间辍。今皇太子于'四书'、《尚书》,略能成诵。"[4]出阁时大学士勒德洪等也曾说:"自建立元良,亲行训迪,六龄至今,未尝间辍。"[5]可知约从康熙十七、十八年起,也就是在拒绝沈荃出阁建议的同时,玄烨已着手亲教太子。他之所以敢在二十二年说"太子正宜讲书",是自持有了足够准备。玄烨何以拒绝太子出阁读书,又要亲躬其役呢?《清史稿》卷220《理密亲王传》:"太子方幼,上亲教之读书。六岁就傅,令大学士张英、李光地为之师。又命大学士熊赐履授以性理诸书。"这段史料来自《实录》上谕,与玄烨原话已有出入。[6]若依《清史稿》,则允礽一开始读书,就有汉人硕学大儒授以诗书及性理之学。但这段史料不

---

[1]《起居注》二十五年底记注官论赞。
[2]《起居注》二十三年三月十一日,上谕"詹事府衙门与翰林院同属纂修书籍之处"。并见十二月十四日上谕。太子出阁后,二十五年六月十六日,玄烨仍说"詹、翰原无分别"。《乾隆朝大清会典则例》卷153,《詹事府》载乾隆十八年上谕:"詹事乃东宫僚佐,储贰未建,其官原可不设,所以翰林叙进之阶,姑留以备词臣迁转地耳。"
[3]《起居注》二十四年二月底记注官论赞。
[4]《御制文集》第二集,卷3二十五年二月二十七日谕礼部。
[5]《起居注》二十五年闰四月二十六日。
[6]参《清圣祖实录》卷234四十七年九月己丑。

可取信,一眼便知。[1]最有力的证据,是皇太子出阁第二天,玄烨将太子历年所书满汉字稿展示群臣。"满字书《贞观政要》,汉字书古人格言"。"每张皆皇上逐日朱笔点阅"。因有日期可据,故勒德洪等看后说:"满字自六岁起至十岁,汉字自十岁起至今年睿龄十三岁闰四月二十三日出阁以前,卷册积累,已几等身。"[2]可知皇太子学习书法是先满文后汉文,其读书亦必如此。既然太子十岁方习汉字书法,则阅读汉文典籍约在同时,无论如何不至太早。太子十岁为康熙二十二年,此时熊、李、张三人皆先后离京,辅导太子更无从说起。倒是满人顾八代于二十三年"奉特旨入内廷侍诸皇子读书"。[3]与顾八代同预其役的或许还有完颜和。[4]可见玄烨在允许太子接触汉文之前,已让太子打下良好的满文根基。二十年十一月,玄烨率满洲诸王大臣祭孝陵,途中接云南捷报。玄烨"亲宣读汉文,皇太子宣读满文。皇太子年甫八岁,宣读之声极其清朗,无不欢跃叹

---

[1] 据《清史列传》三人本传,熊赐履罢大学士在十五年六月,其时太子尚在襁褓中。熊闲居江宁十二年,二十七年方回京任职。即便曾授太子性理之书,亦只能在此之后。李光地入京任内阁学士在十九年八月,学士一职与教辅太子无关。李本人也不曾有此记载。二十一年五月至二十五年,李回籍在家。太子出阁后,他未任讲官。若教太子,必在此后。张英于十六年十月起,入值南书房,其本人所记《南书房记注》未曾有教太子读书的记载。朱金甫《论康熙时期的南书房》,载《故宫博物院院刊》1990年第2期,详列南书房职掌,并无教太子读书一项。张英于二十六年九月,即汤斌罢免三月之后,兼管詹事府事,可能此后为太子讲书。王士祯《居易录谈》卷上,"二月十四日,予与工(部尚)书兼詹事张公英、少詹兼侍讲学士马邑田公喜呈奏东宫春季会讲题目及讲官职名",则二十九年后之事,《丛书集成初编》,中华书局1985年影印本。
[2] 《起居注》二十五年闰四月二十五、二十六日。徐乾学《憺园全集》卷12《赐览皇太子书法奏》记此事:"皇上以皇太子历年亲写所读书本及临摹楷法共大小八箧有奇示阁臣与詹事府臣同阅者。臣等瞻仰敬观,不胜欣庆。满字自六岁起至十岁,汉字十岁起至今年睿龄十三岁闰四月二十三日出阁以前卷册,积极已等身。"清光绪九年刻本。前引汤斌《家书》亦云皇太子"自六岁学书,至今八载,未尝间断一日。字画端重,精楷在虞、柳之间。每张俱经(皇)上朱笔圈点改正,后判日,每月一册,每年一匣"。
[3] 《八旗通志初集》卷237《顾八代传》。
[4] 《碑传集》卷52郑虎文《内阁侍读学士完颜公和墓志铭》:"会诸皇子出就傅,择师难其人,谓公严重,乃命公。俄被旨坐免。数日复起,为武备院员外郎,仍充皇子师。"

异"。〔1〕他所以在二十二年说太子正宜出阁讲书,亦以此。

二十三年年底,太子已读毕"四书",玄烨欣喜异常,但太子寄书"开缄字满纸,语语皆天真",〔2〕似谈不上什么理解。在汉文经典的习学中,玄烨则命太子死背以至精熟。他自云:"朕幼年读书,必以一百二十遍为率,盖不如此则义理不能淹贯。故教太子及诸皇子读书,皆是如此。顾八代曾言其太多,谓只须数十遍便足。朕殊不以为然。"〔3〕背书背到一百多遍,何遑细细体会,未必能义理精熟,但应对如流不成问题。太子日后能自恃"书已熟,尔等欲背则背",欲讲即讲,使汤斌等人甘拜下风,全仗此法。顾八代岂能领会玄烨深意!不仅如此,玄烨之所以亲自督教太子,更重在令其自幼即严守满洲礼法,不为汉俗所侵染。后来玄烨将此一语道破:"但恐皇太子耽于汉习,所以不任汉人,朕自行诲励。"国语骑射必为太子启蒙的首要内容。"朕谨识祖宗家训,故令皇太子、皇子等既课以诗书,兼令娴习骑射"。〔4〕所以,皇太子在日讲时,必趁间练习弓矢,以示片刻不忘父训。

3. 背后的影子

太子出阁之后,玄烨为贯彻其初衷,避免所谓离间父子骨肉,更是日夜监临,不曾稍有放松。《起居注》闰四月二十五日,太子讲官汤斌、尹泰、郭棻奏:"臣等今日于皇太子宫初行日讲。"前引汤斌《家书》亦云:"二十五日即赴皇太子宫,同郭快老进讲。"《起居注》二十六年正月二十三日,四月十日、二十五日,皆记"进讲皇太子宫"。以上日期玄烨皆于乾清宫听政。而六月初二日,只记"尹泰、汤斌、徐潮进讲",不记皇太子宫。其时玄烨驻跸瀛台,于勤政殿听政,不在宫内,太子必随行于此。〔5〕

---

〔1〕《起居注》二十年十一月十六日。
〔2〕见《御制文集》卷40《江宁驻跸皇太子启至请安兼报读完四书》。又,两年前玄烨东巡携太子前往,而此时南巡何不令其同行,实以太子汉文修养不具观瞻甚明。
〔3〕《起居注》二十六年六月初十日。
〔4〕《起居注》二十六年六月初九日、初七日。
〔5〕《潜庵文正公家书》:"至京七十余日","每日黎明到瀛台进讲"。汤斌二十五年闰四月二十日至京,则此时为七月上旬。按:《起居注》六七月间,玄烨多听政瀛台。

评"自古得天下之正莫如我朝"

数日后,玄烨移驻畅春园,《起居注》又明确记载皇太子读书于园内无逸斋。[1]可见太子行止必紧随玄烨,如影附形。汤斌《家书》云:"今(太子)出阁后,每早上(玄烨)亲背书;背书罢,上御门听政,皇太子即出讲书;讲书罢,即至上前问所讲大义。其讲书即用上日讲原本,不烦更作。自古来帝王教太子之勤,未有如今日者也。"此书约作于二十五年五六月间,那时他还欣欣然。一年之后,玄烨又自云:"自皇太子就学以来,朕于听政之暇,时时指授,罔或有间。"[2]可知太子出阁以来,仍无时不在玄烨监护之下。太子的讲义既是玄烨原用的《日讲解义》,[3]讲官也无一不经玄烨反复酌量选择,玄烨何以如此不惮其烦?彭绍升《汤文正公事状》有一段记载,颇可参考:

> (汤斌)进讲东宫,首陈《大学》"财聚民散"之义。圣祖闻,谓皇太子曰:"此列国分疆时语也。若天下一统,散将安之?试问之。"公对曰:"土崩之势,甚于瓦解。秦、隋以来,迄于胜国,末流之祸,可毋惩乎?"圣祖谅其忠,亦弗责也。

这完全证明了汤斌《家书》中"讲书罢,即至上前问所讲大义"一语。我们还可以从《起居注》中找到此类证据。二十六年正月二十三日,皇太子讲"唯女人与小人为难养也"三节毕,(太子)谕(讲官)曰:"予常侍左右,闻皇父教诲"云云;四月初十日,皇太子讲"博学之"三节毕,谕曰"皇父尝言,'此节乃尽人合天之道'";四月二十五日,皇太子讲《诗》曰"奏假无言"三节毕,谕曰"皇父言《中庸》一书论性命精微处,当细细玩味,不可以讲完而忽之";六月初二日,皇太子讲《孟子》毕,谕曰,皇父言:"孟子论志、气,言简而理备,治世养身之道不外乎是矣。"凡其所言,必称乃父,以教训讲官,何需讲官施教。玄烨之旨既深入太子骨髓,当然是唯恐太子的思想逸

---

[1] 见《起居注》二十六年六月初七日至十四日。
[2] 《起居注》二十六年五月二十九日。
[3] 见《起居注》二十五年四月初四日。

出他所设计的轨道。玄烨的安排如此缜密,监护如此周到,其用心良苦,恐怕出乎所有人的意料之外。对于翘首以望,以为"圣天子独稽古礼文,肇举盛典"而"适逢其会"的汉人士大夫而言,[1]实在过于一厢情愿。至此,我们可以说,所谓康熙朝太子出阁,纯粹徒有其名。然而,真正使太子出阁读书归于夭折的原因尚不在此。

4. 董汉臣条奏与乾清宫考试

事情的转折发生在二十六年五月。其间灵台郎董汉臣应诏指陈时政以及玄烨乾清宫考试词臣二事,直接关系到玄烨与汤斌关系的恶化。董汉臣一事始末,孟森先生述之甚详。[2]五月己卯(初二),玄烨因天旱下诏求言省过,斋戒祈雨。董汉臣"以谕教元良,慎简宰执"条奏十事。[3]十五日壬辰,玄烨下董疏,命群臣会议。"慎简宰执"一语,显指明珠,即所谓"语侵执政。下廷议,明珠惶惧"。[4]起而维护明珠者,大有人在。御史陶式玉首劾汉臣任意越职妄奏,撮拾浮泛之事,夸大其词,欺世盗名,请逮问。王熙则直斥董汉臣为妄言,请立斩之。询及汤斌,则有"惭对董汉臣"之语。传旨诘问,斌奏:"董汉臣以谕教为言,而臣忝长宫僚,动违典礼,负疚实多。"玄烨以语多含糊,令再奏,仍不明晰。于是满汉左都御史、副都御史共劾汤斌,并追论其江宁巡抚去任时巧饰文告,沽名干誉事。《清史列传》、《清史稿》二书汤斌本传所记如此。以往史家多着眼于汤斌与明珠的关系,以为汤斌最后被黜,一出于明珠党羽陷害云云,虽不无所见,然于玄烨之影响,则殊有未谛。

据《起居注》,五月十五日,玄烨将"可行之事圈出数条",令群臣逐一详议。依明珠等所奏,玄烨所圈数条,为舍己从人,达四聪,广言路,逃人之事,风俗奢僭五款。而不曾圈出的数条,《起居注》未曾书明。但玄

---

[1]《湛园未定稿》卷3《赠翁祭酒迁少詹事序》。
[2] 参《明清史讲义》下册,第二章第八节《盛明之阙失》,中华书局1981年版。
[3] 蒋氏《东华录》卷14康熙二十六年五月,中华书局1980年点校本。《清史列传》卷8《汤斌传》。
[4]《清史稿》卷265《汤斌传》。

烨云:"至伊疏内所称满洲之例,乃起自祖宗,不可停止者。彼系微贱之人,何由知之?"究竟董汉臣提及何事,令玄烨如此恼怒?且看玄烨随后于六月初七日所言:

> 朕观古昔贤君,训储不得其道,以致颠覆,往往有之,能保其身者甚少。如唐太宗亦称英明之主,而不能保全储副。朕深悉其故,虽闻见尠寡,惟尽心训诲。而在外小人不知皇太子粗能诵读,谓尚宜选择正人,令之辅导。
>
> 又有一辈小人,以不照世祖皇帝时行事为言者。朕躬凉薄,祖父遗训多不能一一钦承。今人料朕浅易,可以议论,所以如此胆大妄行。若在先朝时,此等魑魅魍魉辈,岂能容于离照之下?其必放诸海滨绝域,定不留之中国,盅惑众心。

无疑,前所谓"微贱之人",后所谓"在外小人"、"一辈小人",皆钦天监灵台郎董汉臣是也。前所谓"恣肆妄奏",后所谓"料朕浅易,可以议论,胆大妄行",亦同一董汉臣所奏也。而"满洲之例,起自祖宗,不可停止"一语,正玄烨所谓"朕谨识祖宗家训";"谓尚宜选择正人,令之辅导",正疏题中的"谕教元良";"不照世祖皇帝时行事",则讥玄烨不如乃父那样"入于汉习",其意甚显。凡此皆未被玄烨圈出令群臣议论,而实深积于心者。正因玄烨未曾发出,朝臣亦不曾就此议论,以致史家多被轻易瞒过,惟狃于董疏中"慎简宰执"一端。然玄烨心中所深为激怒者,实不在彼而在此也。玄烨之所以大发议论,以致对太子出阁读书作出彻底改变,皆由此而发。唯明乎此,才能理解汤斌于董疏持何种态度,在玄烨眼中是何等重要。

五月十五日,玄烨令群臣会议他所圈数条之后,曾特召汤斌、达哈塔与阁臣入乾清宫。二十五日,玄烨云:"前召尚书达哈塔、汤斌进内看董汉臣条奏。"可知汤斌在十五日参与会议之后,由玄烨特召入宫读过董疏全文,肯定得知其中"谕教元良"这一与自己关系莫大的议论。汤斌的反应如何,也势必为玄烨特别关注。我们必须细细留意其中的蛛丝马迹。

十五日,记汤斌答玄烨有关圈出数条时说:"董汉臣条奏时弊,虽有一二切近处,但如何应行之处,并未说明,故难以详议。且伊所条奏,皆皇上预行晓谕之事,但臣等不能实心奉行耳。"二十五日,玄烨与阁臣讨论陶式玉劾董汉臣折本,命大学士勒德洪等传谕汤斌、达哈塔:"曾召尔等进内看董汉臣条奏之事,今董汉臣应否议处,著问明尔等具奏。"汤斌在重复十五日的意见之后,答曰:"今思董汉臣微贱之人,身无言责,越职妄奏,于大体不合,应加议处。"仅此而言,似看不出汤斌有任何违戾玄烨之处。

然而其他记载却完全不同。方苞《汤司空轶事》:

> 会灵台郎董汉臣上书,指斥时事及执政大臣,下内阁九卿廷议。执政(明珠)惶悚不知所为,议与同列囚服待罪。(中略)时公为宗伯,最后至。余相国(国柱)述两议以决于公,公曰:"彼言虽妄,然无死法。大臣不言,故小臣言之,吾辈当自省。"国柱曰:"此语可上闻乎?"公曰:"上见问,固当以此对。"执政入奏,国柱尾其后而与之语。命下:"董汉臣免议。"

方苞自云:"董汉臣之议见诬,闻之相国桐城张公英、安溪李公光地;余国柱与执政比而倾公,闻之冢宰钱塘徐公潮。"又,杨椿《汤文正公传》:

> 御史某(陶式玉)闻之,劾汉臣希富贵,且言汉臣不知书,必有代草者。(中略)上遣问九卿,公独白汉臣无罪。内阁传旨,令九卿更议。国柱目公曰:"幸勿违众。"公曰:"汉臣应诏言事,何罪?大臣不言而小臣言之,反罪言者耶?"[1]

今存《汤文正公年谱定本》为方苞考订,杨椿重辑,史源上不无父子证之嫌。《年谱》记事亦有可疑,如言汤斌"公病欲归,自以新被谴,不敢言,乃

---

[1] 并见《碑传集》卷16。

荐耿介"云者，则显误。[1]然此事应属《起居注》五月二十五日，则可印证。《起居注》十五日议董汉臣疏，领衔者为明珠。而二十五日传问汤斌的，则为"勒德洪等"。勒德洪不懂汉语，史有明文。[2]明珠不如以往领衔，意出玄烨又甚明，诘问汤斌者即为余国柱是完全可能的。当日九卿两议方传旨，亦与杨椿《传》相合。唯免汉臣罪不在该日，而在二日之后。《起居注》二十七日，玄烨问汤斌应否议处，汤斌奏曰："董汉臣无言责，妄奏不合。但愚人妄奏，应否宽免，恭候皇上睿裁。"玄烨方"姑从宽免"。玄烨独召汤斌而问，必先已有所闻。汤斌则将问题推回给玄烨，则其态度自可判断。

最能说明问题的，是《起居注》下面一段史料。上引六月七日那段上谕之后，尚有"在外小人谓尚宜选择正人，令之辅导"一语，皆为玄烨在畅春园对汤斌的面谕。这显然是针对董汉臣疏中"谕教元良"而言。玄烨谓汤斌等"皆有闻誉，今特委任。尔等宜体朕意，但毋使皇太子为不孝之子，朕为不慈之父，即朕之大幸矣！"何为不孝不慈？玄烨稍后自己作出了明确解释："设使皇太子入于汉习，皇太子不能尽为子之孝，朕亦不能尽为父之慈矣。"由是我们更可清楚得知，董汉臣疏中的"谕教元良"，"宜选择正人"，即建议皇太子尽快停止"起自祖宗"的"满洲之例"。玄烨此时告诫汤斌的，也正是满洲家法万万不可抛弃。这恰恰暴露玄烨对汤斌看过董汉臣疏之后，内心充满警惕。当汤斌回答"皇上教谕元良，旷古所无，即尧舜莫之及"时，顿时使玄烨更加反感。"尔此言皆谗谄面谀之语，其果中心之诚然耶？"玄烨对汤斌如此猜疑，只能作一种解释，即他深为陶式玉弹章内"且言（董）汉臣不知书，必有代草者"一语所中，怀疑代草者或指使者即汤斌。《年谱》：

左都御史某劾汉臣，前抚（即余国柱）使人教汉臣即对簿引汤公。汉臣曰："我安识汤公？我草疏已数年，三至通政司不得达，前

---

[1]《汤文正公年谱定本》，清乾隆八年树德堂刻本。
[2]《起居注》二十六年七月初四日，折本请旨，以汤斌回奏事问九卿。玄烨顾勒德洪曰："尔可启奏。"勒德洪奏曰："以汉话问汤斌，汤斌以汉话答之，臣不明晰。"

后通政使可问也。奈何诬汤公。"（中略）后数日，奏事毕。上问公，公欲对，阁臣某（亦余国柱）遽从旁止曰："上责问，当叩头谢，奈何欲辨乎？"

此即《起居注》二十五日及二十七日事。看来，怀疑汤斌与董汉臣暗通声气并非一人。以为怂恿灵台郎董汉臣提出谕教元良的幕后人，非汤斌莫属。没有证据说明，余国柱的行为受到玄烨的指使或暗示。但上引六月初七日玄烨那番对汤斌的责问和警告，则表明玄烨在余国柱诱供失败之后仍不甘心，希望亲自从汤斌那里获得突破，似无可疑。汤斌案关涉许多复杂方面，本文的宗旨是玄烨与汤斌在太子出阁读书上的角色关系。当然，更重要的是玄烨，也只有他，才配担当这一幕的主角。至于明珠、余国柱与汤斌的前嫌，充其量不过加深了玄烨对汤斌的厌恶而已。玄烨虽然对大部分朝臣隐瞒了董汉臣疏中关于谕教元良的内容，实则始终疑心不去。现在的问题是，董汉臣条奏一事何至于引起玄烨对汤斌如此警惕和反感？如果玄烨对汤斌始终信任有加，则小臣董汉臣一疏根本无从在玄烨的思想上激起如此强烈反应。此必玄烨心中已有所郁积，董汉臣一疏恰好掀起波澜。事实也正是如此。

《起居注》五月十一日，玄烨召翰、詹诸臣于乾清宫考试。满洲侍读学士德格勒、侍讲徐元梦皆在其中。玄烨阅各卷毕，云："昨偶召德格勒讲书，言及熊赐瓒学问不如徐元梦。朕思汉人学问俱有根柢，乃云逊于元梦，朕心以为不然，故召尔等面试。今妍媸优劣已较然矣。"又谓德格勒曰："人之学问原有一定分量，真伪易明。若徒肆议论，而不知著作之难，则不自量矣。"随后将德格勒、徐元梦、熊赐瓒三卷命汤斌朗诵一遍，又令陈廷敬等传阅。结果，公推熊第一，徐次之，德格勒卷不成诗文，难置等第之内。十四日，管翰林院事库勒纳劾德格勒不谨。玄烨宽免，但斥其"本系满洲，而假借道学之名，深可厌恶"。以玄烨之所学以及他对满洲词臣的了解，本不待考试即能评判满汉学问高下。唯其期望之切，亟欲得一意外惊喜，故暂蔽其理智，结果自然更令他失望。"朕思汉人学问俱有根柢"，为自饰之词甚明。考试之前，玄烨未必持定此见，否则，何必有此一举。

评"自古得天下之正莫如我朝"

六月初七,太子讲书移至畅春园。玄烨对汤斌重提此事,曰:

> 朕非以尔等学问优长,故尔委任。比来内廷考试,尔等所学造诣,朕业已深知,翰林各官所共见。若专选才学,岂无较优于尔等者而用之?止缘尔等向有闻誉,故以相委耳。

既任命汤斌专侍太子,何必又出此语相侮?可见于汤斌犹悻悻然。其谓达哈塔曰"汉人学问胜满洲百倍,朕未尝不知",亦无奈下之愤激语耳。从此玄烨对汤斌无善言,次年,孝庄太后丧事甫毕,玄烨听政未几,即语阁臣"朕不以汤斌为人"。[1]此时汤斌病逝仅两月。玄烨仍余恨未消。不久,又特将此事公诸于众:

> 汤斌见德格勒之文,大笑,至口鼻涎涕交流,将所持文章坠失于地。奏云:"臣因彼所写词语毫无文气,不禁大笑,甚属失礼。"后将伊等所作文章发出乾清门,与众汉官разпр阅,汤斌闭目不视,且云"适我不得已而笑"。汤斌前之所笑何意?后称不得已而笑又何意?且彼尝自以为道学,岂在君前作一等语,退后又作一等语哉![2]

必作如此连续发泄,方能令玄烨内心平复,足见汤斌对他的刺激之深!此种情结,治史者不应忽视。十余年后,玄烨对"伪道学"进行总清算,汤斌自然不能免于他的口诛:

> 李光地请假回籍时,朕召德格勒进内讲《易》,德格勒奏熊赐瓒所学甚劣,非可用之人。朕欲辨其真伪,将德格勒、熊赐瓒等考试。汤斌见德格勒所作之文,不禁大笑,手持文章堕地,向朕奏云:"德格勒文甚不堪。臣一时不能忍笑,以致失仪。"既而汤斌出,又

---

〔1〕《起居注》二十七年二月初三日。
〔2〕《起居注》二十七年四月初一日。

向众言:"我自有生以来,未曾有似此一番造谎者。顷乃不得已而笑也。"使果系道学之人,唯当以忠诚为本,岂有在人主之前作一等语,退后又别作一等语者乎?[1]

前后两番谈话,所有细节竟完全相合,事隔十余年,玄烨仍记忆犹新。其中"朕欲辨其真伪"一语,最能体现玄烨心情。玄烨当初说什么"朕心以为不然,故召尔等面试";此则云"欲辨其真伪",即不须再作遮掩。汤斌先是忍俊不禁,继而"闭目不视",不啻给玄烨以极大羞辱。玄烨之所以对德格勒格外恼怒,正因他成了汉人的笑柄。[2]在玄烨看来,汤斌的言行当然不仅仅是对德格勒的嘲弄,更意味汤斌对满洲精英,包括他本人汉文化修养的蔑视。

我们不应忘记玄烨和汤斌最初讨论文字。《起居注》二十二年四月初九日,汤斌奉命将所作呈送御览。玄烨于其中《学言篇》不甚明了,汤斌申述王阳明本意为救程朱之失,玄烨"颔之",无异议;及览汤斌诗,又不解"忧多道转亲"一句,足见玄烨当时所见未充,心无所持。[3]汤斌《家书》述其二十五年进京之后所见玄烨为学,云:"皇上圣学日茂,近来工夫更加精密。每日讲《春秋》十条、《礼记》二十条,读史五十页,更研究性

---

[1]《清圣祖实录》卷163三十三年闰五月癸酉。
[2] 汤斌罢斥两月之后,《起居注》二十六年九月二十日,玄烨以"德格勒学问浅陋,而自以为优长,欲升学士,极其皇皇,如此谓之有学问之人,可乎?"将其升转着永行停止。德格勒获罪还另有原因,如与李光地相互吹捧举荐,私改《起居注》等。据《方望溪全集·集外文》卷6《记徐司空轶事》,私改一说方苞以为纯是冤案。"公主出降科尔沁",德格勒"遇赦出狱归本旗,遂使尽室以从"。"德公已老死缴外矣。"玄烨真正不能容忍的是德格勒依附于汉人的"假道学"。李光地《榕村续语录》卷13《本朝时事》:"明年(二十七年)再归,因上问读书人,某因以德子鹗(即德格勒)对,遂有后来风波。"
[3]《起居注》二十二年十一月初十日,玄烨谓学士牛钮等曰:"即如朕偶有所制之文,常付伊等(翰林官)参酌,有当更改之处字句,即行更定。"二十三年三月二十一日,玄烨以所作五台山碑文五篇示阁臣,曰:"朕所撰碑文,一时结构未能精当。尔等可与汉大学士等详加修饰,斟酌尽善。朕所撰文字能润色改易者,朕所深喜,不以为嫌也。"此皆反映烨二十年代自知学问修养有限,对汉族士人尚存尊重之意。晚年玄烨便否认这一点,"如诗文一事,皆出朕心裁。内书房翰林院辈,不过令其校对誊写耳"。《清圣祖实录》卷284五十八年四月辛亥。

评"自古得天下之正莫如我朝"

理之旨。词臣不能望其崖岸。当今官之难称职,未有如词臣者也。"汤斌有官守在身,故出言不得带颂圣语。然凡于学问研习稍有体会者,即不难由此窥见,此时玄烨为学,依然漫漶游弋,无所宗旨,从何体会性理精微?他东西飘忽,词臣无所适从。"不能望其崖岸","难称职"云者,实无法就玄烨所言稍作深入讨论之谓也。[1]平日玄烨以帝王之尊,汉人对他自不敢稍失敬畏之心。玄烨亦可能察觉不到自己无知,并为此产生羞辱感。但汤斌在德格勒身上的放肆无忌,则势必令他由此联想到汤斌对皇太子,乃至对他本人平日的谨慎,仅仅是一种"足恭"。董汉臣条奏"教谕元良"一出,玄烨立即召汤斌入宫看阅,其用意不言自明。前引汤斌称颂他谕教太子,"即尧舜莫之及",他立即驳斥道:"尔此言皆谗谄面谀之语。今实非尧舜之世,朕亦非尧舜之君,尔遂云远过尧舜,其果中心之诚然耶?"[2]明眼人一看便知,这并非说明玄烨有自知之明,而是深衔汤斌心中实未作如此想。汤斌一辈子谨小慎微,不幸被那一笑全付诸东流。

正是上述两个事件,使玄烨的态度急转直下,彻底改变了皇太子出阁读书的性质。

5. 草草收场

董汉臣案结束仅两天,玄烨即谕大学士九卿:"自皇太子就学以来,朕于听政之暇,时时指授,罔或有间,故学问渐有进益。(中略)但朕日理万几,精神有限,课诵之事,恐未能兼,致误皇太子精进之功。著于汉大臣内择其学问优长者,令专侍皇太子左右,朝夕劝导,庶学问日进,而德性有成矣。"[3]所谓"专侍"、"朝夕",亦即"日侍皇太子"。[4]一年以前,玄烨强调:

---

[1] 杨念群《从"文质"之辩看清初帝王与士林思想的趋同与合流》,对汤斌此段家书深信不疑:"像汤斌这样的儒学大家都有如此感受,可见清初帝王的经典修养确非寻常文士可比。因是家书,故汤斌的心理应该是种口服心服的自然反应,说的不会是客气话。"文载《清史研究》2008年第2期。
[2] 《起居注》二十六年六月初七日。
[3] 《起居注》二十六年五月二十九日。
[4] 见《碑传集》卷16徐乾学《工部尚书汤公神道碑》。

"朕思东宫官属总属朝廷臣子,宁有异耶?"故视翰、詹如一体。汤斌等虽为太子讲书,但仍参与朝廷集议。尽管他不堪其劳,[1]但毕竟保持着朝官身份。这也是讲官得以自矜之处。而一旦成为皇太子的专侍,日夜供奉,则无异为太子私属。对于汤斌这样的理学家,心理上是难以接受的。故王熙曰"实无其人",达哈塔、汤斌同曰"实难其人",[2]皆知当时无人能承此意也。结果只得由玄烨钦点汤斌、耿介、达哈塔三人,"俱着朝夕于皇太子前讲书"。[3]汤斌推脱不得,于是开始了畅春园无逸斋讲书一幕。

更有甚者,讲官的礼仪也发生了变化。上年出阁之日,皇太子即令汤斌等"停其行礼侍立,赐坐进讲,庶得从容讨论,便于问难,可以讲解多时"。反复申明"予意已定,实出至诚"。汤斌不敢当,玄烨谕曰:"赐坐进讲,古礼有之,著即遵行","还遵皇太子意坐讲"。皆明载《起居注》。[4]私家记载亦证明当初为坐讲。汤斌自述其事云:"二十五日即赴皇太子宫,同郭快老进讲。皇太子谦冲温和,降阶迎。自述诚心爱慕之意,复古坐讲之礼。"[5]"每晨东宫直讲,皇太子赐座,称以先生。"[6]讲官对天子坐讲,乃"君德成就在经筵"之体现,为北宋以来士大夫所必争。[7]对天子尚如此,对皇太子何得谓之殊荣?

然而,二十六年的畅春园讲书则令讲官不堪忍受。《起居注》记之甚详。六月初九,达哈塔、汤斌、耿介入,行礼毕,侍立于东。皇太子背诵时,汤斌"方跪启曰:谨候皇太子复诵书"。待玄烨传谕"皇上令尔等与皇

---

[1] 《潜庵文正公家书》:"每日黎明到瀛台进讲,又不能辞会议、会推。""每日未出,进朝讲书,盛暑霖雨,水深三尺,未尝间断一日,加以会议、会推,日无宁晷,饮食不时,劳役过度,六十老翁,何以堪此。"徐《碑》亦云:"讲毕,出豫廷议。"
[2] 见《起居注》二十六年六月初二日。
[3] 《起居注》二十六年六月初六日。
[4] 见《起居注》二十五年闰四月二十五日。
[5] 见《潜庵文正公家书》。
[6] 见徐乾学《神道碑》。同书卷18潘应宾《上谷宗伯学士郭文清公菜传》:"与汤公斌充东宫讲官,免拜赐坐,赐貂裘、珊瑚念珠及各种品物。稽古之力,荣冠一时。"
[7] 《伊川先生年谱》:元祐元年,将以为崇政殿说书,先生辞不获,乃上奏论经筵三事,其三即"请令讲官坐讲,以养人主尊儒重道之心,寅畏祗惧之德。而曰:'若言可行,敢不就职?如不可用,愿听其辞。'"载《二程遗书》附录,上海古籍出版社2000年版。

太子背书",汤斌即至"案前跪"。此种礼仪,与畅春园讲书相始终。其间六月十一日,玄烨曾传谕:"向来讲书,尔等皆坐。今以皇太子委付尔等,应坐应立,宜自言之。尔等侍立,朕焉得知?皇太子欲赐坐,未奉谕旨,岂敢自主?"可见太子态度变化,实随玄烨之变化而转移。玄烨既出此旨,讲官谁敢自言坐讲?达哈塔奏曰:"臣等学识疏浅,不敢当辅导重任,是以臣等自行侍立。"十三日,皇太子命诸臣坐,诸臣叩头就座。皇太子背诵讫,汤斌前跪进本日所读书,"乃捧书跪听皇太子背诵"。可见虽有玄烨"应坐应立"之旨,汤斌等照跪不误,不敢稍有逾越。皇太子与讲官既形同主仆,何曾有半点师生之谊。入畅春园之前,因达哈塔不通汉语,玄烨指定他"尔惟引若等(谓汤、耿二人)奉侍皇太子,导以满洲礼法,勿染汉习可也"。[1]则此一礼仪早在玄烨胸中设定。所谓"满洲礼法",即满洲入关前之家中说书也。[2]这与汉官当初理想中的出阁读书,何异于南辕北辙。作为讲官的汤斌,除亲炙太子的"教诲",当面奉承之外,实已别无可为。即从学问而言,汤斌也得向皇太子承认:"日聆皇太子讲解,臣学亦有进益。躬亲圣人,乃臣之大幸也!"[3]其内心屈辱可以想见。何况,玄烨本人亦驻跸园内,且不时驾临,就更令汤斌等人如芒刺在背。

尤有意思的一幕是,初十日,玄烨率皇长子、三子、四子、五子、七子、八子齐集无逸斋中。玄烨向诸臣谕曰:"朕宫中从无不读书之子。今诸皇子虽非大有学问之人所教,然已俱能读书。朕非好名之主,故向来太子及诸皇子读书之处,未尝有意使人知之,所以外廷容有未晓然者。今特召诸皇子至前讲诵。"随后取案上经书十余本,亲授汤斌曰:"汝可信手拈出,

---

〔1〕 分见《起居注》二十六年六月初七日。
〔2〕 孟森《明清史讲义》下册,第453页,"旗下人家视教子之师为教书匠,此风在圣祖时已然"。方苞《记徐司空逸事》,汤斌之后,满人徐元梦接替东宫讲官。"是秋,上御瀛台,教诲皇子射,公不能挽强。上怒,以詈语诘责,公奏辨。上震怒,命扑责,被重伤。命籍其家,父母皆发黑龙江安置。"《满文奏折》康熙四十六年二月十一日《胤祉等奏报遵旨革职重杖徐元梦折》奉御批:"令随朕三小阿哥读书试之,不清晰且甚生疏,此皆徐元梦不加勤教所致。徐元梦著革职,在乾清门前,由诸阿哥监督,令乾清门侍卫等杖三十。"第486页。名为讲官,实同奴仆。
〔3〕《起居注》二十六年六月十二日。

令诸皇子诵读。"于是诸皇子"各读数篇,纯熟舒徐,声音朗朗"。讲解时,皆能"逐字疏解,又能融贯大义"。继之演示弓矢,诸子同射,各中数箭。随观诸臣无不"咨嗟称叹"。今读此段史料,令人几欲发噱。然在当日之玄烨,乃势之所趋,诚有其不得已。此前德格勒出丑,玄烨虽口头上不得不说"汉人学问胜满洲百倍",实则心有不甘,故特地安排一场,再较输赢。他不惜万乘之尊,亲自督阵,由诸皇子出马,势在非扳回一城不可。其谓"今诸皇子虽非大有学问之人所教","向来太子及诸子读书,外廷有未晓然者"云云,专为汤斌而发,讥其未识庐山真面目也。玄烨绝不能容忍汉人以心理上的文化优势凌驾于自己及诸皇子之上,至此已显露无遗。

约在二十六年春,汤斌已有归山之意。[1]畅春园的讲书,对汤斌来说就更无法忍受。[2]在他力辞不获之后,便唯剩生病请辞一途可走。至于所谓"擅执朱笔",[3]不过是玄烨怪罪的一个借口罢了。经满汉臣工交章弹劾,九卿几番诘问之后,汤斌"三次回奏,方始据实",于是汤斌"假道学"之面目便无可逃遁。"汤斌假称道学,其实假不到底"。凡"曾言汤斌为恺悌君子"者,只得转而承认"一时为其虚名所误"。汤斌既为众人所唾,玄烨也就不再作任何保留:"今伊等俱欲为师为相,行止较前大相违

---

[1] 《潜庵文正公家书》:"我归山之意已决。今已讲《中庸》,深秋可完'四书',此其时矣。"邓之诚《清诗纪事初编》卷8汤斌《寄示儿溥二首》有云:"初冬当返棹,候我竹林隈。"
[2] 翁叔元自叙《翁铁庵年谱》记"六月,皇太子读书于畅春苑西内无逸斋,叔元入侍,赐坐于几案右"云云,按:《起居注》,为六月十三日事。然翁《年谱》多饰词,不足信。清道光四年《借月山房汇抄》本。翁希旨弹汤斌,天下恶之,见全祖望《鲒埼亭全集》卷16姜宸英《墓表》、卷17何焯《墓碑铭》。翁《年谱》不载,独载罢免明珠诏旨出自其手。方苞、杨椿《汤文正公年谱》云皇太子闻汤斌病甚不安,"皇太子见公羸瘠,大惊曰:'公病至此耶!'"
[3] 参见《起居注》二十六年六月十三日,七月初三日。七月初四日,九卿以擅执朱笔问汤斌,斌云:"皇太子写仿毕,以朱笔付我,命将不好字义之。我即启皇太子曰:'我岂敢义皇太子之字耶?'皇太子令旨曰:'皇父有旨。'因愚见不到,将皇太子仿内甚好之字擅加圈点。后知受朱笔圈点之罪,即在皇上前请罪,故疏内未全写出。"此即"擅用朱笔"之真相。

评"自古得天下之正莫如我朝"

背。"[1]所谓倡导理学、礼敬儒臣,以致太子出阁,皆不过玄烨装点门面,而今竟然有人借此"为师为相",是可忍,孰不可忍？玄烨此语,直将其心底蓄积和盘托出。清初以来,出仕朝廷的汉人心中隐隐若存以道统自任、师相自居的妄念,从此彻底烟消云散。

汤斌此时已是心力交瘁,经玄烨宽免,调任工部尚书,年底病死。[2]畅春园讲书自六月初七日开始,至十四日结束,前后仅八天,便草草收场。

应该指出,汤斌在玄烨反对"伪道学"的历程中具有特殊的意义。玄烨伪道学的标准不外有二,即言行不一和以公济私。他不遗余力地提倡所谓公而忘私、言行相符的真理学,实质上是以完全服从统治者意志这一政治标准,作为评判思想学术的唯一准则,并抹杀一切个体言行的存在价值。[3]也正因玄烨深为"汉人学问胜满洲百倍"困扰,他才苦苦致力于今人所谓"话语权"的探索,而所谓"真理学"正是他的不二法门。"真理学"的确立,不仅需要倡导者一方有立于不败的武器,同时也需要对立的一方出现极其丑陋的典型。玄烨正是深谙此理的统治者,而汤斌就恰好充当了这一丑陋的典型。与他的同道崔蔚林以及熊赐履、李光地等人不同,从封建道德而言,汤斌几乎是当时的完人,没有任何可以指责的地方。一旦发现汤斌这样一个完人、一个醇儒,对自己的话语权并不认同,甚至忽视自己的极大信任,而以挑衅的姿态现形,玄烨如何能保持自己治、道兼备的信心？如何能心安理得地大倡崇儒重道之风！但汤斌的这次忍俊不

---

〔1〕 详见《起居注》二十六年六月十四日,七月初三日。文引上谕继云："且国家用人,或视其才能,或视其操守,有才能者当勤于办事,有操守者当益励清修。今或肆行议论,或钳口窃叹。"最后一语即指汤斌。玄烨之意,用汤斌为太子讲书,仅取其操守而已,则当如何感戴？乃"钳口窃叹"者,即"腹诽"之代词也,玄烨如何能容？

〔2〕 方苞《汤司空轶事》云汤斌中毒而死。邓之诚力辨其非,见《清诗纪事初编》卷8汤斌小传,可参考。

〔3〕 玄烨有关道学的公私、言行之辨形成甚早,《起居注》记载颇多。如十九年二月二十二日,"人品辨别,只在心术公私。凡人口之所言与身之所行,往往不相符合,故去私最难"。二十二年十月二十四日,"朕见言行不相符者甚多。终日讲理学,而所行之事全与其言悖谬,岂可谓之理学！若口虽不讲,而行事皆与道理符合,此即真理学也"。玄烨晚年说得更直白："尔等皆读书之人,《性理》一书辨公私甚明。凡事一出于公,斯为善矣。"见五十五年九月三十日。

禁,终于使玄烨找到他"伪道学"的破绽。汤斌"伪道学"的典型意义,是其他任何人都无法取代的。如果我们了解玄烨为培养满洲词臣能与汉人相抗衡,曾费尽多少心力,[1]那么就不难理解,玄烨一旦证据在握,也就绝无可能对汤斌再加宽恕。也只有在情感上深受伤害之后,玄烨才会为汤斌离任江宁巡抚时的"爱民有心,救民无术"一语所激惹,深衔不已。[2]然而,汤斌最终并未屈就玄烨的安排,意味着玄烨也未能将这位"伪道学"真正征服,对于玄烨而言,又何尝没有一点遗憾。[3]

自二十六年六月十四日之后,《起居注》再无太子出阁读书的记载。虽其后仍然陆续任命满汉讲官,不过是畅春园读书模式的继续,与本文主旨无关。太子依然在读书,但出阁已经不复存在。徒有其名的太子出阁读书,前后仅一年零三个月,并未如它的设计者所冀望的"垂之永久"。

出阁演变为宫内读书,与其说是失败,毋宁说是玄烨指导思想的必

---

〔1〕 玄烨勉励满洲人学习汉文化记载甚多。如《起居注》二十四年二月二十一日谕明珠:"凡明体达用之资,莫切于经史。"三月初八日,问满臣是否读《性理大全》、《皇极经世》,自谓"细加研究",因出手批《性理大全》以示,一字一句,评阅精详。六月二十日谕扈从满洲曰:"朕喜观书史,遍阅圣经贤传。而《通鉴》一书,关于治道尤切。""凡为仕者,无论文武,皆须读书,探讨古今得失,加以研究。"二十三日谕曰:"道学者,必在身体力行,见诸实事,非徒托之空言。"《圣祖仁皇帝圣训》卷23,文渊阁《四库全书》,台湾商务印书馆1982年影印本。皆巡幸在外与满臣而言。玄烨还经常与满洲词臣品评学问。不备举。

〔2〕《起居注》二十八年九月十八日谕曰:"熊赐履所作《日讲四书解义》甚佳,汤斌又谓不然。以此观之,汉人行径殊为可耻。"此就为学论汤斌。《清圣祖实录》卷242四十九年四月丙午,谕曰:"昔江苏巡抚汤斌好辑书刊刻,其书朕俱见之。当其任巡抚时,未尝能行一事,止奏毁五圣祠,乃彼风采耳。此外竟不能践其书中之言也。"《起居注》五十四年二月初一日谕曰:"巡抚乃封疆大吏,当诚心为朝廷效力,俾地方有益,不当无其实而出大言,以欺世盗名。汤斌为江宁巡抚时,所出告内云'爱民有心,救民无术',此岂大臣所宜言!"同年十一月初八日,论及督抚,云"曩汤斌在苏州,出示有云'爱民有心,救民无术',苏人闻其言咸诟之。"此就为官论汤斌。乃海外学者竟有以此二语说明汉官是只言不行之假理学,而以玄烨代表躬履践行之真理学,如此作解,令人瞠目。

〔3〕 汤斌以一品大臣于任上去世,设非为玄烨所恶,理应得谥,然终康熙一朝无人提及,可见玄烨态度。其谥"文正",乃在乾隆元年,见《清史列传》本传。方苞于乾隆年间序汤斌《年谱》:"当秉钧者疾公如寇仇,要结九卿台垣乘间抵隙,巧发奇中,必欲挤之死地。而圣祖终不惑于谗言,以全公之终始",仍将汤斌屈死归于明珠辈,以回护玄烨,则朝臣立言之忌讳,读者幸无误会。载《方望溪全集》集外文卷4。

评"自古得天下之正莫如我朝"

然归宿。勿染汉习既是玄烨的最高准则,其所谓超越前朝,垂之永久的种种设想,皆只能从这一准则出发。玄烨的这一层思想,其实是来自皇太极的祖训。但在崇儒重道之风鼓吹甚烈的出阁前夕,提出这一祖训确实有些羞于出口。直至董汉臣冒失上呈"谕教元良"一疏,玄烨视为对其祖训的挑衅,才不得已在汤斌等面前图穷匕见。正因当初坚持祖训难于启齿,玄烨不得不拿明朝来大做文章。明朝既然亡国,则明末行政体制自可说成一无是处,光宗出阁又确如儿戏,这无疑给玄烨提供了最好的口实。玄烨既认定党争是明朝亡国主要原因,而太子出阁又是朋党的渊薮,仅此一点,玄烨就可以令汉人三缄其口。玄烨的明史水平如何?他是否了解张居正之教万历,孙承宗之教天启,文震孟之与崇祯讲书,以及崇祯督教太子的故事?我们无从得知。他是否理解明臣对太子出阁的必争之处,即在太子乃天下国本所系,非仅帝王骨肉之私,也无从印证。[1]但后来的事实证明,看来玄烨并不理解这一点,或者说他拒绝理解。

玄烨只是帝王,并不是史家;帝王多以政论史,而难以史为鉴。玄烨时时不忘自己为满洲,对汉化充满警惕,故必须坚守满洲家法,以国语骑射为根本。他宣称:

> 满洲若废此业,即成汉人。此岂为国家计久远者哉!文臣中愿朕习汉俗者颇多,汉俗有何难学?**一入汉习,即大背祖父明训,朕誓不为此!且内廷亦有汉官供奉,朕曾入于汉习否?**

并警告汉官:

> 欲令皇太子一依汉人习尚,全不以立国大体为念,是直易视皇太子矣!皇太子岂可易视耶?**设使皇太子入于汉习,皇太子不能尽**

---

[1]《明史》卷233《李献可传》,万历二十年请太子出阁疏云:"倘谓内廷足可诵读,近侍亦堪辅导,则禁闼幽闭,岂若外廷之清肃?内臣忠敬,何如师保之尊严?"最能道出出阁之意义,即太子成长必置于朝臣监护之下。

为子之孝,朕亦不能尽为父之慈矣!至于见侍诸子内,或有一人日后入于汉习,朕定不宽宥![1]

其直视天下为满洲家业,溢于言表。明乎此,我们才能体会,若皇太子及诸皇子皆欣染华风,对玄烨而言,将意味着天下不亡而亡。否则,我们根本无法理解后来玄烨"自古得天下之正莫如我朝"的真正含义。

汤斌、耿介辞去讲官,表明他们不能在满洲祖宗家法的前提下继续与玄烨合作,这无异逼迫玄烨在太子出阁问题上重新作出选择。玄烨也不再让太子出阁读书。可以说,双方都没有放弃各自的信念。虽然后来继续有汉人为太子读书效力,但并无值得夸耀之处,[2]更不能弥补玄烨在太子出阁一事上的遗憾。[3]相反,玄烨必须坚持立场,以证明自己的正确,才能真正获得心理上的满足感。这也就是前文所说的,皇太子教谕的成败成为玄烨大清得国最正能否成立的重要筹码。

三、废黜皇太子与玄烨内心的困惑

(一)初废皇太子有关上谕的解读

康熙四十七年九月,正值满朝君臣陶醉于天下承平多年之后,玄烨突然宣布废黜皇太子,朝野震惊。储位危机由此暴露于天下,并一直延续

---

[1]《起居注》二十六年六月初七日。
[2] 王锺翰师《清世宗夺嫡考实》注引王士祯《居易录》列举东宫满汉讲官甚多,未作日讲、会讲之分。唯引《居易录》卷30康熙三十八年二月初三日,"命吏部尚书熊赐履、礼部尚书张英日侍东宫,进讲性理。"卷31"闰七月十七日,驾幸古北口,命吏部尚书熊赐履、礼部尚书张英侍东宫,日讲《周易》。"确如王师所言"可补正史之阙","足为实录佐证"。载《王锺翰学术论著自选集》,中央民族大学出版社1999年版,第316页。而王、张二人文集却无此事,可见不以为荣。
[3] 倒是弘历坦率,直云太子出阁时,"其先所置宫僚,何尝非一时之选,如汤斌即所称当代淳儒,然亦何裨万一?"见乾隆朝《大清会典则例》卷153《詹事府·升除》。

至康熙朝结束。与此相伴的,是玄烨一生中思想上和精神上最为痛苦的历程。

在玄烨立储废储的问题上,我们所能依据的史料几乎全来自于玄烨的自述,而很难得到其他史料与之相印证。因此,本文的研究严格遵循下述原则:如同医生进行诊断,必须同时重视病人的口诉和化验等手段的检查,方能确定病情。病人口诉至多不过反映出一些症状,绝不能误认为凭此即可以确诊病情。同样,玄烨的自述,只不过是类似症状的东西,在没有获得其他过硬史料印证之前,绝不去强凿事实。但这并不妨碍我们将这些自述视为一种情感反映。此其一。其二,情感反映有时可以发现真实的思想基础,有时只不过是暂时的情绪宣泄,有时甚至是一种假相,必须认真分析。经过清代官方整理的上谕,不会留下多少可供心理分析的材料,因此,在作这方面的尝试时必须格外谨慎。基于以上两点考虑,以下不得不较多地引用玄烨的上谕,目的在于将其"口诉"的基本要点较为完整地呈现出来,同时供读者鉴别。我希望从中把握住玄烨情感与心理的脉络,然后再来说明其思想基础。尽管我力求简练,恐仍不免冗繁之嫌。

四十七年九月初四日丁丑,玄烨第一次在热河行宫宣布废黜允礽皇太子,回京后,于十八日辛卯以此事祭告天地、太庙、社稷。这半月前后,是玄烨精神上最痛苦的时期。故其间所发布的上谕,感情宣泄成分较多,如果利用得当,颇能有助窥视他真实的思想和心理。《清圣祖实录》现存有关上谕中,弘、历二字均有省笔,显避清高宗弘历之讳,说明《圣祖实录》确经乾隆朝润饰。但众所周知,弘历于康熙朝皇太子一事,持论公正远胜乃父胤禛。更重要的是,目前尚无其他史料能取代,故《实录》仍是我们不得不依据的第一手史料。

首先值得注意的,当然是丁丑日的上谕。玄烨宣称:"今观允礽不法祖德,不遵朕训,惟肆恶虐众,暴戾淫乱,难出诸口,朕包容二十年矣!"二十年前之上一年,正是出阁读书了结之时。玄烨于宣布废黜前夕,思虑所纵,必竭力寻究太子为恶之缘起,追溯太子不率教之由来。此人之常情,玄烨何独能免。玄烨认为太子之放纵本性,不加约束,即因结束出阁读书而起。孟森先生独具慧眼,早于《清史讲义》中点出。其云:"太子师横被责让,并无约束太子之意,蓄意包容,遂历二十年而决裂,岂非姑息之爱误之?"甚至认为三十三年上谕将太子拜褥移出奉先殿外,乃"礼部定祭先仪注,必过尊太子。虽有谕移太子拜褥向下,亦不敢从,请旨记档,冀免后祸。太子之骄纵,及其左右如索额图之导以骄纵,圣祖之明,岂有不知"。皆甚精当。[1]唯"包容二十年矣"一语,必玄烨当时反复激荡之情绪,方于激愤中脱口而出,未遑顾及其他。此后待玄烨醒悟,绝不再出此言,[2]显然不欲将允礽之暴戾与出阁一事相联系。研究玄烨心理,切不可忽视其言语前后之差异。

　　以常理言之,玄烨于激愤中历数允礽过恶,必为之一一抖出,少有隐瞒。故丁丑日上谕于判断玄烨、允礽父子间矛盾,以致玄烨无法继续容忍允礽的原因,皆极有价值。上谕继云:"乃其恶愈张,僇辱在廷诸王贝勒大臣官员;专擅威权,鸠聚党与;窥伺朕躬起居动作,无不探听。"其中大有关系者,当属最后一语。其余所谓凌辱殴打诸王大臣属下,淫乱奢侈,随从巡幸侵扰民间,索求蒙古云云,允礽一贯索行如此,玄烨岂至此方知,凡此实不足动摇允礽太子地位也。且允礽所侵辱荼毒之诸王及大臣,观玄烨所举,皆为满洲,未及汉人,又岂非满洲家法,玄烨躬自表率使然?非所谓侵及皇权也。故上谕中"朕思国惟一主,允礽何得将诸王贝勒大臣官员任意凌虐,恣行捶挞耶?"此不过欲煽起诸王等情绪,以赞同废黜允礽,亦谓为尔等出气之类,固无所谓否定玄烨"国惟一主"之地位也。唯侵及玄烨骨肉之间,危及日后诸子安危,方足以令玄烨动心,故所

---

[1] 见《清史讲义》,第457—459页。玄烨于太子出阁时礼仪关注极为重视,已见前文。后来甚至连太子食物配量亦亲自审批,见杨珍《清朝皇位继承制度》,第171页。

[2] 如四十七年十一月戊子,云:"及朕出师宁夏后,皇太子素行遂变。"见《实录》卷235。四十八年三月庚辰:"允礽为皇太子历有三十余载,不意忽染暴戾狂易之疾。"见《实录》卷237。迨二废允礽之后,赵申乔于五十二年初奏请立储,玄烨论及允礽行事乖戾,又自变其说,曰:"推其故,皆由疯狂成疾迷惑所致,此疾有二十余载矣。"将太子狂易之疾上推二十余年之前,分明以掩饰出阁读书时之不率教。见《实录》卷253。

言耸人听闻。特详引如下：

> 谕曰："今更滋甚,有将朕诸子不遗噍类之势。十八阿哥患病,众皆以朕年高,无不为朕忧虑。伊系亲兄,毫无友爱之意。因朕加责让,伊反忿然发怒。更可异者,伊每夜逼近布城裂缝,向内窥视。从前索额图助伊潜谋大事,朕悉知其情,将索额图处死。今允礽欲为索额图复仇,结成党羽。令朕未卜今日被鸩,明日遇害,昼夜戒慎不宁。似此之人,岂可付以祖宗弘业？且允礽生而克母,此等之人,古称不孝。朕即位以来,诸事节俭,身御敝褥,足用布袜。允礽所用一切,远过于朕,伊犹以为不足,恣取国帑,干预政事,必致败坏我国家,戕贼我万民而后已。若以此不孝不仁之人为君,其如祖业何！"谕毕,上复痛哭,仆地。上又谕曰："太祖、太宗、世祖之缔造勤劳,与朕治平之天下,断不可以付此人。"

细读全文,则此谕似为口谕,由臣下笔录;若事先写毕,情绪宣泄已尽,再行宣读,当不致谕毕仆倒于地。云允礽"有将朕诸子不遗噍类",不见于其他史籍。允礽废后,三子允祉、四子胤禛皆曾主动看护,平素亦未见交恶。[1]允礽所厌恶者,应为长子允禔、八子允禩有心觊觎储位之辈。"诸子不遗噍类"云者,玄烨过甚其辞耳。至于十八子允祄,上年初南巡不见其随行,至六月方扈行热河,然年底赐诸王及皇子赏银,又无其名,[2]以其年幼尚未见重可知。允祄此次随行热河,于八月病笃,九月初二日,"谅已无济",初四,即废太子当日病死。[3]《实录》书其死于废太子事之后,

---

[1] 《清圣祖实录》卷234四十七年九月庚辰,玄烨谓大臣侍卫:"至于三贝勒允祉,平日与允礽甚相亲睦。""伊虽与允礽相睦,未尝怂恿为恶,且屡曾谏止允礽。"卷235十一月辛卯,谕诸皇子:"前拘禁允礽时,并无一人为之陈奏。惟四阿哥性量过人,深知大义,屡在朕前为允礽保奏,似此居心行事,洵是伟人。"保奏允礽,实不足为胤禛增美,故胤禛曰"实不敢任受也"。约可见允祉、胤禛对允礽并无仇隙。
[2] 分见《清圣祖实录》卷223四十六年正月丙子,卷230六月丁亥,卷231十二月丙午。
[3] 分见《清圣祖实录》卷233四十七年八月壬戌,卷234九月乙亥、丁丑。

乃书法使然,其死固当在前也。允礽之死,无疑是玄烨废太子的直接导因。若说以此可见允礽于诸弟"毫无友爱之意"固当,若以允礽"有将朕诸子不遗噍类",则为玄烨泄愤之辞,亦以此为废允礽之借口。玄烨本人岂非曾为亲子之死视之漠然?[1]故当玄烨加以责让时,允礽得有以反目相向。兄弟之情,岂过于父子?则允礽之死实非废除允礽之真实原因,又可断言。言允礽于诸弟无友爱之心,实因其于玄烨本人无敬爱之心而起。

然则玄烨、允礽父子失欢非止一日,何以因允祄之死,便导致允礽被废?此必玄烨心中已早有蓄积,一旦导线引燃,便怒火喷发,不可收拾。试观下文,更有令玄烨不可容忍者。允礽"每夜逼近布城,向内窥视"玄烨动静,故而玄烨产生允礽欲为索额图复仇之联想,以致担心自己"今日被鸩,明日遇害"。应该说,这才是玄烨废除允礽的真实原因。然后来玄烨曾说:"前执允礽时,朕初未尝谋之于人,因理所应行,遂执而拘系之。"[2]又说:"朕为君父,凡事皆朕真知灼见,当斩者斩之,当罪者罪之,并未尝听信人言而为此也。"[3]据此亦见玄烨废允礽乃一时冲动中突然行事,事前并未与人周密谋划,全然是他本人感情激荡不可遏制的结果。若在热河期间真有允礽党羽策划阴谋复仇,玄烨必不致一意孤行而无人豫闻,则又可推知。

---

[1]《清圣祖实录》卷234四十七年乙亥,即允祄死前二日,玄烨谕扈从诸大臣:"自十八阿哥患病以来,朕冀其痊愈,昼夜疗治。今又变症,谅已无济。朕躬所系甚重,上则恐贻高年皇太后之忧,下则天下臣民咸赖予一人。区区稚子,有何关系?朕乃割爱,即此就道。至二十里许驻跸,特谕。"是知允祄死时,玄烨并不在旁。又,《起居注》十一年二月,玄烨奉孝庄太皇太后往汤泉,初五日皇后所生长子卒,方四岁。初七日,玄烨谓左右曰:"朕每日诣太皇太后(行)宫问安,颇可自慰。既随太皇太后至温泉,如太皇太后圣躬霍然全安,朕不胜欢忭。稚子事,朕不介意。"同年十月,玄烨奉太皇太后在外。初四日,闻皇后(即允礽之母)违和,玄烨谕随从学士:"朕以太皇太后圣躬违和,奉驾来幸温泉,若得太皇太后霍然痊愈,朕怀庶慰。尔等勿使妄行奏闻,恐致太皇太后忧虑。"后孝庄谓玄烨:"我已痊愈,中宫有恙,可速往视之。"玄烨自云:"中宫虽病,自有定数,臣亦无益。"适又自京城来奏皇后病剧,玄烨因以回京,仅过一日,初六日即亲来迎孝庄。玄烨所行如此,何以责允礽?参拙文《康熙初年四大臣辅政刍议》,载《清初政治史探微》。
[2]《清圣祖实录》卷235四十七年十一月丁亥。
[3]《清圣祖实录》卷235四十七年十一月庚辰。

玄烨此举,与五年前处置索额图时所云,"朕若不先发,尔必先之",[1]两者一脉相承。先发制人,是玄烨的性格特征,下面即将谈到这一点。玄烨对允礽同样并无证据在手,但又不得不出具废除他的理由。由此可见,所谓"被鸩"、"遇害"云云,皆玄烨想象如此。一待情绪发泄完毕,重新恢复理智,玄烨便顿生悔意。允礽之所以能重出,根本原因即在于此。故可断言,允礽绝无谋害玄烨之密谋,否则,玄烨亦绝无可能让允礽重新复位。

(二)玄烨心理人格的基本特征:内怯与猜疑

接下来的问题是,允礽既无谋害玄烨之心,何以要"每夜逼近布城",窥视玄烨举动?岂非自取死路?其实这种疑问之所以产生,即在于轻信玄烨所谓"允礽欲为索额图复仇"一语。玄烨废允礽当日,将索额图之子格尔芬、阿尔吉善及其党羽二格等人正法,杜默臣等人流徙盛京,似乎也令人们进一步信从玄烨的判断。或以为,玄烨之所以未就此一阴谋出具具体罪证,是为允礽讳。但这种推测很难成立。玄烨既将允礽视为不忠不孝之人,已无必要再为其隐瞒任何秘密?须知玄烨精神上最为痛苦的阶段,并非废除允礽之后,而是在作出废黜决定之前夕。既已宣布,则必有精神上之尽情发泄之阶段,其间少有保留。若以允礽具体罪行为后来修《实录》时删去,亦不合情理。《实录》既存录玄烨谴责允礽种种恶语,似无再为其他罪行隐讳的理由。否则,尽可将罪行归诸索额图父子。故我以为,玄烨实无任何具体罪证可以出具。其以允礽为索额图复仇既为猜测,则处死索额图党羽,亦为这一猜测之结果。若因玄烨将此猜测转为行动,即以玄烨之猜测为事实,则是研究中的双重错误。

细检《实录》,我以为允礽之所以每夜窥视玄烨,实玄烨有以启之。玄烨在回京途中,曾谓随从人员:

> 今岁有事,朕已预知。朕意中时若有一事将发者,曾向允礽言

---

[1]《清圣祖实录》卷212四十二年五月癸亥。

之。今岁朱三、一念和尚事发后,允礽奏曰:"皇父之言验矣。"朕谓之曰:"尚恐未尽于此也。"彼时亦不知所发何事,而不意竟有此事也。[1]

此语极值得关注。玄烨的这种预感,当然不是特异功能,而是一种严重的心理症状。他时时担心有危机来临,至少属于典型的抑郁情绪。一念和尚案发在本年二月,朱三案在四月,六月已经审结,结案时玄烨正在热河。[2]玄烨既在一念案之前已有预感,说明他陷入抑郁情绪已经多时。[3]心理学告诉我们,人的行为方式和语言方式在心理上必定是统一的。玄烨的抑郁不可能不为他人所察觉。玄烨时时警惕有大事将发,也必然会引起他人的恐惧,不知何时会大难临头。当他将这种预感告知允礽时,实际上犯了一个错误。

长期处于紧张状态下的允礽,更会增加内心的惊惶不安。允礽于一念、朱三案之后,对玄烨所说"皇父之言验矣",其实也带有试探的意味,显然希望此二事即玄烨所预感,就此结束玄烨对自己疑神疑鬼。不料玄烨的回答却是"尚恐未尽",这尤为错误。[4]允礽既不能消除玄烨的疑惧,又不

---

[1] 《清圣祖实录》卷234四十七年九月壬午。
[2] 分见《清圣祖实录》卷232四十七年二月庚寅,三月辛亥,闰三月己丑,四月戊午;卷233六月乙丑。并参《汉文奏折》第一册,第896、913、941、952、963、993页各折。至于《满文奏折》四十七年八月初七日《允祉等奏报得雨并报拿获一念和尚折》,第595页,则得知较玄烨晚甚。
[3] 《清圣祖实录》卷255五十二年六月辛卯,玄烨追述:"朕前巡幸江南时,预闻江南有贼,后果有一念和尚叛案。"玄烨第六次南巡四十六年正月启行,五月初方回京。至次年二月一念落网,则玄烨关注此案至少已达八个月之久。
[4] 值得注意的是,《汉文奏折》第二册第289页,康熙四十七年户部尚书王鸿绪奏折,揭发采买草豆官员侵欺十余万两一案,玄烨却批道:"此不过小事,今大事已成。"折虽未具月日,然云七月间"狂风大雨历五六昼夜,街坊俱至淹没,两河(谓黄、运两河)堤岸甚属危险",则此折当上于七月间。王鸿绪密折中既有河工冲决事,加之上年玄烨南巡取销溜淮套方案,则玄烨所谓"大事已成",必不指河工底绩可知。而能令玄烨陶醉不已,以致对劣迹昭彰之户部贪污不以为然之"大事",必指一念和尚及朱三太子案。此玄烨多年心病,一旦解脱,内心狂喜,不绝形诸笔端。允礽以此为"皇父之言验矣",亦必有感而发。玄烨之所以立即否认,或一与允礽觌面,内心顿生阴霾,则玄烨对允礽之忧虑厌恶,积于胸中已为时不浅。

评"自古得天下之正莫如我朝"

能无端地作自我剖白,以致无所适从,有不可终日之感。其所以夜窥布城,盖由于此。殊不知允礽如此行事,反令玄烨疑窦丛生,以为允礽将对其下手,预感将验。于是方有"被鸩"、"遇害"种种猜疑,决定先发制人。只有两个心理防御机制极强的人长期同处,若即若离,才会在心理上互相误导。

以上推断,前提是必须对玄烨父子的基本人格特征有所理解,尤其是玄烨,因为始终是他居主导一方。以现在所能见到的史料,远不足以充分探讨玄烨的全副心理。我们只能粗略观察他的成长过程,特别是其幼年经历,有助于我们对他的人格特征作出大致判断。玄烨生于顺治十一年,其母佟佳氏不为福临所宠。年仅两岁,即以避痘依乳母寄养宫外,估计福临至死,亦未将其召回宫内。玄烨自云:"世祖章皇帝因朕幼年时未经出痘,令保母护视于紫禁城外。父母膝下,未得一日承欢。"[1]即是明证。玄烨自云幼年吸烟,后来方戒除。[2]则吸烟应为八岁即位之前,足见玄烨幼年缺乏关爱。早年出痘,亦必于精神上经受一场恐吓。玄烨成年后的孤寂感与内心怯懦,即与此段经历有关。即位之后,玄烨方得母子团聚,本有机会弥补些许温情。然仅过两年,其母去世,此后便在孝庄太皇太后的庇护之下。众所周知,玄烨继位纯属偶然,唯因已经出痘,不会重蹈乃父覆辙,而非孝庄素所钟爱。孝庄虽赐予玄烨皇位,而权源仍在孝庄之手。换言之,玄烨自得皇位之日起,即处于孝庄强大的身影之下。四辅臣长期骄横跋扈,玄烨心灵极受伤害,只得唯孝庄是依。与人们想象相反,孝庄对四辅臣所行并无有力的干预。玄烨不能忍受,自作主张,结束辅政,其时年已十六。也就是说,玄烨的幼年、童年及少年阶段,一直处在某种威胁之中。缺乏亲情,使玄烨很难信任他人,更难于友善真诚待人。[3]而长期的威胁感,孤立无助,必然加重他内心胆怯却又亟思报复的矛盾心理。内心怯弱者往往会令自己处于应激之中,夸大危机的程度;而

---

[1]《清圣祖实录》卷290五十九年十二月甲辰。
[2] 见《庭训格言》。
[3] 奥地利著名心理学家阿德勒说:"被忽视的儿童必然未曾发现值得他十分信赖的人。"见《超越自卑》,国际文化出版公司2005年版,第16页。

亟思报复的心理则易趋向冲动,缺乏与危险和平共处的勇气,尤不敢与应激源作面对面的相持,往往采取心理学上所说的防御性攻击,即常言所谓先发制人。

如果我们冷静观察史料,便不难发现这些特征在玄烨身上一一具备。我曾探讨过玄烨与四辅臣的关系,以为玄烨之所以急于逮治鳌拜,并非因鳌拜危及玄烨,亦非玄烨亟欲有所施展受阻于鳌拜,实因玄烨不能忍受鳌拜之威权,孝庄又不急于让鳌拜归政。[1]玄烨在三藩并撤一事上亦类似。吴三桂等并无威胁清廷的迹象,所谓三藩割据阻碍统一云云,根本无法解释三藩一举并撤。玄烨之所以轻率,实出于对形势的估计不足。若从心理角度分析,亦能见玄烨夸大危机,不能与之长时间相持的心理。其后四十二年处置索尔图,四十七年废除允礽,皆为同一心理的体现。而一旦正面相持,玄烨内怯的心理顿时暴露无遗。

三次亲征噶尔丹,为玄烨生平最喜炫耀之得意事。然二十九年第一次亲征,玄烨出京晚于裕亲王大军八日。四日后,方出古北口一日之程,即"圣躬违和"。再二日,勉强行至博洛和屯,就再也不能前行。随即"夜间身热心烦,至黎明始得成寐"。于是,应臣下请求,玄烨以"此地寒燠不常,似难调摄,尔等谆谆叩请,朕暂且回銮"。次日,回驻古鲁富尔山。后来一直撤至古北口,离北京仅有一日之程。[2]此时,六百里之外的乌兰布通之战方才打响。问题是玄烨一旦远离前线,即无大碍,此后史籍上未见任何玄烨此次病情的记载。这种症状的产生及消失,莫名其妙的生病又不治而愈,恰恰是一种典型的心理变化导致的生理反应。只要远离噶尔丹这个应激源,所有症状立即消失得无影无踪。此非悬揣,而有《实录》可证。玄烨驻跸古鲁富尔山,"先是,上以圣体甚觉违和,命皇太子允礽、皇三子允祉驰驿前迎。是日,允礽、允祉至行宫请安,见圣体未宁,天颜清减,略无忧戚之意,见于词色。上以允礽绝无忠爱君父之念,心甚不怿,令即先回

---

[1] 详参拙文《康熙初年四大臣辅政刍议》,载《清初政治史探微》。
[2] 分见《清圣祖实录》卷147二十九年七月乙未、癸卯、丁未、己酉、辛亥、壬子、癸丑,卷148八月庚申。

京师"。[1]论者喜用这段史料证明,玄烨、允礽父子矛盾始于此。[2]若玄烨果然病重,太子果存异心,亦何至于"略无忧戚",轻浮至此?况且,"略无忧戚"的并非允礽一人,允祉亦然。依我之见,玄烨火速命二子前来,是欲示之于外,造成皇父病重之势,以释玄烨突然从前线撤回之嫌。二人正值青少年,胸无城府,闻命疾驰而来,一睹乃父情景,全不似诏命所形容,亦未曾料及玄烨用心,故而未能形成默契。此即玄烨不喜允礽表现之缘由。殊不知此段史料恰反证玄烨急欲掩饰临战内怯的心理,岂有他哉!

三十五年第二次亲征更说明问题。此次亲征经过多年周密准备,是典型的先发制人。清军占有绝对优势,采取三路大军战略合围。仅玄烨所在中路,八旗甲兵即超过万名,尚不包括夫卒及辎重运输人员。清军粮草充裕,士马饱腾。而噶尔丹为其侄策妄所逼,裹挟人畜东向窜逃,势若游魂,全部人口不过五六千人,为玄烨多方侦查所一致证实。[3]据《实录》,玄烨进军途中,佟国维、索额图奏请玄烨徐还,俟西路兵前进。玄烨大言于众曰:"不知尔等视朕为何如人?我太祖高皇帝、太宗文皇帝亲行仗剑,以建丕基,朕不法祖宗行事,可乎?我师既至此地,噶尔丹可擒可灭,而肯怯懦退缩乎?"[4]然而一待逼近克鲁伦河,玄烨出人意外地谕随行诸臣:"若噶尔丹闻朕已至,必先逃窜。尔等欲战耶?欲使噶尔丹逃窜耶?可各陈所见。"诸臣奏:"使噶尔丹逃窜之计,臣等不得而知。"岂知玄烨早有定见:"尔等欲使之逃窜,朕以为无难。俟其少近,遣使往谕云:'朕欲与亲临约盟,尔可前来与我军会议,并不尔剿。'噶尔丹闻朕亲来,必连夜奔逃,我军即行追杀。"尽管不少人提出异议,但最终决定仍按玄

---

[1] 《清圣祖实录》卷147二十九年七月癸丑。
[2] 见王思治、吕元骢《清朝皇位继承制度嬗变与满洲贵族间的矛盾》,载阎崇年主编《满学研究》第三辑,民族出版社1996年版。上引杨珍《清朝皇位继承制度研究》,第178页。
[3] 分见《清圣祖实录》卷168三十四年十月丁未,谕议政大臣;卷169十一月戊辰,厄鲁特来降之人所言。
[4] 《清圣祖实录》卷172三十五年四月乙未;《满文奏折》三十六年五月十六日《康熙帝朱谕》追述克鲁伦河一战所俘称:"噶尔丹兵不足五千,马匹甚瘦,而且圣主追兵逼近,故诸物俱弃。"第187页。

烨之意行事。数日之后，噶尔丹所属逃遁无遗，玄烨方"躬率前锋兵在前"，扑向空荡荡的噶尔丹"所在"。玄烨内心失望至极，而对扈从诸大臣，却毫不愧赧，曰："亦足以破噶尔丹之胆也。"[1]这就是第二次亲征中的玄烨！除从心理学角度来理解之外，几乎无法有任何其他解释。以皇帝身份亲征，趁噶尔丹衰微之际予以围剿，这是玄烨的理性所在；而一旦要面临敌手，心理中的内怯立即笼罩全身。若说玄烨早有预见，故纵噶尔丹，以待西路军予以歼灭，则纯属欺人之谈。噶尔丹就在眼前，玄烨大军尚不能一战克之，况且，玄烨当时连西路军的具体行止并不完全清楚，[2]何能作此预见？可见，先发制人者并不一定意味其心理健全，有时恰恰相反，适表明其内心虚弱。玄烨就是如此。

与顺治朝相比，就某种意义而言，康熙朝面临的形势和任务更为严峻。四辅臣执政，三藩之乱，漠北漠西蒙古的纷乱与侵扰，以及国内各种问题，皆须由玄烨对应。一连串的胜利固然令玄烨不断产生自豪感与满

---

[1]《清圣祖实录》卷172三十五年四月辛亥、癸丑，卷173五月壬戌。另据《满文奏折》，玄烨遣派使臣赴噶尔丹驻所在五月初四日，然后大军缓慢逼近，真正进发乃初九日晚，初十日至噶尔丹驻处。留给噶尔丹准备逃跑时间达五日之久。分见第84—85页，康熙三十五年五月十三日《康熙帝谕为噶尔丹抵克鲁伦情形等事》、五月十五日《康熙帝谕皇太子胤礽至噶尔丹驻处所见情形》。

[2]《满文奏折》三十五年四月二十三日，玄烨谕皇太子，云："二十一日酉时，将军费扬古自异驿奏疏，言'于五月初三日抵达图拉'等语。然其前奏疏言，于二十四日抵达。（中略）数日未报，突行改日，朕亦没办法。"第78页。齐木德道尔吉《首次亲征噶尔丹时的康熙皇帝》，载阎崇年主编《满学研究》第五辑，引台湾《宫中档康熙朝奏折》，直至五月十三日，玄烨写信给皇太子仍说："惟伯费扬古之兵，至今尚无音信。"民族出版社2000年版。足见玄烨不可能预计西路军将截击噶尔丹。《清圣祖实录》卷186三十六年十二月甲寅，谕大学士等："去年中路出兵时，虽以众论俟大将军公费扬古。然以此为至论，亦属不可。彼时公费扬古于五月十三日若不到昭莫多，则噶尔丹岂不脱逃乎？"可见费扬古一路邀击噶尔丹实出玄烨意外。玄烨后来审定《亲征朔漠方略》，曾说："大兵分两路进剿噶尔丹时，朕统中路军，已如期至科图，而西路兵竟无消息。遣人往探，报言不能如期而到。"又曰："噶尔丹遇我军于克鲁伦之地，未尝交战，乃往西路。遇西师进击，尽被杀戮。"大学士马齐等奏曰："如噶尔丹在克鲁伦交战，则噶尔丹之兵无一人脱矣。"分见《起居注》四十五年十一月初一日、初八日。清廷君臣其实都明白，玄烨在克鲁伦坐失良机。但玄烨直至晚年仍在吹嘘此事，见《清圣祖实录》卷287五十九年正月壬申。

评"自古得天下之正莫如我朝"

足感,然而,身心长期处于紧张状态,也必然带来疲惫和厌倦。尤其是玄烨晚年,一旦发现他所陶醉的成功并非如冀望的那般现实时,失望、孤寂、空虚便随之而来。对于心理本非豁朗坚强的玄烨,就更易如此。玄烨晚年陷于长期抑郁之中,确非无因。他的猜疑,性情反复,夸大危险,动辄诉说不止,声泪俱下,皆是其抑郁的表现。而妄想,尤其是迫害妄想,为大多心理精神疾病的主要特征之一。玄烨多次控诉太子及其党羽欲谋害自己,而史料中却从来未见任何具体可信的记载,使人很难排除他身上确实存在妄想症状。他在判断一些事情或矛盾时,往往不计是非,而先追究其人动机如何;亦特喜用"复仇"一词,这些也反映出他的思维特征及内心的紧张。如说太子欲为索额图复仇,倒还能找出某种联系,但苏努与允禩结党,竟被玄烨说成"欲为其祖报仇",则纯系昏话。《实录》关于此事的一段上谕,对于分析玄烨的思维方式颇有价值,移录如下:

  (允禩)邀结苏努为党羽。苏努自其祖相继以来,即为不忠。其祖阿尔哈图土门贝勒褚燕在太祖皇帝时曾得大罪,置之于法。伊欲为其祖报仇,故如此结党,败坏国事。

  再,允禩素受制于其妻。其妻系安郡王岳乐之女所出。安郡王因谄媚辅政大臣,遂得亲王。其妃系索额图之妹,世祖皇帝时记名之女子。其子马尔浑、景熙、吴尔占等,俱系允禩妻之母舅,并不教训允禩之妻,任其嫉妒行恶,是以允禩迄今尚未生子。[1]

---

[1]《清圣祖实录》卷235四十七年十月丙午。(岳乐原为亲王,死于二十八年。《实录》卷202三十九年十二月壬午,缘事追革亲王,降为郡王。)

  陈垣先生曾质疑此条上谕的真实性,云:"《康熙实录》修于雍正之时,于诸皇子辄加丑诋,康熙原谕,是否如此,殊不可信。"见《雍乾间奉天主教之宗室》,载《陈垣学术论文集》第一集,中华书局1980年版。然《清圣祖实录》中玄烨凡论及储贰,往往情绪所激,失控以致语无伦次之处甚多,乃玄烨真实心理流露,正为研究价值之所在。雍正似无可能尽改。且玄烨待允禩尤薄,全无父子之情。详见《满文奏折》四十四年九月二十六日《胤祉等奏报八阿哥病势折》并附《御医诊治书》,第392页;《清圣祖实录》卷269五十五年九月己卯、辛巳、癸未诸条。玄烨不独刻薄寡恩,且虚伪至极。与《朱批奏折》对读,《实录》不似伪造。

苏努之祖褚燕为太祖所杀,故后来皇位转入太宗一系,苏努心不能平,或有可能;若谓近百年之后,其孙仍欲复仇,何人肯信？且苏努复仇,应针对太祖或太宗一系,今结太祖一玄孙与另一玄孙抗衡,即谓为伊祖复仇,真令人匪夷所思！至于允禵娶岳乐之外孙女,而其外祖母又系索尼之女、索额图之妹。马尔浑为岳乐十五子,[1]故其兄弟为允禵之母舅。岳乐、索额图皆玄烨所素恶,而允禵又受制于其妻,则亦必欲向玄烨复仇。允禵非但妻不贤,连其生母"家亦甚微贱",后又云"允禵系辛者库贱妇所生"。[2]然允禵之母非玄烨所幸乎？允禵非玄烨之亲骨肉乎？玄烨作如此想,视其本人与允禵父子关系如何？可见玄烨疑心所及,便为好恶所左右,思维即呈联想之状,无所底止,却偏偏忽视最重要的父子关系。这是典型的病态妄想思维。对允禵如此,对允礽亦是如此。

再回头看丁丑日废允礽上谕中说"今允礽欲为索额图复仇",究竟何所指。索额图死于四十二年。当年五月,玄烨传谕历数其罪行,载于《实录》：

> 观索额图并无退悔之意,背后怨尤,议论国事。伊之党类朕皆访知,伊等结党议论国事,威吓众人。且索额图施威恐吓,举国之人尽惧索额图乎？
>
> 尔家人告尔之事,留内三年。朕有宽尔之意,尔并无退悔之意。背后仍怨尤,议论国事,结党妄行。尔背后怨尤之言,不可宣说,尔心内甚明。举国俱系受朕深恩之人,若受恩者半,不受恩者半,即俱从尔矣。去年皇太子在德州住时,尔乘马至皇太子中门方下,即此是尔应死处。尔自视为何等人？朕差人搜与尔行走之江潢家,得书字甚多。朕亦欲差人到尔家搜看,但被尔连累之人甚多,举国俱不得安,所以中止。朕若不先发,尔必先之,朕亦熟思之矣。朕

---

[1]《清史列传》卷2《宗室王公传二》,马尔浑系岳乐十五子,康熙二十九年袭郡王,四十年掌宗人府事,四十八年十一月死,年四十七。
[2]《清圣祖实录》卷235四十七年十一月丙戌,卷261五十三年十一月甲子。

将尔行事指出一端,就可在此正法。[1]

此史家习知的一段史料。其中要害,不过结党、怨尤、议论国事。孟森先生据此以证丁丑日废太子上谕中有"从前索额图助伊潜谋大事"一语,认定"其为代太子谋早取大位明矣"。[2]后来史家论及此事,亦莫不踵武孟森,愈说愈详,虽然终究无法列举一条史实,却仍云"真相大白"。嗟乎! 此真可谓巧于论史者也! 但凡鞫讞,须两造俱到,方可定谳,此乃考证之常识。今仅以玄烨一方前后两言,即不究其虚实,遽坐实索额图助太子夺位,此非奉玄烨之上谕为"圣旨"使然耶? 而在我看来,玄烨之思维恰属于病态思维。四十二年之前三年,则玄烨年仅四十七,允礽止二十六岁,何得遽起夺位之心? 玄烨亦何得有逊位之想? 玄烨、允礽父子虽有龃龉,然未至失欢,影响储位。[3]难道仅凭允礽拜褥置于奉先殿内,或者给玄烨回信有失检点,或者说三十五六年后,"皇太子听信匪人之言,素行遂变,自此朕心眷爱稍衰,置数人于法"等等,[4]玄烨便骤起废黜之心? 允礽亦非夺位不可? 索额图家人告发之后两年,允礽随玄烨南巡,至德州生病,玄烨命索额图前来奉侍。玄烨在德州前后逗留二十日,最终放弃南行。以"允礽病体虽稍愈,尚须调理,著暂留此,俟大愈后回京"。[5]索额图若果有"潜谋大事",玄烨岂能如此安排? 再说,难道索额图赶赴德州至太子中门方下马,何以一定是表现

---

[1]《清圣祖实录》卷212四十二年五月壬戌、癸亥。
[2] 见《清史讲义》,第460页。
[3]《满文奏折》三十六年闰三月初五日《康熙帝朱谕》:"谕皇太子:皇太子乃极孝顺之人,想是(在京)见花鸟鱼兽,怜惜朕于沙卤边陲之劳苦耳。不必为朕担忧,惟望日夜勤于国事,闲暇之时,阅览经史前世之得失,以慰愁闷。为此特谕。"第159页。又,《汉文奏折》第一册,四十一年十月《苏州织造李煦奏为恭闻皇上中止南巡请安折》朱批:"朕览淮黄造成堤岸,南巡至德州,不意皇太子偶感风寒,病势甚危。幸而朕留心,多方调理,以致痊愈。"第79页。可见,直至太子德州生病之际,玄烨仍然对其甚为满意,其中"幸而"一语,乃脱口而出,更显对太子关心备至。父子之间偶有龃龉,人之常情,不足以证明此前潜伏储位危机。
[4]《清圣祖实录》卷235四十七年十一月戊子。
[5]《清圣祖实录》卷210四十一年十月壬午、戊戌。

为"颐指气使,并借机充分宣泄其内心的压抑和对康熙帝的不满?"若他果真与太子在预谋大事,为何不稍为隐晦韬光,反而如此张扬?玄烨难道不是"绝不会对皇太子与索额图无所戒备,必定留下耳目,予以监视"吗?玄烨既点出此一"应死处",还有保留其他"就可在此正法"的必要吗?玄烨岂非自信"举国俱系受朕深恩之人",何致一搜索额图之家,即会"被尔连累之人甚多,举国俱不得安?"玄烨后来斥允禩云:"朕恐后日必有行同狗彘之阿哥,仰赖其恩,为之兴兵构难,逼朕逊位,而立允禩者。若果如此,朕唯有含笑而殁已耳。""朕日后临终时,必有将朕身置乾清宫,而尔等执刃争夺之事也。"[1]玄烨此言可出诸口,还有何不可言?其与索额图之关系,有甚于与允禩乎?此既可为《实录》著录,还有何事可讳?再看丁丑日上谕开始所云,允礽"肆恶虐众,暴戾淫乱,难出诸口","允礽同伊属下人等,恣行乖戾,无所不至,令朕赧于启齿"。即知"难出诸口"者,谓允礽凌辱诸王大臣,淫乱之丑行也,其中岂有指其与索密谋为逆事?读者自有成见在心耳。

不仅《实录》未见索额图谋逆的具体罪行,即现存档案亦如此。《满文奏折》四十二年七月十八日《胤祉等奏报索额图被禁后情形折》记允祉等讯问索额图:"臣等对索额图曰:皇上以尔为能干人,凡人无不谄媚于尔者,故执尔也。"索额图若果助允礽夺位,允祉岂能如此发问?又问"虽已羁押,人犹惧尔,何故?"索额图若果以谋逆被拘,谁复畏之?观此两问,所谓索额图助允礽谋大事,真伪立判。而论者乃因先有成见,故对此视而不见,却以罪人索额图之答语"奴才无言以对,皇父即诛奴才,亦不足塞己罪"引为证据,完成索额图谋逆"事实"的"论证"。而在我看来,无论玄烨曾因怀疑处死何人,皆不能说明太子、索额图谋反一事成立,除非举出谋反的实证。不仅索额图,即后来所谓太子党羽齐世武、托和齐等人,亦皆无谋逆的事实。依现有的史料,我认为只能作如下推断:即使退一步说,承认康熙三十五年以后,玄烨父子之间出现某种感情裂痕,玄烨或觉太子"素行遂变",于是"眷爱稍衰,置数

---

[1] 《清圣祖实录》卷261五十三年十一月甲子。

人于法",但其初衷不在否定太子。然而,玄烨非但未能使太子幡然悔悟,反而加深了父子间的疏远和猜疑。问题是玄烨同样犹不觉悟,仍然监控允礽,于是四十二年将太子亲舅索额图逮捕。不论玄烨认定是索额图引诱太子,或太子为索额图操纵,而诛索额图,其目的在于以此警戒太子,迫使其向自己靠拢。玄烨自作聪明,满以为牺牲一旧臣,毁太子之支柱,即可令太子知警且感恩,不料适得其反,终于使父子关系难以收拾。正因玄烨、允礽之间日趋紧张,双方都紧绷神经,关注和提防对方,已成一触即发之势。四十七年在热河期间,玄烨对允礽恶行渐充于耳,亦应是左右对玄烨心态有所觉察,方趁机进言。[1]而允祄的病死,又恰添置一导火索。尽管如此,倘若没有玄烨父子之间的相互猜疑,以导致允礽行为反常,夜窥布城,废储之事亦绝不会发生。我以为,第一次废除太子的真实原因,不过如此。

今人以所谓储权与皇权的矛盾斗争来解释玄烨父子间的问题。若以允礽为储位,他所具有的一切个人权力皆可称之为储权,自无不可。然而论者的意思显然不是如此,而认为储位本身即具备相应的政治权力,说得更明确一点,即储权对皇权的分割。但我以为皇太子并无明确的储权。玄烨西征噶尔丹时,确实曾令允礽在北京代理政务,但这不过是临时性的,并非一种固定的储权。若以临时代理而言,玄烨率皇太子前往热河时,皇三子允祉等人亦曾在北京代理政务,又该如何界定这一权力呢?称"皇三子权"吗?允礽作为储位,自有其巨大影响力,但这是势,而不是权。允礽确曾笼络官员,干预政事,但这是僭越,是失其本分。玄烨废除允礽时说他"恣取国帑,干预政事",后欲释放允礽时,又力为其辩白"亦未干预政事",[2]都说明并无所谓储权存在。否则,玄烨的指责和辩解就毫无意义。

---

[1]《清圣祖实录》卷233四十七年八月辛未,玄烨命侍卫传谕随从诸大臣曰:"近日闻诸阿哥常挞辱诸大臣侍卫。又每寻衅端,加苦毒于诸王贝勒等。""至于尔等,有所闻见,亦应据实上陈。若一切隐讳,后来渐至杀人,亦将隐而不奏乎?尔等隐而不奏,即尔等之罪矣。"可见玄烨已闻之在先。

[2]《清圣祖实录》卷235四十七年十一月戊子。

（三）闹剧般的皇太子再度立废

初废太子的原因既如上述，允礽的重立也就不难理解。玄烨恢复理性之后，稍加思量，当然明了允礽谋逆为索额图复仇一说，缺乏充足证据，自己以此废黜太子似嫌鲁莽。事后玄烨曾坦然对诸皇子、亲王表白："朕览史册，古来太子既废，无得生存者，过后人君莫不追悔。自禁允礽之后，朕日日不能释然于怀。染疾以来，召见一次，胸中疏快一次。"但废黜一事已昭示于天下臣民，祭告于天地宗庙，欲令允礽重立，以何理由示人？势必大费周章。何况，玄烨子嗣众多，与其让允礽重立，何如另立他人名正言顺？是以单从玄烨追悔来解释允礽重立，实不足以尽玄烨之心。允礽之所以重立，我以为还与另外两层因素有关：

其一，允礽被废，意味玄烨自结束太子出阁之后对他的教育培养彻底失败，更意味在教养储君问题上满洲家法与中原传统之争，以前者的失败而告终结。无论从哪一方面说，对于玄烨，这都是无法接受的结果。其实，玄烨在决心废除允礽之际，已经流露出这一点。他回京向满汉群臣说明废黜皇太子的理由时，云："当允礽幼时，朕亲教以诗书，继令张英、熊赐履教以性理诸书，又令老成翰林官随从，朝夕纳诲。彼不可谓不知义理矣。且其骑射、言词、文学，无不及人之处。"随后又谕诸皇子和满洲大臣说："允礽乃皇后所生，朕煦妪爱惜，亲加训谕。告以祖宗典型，守成当若何，用兵当若何；又教之以经史；凡往古成败，人心向背，事事精详指示。"即使在诏告天下时仍说："允礽自立为皇太子，时勤教谕，并简名望大臣为之讲明性理。"[1]可见若非后来狂虐暴戾，允礽仍是玄烨心目中理想的储君，必然成为继他之后的一代令主。虽然此时玄烨以"忽染狂疾"，"鬼魅附身"来解释允礽的为恶，因而不得不废，但这对于玄烨来说，毕竟是极为痛心的。玄烨在允礽身上花费那么多心血，寄予那么大期望，玄烨的痛苦便不难理解。玄烨在与汉族士大夫的较量中，为

---

[1]《清圣祖实录》卷234四十七年九月己丑、庚寅、丁酉。

激励满洲贵族大臣的自信,不仅要自觉使自己成为本民族的精神道德化身,连他的子嗣也必须成为全体满汉臣民的楷模。早在太子畅春园读书时,他就对日讲起居注官说:"尔等皆窃学问之名。若令尔等子弟及部院衙门官员子弟与朕子相较,其学业可知。"[1]他要满洲诸王明白,自己培育的子嗣令他们望尘莫及:"今见承袭诸王贝勒贝子等,日耽宴乐,不事文学,不善骑射,一切不及朕之诸子。"[2]玄烨时时炫耀其教子之方,以其子嗣的成就自豪,得意之情溢于言表。在玄烨看来,惟其如此,他才能在文化精神领域中形成支配权。玄烨为此身负着巨大的精神压力,是可想而知的。而他所付出的代价,也出乎他的意料之外。

二十六年玄烨在畅春园谓达哈塔,满洲部院大臣子弟"不过粗通汉文,何尝有实以文武之艺,教其子为全才者乎?""皇太子亦多阅经史"。[3]不用说,玄烨一开始即以全才期待皇太子。正因期望值如此之高,他才唯"恐皇太子不深通学问,即未能明达治体,是以孳孳在念,面命耳提。自幼时勤加教督,训以礼节,不使一日暇逸,曾未暂离左右,即呵责之事,往往不免"。"皇太子从来惟知读书,嬉戏之事一切不晓。"从他要求太子每篇必读一百二十遍,太子能对答如流来看,督教之严,大约并非虚语。即满汉讲官亦说:"皇上每日勤教太严","皇上谕教皇太子过严"。[4]过严的教育、过高的期望,必然使允礽自幼即承受巨大的精神负担。允礽的培育不仅完全置于玄烨的监护之下,而且被玄烨置于整个满汉文化冲突的背景之下。在某种意义上说,允礽已成为玄烨的一面招牌,[5]这无异又在允礽的意识中不断强调这种冲突。允礽所肩负的精神压力,也就不堪设想。

---

〔1〕 《起居注》二十六年六月初七日。
〔2〕 《清圣祖实录》卷237四十八年三月辛巳。
〔3〕 分见《起居注》二十六年六月初七日、初二日。
〔4〕 分见《起居注》二十六年六月初七日、初十日。
〔5〕 王锺翰师《清世宗夺嫡考实》注云:"参以《圣祖五幸江南全录》及《西陂类稿》,其中所载太子赏赐之频繁,殆与圣祖相埒。可以想见太子体制之隆。"又云:"可见人臣朝帝(玄烨)之前,得觐太子;即陛辞之后,亦得一辞太子。"所举例证在四十一年至四十四年之间。玄烨逮治索额图在四十二年,可见其后太子仪制并未稍杀。

而另一方面,玄烨对允礽的生活又极为惯纵,对其行止不端又尽量容忍。"允礽所用,一切远过于朕",[1]孰令为之? 允礽之所以"迨年长,亲近匪类,熏染恶习",[2]其实是对玄烨苛刻兼纵容的必然反应。允礽对玄烨不满乃至怨恨,岂非玄烨启之? 直到后来第二次废太子,已不可收拾,玄烨才意识自己在教育太子上出了问题,但已追悔莫及。不过他仍拒绝检讨自己,却云:"复立以来,朕尤加意教训,心血耗尽。因伊狂疾终不痊愈,故又行废黜。《孟子》云'父子之间不责善,责善则离,离则不详莫大焉';《大学》云'人莫知其子之恶'。盖父之于子,严不可,宽亦不可,诚为难事。如朕方能处置得宜耳。"[3]可见,他在真正绝望到"眼前无路"之前,是绝不会"想回头"的。第一次废黜之后,他让允礽重出,实际是不甘就此认输。他还要加重太子身上的筹码,再作一搏。

其二,前文已多次提及,九月辛卯玄烨废允礽的告天祭文中所云"不知臣有何辜,生子如允礽者";"如大清历数绵长,延臣寿命;如我国家无福,即殃及臣躬"。这表明玄烨废太子时,因此而联想到大清命运的兴衰。当时情不能自已,居然未加掩饰,这是可以理解的。既然对太子隐忍已经二十年,无论玄烨的感情如何痛苦,无论以何种借口来解释,宣布废黜太子总是一种失败。玄烨公开指责允礽的罪恶,同时也是他对痛苦的一种解脱。在废太子之后,玄烨在回京途中的一番话很值得留意。他说:"今皇太子所行若此,朕实不胜愤懑,至今六日未尝安寝。"足见其仍

---

[1]《清圣祖实录》卷234四十七年九月丁丑。杨珍《清朝皇位继承制度》,第171页,据台湾《宫中档康熙朝奏折》,说玄烨"大幅度消减自己及诸妃嫔的肉食数额,却对皇太子及其宫中人员的肉食数额未减丝毫,从而使皇太子越居其上,与皇太后相并列。"可参《满文奏折》,康熙四十年十月二十六日《内务府奏报宫内各处饭房裁减腌鲜各菜数目折》,第225—249页。

[2]《清圣祖实录》卷235四十七年十月丙午。

[3] 见《清圣祖实录》卷253五十二年二月庚戌。表面看来,玄烨认为自己深得教子之要,宽严皆宜,实则两失。若以玄烨至此仍执迷不悟,似责之太过。玄烨内心何尝没有反思,不然,何须引《孟子》、《大学》。"父子之间不责善"语出《离娄上》。《离娄下》另有"父子责善,贼恩之大者"一语,亦必在玄烨心中。玄烨亦人,父子成仇,岂能无"贼恩"之痛?

评"自古得天下之正莫如我朝"

处在苦痛之中。但我们不应忽视的是,除求得解脱之外,玄烨的内心必然存有一种责任的追究。不管他是否意识到这一点,也不论这种追究是出于自己,还是出自想象中的他者。而他的内心趋向必须要对这种追究进行响应,所以他才会在那个时候似乎莫名其妙地说:"朕承继大统,数十年来,扩从古未入版图之疆域,服从古未经归附之喀尔喀、厄鲁特等。今虽年齿渐增,亦可以纵横天下,非自矜伐也。"又追述太宗围攻北京,能取而不取,"当视天意何如"。这些话的显意,当然是说,祖宗之取天下,乃依天意行事;自己能扩充如此广大的疆域,亦不负天命。这与稍后所说的"历览史册,鲜有如朕在位之久者",以及"仰蒙上天鉴佑,诸逆命者望风剪灭,无水之地感召灵泉,不毛之区遍生丰草"云云,[1]翻来覆去,都是同一个意思。然而从心理上分析,玄烨实际上要说的是,太子之有今日,绝非自己对上天的不敬所致。这显然是对上述内心追究的一种本能的逃避。所以他接着大谈自己以往祈雨时的"幽独之诚","朕不敢稍有虚伪之意,故以此心告之诸臣。自此以后,益当与尔等加意图治耳"。[2]玄烨在此表白对上天之诚,难道不是拒绝承认自己有意纵容太子,太子的狂虐自己并无责任吗?这其实仍属一种心理解脱。

正因玄烨在太子一事上拒绝自我反思,所以自然就趋向于求助一种无可诘究的解释,即稍后所谓的"狂易之疾",或"忽为鬼魅所凭"。玄烨描述过允礽的症状:"近观允礽行事,与人大有不同。昼多沉睡,夜半方食,饮酒数十巨觥不醉。遇阴雨雷电,则畏沮不知所措,居处失常,语言颠倒。""忽起忽坐,言动失常。时见鬼魅,不安寝处,屡迁其居。啖饭七八碗尚不知饱,饮酒二三十觥亦不见醉。匪特此也,细加讯问,更有种种骇异之事。"[3]我们无法检验玄烨的描述有多少真实成分,但这些描述确属心理精神疾病症状。如暴饮暴食,沉睡或失眠,属抑郁症状。至于言动失常,心悸不安,时见鬼魅等等,可能属于更严重的精神

---

〔1〕 《清圣祖实录》卷234四十七年九月庚寅、辛卯。

〔2〕 《清圣祖实录》卷234四十七年九月壬午。

〔3〕 《清圣祖实录》卷234四十七年九月甲申、已丑。

病症。从允礽长期所处的关系及其身上所承受的压力来考虑,身负过高的期望,一直受到密切的监视,极其希望早日即位,却又时时担心失宠,所有这些都是心理精神疾病的根源。如果玄烨的描述属实,则可以推断,允礽很可能属于一种持久心因性精神障碍。这种疾病不损害智力,不仔细观察,很难发现异常处,但又确实伴随有种种思维和行为方式的异常,即所谓精神症状。[1]

心因性精神障碍又称应激型心理精神疾病,其前提是必须有一个应激源。允礽的应激源不是别的,正是玄烨本人,而这又恰是玄烨所不能理解的。以清初的医学水平,自然无法达到现代医学的这种认识。将狂易之疾解释为鬼魅所凭,"皆有鬼物使然",不但是当时的迷信,更符合玄烨急于推卸的心理。这样一来,允礽的疾病就归诸不可释的天,玄烨才会说"不知臣有何辜,生子如允礽";"如大清历数绵长","如我国家无福"等等。但玄烨当初这样说只是一种心理驱遣,也许并未虑及到,他在为自己解脱的同时,却无意中作了一种宣扬:允礽为鬼魅所凭,会令人直接联想到上天不佑大清。所以,当玄烨恢复理智之后,他不可能意识不到这一点,于是便急于弥补。十月间出现的所谓允禔厌咒允礽一案,即是出于这种弥补需要。[2]次年初,允礽"病愈",玄烨即云:"是皆仰赖天地祖宗,眷朕眇躬,历年勤瘁,以克有此。著即查典礼具奏。"[3]三月,玄烨为允礽"病愈"重立诏告天下说:"此诚仰赖上天垂庥,列祖笃祜,以默相我国家于

---

[1] 张培琰、吉中孚编著《精神病诊断治疗学》第五章第五节中《持久性心因性反应》:"1.本症是由于应激长期存在或长时间处于困难环境中而导致发病。2.精神障碍至少持续三个月,有的可达数年。3.本症主要表现为两种类型:A.反应性偏执(妄想)状态,又名心因性妄想症。B.反应性抑郁,以情绪低落、心境恶劣和兴趣丧失等抑郁症状为主要临床特征,但抑郁具有反应性特点。"(美国精神疾病分类CCMD-2-R中的41.80反应性精神病与此相当。)中国药物科技出版社1988年版。
[2] 《清圣祖实录》卷235四十七年十月壬申,谕领侍卫内大臣:"九月初四日谕旨内(即废允礽上谕),亦曾决绝言之(指不会立允禔)。今一查问其行事,厌咒亲弟(谓允礽)及杀人之事,尽皆显露;所遣杀人之人,俱已自缢。"至为可疑。至十一月庚辰(初八),玄烨开始宣布允礽病情好转,谕曰:"十月十七日查出魔魅废皇太子之物。"
[3] 《清圣祖实录》卷236四十八年正月甲午。

有永者也！"[1]更是玄烨明显的弥缝之说,他要昭示天下,天命仍在大清,仍在皇太子允礽。

在此有必要提及玄烨对朱三太子一案的处置,这关系到我们对允礽重立的理解。四十七年四月,明崇祯第四子朱慈焕在山东被捕,此时年已七十有六。清廷因一念和尚起事以"朱三太子"为名号,故于各地清查隐匿户口,慈焕由是落网。但其本人隐姓埋名数十年,漂泊乞食,以苟延余生,与浙江大岚山及江南一念和尚之事毫不相干。清廷地方官员及玄烨特使审实奏报皆作如是说,玄烨知之甚悉。孟森先生《明烈皇殉国后纪》一文考证甚详,凿凿有据。六月,九卿两次议覆,论朱慈焕全家"俱拟立斩",玄烨命押解至京正法。然而处死朱三一家,实在十月丁未,[2]也就是说,在玄烨一废太子之后。六月间九卿议覆处死,实秉承朝廷意志,以杜绝"朱三太子"为号召的反清。而玄烨虽然准奏,但又何以迟迟未加施行？[3]此一疑问,以往史家似未曾措意。或以从山东解送至京尚需时日,但清廷若急于加害,则不应至迟至十月。我以为这仍需从玄烨表面一贯尊明来解释。

三十八年玄烨南巡,亲祭明太祖陵时曾题"治隆唐宋"碑文,推崇无以复加。并谕："朕今日往明太祖陵寝致奠,见其圮毁已甚,皆由专司无人。朕意欲访察明代后裔,授以职衔,俾其世守祀事。古者夏、殷之后,

---

[1]《清圣祖实录》卷237四十八年三月壬午。

[2]《清圣祖实录》卷233四十七年六月丁巳,九卿议覆侍郎穆丹等所审浙江贼犯朱三即王士元等二十九人俱拟凌迟处死,朱壆等三十三人俱拟立斩。玄烨以拟正法之人太多,命再议。乙丑,九卿再议。得旨："著将朱三即王士元、伊子朱燅、朱壆、朱壬、朱在、朱坤,伊孙朱钰宝等带至京城,问明正法。"并参当日谕特使穆丹。卷235四十七年十月丁未："先是,奉差查审大岚山贼吏部侍郎穆丹,押解贼犯朱三即王士元等父子六人至京,下九卿詹事科道会审。至是,九卿等覆奏：'朱三供伊系崇祯第四子。查崇祯第四子已于崇祯十七年前身故。又遵旨传唤明代老年太监,俱不认识。朱三明系假冒。朱三父子应凌迟处死。'得旨：'朱三即王士元,著凌迟处死。伊子朱燅、朱壆、朱壬、朱在、朱坤,俱著立斩。'"玄烨以真作假,断绝明裔,实效多尔衮故技。借孟森的话："此真不可思议之狱词。"见《明烈皇殉国后纪》,载《明清史论著集刊》上册。

[3]《清圣祖实录》卷236四十八年正月丁酉,"刑部题：散给伪扎之朱永祚,附从一念和尚,擅称大明天德年号,妄题诗句,摇惑人心,应立斩。得旨：著凌迟处死。"可见一念案中要犯,亦非当即处死。

周封之于杞、宋。明之后世,应酌授一官,俾司陵寝。"半年之后,大学士等奏:"明亡已久,子孙湮没无闻,今虽查访,亦难得实。"[1]就在废太子前一年,即四十六年南巡,玄烨还不顾大臣劝阻,坚持亲祭明孝陵,定要表示"自古加厚前朝,未见如此者"。[2]天下臣民,言犹在耳。而仅隔一年,崇祯亲子现身,玄烨理应实践前诺,授以官职,俾守祖陵。倘若能还崇祯之子一个清白,或许更有利清廷弭乱于未萌。[3]这确实不失为清廷的一种选择。从玄烨六月对九卿的批旨,直到九月仍未处死,前后迁延四个月,玄烨是否有此考虑,我们不得其详。然废黜允礽一事处理方毕,即令诛灭朱慈焕全家,则玄烨之心昭然若揭。允礽狂易,鬼物附身,玄烨既然将此联系到天不祚清;而明亡七十五年之后,"朱三太子"却屡扑屡起,虽历经屠灭,崇祯之子居然犹存,玄烨岂能不怀疑天不绝明?唯将朱慈焕一家连根诛灭,或许才能挽回天意。为了大清国祚久远,玄烨也就不惜冒天下之大不韪,势所必行。他在明太祖陵前三跪九叩时说的话,自然也被抛到九霄云外。然而后来他偏偏对其子说:"我朝得天下之正,待前朝之厚,可谓超出往古矣。"康熙五十年,群臣以天下举子百姓之名庆贺玄烨生日,竟然也说他"优礼胜国之君,用尽执谦之节,此又前史所未见也"。[4]康熙后期朝廷风气由此可见。玄烨行事还须有何顾忌,还须顾及什么名声?崇祯之子能久经劫难而长存,本朝太子岂能就此了结?仅出于此,玄烨也必须令允礽重出。至于其他皇子觊觎太子宝座,充其量只是加速允礽的重出,[5]而无法解释玄烨何以不另立他人,非起复允礽不可。

---

[1]《清圣祖实录》卷193三十八年四月壬子,卷195三十八年九月癸亥。
[2]《清圣祖实录》卷229四十六年三月辛酉。
[3] 郭松义、杨珍《康熙帝本传》,第212页,玄烨"自食其言。那是为什么?道理很简单,朱三的名气太大了。他存在一天,有人就要仰望他,对清朝就多一天威胁。这当然是玄烨所无法容忍的"。这一判断虽然中肯,却也令人稍觉意犹未尽。
[4]《清圣祖实录》卷245五十年三月庚寅。
[5]《清圣祖实录》卷236四十八年正月甲午,谕满汉诸臣:"且果立允禔,允禔必将大肆其志而不知作何行事矣。朕悉睹其情形,故命亟释皇太子。"

但欲使允礽复位,玄烨必须解决两个问题:其一,杜绝其他皇子取代允礽皇太子地位的企图;其二,制服诸王群臣的异念,绝对服从玄烨的安排。仅在诏告天下废黜允礽几天之后,从九月下旬起,玄烨便连连警告诸皇子:"当废允礽之时,朕已有旨:诸阿哥中如有钻营谋为皇太子者,即国之贼,法断不容。"指责允禔、允禩尤为严厉,以其蓄谋杀害允礽。[1]而且玄烨一经认定,便不由他人分说,似欲造成一种印象,即允礽若不重立,则有遭人谋害的危险。据此推断,玄烨于九月下旬,已有重新让允礽复出的考虑。次月初一,他继续渲染允禩结党的危害:"观伊等以强凌弱,将来兄弟内或互相争斗,未可定也。"同时又说:"今立皇太子之事,朕心已有成算。但不告知诸大臣,亦不令众人知。到彼时,尔等只遵朕旨而行。"[2]玄烨对储位一事似已有成竹在胸。然次日颁布一道手谕,却又浇人一头雾水。其云:

> 朕无日不向皇太子允礽言治理天下,爱育黎庶,维系人心之事。又尝慕宋孝宗之孝养高宗,语允礽曰:"将以政事付汝,朕当择居水土佳处,时闻汝之令名,以优游养性。"迨后见其所行不善,难托重器,遂绝此望。(中略)今允礽过端,业已如此。宗庙社稷,天下黎元,皆系朕躬,朕岂可不自爱耶?顷者告天之文,极为明晰,无俟复言。即使朕躬如有不讳,朕宁敢不慎重祖宗弘业,置诸盘石之安乎?迨至彼时,众自知有所倚赖也。此意极深,即朕亦不自喻,岂可遍喻众人乎?[3]

若仅据此谕,则似玄烨毫无重立允礽之意。这与上面分析的思路迥然相反;数日前还说"朕心已有成算",而今又变作"朕亦不自喻"。对此将作何解释?值得注意的是,这是玄烨首次谈到曾有内禅之意,惟允礽所行令

---

[1] 参《清圣祖实录》卷234四十七年九月戊戌、辛丑、壬寅上谕。
[2] 《清圣祖实录》卷236四十七年十月癸卯。
[3] 《清圣祖实录》卷235四十七年十月甲辰。

他失望,才不再作此想。宋高宗禅让时五十七岁,孝宗三十六岁。此时玄烨年尚不满五十五,允礽年仅三十四,即使至此方行内禅,亦嫌过早,何得云之前即有此想? 若云此想萌生于察觉太子所行不善之前,即最晚不过四十一年,则太子还未至而立之年,玄烨当更不得有此想。退一步说,即使我们承认,玄烨在对允礽抱有期望时曾经想过将来效宋高宗禅位,允礽渐露恶行使玄烨此意烟消云散。那么,在允礽被废之际,压根就谈不上禅让的问题。但玄烨此时又偏偏要透露这一点,就绝不是仅仅表示惋惜。表达此意之后,他紧接着便是坚守誓言,不复立允礽。显然,玄烨欲行禅位之说,是风示诸皇子,他此后仍有行禅让的可能。最后,他又卖一关子,示意他自己尚未确知禅让何人。"此意极深,朕亦不自喻"云者,欲令诸皇子细细猜度也。

玄烨为何要如此费尽心机来故弄玄虚,答案只能是,他欲以此杜绝诸皇子急于取代允礽做皇太子的企图。他之所以在上月下旬连下谕旨严斥允禔、允禩等人,也是出于这一目的。但出乎玄烨意料的是,他的这些警告不仅未能奏效,反而激起众多皇子的不平。玄烨未曾想到允禩居然威望如此之高,允禔不仅甘为之用,竟提出立即处死允礽。[1] 即允禟、允䄉也诚心拥戴,甚至不惜冒死保奏允禩。[2] 这无疑表明,在允礽废黜之后,不少皇子以为取而代之的非允禩莫属。这是玄烨绝对无法接受的,反而更刺激他重立允礽的决心。但欲使允礽重立,必先彻底制服允禔、允禩。而玄烨的难处在于,他一时拿不到他们的把柄。此时他所能做的,只能是平息诸皇子的激愤,并从思想上瓦解允禩的影响。他抛出禅让之说

---

[1]《清圣祖实录》卷234四十七年九月戊戌,上谕诸皇子曰:"拘禁允礽时,允禔奏:'允礽所行卑污,大失人心。相面人张明德曾相允禩后必大贵。今欲诛允礽,不必出自皇父之手。'言至此,朕为之惊异。"

[2]《清圣祖实录》卷234四十七年九月壬寅,玄烨召诸皇子入乾清宫,指责:"允禩柔奸性成,妄蓄大志,朕素所深知。其党羽早相要结,谋害允礽。今其事皆已败露,著将允禩锁拿,交与议政处审理。皇九子允禟、皇十四子允䄉云:'尔我此时不言何待!'允䄉奏云:'八阿哥无此心,臣等愿保之。'上震怒,出所佩刀欲诛允禟。皇五子允祺跪抱劝止,诸皇子叩首恳求。上怒少解,命诸皇子挞允䄉,将允禟、允䄉逐出。"

评"自古得天下之正莫如我朝"

的烟幕,又特说不是允礽,意在造成一种皇位乃人人欲得且可能得的心理,诸皇子自然不必急于拥戴允禩一人。我以为,此即玄烨这篇谕旨的意图所在。

两天之后,玄烨即宣布了前引指责允禩"处处沽名,欺诳众人,希冀为皇太子",与苏努结党,又"受制于其妻"的谕旨。但此时玄烨还得承认,允礽的过恶是因听信小人之言所致。[1]于是加紧调查"魇咒"允礽的证据。果然,十月底,玄烨便拘禁允禔,宣布"今一查问其行事,厌咒亲弟及杀人之事,尽皆显露。所遣杀人之人,俱已自缢"。[2]玄烨一旦证据在手,随即就开始考虑允礽重立的一幕。次月初八,谕领侍卫内大臣:

近有为废太子条陈保奏者。朕前因灼见允礽行事颠倒,似为鬼物所凭,筹度周详,始行拘禁,并非听信人言而为此也。今允礽之疾渐已清爽,亦自知其罪,谓"理当拘执"。其随从之人亦以为允当。朕以父子之情,不能恝置,召见两次,询问前事。允礽竟有全然不知者,深自愧悔;又言:"我幸心内略明,犹惧父皇闻知治罪,未至用刀刺人。如或不然,必有杀人之事矣。"观彼虽稍清楚,其语仍略带疯狂。朕竭力调治,果蒙天佑,狂疾顿除,不违朕命,不报旧仇,尽去其奢费、虐众种种悖谬之事,改而为善,朕自另有裁夺。如狂疾不痊,仍蹈前恶,天亦不容也。(中略)且一切暗中构煽悖乱行事,俱系索额图父子。顷废皇太子亦奏言:"其向时悖乱,皆自伊等为之。"(中略)凡事皆在朕裁夺,其附废皇太子之人不必喜,其不附废皇太子之人不必忧,朕自有定见。

十月十七日,查出厌魅废皇太子之物。服侍废皇太子之人奏称:是日,废皇太子忽似疯癫,备作异状,几至自尽。诸宦侍抱持环守,过此

---

[1]《清圣祖实录》卷235四十七年十月丙午。谕诸皇子等:"允礽自幼朕亲为教养,冀其向善。迨年长,亲近匪类,熏染恶习,每日唯听信小人之言,因而行止悖乱至极。"

[2]《清圣祖实录》卷235四十七年十月壬申。

片刻,遂复明白。废皇太子亦自惊异,问诸宫侍:"我顷者作何举动?"朕从前将其诸恶皆信为实,以今观之,实被厌魅而然,无疑也。[1]

这段史料不甚为人注意,却能说明许多问题:首先,"近有为废皇太子条陈保奏者",似为玄烨所恶。他表面说:"小人不知,妄意朕召见废皇太子,似非无故,欲致殷勤于废皇太子而条陈保奏者,甚非也。"但此所谓"小人",已非仅宦侍,而且包括汉人左副都御史劳之辨。[2]可见玄烨两次召见允礽,影响已及于宫内宫外。他召见允礽,除安抚之外,自然还有视察其病情的意思。[3]其谓"附太子者不必自喜,不附太子者不必自忧,朕自有定见"一语,显然是察觉到已有朝臣在窥探动向,允礽左右已欣欣然,实际折射出自己对允礽的态度,故玄烨连用"不必",欲其稍安毋躁,静候自己安排。

其次,"十月十七日查出厌魅废皇太子之物",则暴露玄烨至少从中旬开始,已在积极搜寻谋害允礽的证据。此与上月三十日壬申上谕中"今一查问,其(允禔)行事厌咒亲弟及杀人之事,尽皆显露",两相照应。均表明九月底玄烨察觉出诸皇子拥戴允禩之后的动向,与上文的推断完全吻合。

最后,我们尤应注意允礽的姿态。他的狂疾"渐已清爽,亦自知其罪,谓理当拘执"。"询问前事,竟有全然不知者",又说"我幸心内略明,犹惧父皇闻知治罪",都在表现自己确被厌咒。如果说,这些描述尚与心因性精神病的自知力暂时丧失相符,那么,一待十七日查出厌魅之物,允礽便立即"忽似疯癫,备作异状,几至自尽"等等,则未免表演得太过火了。

---

[1] 《清圣祖实录》卷235四十七年十一月庚辰。
[2] 参见《清圣祖实录》卷235四十七年十一月辛巳,《碑传集》卷20杨瑄《劳公之辨墓志铭》。
[3] 《清圣祖实录》卷235四十七年十月乙丑,谕领侍卫内大臣大学士等曰:"自有废皇太子一事,朕无日不流涕。顷幸南苑,忆昔皇太子及诸阿哥随行之时,不禁伤怀。因是今日回宫,已召见八阿哥,并将召见废皇太子一见。"顷之,内侍传谕曰:"朕适召见废皇太子,亦既见之矣。自此以后,不复再提往事。废皇太子现在安养咸安宫中,朕念之,复可召见,胸中亦不更有郁结矣。"不念往事,不再郁结,最能见玄烨心意。

明眼人一看便知,这只有两种可能,或者是服侍允礽之人的编造;或者是当天搜查时有人通风报信,让他故作病状。总之,玄烨父子配合得恰到好处。于是玄烨宣称:"朕从前将其诸恶皆信为实,以今观之,实被厌魅而然,无疑也。"不论玄烨此语是否出自真心,他的目的已完全达到。允礽一旦被洗清,索额图父子自必彻底成为替罪羊,还有什么可以阻挠允礽的重出呢?

允礽被废之前,一直为玄烨所容忍,少有顾忌,为所欲为。一旦玄烨震怒,将其废黜监禁,这对允礽实为沉重一击,必使他重新认识到玄烨的威严。既懂得自己的废立仍操于其父之手,现为阶下囚的允礽不可能不担心自己的命运,谨慎观察玄烨的举动及倾向。玄烨对诸皇子的态度,允礽也必了如指掌。玄烨展开对厌魅巫蛊的搜寻,已明白无误地显示出自己的转机。但玄烨证据尚未到手,允礽便仍须表现出身受厌魅之害,使玄烨"观彼虽稍清楚,其语仍略带疯狂"。允礽很聪明,火候也拿捏得恰到好处,以免玄烨生疑。而一待十七日查出厌魅之物,允礽岂能错失良机!玄烨将从前所谓的谋逆归咎于索额图父子,允礽也就顺水推舟,父子间配合得极为默契。完成这一幕之后,允禔、允禩辈即无抵御的可能。玄烨欲使允礽重立的意图已是呼之欲出。但允礽仍在监禁之中,玄烨还不能急于求成。

如何令诸王群臣接受允礽重出,玄烨还得颇费一番周折。他虽然已陆续放出风声,"迨至彼时,众自知有所倚赖","朕自有定见",但当初废黜允礽时,三番五次,指天划地,说绝不将大业托付此人,今欲出尔反尔,重立允礽,毕竟难以启齿。群臣若能领会他的意图,代他提出,一切也就顺理成章了。十一月中,玄烨召满汉文武大臣齐集畅春园,面谕曰:

> 朕躬近来虽照常安适,但渐觉虚弱。人生难料,付托无人,倘有不虞,朕此基业非朕所建立,关系甚大。因蹰躇无代朕听理之人,遂至心气不宁,精神恍惚。国家鸿业,皆祖宗所贻。朕亦曾言,务令安于盘石。皇太子所关甚大,(除允禔外,令群臣众议)于诸阿哥中举

奏一人。众议谁属,朕即从之。[1]

满汉群臣以"此事关系甚大,非人臣所当言,我等如何可以推举?"但玄烨仍下面谕,"务令举出,无得渎奏"。玄烨特地不让马齐与会,自以为公推必是允礽。不料满汉大臣仍公推皇八子允禩。玄烨期望的一幕并未出现,不得不食其言,推翻众议,并将公推允禩归于结党。真正令玄烨震惊的是,允禩自上月初已革去贝勒,[2]玄烨自度群臣万无推举允禩之理,是以他在公推之前的面谕中,才未特地将不许立允禩点出。但事已至此,玄烨只得传谕指斥允禩"未尝更事,近又罹罪,且其母家亦甚微贱。尔等其再思之"。群臣遂不敢再议。于是玄烨又传谕:"俟众论佥同,召入尔等,觌面一言,即可决也。"玄烨唯恐群臣不能领会其意,特诱导李光地道出他曾保奏过允礽。最后玄烨传谕:"尔等且退,可再熟思之。明日早来,面有谕旨。"此段史实人所悉知,然非将此上谕一一赘引,不足以曲尽玄烨之心。

次日玄烨的释梦,尤见精彩:

> 太皇太后在日,爱朕殊深。升遐以后,朕常形梦寐,奇异甚多。乌兰布通出兵之前,梦太皇太后止朕曰:"尔慎毋出兵,出恐无益。"后朕强行,果至半途抱疾而还。中路出兵之时,亦梦太皇太后谓朕曰:"尔此番出兵,克奏大勋,但非尔亲获其俘耳。"朕彼时不能深解,后出兵,闻噶尔丹遁去,朕自拖诺山发兵往追,噶尔丹遂西奔,遇伯费扬古,大败之,多所俘获。始知梦兆符合如此。

> 近日有皇太子事,梦中见太皇太后颜色殊不乐,但隔远默坐,与平时不同。皇后(按,允礽生母)亦以皇太子被冤见梦。且执皇太子之日,天色忽昏。朕于是转念,是日即移御馔赐之。进京前一日,大风旋绕驾前,朕详思其故,皇太子前因厌魅,以至本性汨没耳。因

---

[1]《清圣祖实录》卷235四十七年十一月丙戌。
[2]《清圣祖实录》卷235四十七年十月甲辰。

评"自古得天下之正莫如我朝"　　139

召置左右,加意调治,今已痊矣。朕初谓厌魅之事,虽见之于书,亦未可全信。今始知其竟可以转移人之心志也。[1]

这一段文字完全是玄烨的主观诉说。幸而上文对玄烨两次出征噶尔丹时心理已有所分析,否则,我们还真难免为玄烨的情绪所迷惑。玄烨临战露怯,纯属其心理脆弱所致。且第二次出征,玄烨纵走噶尔丹之后,怅然若失。若事先果有太皇太后托梦,玄烨就应效仿乃祖皇太极围攻松山不利时借托梦自解。[2]玄烨若在那时道出,岂非群疑顿消?所以,我们可以断言玄烨是在编造故事。[3]皇太子被废,果真有太皇太后、皇后入梦示以忧戚,以及废黜之日、进京前一日的不祥之兆,以玄烨信念的"虔诚",而不顾天意警示、祖先托付,仍一意孤行,简直令人难以置信。若果如此,祭告天地祖宗时,他将如何面对太皇太后、皇后的亡灵?玄烨说来说去,无非是要人相信,允礽以前作恶,是由于其心志被厌魅转移。

还须注意,玄烨的这一番释梦是对达尔汉亲王、额驸班第以及满洲大臣说的。在玄烨看来,对这些满、蒙亲贵而言,天意神示是最不可违背的权威。即令亲贵大臣们再憨愚,也不至看不清玄烨的意图,于是"无不同心","伏祈皇上即赐乾断"。玄烨遂将早已准备的"御笔朱书"宣示群臣:"朕每念前事(谓拘执皇太子一事),不释于心,一一细加体察,有相符合者,有全无风影者。况所感心疾,已有渐愈之象,不但诸臣惜之,朕亦惜之。今得渐愈,朕之福也,亦诸臣之福也。""允礽断不报

---

[1]《清圣祖实录》卷235四十七年十一月丁亥。
[2]《清太宗实录》卷45崇德四年三月丁丑,皇太极召内三院大学士入行幄,谕曰:"昨者梦皇考太祖圣颜不怡,向遇此等梦境,攻取城邑,皆不能得。今虽攻松山城,亦必难取。汝等试验之。"中华书局1985年影印本。
[3] 杨珍《清朝皇位继承制度》,第175页:"这表明在康熙帝的潜意识中,认为废黜太子之举,对不起于己恩重如山,同时也对允礽极为疼爱的祖母,负疚于同自己感情至深,因诞育允礽而故去的皇后。"虽然梦确实能反映潜意识,但玄烨的上谕反映的是否为潜意识,则是另一问题。除非他的述说是真的。

复仇怨,朕可以力保之也。"次日,召允礽及满蒙亲贵、满洲侍卫、八旗大臣入宫,谕曰:"今观废皇太子虽曾有暴怒捶挞伤人事,并未致人于死,亦未干预国政。若人果被杀,岂有无姓名见证?凡此等事,皆由允禔厌魅所致。""今朕体违和,每念皇太子被废之事,甚为痛惜。因奏之皇太后,奉皇太后懿旨云'余意亦惜之。'朕闻之,心始稍慰。""自禁允礽之后,朕日日不能释然于怀。染疾以来,召见一次,胸中疏快一次。"当即将允礽释放。第二天,满蒙亲贵率满汉文武诸臣疏奏请求复立允礽,被玄烨留中不发。玄烨既达目的,也就不必急于行事。[1]至此,玄烨的意图,行事的步骤安排已暴露无遗,乃至连汉官都看得清清楚楚。玄烨早已在酝酿允礽重立,只是在推向前台时,他故作姿态,命众人公推,"众议谁属,朕即从之"。不料公推的是允禩,令他难堪,如是才不得不将自己的意图和盘托出,并以释放允礽向群臣表明自己的决心。允礽释放后,玄烨云:"所以拘执皇太子者,因其获戾于朕耳,并非欲立允禩为皇太子而拘执之也。皇太子获罪之处,虚诬者甚多。"[2]其时玄烨成竹在胸,心情甚佳,已难以掩饰,[3]再看允礽重立后玄烨的欣喜之情,问题已是如此明显,难道还能掩饰吗?至于一直等到次年三月才正式重新册立,不过欲显示慎重其事。帝王小智,无足多述。但玄烨后来却说:"朕前患病,诸大臣保奏八阿哥,朕甚无奈,将不可册立之允礽放出。"[4]这完全是颠倒黑白,一派谎言。玄烨不但有严重的心理障碍,而

---

[1]《清圣祖实录》卷235四十七年十一月丁亥、戊子、己丑。
[2]《清圣祖实录》卷236四十八年正月甲午。
[3]《汉文奏折》第二册,第303页,直隶巡抚赵弘燮于四十八年正月十五日具折请安,抄录初二日请安折中朱批"朕体大好了。精(神)日日倍加",玄烨特以朱笔指出,"原落'神'字,补上"。不言自明,唯情绪极佳,方有如此闲心。又批:"朕已大安了。"再如《满文奏折》四十八年正月十七日《川陕总督齐世武等奏为盼望圣躬康复折》中朱批:"自十二月二十四日始渐好,遂于正月初一日,即令照常行礼。今已大安了。目下披甲骑马而行。此皆仰赖天佛眷佑所致也。""将此谕旨,著速抄送,令彼高兴,亦抄送四川巡抚、提督。"第609页。
[4]《清圣祖实录》卷261五十三年十一月甲子。孟昭信先生据此说:"鉴于朝中保奏允禩的势力大、呼声高,康熙考虑唯有用嫡长子抵制一途可行。"见前引《康熙帝》,第456页。

且毫无诚意,如果将其每一篇上谕都信以为真,我们的历史研究岂能不坠入迷宫,又如何能寻找到正确的思路?

从允礽废黜拘禁到释放,前后仅两个月,到正式重新册立,也不过半年。经历这场风波之后,允礽又以"上天垂庥,列祖笃祜,以默相我国家于有永"的象征,再次登上皇太子的宝座。[1]废黜允礽,虽突如其来,但其伏因,却是玄烨父子之间由来已久的相互猜疑。这种猜疑的存在,自然不免有人借机推波助澜,然而史料中却并无过硬的证据,说明这种猜疑必将导致父子相残,密谋夺位的地步。本文以上的引证和分析虽远不完备,似也足以说明:在允礽的废黜和复立的过程中,玄烨、允礽父子,尤其是玄烨的精神心理因素,始终起着主导作用。玄烨和允礽双方都在储位问题上背负着过于沉重的心理负担,长期的精神压力令玄烨夸大了双方关系危机的程度,这才是允礽被废的真正原因。至于所谓满汉文化冲突,并没有在太子的废立的过程中体现出来。其间既没有什么皇权与储权的斗争,也未见什么满汉异质文明的冲突。

我仅以为,满汉关系问题确实使玄烨一直处于一种焦灼的张力之中,但这只是潜在地加强了玄烨的心理矛盾和负担,并非废黜允礽的真实原因。自二十六年结束出阁读书以来,作为皇太子的允礽,除形式上的会讲,接受朝臣的觐见和陛辞之外,就与朝臣相隔绝,实际是被包围在满洲仆从之中。在玄烨满洲家法的观念中,所谓太子乃国家根本、天下之本,其实不过是玄烨一家之本,并无所谓皇权与储权的问题。这当然是玄烨竭力避免汉化的抉择。如果说储位问题上有满汉文化的冲突和影响,仅体现于此。至于在太子废立的过程中,却并不是重新确定太子地位上的满汉体制的选择,也谈不上什么满汉文化的冲突。[2]倒是允礽废黜之后,

---

[1] 《清圣祖实录》卷237四十八年三月壬午。
[2] 嫡长子继位确实是汉族宗法制的产物,却不是汉族皇位继承的唯一准则。在不能以嫡长子继位时,自有变通之法。事实上,中国历代以嫡长子继承皇位的比例极小,详参王超《中国历代官制与文化》,第59—60页所引台湾《清华学报》新第十三期浦薛凤《348位皇帝——历代皇位继承之统计分析研究》,上海人民出版社1989年版。

玄烨迅速恢复理智，才重新意识到皇太子的成败关系大清的命运，是他在满汉较量中不能输掉的一张牌。玄烨在这一思想指导下，允礽的重立也

（接上页）若以立嫡长子与否为判断清朝是否行汉制，那么首先行汉制的便是清太祖努尔哈齐。清朝的开国史也将成为先行汉制，之后才有满洲家法的八王共治制。清世祖福临未立太子，但谁也不否认他的汉化。玄烨本人并非以嫡长子即位，其母更谈不上贵。玄烨坚持允礽重立，岂因重视允礽的嫡长子身份？公推允禩何以见得就是恢复满制？参与公推的汉大臣不少，难道他们也是抛弃汉制而追随满洲家法？

弘历《钦定古今储贰金鉴》卷首载乾隆四十八年九月三十日上谕："即理密亲王（允礽）幸而无过，竟承大统，亦不过享国二年（允礽卒于雍正二年）。其长子弘晳纵欲败度，不克幹蛊，年亦不永。使相继嗣立，不数年间，连遭变故，岂我大清宗社臣民之福乎？是以皇祖有鉴于兹，自理密亲王既废，不复建储。"按：此说不通之甚，玄烨岂能料允礽之寿不永、弘晳之夭折，而弘历得享寿考乎？乾隆又云："朕登极之初，恪遵家法，以皇次子（永琏）乃孝贤皇后所生嫡子，为人端重醇良，依皇考之例，曾书其名藏于乾清宫正大光明匾额后，乃禀命不融，未几薨逝。是未尝不立嫡也，但不以明告众耳。嗣后皇七子（永琮）深惬朕心，惜不久亦即悼殇。其时朕视皇五子（永琪）于诸子中觉贵重，颇属意于彼，而未明言，乃复因病旋逝。设依书生之见，规仿古制，继建元良，则朕三十余年之内，国储凡三易，尚复成何事体？总之，建储一事，即如井田、封建之必不可行。朕虽未有明诏立储，而于天祖之前，既先为斋心默告，实与立储无异，但不似往代覆辙之务虚名而受实祸耳。"又载四十九年十二月初六日上谕："是朕非不立储，特不肯效立储之虚名。即亿万年后，朕之子孙有泥古制而慕虚名，复为建立之事者，亦所不禁"云云，文渊阁《四库全书》，台湾商务印书馆1982年影印本。按：永琪非嫡出，仅关涉公开立储，此不置论。按《清史稿》卷221《高宗诸子传》，永琏"乾隆三年十月殇，年九岁。谕曰：'是虽未册立，已命为皇太子矣。'旋册赠皇太子，谥端慧"。永琮"与端慧太子同为嫡子，端慧太子薨，高宗属意焉。乾隆十二年十二月以痘殇，方二岁。上谕谓：'先朝未有以元后正嫡绍承大统者，朕乃欲行先人所未行之事，邀先人不能获之福，此乃朕过耶？'"是知弘历之论理密亲王、其子弘晳事以及自己即位初年相继立永琏、永琮皆遭夭折，实鉴于多次立嫡而遭致不祥，堕于迷信，故深为恐惧，因此而放弃公开立嫡。若依满汉文化制度冲突作解，则结论显然应为：弘历即位初年一而再、再而三地实行汉制，最终不得已，方行祖宗之法？是岂符合弘历本意！

杨启樵先生引庄吉发"太祖于建元天命前，已令长子褚英执掌国，建立元储"，引冈田英弘"代善曾为太子"，又据《实录》卷253五十二年二月庚戌上谕："太祖皇帝并未预立皇太子"，因而"未知孰是"。见氏著《雍正帝及其密折制度研究》，第4页注8，上海古籍出版社2003年版。褚英、代善皆曾为执政，载在《老档》，应无可疑。至于玄烨上谕，显系自解之辞。杨先生似过于矜慎。

评"自古得天下之正莫如我朝" 　　　　　　　　　　　　　　　　　　　　143

就势在必行。但玄烨未能想到他的一意孤行最终令他付出了巨大代价。与其意愿相反,允礽一旦重立,玄烨也由此丧失了在储位问题上的主动权。下面我们就来分析这一点。

四、玄烨晚年的窘境及《面谕》的思想来源

(一)孤独与惶惑中的玄烨

四十七年十一月丙戌日公推皇太子,显然是玄烨对群臣的一次蔑视和羞辱,玄烨与群臣隔膜已久的关系势必进一步疏离。如果玄烨能清醒地看到这一问题,就应有及时的补救之方。可惜玄烨沉迷不返,却对公推允禩一事仍耿耿于怀。

允礽废黜之前,玄烨对允禩甚为看重,即因其颇有才干名声,亦能得诸多皇子拥戴。然允礽刚刚废黜不久,玄烨正开始后悔,允禩即被揭发出所谓看相人云其将大贵,由是触及玄烨心中所忌。在玄烨的心目中,即使允禩再有才能,亦只配为允礽的辅佐,而绝不能取而代之。[1]而多年来唯玄烨马首是瞻的满汉廷议,此次公推竟与玄烨截然异趣,推举允禩。在玄烨看来,这意味自己多年来以满洲家法谕教太子被否定,不啻是对自己权威的挑战。从心理角度而言,这又是一次巨大应激,他绝不能接受。本来群臣已改弦易辙,一切均由玄烨做主,但玄烨仍心有不甘,次年初开始重新追究此事。当初公推允禩,《实录》记载为"阿灵阿、鄂伦岱、揆叙、王鸿绪遂私相计议,与诸大臣暗通消息"。[2]而今玄烨又说:"尔等所举皆同,即大可疑矣。此必有倡首之人。"其实玄烨已有成见在心,根本不理会臣下辩说。

---

[1] 《清圣祖实录》卷235四十七年十一月戊子。玄烨谕诸王大臣曰:"乃若八阿哥之为人,诸臣奏称其贤。裕亲王曾奏言:'八阿哥心性好,不务矜夸,允礽若亲近伊等,使之左右辅导,则诸事皆有箴规矣。'"

[2] 《清圣祖实录》卷235四十七年十一月丙戌。

"朕知之矣。此事必舅舅佟国维、大学士马齐,以当举允禩默喻于众。众乃畏惧伊等,依阿立议耳。"公推之日,因有上谕"此事著汉大臣尽所欲言",而大学士张玉书亦证实,"臣等公保之,并无倡首之人"。但玄烨还是认定操纵者为佟国维、马齐。"伊等谋立允禩,岂非欲结恩于允禩,为日后恣肆专行之计耶!""今马齐、佟国维与允禔为党,倡言欲立允禩为皇太子,殊属可恨。朕不胜忿恚。"这次玄烨不再掩饰:"如此,则立皇太子之事皆由于尔诸臣,不由于朕也。朕听政四十九年,包容之处甚多,惟于兹事忿恚殊甚。朕原因气忿成疾,昨日一怒,遂不御晚膳。今日晨餐,所食尚少。"当初"众议谁属,朕即从之"的承诺,自然又忘得一干二净。玄烨当初令群臣所谓公推,意图何在,难道还不清楚吗?群臣意见一旦与己不合,玄烨便不顾事实,肆意指责,即使此时形势已按玄烨的意愿发展,他仍不休止。可见玄烨的心理何其脆弱,己意稍遇违碍,就会立即失控,言行任由情绪支配。

最能说明他心理的是对佟国维的指责:

> 前因有人为皇太子条奏,朕降朱笔谕旨示诸大臣时,尔曾奏称:"皇上办事精明,天下人无不知晓,断无错误之处。此事于圣躬关系甚大,若日后皇上易于措处,祈速赐睿断;或日后虽难于措处,亦祈速赐睿断。总之,将原定主意熟虑施行为善。"尔系解任之人,此事与尔无涉,今乃身先众人,如此启奏,是何心哉?将来诚如尔言,朕有难于措处之处,自不必言,众人亦将谓舅舅所奏果是矣。若朕无难于措处之处,彼时将如之何?日月甚长,且试待之,到彼时自知之耳。人其可怀私仇而妄言乎?

玄烨的朱笔谕旨及佟国维回奏,次日颁示于众大臣。谕旨内曰:"今舅舅既有祈望朕躬易于措处之言,嗣后舅舅及大臣等唯笃念朕躬,不于诸王阿哥中结为党羽,谓皆系吾君之子,一体看视,不有所依附而陷害其余,即俾朕躬易于措处之要务也。"[1]玄烨的思路仍是不合己意,便为结党。玄烨所

---

〔1〕 分见《清圣祖实录》卷236四十八年正月癸巳、甲午。

谓的易于措处,即一切由他安排,群臣不须有异。劳之辨的条奏上于十二月初八,意在敦促玄烨尽快使允礽重出,[1]正合玄烨心意。然亟亟道破,又为玄烨所恶,故将其当日革职杖责回籍。正因玄烨之意如此捉摸不透,才致有佟国维"难于措处"一说,不料又激怒玄烨,严诘不休。一月之后,玄烨谕佟国维:"观尔所言,必是舍命陈奏。""若欲舍命,见朕之病势渐增,即当亲身入内奏云,昼夜侍奉汤药,使朕疾得痊,方可称为舅舅。乃漠不相关,并未尝念及朕躬。""由是观之,尔并非实心,乃置身两可。意谓皇上若获痊愈,我仍沾禄食,苟且度日;倘有不测,则皇太子将何所往,必合我言矣。此非尔之本意乎?"对玄烨的指责,佟国维显然不接受:"臣从前启奏之言,俱载在档案,今并不推诿。众人因臣大言妄奏,皆畏惧(而)列名,致贻圣体及皇太子、诸阿哥之忧,莫大之罪,当即诛戮。皇上虽怜悯不诛,臣何颜生斯世乎!祈速诛臣示众。"玄烨恼羞成怒,却骑虎难下,只得重加羞辱:"舅舅前启奏时,外间匪类不知其故,因盛赞尔云:'如此方谓之国舅大臣,不惧死亡,敢行陈奏。'今尔之情形毕露,人将谓尔为何如人耶?洵可耻之极矣!朕若诛尔,似类沽名。朕今断不诛尔,其坦怀勿惧,但不可卸责于朕躬。观尔迷妄之状,其亦被人镇厌欤?"从当时玄烨前后的上谕来看,他似未曾感到有何难以措置之处。"皇太子虽缧绁幽禁,乃谆切以朕躬为念,故今释之。如彼又有不善,仍可幽禁也。"[2]皇太子之立废,在玄烨眼中岂非举手之劳,如同儿戏。玄烨说得如此轻飘飘,心中何曾有什么"国本"!

以上事实表明,罢免马齐,杖责劳之辨,羞辱佟国维,无一不是玄烨心理猜疑所致。遇事首先猜测他人动机,且以必怀异图,有害于己,这是典型的心理防御机制。迎合得罪,劝谏亦得罪,朝臣人人自危,无所适从。玄烨已成为真正的孤家寡人。谁曾料到,大清帝国的主宰,竟然神经如此脆弱、心理如此猜疑。

值得注意的是,玄烨在这次与满汉廷臣的对立中,一面竭力斥责群

---

[1] 《碑传集》卷20《都察院左副都御史臣劳之辨谨密题为皇储已蒙圣慈复位恭请敕部择吉举行布告中外以安人心事》有云:"伏祈皇上,速涣新纶,收回成诏,敕部在吉,早正东宫。"
[2] 分见《清圣祖实录》卷236四十八年二月己巳、正月甲午。

臣不尽心为国,唯知图己保家,另一方面,又反复公开向大臣强调,自己的病情所以能转危为安,全赖他的皇太子及诸皇子。释放允礽当日,玄烨在各道长篇上谕之后,如释重负地说道:"今日朕意中之事,俱已明白,想明日朕体全愈矣。"[1]四十八年初,谕满汉诸臣:"朕自抱疾以来,皇太子、三阿哥、四阿哥、五阿哥、七阿哥,昼夜侍奉,用药调治,今已愈矣。并非诸臣医疗得痊也。""今邀天之佑,朕躬渐加康豫。皇太子允礽累月以来,昼夜在朕前守视汤药。"因此,玄烨本来"自分难于调治"的病情,"仰蒙上天垂慈,今获痊可"。他还特地要将他的"痊愈之处,明白晓谕,务使比户咸知。"[2]在复立允礽的祭文中,玄烨亦说,自废允礽之后,自己"因此等事情常切惭恨,心神耗损,致成剧疾,自惟势难必愈"。而"见其(允礽)夙夜祗事,忧形于色,药饵躬亲,克尽子职。朕复屡加省验,历久弗渝。嗣后信能敬慎修身,常循兹轨,则允堪主器矣"。[3]所有这些,玄烨还说得不够明确吗?一国之君,竟然向天地宗庙、四海臣民宣谕,自己一命系于太子、诸皇子之手。玄烨对神灵诚与不诚,我们不得而知;但对朝臣而言,确已近乎要挟,足以令其心灰意冷。玄烨之所以在此期间多次向臣下诉说自己的身体状况,也就不难理解。他要群臣体会的弦外知音,即天下系于朕之一身,而朕之安危系于太子;为太子计即为朕身计,为朕身计即为天下计。如果必须要在朝臣与诸皇子之间作出选择的话,玄烨也只能倚赖皇子而放弃群臣。苟明乎此,则与玄烨共天下者,非其子而谁何?至于朝臣中的汉官,早就被玄烨看作只为身家计,于国无与。而今之史家多为玄烨自诩优容汉大臣所惑,或竟将其视为满汉之间的仲裁者,[4]乌足以知玄烨哉!

---

[1] 《清圣祖实录》卷235四十七年十一月戊子。
[2] 分见《清圣祖实录》卷236四十八年正月甲午、丙申。卷237,三月辛巳谕宗人府说得更详细,文长不俱录。并参壬午日诏告天下诏文。
[3] 《清圣祖实录》卷237四十八年三月庚辰。
[4] 史景迁《曹寅与康熙》,第268—269页,就张伯行与噶礼的互参案评论说:"康熙这么做,我以为,是因为他是最终的仲裁者——就如在科场案中他充当的角色——他也是一个调停人。""他清楚地告诫满人,他既是满人的皇帝,也是汉人的皇帝。"上海远东出版社2005年版。

评"自古得天下之正莫如我朝"

具有讽刺意义的是,真正令玄烨烦恼并最终将他逼得走投无路的,正是诸皇子。为简明起见,我们首先应该明确一个基本史实,即所谓允禩企图取代允礽,以及诸皇子公开结党,皆起于一废允礽之际。[1]玄烨重新正式册立允礽的当天,以朱书谕旨示众大臣:"朕观五旗诸王并无一人念及朕躬,竟以朕躬为有何关系。""外面匪类有将朕诸子肆行讪议者,朕诸子并不与之较。以此观之,朕之诸子,可谓厚重矣。"并谕宗人府:"今见(五旗)承袭诸王贝勒贝子等,日耽宴乐,不事文学,不善骑射,一切不及朕之诸子。又招致种种匪类,于朕诸子间肆行谗谮,机谋百出。凡事端之生,皆由五旗而起。"[2]不久又说:"即今(上)三旗大臣侍卫为大阿哥所愚者,不过一二人,其五旗蠢然无知诸王幼子被愚者甚多。""大阿哥党羽甚多。"[3]在此不必细究诸阿哥中各人党羽如何,须知深为玄烨所恶的允禔能够如此,则皇太子、其余诸皇子可想而知。诸王之子倾向如此,满洲大臣亦可想知。诸王大臣依附皇子,乃其势使然,乃玄烨使然,这是不言自明的。若允礽皇太子不废,则依附于诸皇子之党羽,充其量不过加剧皇子间的勾心斗角,绝无可能导致争夺储位而水火不容,这也是不言自明的。但允礽废黜之后,即开启诸子觊觎之心,一发而不可止。即使允礽复立,玄烨岂非有可以再废之言?又何能制止诸皇子之间的明争暗斗?即使玄烨为安抚诸子而骤加高爵,[4]又何能止息他们对皇太子地位的争夺?玄烨若稍具理性,这些问题皆不难预料,可惜他重立允礽之心已定,唯存此一念,其余皆在所不计。他之所以越来越举步维艰,也就自在情理之中。

---

〔1〕《清圣祖实录》卷234四十七年九月壬寅,谕诸皇子:"废皇太子后,允禔曾奏称允禩好。"此玄烨最早说允禔、允禩公开勾结。并参看卷235十月甲辰上谕、丙午上谕,都说明皇太子废黜之前,虽有人在诸皇子中离间,但并未导致公开争斗。

〔2〕《清圣祖实录》卷237四十八年三月辛巳。

〔3〕《清圣祖实录》卷237四十八年四月丙辰、庚申。

〔4〕《清圣祖实录》卷237四十八年三月辛巳。谕宗人府:"兹值复立皇太子大庆之日,允祉、胤禛、允祺俱著封为亲王,允祐、允䄉俱著封为郡王,允禟、允䄉、允䄉俱著封为贝子。"唯允禩于四十七年九月壬寅锁拿,十月甲辰被革去贝勒,十一月庚子复爵,见卷235。此次未加封。允禔于十一月癸酉革去郡王,此次未复。

最使玄烨无奈的当然还是允礽。如上所述,被废黜皇太子,是允礽日夜担心的事。这可以从前述他在朱三、一念案之后,向玄烨说"皇父之言验矣",以及后来的"夜窥布城",可见一斑。九月初的废黜对他是严厉的一击。但不久,玄烨态度有所缓和,允礽自不会甘心被废,而一定会窥伺玄烨的动向。尤其是当玄烨开始后悔,转向追查巫蛊厌魅,必也尽在允礽的观察之中。前述十月十七日查出厌魅之物,允礽能作出恰如其分的配合;次月初八,玄烨初次宣布允礽病情好转时,允礽对答如此得体,都充分说明这一点。玄烨不断宣布允礽的病因为厌魅所致,以及多次提到他自己在病中时允礽的尽心守视,不可能不使允礽燃起重出的希望。当玄烨将允礽释放时,令其表态,允礽的回答极为得当:"皇父谕旨至圣至明。凡事俱我不善,人始从而陷之,杀之。若念人之仇,不改诸恶,天亦不容。今予亦不复有希冀。尔等众人若仍望予为皇太子,断断不可。"[1]首先承认玄烨的判断措置英明,让玄烨心理感到满足。玄烨说允礽素行遂变,父子失欢,以及允礽后来的狂易之疾,皆由外人所致,允礽则说"凡事俱我不善,人始从而陷之、杀之",既让玄烨觉得自己诚恳,又将他人的引诱陷害加以坐实,更进一步证明玄烨的判断。关键是他明知玄烨最终必让自己重立,偏偏说自己不作此想。他明知玄烨将逼迫众人表态,故意先出一语,"尔等众人若仍望予为皇太子,断断不可"。欲得之而先拒之,处处掩饰虚矫,心口不一,这一点酷似乃父。观允礽数语,简而不繁,质而不辩。言繁则乏诚,言辩则生恶。若声泪俱下,感激涕零,给人以作戏之感,不仅为他人所鄙,亦令玄烨起疑。我深信允礽为此必有预备。这才叫有其父必有其子!父子互斗心机,玄烨之所以能操主动,势也,权也,心智上未必能胜一筹。允礽在地位上虽屈从于玄烨,但心机权变却足以与乃父一较短长。

出乎玄烨的意料,允礽重立,玄烨处境比从前更为难堪,父子关系几欲颠倒。仅过三年,玄烨再也无法忍受,于是有允礽的第二次废黜。《实录》卷251五十一年十月初一辛亥日御笔朱书谕旨曰:

---

[1] 《清圣祖实录》卷235四十七年十一月戊子。

（允礽）自释放之日，乖戾之心即行显露。数年以来，狂易之疾，仍然未除，是非莫辨，大失人心。朕久隐忍，不即发露者，因向有望其悛改之言耳。今观其行事，即每日教训，断非能改者。

又传谕曰：

朕于允礽，非不能制。但今之人，善者少而恶者多。允礽秉性凶残，与恶劣小人结党。允礽因朕为父，虽无异心，但小人辈惧日后被诛，倘于朕躬有不测之事，则关系朕一世声名。

自释放皇太子以来，数年之间，隐忍实难，唯朕乃能之。即今皇太子饮食服御陈设等物，较之于朕，殆有倍之。伊所奏欲责之人，朕无不责；欲处之人，朕无不处；欲逐之人，朕无不逐。唯所奏欲诛之人，朕不曾诛，以朕性不嗜杀故耳。凡事如所欲行，以感悦其心，冀其迁善也。乃朕如此俯从，而仍怙恶不悛，是以灰心，毫无可望。

今尔等奏请朕躬"关系甚重，宜加颐养"。但自释放皇太子以来，数年之间，朕之心思用尽，容颜清减，曾无一人如此劝解者。朕今处置已毕，奏此劝解之言何用？前次废置，朕实愤懑。此次毫不介意，谈笑处之而已。

日后朕若再行复立，其何以示天下耶！

这些上谕已将玄烨父子关系呈现无遗。玄烨之所以对允礽俯从隐忍三年，实以其对允礽已束手无策。玄烨除再次将允礽废黜之外，已无路可走。尽管当初玄烨有"如不悛改，可行再废"的前言，他满以为这是一把悬在允礽头上的利剑，可以收放自如。然而，为了允礽的重立，玄烨为他作了那么多的辩护，又为他扫清了所有可能设想的政敌，从而也就排除了任何取代允礽的可能性。重出的步骤是如此缜密，仪式是如此郑重，誓词是如此庄严，除非有重大变故，否则是无法再次废黜的。允礽之所以敢于变本加厉，为所欲为，也正是看准了这一点。而反观玄烨则唯恐父子关系再度破裂,是以事事迁就,处处退让。如果说第一次废黜之前,允礽尚未干预政事,那么重立之后,玄烨"责人"、"处人"、"逐人",一听允礽摆布,全然自弃权柄。玄烨自云:"今众人有'两处总是一死'之言",[1]岂非玄烨使然?

再废太子之前,玄烨未尝不想竭力掩盖。五十年十月,他于畅春园召集诸王群臣谕曰:"今国家大臣有为皇太子而援结朋党者。诸大臣皆朕擢用之人,受恩五十年矣,其附皇太子者,意将何为也?""皇太子,朕之子,朕父子之间并无他故,皆伊等在其间生事耳。此辈小人,若不惩治,将为国之乱阶矣。"于是,将鄂善、耿额、齐世武、悟礼锁拿。"索额图之党,竟不断绝,俱欲为索额图报复,岂伊等祖父皆索额图之奴仆乎?"[2]玄烨故伎重演,思维联想自然又追溯到索额图。他惯用的先发制人的动机,又开始蠢蠢萌动。[3]半年之后,玄烨终于按捺不住,借所谓托合齐等结党会饮一案,对允礽发出警告:"此等事俱因允礽所致。允礽行事,天下之人无分贵贱,莫不尽知。若果以孝为本,以仁为行,天下之人皆知系朕之子,必无异心,何必求此等人保奏?惟其行事不仁不孝,难于掩盖,徒以言语货财买嘱此等贪浊谄媚之人潜通信息,尤属无耻之甚矣。"[4]

既然以前杀索额图无碍于允礽的复立,此次处死齐世武、托合齐,恐更不能使允礽收敛。而且,按上引玄烨所言,他的责人、逐人皆为迎合允礽,那么,他所处置的齐世武等人究竟是为允礽所恶,还是允礽党羽,恐玄烨亦不能自圆其说。至于玄烨所说的谜一般的罪证,则更难令人信服;所谓太子反对党有多少密谋,实也不易澄清;我们也只能推测,既有一废太

---

[1] 《清圣祖实录》卷251五十一年十月辛亥。
[2] 《清圣祖实录》卷248五十年十月壬午。
[3] 《清圣祖实录》卷249五十一年正月壬子谕中:"乱臣贼子,历代有之,但为君者见于几先,则不露声色,自然灭除。若渐使滋蔓,其弊不可胜言矣。"卷250四月乙丑宣旨有曰:"此辈之党,早应族诛,以昭国法。但朕自御极以来,好生为德,诸事详慎,将此辈从宽豢养,冀其改悔。乃犹有此等之事,朕亦愧焉。"
[4] 《清圣祖实录》卷250五十一年四月乙丑。

子在先,亦恐无能制止其推波助澜。而究其所以然,岂非皆由玄烨一手所致?玄烨当初以为既平服了朝臣,又安抚了诸皇子,满足了皇太子,一切似乎都处理得当,如今才发现自己置身于火炉之上,日夜煎熬。允礽未必一定要逼他退位,玄烨却绝不能忍受只做虚君。[1]玄烨若还想如以前那样"悉为独断",就得亲手毁灭自己苦心经营的一切。但果真如此,他就能找到一条出路吗?

自第一次废太子以来,每次与朝臣及诸皇子的较量,玄烨无不以胜利开始,而实质上又无不以失败告终。至此,他悲痛欲绝,也悔之无及,实无法面对群臣。二废太子仅过十余天,群臣请拟次年的六旬万寿庆典,玄烨批旨分明云:"今忧劳倍增,血气渐惫,惟恐愈久而力不支,愿不遂,以至不全终始,一世勤瘁俱属徒然。"[2]所谓"谈笑处之",一看便知为自解之辞,岂能信以为真!第二次废黜允礽之后,《实录》中的确很少记载玄烨回顾此事,但这倒不是有所隐讳,更不是玄烨真能坦然处之。恰恰相反,这正是因为玄烨自知已无可取信于群臣。他还有何可言呢?他还能面对自己吗?玄烨除了逃避之外,实已别无他途!

本文无意纠缠于诸皇子之间的斗争,但以为猜测后来玄烨出自某种理由,将所谓"秘密立储"之策长期密不示人,实无异于捕风捉影。本文的宗旨之一,即在于通过玄烨在两废皇太子事件中的反应,分析其心理矛盾及思维特征。我仅以为,在高度专制集权而且满汉矛盾贯穿始终的清王朝,如果对其最高统治者的思想心理缺乏足够的认识,或许会有碍于对当时政治的深入理解。

从现有史料来看,允礽第二次被废之后的几年中,玄烨似乎获得某种精神解脱,重新充满活力,专注于围猎修书。五十二年玄烨六旬大庆以及次年本命年诞辰都搞得热闹异常,各地竞相祝寿诵经,颂圣之声不绝

---

[1]《清圣祖实录》卷251五十一年十月辛亥,再废太子御笔朱书:"允礽秉性凶残,与恶劣小人结党。允礽因朕为父,虽无异心,但小人辈惧日后被诛,倘于朕躬有不测之事,则关系朕一世声名。"云云。可见玄烨并未认定允礽全无父子之情,包藏祸心。

[2]《清圣祖实录》卷250五十一年十月庚午。

于耳,君臣士民似皆沉溺于太平盛世。[1]如何解释玄烨的这种外表上的精神状况,我以为必须注意以下几点:第一,自五十一年至五十六年年底,社会弊端实已积重难返,但外表上仍呈现承平之世。其间五十四年西北边境发生准噶尔部侵扰哈密一事,玄烨虽然兴师动众,却也并未立即酿成大战,以致难以收拾,外部客观形势使玄烨仍可继续自我陶醉。第二,经常进行游畋射猎这种野外活动有利于玄烨恢复身心健康,不至于陷入严重抑郁而难以自拔。第三,玄烨子嗣众多,帝王父子之间情感,往往掺杂多种其他因素,不可以常理而论;除固执于皇太子这一张牌来标榜满洲统治之外,还可提供多种选择,在时间和空间上都可以使他将嗣位一事从容考虑。凡此皆使玄烨能从两废太子的苦闷中得到暂时解脱,但这绝不意味玄烨主观上对立储找到出路,真正实现内心平和安宁。恰恰相反,从前引五十六年《面谕》"十年以来,朕将所行之事,所存之心,俱书写封固"来看,玄烨内心深处一直沉溺于太子立废之中,"立储之事,朕岂忘耶!"只能反映他仍不就此认输,接受现实,转而另寻他途。在这种心境之下的玄烨,思维中不可能彻底排除幻想。有鉴于此,上述玄烨在颁布《面谕》前几年所显示出的似乎积极的精神面貌,与其说是解脱,毋宁说是麻醉。二废太子至玄烨辞世尚有十年,他之所以长期不能在重新立储上作出决断,即或与此种心理状况有关。

然而自五十六年起,玄烨心绪逐渐不安,身体状况亦随之转恶。当

---

[1]《清圣祖实录》卷253五十二年二月丁丑,谕礼部尚书兼管仓场事务富宁安:"缘今岁天下各省人民来集者甚多,(以致京城)米价故较往年翔贵。"故令将内仓米石平价发粜。卷254,三月初一日戊寅,谕诸王群臣:"朕昨进京,见各处为朕六十寿诞保安祈福者不计其数。"可见各地官民人众于二月底已齐集北京。各省祝寿者在西直门建有龙棚,十七日,玄烨奉太后自畅春园回宫,各身官员士庶夹道罗拜,欢迎御辇,耆老跪献寿觞。十八日,八旗兵丁、各省耆老士庶齐集午门外、大清门内叩祝万寿。之后于畅春园设宴分别赏赐汉人官民,八旗满、蒙汉官兵以及八旗满、蒙、汉妇人,分见三月戊子、甲午、乙未、壬寅、甲辰、乙巳。方浚师《蕉轩随录》卷10《万寿图记》:"康熙五十二年癸巳,我圣祖仁皇帝六旬万寿,内值诸臣纂录《万寿盛典》一百二十卷,分列六门,其五曰'庆祝',有图有记,以及名山祝厘,诸臣朝贡之仪,罔不备载"云云。足见盛况空前。至于各省大吏在本地集会诵经祝寿,《满文奏折》、《汉文朱批奏折》记载甚多,不备举。

年十月,策妄阿喇布坦占领西藏,这对于玄烨之前扬言策妄小丑不足灭的豪气,三路大军凯旋的吹嘘,经营数年之久的进剿方略,顿时变成莫大讽刺,玄烨心理应激之严重亦可想而知。面对满汉臣工吁请立储,玄烨只能以一道《面谕》来宣扬祖宗积德、得国之正,自己在位年久、忧勤劳瘁,故而坚信天心仍然眷佑大清,同时又以斩截的姿态警告群臣不得纠缠立储一事,力图拒绝对内心创伤的反复刺激。除此之外,实难作出他解。

尔后战祸延绵不绝,规模愈来愈大。五十九年虽初定西藏,然大军仍不得不久悬于外,于西北准部数次进剿,竟无尺寸之功。即令官修《实录》,亦无法完全掩盖实情。康熙末年海内虚耗,各种弊端暴露无遗,社会矛盾冲突日益激化,营构多年的承平盛世烟消云散。玄烨内外交困,实已无力善后,而其精神心理状况之差,较之《面谕》之前实有过之。若说心劳日拙、形神尽耗的玄烨,经过独自苦思冥想,终于设计出一套秘密建储的万全之策,谁能相信他竟有如此神奇的创造力!

(二)《面谕》的思想来源与感情基调

本文的另一宗旨,是检讨玄烨在废皇太子过程中所表达的思想情绪与五十六年《面谕》的关系,或者说,探寻《面谕》的思想及情感的来源。现在我们可以略加分类对比如下:

1. 关于在位之久,乃上天眷佑。初废允礽时说:"朕今御极四十有八年矣。历览史册,鲜有如朕在位之久者矣。以此观之,上天之眷佑可知矣。"《面谕》则曰:"朕年将七旬,在位五十余年者,实赖天地宗社之默佑。""凡帝王自有天命,应享寿考者,不能使之不享寿考。"二废允礽之后说:"览自秦汉以下,称帝者一百九十有三。享祚绵长,无如朕之久者。"[1]《面谕》则曰:"始皇元年至今,一千九百六十余年,称帝而有年号者,二百一十有一。朕何人斯,自秦汉以下,在位久者,朕为之首。"

2. 关于敬慎祖业,始终不懈。初废允礽时说:"在位一日,则此为万

---

[1]《清圣祖实录》卷254五十二年三月乙未。

国勤求治理之意,断断不敢稍懈。"二废允礽时说:"天下乃太祖、太宗、世祖所创之业,传至朕躬,非朕所创立。五十余载,朝乾夕惕,耗尽心血,竭蹶从事。"[1]《面谕》则曰:"孜孜汲汲,小心敬慎,夙夜不遑,未尝少懈。数十年来,殚心竭力,有如一日,此岂仅劳苦二字所能该括耶?"

3. 关于群臣不谅帝王之苦。二废允礽不久时说:"自古帝王在位不久、享年不遐者,论者往往归于别故,而未谅帝王实不胜其难,实不堪其劳,忧惧所迫,以至享祚之不永也。"[2]《面谕》则曰:"前代帝王或享年不永,史论概以为偬然自放,耽于酒色所致。此皆书生好为讥评。朕为前代帝王剖白,盖由天下事繁,不胜劳惫所致也。"

4. 关于自我诉说。初废允礽告天祭文,玄烨特引"鞠躬尽瘁,死而后已"一语,指示不可删去。[3]《面谕》则曰:"诸葛亮云'鞠躬尽瘁,死而后已'。为人臣者,惟诸葛亮一人耳。若帝王仔肩甚重,无可旁诿,岂臣下所可比拟?"初废允礽之后,曾于畅春园面谕满大臣:"渐觉虚弱,人生难料,付托无人,因踌躇无代朕听理之人,遂至心气不宁。"二废之后御笔朱书:"守成五十余载,朝乾夕惕,耗尽心血。""数年之间,朕之心思用尽,容颜清减。"[4]《面谕》则曰:"近日多病,心神恍惚,身体虚惫,动转非人扶掖,步履难行。(中略)今朕躬抱病,怔忡健忘,故深惧颠倒是非,万几错乱。心为天下尽其血,神为四海散其形。食少事多,岂能久存?"

5. 关于独揽乾纲。初废允礽祭文:"深惧祖宗垂贻之大业,自臣而隳,故身虽不德,而亲握乾纲。一切政务,不徇偏私,不谋群小,事无久稽,悉由独断。"[5]《面谕》则曰:"昔人每云:'帝王当举大纲,不必兼总细务。'朕心窃不谓然。故朕莅政,无论巨细,即奏章内有一字之讹,必为改定发出。盖事不敢忽,天性然也。"初废允礽,"前执允礽时,朕初未尝谋之于人,因理所应行,遂执而拘之"。假意公推之后,"如此,则立皇太子

---

[1] 分见《清圣祖实录》卷234四十七年九月辛卯,卷251五十一年十月辛亥。
[2] 《清圣祖实录》卷251五十一年十月庚午。
[3] 《清圣祖实录》卷234四十七年九月庚寅。
[4] 《清圣祖实录》卷235四十七年十一月丙戌,卷251五十一年十月辛亥。
[5] 《清圣祖实录》卷234四十七年九月辛卯,卷235十一月丁亥。

之事,皆由于尔诸臣,不由于朕也"。[1]《面谕》则曰:"或有小人,希图仓卒之际,废立可以自专,推戴一人,以期后福。朕一息尚存,岂肯容此辈乎?""惟是天下大权,当统于一。"

6.关于本朝德政,文治武功。初废允礽,谓诸臣曰:"朕承继大统,数十年来,扩从古未入版图之疆域。"诏告天下:"凡有可以厚民生、拯民困者,不惜数千万帑藏。"[2]《面谕》则曰:"天下粗安,四海承平,虽不能移风易俗,家给人足,但孜孜汲汲,小心敬慎。""四海兆人,亦皆戴朕德意。""平定三藩,扫清漠北,皆出一心运筹。"

7.关于自奉节俭。初废允礽时说:"朕即位以来,诸事节俭,身御敝褥,足用布袜。"[3]《面谕》则曰:"所有巡狩行宫,不施采缋,每处所费不过一二万金,较之河工岁费三百余万,尚不及百分之一。"

8.关于内禅以及储位有成竹在胸。初废允礽后,亲书谕旨:"尝慕宋孝宗之孝养高宗,语允礽曰:将以政事付汝。"《面谕》则曰:"或得如宋高宗之年,未可知也。""至于垂老之际,不能宽怀瞬息,故视弃天下犹敝屣,视富贵如泥沙也。"初废允礽之后,亲书谕旨曰:"即使朕躬如有不讳,朕宁敢不慎重祖宗弘业,置诸盘石之安乎?迨至彼时,众自知有所倚赖也。"《面谕》则曰:"立储大事,朕岂忘耶?"

9.关于自我矜许。初废允礽时,谕扈从曰:"今虽年齿渐增,亦可以纵横天下,非自矜伐也。"《面谕》则曰:"朕自幼强健,筋力颇佳,能挽十五力弓,发十三握箭。用兵临戎之事,皆所优为。"

10.关于得国之正。二废允礽之后,玄烨始曰:"朕本凉德,唯赖祖考得国之正,积福之深。"《面谕》则曰:"自古得天下之正,莫如我朝。"

11.关于清朝得天下。初废允礽时说:"朕阅《实录》,太宗皇帝统大军抵北京,击败明兵。凯旋之时,诸大臣固请曰:'臣等随从至此,本图建立功业,今奈何薄城而不取?'太宗皇帝曰:'今取此城甚易,当视天意何

---

[1]《清圣祖实录》卷235四十七年十一月丁亥,卷236四十八年正月甲午。
[2]《清圣祖实录》卷234四十七年九月壬午、丁酉。
[3]《清圣祖实录》卷234四十七年九月丁丑。

如.'嗣后北京为流贼所据,我诸王佐世祖皇帝直取北京,统一区宇。"[1]《面谕》则曰:"太祖、太宗初无取天下之心。尝兵及京城,诸大臣咸奏云当取。太宗皇帝曰:'明与我国素非和好,今取之甚易。但念中国之主,不忍取也。'后流贼李自成攻破京城,崇祯自缢,臣民相率来迎。乃剪灭闯寇,入承大统。"

以上仅就有关两废允礽期间的上谕与五十六年的《面谕》所作的简略对比,无需再多作说明,已足以得出结论:不仅《面谕》的基本思想来源于前者,而且《面谕》也大致承袭了前者的感情基调。可见两度废黜允礽对玄烨的心理产生了多么浓重的阴影。无足多怪,因为《面谕》同样是为谏奏立储而发,这是玄烨最不愿面对然而又无法逃避的问题。所以,《面谕》中的各种思想、情感,如自恃天命,自我矜夸和诉说,甚至自我满足,都可以在以前的上谕中找到根源。其间或许不乏实有的企冀,但绝大多数是出于掩饰的自我表白,充满着虚矫和欺骗,不是玄烨真正思想情感的实录。然而事实表明,他多年渲染的"承平之世"已是千疮百孔。不言而喻,较之废黜太子之时,玄烨的心情只会更为沉重、更为悲观,此时绝不愿再加上立储一事的折磨。《面谕》结尾云:"此谕已备十年,若有遗诏,无非此言。披肝露胆,罄尽五内,朕言不再。"在我看来,玄烨确实无能承受反复挑起他心理上的创伤,故不惜抱病力疾书写一道长篇《面谕》,意在以此求得一份永远的安宁。[2]

---

[1]《清圣祖实录》卷234四十七年九月壬午。
[2]《起居注》五十七年正月二十一日,(《面谕》颁布两月之后)大学士、学士、九卿大臣官员遵旨议立皇太子事。玄烨以原立允礽时,礼仪皆索额图所定,"太为过制,与朕所用相等,致二阿哥习坏",命于未立之前,"预将典礼议定",并令详参汉、唐、宋、明典礼。显然是因《面谕》曾言立储已有成算,故煞有介事。待二月十二日,群臣以建储事缮折请旨。玄烨大为恼怒,曰:"(孝惠)皇太后之事未满百日,梓宫尚未安厝,举国素服,未曾剃头,乃将大庆之事渎请,朕实不解。"群臣以"今奉旨明示,方豁然醒悟,自知愚昧"请罪。玄烨又谕曰:"至愚极昧之处,不止一二次,亦太过矣。如此何以办事?必至终日为人欺蔽也。倘至事败,不亦可耻耶?"议立太子典礼即再无下文。同时,翰林院检讨满族朱天保奏请复立皇太子,并云"二阿哥仁孝"。玄烨严加审讯,将朱天保处死,骂其"将伊父供出,不忠不孝极矣"。分见《起居注》五十七年正月二十日、二十一日、二十三日,二月初十日。从此立储之事,杳无音信。后来玄烨明白地说:"五十六年,伊

然而,就在不到十年之前,也就在他初废太子将其拘禁不久,准备释放允礽时,不是同样说过:"朕涕泣宣谕,其敬慎奉行。自此以后,朕不复再言。"那时玄烨还多少心存一丝希望。而在书写《面谕》时,当然不能说他的主观意识已经绝望,或许也会充斥着各种幻想。但玄烨敢将这些幻想直面现实吗?若此时玄烨已胸有成竹,他还何须说什么"立储大事,朕岂忘耶"?何须这样连篇累牍,絮絮不休?更有意思的是,他在为自己求得解脱的同时,却希望匍匐恭听《面谕》的群臣为此而感动。[1]

但《面谕》毕竟不是废黜允礽时期上谕的拼凑和翻版。例如,废黜允礽时的被迫害妄想,在《面谕》中变成对历代传位因授受不明而相残的鄙视;在夸耀自己的节俭时,明显是针对明朝,而非如以前那样与允礽对比;两废允礽时,悲观的情绪暴露较多,《面谕》则故作达观等等,都是撰写《面谕》时的刻意修改。但《面谕》最为突出的不同,即在于不像过去多少有些羞羞答答,而是堂而皇之地提出了"自古得天下之正莫如我

(接上页)(王掞)将国家最大之事,应候乾断者,妄行陈奏。"一语道破所谓预议皇太子典礼,纯为欺人之谈。见《清圣祖实录》卷291六十年三月丙子。迨玄烨御极六十年大庆,王掞等再请立储,被玄烨骂得狗血淋头,辱及祖宗。手书谕旨:"诸王大臣等,六十年大庆,王掞等不悦。以朕衰迈,谓宜建储,欲放出二阿哥。伊等借此邀荣,万一有事,其视清朝之安危休戚,必且谓与我汉人何涉。似此凶顽愚昧,一无所知,不顾身命宗族,干犯叛逆之罪者,亦不少。""如此奸贼,朕隐而不发,可乎?"欲将王掞发往西北军前效力,以其年已八十,命其子王弈清代去。见《清圣祖实录》卷291六十年三月丙子、丙戌。一旦触及立储,玄烨动辄手书口诉,哭骂并下,不致其极不止。玄烨精神心理状态如此,云其已有秘密建储成策在胸,信乎?否乎?况且,王掞得罪后,玄烨从王鸿绪的密奏中清楚了解,因储位未定,"故连年以来,朝中人心不定,言路议论纷纭"。六十年会试,张伯行为副主考官,竟以"复储为策题",均见《汉文奏折》第八册,六十年《王鸿绪奏报大学士王掞妄语事折》,第866页。在玄烨看来固有要挟之嫌,然玄烨若真有秘密立储的万全之策,此时不以示人,更待何时?

[1] 《起居注》五十六年十一月二十四日,玄烨面谕群臣曰:"昨日朕下旨时,大小臣工无不鸣咽涕泣,惟赵申乔若不知者。"十二月二十五日,手书蓝笔谕旨:"朕所下谕旨,乃朕一生至苦之事。(中略)朕勉强匍匐出东暖阁,谕诸臣时,大臣内或有伤心悲痛不能自禁者,大学士马齐、尚书赵申乔安然不出一语。更有甚者,赵申乔不听朕之谕旨,四面察视,如同缉贼捕役,瞻顾无定。朕屡次令伊听朕之言,置若罔闻。"可见玄烨在宣读谕旨的同时,对周围观察得何等仔细。

朝"。这是本文认为最具意义的命题,也是影响有清一代最重要的政治纲领。与此相关,《面谕》对明清嬗代也提出了更为完整的概括。与前面所说的清军直取北京不同,这次加上了"臣民相率来迎"。非此一语,就谈不上所谓"最正"。显然,这绝非玄烨一时兴之所致,而是他多年来思虑的结果,也是他久已欲言却止,终于袒露的心结。

历史真是有趣得很。玄烨倡言大清得国最正,正是在他处境最为艰难的时期。他被现实问题弄得烦恼不堪,一面诉说着力图催人泪下的个人现实经历,同时却又构建出一幅振奋人心的历史神话。如果以为玄烨全然是枉费心机,我们就未免过于天真。玄烨在位第六十年的诞辰,诸王群臣为他上尊号,比十年前的五十圣诞说得更加令人作呕,列举玄烨具备十二项"古未有也"。"此圣不自圣之盛心,更度越帝王万万矣"。[1]即使被玄烨斥为"丧心病狂"的王掞,也还得回奏:"今当宝历六十年,周而复始之景运,真数千年未见之昌期。"[2]只有在最无耻的时代,才有可能产生这种文字!须知数月前,玄烨尚在夸诞,其御极"幸而六十年来,一无所失"。[3]这种颂扬当然是对玄烨自我虚饰的回应,更是玄烨首倡"自古得天下之正莫如我朝"的现实效应。我以为无需再费气力,去搜寻什么时人称诵康熙盛世的证据,[4]仅此还不够吗?问题是,玄烨是否真正获得满足?当日,他表面上以"此乃历代陋习","惟当修省图治,加惠黎元",拒绝尊号,实则怀疑有人借此另有所图。[5]玄烨随后谓大学士曰:

> 今日出榜,黄雾四塞,霾沙蔽日。如此大风,榜必损坏。或因学

---

[1] 详见《清圣祖实录》卷291六十年三月乙丑。文秽不堪录。
[2] 《清代三朝史案》上册《康熙建储案·王掞折四》。
[3] 《清圣祖实录》卷290五十九年十二月庚申,就在位六十年庆典谕大学士。
[4] 参王思治、吕元骢《康熙盛世简论》,载阎崇年主编《满学研究》第五辑。
[5] 《清圣祖实录》卷291六十年三月乙丑。得旨:"微贱无耻之徒,谓举行庆典,必有殊恩,邀望非分。若奸诈辈得邀殊恩,则军前功罪轻重颠倒,钱谷混乱不明。更有甚者,人知六十年庆典必有殊恩,故杀奸犯者不少。况值暮春清明时,正风霾黄沙之候,或遇有地震日晦,幸灾乐祸者,将借此为言,煽惑人心,恣行讥议,私相纪载,亦未可知。"

问优长、声闻素著之人,不得中式,怨气所致。或此番中式之人,将来有大奸大恶、乱臣贼子,亦未可知。邵子于洛阳天津桥闻杜鹃,即知南人有入相者,而王安石果相。此皆书册所载,信有明验。[1]

仅过十天,他在王掞立储折中批道:

  (掞祖)王锡爵竭力奏请建立泰昌,不久而(明)神宗即崩,崩时亦不甚明。泰昌在位未及两月,明系神宗英灵夺其寿命。[2](明朝由此衰亡。)
  王锡爵已灭明朝,王掞以朕为神宗,意欲摇动清朝。(中略)王掞忌我朝之太平,结成朋党,奸恶已极,万难姑容。[3]

五十六年颁布《面谕》之后,玄烨曾斥责都统宗室齐什:"当康熙十年时,以为如何能至十五年。及至十五年,以为如何能至二十年。因将伊祖坟移至盛京。朕今已五十七年矣。"[4]似在向满洲大臣证明他对大清统治的久长信心满满。《面谕》"当日临御至二十年,不敢逆料至三十年;三十年不敢逆料至四十年。今已五十七年矣",似亦针对齐什之悲观而发。但观玄烨对宋、明亡国的征兆,即可明了他是何其敏感,且充满迷信。两相对照,岂不正折射出他疑心有清一代将从此而衰!享受着"自古

---

[1]《清圣祖实录》卷291六十年三月乙丑。此谕中玄烨有关"明验"的妙论甚多,可供一阅。然时人谓是科"得人为盛"。见《碑传集》卷22李绂《大学士兼户部尚书田文端公从典墓表》。
[2]《清代三朝史案》上册《康熙建储案·王掞折三》引玄烨批旨作:"泰昌之立不过三月,足见天之报施不爽。"
[3]《清圣祖实录》卷291六十年三月丙子。前二日甲戌,御史陶彝等公奏:"而建储一事,尤为巨典。恳皇上独断宸衷,早定储位。"《碑传集》卷55陶元藻《四川道监察御史孙公绍曾墓志》,十三人同谪塞外,"仅存其六,盖死亡者过半矣"。钱仪吉据《御史题名》及刘青芝序高玢《出塞集》,以为死者仅三人。
[4]《起居注》五十七年正月二十日。

得天下我朝最正"一片颂声的玄烨,内心却疑神疑鬼,[1]正在为其性命如何能久存,其家业如何继续能"正",而恐惧得发抖!

六十一年十月,即玄烨去世前的一个月,群臣又预拟筹划次年的七旬大庆。但他对此已提不起任何兴趣,而于上谕中忧心忡忡地表示:

> 当此之际,翼翼小心,惟恐善后之策不能预料。保泰图安,夙夜冰兢。况今西陲用兵,士卒暴露,转运罢敝,民生乏食,物价腾贵。[2]

可以断言,玄烨辞世之际,他所营造的一切虚幻的荣耀,群臣铺天盖地的颂扬,都无法掩盖他内心深处的忧虑彷徨。

本文仅就康熙朝皇太子的兴废这一特殊角度,对玄烨《面谕》的现实基础与思想来源作了初步剖析。要想比较完整地再现玄烨这篇神话的形成过程,还需从其他方面进行更深入的探索,正可谓未有穷期。

(原载《燕京学报》新二十六期)

---

[1] 玄烨后来说明他何以拒绝庆典,其理由之一,即"朕意昔年辛丑,系皇考殡天之岁,今岁又值辛丑"。见《清圣祖实录》卷292六十年五月甲申。
[2] 《清圣祖实录》卷299六十一年十月戊寅。

再评"自古得天下之正莫如我朝"
——《面谕》、历代帝王庙与玄烨的道学心诀

引　言

　　自《公羊》以"王者大一统"、"君子大居正"二语揭端，尊王攘夷之说逐渐进入中国政治思想核心，扰攘不绝。夫统一割据，民族分合，各国历史无不有之，乃正统一说，独盛于中国，岂非二千年来古代中国文明特定构成使然？历来华夷之辨，虽文化意义多胜于种族之别，[1]但二者毕竟各有取义，彼此不能相代。文化虽可由种族融合而存，亦可因种族战争而衰。而任何一个王朝，若不能被承认为正统，即无法获得充足之统治信心，驾驭时代舆论走向。

　　有清一代，大一统远迈汉唐元明，而正统之争，反较历代为烈。历代争正统多在士大夫学者之间，清则不然。清初学者论正统者虽多，终因高压淫威，后继乏人。与此相反，康、雍、乾三朝帝王，皆不惜天子之尊，口诛笔伐，连篇累牍，蔚为奇观，似非如此不足以攘正统为己有。其中玄烨于

---

[1] 参见萧公权《中国政治思想史》，辽宁教育出版社1998年版，第74—77页，《中华民族凝聚力的形成与发展》第六章第四节《汉民族成为中华各民族的凝聚核心》，民族出版社2000年版。

康熙五十六年长篇《面谕》,首倡"自古得天下之正莫如我朝",则直欲居历代正统之最,承前启后,实为有清一代最为重要之政治纲领。凡治清史者不能置此于不顾。

柴德赓先生有云:"论古之事,不能废古之文。平情称量正统思想影响中国历史者,厥有二端:一曰谋国家之统一,一曰严夷夏之大防。"[1]今之学者论及有清代明,往往不识古人之心,不顾当时历史主人所思所行,强以现代观念加于古人。若起当时之人质质,则非被统治者愤然不受;即统治者亦必错愕而不知所云,其必曰:早知后人观念若此,则我何必焦心如焚。今古之人两相隔膜,渺若河汉。史学遂任由主观意识所驱遣,亦无可奈何。

清得天下正之与否,如同康乾是否盛世一样,是当时或后世人们的主观判断。治史者信仰不同,其所取价值尺度也必然有异。两种不同的信仰之间,根本无法进行对话。即使一方列举某些所谓"客观标准",其实仍多含其主观信仰。所谓正统,即政权的合法性,乃属于政治道德范畴。而合法以及认同,与其他政治道德一样,亦属主观价值判断,势不能避免价值尺度的主观选择。饶宗颐先生有所谓"历史之秤",认为只有经过"道德评判",才能赋予历史以意义。[2]事实上也绝无纯客观叙述的历史,但历史的客观性却无法否认,政治道德唯有经受历史实存的检验才具有价值。问题在于,人们如何去采摘并赋予客观事实以历史意义。论史者的价值信仰不同,其所看到的历史意义也必然迥乎有别。但这不是道德相对主义的泥沼。人类道德良知的构成虽然是多重的,然其趋向却渐归单一,即只能以人类历史各阶段人民大众主体的意愿和福祉为皈依,而绝不能依政治权力运动造成的现实为转移。

康熙《面谕》与以前的正统之争不同在于:其一,突出清朝得天下为历代正统之最;其二,不但清朝开国为正,而康熙朝的成就更是清得天下

---

[1] 见《四库提要之正统观念》,载氏著《史学丛考》,中华书局1982年版。
[2] 参见饶宗颐《中国史学上之正统论》之朱维铮《序》,上海远东出版社1996年版。西方历史主义大师马西勒克亦认为:"历史的一切的永远价值,皆来自行为的人类的良心决断。"转引自徐复观《两汉思想史》第三卷,华东师范大学出版社2001年版,第203页。

最正的证明。清廷统治者之所以直至入关七十余年之后，才由玄烨对其政权的合法性作出系统阐述，这表明，一个政治纲领或命题，从酝酿、成熟到最后出台，不仅有其政治发展的需要，而且必须具备相应的历史条件以及长期的思想准备。关于《面谕》与皇太子兴废的因缘及其思想来源，前篇已有探讨。本文的任务仅限于：

一、回顾清军入关的历史进程，检讨玄烨有关大清得天下之正撰构的真伪；

二、通过玄烨对历代帝王庙的重新安排，揭明清朝的开国传统以及玄烨控制思想舆论所面临的任务；

三、探索玄烨以治统操纵道统，进而裁断学术的独门心诀。

一、精心构撰的开国"得天下之正"

欲论清朝得天下之正，首先碰到的问题即明清嬗代。对清如何得天下没有合理的解释，其他一切也就无从谈起。故《面谕》开篇即云：

> 自古得天下之正，莫如我朝。太祖、太宗初无取天下之心。尝兵及京城，诸大臣咸奏云当取，太宗皇帝曰："明与我国素非和好，今取之甚易，但念中国之主，不忍取也。"后流贼李自成攻破京城，崇祯自缢，臣民相率来迎，乃剪灭闯寇，入承大统。

明清既为敌国，清廷却自奉仁义，不忍取乱侮亡，必待中国臣民相邀，乃入关替明朝复君父之仇，以有天下。玄烨寥寥数语，已将清得天下之正的理由和盘托出。其后胤禛、弘历"本朝并非取天下于明也"，"本朝之为明报怨雪耻，大有造于明者也"，"自古得天下之正，未之有比也"云云，[1]皆承此而来。

---

[1] 分见《大义觉迷录》、《世祖章皇帝实录序》。

(一)从"孝陵神功圣德碑"说起

"得天下之正"一语,清官修史书将其首倡专利虽归于玄烨《面谕》,然此一思想的萌生,却其来有自。清军入关前夕,范文程提出:"我国虽与明争天下,实与流寇角也。"这虽是出于策略考虑,但随即转化为满族统治集团对明清嬗代合法性问题的自觉意识。清廷定鼎北京之后,多尔衮大言"国家之抚定燕都,乃得之于闯贼,非取之于明朝",[1]以及官方争正统的各种论调,皆可见其演化之迹。吴三桂开关降清,使清廷更有理由宣扬入关一举,顺天应人。多尔衮入京,为崇祯发丧,又博得吊民伐罪的美名。顺治元年十月初一,福临在北京举行登极大典,其祭天祝文、诏告天下之类的文字,按说已将清朝得国之正的理由表述得相当充分,何以七八十年之后,还须玄烨来重申这一命题?也就是说,是什么理由使玄烨必须大倡清朝得天下最正?显然,这不是简单归结为康熙晚年废黜皇太子所能解释的。

要想较为准确地作出解答,我们不妨回顾一下历史。事实上,康熙七年撰成的《孝陵神功圣德碑》,即对顺治一朝予以全面颂扬。其中关于清朝开国得天下作如是说:

> 是时流寇肆逆,明祚已终,国亡君殉,万姓无归。爰整六师,一战而破百万之强寇,乃建都燕京。王师南下,数年之内,以次扫荡,遂成大一统之业。

其于明清嬗代,则曰:

> 故明政乱久矣。太祖高皇帝、太宗文皇帝诞膺景命,定乱无难,特以尚德,缓兵故也。至我皇考,当流寇残破明室,生民涂炭。大兵

---

[1] 《清世祖实录》卷4顺治元年四月辛酉,卷6七月壬子。

西下,扫平逆寇,统一寰区。非神武不能开基,非至圣不能致治。虽尧舜之德,汤武之功,何以尚兹。[1]

已有学者注意到,此篇《碑》文乃力矫顺治《遗诏》,从正面肯定清世祖及顺治一朝的历史地位,[2]这当然不错。但《神功圣德碑》与《遗诏》体例原本有别,《遗诏》的作用在为后继者的改作开路,《碑》则非颂扬主人功业不可。历代如此,非清而然。

玄烨亲政之后,确曾带来一股进言之风,但这种言路的松动,既不足以动摇四辅臣整体上恢复关外旧制的趋向,更不足以改变孝庄的主观意识,以达到为世祖翻案的程度。而玄烨于八年五月逮治鳌拜,恰是违背孝庄之意。[3]《神功圣德碑》的建立,也似出自汉官的推动。半年之前,山东道御史周季琬趁玄烨亲政,疏言:"南郊大祀,岁一举行。奉太祖高皇帝、太宗文皇帝并配,聿崇报本之礼。惟是世祖章皇帝,以创业垂统之君,升遐以来,未奉神主于郊坛。"[4]康熙初年,虽称以孝道治天下,[5]然玄烨继位七年,其父神位居然未获配天享祭,实在不成体统,也足见满族统治者早已摒弃这位本民族的叛逆。[6]经礼部议覆,六年冬至,福临神主遂与太祖太宗并获享祭南郊。[7]七年初为福临立碑,颂扬其功业,当然亦是不欲再受天下之讥。但直至九年八月,也就是玄烨继位十年之后,才首次谒孝陵,为福临展祭。[8]据说《神功圣德碑》碑文乃宋德宜所撰,[9]但关于

---

[1] 《清圣祖实录》卷25七年正月庚戌。
[2] 郭松义、杨珍《康熙帝本传》,第29页。
[3] 参拙文《康熙初年四大臣辅政刍议》,载《清初政治史探微》。
[4] 《清圣祖实录》卷23六年七月己未。
[5] 见《清圣祖实录》卷4顺治十八年八月甲戌谕吏部。
[6] 参拙文《评清世祖遗诏》,载《清初政治史探微》。
[7] 《清圣祖实录》卷23六年七月戊辰,八月庚寅;卷24十一月丁未。
[8] 《清圣祖实录》卷33九年八月丙午,玄烨诣孝陵,其祭世祖祝文曰:"升遐以来,忽已十载,山陵在望,未获展祭。(中略)今遵(孝庄)慈命,躬侍太皇太后、皇太后率诸王贝勒文武群臣,敬谒隆恩殿。"并见卷34九月丙辰。
[9] 见《国朝耆献类征初编》卷6《宰辅六·宋德宜》王吉武代撰《神道碑》。

明清继统，则必遵循清廷官方立场，故称弘光建立为"僭号"，其对历史的曲解之处也不一而足。

值得注意的是，《碑》以甲申年为"明祚已终"，则南明诸藩自为僭号，顺治一朝入关伊始，便得正统。随后数年，即成大一统。而"故明政乱久矣"，则暗示清自太祖兴起已受天命，足见开国即正。其以尧、舜、汤、武不足比拟，超越三代，又直显大清得天下"最正"。凡此皆在为清朝争正统。康熙十一年，玄烨为《世祖实录》作序，避开清军入关之由，突出清定鼎北京之时已得正统，"兢迓壶浆，即殊方异域，声教未通之地，亦皆受吏请封，凛遵正朔"。[1]为清定鼎北京贴金，亦是意在稳定朝廷，影响草野。可见强调正统，肯定顺治一朝，实为清初统治者之急务。而原因在于，清初定鼎北京不久，形势稍稍稳定，满族征服者的本质逐渐暴露而导致民族矛盾迅速激化。顺治二年五月，多尔衮自持"大业已定"，更无所顾忌，公然将当初许诺抛到九霄云外。原撤销剃发令，宣称"自兹以后，天下臣民照旧束发，悉从其便"；今则曰："若不画一，终属二心"，悍然令全国臣民一律剃发，遵从满洲习俗。其"仍存明制，不随本朝制度者，杀无赦"。[2]原"令官民人等，为崇祯帝服丧三日"；[3]今则毁坏明朝陵墓。[4]原承诺废除明季弊政三饷加派；今则变本加厉，"新旧兼征"。[5]原号称"以文教定民"；今则五大弊政齐举，严厉警告臣工不得就此渎谏。[6]原以吊民伐罪为名，今则公然宣称："本朝举兵征伐，原非无故，因万历年间数窘辱我国，以致愤兴师旅。"[7]凡稍有学术良知，自能得出结论，清初民族矛盾的激化，完全是清廷统治者倒行逆施，实行民族征服政策的结果。若以广大汉

---

[1] 见《清世祖实录》卷首。《序》作于康熙十一年五月二十日。
[2] 分见《清世祖实录》卷5顺治元年五月辛亥；卷17顺治二年六月丙寅。
[3] 《清世祖实录》卷5顺治元年五月辛卯。
[4] 《钦定日下旧闻考》卷136《京畿·昌平州三》，引乾隆五十二年奉上谕："迨我师入定燕京，相传睿亲王以尼堪外兰之衅，焚毁德陵（天启陵）明楼享殿。夫修怨复仇，臣子之通义，在睿亲王自当以直报怨，非为已甚。"
[5] 《清世祖实录》卷16顺治二年五月己亥，直隶巡按卫周允疏言。
[6] 《清世祖实录》卷5顺治元年五月辛亥；卷28顺治三年十月乙酉。
[7] 《清世祖实录》卷26顺治三年五月壬戌。

族人民不堪忍受而奋起反抗清廷暴政，就是阻挠清代的大一统，是逆历史潮流而动，实不啻今日之冯铨、孙之獬。本文所要特别指出的是，在持续多年的斗争反抗之后，汉族人民虽屈从于暴力征服，但征服者满族统治集团也能意识到，入关初的那些贴金面具，有关得国之正的宣扬，在天下臣民的心目中，早已灰飞烟灭。康熙七年的《孝陵神功圣德碑》之所以不得不重弹清开国得天下之正这一老调，其基本原因即在于此。

更有进者，顺治一朝虽完成大一统，但天下衰敝，实呈亡秦之迹。拙文《评清世祖遗诏》曾就此一问题作过探讨，可参考。当时朝廷人心涣散，一片悲观，谁还相信大清得国之正？四辅臣执政以来，唯以满族集团利益为是，唯以祖宗旧制为尚，不惜天下嚣然，朝纲解纽，清初政治陷入谷底。振作人心，维系住即将崩溃的满汉关系，实刻不容缓。而玄烨亲政，多少给屈抑已久的汉官一丝希望。康熙七年之《碑》，亦正为此而发。其中大量叙述福临重用"满汉词臣，充经筵日讲"、"亲视太学，释奠先师"、"视满汉如一体，遇文武无轻重"，以及维护明朝诸陵、"悯崇祯帝死难，颁谕祭诔"，无不意在挽回人心。但在结束四辅臣执政之前，这些文字不会对改变现实发生多大影响。

（二）关于清太祖立国与起兵反明

思想上的重复，往往即是现实重复的回声。入关之初，清廷的确须以自我标榜以激起汉族官员民众的拥戴。玄烨亲政之后，以《碑》文重申大清得天下之正，亦不外乎欲重新燃起失望已久的汉族官员的幻想。如果这一解释不致大误，那么，五十年后玄烨于《面谕》中大倡"得天下之正莫如我朝"，则其意图仍不离此。

清初几十年政局的反复震荡，尤其是迁延八年之久的三藩之乱，使清廷统治者更加成熟，对其统治赖以维持的基础也有了更为深刻的认识。叛乱期间及平定之后，玄烨确曾公开暴露过他对汉族人民的仇视，但更多的则是以满汉共主的姿态现身，宣扬满汉一体，关注国计民生，缓和民族矛盾。三藩之乱结束，玄烨没有立即重弹大清得国之正的调子，徘徊两三年之后，却开始南巡，大肆宣扬崇明尊孔，力图寻找笼络汉族人心的新途径。这一时期玄烨所作《太宗实录》、《太祖实录》序文，亦可发现耐人寻味的痕迹。二十一年序《太宗实录》，除照样有"诞膺天眷"、"应天兴国"之类字样外，其于皇太极四处征伐的武功，则曰："兴师讨罪，仁义并施。往往称天以临，示非得已。"其于朝鲜、蒙古，皆明书其国名，而于"凌、锦、松、杏"，则略其明朝所属。较之弘历的蛮横霸道，直书"明政不纲，天人共愤。且旧与我国有隙，于是应天顺人，率师直抵燕京，声罪致讨"，[1]玄烨毕竟克制得多。二十五年玄烨序《太祖实录》，述努尔哈齐以征战开基，"用能覆九姓之锐师，扫四路之劲旅，诸部群雄，以次划削，辽沈之域，悉隶疆索"，将明朝字样隐去。而弘历《序》则曰："九国连兵相向，一怒而讨平之；明人四路来攻，亦克日尽歼。"[2]二者感情色彩的差异，是显而易见的。

　　太祖、太宗《实录》两篇序文写得如此含蓄，却并非玄烨本意。二十一年东巡关外或稍后撰写的《福陵颂》与《昭陵颂》，才显出他的真实感情。其于努尔哈齐建国，则曰："显庸东国，腾威区夏。虽太王之居岐蒭商，文王之江汉归化，未足方斯赫濯也。"于萨尔浒之战，则曰："爰誓六师，濯征明国，以少击众，群丑胥殪。"皇太极破关侵略明朝内地，被描述得豪迈无比："堕岩关，绕明都，耀兵燕赵，鞠旅齐鲁，投鞭渤海，饮马黄河，六师安行，莫我敢遏。"在玄烨心中，皇太极一朝早已具备夺取天下的实力。"一统之规已裕矣，犹画境息民，俟天休命"。[3]至二十七年年底，盛京兴建福陵神功圣德碑、昭陵神功圣德碑，玄烨撰写的御制碑文更是酣畅淋漓，毫无顾忌。努尔哈齐时期，乃"帝业已成"。接述伐明，则曰："明政久弛，弃绝和好，援我仇雠，荡摇我边陲。"迨萨尔浒一战击破明军，太祖已"大统乃膺，新命乃廓"。可见满洲建国，明祚已移。至于皇太极多次破关掳掠，则

---

[1] 见《清太宗实录》卷首，中华书局1985年影印本。
[2] 见《清太祖实录》卷首，中华书局1985年影印本。
[3] 均见《御制文集》卷24《福陵颂》、《昭陵颂》。两篇不具作年，然《四库提要》以《御制文集》所收为康熙二十二年以前。玄烨于康熙二十一年回盛京祭祖，同年九月开始编纂《三朝圣训》，估计两《颂》作于此年。

无所隐讳,极力炫耀。却于明清之间的战和,颠倒黑白,将责任推到明朝。而大清国则是"肃将天威,救民水火"。[1]全然是一番征服者的狂妄腔调。足见三藩之乱以后,玄烨虽表面上大煽崇儒汉化之风,然在其真实思想中,却坚持清自开国已得天命,"比烈羲轩",注定要取代明朝一统天下,重现三代的汤武革命。玄烨看似谦让未遑,实则"自古得天下之正莫如我朝"的思想,已在内心激荡不已,呼之欲出,然而他却能隐忍三十余年!

我们应该注意到,《面谕》说"太祖、太宗初无取天下之心",并非仅指太宗,而是说太祖亦无此心。单就此句而言,可指太祖一朝实无取天下之势,亦可指太祖时可得天下而不为。然若细与后文连读,则知玄烨实就第二义而言。数十年前所蕴含于心的思想至此便系统展开。"明与我国,素非和好",即指大清立国在明朝之外,非以臣属犯逆,亦含开国即正之意。雍正《大义觉迷录》中"我朝之与明,则邻国耳";"论报复之义,则为敌国,论交往之礼,则为与国",即由此而阐发。要之先必否定清朝先祖曾为明之藩属,否则,"得天下之正"即成无源之水。孟森谓清廷"自谓与明为敌国,自古未尝臣服,则徒自失实",[2]乃是客观公正的史家态度。

清太祖努尔哈齐为统一女真各部起兵,在明万历十一年(1583)。其以"七大恨"攻明,正式与明断绝关系,则在努尔哈齐建国三年之后,即明万历四十六年。此三十五年间,努尔哈齐受明封爵,入京朝贡,实为明朝属藩。此一史实,载在明、清两朝《实录》,无可否认。需要注意的是,万历四十六年以前,努尔哈齐亦公开承认明朝皇帝为天下共主。[3]若就清太祖一朝形势而论,建国六年得辽东,七年占据广宁,此其极盛也。然关门外八

---

[1] 均见《清圣祖实录》卷138二十七年十二月甲辰。
[2] 孟森《明清史讲义》下册,第373页。
[3] 《清太祖朝老满文原档》第二册《昃字档》万历四十三年六月,汗说:"尼堪(明朝)自以为他是君临天下各国的共主。既是共主,就应该共主所有的国家,何故独对我称主?"同见四十六年四月十三日"七大恨"第七恨曰。孟森《清太祖告天七大恨之真本研究》云:"太祖自言其祖宗以来为明看边。又云'我部看边之人,二百年来,俱近边住牧'。称明天朝,自称属夷。又称与南、北关俱系属番,俱为臣属。此在太宗时犹见之文字。"可谓不易之论。载《明清史论著集刊》上册。

城,仍在明朝。后来皇太极为其父辩解,"我师既克广宁,诸贝勒将帅咸请进山海关。我皇考太祖以昔日辽、金、元不居其国,入处汉地,易世以后,皆成汉俗。因欲听汉人居山海关以西,我仍居辽河以东,满、汉各自为国。故未入关,引军而返"。[1]实则明天启六年,努尔哈齐攻宁远兵败而归,引为奇耻,遂于当年病死。次年皇太极再攻宁远,依然败于袁崇焕之手。当时欲再越雷池一步,岂可易得。清太祖一朝之与得天下,实遥不可及。

必须指出,努尔哈齐揭"七大恨"攻明,使满族与明朝的关系发生重大变化。如果说,满族由明朝的臣属独立建国,完成本民族的统一,尚可说是本民族发展的内在要求,具有其合理性。然而,以武力占领辽东,则使努尔哈齐发动的明清之间的战争演变成一场不折不扣的征服掠夺。满族先人归属明朝统辖,是自猛哥帖木儿以来历代首领的自愿选择,史料俱在。尽管从明朝一方而言,对边境少数族包括东北女真,存在分而治之的意图,并曾剪除过如董山、王杲、王台、王兀堂之类桀骜不驯的首领,但总的来说,二百年间明代政府的统辖,通过朝贡、边市贸易等和平形式的交往,促进着女真的发展。对此,清初官修《武皇帝实录》亦直言不讳。[2]以孟森的话说,女真是明朝边夷中受惠最大者。[3]即使明后期,边将贪腐,双方关系趋于紧张,但明朝并未出兵占领女真人的居地,奴役其人口,更不曾强迫女真人改变自己的习俗。甚至努尔哈齐建国称汗,统一各部,并未曾受到明朝的干预,则是事实。尔后明廷边将与努尔哈齐之间,达成双方皆可接受的边境协议。[4]但努尔哈齐兴兵攻占全辽,掠夺汉族人民

---

[1] 见《清太宗实录》卷3天聪元年四月甲辰,皇太极与袁崇焕书。
[2] 《清太祖弩儿哈奇武皇帝实录》卷1,戊子年(1588)下云:"国势日盛,与大明通好,执五百道敕书领年例赏物。……抚顺、清河、宽奠、叆阳四处关口互市交易,照例取赏,因此满州民殷国富。"
[3] 《明清史讲义》下册,"明之惠于属夷者,以建州女真所被为最厚",第372页。
[4] 《武皇帝实录》卷2戊申年(1608),"是年太祖欲与大明国和好。遂会辽阳副将、抚顺所备御宰白马祭天,刻誓辞于碑。"订定边界,互不逾越。实则以前二年李成梁擅自放弃宽甸等地八百里为基础,见谈迁《国榷》卷80万历三十四年八月己未,《明神宗实录》卷447三十六年六月丙辰,台湾"中研院"历史语言研究所1966年校印本;《明史》卷238《李成梁传》。

再评"自古得天下之正莫如我朝"

世代生存的家园,以此来"计丁授田",并逼迫汉人与满族兵丁"同耕合住"以事供养;面对汉族人民的逃离反抗,努尔哈齐则大肆屠杀,将汉人"编庄屯种",实则变成满洲八旗各级将士的奴仆。满族八旗制国家立国的基础就是对异族人民的掠夺和奴役,并以最野蛮的手段强迫汉人必须遵从满洲习俗,剃头蓄辫。这些严酷的历史事实,备载清修《满文老档》,无可隐讳。1644年清廷定鼎北京,之后所实行的五大弊政,完全是努尔哈齐民族征服的继续。

(三)玄烨的《明史》情结

玄烨欲证成大清开国即得正统、太祖可得天下而不为一说,势必先确立一个前提,即证明明万历朝清太祖起兵时,明朝已呈灭亡之兆。这对于玄烨来说,并非能一蹴而就。[1]而且,玄烨欲从思想上论证清朝得国之正,已不简单是一种政治鼓吹,同时亦是为了驱除他本人的内心疑惑。要想达到这一步,必须对明清嬗代有自己的结论,这就迫使他非得从明清两方面都作出相应的解释,而其中关键又在于明。原因在于,对清朝一方历史的解释权虽操在玄烨之手,而对明史的解释权暂时尚在汉人,尤其是在明史馆诸臣手中。玄烨对修撰《明史》关注异常,其中就有此层原因。

二十五年作《太祖实录序》时,玄烨自知对明史知之无多,虽早将本朝开国归于天意所眷,然于明朝衰亡自万历始,手中证据毕竟并不充分,底气未免不足。玄烨欲论天命转移,非深究明史不能成说。然而政治形势的发展,又使他在意识舆论领域不得不经历一段尊明的曲折。早在十八年,三藩尚未彻底平定,玄烨特开博学鸿儒一科,设立明史馆,即尊

---

[1]《起居注》二十三年四月初五日,明珠等奏请将《明史》"缮写一二本恭呈御览",玄烨以几务殷繁而推辞。三年后,二十六年四月初四日,《明史》监修官将《明史》初稿呈送玄烨,并"恭请皇上论断"。玄烨曰:"若万历以前之事尚易,至万历以后之事,殊为繁冗,论断亦难。"可见二十六年之前,玄烨对明朝万历之后的历史尚无所见。

明的开始。但政治上大力尊明,是在三藩之乱结束之后。首次南巡前一年,玄烨下令停止使用"故明"一词,[1]从此尊明成为玄烨坚守不易的政治方针。[2]二十三年南巡,谒拜明太祖陵,"礼文隆渥,踰于常祀",弄得汉人"垂白之首,含哺之氓,罔不感仰圣仁,至于流涕"。[3]又作《过金陵论》,称颂明太祖"以布衣起淮、泗之间,经营大业,应天顺人,奄有区夏",即承认明为正统。正如馆臣所说,"追念前代",意在显示玄烨"天下为公之至意"。三十六年,谕大学士等:"观明史洪武、永乐所行之事,远迈前王。我朝见行事例因之而行者甚多。且明代无女后预政,以臣陵君等事,但其末季坏于宦官耳。"[4]当年又谕明史馆监修大学士:"统论一代规模,汉迄唐、宋皆不及也。"[5]三十八年南巡,又题"治隆唐宋"一碑。其后,四十四年、四十六年南巡,皆亲诣明孝陵致祭,行三跪九叩礼,为万民所睹,且载于《实录》。凡此皆玄烨表面文章。须知明得天下之正与否,只关涉清得天下之正是否为历代之"最",固无碍于清得国之正。故玄烨肯定明太祖的历史地位,无关大清得天下最正的宏旨。玄烨之于明,只需补充论证万历以来已趋衰亡,即能衬托清太祖的开国之正。《过金陵论》中"迨承平既久,忽于治安,万历以后,政事渐弛"一语,或许是泛论明史,未必即暗含清得天下如何。又云"闯贼以乌合之众,唾手燕京",与后来反复求证李自成得北京乃系"攻克",立意不同。亦见此时玄烨尚未刻意系统构建大清得天下之正。

值得注意的是,四十二年,玄烨审阅"熊赐履呈览明神宗、熹宗以下史书四本",论及万历朝,"至于本朝兴兵声讨之故,书并未记载",责问熊赐履、王鸿绪。寻大学士等覆奏:"我太祖高皇帝兴师之由,详载《太祖本纪》,是以《明史》内未曾载入。"玄烨却说:"太祖兴师之故,虽不详

---

[1]《起居注》二十二年八月初十日。
[2] 玄烨与福临不同,玄烨起初贬抑明朝,而推崇唐太宗,参见《起居注》、《御制文集》相关诸条。
[3] 张玉书《张文贞集》卷1《圣驾诣明太祖陵颂》。
[4]《清圣祖实录》卷179三十六年正月甲戌。
[5]《御制文集》第二集卷16。

载《明史》,记其大略未始不可。"[1]玄烨所谓努尔哈齐兴师之由,即其与满洲大臣私相议论的"我朝并无侵犯于明,因明有侵犯于我,故我朝兴师。"[2]馆臣不知底蕴,或以为指"七大恨",《明史》略此不载,体例如此。玄烨则必欲写入《明史》,足见他意在将万历衰亡与后金起兵反明相互印证,必于明代历史中体现清朝兴起,是反击明朝的"侵犯",正义性自在清朝一方,而清太祖一统之势虽未具,然正朔转移却应明了。更早在三十年多伦会盟时,玄烨论及中原历朝边患,兴致所由,谓大学士曰:"秦筑长城以来,汉、唐、宋亦常修理,其时岂无边患?明末,我太祖统大兵长驱直入,诸路瓦解,皆莫敢当。"[3]努尔哈齐居然拥兵入关!此属玄烨一时口误,抑或其意念使然?玄烨《御制文集》第三集卷19《宋高宗父母之仇终身不雪论》论及明清之事云:

> 我太祖皇帝因祖之仇,戊午起兵,战必胜,克必取,所向无敌。犹念中国涂炭,数次议和。明朝引南宋讲和之非,始终不悟,归罪兵部尚书陈新甲为秦桧,弃市示众。发天下兵迎战,如袁崇焕、毛文龙、洪承畴、祖大寿、唐通、吴三桂,前后千余员,凡出关者,非死即降,靡有孑遗。财赋因之已竭,人心随而思乱。(中略)岂非当日不主议和者乎?

此又以太祖与明曾数次议和!《御制文集》前三集为玄烨手定,史臣校核,绝无笔误之嫌。据李光地记载,此文作于四十一年。玄烨以此为题考试词臣,并亲作此篇。玄烨于《论》首亦云,他不满诸臣所作,乃再为论断。[4]"戊午起兵",即指万历四十六年"七大恨"伐明。在宣扬太祖武

---

[1] 《清圣祖实录》卷212四十二年四月戊戌。
[2] 台湾故宫博物院藏《康熙朝起居注册》第18册四十二年四月二十三日,台湾联经出版事业有限公司2009年影印本。
[3] 《清圣祖实录》卷151三十年五月丙午。
[4] 参《榕村续语录》卷8《历代》,玄烨初作,李光地不甚心服,《御制文集》亦未收。此篇为玄烨再论,收入时绝不致有误。

功"所向无敌"之后,接书"数次议和",与上引三十年所云太祖统兵"长驱直入(长城)"互相衔接。玄烨故意将皇太极即位以后之事笼统归入太祖朝,以歪曲历史。而检诸史籍,则是明辽东巡抚得知努尔哈齐侵占抚顺等城,即责令其送还所掳掠的人口,遭到努尔哈齐拒绝。[1]随后,努尔哈齐得知明廷即将出兵,但仍欲恃武力,迫使明朝订立城下之盟。[2]明朝边将以攻抚顺相责,希图掩其失职,此与朝廷议和,乃风马牛不相及。即使依《清太宗实录》,亦载皇太极曾明言,太祖得辽东之后,"彼时意汉人或来议和也。迟之四载,明人乘间修葺宁远,伺隙构兵"。[3]是知清太祖起兵伐明后,明廷未曾与满洲议和,即因努尔哈齐强横霸道的条件,毫无诚意。玄烨熟谙《太宗实录》,对此岂可云不知? 是直欲欺诸臣耳。《论》中列举明朝将领,不分孰值太祖朝,孰值太宗朝,而皇太极之名又隐而不现。玄烨表面论宋,意却在明,迨篇末论至明亡,终于以"岂非当日不主议和者乎"一语图穷匕见。至此,我们再无疑义,玄烨正是要论证早在本朝太祖起兵之初即有与明议和之意,而明朝不行议和,故至最终灭亡。努尔哈齐侵占辽东,皇太极曾坦言得自汉人,载在《实录》,[4]玄烨故意视而不见。在玄烨笔下,形势公理俱在太祖,太祖一出,明即将亡,难道不是天意所归吗? 玄烨的意图已如此明显,那么,次年他要将太祖起兵之由写入《明史》,其用意即昭然若揭。从二十六年至此,不过十余年,玄烨再也不是对《明史》谦让未遑,而是明白无误

---

[1]《武皇帝实录》卷2天命三年六月二十二日,"(明)广宁巡抚遣人来言两国修好,令送还所掳之人。帝曰:'吾征战所得,何可还哉?'"《老满文原档》第一册《荒字档》同日,记努尔哈齐曰:"在战争中所获得者,虽一人何可送还? 如果以我为是,除攻取所得的人口外,你们应先赠送银子、金子、绸缎、蟒缎等物给我,始可言和。若以我为非,那么我就不讲和,仍然战争。"
[2] 参见《清太祖朝老满文原档》第一册《荒字档》,天命四年正月二十二日,并《武录》卷3。
[3]《清太宗实录》卷3天聪元年四月甲辰,皇太极答李喇嘛书。
[4]《清太宗实录》卷9天聪五年七月庚子,"大军渡辽河,上召集诸将谕曰:沈阳辽东之地,原非我有,乃天所赐也。今不事征讨,坐视汉人开拓疆土,修建城郭,缮治甲兵,使得完备,我等岂能安处耶?"

地告诉《明史》馆臣,明清之际的历史只能由他的意志来安排。但玄烨随后偏要假惺惺地说:

> 卿等皆老学素望,名重一时,明史之是非,自有烛见。卿等众意为是,即是也。刊而行之,偶有斟酌,公同再议。朕无一字可定,亦无识见,所以坚辞以示不能也。
>
> 作史之事,殊为重大,一字不可轻为增减。明史一事,朕所以不敢自任者,亦此故也。[1]

说得何其冠冕堂皇!然而就在他于馆臣面前故示公正的同时,其实仍坚持自己的思维模式,竭力搜寻明朝万历必亡的证据。而其思想来源,据玄烨自供,却多得自明末太监的口述。[2]玄烨确实是一位口述史专家。我们无法断言玄烨从传闻中所获究竟有多少属实,但这并不重要,重要的是:第一,他才是明史的真正权威;第二,他要以此传闻来矫正《明史》馆臣之"失"。玄烨晚年曾说:

> 朕遍览明朝《实录》,但将科抄写入,并未录实事。史臣但看野史记录,错误甚多。故大臣虽奏请速成《明史》,朕明知其无实,速成何为?
>
> 朕素不看《明史》。偶一翻阅,嘉靖年间,倭寇为乱,不能平。后满洲征服,至今倭刀、倭碗等物现存禁内。而《明史》不载。可见

---

[1] 分见《清圣祖实录》卷218四十三年十一月壬戌,《起居注》四十五年十月二十三日。
[2] 《清圣祖实录》卷212四十二年四月戊戌,谕曰:"朕自冲龄,即每事好问。明时之太监,朕皆及见之,所以彼时之事,朕知之甚悉。"卷240四十八年十一月癸未,谕曰:"明季事迹,卿等所知,往往皆纸上陈言。万历以后所用内监,曾有在御前服役者,故朕知之独详。"《起居注》五十三年六月初六日,谕曰:"明朝末年,去朕降生之年十有一载,自朕御极之年计之,相去止二十一载(原文如此)。明万历时太监以及官员,朕俱曾任使。伊等曾向朕奏过。"诸如此类甚多,不备录。

《明史》伪妄,不足信也。[1]

不但《明史》、《明实录》他不信,即《史记》、《汉书》乃至《二十一史》他全不信。[2]今人多信《明史》之所以为佳作,乃因朝廷慎重,不急于成书。实则自十八年博鸿科设明史馆,未过几年,所剩人员殆寥寥无几。[3]《明史》之迟迟不能修成,主要为玄烨所抑,"朕明知其无实,速成何为?"而他否定《明史》的根据,自以为另辟蹊径获得的独门秘笈,除得自传闻之外,岂有他哉!谁能反驳他任使过明万历朝时的太监和官员?谁能否认嘉靖年间满洲曾平定过倭寇?一切皆由他信口道来。而玄烨既有此法门,故往往语出惊人:"正统间事,史书所载不能明确。其(英宗)在沙漠尝生一子,今有裔孙,现在旗下。""张献忠有养子三人,耳鼻皆被割去,朕曾见之。"[4]如此之类,不一而足。当然,对于玄烨而言,最重要的还是收集明万历以来衰败必亡的证据,而且尽可能与玄烨本朝作对比。略举数例如下:

明末之君多有不识字者,遇讲书则垂幔听之。
明季所行,多迂阔可笑。建极殿后阶石,高厚数丈,方整一块,其费不赀。采买搬运至京,不能昇入午门。运石太监参奏:"此石不肯入午门。"乃命将石捆打六十御棍。崇祯尝学乘马,两人执辔,两

---

[1] 分见《起居注》五十六年八月四日,十一月二十四日。
[2] 《起居注》五十六年八月初四日,谓马齐曰:"朕又览《史记》、《汉书》,亦仅文词之工,记事亦有不实处。即如载项羽坑秦卒二十万,二十万卒岂有束手待坑之理乎?"十月三十日,谓满臣曰:"书中之言,多不可凭。二十一史,朕皆曾披阅,悉属笔底描摹,无足征信。"
[3] 《碑传集》卷45乔莱《倪检讨灿墓志铭》:"自《明史》开局以来,此五十人者,或历高位解史职,或休沐,或放废遁迹田里,而李侍讲石台、施侍读愚山、陈检讨其年、吴检讨志伊辈,又相继下世,其直史馆司笔削者,已落落如晨星矣。或又分纂实录、宝训、方略、会典、一统志诸书,多不能专力《明史》。"倪灿卒于康熙二十六年,距明史设馆不过八年,已衰落如是。
[4] 《清圣祖实录》卷240四十八年十一月癸未,卷254五十二年四月丁卯。

再评"自古得天下之正莫如我朝"

人捧镫,两人扶鞦。甫乘,辄已坠马。乃责马四十,发苦驿当差。马犹有知识,石何所知?如此举动,岂不发噱!总由生于深宫,长于阿保之手,不知人情物理故也。

明朝费用甚奢,兴作亦广,一日之费,可抵今一年之用。其宫中粉脂钱四十万两,供应银数百万两。至世祖皇帝登极始悉除之。紫禁城内砌地砖横竖七层。(中略)明季宫女至九千人,内监至十万人,饭食不能遍及,日有饿死者。今则宫中不过四五百人而已。

康熙元年间,明之官员太监尚有存者。朕闻其君常处深宫,不与臣下相见,而惟与宦竖相处。既不读书,亦不勤政。所以上下之情壅蔽不通,民间疾苦竟罔闻知。[1]

这就是自诩"并不似前人辄讥亡国"、"从不轻评古人"的玄烨。[2]明末诸帝既如此腐朽无能,谈何配享天下。至于宦竖专政,朋党纷争,总之国将不国。而追根溯源,即在万历一朝。对此,玄烨说得甚为明确:

万历以群臣敦请,乃立泰昌。万历之终,亦不甚明。泰昌之立不过三月,足见天之施报不爽。且万历之时,四方构衅,朝廷多事,明代之衰,实由于此。[3]

注意,玄烨所言明代之衰并非始于万历末年,即非努尔哈齐伐明之际,而应追溯此前二十余年,与太祖起兵相当。既然如此,清太祖、太宗自

---

[1] 分见《清圣祖实录》卷212四十二年四月戊戌,卷240四十八年十一月癸未,卷254五十二年四月甲寅。

[2] 《清圣祖实录》卷130二十六年五月戊子,玄烨谕词臣:"朕从来不轻评论古人。即如《明史》一书,朕亦不遽加论断。"卷179三十六年正月甲戌,谕大学士:"元人讥宋,明复讥元。朕并不似前人辄讥亡国也,惟从公论耳。今编纂《明史》,著将此谕增入修《明史》敕书内。"卷216四十三年六月丁酉,玄烨谓揆叙曰:"古今讲道学者甚多,而尤好非议人。彼亦仅能言之耳,而言行相符者盖寡。是以朕不尚空言,断不肯非议古人。"

[3] 《清三朝史案》上册《康熙建储案·王掞折三》。

然得邀天眷;取明而代之,也就天与人归,顺理成章。更可注意的是,玄烨的这些思想大多是在四十年代之后表述的,而在《面谕》颁布之前数月内尤多。这再次证明,玄烨为准备《面谕》确实费尽心机。而正面提出"自古得天下之正莫如我朝",又恰是以明亡于万历这一结论为背景。

(四)关于明清之间的战与和

清太祖一朝已令玄烨煞费苦心,至太宗一朝多次入关劫略屠戮,更不易辩解。除乞灵天意以掩盖史实之外,恐亦别无他途。《面谕》之所谓"尝兵及京城,诸大臣咸奏云当取。太宗皇帝曰:明与我国,素非和好,今取之甚易,但念中国之主,不忍取也"云云,显然在为皇太极兴兵攻明之由作辩解。与十年前初废允礽时所言,"太宗皇帝曰:今取此城甚易,当视天意何如",[1]一脉相承。不过十年前言天意,而《面谕》"不忍"二字,则更在显示皇太极之仁德。可见"太祖、太宗初无取天下之心"一语,非泛泛而言,乃指努尔哈齐、皇太极皆已备仁心,不恃武力得天下。若单以后来所成帝业论天意归属,玄烨恐尚不能服人,故特以太宗放过北京不取为言。当初遵从天意未取,后来定鼎北京,自然是天意已至,明朝当绝。这层含义是显而易见的。玄烨如此概括太宗一朝与明廷之关系,绝对是征服者的逻辑,也是对历史的掩饰和曲解。以下先列举皇太极本人对明廷关系的言论,以见玄烨《面谕》之真伪。

皇太极即位之初,后金有调整内部的需要,故转而谋求和谈。皇太极《与袁崇焕书》颇有值得关注之处。《清太宗实录》录其拟乃父"七大恨",亦列七款,申述太祖一朝与明交恶之由。皇太极所不平者,在明朝偏袒其他诸部,何曾否认明朝为其宗主国?[2]随后,皇太极《答袁崇焕书》论及君臣名分曰:

---

[1] 《清圣祖实录》卷234四十七年九月壬午。
[2] 见《清太宗实录》卷2天聪元年正月丙子。

> 至尔等于我,实渐加轻慢。尔前来书,尊尔皇帝如天。李喇嘛书中,以我邻国之君,列于尔国诸臣之下。如此尊卑倒置,皆尔等私心所为,非义礼之当然也。(中略)今以小加大,以贱妨贵,于分安乎?我揆以义,酌以礼,书中将尔明国皇帝下天一字,书我下尔明国皇帝一字书,尔明国诸臣下我一字书,已为允协。[1]

可见此时皇太极仍以属国自居甚明。皇太极非止谓明朝诸臣如是说,其谓朝鲜国王亦如此。[2]明崇祯二年,皇太极率军入关至京畿地区,所布檄文中曰:

> 我太祖皇帝思戢干戈,与民休息,遣人致书讲和,而尔国不从。既而天又赐我河西地,我复屡次遣使讲和。尔天启皇帝、崇祯皇帝仍加欺陵,使去满洲国皇帝帝号,毋用自制国宝。我亦乐于和好,遂欲去帝称汗,令尔国制印给用,又不允行。以故我复告天兴师,由捷径而入。[3]

檄文中云太祖致书议和,显为宣传,可不置辩。皇太极于房山祭金陵二帝文亦曰:"我国介在边陲,世守忠信。明万历君无故害我二祖。彼虽出此,我犹尊之为君。"[4]郑天挺先生引崇祯三年(即金天聪四年)皇太极《谕官军人等榜文》直言不讳:"我祖宗以来与大明看边,忠顺有年。"[5]可见兵犯北京之后,皇太极之与明仍未敢对等相视。直至崇祯七年,皇太极致明崇祯皇帝书仍曰:

> 昨见皇帝书,云"满洲原系属国"。此不惟皇帝言之,即予亦未

---

[1]《清太宗实录》卷3天聪元年四月甲辰,可见皇太极自知国体仍未敢与明对等。
[2]《清太宗实录》卷3天聪元年五月庚午。
[3]《清太宗实录》卷5天聪三年十一月丙申。
[4]《清太宗实录》卷5天聪三年十二月辛酉。
[5] 见《清代皇室之氏族与血系》,载《清史探微》,北京大学出版社1999年版。

尝以为非也。[1]

承认自祖先以来即为明朝属国,白纸黑字,载在《实录》,无可抵赖。

关于兴兵攻明,皇太极亦有明白自道。当初皇太极发兵攻宁远,为袁崇焕所败,皇太极不欲复与袁崇焕正面交手。于是方有两年之后犯险,破长城兵临北京,同时借此挽回此前兵败宁远之憾,以缓解内政上的压力,此史家所悉知。出兵之前,皇太极谕诸贝勒大臣:

> 从前遣白喇嘛向明议和。明之君臣若听朕言,克成和好,共享太平。(中略)我屡欲和而彼不从,我岂可坐待?定当整旅西征。[2]

皇太极毫不忌讳承认自己不能坐等议和,必先予明以军事压力。此分明是不满足于现状,岂配谈天意?据《清太宗实录》,直至明崇祯七年底,皇太极尚不敢妄言天命,[3]何况此时?崇祯二年皇太极兵临北京,早于吴三桂降清十五年,自然扯不上臣民"相率来迎"。故玄烨于《面谕》先引"明与我国,素非和好"的祖训,暗指皇太极破关,实非无由。皇太极犯险悬师深入,凭借骑兵,四处袭击。至北京城下与明军相持十日,根本不具备攻城条件。"先是,命备梯盾,将攻北京城。至是不果,遂旋军"。即玄烨所修《太宗实录》所记不过如此,何来"诸大臣咸奏云当取","取之甚易"之说?《实录》记皇太极对城外袁崇焕、祖大寿所部,一战之后尚不敢相持,"若伤我军士,虽胜不足多也"。至于北京城,更只能望洋兴叹。"时围困燕京,统兵诸贝勒大臣俱请攻城。上曰:朕

---

[1] 《清太宗实录》卷19天聪八年八月丁丑。同卷七月丁酉,与明代王书亦曰:"我国昔年驻守辽边,以正直为心,未动寸草撮土。"
[2] 《清太宗实录》卷5天聪三年六月乙丑。
[3] 《清太宗实录》卷21天聪八年十二月甲辰,牛录章京刘学诚条奏二事,其一曰"立郊社坛以敬事天地","今盛京门外设立堂子,遇朔望车驾亲诣行礼。然此但寻常之事,非天子之礼也"。皇太极览毕,曰:"至于建郊社,立宗庙,未知天意何在,何敢遽行?果蒙天佑,克成大业,彼时顺承天心,恭议大典,未晚也。"

承天眷佑,攻固可以必得,但所虑者,坚城之下,倘失我一二良将劲卒,即得百城,亦不足喜。"〔1〕皇太极显然自我解嘲。玄烨岂见不及此?崇祯三年清军北撤时所占遵化等四城,不到半年即遭到明军合围,仓皇撤离。此后清军多次入关,却再不敢留下任何据点,亦是明证。即使崇祯九年(清崇德元年)清军大举入关,俘获明朝兵民十八万而归,皇太极仍斥责满洲将帅曰:"此番往征燕京出边,我之军威竟为尔八大臣所累。"〔2〕而于崇祯二年,面对北京城,皇太极岂敢夸口"今取之甚易"?唯百年之后玄烨敢出此言。

《面谕》所言皇太极始终无取天下之心,则断非实情。太宗朝与太祖朝毕竟不同。努尔哈齐曾三次入贡北京,起兵以来虽得全辽,终止步于广宁。皇太极耀兵北京城下,与明争国体的同时,何尝不曾激起步辽金元后尘之想,称帝而有天下。〔3〕唯自知当时实力有限,遵化等四城得而复失,故不得不暂时收敛,以待时机。明崇祯八年,皇太极击破察哈尔蒙古,次年征服朝鲜,形势大非昔日可比。〔4〕皇太极得元朝传国玉玺,骤启其争天下之心。当年年底,皇太极祭告太祖陵曰:

> 历代帝王相传玉玺,久不知其所在,今已为我国得之,共称符瑞,谓得受命之征。兹蒙古诸国尽归一统,惟有明国尚为我敌。更祈皇考英灵,始终默佑,以成大业,以昌国运。〔5〕

---

〔1〕 分见《清太宗实录》卷5天聪三年十二月丙子,十一月戊申、庚戌。
〔2〕 《清太宗实录》卷32崇德元年十一月癸卯、癸丑。
〔3〕 《清太宗实录》卷5天聪三年十一月丙申,传谕明朝各城军民檄文即有"若谓我国褊小,不宜称帝。古之辽金元俱自小国而成帝业。且尔朱太祖昔曾为僧,赖天佑之,俾成帝业。岂有一姓受命,永久不移之理乎?""上天既已佑我,尔明国乃使我去帝号,天其鉴之"。
〔4〕 《清太宗实录》卷42崇德三年六月丁卯,皇太极谕西北蒙古喀尔喀部落:"昔辽、金、元三国之主,当征战时,西伐厄讷忒黑,东抵朝鲜,北极黑龙江,南至于海,无远弗届。朕今日正与相等也。"此即皇太极超越乃父,引以自豪之处。
〔5〕 《清太宗实录》卷26天聪九年十二月丁酉。

次年初,八和硕贝勒等请皇太极称皇帝尊号,皇太极令其遗书告知朝鲜,其书曰:

> 天下者,非一人之天下,乃天下人之天下,惟有德者居之。(中略)窃窥天意,明之历数将终矣。革命兴邦,知在此时矣。[1]

可见皇太极建元之际,后金国内上下,以及外对明朝、朝鲜、蒙古,无不以称帝号、得天下相号召。皇太极甚至梦到进入明朝宫中见到万历帝,[2]真可谓梦萦魂绕!以上皆《实录》所明书,应玄烨所悉知,岂《面谕》"初无得天下之心"一语所能掩盖?

迨崇祯末年,明朝形势日非。清廷上下皆知"明之必亡昭然矣",汲汲耸动皇太极乘机"成一统之规模"。但皇太极却踌躇不定,且时时放出和议的烟幕。实由他考虑即使倾巢入关,亦未必能稳操胜券。[3]他更担心重蹈金朝覆辙,"昔大金不尝抚有中原乎?"[4]基于此,皇太极甚至曾考虑过划关外而自立。这既有历史的前鉴,亦有现实的顾虑。明朝虽衰,但仍为大国,清实力有限,故不能孤注一掷。皇太极所谓"如伐大树,须先从两旁斫削,则大树自仆",即以不断的攻掠,逐步耗尽明朝国力,最终能不冒风险,轻而易举地取而代之。"今明国精兵已尽,我兵四围纵略,彼国势日衰,我兵力日强,从此燕京可得矣!"[5]

---

[1] 《清太宗实录》卷27天聪十年二月丁丑,并参本月戊子。
[2] 《清太宗实录》卷36崇德二年六月甲寅,皇太极"夜梦至兴京谒皇考太祖。太祖乘飞骑奔驰,和硕礼亲王代善追挽太祖之马不及。上忽至明国宫内,见万历帝端坐,上侧立视之。万历帝探囊,出一丝绦,其穗饰以珊瑚,将欲授上。上默念,明主欲与珍玩,何所不有,受此何为?"
[3] 《清太宗实录》卷50崇德五年正月壬寅,明朝降将张存仁疏曰:"今我国铁骑如云,加以蒙古军士,即取天下亦有余力。然而关外之八城犹峙,燕京之保障如故者,岂皇上不乐君临中夏,而故为是优游耶?非也。不过虑明国城池多,人民众,语言风俗不与我同,顺逆倏变,降叛靡常,恐难贴服耳。"最能窥见皇太极心理。
[4] 《清太宗实录》卷61崇德七年六月癸亥。
[5] 《清太宗实录》卷62崇德七年九月壬申。

他打的就是这副如意算盘。松锦之战后,清军又以全国一半兵力入关侵扰,甚至欲联合农民军共同颠覆明朝,亦遵循此一方针。[1]皇太极何曾被议和束缚手脚!顾诚先生引《明清史料》丙编《清帝致西据明地诸帅书稿》云:"欲与诸公协谋同力,并取中原。倘混一区宇,富贵共之矣。"[2]说明多尔衮率军入关时,亦不敢自谓必独得天下。显而易见,不论是皇太极的削其枝叶,还是多尔衮的趁火打劫,都只反映满族统治者当初尚为清醒。终皇太极一朝未能得天下,乃形势使然。但这绝不如《面谕》所说,皇太极并无得天下之心,而必待吴三桂"相率来迎",清廷才萌生此意。

　　皇太极一朝与明时战时和,贯穿始终。《清太宗实录》竭力造成这样一种印象,即皇太极每次出兵,似乎都是在和议不成之后,迫不得已方以兵戎相见;而明朝则屡次错失清廷赐予的议和良机,最终断送自己的命运。但事实上从一开始议和起,皇太极就是以明廷必须承认满洲攻占辽东为前提,然后在这一前提下漫天要价。其实是以武力为后盾,欲使明朝效仿宋朝向金朝献币纳款,明廷自然不能接受失地辱国的盟约。袁崇焕答皇太极七大恨书,态度极为明确,即坚持必以满洲一方退出地土、归还人民为前提,其他条件,皆可商量。[3]然而,皇太极对此却秉承乃父腔调,仍是一派强横之词,以所谓"蒙天垂佑,赐与城池官民。今日退还,是不愿讲和,有意激我之怒也"。"若举以还尔,是违天而弃人矣。"[4]可见双方争持的焦点,在于是否承认满洲侵占的明朝国土人民,而不在于是否承认满洲建国。明崇祯二年,皇太极兵临北京城下,确曾多次逼迫明朝订立城

---

[1]《清太宗实录》卷63崇德七年十月壬子,谕统帅阿巴泰、图尔格:"如遇流寇,宜云'尔等见明政紊乱,激而成变。我国来征,亦正为此。'以善言抚谕之。申戒士卒,勿误杀彼一二人,致与交恶。如彼欲遣使见朕,即携其使来,或有奏朕之书,尔等即许转达,赍书来奏。"卷65崇德八年六月己卯,谕诸王贝勒贝子公等:"朕幸承天眷,以我兵之半,往征明国,遂能破其关隘,克其城池。若止恃旧日之兵,岂能致此乎?"
[2] 顾诚《论清初社会矛盾》,载《清史论丛》第二辑,中华书局1980年版。
[3]《清太宗实录》卷2天聪元年二月壬申。
[4]《清太宗实录》卷3天聪元年四月甲辰。

下之盟。[1]而后金国君臣讨论对明用兵之策,将皇太极以兵迫和的本质和盘托出:"皇上有深入之意,又恐无隙可乘。臣等于不可之中求其可者,有两计焉:一为明显之计,一为乘衅之计。所谓乘衅之计者,作书与近边各官,令彼转达议和之意,限以日期。彼朝臣势必纷扰,边臣莫敢担当,必致诡计耽延。我军乘隙而入,惟我所欲为矣。"[2]

直至崇祯末年,问题的性质依然如此,只不过双方强弱对比于明愈加不利而已。朱由检刚愎自用,明朝之亡,他固然罪责难逃,然而他在明清和议问题上的失误,只能说是策略上不达变通,至死仍以大国自居。清方已有鲸吞之势,朱由检却仍不能忍受蚕食之痛,接受现实。但他所持的原则却无可厚非。直至李自成攻破北京前夕,明朝君臣在是否放弃辽东,调吴三桂入京问题上犹豫不决,仍狃于"弃地非策,不敢主其议",[3]"一寸山河一寸金"。[4]这种彼此推诿,坐失事机,确实是王纲解纽,国之将亡的征兆。但也毋庸讳言,明廷君臣的这种固执迂腐,正是多年来满洲大军残暴野蛮行径所引起的思想和心理反应,即绝不承认满洲贵族凭借武力屠杀进行的征服。今人论史,却在指责崇祯亡国之余,遂堕入成王败寇一途,竟为清廷暴力征服作辩护,岂不谬哉!

还有一个基本事实也必须指出,即议和不成,明清固为敌国,但明朝一方始终处于防御的姿态。明朝虽不能承认屈辱的和议,却未曾主动攻击清方;而每次打破边境现状,挑起战端而肆行劫掠的,无不是皇太极。大清国八旗制国家的实质,决定了满洲贵族掠夺无厌的本性,根

---

[1]《清太宗实录》卷6天聪四年二月初四日甲寅,皇太极谕明朝降将云:"明国君视如许将士之命竟同草芥,常驱之死地。朕屡遣使议和,竟无一言相报也。"初九日己未,其致书明朝诸臣:"前曾六次致书燕京议和矣,意者以城下之盟为耻,抑冀我兵之速退为幸,故不相答耶?夫得失者机也。天既假我以机,我奈何弃之而去?今我两国之事,惟和与战,别无他计。"

[2]《清太宗实录》卷12天聪六年六月初五日辛未。

[3] 谈迁《国榷》卷100崇祯十七年二月丁亥。

[4] 蒋璟德《悫书》卷11,转引自顾诚《明末农民战争史》,中国社会科学出版社1984年版,第232页。

再评"自古得天下之正莫如我朝"

本不会满足已有的疆域。因此，就皇太极而言，所谓和议，实则借机修整士卒；而议和不成，又成为发动下一次战争的借口。清军数次大规模入关，杀人盈城，每获人畜数十万而归，既施压于明朝，亦可满足八旗大小奴隶主的贪欲。这完全是一种赤裸裸的野蛮劫掠。在这种暴力征服面前，任何一个政权只要尚能支撑，都不会轻易地接受屈辱的议和。清初汉族人民不惜牺牲，奋起反抗满洲政权的血腥统治，所体现的同样是绝不屈服外族暴力征服的民族精神。论史者不应忽视这种基本事实和起码的人道原则。

玄烨以乃祖皇太极曾亲自军临北京，即编造"初无取天下之心"的神话，而于清军后来多次深入关内造成的血淋淋现实，他却视而不见，反以"岂非当日不主和议者乎"，来为清军的野蛮征服作辩护，完全是颠倒黑白。玄烨极尽歪曲编造之能事，将满族开国起家的暴力劫掠，涂抹成其先祖的神威圣德，并强加于舆论，以愚天下视听，这就是他所谓的"自古得天下之正莫如我朝"。

将《面谕》及玄烨的大量言论，与清入关前的历史两相核检，产生一个颇有意思的结果。清太祖一朝本无取天下之势，玄烨却说成可取而不取；而努尔哈齐明明已散布有取天下之心，[1]皇太极欲代明而有天下，更是彰彰于言表，而玄烨又偏偏加以否认。玄烨思想中的历史，与事实的历史竟是如此颠倒。更为有趣的是，玄烨经过长期思虑之后，提出"太祖、太宗初无取天下之心"，与五十年前《孝陵神功圣德碑》中"太祖高皇帝、太宗文皇帝诞膺景命，定乱无难，特以尚德，缓兵故也"，前后相承。这应该不是偶然的巧合，恰说明清廷统治者在面临

---

[1]《老满文原档》第一册《荒字档》于癸丑年下记叶赫曾"向尼堪国（明朝）的万历帝潜诬说：'待把我们珠申国都征服完了后，就攻讨你们尼堪国了。'尼堪的万历帝相信了。因为在此事之前，尼堪的万历帝，有一夜曾三次梦见有一长像如异姓的女子，跨于万历帝身上，以枪刺其身体。次晨曾询问知书的文人。知书文人说，'女子就是女直，乃满洲国的淑勒汗，要夺我们尼堪的帝位。'自那时起，尼堪皇帝的心中常存忧愁"。此类语必在建州中广为流传。努尔哈齐未必真有代明之心，但以此为宣传，却可鼓励士气。

政治危机时,为重新挽回人心,往往乞灵于历史,而其手法则唯有曲解历史一途。如前所述,玄烨在这五十年间,对明清嬗代这段历史的公开表述,并非一以贯之。康熙二十年之后,由于政治上尊明的需要,有一个似在回避的阶段,基调相对较低;约从四十年代起,玄烨又开始跃跃欲试,企图重弹旧调,竭力在明史中搜寻天命转移的证据;而在康熙晚期,终于唱出大清得天下最正的心声。思想史上的重复,当然会带有新的内涵,具体历史背景也必然有异,但前后相似或相同的成分,同样值得关注。

(五)关于明朝灭亡与清军入关

明朝毕竟亡于李自成之手。后来清廷乘机扰攘,然若无吴三桂之助,多尔衮欲定鼎北京,恐非易事。故玄烨对李自成如何进入北京,尤为关注。《面谕》云:"李自成攻破北京,崇祯自缢",即指明亡于流贼,非亡于清。其中"攻破"二字,切切不可轻视,玄烨为此曾大费思虑。他对明朝最终如何灭亡的过程关注之细,出乎人们的想象。

康熙四十八年,玄烨与大学士讨论明史,关于李自成得北京一节,曰:

> 其守城者,唯内监数万人而已。贼兵破外罗城,由西便门转攻阜成门。崇祯率内监数人微行至襄城伯家,其家方闭门演戏,不得入。回登万寿山,四顾无策,犹欲出奔。太监王承恩止之曰:"出恐受辱于贼。"崇祯乃止,以身殉国。[1]

这一段将崇祯的狼狈描述得细致入微,所谓殉国,实出非已。玄烨虽承认崇祯还颇读书,然在其心目中,崇祯刚愎无知,信用宦竖,其实已与万历无别。李自成兵至昌平,崇祯尚懵然不知,[2]不亡何待!崇祯一朝君臣相

---

[1] 《清圣祖实录》卷240四十八年十一月癸未。
[2] 分见《起居注》五十三年六日初六日,五十六年十月十九日、二十三日。

朦,时人已多有讥评,无需隐讳。但玄烨大量的言论所流露的,不只是对明末国君的非议,而是一种对汉民族政权的强烈憎恶。

更值得注意的是,玄烨内心虽然鄙弃崇祯,却又一再公开强调崇祯并非亡国之君。清世祖福临推崇崇祯,乃因其政治改革上孤立无助,身有同感。玄烨继位,自然无改于父道。但这不是问题之所在。我以为玄烨似还有一层考虑:从崇祯亡于李自成之手这一事实出发,崇祯若属亡国之君,则李自成入京势必成为顺天应人;而于清廷为明君父复仇的名义,自会平添一层障碍。唯崇祯不当亡而亡,李自成才是名副其实的闯贼,清军入关才名正而言顺,进一步印证清初多尔衮所言,清军定鼎北京乃得之于"闯贼"。[1]后来玄烨安排历代帝王庙,黜万历、泰昌、天启,而独保留崇祯,亦当由此。福临认同崇祯出自情感,玄烨表面上肯定崇祯却出于政治理智,父子有别,不宜混同。看来,玄烨的考虑,较之当年范文程还要深远。个中微妙,治史者不应等闲视之。

当然,玄烨最需突显的是,李自成进北京乃攻城而入。五十二年,谕大学士曰:

> 传闻李自成兵到,京师之人即以城献。又闻李自成麾下之将李定国,在西便门援城而上。**由此观之,仍是攻取,可云献乎?此等载入史书,甚有关系**,必得其实方善。[2]

次年,又谓满洲大臣曰:

> 明末时,谓流贼自南而来,将兵尽发往保定府。后流贼自居庸关入,跳越京师南关,攻城克取。太监等则诿之官员,官员等则诿之太监,并无献城之事。李定国即系跳城第三人也。流贼攻城时,因

---

[1] 《清世祖实录》卷6顺治元年七月壬子,多尔衮《致史可法书》有云:"国家之抚定燕都,乃得之于闯贼,非取之于明朝也。"
[2] 《清圣祖实录》卷254五十二年四月丁卯。

城内无兵,仅有太监、百姓、官员等家人防守七日。[1]

可见玄烨对大顺军得北京一幕是何等关注,任何一个细节他都不肯轻易放过。他绝不能接受大顺兵临北京,京师之人即"献城"的误传,一定要强调"仍是攻取"。尽管玄烨矛盾百出,如李定国为李自成麾下,明系误传;北京城内虽无军队,但大顺军仍进攻七日方克,纯为胡诌;但玄烨均嘱咐要写入明史。

《起居注》中还有一段记载,颇能反映玄烨心理。《面谕》之前数月,玄烨在热河谓满大臣曰:"流贼李自成进京之际,明文臣迎降,称颂李自成奏表云:'迈汤、武而无惭德,比尧、舜而多武功。'本朝兵至,复降本朝。"[2]玄烨此时正在热河检阅《清太宗实录》,搜寻有关资料,为"自古得天下之正莫如我朝"作准备。名士周锺的进表之所以令玄烨深受刺激,即因颂扬李自成入京超越三代,俨然为又一"自古所未有"。玄烨自不能平,故悻悻地说:"王师至,箪食壶浆迎之;贼兵至,亦箪食壶浆以迎之。真不可信也!"毋庸赘言,在玄烨看来,"臣民相率来迎","自古所未有"之专利,唯清军入关所有。此与上述强调李自成是"攻破"北京,其意相同,亦为后面叙述清军入关张本。

《面谕》云:"后流贼李自成攻破京城,崇祯自缢,臣民相率来迎,乃剪灭闯寇,入承大统。"务必注意的是,玄烨特将清廷发兵置于明崇祯自缢之后,似乎清作出大举入关的决策,乃应明朝臣民之请,吊民伐罪。这是清得天下之正得以成立最关键的一环。玄烨必须对这段历史情节巧为安排,既要进行重大隐瞒和歪曲,又不能露出明显的痕迹。值得我们谨慎对待。

史实表明,李自成进攻北京时,满洲统治集团因继位引起的内讧并未结束,皇太极长子豪格的谋逆起自上年,直至本年四月初一方处理完毕。多尔衮独揽大权,于初四日召集诸王群臣商议伐明,显然有通过对外

---

[1]《起居注》五十三年六月六日。《实录》卷259,六月丙子日载上谕,于"防守七日"之后特加"城即陷"三字,即在表明大顺军攻打北京历经七日方才得手。
[2]《起居注》五十六年七月二十日。

掠夺以迎合国内满汉集团的贪欲,巩固自己的地位的意图。[1]从时间上说,多尔衮率大军出征,确实是在崇祯死后二十天的四月初九日。但问题是,清廷会议出兵时既未得知崇祯已死的确信,更无所谓明朝臣民远赴盛京邀请清军为明复仇。而尤不能忽视者在于,清廷出兵的目标,明确是进攻明朝。多尔衮率军从沈阳出发之后,行军甚为迟缓,亦见其并无成竹在胸。其线路仍拟绕道蒙古,然后由蓟州、密云等处破关而入。直至七天之后的十五日,方于翁后所遇到吴三桂求援的使者,乃改变目标,向山海关进发。凡此皆载在清修《实录》,历历可案,[2]何曾见明朝"臣民相率来迎",清军何曾有救民于水火的气象?

清军能打出旗号为明朝君父复仇,顺利入关,吴三桂的投降实为一大关键。多尔衮进入北京之初,确实也蒙蔽了不少明朝官员,对其感激涕零。这本来都是值得玄烨大书特书之处,而《面谕》于吴三桂引清军入关一段只字不提,却将明朝"臣民相率来迎"置于清廷出兵之前。玄烨如此书法,既可歪曲事实,亦有其不得已之苦衷。前文指出,清廷同时消灭李自成与南明弘光之后,多尔衮推行民族征服政策,将入关初所谓"爰兴仁义之师"的面具,撕得精光。更重要的是,康熙十二年吴三桂叛乱之后,玄烨曾屡屡揭露其叛变降清真面目,谓其"穷蹙来归";"值明季闯贼之变,委身从贼,寻以父死贼手,穷窜来归";"乃明时微弁,父死流贼,摇尾乞降"。[3]如此一来,大清国乃直为明朝叛逃之渊薮!岂可谓臣民来迎?玄

---

[1] 详参拙文《多尔衮与皇权政治》,载《清初政治史探微》。
[2] 《清世祖实录》卷4顺治元年四月辛酉(初四日),范文程上书多尔衮云:"乃者有明流寇踞于西土,水陆诸寇环于南服,兵民煽乱于北陲,我师燮伐其东鄙。四面受敌,其君若臣安能相保耶?"分明是乘乱瓦解明朝,而不是攻击流寇。甲子(初七日),即出征前两天,多尔衮祭告太祖太宗祝文仍说"统大军前往伐明"。另检《清初内国史院满文档案译编》中册,"四月初九日,摄政和硕睿亲王率大军西征明国"。十三日,师次辽河时洪承畴启奏多尔衮,十五日,次翁后遇吴三桂使者。皆与《实录》所记相合。五月初一日,敕谕朝鲜国王李倧:"朕命和硕睿亲王持奉命大将军之印,率大军西征明国。"光明日报出版社1989年版。皆以清军出兵时目标在明朝。进军之后方得知明朝已亡。
[3] 分见《清圣祖实录》卷44十二年十二月壬戌,诏削吴三桂爵,卷47十三年四月丁未,谕兵部、刑部,卷54十四年四月乙卯,敕谕达赖喇嘛。并参卷44十二年十二月甲子,谕察哈尔蒙古诸王,卷46十三年二月辛酉,谕户部。

烨于三藩叛乱之际唯求自保,实虑不及此。但已昭示中外臣民,覆水难收。故《面谕》只得移花接木,虚语带过。三藩之乱以后,玄烨之论吴三桂屡屡见于史册,唯对其降清一节,绝不再提,原因即在于此。迨乾隆年间,清廷已无忌讳,故弘历乃道出真相:"遂因明将吴三桂之请,命将士入关,定燕京。"[1]

《面谕》于南明未置一词,意谓清廷定鼎北京,明统已绝,南明诸帝,皆为僭越。当初清军入北京,尚有吴三桂为借口,而出兵江南,攻灭弘光,乃多尔衮自食其言。[2]其《与史可法书》以所谓《春秋》之义相责,自知强词夺理,无以服人,故于《书》中特以清廷将与农民军化仇为友,共伐南明相威胁,[3]此则直近乎无赖!乾隆以前,《清世祖实录》之不加著录,[4]实以其言不雅驯。入关后,清廷长期不承认弘光为正统。"甲申以后,凡假前朝名号以抗我颜行者,皆于令甲称罪人"。[5]其严苛若是,道理很简单,承认弘光,即难免连带承认隆武、永历。而南明三藩与顺治一朝相始终,若统在南明,则置顺治一朝于何地?玄烨论明史,几乎未曾提过南明诸藩,似崇祯一死,明朝即亡。原因亦在于此。即使撇开统绪不论,仅从事实而言,清军定鼎北京之后,仍与中国互以敌国相视,[6]对抵抗清军的南明士庶军民一概无情屠戮。汉族人民面对清军的血腥镇压,奋起反抗坚持近二十年。而清廷最终消灭南明、大顺,建立全国统治权,已迟至顺、康之际。此一严酷事实,玄烨必竭力掩盖。

---

[1] 见乾隆《世祖实录序》。
[2] 顾诚《论清初社会矛盾》,引谈迁《国榷》卷102,载崇祯十七年(顺治元年)六月辛未多尔衮诏书云:"其有不忘明室,辅立贤藩,戮力同心,共保江左者,理亦宜然,予不汝禁。"无异在名义上承认弘光政权合法。
[3] 《清世祖实录》卷6顺治元年七月壬子。
[4] 蒋良骐《东华录》卷4,引弘历《御制书明臣史可法复书睿亲王事》:"幼年即羡闻我摄政睿亲王致书明臣史可法事,而未见其文。昨辑宗室王公功绩表传,乃得读其文。"云云。是知此前未曾著录《实录》。
[5] 冯甦《见闻随笔》卷2《纪西南往事序》,《四库全书存目丛书》,齐鲁书社1996年影印本。
[6] 参见何龄修《关于抗清复明斗争和郑成功研究问题的几点看法》,《五库斋清史丛稿》,学苑出版社2004年版。

然康熙七年的《孝陵神功圣德碑》尚说"数年之内成大一统之业";十一年《世祖实录序》也还说"不数年间,天成地平"。尽管举顺治一朝之力被说成数年之功,但毕竟还保留一点南明与清廷并立的实情。而到五十六年的《面谕》,却断言"剪灭闯寇,入承大统"!似清军进入北京,即完成一统,根本看不到南明政权的踪影。为时愈久,玄烨所描述历史便离真相愈远。

由此可见,玄烨《面谕》有关明清嬗代之论,不仅缘起于废黜皇太子之际天意眷清与否的担忧,而且是对明清之际的历史长期反思之后的产物。《面谕》中提出"自古得天下之正莫如我朝",绝非泛泛而论。其中涉及历史重大关节,实为处心积虑的思索积淀,绝非一朝一夕所能致。只有结合历史对玄烨的思想作细致分析,才可能真正领会其结论的全部含义。

清代历朝统治者为自己作辩护,都有一个共同的特征,即置基本历史事实于不顾。对汉族人民的征服和奴役,被他们视为无可争辩、天经地义的前提,然后在此前提下,大谈其满汉一体、宽仁慈爱的种种德政。而最用心力,表现得最为婉转周至的则数玄烨,《面谕》即这种辩护的代表作。玄烨之所以大倡清太祖、太宗初无取天下之心,甚至编造太祖曾提兵入关,曾与明和议,置南明于不顾,无不是在歪曲历史。胤禛《大义觉迷录》以舜起自东夷、文王出自西夷为说,其要害恰恰不是回避华夷之辨,而同样在于掩盖和混淆历史。讨论大清得国之正,追寻玄烨的思想历程,必须时时把握历史事实这一准绳。历史终究有其善恶是非,我们也不必因所谓"道德相对主义"而作茧自缚。

但凡统治者,莫不以得国为正自居。然欲堂堂正正宣之于众,且欲天下人皆承认其为正统,却不能随心所欲。玄烨为重倡大清得天下之正,足足准备了二三十年。在异族统治的淫威之下,专制皇权原可置士大夫舆论于不顾,玄烨何为谨慎顾忌若是?非但康熙二十年代,即使到五十六年颁布《面谕》时,玄烨依然保持警惕慎重。他既不像乃父福临那样悲观,亦不同于他的继嗣者那样肆言无忌。其所以如此,绝不仅仅取决于玄烨的个人气质,更需从满族开国得天下的历史进程以及康熙一朝所面临的社会矛盾来作出解释。元、清两代,皆以周边民族统治中国,然满族与蒙古进入中原之前的历史背景极为不同。满族先祖缺乏蒙古帝国跨有四海、横行天下的辉煌传统。自肇祖猛哥帖木儿起,东北女真长期在明朝、蒙古、朝鲜等国之间狭窄空间中辗转迁徙。而女真部落松散弱小,又是其自身的致命弱点。即使从努尔哈齐起兵到皇太极天聪末年的半个世纪中,满洲也一直被强邻环伺。这种艰难曲折的开国史,赋予满族政治领袖与蒙元统治者截然不同的精神气质。清前期的几代满洲皇帝都具有程度不同的理性精神,浓厚的忧患意识,以及历史的反思传统,其中又以玄烨最为突出。

但玄烨身上所具有的特殊的忧虑与某种自卑情结,又只能是特定的历史阶段和现实环境的产物。作为再次"手定太平",历经八年平定三藩之乱的统治者,清初征服政策的严重后果以及汉族人民所潜存的强烈反清意识和巨大能量,玄烨的认识无疑比福临还要深刻。具有真正深入中原统治数十年经验的玄烨,汉人的易变难治,尤其是"汉人学问胜满洲百倍",汉官在国家政务能力上的优势,他的体验无疑也较福临更为切实。玄烨深知,欲在中原站稳脚跟,非行汉制不可。但他又绝不能如乃父那样数典忘祖。在进入中原数十年之后,玄烨所面临的保持满洲家法的任务,也较顺治一朝更为严峻。为了保持满族国语骑射的传统以及他们在大清王朝中居高临下的统治地位,玄烨在要求汉民族对满族统治予以认同的同时,却又断然拒绝对汉民族以及满汉融合的认同。这是玄烨身上最深刻的矛盾冲突,也是他区别于其后继者胤禛和弘历的地方。只有确认这一点,才有可能对玄烨几十年间的许多言行作出合理的解释。若仅炫惑于康熙一朝的文治武功,迷信玄烨个人的仁厚宽容,就无法对康熙朝有真正的了解。我们只要紧紧追寻康熙朝重大历史转折与玄烨的思想心理历程之间的关系,便会发现,与其说康熙朝文治武功的辉煌掩盖了玄烨的忧虑意识和自卑情结,毋宁说,正是玄烨特有的思维模式和心理内趋力,引导他汲汲营建出一个太平盛世。唯有以此为资本,玄烨晚年才能提出"自古得天下之正莫如我朝"。或者说,玄烨的正统论,恰是这一特有的盛世之下的精神产物。

《永宪录》卷1康熙六十一年正月辛卯,玄烨赐千叟宴于乾清宫,曰:"朕今所治之天下,即明代之天下;所居之宫殿,即明代之宫殿。"得意之情,何异汉高之宴未央宫。玄烨毫不讳言,清朝继明已得大统。若就事实而言,谁敢曰不然?然而,仅此尚不足以说明清得明统乃为自古最正。满族以东北边夷入主中原,明清嬗代与中国古代王朝之相更替,其间差异显然。清朝本以武力开天下,简单以清得明统为说,实不能犁然以服天下之心,令其承认清得天下最正。五十六年的《面谕》之所以值得注意,即在于论明清嬗代虽寥寥数语,实为玄烨就清之代明为历代最正,作出最精练的概括。遗憾的是,尽管玄烨闪烁其词,多方遮掩,可惜与其先祖言论行迹并不相符。无可讳言,满族起兵攻明及最终取而代之、入主中原的历史,是一个落后野蛮的民族凭借武力进行民族征服的历史。今人喜用"统一"、"大一统"或者"新生力量是不可战胜的"等等概念,来为清廷作辩解,企图将历史引入一场相对道德主义的争论。而其要害,仍在于回避历史真相,与清廷统治者殊途同归。历史的公正只能是忠实于史实,离开这一基石,不论运用何种概念都将违背历史的道德。至于后来的清朝统治者如何适应新的社会基础,取得何种成就,也无改于当时的历史实质。清初民族征服和民族歧视所造成的结果,决定着康熙朝的政治特征和基本趋向。玄烨以特殊的政治敏感,在其晚年察觉清廷统治正遭遇严重的危机和挑战时,力图赋予清朝开国得天下的历史最大的合理性,以此消弭汉族人民的敌对心理。这恰说明清朝建立过程中激起的满汉民族矛盾,始终予清朝政治以巨大而深远的影响,不论它的表现是隐或显。

玄烨早年作《王霸辨》云:"故诛伐同也,而应天顺人之与克威立懂不同也;播告同也,而至诚恻怛之与噢咻呕喻不同也。此诚伪之分,公私之辨,可以见王霸之大端矣。"[1]而观其晚年上谕,所凭仗的岂非"克威立懂",所作的表演岂非"噢咻呕喻"?究其所以然,正在于他欲以"霸"奸"王"的至私至伪!

---

〔1〕 见《御制文集》卷18。

二、历代帝王庙与满洲传统

(一)帝王庙重新安排确系玄烨生前亲自主持

玄烨既定清朝得天下自古最正,必须重新安排历代之正统,非如此则不能显示其至正至公。《钦定日下旧闻考》卷51乾隆四十九年上谕:

> 历代帝王位号乃依旧《会典》所定,有所弗惬于心。敬忆皇祖《实录》,有敕议增祀之谕。令查取礼部原议红本,则系康熙六十一年十一月内具题,尔时诸臣不能仰体圣怀,详细讨论,未免因陋就简。我皇祖谕旨,以凡帝王曾在位者,除无道、被弑、亡国之主,此外尽应入庙,即一、二年者亦应崇祀。煌煌圣训,至大至公。上自羲、轩,下至胜国,其间圣作明述之君,守文继体之主,无不馨香妥侑。不特书生臆论无能仰喻高深,即历代以来升禋议礼,未有正大光明若此者也。乃会议疏内声明偏安,亡、弑不入祀典,而仍入辽、金二朝,不入东西晋、元魏、前后五代,未免有意偏向。视若仰承圣意,而实显与圣谕相背。

康熙末年重新安排历代帝王庙,实为清代统治者争正统之一大关节。按弘历之意,群臣所议题本奏上,玄烨未及批旨即去世,直待乾隆四十九年方旧事重提,解决玄烨身前悬案。读罢不免窃疑之。《实录》卷292康熙六十年四月丙申,谕大学士等:

> 朕披览史册,于前代帝王每加留意。书生辈但知讥评往事,前代帝王虽无过失,亦必刻意指摘,论列短长,全无公是公非。朕观历代帝王庙所崇祀者,每朝不过一二位。或庙享其子而不及其父,或配享其臣而不及其君。皆因书生妄论而定,甚未允当。前代帝王

曾为天下主，后世之人俱分属臣子，而可轻肆议论，定其崇祀与不崇祀乎？朕君临宇内，不得不为前人言也。朕意以为，凡曾在位，除无道、被弑、亡国之主外，应尽入庙崇祀。尔等将朕此旨录出，公同从容详议具奏。

此时距玄烨去世，尚一年半有余，群臣既奉上谕，岂能迁延多时，以致玄烨裁断不及而留待后世？《永宪录》卷1录玄烨此谕在六十一年四月丙辰（初二日），谕尾除令议历代帝王之外，有"并应增从祀功臣"一语，继云"大学士马齐等将历朝帝王并功臣与入正统、不入正统及被弑亡国者各开一折，请上钦定"。俱为上引《实录》六十年上谕所无。《实录》卷297六十一年四月辛酉（初七日），礼部遵旨会议：自伏羲氏以逮有明，应入庙崇祀帝王及崇祀功臣详开一折，偏据一方不入正统及不应崇祀者详开一折，具疏陈奏。此则与《永宪录》所记相印。是知上引《实录》六十年四月丙申上谕，应为六十一年四月丙辰之误。

《实录》六十一年四月辛酉乃将上谕与议奏合书。玄烨览奏后，谕大学士等曰：

此所议应崇祀处，皆是。但其中尚有宜详细斟酌者。从前所定配享功臣，大概开国元勋居多，（中略）其有治安之世，辅佐太平，有功军国者，反不得与配享之列，是皆未为允当也。又如有明天下皆坏于万历、泰昌、天启三朝。愍帝即位，[1]未尝不励精图治，而所值事势无可如何。明之亡，非愍帝之咎也。（中略）愍帝不应与亡国之君同论。万历、泰昌、天启实不应入崇祀之内。尔等会同九卿将此详细分别，确议具奏。

---

[1] 《永宪录》卷1康熙六十一年四月庚午，原作者按："我朝以明臣中允李明睿为礼部左侍郎，议故君后谥号，议上曰怀宗端皇帝，后曰烈皇后。以与朝谥前代之君，理不称宗，改为庄烈愍皇帝。至思宗烈皇帝，则伪弘光所谥。"实则清廷与谥而不称宗者，以示明统就此而绝也。

由此又知玄烨所不满者在于二事,即治世辅佐功臣未议入祀,以及万历以下三帝仍享崇祀。诸臣再议结果,《实录》未载,而《永宪录》尽载之。《永宪录》四月十六日庚午,有"命再议历代帝王崇祀、功臣配享"条:

> 上以大学士等所议崇祀之处尚有未详,复降谕:"故愍帝不可与于亡国之列,万历、泰昌、天启不应崇祀。"

将帝王崇祀定案。而配享功臣,则命再议。十月癸酉,"大学士等议增历代帝王庙从祀功臣三十四人"条:

> 除现在从祀三十九人外,议增(上古仓颉至明刘大夏等三十四人)。

同日,又对帝王牌位重新安排:

> 令崇祀历代帝王。一代汇载一牌。创始居中,余分昭穆。

以上《永宪录》所记,乾隆朝所修《日下旧闻考》均载于康熙六十一年十月,且注明引自《大清会典》。据此,历代帝王崇祀、功臣配享在康熙朝已经议定,应无疑义。十月癸酉为二十一日,踞十一月戊子初七日玄烨始觉不豫,尚有十六天。弘历上谕所言"原议红本则系康熙六十一年十一月内具题,尔时诸臣不能仰体圣怀,详细讨论,未免因陋就简"云云,自四月至十月,半年有余,尚得谓"不能仰体圣怀,详细讨论","显与圣意相背"乎?无疑为弘历掩实之辞。[1]胤禛甫即位,即遵玄烨之意进行安排。《日下旧闻考》卷51,"康熙六十一年十二月,世宗宪皇帝祗遵

---

[1] 吴振棫《养吉斋丛录》卷8《历代帝王庙》云:"其时廷臣既未详细讨论,而上疏在壬寅(六十一年)十一月,踞圣祖大事不数日也。漏略不及更定之故,盖由于此。"实以弘历上谕加以发挥,并无深考。

圣祖仁皇帝谕旨,增祀帝王各立神牌,每代合原祀为一龛。增祀功臣亦各立牌位,合原祀入两庑,依次安设"。同卷"臣等谨按:雍正二年,世宗宪皇帝亲诣行礼,[1]七年重修,有御制碑文"。并录《世宗御制历代帝王庙碑文》:

> 康熙六十一年特颁谕旨,命廷臣详悉从容确议具奏。逮朕绍绪之初,廷议始上,旧崇祀帝王二十一位,今增一百四十三位,旧从祀功臣三十九人,今增四十人。朕尊奉先志,重书牌位,诹吉入庙,行祭告之礼。仰惟圣祖皇帝用意之厚,立论之正,夐乎不可及也。

胤禛继位,人多疑词,故其时时标榜谨守父道。[2]"尊奉先志",即明言未对玄烨的谕旨有所增损。乾隆上谕中所云"仍入辽、金二朝,不入东西晋、元魏、前后五代",如同万历、泰昌、天启三帝被剔除,亦皆玄烨一口定雌黄。胤禛尚不改旧章,康熙朝群臣慑于玄烨屡次严责,何敢立异?乾隆初年,已有廷臣疏言帝王庙有失公允。[3]况且乾隆四十九年之前,弘历亲临帝王庙凡三次,皆有案可稽,[4]何至于迨四十九年检阅康熙朝红本,始觉不妥?此必弘历至此方悟乃祖如此安排实为已甚,有碍于"满汉一体","至大至公",于是亟为乃祖作掩饰,归咎群臣"视若仰承圣意,而实显与圣

---

[1] 《永宪录》卷3雍正二年九月丙午。
[2] 如胤禛标榜"盖皇考六十年所行之事,朕无不遵奉施行"。见《永宪录》卷4雍正四年十月己未。
[3] 陶正靖《考祀典正礼俗疏》云:帝王庙"所增祀者,尚未有当,亦多缺略"。列举夏孔甲,商祖甲,两汉之元、成、桓、灵,唐宋季年诸君以及明之武宗,皆失道无道之甚者,仍赫然在列;又以周悼"见害于子朝",应属被弑,而唐宪宗"虽不克正终,然有中兴之功,当以明愍帝(崇祯)为比"。皆与玄烨上谕相抵牾。而"魏之孝文、周之世宗,卓然一代令主,国家每遇大典,专官祭告,而庙祀缺焉,无乃自相谬戾乎?"见《清经世文编》卷55《礼政二》。据《碑传集》卷56全祖望《神道碑》,陶正靖卒于乾隆十年,则此疏早于弘历重新改定帝王庙四十余年。
[4] 参《钦定日下旧闻考》卷51所载《乾隆二十九年御制重修历代帝王庙告成既奉神御复位爰以春祭恭临式瞻实枚用申诚肃诗》、《乾隆四十年御制躬祭历代帝王庙礼成有述》、《乾隆四十八年御制癸卯暮春祭历代帝王庙礼成述事》。

谕相背",又乌足以服天下之心!

(二)满洲传统与清世祖福临的反叛

历代帝王庙于明洪武六年始创于金陵。明都北徙,未遑设帝王庙,仅于郊坛附祭。直至嘉靖十年,始重建于阜成门内。规制一仍金陵之旧,奉祀三皇、五帝、三王、汉高、光武、唐太宗、宋太祖、元世祖十六帝,皆一统创业诸主。黜秦、隋而存元世祖,固有优恤胜国之意,然其宗旨在"钦崇先烈","弘教广仁",[1]非特重统绪相承也。嘉靖二十四年,以姚涞、陈棐之议,斥元世祖,"识者非之"。[2]崇祀帝王十五人,至明末而未改。

清廷最早注意到历代帝王庙,要追溯到顺治二年三月,礼部以祭祀帝王庙启奏:"按故明洪武初年立庙,将元世祖入庙享祀,而辽、金各帝皆不与焉。但稽大辽,则宋曾纳贡;大金,则宋曾称侄。当日宋之天下,辽金分统南北之天下也。今帝王庙祀,似不得独遗。"提出应将辽太祖、金太祖、金世宗及功臣入庙,并于元世祖之上增祀元太祖及其功臣,于是自伏羲迄明太祖共二十一帝。秦、两晋、南北朝、隋、前后五代皆不与,仍遵明制。然既增祀辽、金、元三代四帝,则汉以下,唯金、元两代各有二帝,体统最隆。[3]显然,清廷独尊金、元,凌驾各代之上,既在破除华夷之见,更是为清廷本身争正统。元代完成统一,尊之尚有可言。然同为一统,祀元而黜秦、隋,实已无统可言。而更有甚者,辽金皆偏据政权,既能入祀,则何以黜元魏而不与?此又以满洲实居辽、金故地,自感亲切。金尤为满族先人,故特尊之。其时清廷尚未平定南方,犹如当初之耶律辽、完颜金,故其尊辽、金,实为清廷独尊鸣锣开道。而从明清之间的历史纠葛出发,尤非大力尊金不可。清廷挑战华夷之辨,未遑顾及历代统绪正之与否也。

---

[1] 《钦定日下旧闻考》卷51,增补萧端蒙《京师新建帝王庙碑》。
[2] 沈德符《万历野获编》卷1《京师帝王庙》。
[3] 分见《清世祖实录》卷15顺治二年三月甲申、丙戌。

蔡美彪先生《大清国建号前的国号族名与纪年》一文认为,[1]努尔哈齐与明决裂之后,对明檄文中曾有"我本大金之裔,曷尝受制于人"之语,乃草拟檄文的汉臣之臆称,未必为努尔哈齐的本意,乃蔡先生推测之言。而前引郑天挺先生之文引证甚详,并据清高宗弘历"金源即满洲也","我朝得姓曰爱新觉罗氏,国语谓金曰爱新,可为金源同派之证",结论为"可知金清两代关系不在同姓氏而在同部族"。应属允当。弘历谨遵祖训,追认先世源流,不当有自我作古之嫌。今检《老满文原档》第一册《荒字档》癸丑年(明万历四十一年):"蒙天恩宠,淑勒昆都仑汗重整了大国,执了金国之政。"乙卯年:"将大国国主失去的金国皇帝政权,复而得之。"后一语并见第二册《昃字档》乙卯年末。《昃字档》记万历四十六年四月十四日,进攻抚顺途中,"汗对蒙古国的贝勒恩格德哩女婿、萨哈尔察国的大臣萨哈连女婿告谕昔日金帝的历史"。又记击败明朝大军之后,遗朝鲜国王书中亦有"昔日我们金朝大定帝时"云云。天命五年四月十七日,努尔哈齐致书五部喀尔喀贝勒:"天若是认为你们对,你们可将我驱至长白山。"又云金国皇帝俘虏宋朝徽、钦二宗,"送往长白山东方的五国城"。[2]《清太祖武皇帝实录》卷4天命十一年六月乙未,努尔哈齐谕诸贝勒如何继承基业,引金朝历史:"昔金大定帝自汴京亲往祖居长白山之东会宁府,谓太子云云。"凡此皆见清太祖努尔哈齐本意实以金朝后裔自居,并以金朝祖居之长白山为自己先祖发祥之地甚明。即使乾隆朝钦定新满文《满文老档》卷20天命六年四月朔日,努尔哈齐进入辽东城时,历述金代灭辽攻宋,皆称"我们金的汗","我们的金国汗",[3]亦不能尽讳。毫无疑问,自努尔哈齐起兵起,即自认并对外宣称,其为金代女真后裔。另据《武录》卷3,努尔哈齐攻破沈阳,明监军御史张铨被俘,皇太极劝降

---

[1] 载《历史研究》1987年第3期。
[2] 《满文老档》太祖朝卷20天命六年四月初一日,云徽、钦二宗被"送到尚间山五国城"。卷41七年四月十七日同。尚间山或为尚间崖之误。反映努尔哈齐对传说中的五国城具体地点并不清楚。
[3] 《重译满文老档》太祖朝《第二分册》,辽宁大学历史系1979年本,第18页。

时,"乃援古说之,曰:昔宋徽、钦二帝为先金天会皇帝所擒"。[1]"先金"二字,亦直认金源氏为其先祖。

然从皇太极继位以后,一直到玄烨,对此却长期遮遮掩掩。《清太宗实录》卷9天聪五年八月乙卯,皇太极围攻大凌河,致书明守将祖大寿,历述其不得已兴兵之由:

> 我兵至燕京,谆谆致书,欲图和好。尔国君臣唯以宋朝故事为鉴,亦无一言复我。然尔明主非宋之裔,朕亦非金之后。彼一时也,此一时也,天时人心,各有不同。

皇太极极力讳言满洲为金女真后裔,自是不欲重新勾起历史上的民族仇恨,以消除汉族人民对满洲的敌视。若果能以史为鉴,则应一改女真故辙,乃为光明磊落。皇太极却不然,既袭女真蹂躏汉地劫掠汉人之故技,又否认与女真之缘,不敢于明人之前追认大金为其先祖。实则两年之前,皇太极兵临燕京,于戎马倥偬之际,即于房山祭祀金陵,令贝勒阿巴泰、萨哈廉以太牢、少牢祭金太祖、金世宗。并于祭文中详述起兵攻明之由,"披沥悃忱祭告,惟二帝英灵昭鉴而默佑之"。[2]章太炎《清建国别记·清为金裔考》引《太宗实录》皇太极谕房山生员,曰:"尔房山县人曾奉祀我前金皇帝,是亦有劳之民也。"章氏断之曰:"明称我前金皇帝,此岂有矫诬耶!"皇太极既"自称金朝先德。先德者何?非其祖则不可言也"。皇太极心中实以金朝为先祖,并祈默佑,此即明证。上引两年后的与祖大寿书,明系皇太极经初次入关,自知实力不济,掩饰之辞耳。

皇太极首次公开承认满洲为金女真后裔,是他继位七年之后。皇太极要求朝鲜归还瓦尔喀部落。章氏又曰:"据《太宗实录》,天聪七年与朝鲜王书有云:

---

[1] 《满文老档》原文为"你们尼堪的皇帝赵徽宗、赵钦宗二皇帝也被我们的金皇帝俘掳"。见辽大本《第二分册》,第14页。《武录》稍作润饰而原意未夺。
[2] 分见《清太宗实录》卷5天聪三年十二月辛亥、辛酉。

> 瓦尔喀与我,俱女真国大金之后。(中略)若谓瓦尔喀与我不系一国,非大金之后,尔国有熟知典故者,可遣一人来,予将以世系明告而遣之。尔试观金、辽、元三史,自晓然矣。[1]

则是自承金裔。"这条史料极为重要,后来玄烨审订《太宗实录》,对此如何改写,曾斟酌再三。《起居注》五十六年八月初四日:

> 大学士马齐以《太宗皇帝实录》与朝鲜书内,有"瓦尔喀与我,原系女直国大金之后"等语请旨。上览票签曰:"尔等票签甚是。(下略)"

无疑,康熙二十一年修成《太宗实录》,其载与朝鲜国王书,仍云满洲"原系女直国大金之后"。今本《太宗实录》所谓"居女直之地,我发祥建国,与大金相等",[2]乃康熙末年重加经润饰,远不如原意明确。[3]皇太极之宣称满洲为金女真之后,并非一时失言。随着后金势力的壮大,明朝孔有德、耿仲明及次年的尚可喜相继航海来归,皇太极深感增强本民族凝聚力,加强民族认同至关重要。天聪九年正式定族名为满洲,并停止官名地名使用汉语,亦是同一用意。满族先祖既无辉煌历史值得夸耀,那么,追认金女真为其远祖,对于增强本民族的自信心,也就势所必然。自天聪末年皇太极公开其欲争天下的意图之后,以效法大金贤王明君相激励,便屡见于《实录》。

《太宗实录》卷32崇德元年十一月癸丑日,皇太极集诸王大臣,命弘

---

[1] 《清建国别记》,1924年聚珍本。王锺翰师《满族先世的发祥地问题》于此条注云:"李光涛先生所著《明清档案与清开国史料》一文中所引,与《清太宗文皇帝实录》(《大清历朝实录》本)卷15第21页所载为同一封信,后者似有所润色耳。"载《王锺翰学术论著自选集》。

[2] 《清太宗实录》卷15天聪七年九月癸卯。

[3] 《清圣祖实录》卷227四十五年十月丁未,谕大学士曰:"向年纂修《实录》,所译朝鲜表文,满汉文意皆不相符。前大学士图海、杜立德呈朕亲览。朕两年苦心寻绎,始得将文意完美。作史之事,殊为重大,一字不可轻易增减也。"此乃二十年前之事,可见玄烨多年来对《太宗实录》一直在修饰。

文院大臣读大金《世宗本纪》。谕曰：

> 朕思金太祖、太宗法度详明，可垂久远。至熙宗合喇及完颜亮之世尽废之，耽于酒色，盘乐无度，效汉人之陋习。世宗即位，奋图法祖，勤求治理，唯恐子孙仍效汉俗。后世之君渐至懈废，忘其骑射。至于哀宗，社稷倾危，国遂灭亡。朕发此言，实为子孙万世之计也。在朕身，岂有更变之理？恐日后子孙忘旧制，废骑射，以效汉俗，故常切此虑耳。

皇太极以大金兴衰为鉴，勉励诸王大臣谨遵金世宗"无忘祖宗为训，衣服言语，悉遵旧制"。当然是希望满洲不仅将来能如大金争天下，且能世守勿替，为此必须杜绝汉习，坚持祖宗旧制。质言之，远祖女直的淳朴习俗，就是满洲立国争天下的世传家法。更有意思的是，皇太极入关争夺天下的决心，也需借助大金帝王神灵的启示。前引皇太极曾述其梦入明宫，见到明万历皇帝授其丝绦，紧接之后，即梦见金朝皇帝：

> 转顾之间，忽又非万历帝，乃金代神像也。出书一册授上，曰："是汝先朝金国史书。"上受视之，乃前代之书，文字不尽可辨。欲与文臣共相商榷，执之行，忽寤。翼日清晨，召内院儒臣，语以梦。儒臣对曰："曩时皇上梦入朝鲜王宫，遇朝鲜王，以手举之而起。未几，果应所梦，臣服朝鲜。至入明宫见明皇帝，及金人授以前代史书，盖将代明兴起，故以历数授我皇上也。复召和硕亲王、多罗贝勒、固山贝子、固山额真、议政大臣等，以梦语之。诸王等对曰："梦金人授金史于皇上，可知历数之攸属矣。"

由此可见，大金帝王的亡灵对于满洲君臣振兴基业是何等重要。皇太极之所以跃跃欲试，重启争夺天下之心，这就是其精神支柱。自金太祖、太宗建立的"法度"，金世宗以迄于清太宗皇太极所一再强调的祖宗遗训，这一脉相承的精神传统，理所当然被清廷奉为正统。也只有遵循此一正统，满洲贵族才有可能去争大一统。崇德四年，皇太极修书与明国书曰：

> 自古天下非一姓所常有。天运循环，岂有帝之裔常为帝，王之裔常为王哉！独不观辽、金、元亦曾君临天下，后复转而属之明。可见皇天无亲，善则培之，否则倾之，乃不易之理也。

崇德七年，皇太极谕诸王贝勒曰：

> 朕蒙皇天眷顾，昔时金国所属，尽为我有。（中略）皇天无亲，有德者受命，无德者废弃，从来帝王，有一姓相传永不易位者乎？自古及今，其间代兴之国，崛起之君，不可胜数。[1]

清朝原以武力开国，迨自恃有得天下之势，便亟欲附之以天命。急于追认金人作为"祖先崇拜"，并以天命为至上权威，反映满洲种族政权正迅速向史华兹所谓的"普世王权"转化，[2]准备取代明朝为共主。皇太极之辽金元并提，绝不是偶然的。其所以尊元，即因满蒙相连，元又恰成一统，此第一层；又以元统得自于金，金为满洲先人，则必尊金，此又一层；金何尝一统？以其势与辽等，故先尊辽，此第三层。辽、金、元三代成为正统相承，实为皇太极所发明。这是满族统治者正统论的滥觞，而后为玄烨所大加发扬。

清世祖福临即位之初，满洲贵族唯恐其不能秉承皇太极遗训，特将辽、金、元三史详录，供其阅览。大学士希福等请福临以史为鉴：

> 从来嬗继之圣王，未有不法此而行者也。辽、金虽未混一，而

---

[1] 分见《清太宗实录》卷36崇德二年六月甲寅，卷47崇德四年七月丁巳，卷59崇德七年三月乙酉。
[2] 参见史华兹《古代中国的思想世界》第一章《上古期文化取向》，江苏人民出版社2004年版。

> 辽已得天下之半，金亦得天下之大半。至元则混一寰区，奄有天下。其法令政教，皆有可观者焉。我先帝鉴古之心，永怀不释，特命臣等将辽、金、元三史芟削繁冗，惟取其善足为法，恶足为戒，及征伐畋猎之事，译以满语，缮写成书。（中略）于崇德四年六月，今敬缮成书以进。伏乞皇上万几之暇，时赐省览。懋稽古之德，弘无前之烈。[1]

这表明皇太极曾欲继辽、金、元之后重开大一统之业，更值得注意的是，入关前夕，清当局仍奉此为圭臬。苟明乎此，则可知范文程所谓"非与明争天下，实与流寇角"，只不过是进关的策略口号而已，绝不足以当作清廷之宗旨。顺治二年三月，南方尚未平定之际，清廷汲汲重新安排历代帝王庙，特尊金、元两朝，也就顺理成章，并不突兀。应该说，消灭弘光政权之后，清廷肆无忌惮推行民族征服政策，于此已见端倪。当时降清的汉人洪承畴、冯铨之流，虽可在礼仪祭典方面推波助澜，但绝无可能影响清廷的主导方针。顺治二年的增祀历代帝王庙，无疑是遵从多尔衮为首的满洲贵族的意志。

清廷再次重提历代帝王庙，则在那位数典忘祖的福临亲政六年之后。实则早在亲政伊始，更定历代帝王陵寝祭祀，即显示福临调和华夷，尊崇中原传统的倾向。《清史稿》卷84《礼志三》：

> （顺治）八年，定帝王陵寝祀典，怀宁伏羲，滑县颛顼、帝喾，内黄商中宗、西华商高宗，孟津汉光武，郑周世宗，巩宋太祖、太宗、真宗、仁宗，赵城女娲，荣河商汤，曲阜少昊，东平唐尧，中都轩辕，咸阳周文、武、成、康，泾阳汉高祖、唐宣宗，咸宁汉文帝，长安宣帝，富平

---

[1]《清世祖实录》卷3顺治元年三月甲寅。实则更早在天聪九年五月己巳，皇太极就曾谕文馆诸臣曰："朕观汉文史书，殊多饰词，虽全览无益也。今宜于辽、宋、金、元四史内，择其勤于求治而国祚昌隆，或所行悖道而统绪废坠，与夫用兵行师之方略，以及佐理之忠良，乱国之奸佞，有关政要者汇纂翻译成书，用备观览。"见《清太宗实录》卷23。后来之去《宋史》，或因皇太极以其无足效法，或不欲观其美政。

后魏孝文帝，三原唐高祖，醴泉太宗，蒲城宪宗，鄜神农，宁远虞舜，会稽夏禹，江宁明太祖，广宁辽太祖，房山金太祖、世宗，宛平元太祖、世祖，昌平明宣宗、孝宗、世宗，各就地享殿行之，或因陵寝筑坛，惟元陵望祭。

三皇、五帝、三代，历代所尊，自无异议。而可注意者，一统王朝中，西汉有汉高、文、宣三帝，加东汉光武，共四帝。唐代有高祖、太宗、宪宗、宣宗四帝。宋代太祖、太宗、真宗、仁宗四帝。明代太祖、宣宗、孝宗、世宗四帝。而元代仅太祖、世祖二帝。而于偏霸王朝，辽、金之外，特尊元魏孝文帝，汉化之主也；五代未成一统，而尊周世宗，汉族中兴之主也。辽仅太祖；金则太祖、世宗。如此定制，虽不违背尊崇辽、金、元三朝的祖训，但较之汉、唐、宋、明则稍逊一筹。清廷此次更定陵寝祀典，当然是为消除汉族士庶的敌视态度，但也无疑传达这样一种信息，清代若能在福临手中完成一统，走向兴盛，则其楷模并不在入主中土的辽、金、元，而在汉、唐、宋、明。

  与此同时，恢复明万历陵寝的祭祀，[1]并重弹吊民伐罪的老调。凡此皆与福临的政治体制改革相配合。顺治十年以来，福临更是大倡汉化，尊孔崇儒。十三年底，毅然决定元旦停止拜堂子。旋谕礼部，以"古来圣帝明王，皆大有功德于民"，欲亲诣历代帝王庙祭拜。[2]次年初祭拜之前，福临谕礼部文，颇耐人寻味，其云：

  金代帝陵，向在房山县地方，历有年所。迨至明季，国运衰微，因我朝克取辽东，误疑金代陵寝旺气相关，遂将陵后地脉掘断。又因己巳年我太宗皇帝统师入关，追念金代先德，特遣王贝勒大臣往陵致祭，乃故明复将陵前石柱等拆毁，建立关帝庙镇压风水。朕思

---

[1]《清世祖实录》卷57顺治八年六月辛未，谕礼部："顺治元年，定守明朝诸帝陵寝并祭典，因神宗与我朝有嫌，故裁之。朕思前朝帝王陵寝理宜防护，况我朝凡事俱从宽厚，今神宗陵著照故明十二陵例，以时致祭，仍设太监陵户看守。即著遵行。"
[2]《清世祖实录》卷105顺治十三年十二月己亥。

天祚本朝,于金何与? 故明不思运数有归,辄毁及金代陵寝,愚诞甚矣。除金太祖、世宗已入帝王庙祭祀,其陵寝照旧守护。[1]

福临敢于抛弃旧俗,停拜堂子,却不全盘否定顺治初年对帝王庙的安排,仍存金朝二帝陵寝祭祀,入享帝王庙。"天祚本朝,于金何与",显然是针对明末以来的反清舆论。他急于为本朝洗刷,而不急于贬斥金朝,反映出福临虽欲迎合汉族,却不能轻易否定祖宗传统。[2]福临在汉化改革进程中,招致本民族上层的强烈反对,背负着极大的精神压力。他在体制上的每一步改作,欲使其避免满洲贵族集团的干预,都极其谨慎。而他最大的目标,即组成一个皇权控制下的满汉联合内阁,此时尚未实现。而就全国形势来看,僵持数年的西南战局也未见有即刻改观的迹象。质言之,他尚未能赢得汉族士人的全力支持,亦未握有足以令满洲贵族屈服于皇权的政治资本。[3]所以,他对历代帝王庙暂时维持现状,是不欲另生枝节,徒然增加满洲贵族的怨恨。数年之后,上述困扰已不复存在,对于顺治二年历代帝王庙遗留的问题,福临毅然予以重新清理。顺治十七年,御史顾如华疏请在清初所立二十一帝"皆系开创之主"之外,将历代守成贤君商中宗、高宗、周成王、康王、汉文帝、宋仁宗及明孝宗七帝入庙;并请于从祀功臣中罢黜潘美、张浚,理由即二人阻扰宋朝抗击辽、金。顾如华请增祀守成之主,直承元末杨维桢《正统论》,意在不推翻清初重开创的前提下,突出历代中原王朝的统绪;在大一统的框架中争正统,而尤在尊宋、尊明。其请罢潘、张从祀,意甚显明。这在顺治一朝,实在是大胆的言论。岂知福临的批旨更为干脆,不但完全依议,而且索性将辽、金、元三朝太祖一并罢祀。

　　辽太祖、金太祖、元太祖,原未混一天下,**且其行事亦不及诸帝**

---

[1] 《清世祖实录》卷106顺治十四年正月戊午。福临诣帝王庙行礼,见卷107十四年二月丁酉。
[2] 章太炎《清建国别记》指出,此诏"但称金有功德于天下,未尝指世系所自,此则入关以后知华人以宋金旧事,忌金最深,故不欲显言耳"。
[3] 关于这一问题,可参拙文《评清世祖遗诏》,载《清初政治史探微》。

王,不宜与祭,著停止。[1]

福临非但尊事实上的一统,更尊"行事"上的正统。尊元世祖,以其一统,符合明初立庙本意。虽金世宗仍保留,或许福临不为已甚,过于刺激本族。但如此一来,商、周、汉各有三帝,宋、明各有二帝,而金、元各仅一帝,逊色多矣。唐亦一帝,乃福临不喜唐朝帝王侵染胡气。若非因此,则唐必如三代、汉、宋、明并尊矣。应该说,福临如此安排,不仅符合朝廷汉士大夫的意愿,亦与当时普遍舆论相去不远。清廷若遵循无改,大约不至再起纠葛。

岂料福临去世未及两月,清廷当局即翻旧案,将福临增祀七帝剔除,以辽、金、元三朝太祖"俱系开创之主",再入祭祀。[2]与此同时,争论福临谥号,汉大臣以福临"龙兴中土"为重,主张尊为"高皇帝",而满洲当局则以其守太祖、太宗成业,乃定谥"章皇帝"。[3]毋庸赘言,满洲当局对本朝大行皇帝的定位,以及回到清初统治者的立场来安排历代帝王庙,二者紧密相连,都反映出其狭隘落后的民族征服者的偏见。如此一来,历代帝王庙又恢复清初的模样,所谓正统与大一统也就愈加混乱不堪。历史再次显示,政治形势的变化,与正统之争关系何其紧密。

(三)玄烨重新安排历代统绪的背景

1. 不许私议帝王得失

康熙一朝,对历代帝王庙一直未予重视,何以玄烨临死之前,又不惜对此大动手脚,非造成盖棺定论不可?这绝不是玄烨一时心血来潮,而是应对康熙末年社会政治形势的需要,也是其思想发展的必然结果。

更定历代帝王庙祭祀的动机,玄烨的上谕已表达得很明白,即杜绝书

---

[1] 《清世祖实录》卷136顺治十七年六月己丑。
[2] 《清圣祖实录》卷1顺治十八年二月乙巳。
[3] 详参拙文《评清世祖遗诏》。

生辈对前代帝王"必刻意指摘,论列短长"。所谓书生,不仅指在野文人,而且包括在朝的汉人官员。玄烨以为,"今宋、明诸儒,人尚以宜附孔庙奏请",那么前代帝王,他就"不得不为前人言也"。换言之,儒家的道统虽不能完全由玄烨一手而定,帝王的治统则绝不能任由旁人妄议,必待他来钦定。而这一思想的初次明确表述,恰好紧接于第二次废黜皇太子之后。

> 朕御极以来,惟欲万国乂安,上则敬天法祖,下则垂令名于后世。孜孜然以至须发尽白,心血耗散,历尽忧勤,荡平险阻。自古帝王在位不久,享年不迈者,论者往往归于别故,而未谅帝王实不胜其难,实不堪其劳,忧惧所迫,以致享祚不永也。[1]

玄烨虽以忧勤国事为言,但为自己辩护复立皇太子的失误是显而易见的。此一思想几乎原封不动地移植于五十六年的《面谕》。他自述其"数十年来殚心竭力,有如一日。此岂仅'劳苦'二字所能该括耶?前代帝王或享年不永,史论概以为傲然自放,耽于酒色所致。此皆书生好为讥评,虽纯全尽美之君,亦必抉摘瑕疵。朕为前代帝王剖白,盖由天下事繁,不胜劳悴之所致也"。"帝王仔肩甚重,无可旁诿,岂臣下所可比拟!""为君者勤劬一生,了无休息。"云云。表面上是以自己一生的经历体会,来为历代帝王鸣不平,实则不但为自己辩护的色彩更浓,而且对"书生讥评"和"史论"的批评也更为严厉。如前所述,《面谕》的特征之一在于以康熙本朝的成就论证清得天下最正,而其所以能有此成就,又在于玄烨一生兢兢业业。因此,他必然要严禁对自己及本朝有所讥评,由此出发,进而剥夺士大夫对前代帝王的妄评。既然对前代帝王不能訾议,对清代朝政,对玄烨本人也就更不得妄加议论。在玄烨那里,历史和现实政治结合得如此紧密,两者相得益彰。此前,玄烨还经常标榜自己从不轻评古人,绝不干预《明史》,悉从公论。而今他将一切"话语权"牢牢紧握在自己手中,任

---

[1]《清圣祖实录》卷251五十一年十月庚午。

何人不得分享。对此,玄烨可以说是至死不渝。[1]既然如此,那么,玄烨一定要在生前重新排定历代帝王庙,也就势所必然。

然而触发玄烨安排帝王庙的契机,即他所谓妄议历代帝王的"书生辈",则不能不联系到戴名世《南山集》案。康熙五十年十二月十八日,刑部等三法司疏参戴名世案内诸犯:

> 查戴名世书内,欲将本朝年号削除,写入永历年号等大逆之语。依律大逆凌迟处死。据方孝标所写《滇黔纪闻》,内有"永历初在广东,延至广西,终于云贵,与隋之清泰于洛,唐之昭宣于巴颜,宋之帝昺于崖州同,不可称之为伪朝。又金陵之弘光、闽越之隆武败亡后,两广复立已故桂王之子永明王于肇庆,改号永历"等语。[2]

今人王树民辑《戴名世集》,法国学者戴廷杰撰《戴名世年谱》,名世文字大体不缺。《集》中六篇文字为清廷所指责,[3]而最与刑部疏参相符的,当数《与余生书》,其云:"今以弘光之帝南京,隆武之帝闽粤,永历之帝两粤,帝滇黔,地方数千里,首尾十七八年。揆以《春秋》之义,岂遽不如昭烈之在蜀、帝昺之在崖州?"然此篇作于康熙二十二年,正是清廷以博鸿特科开明史馆不久。名世有感于"近日方宽文字之禁,而天下

---

[1] 《清圣祖实录》卷284五十八年四月辛亥,谕群臣:"从来书生论历代帝王,多指摘过失,谓其安享富贵,耽于逸乐。朕披阅史书,历观古代帝王,因深知为君之难。"卷291六十年三月乙丑,谕大学士:"自古帝王因不学问,任彼书生訾议。朕自幼读书,凡此等(谓奸人出现征兆)处无不研究。"又,《永宪录》卷1康熙六十一年正月辛卯,于乾清宫赐千叟宴,谕曰:"从来帝王任大责重,最为劳苦,享祚绵远者甚少。他人不知为君难。""书生评论帝王,每多苛刻。""大凡读书人多尚虚文,又高自位置。"
[2] 张玉据满文原疏译成,题为《刑部尚书哈山为审明戴名世南山集案并将涉案犯人拟罪事题本》,载《历史档案》第82期。转引自戴廷杰《戴名世年谱》,第864—868页。
[3] 戴廷杰所谓致祸之由的六篇指《与余生书》、《送释钟山序》、《送许亦士序》、《送刘继庄还南庭序》、《赠刘言洁序》五篇,另一篇为《朱翁诗序》或《赠僧师孔序》。戴廷杰"据刑部疏,先生(戴名世)与余湛、许登逢、刘齐、刘献廷、僧人钟山、朱澜等六人文内,均有大逆之言"。可见所谓致祸"六篇",亦推测之言。参《年谱》第75、853—854页。其中《朱翁诗序》作年最晚,为康熙三十五年。

所以避忌讳者万端",恐难成"一代之全史",无能了其"夙昔之志,于明史有深痛焉"。故于南明史特加留意,搜罗寻访,欲补史馆之阙,未曾顾及清廷忌讳。名世处康熙之世,于明亡不无惋惜,于遗民多所顾恋。然其于清得天下,并无显恶之语。其系南明以正朔,亦与时人同调,皆承元、明以来史论正统之余绪,以为嬗代之际,义例理当如此,[1]非有意否定清顺治一朝。不料康熙晚期,文网渐密,凡与朝廷意见相左,俱为罪证。试观其《孑遗录自序》,于明之得天下、失天下虽多贬词,然以明承平最久,必不能令玄烨心悦;至其云"甚哉,明之亡也非其罪,岂不可哀也哉?"在玄烨看来,尤不可忍。《弘光朝伪东宫伪后及党祸记略》虽感慨于弘光灭亡之速,然其云"地大于宋端,亲近于晋元,统正于李昪",岂玄烨所能容?其中记明太子案,云史可法得左懋第书而悔初信王之明为真,且引述左懋第书,必另有史源,非专据吴梅村《绥寇纪略》。如此则暗示真明太子已死于清廷,无异揭露清廷自诩优礼明后裔纯为骗局,又必为玄烨所切齿。总之,只要如实记载清初历史,处处都是罪名。四十七年"朱三太子"现身以及随之皇太子初废,令玄烨为清朝命运感到忧虑不安。戴名世《集》中竟以南明诸帝未绝,仍为正统所在。《范增论》曰:"盖有其国既失,其宗庙既隳,而篡于乱贼之手者,而其流风余思未斩于世,天下之人犹有不忍之心。于是纷纷而起,辄归其名号于先朝之后,其为名也正,其为义也顺。是故不踰时而天下平,此亦自然之势也。"清廷最忌者,即复明运动,即朱三案。不论名世此篇是论史,还是讽今,然以南明为正,则无可怀疑。更有甚者,其论"秦之吞天下",周与六国"其势已去矣。当此之时,苟有人焉崛起,诛暴秦,修先王之法,拯元元之命,其义已无愧于汤、武"。此则极易令人以清拟秦,以光复南明相号召。《集》中论《春秋》复仇之义,云:"今夫《春秋》之义,莫大于复仇,仇莫大于国之夺于人而君父之死于人也。""最下则忘之,又最下则事之矣。""后之臣

---

[1] 朱彝尊《曝书亭集》卷45《书柯氏宋史新编后》,即盛赞《新编》"会宋辽金三史为一,以宋为正统,辽金附焉,升瀛国公,益、卫二王于帝纪以存统"云云,谓其"可谓有志之士矣"。可见清初时论之一斑。

子,有遭其国亡,其君死,而忘其仇,而事其仇。且其国之亡也,彼实有以致之亡;君之死也,彼实有以致之死。"[1]则非但令满洲当道与降清者刺目,即清初出仕的汉人亦不免为之愧然。康熙朝初期以文饰儒教、尊崇汉化相号召,名世实为其所惑也。迨康熙朝后期,风向大变,绝不容书生论列历史是非,名世焉能得免。至于《南山集案》牵连之广,惩罚之酷,则又因玄烨废皇太子而深感危机使然。玄烨正欲挽救人心,扭转世风,自必绝不容异端邪说在士大夫之间流传。玄烨的政治敏感告诉他,一旦顺治一朝正统被夺,清廷所成大一统的合法性也将因此而动摇。"(我朝)得天下之正,千古未有也"一语,之所以产生于会议戴名世罪行之际,绝非偶然。

2. 玄烨历史正统观的前后变化

与康熙初年的明史案不同,戴名世案直接开启了一个时代。以前清廷一切貌似公正的姿态从此荡然无存,代之而起的是文化思想领域的严密控制。虽然玄烨一直对汉族士大夫的动向极为关注,但在四十年代之前,玄烨的基本目标是在学术思想上争取支配权。他既欲身兼治道,就不能置"道"于不顾,以赤裸裸的专制者面目现身。所以,他必须提倡崇儒重道,研经读史,政治上必须尊明,对历史上的正统还须貌存恭敬。我们对此应有充分的估计,才能理解康熙朝前后期的政治差异。玄烨的读史笔记颇能说明问题。

《四库全书》史部有玄烨《御批资治通鉴纲目》五十九卷,又有《御批资治通鉴纲目前编》十八卷和《御批续资治通鉴纲目》二十七卷。《御批资治通鉴纲目全书序》云:自《纲目》之后,"有《前编》,有《外纪》,有《大纪》、《续编》"等等,并云:"朕几务之暇,留神披阅,博稽详考,纤悉靡遗。""前后所著论断,凡百有余首。"《纲目全书》未收《外纪》、《大纪》,而于《前编》之后有《前编举要》三卷。检玄烨所批凡107条,除2条是指出原书的卷次、页数讹误外,有关历史的议论共105条,分别为《前编》2条,

---
[1]《戴名世集·八月庚申及齐师战于乾时我师败绩》。戴廷杰以此文为刺吴三桂,可备一说。见《年谱》,第94页。

《举要》未批,《纲目》62条,《续编》41条。《御批全书序》题为四十六年正月,乃刊行之日。自十五年玄烨开始读《纲目》,二十四年已经手自批定,[1]至此已过二十余年。玄烨所批105条,按朝代计,《前编》周代2条;《纲目》周1条,两汉17条,三国2条,西晋1条,东晋2条,南北朝6条,隋1条唐29条,五代3条;《续编》两宋36条,元5条。可见玄烨所批以汉、唐、宋为多,所关注者,又多在各朝兴衰、君臣纲常。就其所批来看,似于中国历史大分合、大转折之处,几乎无所体会;至于朱子《纲目》之义例宗旨,玄烨虽称其"义例森严,首尾条贯,足以示劝惩而昭法戒",[2]亦全然不加评论。所以,无论从史学角度,还是从理学角度来看,玄烨数十年中,都不曾得其三昧。即便玄烨对帝王治术的评论,也得意甚浅。读者自可检验。

然而,经历过三藩之乱,时时提防汉人反满意识的玄烨,于历史上华夷之辨、正统偏霸,岂能无所感触?李光地《榕村续语录》卷7《史》中所记,透露些许消息,值得注意。

> 说朱子做《纲目》,尊中国,骂金人。皇上最不平《续纲目》夺元朝之统。余廷对时说:"朱子并无此说,皆后人不善读《纲目》者之所为。至暴虐莫如秦、隋。秦、隋,朱子何尝夺其统?天下无他主,不归之统而谁归?其分书者,各国皆称大号,而其不正同,其残

---

[1]《清圣祖实录》卷63十五年十月癸酉,玄烨以"经书屡经讲读,朕心业已熟晓",要求讲官准备《资治通鉴》讲章。同月乙亥,讲官以朱熹《通鉴纲目》从《资治通鉴》中提纲分目,尤得要领,拟讲《纲目》。是知玄烨所读乃《纲目》,而非《通鉴》。《起居注》二十四年六月二十日,玄烨将《资治通鉴》、《资治通鉴纲目》、《纲目大全》三书以朱笔亲加点定",误。《实录》同日,亦误。何以知之?《起居注》二十五年五月初二日,"是日,发御览《通鉴纲目》、《十七史》等书,命翰林诸臣校正"。未列《通鉴》。《实录》卷128二十五年十二月丙寅,翰林院编修励杜讷疏言:"皇上点阅《纲鉴大全》、《纲目全编》二书,自康熙二十四年三月起,至康熙二十五年十二月而竣。"请颁付史馆。《起居注》二十六年正月二十三日,礼部翰林院提请将御览《纲鉴大全》、《纲目全编》"所记注圣论,请宣付史馆,颁布中外"。玄烨云:"俟改定完日,再行请旨。"《实录》卷145二十九年三月庚申,"上以康熙二十四、二十五两年内所阅《通鉴》御制断论一百有七则,命赞善励杜讷交起居注馆记注"。其中《通鉴》应作《纲目》。

[2]《清圣祖实录》卷150三十年三月戊子。

暴又同,无可属,只得分书。元大一统,至外国皆属,宋又亡统,不属元而谁属?且论元虽非中国主,尚不至如秦始皇焚诗书坑儒者地位,秦尚与之统,况元乎?舜东夷,文王西夷,岂限地位?惟是德耳。朱子之意与皇上同。"皇上近来大信朱子。

另一条又云:

> 余阁学时,上一日临轩,忽问中堂及学士《续纲目》何如?时宛平(王熙)、汉阳(吴正治)相公皆漫应云好。上转头问余曰:"何如?"余曰:"臣平生极不喜此书。朱子《纲目》义例所云:'统者,以天下无主,有以主之者,便以统归之。'如秦、隋之无道,而又不久,亦不得不以统属之。惟五代地无大小,国无常主,无统可归,必夺统也。《续纲目》于元而夺之统,不允。元已百年,君天下矣。宋之臣子若举兵起事,还可以忠孝解说。凡百姓一有作乱者,即谓之'起兵',已为元之子民,而乃以叛民为义士,可乎?"余素持论如此,不谓与上意合。

李光地以内阁学士兼翰林院掌院在二十六年初,以上两条皆二十六年以前事。玄烨关于历代正统的意见,无疑值得参考。朱子《纲目》之不满于《通鉴》者,唯在《通鉴》尊曹魏而黜昭烈。《纲目》又以天下所属即为得统,自能为清统治者所接受。玄烨推崇朱子,不妨碍其以正统自居。而《续纲目》华夷之辨甚为强烈,如后来弘历所指出的,以金世宗一代仅成小康,乃"天厌其德";又如"金禁女真人学南人衣饰",是拒绝"用夏变夷";《续纲目》否定元得正统;且云"元世祖太子珍戬谕属下毋读蒙古书,须习汉人文字",弘历以为是篡改本意。凡此种种,玄烨不可能不寓目,内心亦必反感至极。康熙三十年,翻译满文《通鉴纲目》告成,玄烨于《序》中曰:"《续编》则下逮宋辽金元,其中叙事虽间得其实,然而议论偏私,记载乖舛,往往有之。视朱熹所撰《纲目》迥乎其不侔矣。"[1]足与《榕村语

---

[1] 《清圣祖实录》卷150三十年三月戊子。

录》相发明。

然而,玄烨对《续编》的不满,《御批》却并未稍有体现。所以弘历也只得说:"皇祖虽尝抉精微,征辞旨,著论百余首,亦惟析疑正陋,垂教后世矣。"[1]其实,玄烨何曾"析疑正陋"?玄烨之所以无所笔削,倒不是他不想有所发明。"宛平、汉阳相公皆漫应云好",即透露当时汉人大学士并未意识到《续纲目》黜元有何不妥。即使明珠辈说朱子"尊中国,骂金人",欲连朱子《纲目》一并否定,显然与玄烨意图不符。玄烨晚年自持学术独尊,即明言:"书生评论帝王每多苛刻,唯朱子最为公平,言金世宗行政果如此人言,即尧、舜矣。"[2]唯当时玄烨自度学力未充,[3]无以令人屈服,亦无挑起争端之必要。李光地举舜和文王为例,云朱子以为得天下正与不正"惟在德耳",而不在种族。元一统天下即正统所在,反元即叛民。光地说自己的看法与玄烨相合。果尔,则可判定,此时玄烨的思想,完全可在汉人承认一统天下即为正统这一点上获得满足,而不必另生头绪。此一姿态,直至四十六年玄烨刊行《御批资治通鉴纲目全书》时,依然未有大变。《宋高宗父母之仇终身不雪论》云明朝之亡,"岂非当日不主议和者乎?偏安,社稷犹存一线之脉络"。意在为清太祖、太宗伐明作辩护,为本朝争正统,无意间为南明政权之地位留下活口,在此情况下,不至于历代正统进行大改作。四十六年玄烨最后一次南巡,黄河治理告成,玄烨的承平之世达到极盛,满汉关系似也平稳和谐。看不出有什么理由使玄烨要在思想意识领域发动一场攻势。

然而四十七年以后,形势迅速变化。先是朱三太子果有其人,明亡

---

[1] 见弘历《御制历代通鉴辑览序》。至于弘历在《续纲目》序中所指责周礼《发明》、张时泰《广义》"于辽、金、元事多有议论偏谬及肆行诋毁者"云云,凡玄烨有所隐忍者,均由弘历一一表而出之。

[2] 《永宪录》卷1康熙六十一年正月辛卯。

[3] 《御制文集》卷18《读书贵有恒论》自云:"然圣贤理道,至为精微。朕孜孜矻矻,愧仅得其糟粕耳。"卷28《读大学》云:"朕于帝王修己治人之道,虽日加自励,而未之有得。"《训学篇》云:"朕虽探索群书,积日弥年,不自暇逸,然而未有所得。"皆不著作年。《提要》云《文集》截至康熙二十二年。然集中上谕收至二十三年,卷23《至圣先师孔子庙碑》,系二十四年三月所作,见《实录》卷120。

再评"自古得天下之正莫如我朝"

六十余年之后竟血脉未绝,困扰清廷多年的噩梦居然成真。随后数年,便是皇太子反复废立,玄烨由此疑虑清朝国祚将衰。其间又是戴名世《南山集》案。五十四年,西线战事又起,鏖兵绝域。加上各省亏空,流民叛乱,迁延不绝。六十年,台湾居然一度失陷。这一系列事变,将玄烨搅得惶无宁日,政治空气日益紧张。是以任何地方骚乱不安,皆须严密注视其性质与动向,必扑杀于萌芽状态,绝不能任其发展,演变成全局性的反清事变。戴名世案之所以值得玄烨注意,因其从中看到地方叛乱的舆论煽动与士大夫言论著述之间的关系。当年参与吴三桂叛乱的方孝标,其所著《滇黔纪闻》竟然在《南山集》中借尸还魂。玄烨不能不联想到三十年前的三藩之乱,不能不担忧《南山集》又成为异日反清的乱阶。

康熙朝六十余年中,三藩之乱影响玄烨一生最为深刻。自此之后,玄烨对汉人的警惕就从未放松。他关注舆论与动乱的关系,亦由此而起。早在康熙二十三年,玄烨曾曰:"朕每于刑部章奏必详加看阅。近将藏姚秦三藏书道人等俱坐妖言惑众之罪启奏。朕观乃道人平常所看之书,并非妖言,故免其罪。若一时看阅不到,如许人命,不几徒死乎?"[1]看来玄烨对现实舆论的关注,要比涵咏性理、体会史书用心得多。尽管玄烨素以不妄杀自夸,但其观照几乎无所不届,必然令康熙一朝的社会空气蒙上浓厚的阴影。如果说,起初玄烨对反清活动的关注仅在于民间基层,那么,从康熙四十年代之后,士大夫的言论倾向便皆纳入玄烨的禁锢之列。任何不利于本朝的言谈著述,任何有利于明朝的舆论扬播,皆为玄烨所不能容忍,[2]他必须要在意识领域定于一尊。玄烨之所以晚年一定要封禁对本朝帝王予以评论,并在历代帝王庙对历史正统重新安排,严厉贬斥明朝,思想上固然其来有自,而四十七年实为其转折点。可惜目前我们对此种变化尚缺乏深入的认识,很难深刻洞察康熙后期政治史的本质。

---

[1] 《起居注》二十三年七月十一日。
[2] 玄烨之厌恶何焯,其中即有"乃生性不识恩义,将今时文章比之万历末年文章"。见《清圣祖实录》卷266五十四年十一月癸卯。《起居注》五十六年七月二十日,论及出兵西域,曰:"刘荫枢并不知此意,听传闻之言,即劝朕息怒休兵。用兵之事如此妄奏,可乎?伊不过用此空言作文章而已。无知之徒,即由此互相传布。"

综观玄烨的舆论控制,其目的可归结为两个方面:其一,监视舆论对宫中、朝廷事件的传播,严防丑化清廷统治。初废皇太子之后,玄烨即担心东南士大夫借此窥探朝廷动向,令江宁织造李煦密切监视。"近日闻得南方有许多闲言,无中作有,议论大小事。朕无可以托人打听。尔等受恩深重,但有所闻,可以亲手书折奏闻才好。此话断不可叫人知道,若有人知,尔即招祸矣。"[1]次年又嘱咐江宁巡抚张伯行:"南方多有造言生事者,尔可以留心。"[2]由废皇太子事而起,随即发展成普遍的舆论控制与封禁。四十八年议覆御史张莲条奏,令地方官严行禁止"民间设立香会"及"出卖淫词小说"。五十年十二月,左都御史赵申乔在纠参《南山集》之后,旋以"直隶各省寺庙常窝藏来历不明之人,行不法之事",请停止创建寺庙,并令寺庙僧道甘结"不许容留外来之人"。玄烨立即批旨:"游民充为僧道,窝藏逃亡罪犯,行事不法者甚多,实扰乱地方,大无益于民生者也。""创建增修,永行禁止。"[3]五十三年,清廷重申:"近见坊间多卖小说淫词,荒唐俚鄙,殊非正理。不但诱惑愚民,即缙绅士子,未免游目而蛊心焉。所关于风俗者匪细,应即行严禁。"于是九卿遵旨议定:"凡坊肆市卖一应小说淫词","严查禁绝。将板与书一并尽行销毁。如仍行造作刻印者,系官革职,军民杖一百,流三千里;市卖者杖一百,徒三年"。该管官不行查出者,依次降级罚俸。[4]以针对所谓小说淫词发展成全国规模的文字禁令,康熙朝上承顺治,下启雍、乾,实为一重要转折。这就是满族君主维持承平"盛世"的一大法宝。

玄烨对外故示优容,实则对京师动向严密封锁,唯恐泄露地方,影响舆

---

[1]《汉文奏折》第二册,四十八年十月二日李煦请安折朱批,第659页。李煦回奏:"臣闻原任户部尚书王鸿绪今岁解职回家之后,每月必差家人进京至伊兄都察院王九龄处探听宫禁之事,无中作有。"第703页。四十九年正月十九李煦奏:"臣打听得王鸿绪每云,'我京中时常有密信来。东宫目下虽然复位,圣心犹在未定'。如此妄谈,惑乱人心。(略)而王鸿绪门生故旧处处有人,亦每每乱言:'东宫虽复,将来恐也难定'。"第736页。

[2]《汉文奏折》第三册,四十九年八月十九日张伯行折朱批,第47页。

[3] 分见《清圣祖实录》卷238四十八年六月庚子,卷248五十年十二月丁卯。

[4]《清圣祖实录》卷258五十三年四月乙亥谕礼部。据蒋氏《东华录》卷22,康熙五十三年三月,则知玄烨此谕乃采自左都御史揆叙疏言。

论。[1]五十六年,因传闻皇子允祉家人在外索贿,所至五省地方督抚皆巴结逢迎,赠馈银两。玄烨大为恼怒,以为必非皇子属下所为,并"差人各省查拿,必拿获问明方已。若不如此,狂妄书生风闻,笔之于书,关系声名非小"。[2]北京春日多风,六十年会试,正逢扬沙。玄烨疑心又起,曰:"况值暮春清明时,正风霾黄沙之候。或遇有地震日晦,幸灾乐祸者,将借此为言,煽惑人心,恣行讥议,私相纪载,亦未可知。"[3]此外,对于前线战事,甚至他本人病情,玄烨都担心误传,需一一澄清。[4]他晚年对舆论如此警惕,即因他确信治理多年的汉人仍未服帖,[5]一向引以为自豪的盛世正危机四伏。

其二,关注士人著作中的倾向,以警惕其动摇玄烨在学术上的绝对权威。学者士人的言论著述,从来即为玄烨注意,但前后意图略有不同。他在反"伪理学"阶段,多注意作者言行是否相符;对汉人在学术上相互推引,亦深致不满。三十三年,他就"理学真伪论"的一番议论,充分反映当时的心态。[6]迨玄烨晚年自恃学术已定于一尊,他从对学术批评进而发

---

[1]《清圣祖实录》卷261五十三年十二月辛巳,兵部议覆都察院左都御史揆叙疏言,"近闻在京各省提塘及刷写报文者,除科抄外,将大小事件探听写录,名曰'小报'。送与各处,甚至任意捏造,骇人耳目。祈严加禁止,庶好事不端之人有所畏惧"等语。应如所请,严行禁止,违者从重治罪。从之。

[2]《起居注》五十六年三月初五日。又,《起居注》五十六年四月十九日,谕曰:"以此观之,各省地方谎言妄行之人甚多。""若遍遣人于各省以坏主声名,则不可。""此事不发觉,在外汉人即以为真,便书以记之。似此枉屈之事,亦有之乎?"

[3]《清圣祖实录》卷291六十年三月乙丑。

[4]《汉文奏折》第六册,闽浙总督范时崇五十四年八月初一日折:奉亲传谕旨:"福建地方甚远,各省抄报不真者甚多。恐有闻风不实,特将此事大略下旨晓谕尔等。"第412页。《起居注》五十六年七月二十日,"即如近日,自京师召一识医理之原任知府章文潢,小抄内即以为朕身甚是欠安"。

[5]《起居注》五十六年十一月二十六日,玄烨闻原任黄岩总兵仇机私铸九鼎,谓阁臣曰:"汉人胆大,无所不为,于此可见。"《清圣祖实录》卷292六十年四月壬辰,殿试策论首曰,"兢兢业业,宵旰不遑,六十余年如一日,而犹虑人心诚伪不一;凡在臣工,欲其消朋党而去偏私,无怀二心"云云,颇反映玄烨心态。

[6]《清圣祖实录》卷163三十三年闰五月癸酉,玄烨就理学真伪论大发议论,曰:"熊赐履所著《道统》一书,王鸿绪奏请刊刻,颁行学宫。高士奇亦为作序,乞将此书刊布。朕览此书内过当处甚多。凡书果好,虽不刻,自然流布;否则,虽刻何益。道学之人,又如此务虚名而事干渎乎?今将此等处不过谕尔等闻知。"

展成为学术监禁,也就势所必然。戴名世不仅语多悖逆,且著《四书朱子大全》一书,广为刊行。在玄烨看来,直欲与朝廷分庭抗礼,无可容忍。尤其是他钦定的《朱子全书》、"四书"注解颁行之后,[1]官员学者间仍私自注解,广为流播,更是忽视他身兼道统的存在。为此他不惮其劳,对所著书籍一一加以细阅。玄烨晚年曾毫不掩饰地说:"凡新刻之书,朕必详阅,故知之甚悉。"[2]五十四年,玄烨就注书谕大学士:"注书一事,关系匪轻。必深识古人之意,得其精要,乃可注书。若学力未到,妄自注辑,则意义反晦矣。"似为论学,实则警告汉臣:"朕每见近今人所注书,细探其旨,大约皆私意为人。如张伯行所作,有一部书,全为汤斌一人。其他书亦有为明时数人者,皆伊同乡人也。张伯行居官虽清,其注书亦未允当。彼为大臣,人观其所注之书,易为所惑。"[3]其意图一经道出,于是李光地即逢迎,朱子《近思录》"何必更注"。王掞也说:"《性理》一书,无容注解,圣谕诚然。"一切只须遵循钦定的学术准则,不得稍有异议。通过注书在学术上相互推引,在玄烨看来,既易于结党,更能蛊惑士人,转移风气。[4]所以他强调"朕所谕数者,俱于世道人心大有关系"。[5]值得注意的是,随后便有九卿提请禁止注释一切古书,[6]开学术专断的先河。由上可见,自康熙四十七年以来,清廷对舆论控制何等严密,而在意识形态上的专制,实为玄烨改造历代帝王庙的必备前提。

---

[1] 《清圣祖实录》卷256五十二年九月庚午,谕曰:"《朱子全书》、'四书'注解刊刻告竣,可速颁行。"

[2] 《起居注》五十六年十一月二十六日。

[3] 《起居注》五十四年三月二十九日。

[4] 《清圣祖实录》卷208四十一年六月戊午,玄烨《御制训敕士子文》虽就科场弊端而发,然各地士子"招呼朋类,结社要盟",实为玄烨心病。不言而喻,盟首必为有功名的官员。

[5] 《清圣祖实录》卷262五十四年三月癸亥。《起居注》五十四年三月二十九日记此事较详。从李光地、王掞、张廷枢等人的奏对来看,实已接受不准再著注《性理》之类的旨意。次月,九卿议明令禁止,玄烨不允,不过故作姿态而已,切勿当真。《实录》卷263,四月丁卯,制策曰:"古来圣贤经传,纯粹以精;先儒论著,疏通易晓。即不立注解,其义自明。而或逞其臆见,人自为书,家自为说,或假以立名,或用以阿世,使圣贤精意,反因之而滋晦。其何以芟刘繁杂,倡明正学欤?"则予以警告天下士子。

[6] 《起居注》五十四年四月二十四日。

再评"自古得天下之正莫如我朝"

（四）特尊辽金的新格局

然而，《面谕》既倡言"自古得天下之正莫如我朝"，并为此彻底否定清廷先祖曾经臣属明朝的事实，[1]则势必要将满族从中原王朝体系中外化。但如此一来，就不能不留下蛮夷猾夏的疑问，得国之正一说，便更难融入传统的正统论。玄烨临死之前所以要彻底改造历代帝王庙，实有如箭在弦上，不得不发。历代帝王庙的安排，必须体现大清得天下最正。而其中最令玄烨棘手的问题，即在于辽、金是否得统。这里，玄烨面临中原传统史观的严峻考验。

元末修宋、辽、金三史，统绪纷争不绝。杨维桢《正统辨》力辟辽、金二朝，坚持元得宋统。其固以元代一统为前提，然"天命人心之公"，持论却归于正统。"或问朱氏《纲目》主意，曰：在正统。"何为正统？则道统之所在也。[2]此《辨》一出，时人许为百年公论。玄烨若仅以大一统为准的，自可满足于杨维桢之论。元灭宋得宋统，清灭明得明统，可以妥帖，当不致大动干戈。然而杨维桢以元朝之统始于平宋之年，而不始于世祖继位之时，又以辽、金无统可言，则断非玄烨所能接受。若辽、金无统，清开国即无统；若必待灭宋之日元方得统，则南明永历灭亡之前，清顺治一朝尚未得统。凡此皆与"自古得天下之正莫如我朝"相违戾，玄烨势不能容。况且，清初以来，汉族遗民士夫所持正统，元亦不予。黄宗羲《明夷待访录·原法》："夫古今之变，至秦而一尽，至元而又一尽，经此二尽之后，古圣王之所恻隐爱人而经营者，荡然无具。"[3]魏禧《正统论》三篇乃就欧阳（修）、苏（轼）、郑（思肖）三家而辨，而不提及杨维桢。叔子将统

---

[1] 孟森《明元清系通纪·前编第三·女真源流考略》曰："清代既欲自诡为明之敌国，从未入其版图。"中华书局2006年版。始作俑者即玄烨。
[2] 见陶宗仪《南村辍耕录》卷3。其论治道转移曰："道统者，治统之所在也。""朱子没，而其传及于我朝许文正公，此历代道统之源委也。然道统不在辽金而在宋，在宋而后及于我朝，君子可以观治统之所在矣。"中华书局1959年版。
[3] 《明夷待访录》，中华书局1981年点校本。

分为三类,即正统、偏统、窃统。正统者,三代以下为西汉、东汉、蜀汉、东晋、唐、南宋。蜀汉何得为正统?以三国之中唯蜀存两汉之统也。西晋、北宋得国不正,不得为正统。然以东晋、南宋之为正统者,乃北方为夷狄所侵,势不得不与之正统。是知叔子之论正统,持华夷之辨特严。拟三统而斥元朝于其外,辽、金更不待言,实则以夷狄得天下根本不成其统。故叔子断言:"革姓受命之事,非天心所欲,势也。"然势之所兴,君子所不得已,岂得谓"天心所欲"?岂可言"天命所馨,惟德是辅"?[1]其置杨维桢《正统辨》于不顾,良有以也。康熙一朝提倡崇儒重道,政治上公开尊明,清初遗民影响大为消息,然在朝士人如戴名世辈居然仍承其余绪,以南明为正统,隐然与朝廷相抗衡。此风不息,大清得天下之正即不能定于一尊。玄烨晚年加强舆论控制,势必彻底扭转这一局面。清太祖、太宗既尊金源氏为其先祖,顺治死后,清廷恢复辽、金、元三朝太祖崇祀历代帝王庙,于金又增祀世宗。玄烨欲"敬天法祖",倡大清得天下最正,即不能不为辽、金争正统。故康熙一朝特尊辽、金。

《钦定日下旧闻考》卷132载有世祖章皇帝御制金太祖、世宗陵碑文,圣祖仁皇帝御制金太祖、世宗碑文各一通,俱不著年月。按《世祖实录》,福临于顺治十四年正月戊午,谕礼部:金太祖、世宗仍入帝王庙,陵寝照旧祭祀,次月亲诣历代帝王庙行礼。御制金朝二帝碑文,或当其时。然检《圣祖实录》,从未有玄烨亲祭金陵之事,此碑文又不见于《御制文集》,故无从断其作年。康熙三十六年初明谕遍祭前代帝王陵寝,虽未明载辽、金两朝,宜当在致祭之列。[2]次年"命皇长子允禔、大学士伊桑阿至金太祖、世宗陵奠酒",[3]分明甚重金帝陵寝。然五十年之后,

---

[1] 见《魏叔子文集·外篇》卷1,中华书局2003年点校本。
[2] 《清圣祖实录》卷180三十六年二月戊戌,玄烨至大同,谕大学士伊桑阿:"自古帝王巡狩,凡所过地方,前代帝王陵寝、先贤坟墓及名山大川皆行致祭,此甚盛典也。朕今巡行,沿途所经,其有古帝王陵寝、先贤坟墓、名山大川,皆详察具奏,应致祭者祭之。"卷183,三十六年五月癸卯,礼部以平定噶尔丹,题应遣官祭天地宗庙山海及"历代陵寝、阙里",即非仅止玄烨所经之地。
[3] 《清圣祖实录》卷187三十七年正月甲辰。

再评"自古得天下之正莫如我朝"

记遣人于各地祭历代开国帝王陵寝,偏独遗辽、金两朝不与。[1]据《碑传集》卷20劳之辨《自序》:"癸未(四十二年)三月,旋承简命,祭告畿内颛顼、帝喾、商中宗、金太祖、世宗、元太祖、世祖、明宣宗、孝宗、世宗等十陵。"劳之辨时为太常寺卿,祭祀一事,正其职掌,自述应无可疑。又,四十二年陈诜任鸿胪寺卿,"恭遇皇上五旬万寿,奉命祭告辽太祖陵"。[2]是知玄烨固未忘情于辽、金陵寝也。清宗室昭梿曰:"仁皇帝六巡江浙,每至江宁,必幸明孝陵,拜谒如仪。其他如辽、金诸陵,亦皆如谒明陵制,其雅慕先代如此。"[3]玄烨至江宁祭明太祖陵,皆亲临,行三跪九叩礼,逾于常仪,[4]则知玄烨视辽、金二陵寝远过于历代诸陵。郑天挺《清代皇室之氏族与血系》一文云,清"入关而后,(于金代陵寝)崇敬之礼加于历代诸陵"。[5]玄烨礼敬辽、金两代,当时并无所隐晦,然御制金太祖、世宗碑文不载于《实录》及《御制文集》,此与祭祀各代陵寝而隐去辽、金,皆后世编纂者所为,实无当于玄烨本意。兹将玄烨御制金太祖、世宗碑文节录如下:

> 惟金朝房山二陵,当我师克取辽阳,故明惑形家之说,谓我朝发祥渤海,气脉相关。天启元年,罢金陵祭祀。二年,拆毁山陵,剷断地脉。三年,又建关庙于其地,为厌胜之术。从来国运之兴衰,关乎

---

[1] 《清圣祖实录》卷254五十二年四月丁卯,遣官祭各地山岳川渎历代开创之君,有辽太祖陵,而无祭金代陵庙。又,卷282五十七年十二月己巳,祭各地历代陵庙,亦祭辽太祖陵而略金陵。

[2] 《汉文奏折》第一册,四十五年十一月十九日贵州巡抚陈诜折,第477页。又,第五册,五十二年七月十四日直隶巡抚赵弘燮折,"蒙皇上特遣祭陵之副都统臣王臣"至直隶各处绿营赏赉兵丁,第70页。以满臣祭陵,即或祭辽金之陵耶?

[3] 见《啸亭杂录》卷1《拜明孝陵》条。

[4] 《清史稿》卷84《礼志三》:"凡时巡祭帝王陵寝,仪同祭庙,率二跪六叩。兹盖殊典云(指祭明太祖、禹陵三跪九叩礼)。"

[5] 见郑天挺《清代皇室之氏族与血系》,载《清史探微》。郑先生未具出处,或以此为常识耶? 陈康祺《郎潜纪闻四笔》卷6,《金陵遭遇隆恩》盛推清朝礼尊金朝:"(本朝)笃厚金源,亦不亚于优礼胜国。""即《诗》、《书》所载,殷、周之杞、宋,亦何尝有所盛举乎?"中华书局1990年点校本。

主德之善否。上天降鉴,惟德是与。有德者昌,无德者亡,于山陵风水原无关涉。有明末造,政乱国危,天命已去。其时之君臣,昏庸迷谬,罔知改图,不思修德勤民,挽回天意,乃轻信虚诞之言,移瘗于异代陵寝,肆行摧毁。迨其后,流寇猖獗,人心离叛,国祚以倾。既与风水无与,而前此之厌胜摧毁又何救于乱亡乎?有明君臣乃毁及前代帝王山陵,其舛谬实足贻讥千古矣。夫金朝垂祚百有余年,英君哲辟,实光史册。天聪三年,太宗文皇帝统师入关,知金太祖、世宗二帝陵寝在兹,追念鸿烈,特遣王贝勒大臣诣陵致祭,诚非常之盛事也。洎世祖章皇帝定鼎中原,随享金太祖、世宗于历代帝王庙,复命地方官春秋致祭陵寝,又谕礼臣专官省视,修其颓毁,俾规制如初。朕缵承丕绪,缅溯前徽,特命所司,虔申禋祀,以昭继述阐扬之意。

(下略)

玄烨表面似谨守父祖遗训,却于福临死前改定历代帝王庙,罢黜辽、金、元三代祭祀一举避而不谈。与前引顺治十四年祭祀金代二陵的上谕相较,玄烨此《碑》指斥明末诸帝尤为严厉,而颂扬金代则不惜溢美,且对皇太极以来清廷尊崇金代大加表彰,则玄烨非止纠偏而已,公然为金代争正统也。此一意图,后来重新安排历代帝王庙即得以实现。然如前所言,玄烨既公然尊金,却又掩饰清人乃金之后裔,正章太炎所谓"忸怩之情"。

《钦定日下旧闻考》卷51康熙六十一年十二月,"世宗宪皇帝祗遵圣祖仁皇帝谕旨,增祀帝王各立神牌"。玄烨既立无道、被弑、亡国三禁,凡此前"入正统、不入正统及被弑、亡国者",皆待玄烨一手裁定是否入祀历代帝王庙。前述明代立帝王庙,崇祀开国一统英主,非特重统绪相承。而清则不然,从清初单为本朝争正统,至玄烨晚年则大动干戈,必扩展成一新型历代正统论,简括如下:

原二十一帝,分五龛:三皇、五帝各一龛;禹、汤、武王、汉高、光武一龛;唐太宗、辽太祖、金太祖、金世宗一龛;宋太祖、元太祖、明太祖一龛。今增一百四十三君,合前凡一百六十四帝王,重新分为七龛:三皇、五帝仍各一龛,夏十四王、商二十六王合为一龛,周三十二王独为一龛,汉二十一帝、唐十五帝合为一龛,辽六帝、宋十四帝、金五帝合为一龛,元十一帝、明十二帝合为一龛。

玄烨自命为前代帝王争公道,但其斥秦、西晋、隋不予,则视大一统无能立说;斥五代,即统绪亦无以相承;斥东晋、南北朝而存辽、金,岂能以正统服人心?既以无道者不与,何以又祀荒淫之桓、灵?既以被弑不与,何以犹存唐宪宗?既以亡国不与,何以偏列崇祯?凡此皆无能自圆其说。要之信口玄黄,一秉于玄烨之私。而其要害,实在于黜明万历以下三帝,以示清开国即正;存崇祯者,以示清之天下不得自明。其合辽、宋、金于一龛,则宋不得独享正统;而合元、明于一龛,则不能以华夷别中外。惟其如此,方能为大清得天下自古最正出具历史依据,至于其谬误违戾,实未遑顾忌也。

然乾隆二十九年,弘历亲临历代帝王庙行礼,并于《御制历代帝王庙礼成恭记》云:"予尝论之,洪武之去辽、金而祀元世祖,犹有一统帝系之公。至嘉靖之去元世祖,则是狃于中外之见,而置一统帝系不问矣。若顺治初之入辽、金而去前五代,则尔时议礼诸臣亦未免有左袒之意。孰若我皇祖之大公至明,昭示千古,为一定不易之善举哉!"分明对玄烨晚年安排赞扬备至。岂料二十年后,甚觉不妥,乃归罪康熙朝臣,亟为弥缝,强词夺理,字里行间,无不激荡专制淫威。至其立金哀帝以当明崇祯,适见其偏爱,固守祖训不渝。[1]何足与论是非天理哉!

三、玄烨身兼治道的秘诀

康熙后期,由于政治形势和满汉关系的紧张,玄烨对待为学与政事之间的关系,以及他在学术上的身份和姿态,均发生变化。他不甘心仅凭治统干预道统,而必欲以道统自居,裁断学术,令汉人折服。这对于理解玄烨何以必须、并且可能倡清得天下之正以及重新安排历代王朝正统,甚有关系。

---

[1] 以上详参《钦定日下旧闻考》卷51。

(一)对抗汉人传统之学的新功夫

玄烨早期习学儒学经史,虽出于统治的需要,但不能否认他有一种入门初始的虔敬。他反复强调政事由学问出,大约也不尽出于装饰。[1]后来,玄烨以"伪道学"打击汉人士大夫,争取学术上的主动权,提出"公私"二字以辨理学真伪,即以所谓人品定学术高下,开始以势压学。"公私"二字,专为臣下而设,裁断操于玄烨。然而以此虽可操学术予夺之权,其实不过以政治混淆学术。玄烨欲想真正在学术领域居于统治地位,仅说一些"以道存之于心","道学岂易言"之类,[2]当然是不够的,他非得练就自家弓冶不可。

玄烨既深受"汉人学问皆胜满洲百倍"的刺激,欲改变这一局面,必须从两方面着手:即通过西学对传统学术中的天象、历法、地理之学予以新解;同时强调实际中的格物,知人论世,以贬低汉人的书本之学为空疏,实则仍以实用政事以定学术之优劣真伪。这两方面,玄烨以帝王之尊,皆能因利乘便。[3]

玄烨自云曾勤攻数学,"朕尝用算法称石称砖,以考验数学"。[4]尽管有的传教士在描述玄烨勤攻西方数学以及极为欣赏西方科学的态度时,对玄

---

[1] 《康熙起居注》二十四年六月二十日,"凡为仕者,无论文武,皆须读书,探讨古今得失,加以研究"。二十五年闰四月初十日,"凡人不安分妄行悖乱者,咸由不明书义,不达道理之故"。十一日,"凡出仕之人,须读书明理,方有裨益。若不能通晓文义,焉能治民理事?"玄烨此类言论甚多,不备举。

[2] 分见《清圣祖实录》卷163三十三年闰五月癸酉,卷216四十三年四月戊寅。

[3] 关于玄烨向西方传教士学习西方科学,可参阅《张诚日记·1689年6月13日—1690年5月7日》即张诚的第二次旅行报告,《清史资料》第五辑所载"张诚日记·1691年张诚神甫第三次去鞑靼地区旅行·1692年张诚神甫第四次去鞑靼地区旅行",中华书局1984年版。这是玄烨停止《四书五经》和《资治通鉴》的日讲之后进行的。玄烨向西方传教士学习在每日听政之后或巡幸途中,故不见于《起居注》。尤其值得注意的是,传教士的讲解用的是满文和满语,此时传入中国的西学已经沦为宫中之学。

[4] 《起居注》五十六年十一月二十四日。

烨赞扬有加,[1]但康熙晚期在宫中伴随玄烨多年的意大利传教士马国贤,对其成绩却未加恭维。[2]玄烨对西学虽有某种兴趣,然其本意似不在此。[3]二十八年南巡,玄烨召见李光地,以星宿运行质诸《尧典》,李光地不能对。这一对话的前提,当然是玄烨自恃对西学已得其中三昧,故曰:"自来史志历法多不可信,质之以理,类空言无实。"玄烨"又历指三垣星座问光地,不能尽举其名。上指示从官历历明析",终使随臣匍匐称颂。[4]三十一年,玄烨与群臣论及《太极图》,因示以数学解析音律,计算河水流量,检测日晷,令群臣"得闻所未闻,见所未见"。[5]其所以能检验经典、折服汉人者,即得自传教士的西学。

至于汉人传统的义理词章考据,玄烨则以为学旨在心性休养以及实际功效作权衡,来否定汉人的优势。四十三年,玄烨谓身边满臣:"古今讲道学者甚多,而尤好非议人。彼亦仅能言之耳。而言行相符者盖寡。是以朕不尚空言。"且不无讥讽:"人见讲道学之人或不见用,辄为太息,以为彼果见用,必有可观。此亦徒见其空言而云。若果见用,言行亦未必相符。""由此以观,不在空言也。故君子先行后言。果如周、程、张、朱,勉行道学之实者,自当见诸议论。若但以空言而讲道学,断乎不

---

[1] 详见《张诚日记》。张诚竭力将玄烨描述成一位东方开明君主,但考虑到张诚来华的背景是受法国皇家科学院资助,必须显示在华的活动甚有成效,报告中很可能言过其实。

[2] 《清廷十三年·马国贤在华回忆录》:"皇上认为自己是个大音乐家,同时还是一个更好的数学家。但是尽管他在科学和其他一般认识上的趣味都不错,他对音乐却一窍不通,对数学的第一因也所知甚少。每座殿堂里都放了音叉或古钢琴,可是无论是他自己,还是他的妃子们,都不会弹奏。中国宫廷所奉行的过分地溜须拍马,已经足够让他陷入被奉承的狂喜了,正如我经常见证的那样。"第56页,上海古籍出版社2004年译本。

[3] 《清圣祖实录》卷245康熙五十年二月戊辰,谕诸皇子大臣:"算法之理,皆出自《易经》,即西洋算法亦善,原系中国算法。凡有推算,七九之奇数不能尽悉,十二、二十四之偶数,方能尽之。此皆体象十二时、二十四气也。"即意在以西洋算法释《易》,并不在悉究西法。

[4] 《起居注》二十八年二月二十七日。

[5] 《清圣祖实录》卷154三十一年正月甲寅。

可。"[1]玄烨背负汉人道学家的压力之重可见一斑。但此时他还只能抬举宋儒以压今儒之言行不符、无济实用,与后来隐然欲将宋儒一并否定显然有别。同年,玄烨又就纂修《明史》大发议论:"朕实无学。每读朱子之书,见'相古先民,学以为己;今也不然,为人而已'之句,罔不心悦诚服。又读孟子'尽信书则不如无书',益见史官上古不免讹传,况今人乎!"[2]玄烨岂自甘承认其"无学"?[3]实在告诫汉人,若不能体察世情,反诸于己,仅拘泥于史籍经典并无意义,不值得炫耀。由此出发,玄烨最终势必要将政事充斥于学术之中。

玄烨晚年,其姿态大变,跃跃然以为德、位兼备,已非孔子、朱子所能拟,更何止跻宋儒而代之。他对自己的格物和居敬皆极自豪,自表象视之,似皆有其独到之处,实则无不与政事有关。玄烨的格物,包括两个方面,即书中之格物和实验、人事中的格物。他之所以要搞一些实地调查测量,固然有为政的需要,但同时无疑也是为树立他学术上无可动摇的地位。[4]试看五十八年,玄烨得意地宣称:"《皇舆全览图》,朕费三十余年心力始得告成。山脉水道,俱与《禹贡》相合。"向称难解的三代经典《禹贡》,只有在玄烨手中,"以生知之圣,殚格致之功",才能获得新生。群臣除了一片颂词之外,谁复敢有异议。[5]

泰山发源于长白山,是玄烨地理格物中的一大发明。《御制文集第四集》卷27《几暇格物篇》,属玄烨晚年之作,其中"泰山山脉自长白山来"一条颇可注意。"古今论九州山脉,但言华山为虎,泰山为龙。"然而"总未根究泰山之龙于何处发脉。朕细考形势,深究地络,遣人航海测

---

[1]《清圣祖实录》卷216四十三年六月丁酉。
[2]《清圣祖实录》卷218四十三年十一月壬戌。
[3]《清圣祖实录》卷217四十三年八月庚午,玄烨在热河与满洲诸臣论满洲诸翰林官学问优劣毕,大学士等奏曰:"皇上天纵之圣,记识不忘,古今莫及。"玄烨毫无谦避,曰:"朕览过之书,虽日月间隔,不甚遗忘。今虽年岁稍增,而记性不减于前。"足见此时他在汉人面前的收敛,实非由衷。其忿忿之情,蓄久必发。
[4]《汉文奏折》第四册,五十二年闰五月初十日江宁巡抚张伯行折奏:"今复奉谕旨遣员绘画各省舆图,仰见圣天子智周六合,无远弗届之至意。"第856页。
[5]《清圣祖实录》卷283五十八年二月乙卯。

量,知泰山实发龙于长白山也"。显然,玄烨的结论非得自于对经典的考证。他对山川形势观察在先,然后派人测量,所得结论自然是印证了玄烨的观察。按玄烨的描述,长白山脉西面一支,"入兴京门为开运山,蜿蜒而南",经金州旅顺,渤海诸岛,"龙脊时伏时现","皆其发露处也"。至山东登州,"海中伏龙于是乎陆起,西南行八百余里,结而为泰山,穹崇盘屈,为五岳首"。对此玄烨极为自负,以为一大发现:"此论虽古人所未及,而形理有确然可据者。"于是斩钉截铁,"长白之龙放海而为泰山也"。玄烨煞费苦心,不惜将堪舆之学与格物相杂糅,目的不就在于证明,满洲之龙注定要到中原来安顿吗? 问题是,这远不仅是玄烨内心的一种满足。玄烨曾以此考问过李光地等人:"汝等知山东碣石等山脉从何处来乎?"李光地奏:"大约从陕西、河南而来。"玄烨曰:"不然。山东等山从关东长白山来。凡山东泰、岱诸山来脉,俱从长白山来。来龙甚远,不知里数。"李光地只得曰:"皇上博通典籍,是以知之甚详。"〔1〕直至康熙六十年,玄烨仍向群臣重申:"盖山东诸山之脉,自关东来,结为泰山。"〔2〕玄烨此说影响至为深远,颇负盛名的文献学家全祖望就曾讥笑李光地未能于经典中予以印证。〔3〕毋庸讳言,玄烨试图令汉人信服,早在三代经典中已有满洲君临中土的启示。而尤可注意的是,玄烨此一发现恰在皇太子危机之后不久,并再次派人考察长白山,〔4〕大约也不是偶然。清太祖朝三部《实录》开篇所述满洲源流,即以满族发祥于长白山,始祖乃天女吞食朱果所生,实为一新诞生之部族,否认远祧金代女真。这一神

---

〔1〕 《清圣祖实录》卷240四十八年十一月庚寅。
〔2〕 《清圣祖实录》卷292六十年四月庚子。
〔3〕 《全祖望集汇校集注·鲒埼亭集内编》卷一《长白云》:"长白山,云茫茫,飞席结岱宗,万古表东方。(原注:长白为岱山所导原,说见圣祖《御制文集》,于此悟古人青、营二州合一之旨。)"上海古籍出版社2000年版。并参《皇舆图赋》、《宥朝鲜》等篇,一味迎合君主,全然失其文献考据家态度,亦非尽属违心之言。
〔4〕 《清圣祖实录》卷247五十年八月辛酉上谕:"前差总管穆克敦等查看凤凰城,至长白山边界,伊等业将所查地方绘图呈览。因路远水大,故未能至所指之地。著于来春冰解之时,(再行勘察)。"然康熙晚年钦定《皇舆图表》,仍云"俄朵里城,四至莫考"。引自《明元清系通纪·前编第四·建州卫地址变迁考》。可见其于祖宗发祥之地始终不明。

话又因玄烨对长白山赋以新解,从而获得更为深刻的涵义。

玄烨最为得意的,当数律吕、黄钟基础的探索。他对历代"群儒辩论纷纭而终无定准"的"累黍之说"亲加测验,结果发现"今营造尺适符纵黍一百之数,而横黍一百止当纵黍八十一,而以千二百黍实之黄钟,亦无不合"。[1]继之以黄钟为基础,"其体绩、面幂、周径,皆用密率乘除,至为精密。此千古难明之绝学,待圣人而明者也"。[2]早在三十一年初,玄烨就称其已探得数学与律吕关系的要诀,对径一周三之法表示怀疑。[3]迨五十二年,玄烨宣称:"朕于算法、律吕等书,探究本源,今已明晰,知黄钟为最要。凡数学以及斗斛尺度,无不系乎其中。"玄烨留心于此,前后凡二十余年。确认这一发现之后,玄烨便急不可待,命允祉等率人"修辑律吕算法诸书。著于蒙养斋立馆,并考定坛庙宫殿乐器"。次年,书成进呈,玄烨以"律吕、历法、算法三书,著共为一部,名曰《律历渊源》"。[4]以此为凭借,玄烨乃大肆更张,亲自制礼作乐。[5]且其意义又不仅在于礼乐本

---

[1] 《御制文集》第四集卷28《累黍》。
[2] 《四库全书总目》卷38《经部·乐类·御定律吕正义五卷》,中华书局1965年影印本。
[3] 《清圣祖实录》卷154三十一年正月甲寅,玄烨谓臣下曰:"《律吕新书》所算数,专用径一周三之法。此法若合,则所算皆合;此法若舛,则无所不舛矣。朕观径一围三之法,用之必不能合。"云云。张玉书《张文贞集》卷2《请编次乐律算数书疏》:"康熙三十一年正月初四日,仰蒙圣恩以理数乐律之学翰海诸臣,特召臣等至乾清门御座之侧,皇上检阅性理,披图指示,因而究论算数,综考律吕,辨径一围三之非,穷隔八相生之实。俾臣等见所未见,闻所未闻。从来论乐者皆未之及。盖千古未发之秘,自我皇上今日发之。"并参《清史稿》卷94《乐志一》:康熙"二十九年以喀尔喀新附,特行会阅礼"。玄烨"感礼乐崩隤,始有志制作之事"。当为三十年多伦会盟事。玄烨于传统乐律不满,或始于此。亦见玄烨更张乐律源于政治需要。
[4] 分见《清圣祖实录》卷255五十二年七月乙卯,卷256五十二年九月甲子,卷261五十三年十一月乙卯。
[5] 《清圣祖实录》卷260五十三年十月己丑,谕南书房翰林等:"向来升殿所奏《中和乐章》,皆仍明代所撰,句有短长,体制类词。后因文理不雅,命大学士陈廷敬等改撰。其章法皆以四字为句,而奏乐人未易声调,仍以长短句法凑合歌之,是虽文法易而声调未易也。今考察旧调,已得其宫商节奏,甚为和平。必得歌章字句亦随句调,则章法明而宫调谐。"并见《御制文集》第四集卷3。《清圣祖实录》卷261五十三年十一月甲寅,冬至,祀天于圜丘,玄烨亲自行礼,所奏乐章即玄烨"新定"。卷266五十四年十一月己未冬至,亦明书"用御定雅乐"。

身,重要的是,他此时已无需依仗余国柱、陈廷敬之流来作文饰。[1]而更重要的是,从此大清朝不必依照传统汉制进行什么改正朔,易服色。玄烨本人既然可以自出机杼,发明三代,当然也就无不为正统。[2]与此同时,玄烨的舆地测量也步入高潮。[3]张玉书生前就说过,熊赐履笃信蔡元定,又曾派人试验梅文鼎测影之法,却全然未合。而"皇上洞悉律数,究极精微,真足超越千古"。[4]可见无论是宋学的正宗,还是清学的巅峰,统统都被玄烨所超越。毫无疑问,《律历渊源》撰成之后,敬天授历、神道设教的角色,已非玄烨莫属。

在思想及学术领域的交锋中,仅凭权势压制对方,但不足以令人折服。至少玄烨自己懂得这一点。从某种意义上说,玄烨的高明之处,正是他自觉地在学术领域中实现了自我更新。没有经历这样的角色转换,他是无法在意识领域无所顾忌地任意裁断的。这一学术更新的过程,至迟在二十八年南巡时已有明显表露。至康熙后期,政治舞台上的主角只

---

[1] 《起居注》二十一年六月二十九日,先是,礼部覆允副都御史余国柱请更定乐章,学士陈廷敬撰十四章。廷敬因奏:"历稽汉唐以来,宋乐章略仿雅颂。今臣所撰拟,斟酌古今,兼采宋例。"玄烨认为"所撰乐章甚佳",足见当初玄烨心无定见。

[2] 《清圣祖实录》卷263五十四年四月乙亥,"先是,太常寺题请将新定乐律载入典训。得旨:此乐本明朝所作,审定原好,但因年久,乐律舛错,声音略有不同。朕为正之,并非出自创造。今告成之事,不可全归于朕。大学士九卿会议具奏。至是,礼部等衙门题复:乐器相沿岁久,制度渐差,音律多舛。皇上深究元音,厘定损益,制度协中,音韵合宜"。是否符合古典,不得而知,但一本于玄烨所定元音,则是实情。今人研究认为玄烨改定的"十四律"是荒谬的,"这在音乐实践中绝对不可能成功"。邱媛媛《清前期宫廷礼乐的建立沿革及政治功用》第三章《鼎盛之际的宫廷礼乐》,中国社会科学院历史研究所2006年博士论文。

[3] 《清圣祖实录》卷260五十三年十月己巳,谕允祉:"北极高度,黄、赤距度,于历法最为紧要。著于澹宁居后每日测量。"卷261十一月辛亥,准允祉奏请,遣人至广东、云南、四川、陕西、河南、江南、浙江等七省测量。

[4] 《张文贞集》卷7《侍值恭纪》。按:张玉书卒于康熙五十年,时《律历渊源》尚未成书,或已有所闻。

有一个,那就是玄烨;同样,学术领域中的领袖,也只有玄烨一人。[1]他自恃周知万物,又无书不览,学术已凌驾汉人之上,意得志满之态往往难以掩饰。对理学名臣张伯行,玄烨毫不客气地鄙薄道:"性理中之《西铭》篇尚不能背诵,以为知性理,可乎?"即使他看重的儒臣,亦不过记诵之功。"昔者房权、徐乾学、徐元文、熊赐履记得书最多,李光地所记亦多"。但较之玄烨本人,则相去甚远。如若不信,请听玄烨自道:

> 朕博览载籍,即道书、佛经,无不记识。讲即讲,作即作。若以朕为天纵使然,此即是逢迎朕者也。[2]

玄烨曾对扈从左右的满臣说:

> 朕常讲论天文、地理及算法、声律之学,尔等闻之,辄奏曰:"皇上由天授,非人力可及。"如此称誉朕躬,转掩却朕之虚心勤学处矣。尔等试思,虽古圣人,岂有生来即无所不能者?凡事俱由学习而成,务学必以敬慎为本。朕之学业,皆从敬慎中得来,何得谓天授非人力也。[3]

这些话貌恭而实倨。玄烨虽不承认自己生而至圣,但学而至圣,他是当仁不让的。况且,在他眼中,即"古圣人"亦属学而致圣,则其本人非今圣而何?

---

[1] 黄进兴《优入圣域》即如此理解:清初"统治者主动介入文化与思想的传统,致使'皇权'变成'政治'与'文化'运作的核心,而统治者遂成为两项传统最终的权威"。然而黄氏真诚相信,"事实上,在治绩方面极少中国君主能与康熙相颉颃,康熙的功业素为中外史家所称道。""康熙博闻强记,举凡天文、地理、算法、声律无不旁通,遑论经史典籍。"分见台湾允晨文化实业公司《允晨丛刊54》1994年版,第109、92、98页。具有西方学术背景而特类似观点的海外华人学者,尚不乏其人。
[2] 《起居注》五十四年十二月初一日。
[3] 《清圣祖实录》卷262五十四年三月乙丑。

当然，玄烨钦定经典，离不开汉人的辅助，但这只能是在他的指导下进行，一切精义，皆得归诸玄烨。其中又以玄烨与李光地的关系最为典型。玄烨所钦定的《周易折中》、《性理精义》、《朱子全书》等书，几乎全赖李光地等辑录校订。但李光地在各种场合都承认自己的学问乃得自玄烨的指授。五十四年初内廷考试，玄烨感慨："今之翰林迥不及昔之翰林。熊赐履、张玉书、张英、陈廷敬、徐乾学、徐元文、徐秉义、王士禛，学问甚佳。朕尝与之讲论，故深知其所学。"李光地奏曰："伊等久侍讲筵，所以其学日进。"这当然已将自己包括在内。玄烨也毫不愧赧地说："内廷行走及武英殿修书之翰林，亦比在外翰林夐乎不同。"[1]教养之功，自然在于玄烨。《周易折中》颁行，玄烨于《序》中表彰李光地"素学有本，易理精详"，故命其辑录历代"众儒之考定与通经之不可易者，折中而取之"。后来玄烨曾说："前李光地所作一本《易经》讲书，朕留在内。顷者《周易折中》告成，因复发出。李光地以为奇异，奏曰：此有何紧要之书，乃臣幼年所作，全无足取，上犹记忆发出。"在旁的徐元梦立即奏曰："前年李光地过浙江，语臣曰：我自幼年留心易学，数年来修《周易折中》，常听皇上教诲，较前觉有可信。"[2]徐元梦将此转奏玄烨，自在李光地的预料之中。而在修撰过程中，李光地早就向玄烨表示过自己已经五体投地。[3]须知在世人眼中，李光地的《易》学也确实得自玄烨的指点，方成正果。[4]李光地晚年之所以深为玄烨倚重，能使玄烨云"至于读书学问之事，必思及李光地"，[5]秘诀即在于此。《周易》乃专门之学，玄烨尚不便自是，以贻异论。而于《性理精义》一书，玄烨则无须谦避，直云对李光地"授以意指"。

---

[1]《起居注》五十四年正月二十七日。
[2]《起居注》五十六年七月二十九日。
[3]《汉文奏折》第六册，李光地于折内颂扬玄烨："仰见皇上睿览之下，精详周到，一字一句，皆加圣心。至《凡例》中，臣有'空言义理'四字，恭蒙御笔改正。觉臣光地一字之差，心病不小。感悟叹服，不能自已。所有发下应察明应删去者，谨已钦遵整顿讫。"第120页。
[4]《国朝耆献类征初编》卷9《宰辅九·李光地》李绂《李光地传》："最邃于《易》，用心五十年。及奉命修《周易折中》，图书象数之源，恭蒙圣祖亲传奥秘，弥以深造。"
[5]《清圣祖实录》卷295六十年十月辛未。

"至于图象律历,性命理气之源,前人所未畅发者,朕亦时以己意折中其间"。[1]李光地自然也不失时机地恭维玄烨"学已达于性天","道实兼夫圣哲"。[2]康熙末年,玄烨内外焦虑,凡事矫情掩饰,岂配夸言尽性命之微。然玄烨偏偏于此之际,大张文治,钦定书籍之多,远胜早年。其目的无非欲于著作舆论中,独树立一己之尊。他在《朱子全书序》中,先故作谦词:"朕集朱子之书,恐后世谓借朱子之书自为名者,所以朕敬述而不作,未敢自有议论。"但他立即调转笔锋,"往往见元、明至于我朝,著作讲解,万不及朱子,而各出己见,每有驳杂,反为有玷宋儒之本意"。[3]不论他是就诸儒折衷己意也好,还是对朱子述而不作也好,毫无疑问,都是一种不容异己的姿态。李光地最能窥见玄烨的心理。自其当初为玄烨鄙弃羞辱之后,便一改所学,以迎合玄烨。试观其《榕村语录》,岂真以玄烨所学为信然?[4]而他奉旨修书,又无不以玄烨指示为绳墨。玄烨表面上说李光地与满洲同心,暗中又认为他是汉人党魁。而李光地深知玄烨修书不能离他左右,他却时时请假回籍,远避朝廷。故玄烨说李光地:"朕知之最真,知朕亦无过光地者。"[5]所谓惺惺相惜者,唯如此相与为用最为贴切。说者每喜言盛世修书修史,验之于康熙晚年,益信其言诞妄。

(二)以治兼道的法门与心诀

1.政事民情无不周知——格物的制胜法宝

玄烨学术上的"独尊",最令他感到优越的,是天下民情形势,治乱根

---

[1] 见《御制文集》第四集卷21《性理精义序》。
[2] 见《汉文奏折》第七册,并于折中假装受宠若惊,奏云:"猥蒙《序》中齿及臣名,感悚尤深。"第179页。
[3] 见《御制文集》第四集卷21。
[4] 《榕村续语录》卷18《治道》:"天子要做圣人,很容易。汉光武、明帝成什么文教? 不过略有一层皮,在体面上略略行也。然天下文风之盛,超轶前后。倒是布衣做圣人难。天子好处不专在细事,大事皆做得来,便是圣人。"
[5] 《清史稿》卷262《李光地传》。

由,他无所不知。这才是玄烨格物致圣的最大本钱。与先前主张政事有赖于学问不同,[1]玄烨晚年屡屡强调书籍记载的不可信,并公开申明"书与事迥殊","政事与文章迥异"。[2]同时,与他先前大力提倡为官清廉不同,[3]他又将官员的学问、德行与政事判然分开。"办理事务,固不可不知文理,然亦须谙练政务之人方善。若遇大事,不可徒执虚文。又如外省督抚,但以不贪为尽善,以朕观之,清乃居官一端之善。苟于地方生事,虽清亦无益也。"这是玄烨与满洲阁臣相处时的心底之言。所谓地方生事,即指于流民乱党未能安抚镇压。"虽清亦无益也",则此"一端之善"不为玄烨所重可知。而像汤斌、张伯行那样的伪理学家,"徒摭拾浮词,沽名要誉",[4]玄烨尤其厌恶。"如不理事,与木偶何异?操守虽好,何益于事?""不能办事,虽正亦无用。不要钱即算好官,如九卿会议处,将泥塑木雕之人列于满座,不饮不食,即以此为正,可乎?"[5]如此一来,玄烨实际上不但从根本上否定了汉人的读书明理一途,也剥夺了他们由格物致知以达"明明德"的可能。

《起居注》五十四年十一月初九日所载王掞与玄烨的一段对答,颇值玩味:

> 大学士王掞奏曰:"皇上智周万物,于闾阎之事无不洞悉。"上曰:"《书》云'明四目,达四聪'。朕于天下事无不洞悉。然知之而

---

[1] 《起居注》二十五年闰四月十一日,谕曰:"凡出仕之人,须读书明理,方有裨益。若不能通晓文义,焉能治理民事。"二十七年十二月初五日,谕曰:"学问政事,原非二途。"

[2] 《起居注》五十三年六日十九日。又,五十四年六月二十二日,玄烨教导满洲阁臣曰:"政事与文章迥异。朕尝作文,以作文之法办事,断乎不可。或有读书之人,虽长于作文,遇大事时,辄云'我系读书人,不谙事'。今部院大臣能执笔者甚少,唯赖(满人)章京笔帖式办事。"

[3] 《清圣祖实录》卷203四十年三月戊申,广西巡抚肖永藻陛辞时,玄烨尚教其多举清廉。云"居官既廉,办事自善"。丙辰,谕大学士:"外官惟以清廉为要"。卷204五月戊子,谕大学士:"自兹以后,朕惟视其居官操守清廉为实据,无庸预为疑度也。"

[4] 分见《清圣祖实录》卷265五十四年十月丙寅,卷266五十四年十一月庚子。

[5] 分见《起居注》五十六年正月二十八日、二月二十六日。

即发,亦非大体。总之,为政以中正诚敬为本。中正则能公,诚敬则能去私。朕日读性理诸书,见得道理如此。徒为夸大之词,何益?"

玄烨强调以"公私"辨学术真伪,表面是以对国家政事尽忠与否为尺度,实际上是对玄烨意志的屈从与否为准绳。而他评定学术的高下,同样持周知民情、体察形势为标的。他的格物途径,不仅包括读书实验、巡行访问,更有朝廷内外官员的密奏。[1]由此而言,能如三代圣帝贤王"明四目,达四聪"的,当然只有玄烨一人。关于奏折,玄烨毫不掩饰地说:

> 大臣乃朕之股肱耳目,应将所闻所见即行奏闻。尔等皆有密奏之任,若不可明言,应当密奏。天下大矣,朕一人闻见,岂能周知?
> **若不密奏,何能洞悉?**
> **密奏之事,惟朕能行之,他人则不能矣。**

"惟朕能行之",当然不仅仅是较之臣下而言,这也是玄烨超越前王的"自古所未有"。在言论封禁的康熙晚期,这已不只是"以愚天下之黔首",而"诸王文武大臣等知有密折,莫测其所言何事,自然各加警惧修省",实则令所有官员士夫噤若寒蝉,于天下大事皆唯需秉承玄烨意旨。在他看来,汉人于经世致用一无所能,而所据典籍又多纸上空谈,故其于政事实已失去议论的余地。玄烨每每斥责汉臣对朝廷之事视为与己无关,"存是心者,乃名教中罪人,安得谓读书人乎?"[2]但就某种意义而言,这种局面不仅是玄烨造成的,而且正合乎他扮演学术教主的需要。凡被玄烨视为与朝廷离心离德,概可斥之"名教罪人",则玄烨疑心所至,何人能逃此罪

---

[1] 《起居注》五十六年十月二十三日,玄烨云其:"凡巡行所至之地,即向人民访问,故于民之疾苦无有不知。各省奏事来人,伊所过某省,年景丰欠,米价贵贱,无不详悉问之。故总督、巡抚、提督、总兵官等,一切之事,皆无敢隐匿者。如有隐匿,朕即知之。"
[2] 分见《起居注》五十四年十一月二十二日、五十六年十一月二十六日;《清圣祖实录》卷270康熙五十五年十月甲午,卷290五十九年十二月癸丑。

名？后来胤禛以此四字侮辱钱名世,[1]即秉承家风。

将格物转化为治道政事,是玄烨凌驾于汉人之上的法门。对于纯讲义理,玄烨曾有一段评论：

> 朕尝潜玩性理诸书,若以理学自任,则必至于执滞己见,所累者多。反之于心,能实无愧于屋漏乎？宋、明季代之人,好讲理学,有流入于刑名者,有流入于佛老者。昔熊赐履在时,自谓得道统之传。其没未久,即有人从而议其后矣。今又有自谓得道统之传者,彼此纷争,与市井之人何异？凡人读书,宜身体力行,空言无益也。[2]

玄烨当然不仅是表达自己对义理的体验,实则示意治统之外绝不允许另立道统。他明白告诉汉人,没有如他那样实际践履,没有达到他那样的洞悉事物民情,绝无可能获得道统之传。汉人之间的道统之争,直如市井之人,徒自标高。而他则不然,"朕素读书,留心经史,实为治道。非比书生议论是非,寻章摘句之用也。""朕教好典籍,于理道之言尤所加意。临莅日久,玩味愈深。体之身心,验之政事,而确然知其不可易"。[3]由此可见,玄烨的格物致知,无人能比。

2. 诚敬与法祖——谨守满洲家业不坠

格物之上,玄烨更有一层功夫。如何将所知运用于政事,则要经过"中正诚敬",并认为这是他去私存公的精要所在。他曾指示大臣："《性理》一书,大指只一'诚'字。"[4]在另一处,玄烨对诚敬更有集中的表述：

> 为君之道,要在安静,不必矜奇立异,亦不可徒为夸大之言。程

---

〔1〕《东华录》卷27雍正四年三月。《永宪录》卷4载此事于四月癸亥。
〔2〕《起居注》五十四年十一月十七日。
〔3〕分见《御制文集》第四集卷21《先天后天论》、《性理精义序》。
〔4〕《清圣祖实录》卷184三十六年七月甲午。

> 子云"人不学为圣人,皆自弃也",此语亦属太过。尧、舜之后,岂复有尧、舜乎?昔人有言,"孟子不足学,须学颜子",此皆务为大言,不务实践者。朕自幼喜读性理,性理一书,千言万语,不外一敬字。人君治天下,但能居敬,终身行之足矣。[1]

玄烨的为学之道,其实不过是他的为君之道。政事与学术二者,在玄烨身上是合而为一的。从字面而言,所谓"中正",即尧、舜相传的"惟精惟一";"诚敬",为宋明儒之修身工夫。然而众所周知,玄烨完全拒绝明代王阳明心学,而谨守朱子绳墨。《御制文集第四集》中的六卷《几暇格物编》,几乎全是显示其阅历见闻,偶尔夹杂对旧书记载的订正,充其量也只能说是一种"闻见之知"。他的兴趣所在,得以自傲于人的"实学",亦止在此,[2]故于义理无所发明,也就毫不奇怪。值得警惕的是,玄烨反对"人皆可为尧、舜",不主张学颜子,即意味杜绝"内圣"一途,实针对宋明儒学整体而发。玄烨所谓尊崇理学,完全出自政治需要,于此可见一斑。理学既被玄烨引入缘饰政事的焦芽绝港,势必也因此而亡。他大肆推崇朱子学,令"荐绅之士,非朱子之学不敢言"。然而其结果是"数十年来,海内所信为能守朱子之学者,不过数人"。[3]形成这一局面,并非全是历史的反讽,它也确是玄烨所欲达到的目的。玄烨每每自夸其数十年潜心理学,可是我们全然看不到他对义理作过辨析探讨,也未见多少有价值的养心或内省的功夫。所以,要理解玄烨的所谓"中正诚敬",所谓"居敬",亦只能于他

---

[1] 《起居注》五十六年十一月二十六日。
[2] 玄烨最得意的几处格物,分见《起居注》五十六年四月十一日,与臣下论雨雪之期,虽能见玄烨之于诸事用心,亦反映其头脑极其死板。《实录》卷290五十九年十一月辛巳,谕大学士等:"朕于地理,从幼留心。"卷291六十年三月乙丑,谕大学士等,大谈"书之不可尽信",曰:"朕自幼读书,凡此等处(按:谓书中所记奇异之事)无不研究。""总之,读书务在明理,方不为书所惑耳。"无非炫耀他的闻见之博。卷256五十二年九月庚午,谕李光地曰:"《孟子》云'排淮、泗而注之江'。朱子谓'淮水不入江'。古今水道不同,当时淮水或有入江之迹,后来湮塞,亦未可知。《孟子》必无错处。"亦不过想当然。而李光地却云:"皇上此论,诚发千古所未发也。"
[3] 《碑传集》卷17张廷玉《太子太保礼部尚书张清恪公墓志铭》。

的政事中求之。

玄烨素以"敬天法祖"为最高准则,实则是以法祖来敬天。具体而言,就是发扬"国语骑射"。他唯恐满语消亡,亲政之后即谋划编纂《御制清文鉴》。[1]四十七年成书,他于《序》中自道:"即位多年,未尝暑刻不以法祖为念。"对于玄烨而言,满语具有政治方针的指导性意义,"国书所关甚巨,政事文章皆由此出"。[2]这确是玄烨遵行不替的方针。当年皇太子出阁时,玄烨首次公开宣布绝不习染汉俗。"一入汉习,即大背祖、父明训。朕誓不为此。"[3]直到晚年,玄烨仍坚持防微杜渐,不许满洲渐染汉习。[4]满洲以武力得天下,故不忘武备,又是玄烨毕生奉行的方针。三藩之乱后的八旗,经玄烨大力整饬,似已达到"满洲兵所向无敌",玄烨甚为自豪。这当然是他坚持祖训的结果,当然也是满洲人性情本质优于汉人使然。[5]

玄烨宣扬八旗武力,并非仅仅从一种武力征服的功效目的来评价满洲旧制的优越,更重要的是,在玄烨的思想中,他认为满洲的祖宗旧制与汉人憧憬的三代之盛,实质上并无二致。故其云:

> 祖宗相传家法,勤俭敦朴为风。
>
> 赤子之心者,乃人生之真性,即上古之淳朴处也。我朝满洲制度亦然。**满洲故制,看来虽似鄙陋,其一种真诚处,又岂易得者哉!**
>
> **我朝旧制,多合经书古典。**
>
> 我朝满洲旧风,凡饮食必甚均平,不拘多寡,必人人遍及。

---

[1] 见《起居注》十二年四月十二日。

[2] 《清圣祖实录》卷233四十七年六月丁卯。并见《御制文集》第三集卷20。

[3] 《起居注》二十六年六月初七日。

[4] 《清圣祖实录》卷269五十五年七月戊寅,玄烨在热河谕领侍卫内大臣:"本朝旧制,王大臣及众执事人等,凡办理御用之物,各极谨慎,不致迟误。今渐染汉人习气,惟尚虚浮。迟误御轿之事无大关系,但该管官于御用之物怠忽从事,情属可恶。朕今将伊等拿问,观鄂伦岱之意,大以为不然。朕洞察其情,必欲惩治,以彰国法。特谕尔等知之。"

[5] 《清圣祖实录》卷213四十二年九月己巳,卷249五十一年正月壬子。

（略）由是观之，**古昔所行之典礼，其规模皆一，殆无内外远近之分也。**

我朝旧典，断不可失。[1]

以汉族经典来印证满洲旧制，这恐怕出乎所有向玄烨讲诵先王之道的汉族士大夫意料之外！用夏变夷的结果，经过玄烨的改造，却转化成对本民族的认同。这真是异质文化冲突交融中颇为有趣的现象，值得我们重视：

第一，玄烨对本民族的强烈认同，是三藩之乱后进行反思的结果。只有历经八年满汉冲突震撼的玄烨，才有可能以追寻远祖来增强本民族的自信。从他遣人探寻长白山，到亲临祭祀，再到论证中原泰山起源于满族发源地的长白山，以及承认满族为大金女真之后裔，都表明玄烨意识上潜藏着一种深刻的危机。而这种意识的现实基础，就是满族在离开自己发源地而深入人数众多的异族包围之中，并且从各方面感受到满族统治权面临的威胁。而其思想来源，应该就是他牢记的皇太极对大金王朝覆灭的祖训。他坚信满族能在中原站稳脚跟，即因他于内心牢牢持定祖宗家法。苟明乎此，即可知他平素所谓"祖宗积德之深"，就绝非泛泛而论。在玄烨眼中，礼仪之最大者，莫过于谒祭祖陵。康熙朝四次隆重关外谒陵，十年为亲政伊始，二十一年为平定三藩，三十七年为剿灭噶尔丹，完成收纳喀尔喀，六十年名为在位周甲，实则兼有攻占西藏，皆玄烨生平自豪事。而每次又恰值国内水深火热，玄烨皆置于不顾，足见他毕生"敬祖"，实有更深刻的含义。[2]所以，玄烨当年拒绝陈廷敬建议的"改正朔"、徐元文提出的"重定国是"，以及对妄自上言"更制立法"、"改冠服"的姚启圣予以严惩，[3]也就不必令人惊异了。

第二，玄烨的这种对本民族的认同不可能形成一种开放的民族心

---

[1] 均见《庭训格言》。
[2] 前三次皆玄烨亲赴盛京。第四次据《清圣祖实录》卷290五十九年十二月庚申，玄烨谕大学士等曰："诸王大臣为朕在位六十年奏请庆贺，而于典礼之大者并未议及。朕在位六十年，皆祖宗积德阴佑所致。幸而六十年来一无所失。应先往盛京三陵行大祭典礼。但朕今年近七旬，不能亲谒三陵，应遣阿哥等恭代告祭。"
[3] 姚启圣上言，见李光地《榕村续语录》卷12《本朝时事》论施琅、姚启圣争功。

理。他时时警惕本民族的汉化,认定汉族具有极大潜在威胁,以及他内心对历史上汉化的少数族排异,都明显表示这一点。按照现代文化心理结构,异质文明中的物质生产生活和社会制度层面的相互借鉴是易于发生的,而各民族在语言文化、宗教信仰和内心价值观念等层面却俱有相当的韧性,民族性往往在这一层面凸显出来,很难为先进的异质文明所削弱。问题更在于,在玄烨身上,这两个层面的矛盾冲突是如此激烈,乃至不贬低异质民族性的根本价值,即认为无法保持本民族的原质。换言之,玄烨的本民族认同必须建立在对他民族的鄙视排斥之上,实际上是一种极其褊狭的民族观。有鉴于此,我们就更加确定,玄烨心理深层所持奉的"中正诚敬",并无什么玄妙之处,其实就是谨守满洲旧制,不令随时而衰。朱熹所发明的尧、舜、禹、汤递相传授的"惟精惟一"、"允执厥中"这一秘传心诀,在玄烨那里,无疑就是牢牢秉遵祖宗家法。

唯有秉承家法,才能永保大清基业不致颠越,这就是玄烨"居敬"的真实含义:

> 天下至大,一念不谨,即贻四海之忧;一日不谨,即贻数千百年之患。
>
> 古人虽云无为而治,人主不过总其大纲。然一日二日万几,岂皆大纲乎?[1]

对此,馆臣亦誉为"此则发先儒之所未发,而亦非三代以下帝王所及见也"。并归结为玄烨对尧、舜心诀"允执厥中"的体道之言。所谓"实有以体之于心,见之于身,施之于事,而治统、道统萃于一人"云云,[2]都是就玄烨"见得道理"、"中正诚敬"的准确阐发。自经三藩之乱,玄烨对天下潜伏的危机时时提斯,不敢稍忽,确是居敬不移。

关于何为"四海之忧","数千百年之患"? 我们切不可为他说过的一

---

[1] 《起居注》五十六年十月三十日。
[2] 《起居注》五十六年十二月二十九日。

些崇尚宽仁的门面话所惑,[1]只要联系此前的几段上谕,就可获得更明白的确解。

> 朕前自陕西回河南,经过陕州等处,并未见大山深谷可以藏匿盗贼之处。
>
> 今又闻豫省白莲教伙党谓,今岁丰收,聚众甚易,议欲为乱。凡事由微至巨,预知而备之,则易于措办。所以朕于各省大小事,但欲速闻也。
>
> 今天下承平日久,民生疾苦,事无大小,尔等皆当留意。勿谓太平之时,区区小事,有何防碍,如此存心也。凡事皆由小而滋大。尔等凡有见闻之处,即当奏闻,断勿隐匿。(隋末明末之乱)此非皆臣下隐匿不以上闻之故乎?
>
> 今河南盗所据之神后寨,即李自成据以作乱之地,炮枪兵器皆在焉。朕巡行西安等处时,由河南陕州而行,凡所过深山要害之地,必留心登览,皆知之矣。[2]

以上谕旨,将玄烨所谓的"忧患"实已和盘托出。其实,就在他说"以居敬治天下"之后,紧接着的便是"若有变动,或在中国"。他之所以如此关注"民生疾苦","无时不以民生为念",指斥地方官吏不得苛民,要求无论大小事务皆悉速奏闻,凡此种种,无非是担忧明末农民起义、反清叛乱的再现。

玄烨口口声声不离民生疾苦,"治天下之道,以养民为本"。[3]但康熙朝所有的蠲免赈济,都只能是由他来颁行的朝廷德政,而绝不允许地方官擅自施惠于民。除防止权柄下移,地方官绅固结之外,玄烨更关心的是杜

---

[1] 如《清圣祖实录》卷245五十年三月庚寅,却群臣所上尊号,"持身务以诚敬为本,治天下务以宽仁为尚。此心此念,恪守五十年,夙夜无间。即纤悉细务,不敢稍有怠忽。"
[2] 分见《起居注》五十六年十月十九日、二十三日。
[3] 《起居注》五十五年闰三月二十二日。

绝小民的无厌之欲,以免生叛离之心。他不准地方官"取悦穷民","况百姓刁风,渐不可长。近闻陕西有方耕种而即挟制州县官报荒者。今岁钱粮俱已恩免,而此辈奸恶之民又思明岁幸免,其无厌之心,如何可遂?"即"赈荒一事,苟非地方官实心奉行,往往生事。盖聚饥寒之人于一处,势必至于争夺。明时闯贼亦以散粮而起。此不可不慎也"。他坚决反对办社仓,理由虽以百姓"一年所收,何得余剩",实则另有所忧:"建立社仓,殊无裨益。所司奉行不善,往往生变。明朝李自成之乱,亦由赈济而起。""尔等亦知赈济之事,关系匪轻乎?"玄烨晚年西北用兵,更担心内忧外患同时并起,严密关注东南沿海。"目今正北方用兵之时,海贼闻风妄动,亦未可知。今朕春秋已高,凡事惟小心谨慎,期于至当。"[1]由此可见,玄烨虽表面大肆宣扬大清得天下最正,天下承平日久,内心却戒慎恐惧,惶无宁日。他当然不信无为而治,也不信人主只需总理大纲。说穿了,玄烨所谓"一日万几",巨细兼揽,实因他一事未周,便寝馈难安。

3.知与发——对汉官和时局的掌控

如果不就玄烨的"知之即发,亦非大体"稍作说明,我们对其思想特征的把握就不算全面。已发未发,本来是《中庸》讲的身心修养功夫,理学家将此理解为性与情,或道的体与用。玄烨于十六年作《日讲四书解义序》,对朱注及讲官的义疏自应熟谙于胸。然按《朱子全书序》,他真正开始对"先王之道"有所体会,则在三十五年亲征噶尔丹之后;而至晚年,方有所得。[2]而他所获得的真诀,其实仍在治术,即深知不能但恃武力镇压,必须恩威兼施。玄烨晚年自谓:"昔日三藩变乱,彼时朕方壮年,

---

[1] 分见《起居注》五十四年十一月初九日;五十五年闰三月二十二日,十月十二日、二十五日。
[2] 《御制文集》第四集卷21《朱子全书序》云:"予少时颇好读书,只以广博华赡为事,刚勇武备为用。自康熙三十五年天山告警,(中略)后有所悟,而自问兵可穷乎?武可黩乎?所以宵旰孜孜,思远者何以柔,近者何以怀,非先王之法不可用,非先王之道不可为。反之身心,求之经史,手不释卷,数十年来,方得宋儒之实据。"然未及数年,即兴兵绝域。

凡事刚断,剿灭无遗。今朕春秋已高,凡事惟小心谨慎,期于至当。"[1]亦可印证。所以,玄烨沾沾自喜地道白:"临莅日久,玩味愈深,体之身心,验之政事。"[2]凡此都在政事一偏,而于义理修养并无发明,其实,先王之道对他也并无约束。他的格物说谨守朱子,所谓已发未发,除重复朱注之外,也不可能从涵养性情中有任何体会。

玄烨对满洲大臣视若奴仆,喜怒任情,少有克制。他却能在满臣面前自解:

> 自古疑人勿用,用人勿疑。方且欲推心置腹以示人,阴刻何为?若于所爱者故为怒容待之,于所恶者故以喜色遇之,是欺人,即自欺也。朕之喜怒无不即令人知者,惟以诚实为尚耳。[3]

足见其所谓待人之"诚",即任情而发,无须节制。他在热河谓身边满臣曰:"朕于他人欲打即打,若御史、给事中,亦必思而后打之。"[4]"思而后打之",岂非更可惧!但在玄烨自己看来,这却是他的"诚"。玄烨在政事中不但喜欢权术,更爱竭力遮掩。众所周知,当年佛伦弹劾郭琇、傅拉塔弹劾徐乾学兄弟,明明是受玄烨指使,朱批俱在。但他偏偏要对大臣说:"一概密奏之事,朕但使做好官,爱百姓,就彼所奏之事加之训谕而已。并未尝一次批云保此人,劾此人也。"[5]这就是玄烨标榜的"诚实"!

上引"惟以诚实为尚"那段上谕,明是针对汉人而发。时隔不久,玄烨谓身边满洲阁臣:

> 满洲、汉人之性,迥然不同。汉人以喜怒不形于色为尚。不知

---

[1] 《起居注》五十五年十一月二十五日。
[2] 《御制文集》第四集卷21《性理精义序》。
[3] 《清圣祖实录》卷255五十二年闰五月辛未。
[4] 《起居注》五十四年十月二十五日。
[5] 《清圣祖实录》卷221四十四年七月丙戌。

> 存心行事，贵在诚实。开诚示人，人自服之；若怀诈挟术，谁肯心服耶？尝见大奸大伪之人，喜怒不形于色。如吴三桂、噶尔丹，类皆如此。此等人终必败坏耳。[1]

玄烨处处以满汉相较，汉人"喜怒不形于色"，在玄烨眼中，绝不可能是《中庸》"发而皆中节"之和，恰恰相反，这是缺乏"诚实"，是"大奸大伪"。而更严重的是，这是汉人本性使然。至于汉人读书议论，反复无常，玄烨总结为"大抵汉人之性，皆是如此"。这被视为人心浇薄的根由，尤为他所不齿。玄烨时时怀疑臣下隐匿，而臣工可信与否，又只有根据人性决定；而满汉人性的差异，必然成为他思维的最后归属。

于是，如何防止为汉官所欺，又成为其为政之道的精髓。玄烨总结他的为政之道说：

> 朕莅政五十余年，海内升平，皆恃众大臣以为股肱耳目。朱子亦云，政在于用人。大小臣工俱宜实心任事，直言勿隐，方为社稷苍生之福。
>
> 不行陈奏，即如有股肱而不能运动，有耳目而不能见闻矣，焉用股肱耳目为哉？[2]

将此两段合而读之，即知玄烨欲明四目，达四聪，必以臣下为耳目，且要防止为耳目所欺，因而考察臣下的真伪忠奸，就成为玄烨格物的重要内容。

玄烨自恃聪明，喜欢以微见著，而且特喜度人居心。如"巡抚陈瑸近日折奏修理雷州海塘，朕心疑之。观其所奏，用心太巧，内存私意，殊非大臣之体。赵申乔自以为食一饼饵度日。伊系常州人，常州地方朕曾到过，知之。伊家中果止食一二枚饼饵度日乎？恐未必然也。朕不过闲论，亦不必细究。""昔日李光地任直隶巡抚时，曾条奏立社仓。彼时朕即知其

---

[1]《清圣祖实录》卷255五十二年六月甲辰。
[2]《起居注》五十六年十一月二十四日、二十六日。

不可行,姑令试之,究鲜成效。"[1]此玄烨自述,但绝非"闲论",实则皆有所指。[2]他先存之于心,暗中观察,待时而发。若按上引玄烨自谓待大臣之道,则是不折不扣的"阴刻"而且"欺人"。以玄烨的性情和心理而论,都绝谈不上"中和"二字。因此,他的"知之即发,亦非大体",只能于他晚年对政事的处理中求解。

玄烨的"知之即发,亦非大体",前提在"知"。而其所谓知,除亲自寻访之外,主要得自于折奏。玄烨既将奏折视为得心应手、非他莫能,我们不妨从他对奏折的运用来看看他的知与发。五十二年上谕曰:

朕历观前史,凡事皆坏于隐匿。明代盗贼情形,惧隐匿不报,追贼已及门,尚然不知也。岂知旱涝之灾,民生疾苦,乃自古所有之事,奏闻何伤?若果督抚皆据实奏闻,豫为防备,虽有事,亦复何害?[3]

这是指"知"的动机,亦是对耳目的要求。唯有以"知"为前提,玄烨才能谨守祖宗法度,维系家业不坠,才能保持心中"中正诚敬"。

至于即发与否,则又视情形而定。例如对李光地、赵申乔之流,内心虽充满警惕,防止其结党,凌辱满洲,但其于满洲朝廷,毕竟并无二心。玄烨处理具体政事,或缘饰儒术,又不能不对其有所依恃。故虽有不满,亦不能"即发",甚至有时还得外示优容。关于各地盗贼或隐患,则内紧外松,严密监视,而不大张声势,亦属并不"即发"。这些确实都是玄烨自诩为政的体道之言,即所谓"大体"。但这并不是他为政的"全体"。在许多情况下,玄烨绝对是"知之即发"。张鹏翮任总河近十年,素来秉承玄烨旨意而行。然四十六年玄烨南巡视河,发现张鹏翮"惟

---

[1]《起居注》五十五年十月初一日。
[2] 李光地被疑为党魁,见五十五年五月初二日上谕。至于上年十一月十七日,玄烨所谓"今又有自谓得道统之传者",乃暗指李光地。此云其社仓之事,则讽其"空言无益"。
[3]《清圣祖实录》卷255康熙五十二年六月乙未。

任用一二不肖汉官,偏听其言",对自己阳奉阴违,"轻举妄动,大负职掌"。于是宣称:"赏罚者,国家大权。岂可因保全一人而废国法乎?凡事有可以保全者,亦有当用刚断者。国家臣工甚多,姑息一二人,何以服众?"[1]所以,玄烨的"发"与"不发",亦可作恩威并用,刚柔相济解;并非学术修养上的功夫,而是他的治术。他对于反贼,如湖广苗族、豫省流民、东南海贼、山东白莲教,皆知之即发。五十五年,一旦发觉满大学士松柱不能与汉人抗衡,立即以马齐取而代之,亦属"即发"。六十年台湾朱一贵起义,玄烨表面谴责地方大吏贪污激起民变,示意招抚,实则立即暗中调兵遣将,间不容发,可谓玄烨运用"不发与即发"的典型。[2]

史料表明,康熙一朝号称承平,其实社会并不安宁。尤其是晚期,流民、盗贼的确相当普遍,六十年甚至发生台湾失陷。我们不能否认玄烨主观意识有为政尚宽的取向,这是他经历三藩之乱认识到汉族人民巨大潜力的结果。他从多年执政经验中,切实体验到汉族士大夫的精神文化优势,要想争取他们合作,就绝不能形成明显的满汉对立,也非尚宽不可。但随着康熙晚期社会政治弊端逐渐显露,玄烨与"宽仁"二字相去日远,对社会动向及意识舆论的控制日趋严密,手段也日益酷烈。

检阅玄烨大量的言谈和谕旨,我们有理由确信,玄烨晚年时时担忧危机四伏,稍有不慎,祖宗基业即会颠陨。[3]他所谓"中正敬诚",所谓"居敬"的内涵,不过如此。玄烨爱谈天人感应,其实多用以挟吓群臣;臣下识透其用心,最终不过彼此相欺。玄烨最喜欢标榜"敬天法祖",其实他是真法祖而并不敬天。他晚年充满对汉人变乱的恐惧警惕,对满汉群臣乃至

---

[1]《清圣祖实录》卷228四十六年二月乙巳、庚戌。

[2]《永宪录》卷1康熙六十一年正月辛卯,谕曰:"去年台湾反叛,人颇惊疑。朕知一时穷民激变,即当平定,并未令九卿议剿议抚。及督抚、提督报捷奏至,克服之期不过七日间耳。"

[3]《永宪录》卷1康熙六十一年十月丁巳,玄烨临死之前,却诸王群臣明年七旬庆典的谕旨,最反映他的内心敬慎:"赖世祖章皇帝入关以来,深仁厚泽,立不拔之基,至今八十年之太平有自来也。朕自幼读书,览前代帝王景运不长者,未尝不抚膺长叹。朕以凉德,幸得承运,历滋花甲,岁登古稀,须眉皆白,血气衰惫。当此之际,翼翼小心,常恐不及。善后之策,不能预料,保全之心,夙夜永竞。"

诸王、皇子时时提防,疑神疑鬼,与所谓"君子慎其独"全然背道而驰。王鸿绪向他密奏:

> **皇上行事,至慎至密,人莫能测,真千古帝王所不及**。但恐近来时候不同,有从中窥探至尊动静者,伏祈皇上**密密提防,万勿轻露**,随事体验,自然洞鉴。[1]

真可谓是洞彻玄烨心机!玄烨的居敬、致知,即王鸿绪所谓"密密提防,万勿轻露",其实与秦代李斯的督责之术毫无二致,有何哲理可言。但玄烨的思想及精神状态,却对政治空气及意识舆论产生巨大影响。可以说,正是他的"中正敬诚",使他必须处处防微杜渐。玄烨之所以大倡"自古得天下之正莫如我朝",亦出于此。而这种"诚敬",也在《面谕》中得到充分表达:"孜孜汲汲,小心敬慎,夙夜不遑,未尝稍懈。数十年来,殚心竭力,有如一日";"气血耗减,勉强支持,脱有误万几,则从前五十七年之忧勤,岂不可惜。"后来他出自独断,一手安排历代帝王庙,同样基于这一思想心理。

本文之所以不烦冗赘,唯在证明:玄烨自命在性理之学上体用兼备,以至于达到"独尊",其实主要得之于政事;而其政事上的自傲,又在于唯他能洞察物情,"神谋睿虑,无微不照";[2]这其实又多得自于他的治术,尤其是得自于密折制度。全面检查玄烨的言论著述,平情而论,他自视甚高的"中正诚敬"、"见得道理",以及所谓深知"大体",既不是理学义理上的发明,亦非涵泳性情上的体悟,但确是他统治多年的经验和心得。玄烨自早年接触儒学以来,似一度奉信治统出自道统,承认道统之存又在儒家经典。但他毕竟于为学伊始,从事的就是"帝王之学"。而自中年至晚年,他的所谓"真理学",不仅彻底沦为帝王之术的缘饰,而且成为反儒学利器。

---

[1]《汉文奏折》第一册,四十六年六月十五日《工部尚书王鸿绪奏为续访得范溥等强买苏州女子情形折》,第664页。
[2]《起居注》五十四年五月二十九日。

结　语

康熙一朝晚期虽然危机四伏,但终于没有再次爆发大乱,以致颠陨。玄烨在位六十二年,造就了中国历史上统治最为长久的一朝。这成为他及其后嗣得以宣扬其圣明和"康熙盛世"的资本,也是一种"既成事实"。这其中固然存在各种社会因素,如大规模的社会矛盾冲突需要长时期的酝酿聚积,如久经动乱之后的人民形成的一种忍辱求安的普遍心理,如进入仕途的汉族士夫亦能重新找到虽不满意但终究得以自存的空间,等等,都不至于导致清廷的统治面临绝境;但也不能否认,玄烨继位以来施行的各项政策,毕竟摆脱了清初统治者赤裸裸的民族征服的遗轨。这一点是治清史者所乐于承认的,而且就此作过无数反复的"论证"。然而,一代君主在位的时间,甚至一个王朝延续的久暂,都不应是治史者予以黜骘的标准。我以为,政治史研究更重要的目的,似在于探索一个王朝得以延续的各种因素,为了获得并维持这种局面而使社会付出的代价,以及这一时期的政治格局是否能令一个社会重生活力。

玄烨最为关切的问题,是如何维持祖宗家业不堕。他政治活动的全部内涵,归结到极致,即保持满洲贵族在政治上的绝对支配地位。当然,任何一个王朝,都必须首先满足统治集团的权益,清代亦然。但与其他王朝不同的是,大清王朝乃是以满族这一人数较少的统治民族高居于社会的顶层;而且在从武力征服到"文治"的转化过程中,满族统治者为了维系满族独尊的地位不致衰颓,又始终拒绝本民族与被统治的先进民族融合,尽管事实上不可能彻底做到这一点;不仅如此,满洲统治者更不惜一切手段,欲令被统治民族承认其政权具有最高的合理性,承认被统治民族的利益也同时得到最充分的体现。清朝之所以既不同于拓跋魏、前后秦,而又与辽、金、元迥乎有别,即在于此。毫不夸张地说,忽视这些特征,清代政治史的研究就几乎等同隔靴搔痒,完全不得要领。

有清一代的极端专制、秘密政治，史家多以为始于雍正，实则清初的民族征服即显示出这一特征。[1]然而将专制集权政治与学术专制相糅杂，并得以"宽仁"相标榜，则无疑成于康熙。如果这一结论成立，我们就可以说，玄烨晚年大力为清朝争正统，宣扬自古得天下唯大清最正，同样源于政治上的专制独断，而并非基于他"真理学"上的发明。

　　今人治清史，对玄烨的所谓理学成就顶礼膜拜者，颇不乏人。窃以为实无再纠缠于此的必要。而康熙一朝的专制特质，却至今仍未受到充分注意。由玄烨首倡，胤禛、弘历所弘扬的所谓大清得天下最正，以及对历代正统的横加干预，这些影响巨大而久远的问题之所以未曾得到认真清理，恐怕也与对康熙一朝政治的基本估计有关。凡此本应引起我们对当前学术的反思，但却始终寂然无声。真不知颂扬"盛世"的太平曲，何日是一个终了！

（原载《清史论丛》2009年号）

---

[1] 详参拙文《多尔衮与皇权政治》、《评清世祖遗诏》相关内容，载《清初政治史探微》。

准噶尔之役与玄烨的兴兵之由

引 言

魏源《圣武记》卷3《雍正两征厄鲁特记》：

> 世咸知乾隆新疆辟地二万余里，然康熙中拓地已周四万余里，更廓于乾隆。故知西北周数万里之版章，圣祖蓄之，世宗畲之，高宗获之云。

乾隆朝钦定《平定准噶尔方略·前编》卷1，编者按：

> 逆酋（策妄阿喇布坦）不靖，兴师致讨，决几制胜，无一不如圣算。圣祖仁皇帝于小丑萌芽之初，盖不啻烛照而数计。显谟宝训，启我圣功，非天下之至神，其孰能与于斯乎！[1]

是皆以清乾隆底定西北疆域，实肇基于康熙一朝。若以结果而论，

---

[1] 文渊阁《四库全书》，台湾商务印书馆1982年影印本。

其谁曰不然？而今之史家论康乾盛世，亦必举其版图超越前朝，是则玄烨兴启准噶尔一役，即康熙朝之所以为盛。依此立言，倒也符合玄烨本意。

检诸史籍，自康熙五十四年准部之役发动，西线战事始终为清廷大政方针所在，凡社会政治经济莫不依此而转移。玄烨吞并准噶尔部，包举青海、西藏之心，隐约可见。而其付诸实践，则前后异调，以从容耀兵准噶尔始，以不遗余力而海内虚耗终。青海、西藏纳入清廷控制，拓地四万里之言固不尽虚，然盛世光环亦因此颓然失色。至于所谓"显谟"、"圣算"，"决几"、"至神"云者，则纯属谀辞，以掩其蹉跌狼狈之实耳。

五十六年准噶尔军占领西藏，玄烨旋即颁发带有遗诏性质的《面谕》。自表象视之，一在西陲，一在京师，悬隔万里；一则戎马疆场，一则皇储继嗣，迥不相连。我探讨《面谕》，曾提出自四十七年初废皇太子以来，如何为清朝争正统，即成为玄烨政治任务的核心。而欲令天下满汉臣民对"自古得天下之正莫如我朝"信奉不疑，莫过于积极营造一个承平盛世。玄烨的所谓文治武功，皆遵循此政治目的。如所见不差，准部之役亦当由此而发，则其所承载者，又岂尽在军事得失？"自古莫如"一念，实所系焉。而一旦徒劳无功，于玄烨统治信心当若之何？玄烨于辞世前半月，忧虑前途莫测，谕曰："当此之际，翼翼小心，惟恐善后之策不能预料，保泰图安，夙夜冰兢。况今西陲用兵，士卒暴露，转运罢敝，民生乏食，物价腾贵。"其中"善后之策不能预料"，即指皇嗣未定。[1]可见玄烨晚年所忧者，正是准噶尔未了之局及皇储悬缺二事。皇太子允礽于五十一年再废，其后多次重议立储，玄烨屡言成竹在胸，却竟束之高阁。准部之役初起，玄烨亦大有灭此朝食之忾，然至其死，准噶尔屹立如故。皆虎头蛇尾，何其相似乃尔！焉得谓无所关联？

玄烨发动准部之役，所凭恃者在清朝人力物力雄厚，是以能演出一幕宏伟的历史悲喜剧。就此而言，诚然是客观历史条件制约历史人物的

---

[1]《清圣祖实录》卷299六十一年十月二十六日戊寅。《永宪录》卷1，是年十月癸酉上谕："至今八十年之太平，有自来也。""当此之际，翼翼小心，常恐不及。善后之策，不能预料；保全之心，夙夜永竞。今西陲用兵……"云云。亦见"善后之策"不仅谓西事也。

表演。然而,玄烨如何利用、发挥业已具备的历史条件,则取决于其主观意识。从这个意义上说,无疑又是人在创造历史。因此,对玄烨的主观意识缺乏足够认识,则势必有碍于对准部之役客观进程的深入讨论。而从另一角度来说,欲评判玄烨对战争的主观认识是否正确合理,又不能脱离当时客观形势的分析。准部之役涉及清廷、准噶尔、青海、西藏各方错综复杂的关系,若不能对当时的客观形势进行全面准确的分析,即无从对玄烨的战争意图及用兵方略获得切当的理解。

本文从考证准噶尔军入藏过程入手,以引出玄烨的判断失误,然后联系清廷当时所处内外环境,进而探索玄烨兴起准部之役的真实动机。文中史实铺述虽繁,而区区之意,却始终在战争背后起支配作用的玄烨的思想及心理,亦可谓以客观之史论主观之史。冀勿以"轿夫"误作"轿中人",则幸甚。

一、准噶尔军入藏与玄烨的误判

自康熙五十四年清廷以两路大军顿兵于巴尔坤、科布多以来,虽有所谓"进剿",然与准噶尔之间并无激烈战斗。五十六年策妄阿喇布坦派策零敦多布率军偷袭西藏,乃准部之役转折点。和硕特部蒙古占领西藏七十余年的历史就此告终,两年之后清军大举入藏,西藏遂置于清廷控制之下。以往史家于准军入藏的事实层面颇多关注,而于玄烨何时确信此事并作何判断,却未加详究。本文宗旨既在探讨玄烨发动准部之役的思想动机及心理,故略人之所详,而详人之所略。

(一)策零敦多布率军入藏时间及线路再探讨

策零敦多布率军入藏过程始末,史籍中未见有完整记载。当时形势多变,路途遥远,传闻甚多且真伪夹杂。加之玄烨主观心理作祟,于风闻、误导特加偏信，故长期判断失误。后世史家又因崇信玄烨之言，即或事实已渐豁朗，亦将玄烨误断掺杂其中，转致歧义丛生，隐晦难明。

《圣武记》卷5《国朝抚绥西藏记上》：

> 布达拉西北三百里有腾格里海，西接后藏，周数千里，其北岸大山横亘，为准夷入藏必由之路，有铁索桥天险，一夫拒隘，万众趑趄，更无旁径，拉藏亦不之守也。五十五年十月，策妄果遣台吉大策零敦多布领精兵六千，徒步绕戈壁，逾和阗南大雪山，涉险冒瘴，昼伏夜行，次年七月始达藏界。以送丹衷夫妇归藏为名，由腾格里突入，败唐古特兵，遂围攻布达拉，诱其众内应开门，执杀拉藏汗。

魏源以经世致用名家，于边事特加留意，《圣武记》专为弘扬本朝武功盛事而作，旁征博引，然所记准军入藏之事简略如此。

《清史稿》卷525《藩部八·西藏》：

> 五十六年，策凌敦多布等率兵六千，徒步绕戈壁，逾和阗南大雪山，涉险冒瘴，昼伏夜行，赴阿里克，扬言送拉藏汗长子噶尔丹忠夫妇归。拉藏汗不知备，贼至达木始觉，偕仲子索尔扎拒，交战两月不敌，奔守布达拉，始来疏乞援。

《清史稿》晚出，有《实录》、奏疏之类可参考，不尽袭魏源之说。而于《圣武记》之修订，则有是有非。其以策零敦多布发兵时间为五十六年，晚《圣武记》一年，是其所是；而于进军线路上插入阿里克一地，乃遵依玄烨上谕，则以玄烨之非为是；至云拉藏汗退守布达拉之后始向清廷乞援，显然篡改史实，以掩饰玄烨之失。谁云晚出之书定当胜于前人。

《平定准噶尔方略》所载五十七年初，即西藏失守两三月之后，清军开赴青海前线所得准军入藏信息，无疑较之前奏报更为可信。现摘录如次，以作基本线索。

《方略·前编》卷4五十七年二月十一日庚寅：

先是，总督额伦特疏报：据拉藏使人和喇奇云："前者与策妄阿喇布坦兵交战，斩获贼众二百余人。策零敦多卜及准噶尔人等不习水土，遍身病肿。现今拉藏同达赖喇嘛、班禅额尔得尼在布达拉处固守，令我赍疏往奏圣主。"（寻，侍卫阿齐图疏报略同。）又，大喇嘛乌尔齐木藏布喇木扎木巴奏称："我等由刚谛沙还至拉萨。拉藏告云：'策妄阿喇布坦令策零敦多卜等率兵六千余至净科尔庭山中，扼险来战。中夜越岭而至，遂据达木地方。'"

至是，拉藏奏称："臣世受圣主洪恩，不意逆贼策妄阿喇布坦发兵六千，与我土伯特兵交战两月。虽各无胜负，而敌兵又复入招。臣现率兵守护招地（按：即拉萨），但土伯特兵少可虑。若贼兵入据喀木卫藏地，窃恐黄教殄灭。以此吁求皇上圣鉴，速发兵并青海兵即来策应。"

《前编》卷5，五十七年五月初九日丁巳：

先是，侍卫阿齐图统兵至柴达木，于正月初二日遇伊达木扎卜等率拉藏之子苏尔扎妻自招败还，云："去冬准噶尔兵犯达木，与我土伯特兵交战数次，各有伤杀。至十月三十日，厄鲁特之噶隆沙克都尔扎卜以小招叛入准噶尔，我众解散。时台吉那木扎尔等在布达拉北城，开门纳贼，贼众拥入。十一月初一日，拉藏被害，其子苏尔扎率兵三十人溃围欲出，亦为所擒。"

至是，总督额伦特疏报：四月初五日获策零敦多卜之使人罗卜藏等八人，讯之云："我等自去年正月由特几斯起程，十月至布达拉。于二十八日夜攻取大招、小招。次日围布达拉，杀拉藏，执其幼子及所属宰桑等，送策妄阿喇布坦处。其长子苏尔扎遁走，为土伯特所擒，拘达赖喇嘛于扎克布里庙，班禅仍住喇什伦布。"

上述信息抵达清廷时间均在五十七年，其中获得情报上奏与清廷议定之日，亦有差异。检诸《清圣祖实录》卷277，清廷议覆额伦特、阿齐图转奏拉藏使人和喇奇、大喇嘛奏报,并系于五十七年正月二十六日乙亥,早于《方略》近一月,故《方略》谓之"先是"。《实录》以拉藏告急系于二月十一日庚寅,与《方略》同,故知《方略》与前事并书于清廷议覆之日。又,《方略》载阿齐图相遇拉藏子媳之事,在正月初二日,《实录》、《方略》所述同。然《实录》卷278,直至四月初三日辛巳,方有议政大臣议覆阿齐图所奏拉藏子媳之事,距奏报之日已晚三个月。《方略》于此事则并书于五月初九日丁巳,较《实录》议覆之日又晚一月。按《实录》、《方略》,额伦特四月初五日癸未拿获准噶尔使人罗卜藏等,亦不当迟至一月之后的五月初九日方议覆。所书事件首尾时间与事实相差甚远,此皆官修《实录》、《方略》体例使然。

尽管如此,但《方略》所载准军抵达拉萨之事,或得自拉藏使臣,或出于逃亡的拉藏子媳,或拉藏亲告之大喇嘛,或策零占领西藏后遣派使臣,皆身历其事,大同小异,且均无作伪之理由;而清廷官书编排在玄烨决定出兵西藏之后,于玄烨进藏之决策既不足以增重,却益显玄烨之失,可无隐讳之嫌,自当可据。《康熙朝满文朱批奏折全译》(下简称《满文奏折》)载有大量第一手史料,学者似未充分利用。兹将二书与《实录》相参订,兼采他说,庶于准军入藏时间、线路作一较为可信的推测。则玄烨之判断正确与否,以及后人论述之种种歧义,便皆易于辨析。

1. 策零敦多布率军起程时间和兵力

准军兵力通说为六千人。出发时间,则有五十五年、五十六年两说。[1]《满文奏折》载五十六年八月入藏准部逃亡人员被俘之后,供称:因

---

[1] 持康熙五十五年说者:蔡美彪《中国通史》第九册,第349页;兹拉特金《准噶尔汗国史》,第323页;伯戴克《十八世纪前期的中原和西藏》,第44页;《准噶尔史略》,第155—156页;王辅仁、陈庆英《蒙藏民族关系史略》,第182页;孟昭信《康熙帝》,第241页;张羽新《清代治藏要论》,第41页;余太山主编《西域通史》,第417页。持五十六年说者:《中国史稿》第七册,第173页;杜齐《西藏中世纪史》,第144页;格鲁塞《草原帝国》,第580页;宫胁淳子《最后的游牧帝国——准噶尔部的兴亡》,第173页。

策零敦多布等与俄罗斯交战不利,策妄阿喇布坦"拨给伊等兵三千,务取拉藏汗,故于去年十月启程。因路遥雪寒,畜亡粮尽,人食犬肉,到达纳克产地方"。[1]云所率仅三千人,与各种史料相差过远,不拟辨证。以准军发兵时间为五十五年十月,亦不足据。同书载五十八年土尔扈特人萨木坦所供更为详细:策零敦多布"号称六千兵,正数惟遣五千五百,其中准噶尔人占三分之一,我等土尔扈特人占三分之二。兵丁每人酌情办给四五匹马,驼一峰,羊一只及粮米后,启程"。其云准军先至和通、克里叶,二者连称,当即和阗及所属克里雅之异译,详见下引。"由彼处行二十日后,车凌敦多布方对我等宣称往征招地。沿途水草极差。因马畜倒毙,甚为劳苦。兵丁步行七八月,五千兵丁抵至招地"。[2]萨木坦随策零敦多布一行入藏两年,脱逃东走,于青海与清军相遇,故其供词无隐讳作伪之嫌,最可参考。其中可注意者为"步行七八月",应指准军军行全部时间,而非自和阗、克里雅至拉萨一段所需时日。或供词原本含糊,或译文指代不明。以《方略》所载准军抵达拉萨之日推之,策零敦多布率军翻越准噶尔与西藏边境雪山当在五十六年五月左右,则准军启程时间不至于早在上年。

2. 关于策零敦多布出发地及准噶尔境内军行线路及时间

启程之地"特几斯",今试推测为伊犁南面特克斯河,或崆吉斯河,[3]前者更近是。检得《满文朱批》有六十一年清廷使臣"抵至策妄喇布坦驻扎之特克斯河地方"一语,[4]则"特几斯"或误说、误听、或转写之

---

[1]《满文奏折》五十六年十月二十五日《议政大臣巴浑德等奏报策妄喇布坦侵掠拉藏汗情形折》,第1257—1260页。

[2]《满文奏折》五十八年七月初九日《胤祯奏报归降之准噶尔萨木坦口供折》,第1413—1415页。

[3]《西陲要略》卷1,"有崆吉斯河,在(伊犁)城东七百余里;有特克斯河,源在城南。"《丛书集成初编》,中华书局1985年影印本。《清史稿》卷76《地理二十三》"伊犁府·宁远条"下注:"特克斯河,出俄属木萨尔山,自胡素图卡南、诺海托盖山北入,折东流,纳夏雄河、大小霍洛海诸水,又东与崆吉斯河会。"后与哈什河会,流入伊犁河。

[4]《满文奏折》六十一年十一月初五日《乾清门头等侍卫喇锡传谕哲布尊丹巴使臣来告情形折》,第1515页。

误。又,胤禛奏折中亦"伊犁、奎吉斯、特格斯"连写,[1]似"特几斯"、"特克斯"、"特格斯"皆一地之异译。果尔,则策零敦多布一行即由准噶尔本部伊犁一带出发。

再考虑从伊犁抵达和阗所需时间。祁韵士《西陲要略》卷1《南北两路军台总目》:"伊犁起至阿克苏,十四军台,一千余里;阿克苏起至乌什,三军台,二百里;叶尔羌起至和阗,六军台,七百余里。"其中乌什至叶尔羌里程阙如。同卷《南北两路卡伦总叙》:"自乌什而西,经草地布鲁特游牧地名树窝子,七百余里直达喀什噶尔城。"又"自喀什噶尔东南行二百余里,至英吉沙尔城"。"自英吉沙尔东行三百余里,至叶尔羌城"。正好补《军台总目》之缺。再,《军台总目》所言伊犁至阿克苏一千余里,略疏。而同卷《南北两路山水总叙》:"穆苏尔达巴罕者,冰山也,在伊犁南界。自伊犁西南行一千五百余里始至山趾。"又云:"阿克苏,山则有穆苏尔达巴罕,在城北五百余里,即冰山。伊犁、阿克苏,南北两路孔道也。"明言伊犁南下必经阿克苏,且其里程可确指为二千里。综上各条,伊犁南行至阿克苏二千里,由阿克苏西行至乌什二百里,自乌什西行七百里至喀什,由此折向东南而行二百里至英吉沙尔,继续东行三百余里至叶尔羌,再东行七百余里至和阗,里程总计四千余里。准军全部人员配有马驼,平均每日行百里,不为难事,如此则仅需四十日;即使以每日行五十里计,亦不超过三个月。史料中虽无准军由伊犁至和阗具体行军线路之记载,然经天山西麓至和阗,唯此一条线路可行,应无可疑。

《准噶尔史略》一书参考中外学者研究,记载康熙五十四年至五十五年间,准噶尔与俄国在亚梅什湖发生军事冲突,战争结束时间为阳历1716年4月28日,阴历则当为康熙五十五年三月。准军统帅正是策零敦多布,与上引准部俘虏所供相合。俄军未能得逞,随即唆使哈萨克攻打准噶尔,准军主力被引向阿亚古斯河畔与哈萨克作战。康熙五十六年初,俄国方与

---

[1] 《清史资料》第三辑,《抚远大将军奏议》康熙六十一年十月二十七日奏折,中华书局1982年点校本,第196页。原标点未将奎吉斯、特格斯断开。

准噶尔谈判。[1]以是观之,准噶尔与俄罗斯、哈萨克作战之后,当于伊犁南部河谷地区稍事休整,才有可能进行长途远征。故以策零敦多布率军远征西藏于五十五年十月启程,多少仓促,仍宜断为五十六年初。前面推断策零敦多布率军出发的地点之"特几斯"在伊犁附近,此又得一旁证。

3. 准军进入西藏之地点

关于准军于何地入藏,《实录》、《方略》未见明确记载,亦无当时私家记载可据。《西陲要略》卷1:"经和阗西南,行月余可达西藏,沿途山径狭隘,兼多烟瘴,路极难行。询之克什米尔及安集延、喀齐商回,言由西藏西北拉达克之地往复贸易,有至叶尔羌者。先年准噶尔台吉策妄阿喇布坦遣大策零敦多卜扰藏,曾由此路云。"而同书卷2,"和阗旧称六城,以伊里齐为首,即今和阗城也。所属五城最著。然惟哈喇哈什及克里雅有城,其玉陇哈什、车呼、塔克实无城,仅一村耳"。又曰:"玉陇哈什在和阗城东十里。车呼在玉陇哈什东南二百二十里。克里雅在车呼一百九十里。塔克在克里雅南一百二十里。由和阗至塔克四百里。又至所属之伊玛木拉四百七十里。《回疆通志》言:准噶尔策妄阿拉布坦时,遣大策零敦多卜扰藏,道由此入"。则叶尔羌、和阗皆有入藏之路,祁韵士两说俱存。《圣武记》、《清史稿》采其后说,均以策零率兵由和阗入藏。

美国学者濮德培以为策零是由南疆更西的叶尔羌和喀什噶尔入藏,作者自云所据乃《平定准噶尔方略》所载清军甘肃提督师懿德奏疏,则似误读。或另有所据,[2]然师懿德远在巴里坤,悬隔数千里,即有所奏,亦遥

---

[1] 《准噶尔史略》,人民出版社1985年版,第150—155页。兹拉特金《准噶尔汗国史》将亚梅什湖之役说成1717年,即康熙五十六年,商务印书馆1980年版。《史略》据巴德雷《俄国·蒙古·中国》,加恩《彼得大帝时期的俄中关系史》,霍渥斯《蒙古史》,已予以订正。

[2] Peter C. Perdue, *China marches west—the Qing conquest of Central Eurasia*, p. 234, "Shi Yide noted that Tsewang Rabdan'general had led three thousand men from Yarkand and Kashgar into Tibet." p. 622注中所引《平定准噶尔方略·前编》卷4康熙五十六年十一月甲戌、五十七年正月壬辰、二月庚寅三条,均未见有师懿德奏报准军由叶尔羌或喀什噶尔入藏。不知此说是否出自注中所引第四条,即Kraft所著 *Zum Dsungarenkrieg*。

度之辞也。叶尔羌入藏说最早当是《安多政教史》,其记阿里总管后藏人康济鼐奏报拉藏汗云:"我们从叶尔羌相继得来的报告中得知,准噶尔军队六千人,已经离开了那里向阿里前进,难以判定是敌是友。"今人多信从此说,以为策零敦多布率军越雪山之后,进入西藏西部阿里地区。[1]然此说得自于《颇罗鼐传》,云康济鼐的情报并未得到拉藏汗身边大臣重视。[2]实则康济鼐并未率军前往迎接,仍属传闻,不可为训。若准军果从叶尔羌入藏,则当如祁韵士《西陲要略》所言,先至阿里所属之拉达克,然此说无法从其他史料得到印证。故准军入藏是否经过后藏阿里地区,颇成疑问。细检《安多政教史》,其云:"阿里宗本康济鼐报告说:'准噶尔六千余兵已启程前来,是敌是友,目前尚难断测,应加强边境防务。'这里还未安排,准噶尔兵已迂回转折,另辟新径,佯装送还王子家室等,于八月抵达念青唐古拉山附近的官德山,安营扎寨。"[3]可知《安多政教史》作者贡却丹巴饶杰根据后来的记载,对康济鼐的报告已予以订正。这本

---

[1] 伯戴克依据《清圣祖实录》富宁安奏疏,认为准军由和阗入藏,见《十八世纪前期的中原和西藏》,西藏人民出版社1987年版,第44页注十二。然《实录》五十六年七、八月间富宁安从前线的奏疏即前述所俘准部哨探及回子供词,其中并无准军由和阗入藏一说。而同书,第46页,又认为准军"经过了羌塘艰苦卓绝的行军",表明作者对准军入藏路线亦不甚明了。《准噶尔史略》,第166页,注明采自松筠《绥服纪略图诗》:"从前准噶尔扰藏,经由阿里边隘而入。"宫胁淳子《最后的游牧帝国》,第173页,策零敦多布"强行突破无人区羌塘高原(原注:阿里地区),突然出现在拉萨北方的腾格里诺尔(那木错)湖畔",内蒙古人民出版社2005年版。又,《西藏记》卷上《事迹》:康熙五十九年,"康济鼐系后藏人,昔为拉藏罕仲意,因准噶尔犯藏,坚守阿里有功,封为贝勒,管理后藏以西之北一带地方。"《丛书集成初编》中华书局1985年影印本。则似策零入藏后在阿里地区曾与拉藏汗所部有过冲突。然曾国庆依据多喀夏仲·策仁旺杰《颇罗鼐传》所撰《颇罗鼐年谱》,康济鼐康熙五十六年在阿里抵抗准部一说,颇成疑问;当是两年之后,准部撤出西藏道经阿里地区时,遭到康济鼐阻截。见曾国庆《清代藏史研究》,西藏人民出版社1999年版,第104、106页。伯戴克据《颇罗鼐传》又认为颇罗鼐参与拉藏汗抵抗准军,是在达木之战,较为可信。见《十八世纪前期的中原和西藏》,第47—54页。
[2] 参见《蒙藏民族关系史略》,中国社会科学出版社1985年版,第182—183页;杜常顺《简论拉藏汗》,载《青海师范大学学报》1988年第2期。
[3] 尼玛太、星全成译《安多政教史》(摘登二),载《青海民族学院学报》1984年4期、《青海民族研究》第三辑。

可提供一个正确途径,可惜为研究者所忽视。念青唐古拉山自西向东横亘于纳克禅、那木错湖南缘及达木地区。准军八月抵达官德山,则是沿纳克禅东行,经越那木错湖北缘之后南折,于达木与拉藏汗军相持。这一点正好与《满文奏折》中记载相合,详后。

此先进一步确证准军由南疆入藏线路。据上引萨木坦讯问供词,讯问:"自伊犁经克里叶至招地,路程远近如何?水草如何?告称:先,策妄喇布坦将车凌敦多布等遣派于随军后,惟言遣至和通、克里叶。"则又知策妄阿喇布坦于大军启程时欺骗兵丁,称军行目的在回疆和阗。"抵至克里叶,将畜尽、有病之五百余兵留于克里叶",然后入藏。清方官员之所以"经克里叶至招地"为问,乃因五十六年拉藏汗呈报清廷的救援文书中已经提及:准军前锋七月初四日已抵纳克禅边界,八月初九日与拉藏汗军交战,"其后,留于克里叶地方之三千兵马业已抵我纳克产地方"。[1]拉藏所云准军经行克里叶,在萨木坦供词中得到证实。至此可以确定,策零于伊犁本部起程之后,绕天山山脉西麓而行至和阗。再自和阗、克里雅南行入藏。祁韵士所引《回疆通志》记载为实。俘虏萨木坦供词言于克里雅休整二十余日,加上自和阗至克里雅所需时间,估为一月。则如前推断,策零敦多布自伊犁启程至渡越雪山入藏,费时不至超过四个月。

4. 纳克禅遭遇战

据《实录》所载驻扎西宁学士查礼浑转呈的拉藏奏文,"云策妄阿喇布坦遣兵,于(五十六年)七月初四日掠其纳克禅边内波木宝一部人众。且言又令策零敦多卜领兵万人,前来征取拉藏"。[2]《满文奏折》载有同日查礼浑密折亦详述其事:拉藏之子苏尔杂于七月初四日前往纳克禅地方,据侍卫莽古特来告:"我前往纳克产地方贸易,六月二十九日观之,西北方尘埃飞扬,见有众驼之状。窃思唐古特(按,即西藏)无驼,必是策妄喇布

---

[1]《满文奏折·谕拉藏汗派兵赴藏援剿策妄喇布坦事》,第1531—1532页。原件未具年月日。

[2]《清圣祖实录》卷273五十六年八月二十六日丁未。

坦之军前来。我昼夜急行,经四日来告"正在达木的拉藏汗。拉藏汗即派都喇勒台吉、卫寨桑率军前往,"于七月初二日抵达腾格里池"。随后分兵由腾格里池南北"前往验实"。抵达纳克禅后,"见(准噶尔)为首率兵行者,系阿喇木扎巴吹木伯勒、车凌栋罗布、托布齐、喀喇沁都喀尔、萨音查克此五人。都喇勒台吉、卫寨桑亲见敌交战"。因不敌准军,故拉藏汗、苏尔扎"将都喇勒台吉率领之军留于腾格里湖周围设哨"。"敌军之处,距我汗所居之达木地方有二日路程,距敌之大营有三日路程"。[1]这是一条重要线索,证明准军不是由腾格里池以东某地入藏,而是由腾格里池以西的纳克禅西面而来,并与拉藏的军队有一场遭遇战。而据拉藏汗本人的奏报,准军分前锋与后援两部分行进,七月四日,准军抵达纳克禅边界,十九日,前锋抵进纳克禅,于八月初九日进攻不胜,随即后援亦至。[2]

纳克禅或曰纳克产,其南则为纳仓即今申扎县,纳克禅、纳仓为同音异译。纳仓为前藏要地,见《清史稿·藩部八》。[3]其地处拉萨以西偏北,行程约一千五百里。[4]《西藏记》上卷《疆圉》:"西藏北至准噶尔为界。由拉撒西行,……出杨八景口。西北一带,有克里野,大山广阔,为准噶尔要径。过山即准噶尔叶尔羌地方,各设卡拒防。"又按云:"克里野山脚,纳克产隘口。"克里野即上述之克里叶,亦即和阗所属克里雅。依此,克里野当在西藏与准噶尔交界处,与今《中国历史地图集》所标稍异。至其所云"过山即叶尔羌",而和阗与叶尔羌有七百里之遥,殆《西

---

[1] 《满文奏折》五十六年八月二十六日《议政大臣海金等奏报策妄喇布坦消息并请调驻军折》,第1228—1234页。
[2] 《满文奏折·谕拉藏汗派兵赴藏援剿策妄喇布坦事》,第1531—1532页。
[3] 并见《西藏记·边防》,《丛书集成初编》,中华书局1985年影印本。
[4] 《西藏考》:"自藏至拉克产计二十四站,共程一千五百五十里。沿途俱有瘴气。"当是清廷对西藏统治之后所开辟哨卡线路。所云藏者,即指拉萨。又云"拉克产即拉兔",当即纳克禅。二十四站中多"人户水草俱无"者。书前附有赵之谦跋语:"《西藏考》一卷,不著撰人姓氏,盖雍正初身至其地者。"策零当时行军似不经由此线路。《丛书集成初编》,中华书局1985年影印本。《卫藏通志》卷4:"前藏(即拉萨)至纳克产卡伦,计程一千五百十里。"《丛书集成初编》,中华书局1985年影印本。或参考《西藏考》而来。

准噶尔之役与玄烨的兴兵之由

藏记》作者之推测。前引萨木坦既言准军至和通、克里叶,则当仍依祁韵士《西陲要略》以克里雅属之和阗。是知准军由和阗入藏之后,由纳克禅经杨八景有路直通拉萨,而绝不至于越过克里叶之后,绕道西南抵拉达克进入阿里,再东进纳克禅。唯策零敦多布抵至纳克禅之后,并未向东南由杨八景直趋拉萨,而是东行到达腾格里池。

腾格里池即那木错湖,位于纳克禅与拉萨北边偏东的重镇那曲之间。《清史稿》卷80《地理二十七》:"至喀喇乌苏,为西宁进藏大道。"喀喇乌苏蒙语为黑水或黑河,亦即那曲。纳克禅既在拉萨西北千里之外,揆之情理,策零行军线路不经青海入藏甚明。否则,当先至那曲,之后却放弃南行直至拉萨大道,转而向西行进千余里抵达纳克禅,然后再折回东行进入拉萨,恐无是理。据此可进而断定,策零敦多布从南疆和阗出发,并未沿塔里木沙漠南侧东行至青海西北,经要塞噶斯口之后南行入藏,而是于和阗之克里雅地区穿越昆仑山脉某处山口进入西藏,沿阿里地区北缘东行,于六月底或七月初抵至纳克禅。既云"经和阗西南行月余可达西藏",则策零敦多布在准部境内军行甚为从容,其翻越雪山入藏一段,当不至早于五月,正值天气转暖之时。益见上年十月启程之不可信。

5. 达木地区相持

达木在地理位置上紧接那木错湖,[1]位于拉萨之北,即今当雄。当年固始汗入藏曾屯兵其地,故又称达木蒙古,或以此即拉藏汗驻兵之处。[2]

---

[1]《西藏记》卷上《边防》:"雍正八年,准噶尔侵犯西北两路军营,颇罗鼐奏准,其次子台吉朱米纳木查尔带拉撒兵一千名,前赴达木、腾古里那尔地方驻防。"同卷《疆圉》:由杨八景"过红塔尔小山,至拉定,过纳根山,即腾克里那尔、达木地方"。前条由拉萨出发,经腾格里湖东面,故先达木,后腾格里湖;后条绕腾格里湖西面而至,故先腾格里湖,后达木。《卫藏通志》卷13上《纪略上》:"雍正八年,驻藏大臣内阁学士僧格出防腾格哩、达木。"下有注文,知与《西藏记·边防》所记为一事,亦从拉萨而言,而腾格里、达木地名与《西藏记》所载顺序前后互异,可见二地毗邻。

[2] 见《满文奏折》四十四年十二月二十六日《议政大臣俄费等奏报拉藏班禅等奏本内容折》,第400页。

前述准军于纳克禅地方小胜之后，即沿腾格里池北缘东进。拉藏所部即退至腾格里池防御，以阻止准军进入达木地区。由是可以推断，策零并未舍近求远，率军继续东进至那曲。[1]所以很难设想准军会在那曲一带与拉藏汗发生过战斗。[2]

达木之战的过程，前引《满文奏折》查礼浑转奏甚详："我汗、台吉苏尔杂现于达木地方备厄鲁特兵二千余，唐古特兵七千余，共备有万兵，又所调遣他处兵陆续抵达。我汗欲先遣派二千兵前往迎战，众议'以全力交战则妥，初次观察而被抓获，勿怒而先发兵，惟固守则事成。'我来时，（拉藏汗之）兵仍在达木地方，敌军抵达处，距达木地方有三日路程，不甚遥远。我于七月十三日由此启程前来（时，敌军）仍未至。观之，或候北路军前来，或知我等有备而止步不前。"可见双方相持不下。拉藏军人数虽多，但大部为西藏本土人，和硕特蒙古仅二千余人。七月中旬，两军于腾格里池一带相持仅数日，即又启战端。

另据青海台吉方面使者和绍齐吹得自于侥幸逃脱的苏尔扎属人索诺木的报告："（拉藏）汗于拉尔金岭此方空旷处砌城迎战。七月十九日，策妄喇布坦之军越拉尔金岭前来时，汗遣五百兵，相互施放鸟枪，交战双方无大死亡。敌军夺路侵掠在西山中班禅之昆堆喇嘛，即于彼处砌城

---

[1]《西藏考》："西藏防腾格那儿塘口路程"下，"以上计十站，共程四百十里"。腾格那儿即腾格里池，从方位上看，处于以拉萨、那曲作底边的等腰三角形的顶点，则腾格里池至那曲亦当有四百里左右。而"自藏至西宁城"线路中，第十二站至"哈拉乌苏"，共六百五十五里。其后为郭隆、楚米拉，绰诺果尔、蒙咱西里，则此哈拉乌苏即喀喇乌苏（那曲）无疑。可知从腾格里池东走那曲再南折进拉萨，较之直接从腾格里池南下达木入拉萨，约远一千里。

[2]那曲之战说，见《蒙藏民族关系史略》，第182页。意大利学者杜齐《西藏中世纪史》云"拉藏汗在黑河附近遭到袭击，抵抗无效，被迫退回拉萨，闭城坚守"，中国社会科学院民族研究所1980年版，第145页。此一叙述与同页所述拉藏汗在达木抵抗失利后退守拉萨，前后抵牾。《草原帝国》承此之误，于第580—581页云，准部"自和阗出发，以前所未有的勇敢，于昆仑山中和荒漠草原上行军，然后直趋黑河县（原注：纳楚宗。按：当即那曲）"，青海人民出版社1991年版。作者根本没有考虑阿里和纳克禅两个地区，似由昆仑山北麓东行至青海，然后折向西南，由那曲大道逼进拉萨。如此，则策零行军线路走了一个大"之"字形。

垛,与汗之营垒对峙。七月二十五日,拉藏汗、台吉苏尔杂、阿齐罗卜藏率蒙古兵一千五百名、唐古特兵万余,分三路攻战,因地方坚固,未能克。二十七日,交战一次。二十八日,交战一次。"是知七月中旬至下旬,双方于拉尔金岭附近交战四次,规模不大,因地形易守难攻,双方均未能得手,转入相持。随后即有班禅的调停。"八月二十五日,班禅亲来,就近以驻",以同来的六位活佛分赴两方营垒。但策零敦多布拒绝讲和:"我等岂敢不听取班禅之言?惟策妄喇布坦既差我等攻取拉藏,我等若听取班禅之言,和好返归,则杀我等;倘欲降,不能当拉藏之奴仆。战败亦亡,为亡命之身,班禅何必劳身留此?"故而"班禅虽屡称止战,因准噶尔人不可,九月初一日返归喇锡鲁木布"。班禅调停归于失败。大约就在班禅调停之际,策零敦多布开始酝酿新的计划,即放弃正面对峙,改由别路偷袭招地。九月初四日,拉藏回兵阻截,为准军所败。"初五日观之,在拉藏汗处唐古特之二千余兵向达木河上行,各自向家散去",已成鸟兽散。[1]拉藏只得退而困守大招、小招及布达拉宫,时在九月初。依上引拉藏汗本人奏报,达木相持拒战在八月初九日之后的二十余日间,[2]退守拉萨的时间当稍晚,然亦不出九月上旬。

当时正在拉萨的意大利神甫德斯得利记载,拉藏汗是在达木获胜之后主动撤军的。"拉藏汗利用他的微薄兵力取得了完全的胜利,并能占领一个控制通往拉萨道路的阵地,他控制这个阵地到十月底"。"达木北端开阔,冬季受寒冷的强风侵袭,因此到十月底,拉藏汗、他的儿子及全体人员都撤回防御坚固的拉萨"。[3]意大利学者杜齐引用Pistoia耶稣会士的记述并根据最权威的《罗桑意希桑波传记》,认为拉藏汗"七月十日才得知准噶尔军队集结的消息。八月一日同策零敦多布的入侵军队发生遭遇战,最后甘丹寺的池巴和其他大喇嘛几次极力进行调解,但他们的干预没

---

[1] 以上均见《满文奏折》康熙五十六年十月二十五日《议政大臣巴浑德等奏报策妄喇布坦侵掠拉藏汗情形折》,第1257—1260页。
[2] 《满文奏折·谕拉藏汗派兵赴藏援剿策妄喇布坦事》,第1531—1532页。
[3] 德斯得利《西藏纪事·准噶尔贵族侵扰西藏目击记》,转引自《清代西人见闻录》,中国人民大学出版社1985年版。

有获得任何效果。在十月八日后,拉藏汗从达木来到拉萨,深藏在布达拉宫,闭关不出"。[1]伯戴克《十八世纪前期的中原和西藏》修正杜齐之说,以拉藏汗退守拉萨时间为十一月上半月。[2]

德斯得利纪事时间为阳历,而杜齐、伯戴克在引用传教士记载和藏文著作时则阳历、阴历兼用。关于拉藏汗得知准军入藏消息,德斯得利含糊其辞,说是阳历六月一日之后不久,杜齐说是阳历七月十日,都早于《满文奏折》的记载,杜齐的说法更接近。但杜齐所说的阳历八月一日的遭遇战,按该书同页,所指乃黑河即那曲之战。而实际情况应该是《满文奏折》所载阴历六、七月之交纳克禅地区的遭遇战。时间上可以吻合,而交战地点却有东西之差。达木之战期间,曾有西藏大喇嘛进行调解,这一点德斯得利没有记载,而杜齐与《满文奏折》都记载确有其事。关于拉藏汗从达木撤退的时间,德斯得利之说阳历十月底,则阴历应为九月底,晚于《满文奏折》所记;杜齐说的阳历十月八日后,则与《满文奏折》基本吻合。德斯得利自云拉藏汗对其甚为关照,毫不掩饰感激之情。杜齐认为"他写到拉藏汗本人时还是溢誉过甚的"。[3]看来,德斯得利叙述达木之战,对拉藏汗多有溢美之词。拉藏汗在达木并未能抵抗到阳历十月底,而且也绝非是获胜之后主动撤离。其从达木退守拉萨的时间,应在阴历九月上旬。可见前引《方略》、《实录》所载关于西藏方面的奏报,大体无误。达木之战,自七月中旬至九月初,拉藏所言双方"交战两月",稍有夸大。拉藏与准军相持,双方实力相差不大,拉藏兵败达木,乃因策零敦多布出奇制胜。大喇嘛转奏,"策零敦多卜等率兵六千余至净科尔庭山中,扼险来战。中夜越岭而至,遂据达木地方"。如此,则此净科尔庭山当在达木地区北缘,或即策零敦多布与拉藏

---

[1] 杜齐《西藏中世史》,第145页。
[2] 见该书,第49页。《蒙藏民族关系史略》,第184页,引伯戴克之说,而作"十月上半月",当折换为阴历。
[3] 《西藏纪事》:"我也体会到拉藏汗、他的大臣及其一家对我的恩惠,使我对他们产生无限的衷心感激。这些感激之情,超过我所允许的简单和直率的描述。"并参《西藏中世纪史》,第142页。

准噶尔之役与玄烨的兴兵之由

汗相持时所据之拉尔金岭。[1]所谓越岭而至，遂据达木，即指《满文奏折》所报九月初四日准军改道偷袭，拉藏溃败，达木遂为准军所得。

6. 拉萨失陷

达木地区在腾格里池东南，大道直通拉萨。准军攻克拉萨经过，未见于《满文奏折》，《方略》、《实录》皆甚简略。杜齐据《班禅传》略云：(阳历)十月八日拉藏汗退守拉萨，九天后，"十月十七日准噶尔人进攻拉萨，二十九日拉萨陷落，守城者逃散。拉藏汗从布达拉宫逃出未遂，十一月初一日被害"。[2]日期当为阴历。前引《方略》"十月三十日，厄鲁特之噶隆沙克都尔扎卜以小招叛入准噶尔，我众解散。时台吉那木扎尔等在布达拉北城，开门纳贼，贼众拥入。十一月初一日，拉藏被害"。与杜齐所记一致。而德斯得利身历其境，对拉萨失陷、拉藏汗被害的情况应该更为准确："11月21日破晓"，准军"逼近拉萨"；然后分四路进攻三大寺和拉萨"大河岸边的一个阵地"，"11月30日下半夜，全面进攻拉萨"，内奸响应，打开拉萨城门，"接着是一场血战。黎明时分，敌人已攻占了不幸的拉萨"。拉藏汗全家和其将领退守布达拉宫。"1717年12月3日，(准军)用了最大的努力攻取布达拉宫"。拉藏汗逃跑途中被准军追上，不敌被杀。伯戴克采德斯得利之说，以准军进攻拉萨为十一月三十日(阴历十月二十八日)，布达拉宫失陷在十二月三日(阴历十一月初一日)。[3]各方记载皆相吻合。唯德斯得利所述拉藏汗于阳历十月底退守拉萨，策零敦多布以追击之师，必尾随拉萨汗而进抵拉萨，何至于在拉萨城外犹豫二十余天，迟至阳历十一月下旬方才进攻，似在尽力夸大拉藏抵御准军的过程。

---

〔1〕《西藏记》上卷《山川·北方之山》："喇根拉，在腾格那尔东，途长五十里。"净科尔庭山或即此山，待考。一说净科尔庭山即腾格里山，见王宏钧、刘如仲《准噶尔的历史与文物》一书《准噶尔部侵扰西藏和抚远大将军西征图》，青海人民出版社1984年版，第61页。同页又说：策零"由特几斯越过净科尔庭山突入西藏"，恐转写史料之误。
〔2〕《西藏中世纪史》，第145页。
〔3〕见王辅仁、陈庆英《蒙藏民族关系史略》，第187页。

按《西藏纪事》所述，拉藏汗在西藏颇不得人心。准军入藏完全是由拉藏汗的反对派，即拉萨三大寺僧人所一手导演。"为了迎接和帮助敌人，收买了许多西藏贵族和拉藏汗的一些大臣。其时，年轻力壮的喇嘛，一批一批地被派往独立上鞑靼（按：即准噶尔），加入以统帅策零敦多布指挥的军队里"。策零敦多布兵临拉萨，与"内奸"即拉藏汗的反对派里应外合，加上拉藏汗部众散尽，所以拉萨失守之前似不应有艰苦的战斗。前引《方略》"厄鲁特之噶隆沙克都尔扎卜以小招叛入准噶尔，我众解散。时台吉那木扎尔等在布达拉北城，开门纳贼，贼众拥入"。亦见西藏僧俗势力倒戈，策零敦多布攻占拉萨甚易。拉藏汗被杀，时为康熙五十六年十月底或十一月初。[1]

至此，距玄烨发动准部之役已经两年半。清朝两路大军久悬西北，仅五十六年六七月间曾有过所谓"三路进剿"，亦只进至乌鲁木齐郊野劫掠，旋即撤回，其余时间皆屯兵边境，空糜粮饷。准噶尔东面有清军压境，北方和西方分别受制于俄罗斯和哈萨克，而策妄阿喇布坦居然能分兵袭击西藏成功，实不啻为军事史上之奇迹。两下相较，清军失策一目了然。

（二）关于准军入藏的信息与玄烨的误判

上引《方略》记载准军入藏准确信息，皆得自五十七年初。若要求玄烨在此之前，即能对入藏准军的时间、线路及意图作出具体而准确的判断，固是苛求。但《实录》、《方略》、《满文奏折》表明，在西藏失陷前数月，即上年七八月，玄烨已得悉准军入藏。而且当情报已明确显示准军入藏并与拉藏汗相攻时，玄烨却因猜疑心理而一直误判。奇怪的是，中外史家对此似乎从未置疑，因此也妨碍了对于玄烨用兵意图和方略的探讨。

---

[1] 庄吉发《清高宗十全武功研究》，"康熙五十七年（1718）四月二十八日夜，攻取大招、小招。次日，围攻布拉塔，杀害其妻弟拉藏汗。"不知何据，中华书局1987年版，第12页。

1. 五十六年七月西北前线俘虏的供词

《实录》卷273康熙五十六年七月十九日辛未，西北清军"三路进剿"准噶尔，深入至乌鲁木齐，捷书传至热河，并报俘获准噶尔哨兵二人。七月二十日壬申，玄烨命理藩院尚书赫寿作书告知拉藏汗，厄鲁特哨兵供称：

> 策妄阿喇布坦仍住伊本处，与鄂罗斯、哈萨克、布娄尔皆为仇敌。拉藏之子娶策妄阿喇布坦之女三年，已经生子。达赖喇嘛、班禅及拉藏之使俱在策妄阿喇布坦处。闻卜穆之子策零敦多卜、托布齐、都噶尔三都克等率六千兵，去年往阿里克处助拉藏汗征卜鲁克巴，至今未回。

此为玄烨最早得知准军入藏。同卷八月初一日壬午，

> 先是，富宁安疏报拿获回子阿都呼里，供称："策妄阿喇布坦令伊寨桑都噶尔三都克、策零敦多布、托布齐等带领六千兵，于去年十一月由阿里克路往西进发。或前去征拉藏，或帮助拉藏之处，我知得不甚明白"等语。（《方略》所记同）

以上消息来源于西北前线富宁安进剿所获俘虏，提供的信息亦基本相同，皆以策妄阿喇布坦于去年（五十五年）派策零敦多布等三位大臣率兵经由阿里克入藏，回子俘虏说得更为具体，是在去年十一月。准部探哨供说策零前往阿里克地区协助拉藏征讨卜鲁克巴；而回子俘虏则说由阿里克向西出发，或去征讨拉藏，或去协助拉藏征讨。

玄烨对此作何判断，且看七月二十日玄烨命赫寿提醒拉藏：

> 以此思之，策妄阿喇布坦之奸狡，甚不可信。或助尔（拉萨汗）征卜鲁克巴，或侵尔以取西边地方，俱未可定。再，顷者尔呈部之

文有"部中若不料理,我等除力争之外,别无他法"等语。**由此观之,尔或欲侵(青海)戴青和硕齐、罗卜臧丹津,以引导策妄阿喇布坦之兵,亦未可定。尔诚受我主之封,食我主之禄,而侵我边疆之贝勒!** 我四川等处所有三万兵丁,与贝勒戴青和硕齐同在一处,又岂有坐视之理乎?至彼时我兵助戴青和硕齐与尔交战,我虽有禁止之文,亦无及矣。[1](《方略》、《起居注》同日所记略同。)

必须注意的是,此时俘虏尚在富宁安营中,其口供乃由富宁安转述,非玄烨亲自审讯所得。而玄烨对俘虏所供未作任何核实,即作出上述判断,相信已有准噶尔军队由阿里克入藏。此前拉藏汗之子与策妄阿喇布坦之女结婚,达赖、班禅、拉藏汗均有使臣在准噶尔,不久前拉藏呈文清廷"部中若不料理"云云,对清廷颇有怨愤之词,凡此皆为玄烨相信俘虏供词的潜因。玄烨表面提醒拉藏汗防备准军偷袭,实则猜疑拉藏汗勾结准军入藏,以图谋青海右翼台吉,为此深致不满。在拉藏汗与青海台吉之间,玄烨明显庇护青海台吉,而对拉藏谴责甚为严厉,乃至不惜以兵相胁。

八月初一日的上谕也反映出同样的倾向:

> 策妄阿喇布坦由阿里克地方发兵一事,虽虚实未知,朕意料之甚属可恶。策妄阿喇布坦先曾向泽卜尊丹巴胡土克图之使者云:"拉藏汗系嗜酒无用之人,不足介意。"(中略)今此兵或征取拉藏,收取西边地方,**或帮助拉藏侵犯青海**,俱未可定。若系征取拉藏,其兵于去年十一月前往,今已成仇,我兵欲救援拉藏,恐地方遥远;**若帮助拉藏同来侵犯青海,则不可不备兵协助迎剿。**[2]

玄烨的判断仍是前述三种可能。与十天前稍有不同的是,此时玄烨考虑到这支准军入藏为时已久,若袭击拉藏,清军已救援不及,也只能静观其

---

[1]《清圣祖实录》卷273五十六年七月二十日壬申。
[2]《清圣祖实录》卷273五十六年八月初一日壬午。

变。玄烨真正考虑应对的,则是拉藏与准军联合进攻青海。

2. 阿里克之方位

玄烨判断最明显的失误,即轻信准部探哨和回子俘虏供词,认为准军"由阿里克路往西进发"入藏,故上谕以"今此兵或征取拉藏,收取西边地方"。据此,阿里克在西藏以东青海某地甚明。以下先确认阿里克具体位置所在。

阿里克为青海境内土番部落之名。《西藏记》下卷《外番》:"新抚南称巴彦等处番民七十九族。查其地为吐番地,居四川、西藏、西宁三界之间。昔为青海蒙古奴隶,自罗卜藏丹津变乱之后,渐次招抚。"雍正十年,清廷"派员勘定界址,分隶管辖。近西宁者归西宁管辖,近西藏者暂隶西藏"。其归西宁管辖四十族番民,首列阿里克。《卫藏通志》:"西南部落,自打箭炉至藏地,大抵皆吐番别种,散处其间,各立其长,各子其民,不相属也。"卷15《部落·西宁管辖四十族驻牧地界》条下,"阿哩克族:共十一族,属下番人九百一十九户"。且云其辖境"东至多尔宗察汉诺门罕"。察罕诺门罕乃藏传佛教在青海的别宗,辖地在青海湖以东,与西宁相接。《清史稿·地理志二十六》青海土司条下曰:"二阿里克,在齐普河东。"是知阿里克土司有二,故又称阿里克二司。又曰:"齐普河上源有二,曰图声图河,曰得尔多河,北流而合,环阿里克境,西北入黄河。"以上诸书皆以阿里克地在青海东南。阿里克部本为藏族别支,《清史稿》曰青海土司,以康熙时隶属于青海蒙古。

《蒙古源流》记载俺答汗皈依佛教之前,曾兵临青海、四川地区,即有阿里克喇嘛向其说生死轮回。[1]另据《安多政教史》,1578年达赖三世索南嘉错从哲蚌寺前往青海湖会见俺答汗,蒙古首领"率先赴阿尔克地方恭迎。在这里,达赖略施幻化,指水以斥,迫河水倒流,故使彼等产生敬仰之心"。又传说"五世达赖自汉地返回时,从茶罕托罗海经巴颜湖到恰卜恰寺附近,后到阿尔克温泉地方"。察罕托罗

---

[1]《新译校注蒙古源流》卷6,内蒙古人民出版社1981年版,第351页。

海即达赖三世与俺答汗会晤之青海湖畔,阿尔克即阿里克,亦佛教圣地。该书又载巴颜湖在青海湖西南,可知阿里克地处青海东部偏南,东北近邻青海湖,故其地东境与察罕诺门罕相接;其西通拉萨,则当处西宁入藏之大道。

以下再就准噶尔部入藏煮茶一事进行说明。《国朝耆献类征初编·扎萨克镇国公珠尔默特策布登列传》:"乾隆八年,准噶尔煎茶使赴藏,珠尔默特策布登以兵五千驻防阿里克。明年,准噶尔使自藏归,赐币奖之。会病足,自阿里克归藏。"[1]据此,阿里克在准噶尔入藏线路之中,若能明确准部所经线路,则阿里克位置当可进一步确定。据《平定准噶尔方略》,准噶尔汗噶尔丹策凌遣使请求入藏熬茶,起于乾隆七年初,正清廷与准噶尔"罢息干戈"之际。原奉乾隆谕旨:"令以三百人往。既至哈密,更令大臣等护视,拣水草好处,由东科尔次第进藏。"即规定准部人员先至青海湖东之东科尔,然后入藏。准部使臣以为道远,提出"可否令我赴藏者由噶斯路,则道近而水草亦便"。即经青海西北要冲噶斯口,沿青海西境径直南行入藏,而不必东行至东科尔;并以"进藏一事,在噶尔丹策零最为切要"恳请。弘历以其"竟自主张",不予允行。半年之后,噶尔丹策零提出分两路进藏。一路"请道出噶斯";另一路则先期贸易,备办入藏物资,其线路经柴达木,"至多巴西宁,再由多伦鄂摩渡口,过穆鲁乌苏进藏"。弘历鉴于噶尔丹策零"心诚而语顺",允其所请。但分两起入藏,"不但我国官兵难以照看,即尔国使人亦难分道而行"。"尔等既欲往西宁贸易,三百人可仍作一起同至西宁。贸易事毕,即由多伦鄂罗木入藏"。[2]多伦鄂罗木当即多伦鄂摩渡口,则最后仍由穆鲁乌苏入前藏喀喇乌苏。[3]但旋另准准噶尔每年二三十人"从噶斯

---

[1]《国朝耆献类征初编》卷首104《外藩蒙古回部王公表传》卷92《传第七十六》。
[2] 分见《平定准噶尔方略·前编》卷46乾隆七年三月辛巳,四月庚寅、甲辰;乾隆七年十一月壬申、甲申,卷47十二月戊子。
[3]《方略·前编》卷50乾隆十二年二月己丑,准噶尔人称:"大皇帝隆恩甚厚,许令进藏熬茶,又准走喀喇乌苏一路,不胜欣喜。"

路进藏,补给口粮"。[1]《方略》卷47乾隆九年二月庚戌,传谕西藏郡王颇罗鼐,中引准部使臣言"今我至喀喇乌苏时,尔子扎萨克台吉珠密纳木扎尔率兵迎接"。喀喇乌苏即那曲。珠密纳木扎尔即颇罗鼐次子、珠尔默特策布登之弟珠尔默特纳木扎勒。三月丙戌,上谕内阁:"此次准夷进藏熬茶,郡王颇罗鼐之子公朱尔默特策卜登等,感戴朕恩,管辖兵丁,暗中防范各处卡哨,出力报效,殊属可嘉。"可见珠尔默特策布登亦参与监视准部入藏熬茶,则《珠尔默特策布登列传》所谓"以兵五千驻阿里克"必在青海入藏线路上。乾隆十二年,颇罗鼐病故,以"朱尔默特那木扎尔袭封,总办藏卫事务"。驻藏副都统傅清奏言:"从前阿里克地方,原系颇罗鼐长子公朱尔默特策卜登驻扎管辖。嗣因染患足疾,奏明回藏调养。兹颇罗鼐病故,阿里克地方紧要,伊足疾亦已渐愈,臣即令其仍赴阿里克防范地方卡伦。……再从阿哈雅克卡伦起至阿里克地方止,每卡俱添兵三十名,用心防范。其巡察阿哈雅克卡伦,派扎萨克头等台吉旺对前往。"另据上年颇罗鼐呈称:"今年三月二十日,派深信之萨嘉达克齐博尔博等三十名,探望准噶尔做善事回巢踪迹。据伊等回告:越过阿哈雅克卡伦到噶斯路上,探得准噶尔人等回巢路上,人畜多有死伤,情形甚属艰窘。"当年六月,"筹议夷使进藏熬茶添兵防范事宜"。傅清奏言:"夷使赴藏熬茶各紧要地方,俱应添兵防范。所有阿哈雅克、腾格里淖尔一路地方(因朱尔默特那木扎尔留藏办事,改命宰桑那旺根敦策凌达什管辖)。至准噶尔进藏之时,臣另派噶卜伦策凌旺扎尔等前至喀喇乌苏带兵三百名护送至藏。其防守阿里克一路,已令公朱尔默特策卜登前往,仍照前次带兵五千名在彼驻扎。"[2]

合以上数条推之,足证《安多政教史》所言阿里克地处青海湖之南无误,且与青海西北噶斯口俱有路可通穆鲁乌苏以达前藏要塞阿哈雅克卡伦。阿里克紧扼青海西行入藏要道,具有战略意义。

---

[1]《方略·前编》卷47乾隆八年十二月甲子、丁丑。
[2] 分见《方略·前编》卷50乾隆十二年三月乙巳、四月壬戌;卷48乾隆十年十二月壬子;卷50乾隆十二年六月癸亥。

至于卜鲁克巴一部,则在西藏西部。《西藏考》:"布鲁克巴,在西藏西北,约行月余。"其中"诺彦林亲,乃红帽之传"。后因与噶毕一族互相仇杀。噶毕一族于雍正十年投归后藏贝勒颇罗鼐,"败诺彦兵于界地"。是知卜鲁克巴与后藏接界。《卫藏通志·部落》于《西宁管辖四十族驻牧地界》之后又有《布噜克巴》:"藏西南约行月余,其罕诺彦林亲,乃红帽之传。天道颇暖,物产与中国相仿。南行月余,即天竺国界。"要之卜鲁克巴在拉萨西方月余之程,与拉萨之东北的阿里克方向正相反。

依玄烨判断,准噶尔军队是从青海东南阿里克西行进藏。但准军欲入青海,必经青海西北之噶斯口。"噶斯为准噶尔通青海及唐古特要隘"。[1]自五十四年准部之役开始,即有清军把守。倘若准噶尔大军从噶斯口深入到青海东南阿里克,须穿越整个青海,并非易事,很难隐瞒风声。从阿里克入藏,路有两途:或如上述向西横穿青海,渡穆鲁乌苏河,翻唐古拉山走喀喇乌苏至拉萨,其中仅从穆鲁乌苏至拉萨亦一千九百余里;或另由南行经四川西部到达察木多,其中仅从察木多经拉里至拉萨即有二千五百余里。[2]不论走那条线路,从阿里克入藏,均需长途跋涉。若准军果于上年深入青海,并于十一月由阿里克启行前往西藏,则大半年之内,无论如何应有消息传至清廷,然而各方面却皆无奏报。[3]

玄烨若能冷静思考,即不至于遽然轻信俘虏口供。而值得注意的是,玄烨既怀疑确有其事,则其前提必以为准军这次行动躲过了防守噶斯口的清军以及驻西宁大臣的耳目,青海诸台吉亦对此亦予隐瞒;又因西藏方面没有消息,则猜测准军入藏很可能是出自拉藏汗的邀请;进而怀疑拉藏汗与准军联合图谋青海。要之当时玄烨思想相当混乱。

---

[1]《国朝耆献类征初编》卷首93《外藩蒙古回部王公表传》卷81,传第65《青海厄鲁特部总传》。
[2]参《卫藏通志》卷4《站程》。
[3]《满文奏折》五十六年正月二十一日《议政大臣巴珲岱等奏为四川备兵折》:四川提督康泰率军抵至松潘,青海台吉察罕丹津等告知:"仰赖主子之恩,我等青海并无事无息。"第1167—1168页。时四川巡抚年羹尧率军往建昌,亦无准部军队消息奏报。

3. 拉藏汗的求援奏报

五十六年八月,西宁大臣转奏拉藏汗报告准军入藏并向清廷求援,上述心理继续左右着玄烨的判断。

《实录》卷273五十六年八月二十六日丁未:

> 议政大臣等议覆驻扎西宁侍读学士查礼浑等疏报:"据西边拉藏汗咨文,云'策妄阿喇布坦遣兵,于七月初四日掠其纳克禅边内波木宝一部人众。'且言'又令策零敦多卜领兵万人,前来征取拉藏'等语。我兵不可不豫为防备。应令松潘、西宁兵丁出口安营。"得旨:"依议。但地方辽远,俟信息到时始行调兵,恐或不及。可派荆州满洲兵二千名发往成都,派太原满洲兵五百名发往西安。"

此段《实录》查礼浑疏报,即摘自同日查礼浑的密折。

与七月二十日俘虏供词所云去年准军由阿里克入藏不同,此次是拉藏亲自奏报,明言准军于七月初四日已抵达拉萨西北的纳克禅。准军由西藏西部而至,甚为明显。若再越过那木错湖,即将进入拉萨所在的河谷一带,形势已相当紧迫。从前述策零进军拉萨的时间和过程来看,拉藏汗奏报是准确的。除拉藏求援咨文外,同日查礼浑密折还奏报了拉藏侍卫莽古特所述详情,其中就有纳克禅地区的遭遇战。

这本当引起清廷上下极度警惕,然而事实却又不然。查礼浑本人亦接到西部清军统帅富宁安"进剿大捷"的咨文,得知所俘准部哨探和回子的供词。查礼浑径自答复拉藏使臣:西北准噶尔"被我二路进伐之兵所杀所拿者多,俘获之人畜亦多,驻边之众闻声并无回音,俱夜半败逃。此间伊等内心惊乱,倘或肇事尚不可料定,伊又岂以二万五千兵征伐尔等?"这究竟是与玄烨一样,沉醉于所谓西北捷音,拒绝相信策妄阿喇布坦能分兵由西边入藏,抑或希望稳住拉藏汗不致过于惊慌,难以断言。但查礼浑却并未怀疑拉藏汗奏报的动机,在奏报清廷时,曰:"现此等情形,策妄喇布坦往拉藏汗处遣兵者,似属实;惟来援拉藏,或来征,既未明晓。"[1]又似相信已有准军入藏,只是对准军意图不明,也不相信这支准军是经由青海而来。

拉藏奏报既云策妄阿喇布坦遣兵入藏进至纳克禅,"且言又令策零敦多卜领兵万人,前来征取拉藏"。后者似应指策零敦多布另率一支军队将由青海入藏,[2]故玄烨令松潘、西宁驻军出口安营,并增兵西安、成都,亦针对青海防御。实则如前述,进入纳克禅之准军统帅正是策零。这一点上显然是拉藏的误判,或因其当初对纳克禅准军情况并不明悉;或因在西藏风传策零所率准军将由青海入藏。拉藏出自担心,以此提醒清廷,这恰又与西北前线的俘虏口供相合。查礼浑在密折中,还转奏了青海左翼台吉担心右翼察罕丹津、罗卜藏丹津勾结准噶尔:"而策妄喇布坦甚奸究之人,从异路发兵,来侵我青海,亦不可料定。既然如此,请遣派西宁、松潘之大军,出边设营驻扎。策妄喇布坦军听闻,亦不敢来青海方面矣。"但查礼浑毕竟坐镇西宁,准军若大举穿越青海境内,他不会毫无所闻,故而对左翼台吉的奏报不予置信。他答复拉藏:"我等所驻西宁及松潘地方数万军士立刻准备,无人不晓,孰敢乱生事端?现尚未有确讯,见敌情之前,不可冒然发兵,惊扰众人。尔等青海地方,此大军久驻,既然无水草,不必将兵驻于边外。停止尔等相互猜疑,将各自立刻备军,于应获之消息处探取消息速告我等。"[3]这绝不属于宽慰之辞。在查礼浑看来,上年策零敦多布率军进入青海只不过是风闻。清廷的布置实际上是按青海左翼台吉的建议,命令数千里之外的青海东北境外的西宁和四川西部的松潘两地驻军出口安营,[4]仍是针对青海地区的防御,尤在

---

[1]《满文奏折》五十六年八月二十六日《议政大臣海金等奏报策妄喇布坦消息并请调驻军折》,第1228—1234页。
[2]《满文奏折·谕拉藏汗派兵赴藏援剿策妄喇布坦事》亦载拉藏云,策妄阿喇布坦之军"既已来我处,想必亦出兵青海耳",第1531页。
[3]《满文奏折》五十六年八月二十六日《议政大臣海金等奏报策妄喇布坦消息并请调驻军折》,第1230页。
[4]据《清史稿》卷79《地理二十六》,当时西宁属甘肃省,设西宁办事大臣以统辖青海蒙古之事则在雍正年间。

于控驭青海右翼台吉。玄烨补充向成都和西安分别增派二千和五百兵丁,一时也并没有兑现。[1]

然而奇怪的是,玄烨考虑了查礼浑的意见,却仍相信准军由青海入藏:"策妄喇布坦遣往阿里克援助拉藏之事,虽不知真伪,朕谋虑,甚为讨厌。此军征拉藏取西地,否则,援拉藏以侵青海,不出此二意。"[2]口头上虽说有二意,实则更倾向后者,即准噶尔联合拉藏侵略青海。是知玄烨对八月间查礼浑的奏报并不完全相信,拉藏汗的奏报既未引起玄烨重视,也未能消除玄烨对他的猜疑。而且,玄烨既怀疑到拉藏勾结策妄,即完全可以怀疑拉藏的奏报是故意向清廷隐瞒合兵攻取青海的真实意图,这两者之间没有逻辑障碍。几天后的上谕清楚地反映出玄烨这种猜疑心理。《实录》卷274五十六年九月初一日壬子:

> 差往青海诺尔布、色楞、布达理等请训旨。上谕曰:"今拉藏若能败策妄阿喇布坦之兵,信到即可调回尔等;倘拉藏被策妄阿喇布坦所败,尔等即与青海台吉等协力征讨,明白晓谕,务令合而为一,使伊等绝无猜疑,不致生变方善。**或拉藏与策妄阿喇布坦之兵会合,欲征戴青和硕齐,须谕知青海众台吉等,云'策妄阿喇布坦与我大军为敌,今拉藏与之合一,是显为仇敌**。圣主始终仁爱,保护顾实汗之子直至于今,实系圣主天高地厚之恩。此时正当奋发报效,与我并力而行,甚易易也。今四川、西宁等处边界之兵有十万,见在又调荆州满洲兵二千名在成都豫备,调太原等处满兵在西宁预备,我兵实不可胜用'。将此情亦明白谕知戴青和硕齐,策妄阿喇布坦之兵先侵拉藏,方去图谋达赖喇嘛,必以此告之。"

---

[1]《满文奏折》五十六年十一月二十八日《议政大臣苏努等奏为松潘等处调军及军需折》:臣等会议巡抚年羹尧于松潘出边之军中办理之处奏闻一事,经议政大臣等面奏,奉旨:"(松潘总兵)路振扬既已率兵(一千五百名)出边,完结之。他处军相距遥远,既尚未抵达,停止调遣。"第1272—1274页。

[2]《满文奏折》五十六年八月二十六日《议政大臣海金等奏报策妄喇布坦消息并请调驻军折》,第1228—1234页。

此番训谕,看似计虑周详,其实并不表明玄烨有先见之明。玄烨对西藏形势全然不明,全凭主观猜想。他对诺尔布、色楞等人的训旨,与当初令赫寿致书拉藏之意,可谓如出一辙。《清史稿》卷522《藩部五》云:玄烨得俘虏之言,即怀疑"拉藏汗或阴导准噶尔侵青海",并以玄烨令赫寿致书拉藏与谕遣色楞赴青海二事合书,可谓深得要领。对玄烨而言,此时顾不得考虑西藏情况如何,惟恐青海亦随之动乱。是以稳住青海诸台吉,成为玄烨的当务之急。为使青海台吉相信清廷已有准备,并与清军配合迎击准军或拉藏与准部的联军,竭力夸大清廷在青海边境的兵力。七月二十日,初闻俘虏所供准军入藏时,谕青海台吉云"四川等处所有三万兵丁",此又云"四川、西宁等处边界之兵有十万,我兵实不胜用",皆信口开河,为青海台吉壮胆而已。[1]

检讨五十六年七月至九月初的上谕,玄烨明显呈现出两方面误断:一为策零敦多布率准军已于上年由青海阿里克方向入藏,一为拉藏汗与准噶尔部相勾结图谋青海。从玄烨的误判和思维倾向来看,我们有理由作如下推测:

其一,玄烨兴启准部之役以来,屡屡口出大言,实则内心仍有隐忧。玄烨虽早就意识到青海西北噶斯口的战略位置重要,却始终未曾驻防重兵(详见后文),这成为清军的软肋;准军若派大军偷袭或强行通过此地,并非完全没有可能。一旦有准军入藏的消息传来,玄烨并未考虑俘虏供词是否可靠,却怀疑此前青海台吉和拉藏在有意对清廷隐瞒事实,此即一重要原因。而且,青海右翼蒙古台吉察罕丹津(即戴青和硕齐)

---

[1] 濮德培从《平定准噶尔方略》引此上谕,置信不疑,甚至认为准部军队入藏之后,清廷在四川、西宁的十万军队仍按兵不动,是希望策零敦多布之军被雪山行军彻底消耗,以致进入拉萨时毫无作战能力。见氏著 China Marches West, p.234。这段叙述首先在时间上已发生错位,准军入藏的军行不可能为四川、西宁的清军知晓,因此不能说清军是有意识地以逸待劳。更重要的是,此时四川、西宁边界不可能驻有十万清军;否则,玄烨在得知西藏为准军攻陷之后,绝不会只派色楞率领二千四百人作为前锋入藏,额伦特也不会仅率区区数千人作为后援。而且,清军也不会仅由青海一路,而应有另一路从四川打箭炉出发,经由供给更为方便的喀木一路入藏。

等虽迫于清廷压力,于上年将里塘胡必尔汗(达赖转世灵童)送至西宁塔尔寺,然与准噶尔之间联系并未断绝。若趁准军入藏与策妄阿喇布坦联合,则青海形势必将再度翻覆,清军远征准噶尔的战略意图将彻底失败。对此玄烨不能掉以轻心。所云四川、西宁驻有大军,不独为青海台吉鼓气,实亦含有恫吓之意。至于准军入藏的意图,尤其是拉藏汗的立场,玄烨虽疑心重重,然清军远水不救近火,只能静观其变。

  其二,玄烨既为准军入藏担忧,按理即应将用兵重点转移到青海、西藏方面才是。而清廷所作的部署,"令署理将军总督额伦特速往西宁,料理军务粮饷。西宁总兵官王以谦、侍读学士查礼浑等在松潘预备",提督康泰"遣人往青海北方侦探信息","彼此知会,各相机而行"。[1]仅此而已,却并未有更多的积极措施。这又表明玄烨的某种无奈。清廷将两路大军远悬西北准噶尔,以至对青海、西藏方面一时捉襟见肘,无重兵可调,其中就隐含着玄烨用兵方略是否得宜的疑问。而玄烨此时仍为西北巴里坤一路补充军饷,调整兵员,期待明年大举进剿。[2]玄烨之所以如此,似有更深层的原因。准军由青海进藏,本出乎玄烨意料之外,清军已经棋缓一招,这个道理玄烨当心中有数。且此时形势不明,即使清军迅速做出重大调整,从西北抽调重兵至青海、西藏,果真拉藏与准军联合,清军能否在西藏有所作为,亦在未卜之天。更何况支配青海的右翼台吉是否愿意协助清军入藏,并未明了。而至关重要的是,仓促大规模调整部署,则无异承认自己的战略失误以及西北用兵徒劳无益,必然使玄烨在群臣心目中的威信和形象严重受损。对玄烨而言,这是绝对不能考虑的。是以他必须在将帅群臣面前故作镇静,坚持既定方针不变,宁愿静待西藏方向的事态发展。除此之外,寄侥幸入藏准军与拉藏汗所部互斗以致两败俱伤,仍在他心底不断浮现。

  据《起居注》所载,五十六年七至十月间,玄烨确实甚为优容,未见有任何焦虑。与十月之后玄烨得知准军击溃拉藏之惶惑,以及次年初得

---

[1]　《清圣祖实录》卷273五十六年八月初一日壬午。
[2]　参见《清圣祖实录》卷274五十六年九月初六日丁巳、二十一日壬申。

知西藏失陷、拉藏汗身死时所表现出的异常惊恐不安,恰成鲜明对照。所以,我们可以彻底排除玄烨有西藏失而复得的先见之明。至于玄烨对准军入藏的担忧及对拉藏汗的猜疑,与他同时表现出来的优容,这种显而易见的矛盾,后文将有交代。

玄烨之所以轻信俘虏供词,乃至以后长期认为准军由青海入藏,还可能受其他类似消息的影响。当时有各种风传,说策妄阿喇布坦派有一支军队进入青海,或云与策零敦多布由西部入藏之军相策应,以作包抄之势;或云与青海右翼相配合,伺机攫取西宁的里塘胡必尔汗入藏。德斯得利记载,当策零敦多布率军"准备离开独立上鞑靼,要把西藏变成兵荒马乱的时候,另一支大军也准备向中国出征,以便阻止中国皇帝向其朋友和亲戚拉藏汗派出援兵",并夺取羁留在西宁塔尔寺的"达赖喇嘛的转世灵童"。五十六年六月间,拉藏汗次子苏尔扎从青海返回,亦被德斯得利误以为受到青海方面准军攻击的退败。[1] 可见在西藏,另有一支准军已攻入青海的传说相当普遍。前引拉藏汗亦如此奏报清廷。清西宁大臣查礼浑于八月二十六日的密折转奏青海台吉罗卜藏丹津七月间的通报,云随准军入藏的拉藏汗长子噶尔丹丹津乘乱向青海逃跑,"抵至阿里克地方附近,众兵赶至,噶尔丹丹津本人、属下人等俱阵亡,惟一名回子负伤逃出来告"。查礼浑并转奏拉藏使者所报,在纳克禅被俘准军士兵言:"因拉藏汗与阿穆呼朗汗(按:即太平汗,指玄烨)为一统,我台吉拨给我等万军征讨,由纳克禅路遣之。其他各路所遣众兵,共二万五千兵前来。"《满文奏折》载策旺诺尔布五十六年十月密折转奏罗卜藏丹津的通报,入藏准军的逃亡被俘人员亦供称:"此军来时,复备二队兵,不知遣往何方。"[2] 以上消息来源多出自准噶尔人的供词,可见当时准噶尔亦盛传此事。这些传闻清廷驻西宁大臣虽不置信,但不等于说不影响玄烨。从《实录》所载各道上谕看,从西北和西南两个方向传来的上述消息,干扰了玄烨的思

---

[1] 见前引《西藏纪事·准噶尔贵族侵扰西藏目击记》。
[2] 《满文奏折》五十六年十月二十五日《议政大臣巴浑德等奏报策妄喇布坦侵掠拉藏汗情形折》,第1258页。

路和视线,也加强了对准军经青海入藏的猜测,使他迟迟未能就准军入藏的时间和线路作出正确判断。

上述盛传另有一支准军由青海入藏之所以发生,一是策妄阿喇布坦故意放出风声,迷惑清军,以掩盖由西边入藏的准军行迹;一是五十五年十月,准军以小股部队偷袭青海噶斯口清守军一事被有意渲染,或被误以为即由青海入藏之准军。[1]学者论及准军入藏之线路,仍多以此风传为事实,以为策妄阿喇布坦于策零敦多布入藏之军外,另派有一支精锐部队入青海企图控制里塘胡必尔汗。[2]然此说于史籍无征,不可为训。

4. 五十六年十月玄烨确知拉藏战败及其掩饰之情

《满文奏折》载有玄烨谕拉藏汗一道谕旨原件,未具年月日。谕旨开首云,拉藏汗曾有"两次疏言":一则奏报七月四日"策妄喇布坦之兵"已至纳克禅,求"驰速奏闻皇上"。另一则奏报策零敦多布领兵六千而来,八月中旬至达木,拉藏汗与之相持二十余日,力有不支。"奏请皇上垂念黄教,体恤土伯特众生,雪中送炭,自青海速派兵马前来"。按前引八月二十六日西宁大臣查礼浑奏折,拉藏第一次告急使者于八月十四日至西宁报告七月四日之事,查礼浑奏折至京为八月二十五日。而这份谕旨原件转述拉藏军队于八月中旬之后,又相持二十余日,则拜疏之日已是九月中旬,应为拉藏汗第二疏,其抵达西宁之后再呈递京师,至早也在十月初。谕旨原件中又有"兹据悉贝勒达颜、盆苏克旺扎尔、色布腾扎尔等发兵助尔"一语,与前引十月二十五日议政大臣议覆策旺诺尔布奏报云"奴才我等前经奏,贝勒达彦、色卜腾扎勒渐次禀报之事,先后所言不符"相参照,则可知谕旨原件应在十月二十五日之前不久。

---

[1] 《清圣祖实录》卷270五十五年十月丙午。
[2] 伯戴克即持此说,并以准噶尔两支军队于那曲会合,见《十八世纪前期的中原和西藏》,第44页。此说或承杜齐《西藏中世纪史》之误,又影响《草原帝国》的作者,以为入藏准军与拉藏军有那曲一战。

至此，玄烨绝无可能再怀疑拉藏勾结准军入藏，但于拉藏所云察罕丹津与准军共图西藏，玄烨力保察罕丹津必不如此。谕旨竭力为拉藏打气，悬度入藏准军如何窘迫；拉藏汗有宗喀巴大师与玄烨本人的庇佑，定可"固守疆土。又频调各处兵马，愈知战则必能轻取之，望必可成就大事"。对于清军不能立即赴藏，玄烨解释道："我军前往，必军威齐整，浩浩荡荡，故而不能即刻到达。目下我将军大臣等、尔之兄弟（青海）左右翼台吉等，正共商议备兵事宜。"谕旨中玄烨希望拉藏汗能尽力与准军相搏，坚守以待清军到来。"我大军若进取策妄喇布坦游牧之地（指准噶尔本土），则策妄喇布坦除被迫无奈，率领些许人躲避外，并无可去之处。其即便前往西地（即西藏），伊属下人等岂俱随之去耶？尔若攻取策妄喇布坦之兵，则将为首人等执之来献朕。尔即便受损，兵力不支，但策妄喇布坦其人断不能留。灭策妄喇布坦，于我等乃易如反掌。来年我大军挺入，必剿灭无疑。"[1]可见玄烨得知准军入藏与拉藏汗相攻战，在敷衍拉藏的同时，心中仍充斥着幻想。

　　今人著述，或尊信《方略》、《清史稿》，或轻信伯戴克所言，[2]以为拉藏汗身死之后，其告急文书方至清廷。[3]此只可谓五十七年正月由阿齐图转奏拉藏汗最后求救奏报。然此前拉藏至少有两次奏报送至玄烨之手：一则在八月，玄烨非但未加重视，且疑拉藏怀有阴谋，故意谎报；一则即上引载于《满文奏折》玄烨谕旨原件，当在十月，此时拉藏退守拉萨，距其被杀尚有一月，玄烨已承认清军救援不及。玄烨固然善于文饰已过，然其初得知有准军入藏对拉藏表示怀疑，继而对拉藏求援，虽事欺骗，却并

---

[1]　《满文奏折·谕拉藏汗派兵赴藏援剿策妄喇布坦事》，第1531—1532页。
[2]　《十八世纪前期的中原和西藏》，拉藏汗向清廷奏报准军入藏时，"令人不可思议的是，他没有向皇帝求援，甚至没让皇帝明了他对准噶尔的真实意图"，第46页。"当拉藏汗最后请求中国进行干涉时，事态已经远远向前发展；而当信件经过长期耽搁到达皇帝手中时，拉藏汗已经死了大约三个多月"。并见第87页。伯戴克将玄烨对拉藏的怀疑以及迟迟方出兵青海，归结为拉藏本身的奏报不明。
[3]　中国人民大学清史所《清史编年》第3卷《康熙朝下》五十七年正月二十六日乙亥条："始得拉藏汗固守布达拉宫遣使求救之讯。"

准噶尔之役与玄烨的兴兵之由

未隐讳。乃今人反为之讳,此诚不可解。

《圣祖实录》卷274五十六年十月二十五日乙巳:

> 青海亲王罗卜藏丹津疏报:"策妄阿喇布坦属下策零敦多布等领兵三千来西藏,欲灭拉藏汗。拉藏整兵迎敌,交战数次,两无胜负。策零敦多布等之兵自远路冲雪前来,士卒冻馁,马驼倒毙,沿途食人犬,俱徒步而行。三千兵内,厄鲁特之兵少,吴梁海之兵多。到者只二千五百,其余五百兵丁皆疲极,不能同到。"(疏入,玄烨)谕议政大臣等曰:"西藏之地,达赖喇嘛所蓄粮饷颇多,器械亦备,且西藏人众守法。今策妄阿喇布坦无故欲毁教占藏,众人岂肯容伊?且策零敦多布等之兵疲敝已极,除阵亡病死外,未必满二千,又安能取得拉藏城池?但策零敦多布等自分攻取则兵力不支,撤兵而回亦无生路。或因情急,恣行侵掠,亦未可定。不可不加意防备。"命议奏。(议政大臣)寻议:"著青海台吉等速行领兵前往。令内大臣公策旺诺尔布、将军额伦特、侍卫阿齐图等统兵驻扎青海形胜之地,松潘之兵亦令驻扎形胜之地,以便哨探。万一有事,彼此相助,相机而行。并速行文,著将军富宁安等知悉。"从之。

这段《实录》充满隐讳和掩饰。检核《满文奏折》可知,罗卜藏丹津这份奏报是由清驻西宁大臣公策旺诺尔布转呈,其来由如下:八月间,拉藏汗派使者至青海会盟之所,将准军入藏并与之发生战斗的消息通告青海诸台吉及清驻西宁大臣;罗卜藏丹津随即派所属车臣和绍齐吹于九月十九日前往西藏探实;和绍齐吹于九月二十七、二十八日行至西藏东部,与返回西藏的拉藏使臣相遇。又碰见从达木逃脱的拉藏次子苏尔扎属人索诺木,索诺木向其详述达木之战失利的经过;和绍齐吹于十月初七日返回青海;十月十七日,罗卜藏丹津将和绍齐吹及索诺木遣至驻西宁之策旺诺尔布之处;策旺诺尔布的奏折于十月二十四日到京,即由侍卫转奏玄烨;次日,玄烨下议政大臣议覆。上引《实录》即采摘此次议覆。[1]策旺诺尔布的密折详细转述了拉藏汗从达木溃败的过程,完全证实拉藏汗此前的两次奏报。至此,玄烨方确信准军入藏的真实意图以及拉藏汗的处境。

这里有两点需要指出:其一,玄烨于前一日阅览策旺诺尔布密奏,已有定见在先,议政大臣不过遵旨议覆,作一些具体布置而已。这一点《实录》采录时顺序无误。其二,《实录》于玄烨上谕之前安排的一段罗卜藏丹津的疏言,极力夸大准军在藏困境。这在密折中乃是准军士兵欲从西藏逃回准噶尔时被拉藏军队俘虏后所供,辗转为索诺木闻知,本不可尽信。而《实录》则详加采录,又隐去消息来源,似实情如此,其意显然在为玄烨遮掩内心惶恐的上谕张本。

《实录》既述罗卜藏丹津报告准部军队所遇困境,而所载玄烨上谕也就以此为根据,宣称准军在西藏必将遭致普遍抵抗,"众人岂肯容伊?""安能取得拉藏城池?"从而断言策零敦多布将无所作为,最终必至进退失据,成溃逃之势。所云"或因情急,恣行侵掠,亦未可定",乃谓准部军队将向东逃窜;而绝非指玄烨已有预见,料定策零敦多布背水死战,可能转败为胜,攻杀拉藏。《满文奏折》中所载原旨,将玄烨之意表达得更为明显:"车凌栋罗布等知必死无生路,故驻守,不能易取拉藏,又无接续之力。倘青海之军来援,徒然死之;走归原路,又不能抵达。故拟于达木掠取马畜,渡木鲁乌苏奋勇通过,突入噶斯路;倘不能,尚归降我等不可料定。"[2]无论如何,奏报中所反映的西藏实情,较之八月份的奏报无疑更加危急。然而《实录》中玄烨的谕旨却似较当初以为拉藏与准部互斗两败俱伤的结果更为乐观,甚至幻想出准军溃败向青海方向逃窜,最终向清廷投降。就在同日,玄烨于甘肃巡抚绰奇的请安折上批道:"今策旺喇布坦灭亡已在旦夕!"[3]

---

[1]《满文奏折》五十六年十月二十五日《议政大臣巴浑德等奏报策妄喇布坦侵掠拉藏汗情形折》,第1257—1260页。

[2]《满文奏折》五十六年十二月二十五日《议政大臣巴浑德等奏报策妄喇布坦侵掠拉藏汗情形折》,第1257—1260页。

[3] 见《满文奏折》五十六年十月二十四日《甘肃巡抚绰奇请安折》,第1257页。

这种异乎常理的反应当作何解释？此前"策妄阿喇布坦先曾向泽卜尊丹巴胡土克图之使者云：拉藏汗系嗜酒无用之人，不足介意"。玄烨既已知晓，亦曾担心："拉藏汗年近六十，自当为其身计。伊之人少，土伯特人甚多，而又秉性凶恶，可保常无事乎？"[1] 此次罗卜藏丹津又明白无误地奏报拉藏汗已于九月初四日从达木之战溃败，其部众已作鸟兽散。拉藏汗困守拉萨，存亡只在旦夕之间，玄烨不会意识不到这一点。所以，我相信一向多疑的玄烨必已预感不祥；而以他在群臣心目中的形象，又绝无可能示意臣下达成默契，共同掩盖其内心惊恐；所以那篇满纸荒唐言的上谕，只能解释为玄烨的有意欺骗。突然意识到即将面临严峻的现实，引起玄烨巨大的心理应激，本能的心理防御机制，又使其拒绝承认危机的存在，并联想起原来的定见，[2] 以驱除内心的恐惧，幻想拉藏汗困兽犹斗，并以此欺骗自己。

还有一个问题，玄烨确知拉藏溃败和准军逼攻拉萨这一消息之后，对准军何时启程、从何线路入藏是否有了正确的判断呢？上引《满文奏折》玄烨估计策零敦多布一军若在藏已难支撑，"倘青海之军来援，徒然死之"。既云青海清军来援，则玄烨似应能判断策零敦多布并非由青海入藏。然《起居注》十一月二十四日谕汉官："今因其（策妄阿喇布坦）移兵到藏，道路甚远，既无钱粮，又无接应。自去年十月起行，今年七月方到。一路以人肉为食，过三层冰山，噶斯等处实为难行"云云。由此可知，玄烨对策零敦多布远袭西藏一行的时间、线路的判断，仍回到最初的思路，即准军经由青海入藏；或许稍作修正，以为准军由青海西北噶斯口径直南下入藏。这种矛盾，只能说明十月下旬以来，玄烨心绪紊乱至极，无暇对眼前的事实及以往的思维进行冷静的清理。策零敦多布率领

---

[1]《清圣祖实录》卷259五十三年六月初五日乙亥。
[2]《清圣祖实录》卷200三十九年七月乙未，商南多尔济奏报策妄阿喇布坦遣人有图谋西藏之意。玄烨曰："策妄阿喇布坦人甚狡猾，其口称往征第巴，或因力不及而虚张声势，或欲往征。"同月庚子，"朕巡幸蒙古之地颇多，凡事朕皆熟悉。策妄阿喇布坦人虽狡猾，但由博罗塔拉至土伯特，必经哈拉乌苏等艰险之处，路径甚恶，断不能往伐"。"幸而有济则已，无济，则有归附土伯特之谋而已"。

准军由西边入藏，仍全然不在玄烨的考虑之中。玄烨既以准军由青海入藏，则阿里克一地自然隐含其中。而之所以坚持此事在五十五年，而不是五十六年，这或许还因其过分迷恋于当年西北大军进剿的所谓大捷。后人沿袭五十五年准部发兵入藏之说，或将阿里克窜入其间，正坐笃信玄烨上谕之故。

以上对准军入藏经过及玄烨之误判，作了较为详细的考辨。玄烨的主观判断与实际情形，可谓风马牛不相及。问题是后人却反以玄烨的误判引为根据，从而造成历史论证的双重错误。本文真正要探究的是，玄烨何以会判断如此失误。我以为，其中有不得已的客观形势的影响，亦与他的虚矫和侥幸心理有关。而要理解这一点，则需首先明了准噶尔、西藏、青海各方形势，并结合清廷国内政治发展趋向，才有可能真正把握玄烨的思维矛盾和心理冲突。

二、清廷与准噶尔的关系以及玄烨兴兵

清朝与准噶尔是准部之役中直接敌对的双方。关于准噶尔与清朝、俄罗斯之间的关系以及准噶尔蒙古这段历史如何定位，仍有许多尚待探讨的问题。本节仅从康熙朝向西拓展疆域的视角出发，重新检讨清廷与准噶尔之间的矛盾是否成为玄烨发动此役的真实理由。

（一）玄烨的天下观与边界限制

满洲入主关内建立清朝全国政权，虽以继承中原正朔王朝相标榜。然满洲起自东北，本无华夷之别，故其视野亦较宽阔。玄烨身兼"中华皇帝"、"阿穆呼朗汗"、"曼殊师利皇帝"诸称号，其身份既为中原王朝的皇帝，亦为众蒙古之主及西藏黄教护法主。玄烨所谓"朕君临天下，统御万邦，本无分于内外，即绝域荒陬，皆吾赤子，一体眷念"，亦代表清代统治者

基本观念。玄烨既以"万国元后"、"一统万邦之主"自居,[1]则除化外之国不论,凡其信仰所至,即其天下之所至。周边部族,要之诸侯属臣而已,绝不容忍异己存在。一旦利害攸关,或自度武力胜人,即诉诸军事征伐。一言以蔽之,清前期之东征西讨,皆取决于统治者自度内外形势如何,而并不存在严格的思想意识限制。

然而,清统治者在将天下主的观念付诸实践时,却不得不面对客观现实,只能因时因地制宜。对于主动归顺或承认清廷征服的部族,清统治者是名副其实的天下共主。"我诸蒙古安然共享升平者,皆出自圣恩所赐"。玄烨于蒙古恩威兼施,所谓兴灭继绝,即"虽向与本朝抗拒之国,如穷迫来归,必拯而养之,无不使得其所者。喀尔喀向曾与本朝交战,穷而来归,朕并不念前罪,受而抚养之。朕济困继绝之心,不但于喀尔喀为然也。诸国有穷迫来归者,朕之抚养皆与此同"。二十五年,厄鲁特鄂齐尔汗后裔巴图尔额尔克济农请求内附,玄烨谓之曰:"顷者尔为噶尔丹击败,奔来边境,将沿疆附近居民牲畜等物偷盗侵夺,朕即应正尔犯边之罪,何难遣兵剿除。今若徙尔于边境内外,不拘何地居之,尔敢不凛遵?特念尔祖顾什汗、尔叔鄂齐尔图车臣汗素效恭谨,故俾尔绝者复继,散者复聚。至于尔等聚合与否,在朕本无损益。惟是朕为天下主,凡在涵盖,咸欲使之共乐太平。"[2]玄烨这番表白,恰说明周边部族内属与外化之别。若不归顺,即当驱逐境外,不在天下主的"涵盖"之内,当然无需"使之共乐太平"。由此可见,所谓天下主、不分内外云云,只是玄烨自视为征伐、招抚的依据,而在实践中却需依形势而转移。

进而言之,玄烨在自谓天下主时,亦知朝觐入贡的外藩部族实际上未必承认其为他们的君主。二十九年,清军击败噶尔丹,达赖喇嘛与蒙古首领共上玄烨尊号,玄烨却之,亦值得寻味。其云噶尔丹东侵喀尔喀,"朕不忍坐视",乃邀达赖喇嘛遣派使臣,"相与同定(准噶尔与喀尔喀)

---

[1]《清圣祖实录》卷173三十五年五月庚辰,卷171三十五年二月己亥。
[2] 分见《清圣祖实录》卷143二十八年十二月癸亥,卷150三十年二月丁卯,卷124二十五年正月乙亥。

两国之好"。达赖使臣偏袒噶尔丹,与噶尔丹偕行,"阑入汛界"。故"我军不得已而击之,致厄鲁特大败,远遁请罪。朕与达赖喇嘛期于抚育众生,而使臣故违意旨,遂至于此。如能使厄鲁特、喀尔喀两国和好,朕尚欲加达赖喇嘛嘉号"。玄烨之本意如何,为另一事,但其公开表达的是,外藩蒙古之间的纠纷,须由清廷与达赖喇嘛共同调停。如谓玄烨为天下主,则达赖喇嘛亦可谓众蒙古主。玄烨欲加达赖喇嘛尊号,亦见此种尊号与中原传统的"天下名器不可与人",含义并不相同。多伦会盟之前,玄烨声明对喀尔喀蒙古进行干预的目的,是维持境外蒙古各部各自相安,亦表明清廷不能任意征讨。清廷与喀尔喀、厄鲁特蒙古之关系,不能视为宗主国与属国的关系,更不是君臣关系。下条谕旨意思亦是如此。四十一年厄鲁特丹津阿拉布坦来朝,谕曰:"今尔厄鲁特国虽破灭,从公论之,前喀尔喀与厄鲁特互相构难,朕常以喀尔喀为非,以尔为是。但噶尔丹乘喀尔喀之衅来侵我境,是以国破。朕之灭噶尔丹者,以其侵犯我境,非为征喀尔喀之故也。"[1]这无异承认,即使作为天下主,对于厄鲁特与喀尔喀的冲突,也只具有道义上的调停者的身份。又如四十八年,玄烨遣使至西藏,特向拉藏汗声明"原非为得藏里土地人民"。[2]拉藏汗及其所立达赖喇嘛皆受清廷册封,然玄烨远不敢将西藏视作域内,实则承认和硕特蒙古在西藏的统治。五十四年,拉藏汗与青海台吉在里塘地区发生冲突,拉藏汗求援清廷,而玄烨的答复是:"伊等内部互相用兵,与我等无干。"[3]

凡此皆说明清朝在开疆拓土的实际进程中,并不能因其统治观念而忽视实际的疆域限制。对于不欲归顺清廷、仍愿独立自存的周边部族,清廷如武力未充,或时机未到,亦只得承认现实彼此的疆界划分。这在官修《实录》中有明确记载。顺治十三年谕厄鲁特部落:"分疆别

---

[1] 《清圣祖实录》卷149二十九年十一月甲辰,卷210四十一年十二月壬寅。
[2] 《汉文奏折》第2册,四十八年十一月十一日《赫寿奏为到藏后看得西藏情形折》所附《朱谕一道》,第694页。
[3] 《满文奏折》五十四年十月初五日《议政大臣苏努等奏请西藏青海纷争四川提督等应预备折》,第1065—1066页。

界,各有定制。是以上不陵下,下不侵上。"规定清廷与厄鲁特蒙古之边界划分、番部领属,一循明朝之旧。十五年,谕青海蒙古车臣岱青:"朕抚绥中外,本无异视;而疆圉出入,自有大防,不容逾犯。"[1]康熙三十二年谕达赖喇嘛:"尔喇嘛又奏打箭炉交市之事,殆欲屯戍之意也。今天下太平,并无一事。尔喇嘛与我朝往来通使,历有年所,何嫌何疑?尔喇嘛如设立驻防,我内地必量增戍守,中外俱劳。况我内地兵丁约束甚严,非奉朕旨,何敢私出边境。"数年后,四川巡抚于养志"遵旨会同乌思藏喇嘛营官等,查勘打箭炉地界,自明季至今,原系内土司所辖之地,宜入版图"。[2]可见清朝与西藏交界之处打箭炉一带,虽无大兵戍守,但亦严格遵守明朝形成的边界。四十一年,西安将军博霁请将满洲驻军增至六千,以二千人戍守兰州。玄烨朱批曰:"尔所奏虽是,但现为天下太平无事之际,若在边界地方降旨驻扎满洲兵,不但众人怀疑,而且建房迁移兵丁受劳,大失民心。"[3]兰州以西即西宁,当时隶属甘肃。清廷驻西宁大臣虽遥摄青海、西藏事务,不过转呈文书,并无统辖权。而从西宁西、青海湖东,缘东科尔山起,即青海蒙古左右翼界限。玄烨以兰州为边界,即考虑到青海蒙古的游牧传统,需于彼此疆界之间留有空地。即如内附蒙古部落,亦须严申疆界之防。五十二年与鄂尔多斯蒙古松阿喇布勘定边界,松阿喇布请于察罕托灰暂行游牧。清廷以"察罕托灰系版图内地,今蒙古游牧,多致越界行走,与宁夏居民朦混樵采,实属不便。察罕托灰与宁夏相近,既许蒙古游牧,则地方汛防不无艰难之处"。旋奉旨:"黄河自古以来为界,照依兵部议,将蒙古等逐出。"[4]鄂尔多斯蒙古内附有年,玄烨西巡宁夏时,松阿喇

---

[1]《清世祖实录》卷103顺治十三年八月壬辰,卷122十五年十二月乙丑。
[2]《清圣祖实录》卷158三十二年二月己丑,卷176三十五年九月癸亥。
[3]《满文奏折》四十一年五月二十一日《西安将军博霁奏请将满兵分驻西安兰州折》,第266页。
[4] 分见《清圣祖实录》卷256五十二年八月丁丑;《汉文奏折》第5册,五十二年十月十二日《陕西宁夏总兵官范时捷奏折》,第225页。

布曾来觐见,向玄烨称颂"今内外一家",[1]然其疆界之严若此。则清廷与尚未臣服之蒙古、西藏疆界划分,又岂容忽视。五十四年兴起准部之役以前,清廷西面与厄鲁特蒙古、西藏之疆界,就青海而论,清廷止于四川之打箭炉、甘肃之西宁;以西北而论,清廷固守自西宁至哈密所谓河西走廊一线,而其两侧则分布青海左翼蒙古和阿拉善蒙古各部。以上皆当日之实情,亦治清史之常识。所以重提者,冀免现代国家概念对历史研究的干扰而已。

从清廷立国得天下的历史进程来看,满洲以区区边疆少数民族,其能入关统治中国,得力于内蒙古之征服。而欲巩固内蒙古,则必将喀尔喀蒙古置于控制之内。蒙古之于满洲,非只为其藩翰,亦其统治中国之后援。故满洲与蒙古休戚相关,世代联姻,固结盟好;蒙古各部崇信西藏喇嘛教,清廷亦尊奉此教以示笼络。然自达赖五世与固始汗结盟以来,西藏政权即在厄鲁特蒙古汗王控制之下。故清廷欲彻底驯服内外蒙古,又非与厄鲁特蒙古争夺西藏控制权不可。噶尔丹覆灭之后,西藏方面需重新在厄鲁特蒙古中寻求支持,清廷自不容准噶尔部独立自存并插手蒙古诸部和西藏事务,则又势必与准噶尔蒙古、青海蒙古及西藏僧俗统治势力相冲突。前后环环相扣,不至其极不止。而从策妄阿喇布坦的立场出发,则不仅希望恢复准噶尔旧疆,且坚持以自己的意志来处理与蒙古各部及西藏的关系,而无须听命于清廷。所以,从长期观点而言,清廷与准噶尔部之战,或迟或早总会发生。然而战争又是最复杂的人类行为,一场战争究竟于何时爆发?战争的形式、进程及其结果如何?不仅取决于双方所处的形势和经济、军事实力,还取决于双方战前准备、用兵方略以及各种无法估计的偶然因素,其中尤以决策者的心态和对战争时机的把握,最难估计。

康熙五十四年玄烨兴启准部之役,直接理由不过是哈密边境上的一次摩擦,是否因双方矛盾日益激化,已到非诉诸战争不可的地步?抑或其中还潜藏别的原因?玄烨启衅之际,是否果真欲将准噶尔一举剿灭?凡

---

[1]《起居注》五十三年六月初六日丙子。

此都值得重新检讨。

（二）玄烨对准噶尔蓄志已久与图理琛使俄意图蠡测

《平定准噶尔方略·前编》卷1康熙五十四年四月乙未"定西陲用兵之策"条下：

> 我世宗宪皇帝时为和硕雍亲王。是日，与皇三子和硕诚亲王入见。上（玄烨）筹及边事，世宗宪皇帝奏曰："当日天兵诛殄噶尔丹时，即应将策妄阿喇布坦一同剿灭。因伊畏罪慑服，备极恭顺，是以特赐生全。今乃渐渐狂悖，居心险诈，背负圣恩，种种不恭。至于侵扰我哈密，干犯王章，于国法难以宽贷。自当用兵扑灭，以彰天讨。"上深然之。

《起居注》五十五年十月二十五日辛亥：

> （玄烨）谓满汉大学士曰："泽旺阿喇蒲坦，乃极小之国。朕剿灭噶尔旦之际，彼时老臣曾奏朕移兵一并剿灭。朕以征之无名，姑缓以化之。"

据此，则玄烨剿灭准噶尔之心已非止一日。当年噶尔丹之所以为清军所灭，除玄烨三次亲率大军征剿、以多击寡之外，还得力于准噶尔部内部分裂和策妄阿喇布坦的配合。至此，玄烨却深悔当初未因利乘便剿灭策妄阿喇布坦。此次兴师，玄烨似已抱定决心，务将准噶尔一举剿灭。

玄烨兴启准部之役后，曾与大学士马齐坦言："朕用计将噶尔旦诱来剿灭。"[1]即指二十九年噶尔丹于乌兰布通退居科布多，玄烨以进剿不便，密谕科尔沁亲王，令其致书噶尔丹，表示愿作接应。"以此说之，诱至

---

[1]《起居注》五十五年九月初二日。

近地。于时朕亲统大军,风驰电击,断可灭矣"。而三十五年玄烨亲征,却信誓旦旦敕谕噶尔丹:"朕断不以计诱人,切勿疑畏。""朕统御万邦,岂肯诱人而破灭之?"〔1〕枭雄诡计,本无诚信可言。玄烨第三次亲征之后,以朱笔汉文得意洋洋地写道:

> 朕亲统六师过沙漠瀚海,北征噶尔旦,皆赖上天之眷佑,旬有三日内,将厄鲁特杀尽灭绝,北方永无烽火,天下不再言兵矣。〔2〕

"杀尽灭绝"一语,恰与以上"诱歼"互相发明。玄烨自道:"若非朕亲统大军追袭噶尔丹,使少留余息,后必复聚,难以遽灭矣。"足见玄烨当年必欲置噶尔丹于死地始能心安。玄烨既将策妄阿喇布坦拟之噶尔丹,则憎恶之深又可知。

与二十年前征剿噶尔丹相比,玄烨兴起准部之役时,形势似对清廷有利得多。喀尔喀蒙古归顺清廷,"从古未经服属之疆土,悉隶版图。今噶尔丹又复剿灭,其同族之青海台吉皆刻期来朝,又素臣服于厄鲁特之哈密诸回人亦皆输诚效命"。〔3〕青海蒙古台吉赴京朝觐,表明其意识到还有一个更强大力量的存在,影响着他们对前途的抉择。此外,噶尔丹的失败,也成为清廷与西藏关系的转折点。西藏方面支持噶尔丹,使清廷有理由对西藏予以谴责,从此一改以往的容忍迁就,而转为更加积极和强硬的姿态。

另一方面,准噶尔在策妄阿喇布坦统治之下亦逐渐崛起,试图重新统一厄鲁特蒙古并干预西藏。康熙三十七年,策妄阿喇布坦以青海厄鲁特蒙古曾助噶尔丹,请求清廷允许其予以征讨。玄烨加以拒绝:"今者青海台吉等以噶尔丹平定,亲来庆贺,伊等并无过端,朕岂肯加兵?朕统驭天下,总愿宇内群生咸获安堵,岂有使尔两国生衅之理?凡事惟期安静而已。"

---

〔1〕《清圣祖实录》卷168三十四年八月己酉,卷173三十五年五月己未。
〔2〕《汉文奏折》第一册,三十五年六月初八日《江宁织造曹寅奏贺平定噶尔丹折》,第16页。
〔3〕《清圣祖实录》卷183三十六年五月癸卯。

三十九年,玄烨得知策妄阿喇布坦遣人前往青海台吉之处,顿生警觉:"此事目前观之虽属甚小,将来大有关系。""策妄阿喇布坦人甚狡猾,其口称往征第巴,或因力不及而虚张声势,或欲往征。"[1]难得的是,此时玄烨对形势尚有清醒的估计。清廷元气未复,一时无力再起兵端。但遗留的问题并未解决。噶尔丹失败之后,阿尔泰山东侧原属准噶尔牧地,现为清廷安置的喀尔喀部占据。南部回疆哈密亦叛投清廷。策妄阿喇布坦欲恢复旧疆,长期以来与清廷交涉皆无结果,成为双方的潜在矛盾。[2]至康熙四十年,清朝逐渐进入"承平之世",国力强盛,库帑充盈,足以支持一场大规模的战争。玄烨自不能容忍准噶尔坐大,必须阻止厄鲁特蒙古与西藏之间日益加强的联系,所需考虑的只是向西拓张的时机以及准噶尔、青海、西藏何者为先的问题。青海、西藏名义上皆遥宗清廷,唯准噶尔策妄阿喇布坦桀骜不驯,仍欲恢复昔日准噶尔汗国的地位,在蒙古与西藏的支配权上与清廷相角逐。从这个角度而言,玄烨兴起准部之役似不可避免。

需要说明的是,尽管自康熙三十七年以来策妄"渐渐狂悖,背负圣恩"而使双方关系转恶,但彼此遣使贸易仍旧照常。直至准部之役前一两年,清廷尚在敷衍,并未拒绝通使。[3]战事开启之后,清廷招抚使、准

---

[1] 分见《清圣祖实录》卷187三十七年正月庚寅,卷200三十九年七月乙未。
[2] 兹拉特金《准噶尔汗国史》,第310页,"噶尔丹战争的结果,使(准噶尔)汗国丧失的领土有:阿尔泰山东坡、科布多河谷地和乌梁海广阔牧场。收复失地的问题差不多在整个十八世纪前半叶准噶尔执政者同中国清朝政府的相互关系中,始终占据首要地位。"第320—321页,引用波兹德涅耶夫的《蒙古编年史——宝贝念珠》:"噶尔丹战争发生前,准噶尔人牧区所占之地直到科布多下游一带,甚至到东边更远的地方。在乌兰科姆以及克穆河、克穆奇克河一带,他们和喀尔喀人犬牙交错地居住着。而噶尔丹溃败之后,喀尔喀牧区便远远向西边推移,越过阿尔泰的那一面而一直扩展到额尔齐斯河。策妄声明要求归还的正是这些土地。他向满洲政府宣布,从伊犁河东部起到克穆河与克穆奇克河之间的一些地方历来属于准噶尔人,所以现在应当归还他们。""领土问题在准噶尔汗国和清帝国之间具有基本矛盾的意义,这一矛盾使他们之间的新战争成为不可避免。"
[3] 参见《满文奏折》五十二年五月十四日《领侍卫内大臣阿灵阿等奏请回文策妄喇布坦片》,第850页。宫胁淳子《最后的游牧帝国》第六章第二节《策妄阿喇布坦时代》:"噶尔丹灭亡后,清与准噶尔持续了近20年的和平关系。"

噶尔庆贺使仍在往来不断。[1]至五十七年初,玄烨得知准军占领西藏,拉藏身死,乃至卑词致书策妄阿喇布坦,特申明不遣部臣之由。[2]约半年之后,策妄阿喇布坦致书:"欲遵旨回奏各事缘由,但部(臣)不令我倾诉,故不能交该使赍奏。"玄烨则答之曰:"至尔之所有来使,朕无不召见而遣之者,尔仍以尔之言语由部删削不予转达为词推托,故我今暂不遣使。"[3]则双方使臣暂时中断,是在战事兴起两年之后的五十六年。可知并非因准噶尔拒绝通使,方导致玄烨兴兵。

玄烨开始考虑用兵准噶尔,史家多以与图理琛的俄罗斯之行相关联。然图理琛此行意图究竟如何,认识却不尽一致。

康熙五十一年五月,清廷遣使前往俄罗斯伏尔加河流域,拜见厄鲁特土尔扈特部首领阿玉奇汗,至五十四年三月返回北京,前后近三年。后来图理琛以其行迹见闻撰成《异域录》一书,为世所重,此次出使也因之冠以图理琛之名。从名义上说,清廷出使乃是对阿玉奇汗使臣萨穆坦来京的一次回访。十余年前,土尔扈特台吉阿喇布珠尔至西藏进香,返回时为准噶尔所阻,流寓中国,至此,阿玉奇请求清廷将其遣回土尔扈特。但图理琛一行是清廷首次向外国派遣使团,且阿喇布珠尔始终不曾遣回,《异域录》亦未作交代,更因图理琛回京不到一月即有准部之役,故此次出使之真实目的使人颇生疑义。从图理琛《异域录》所记来看,并无材料直接证明俄国人的猜测,说图理琛一行是受命联合土尔扈特夹击准噶尔;[4]或如某些国外学者所说,此行使清廷与土尔扈特部达成七十

---

[1] 《满文奏折》五十七年九月十三日《领侍卫内大臣海金等奏为赏赉青海贝勒等折》:青海台吉"将新呼毕勒罕送至塔尔寺居住,策妄喇布坦二次遣使来贡者可嘉。"第1328—1329页。

[2] 见《满文奏折·敕谕策妄喇布坦派使人奏明杀害拉藏汗缘由事》,第1528页,原件未具年月日。

[3] 《满文奏折·敕谕厄鲁特台吉策妄喇布坦速派人奏明缘由事》,第1529页,未具年月日,谕中有"遣皇子大将军王领京城满洲蒙古大军前往西宁",则为五十七年十月之后。

[4] 兹拉特金《准噶尔汗国史》,第322页,引用俄国西伯利亚总督加加林的报告。

年之后渥巴锡回归的成约。[1]

据《异域录》,图理琛等人临行前,玄烨曾当面训谕,预防阿玉奇汗借通使欲与清廷夹攻准噶尔:

> 彼若言欲会同夹攻相图策旺拉布坦,尔等断不可应允。但言:"策旺拉布坦与大皇帝甚是相得,不时遣使请安入觐。大皇帝亦时加恩赐,虽其势力单弱,穷迫已极,我主断不征伐。此事甚大,我等未便相允。尔虽将此事奏请圣上,以我等思之,我皇上但愿天下生灵各享升平,断无摇撼策旺拉布坦之意。此事我等可保。"[2]

须知玄烨之言,多将内心所欲故以反语出之,切不可轻信。

图理琛一行在俄国境内滞留将近三年,与土尔扈特部上下相接触亦约半月,其间两次受到阿玉奇接待。行前玄烨特别训谕中所叮嘱的许多事情,如阿玉奇馈赠礼物如何收受;俄国人询问清朝武器装备如何回答;俄皇是否接见,接见时当遵何种礼仪,如何对应等等;《异域录》皆有交代。图理琛回国途中,于五十三年十一月会见俄国贝加尔地区总督加加林,被告知土尔扈特军队战斗力低下,不可依赖云云,可谓言者有心,听者亦留意。唯独对玄烨关于阿玉奇提出夹攻策妄阿喇布坦的设想,没有下文。玄烨信誓旦旦,反复叮嘱,甚至授权图理琛向对方保证并无进剿策妄

---

[1] 加斯东·加恩《彼得大帝时期的俄中关系史》,第117页,"土尔扈特人若不是由于中国甘言许诺因而长久以来怀有重归故土的想法,怎么可能在1775年突然决定离开他们已经生活了一个世纪的国土,同时又冒着旅途上的种种危险,而且前途未卜,就回到故土去呢?"商务印书馆1980年版。濮德培(Peter C. Perdue),*China Match West*, pp. 219—220,引用斯蒂芬·霍科维克的《西蒙古》来表达自己的观点:"玄烨指示图理琛,即使阿玉奇开始提出针对策妄阿喇布坦的联盟,也要予以拒绝。但这只是公开的外交姿态。如果阿玉奇真的愿意提供军事力量,中国皇帝可能会立即改变主意。"作者对雍正八年(1730)俄国出访中国的使臣格拉祖诺夫的看法深表赞同,认为图理琛之行的目的就是使土尔扈特人返回中国。而乾隆三十六年,清廷之所以能接纳长期分离在外的土尔扈特人,就是因图理琛此行代表玄烨许下承诺。原文过繁,不具引。

[2] 《异域录》卷上,《丛书集成初编》,中华书局1985年影印本。

之意,则无论阿玉奇是否有此企图,图理琛皆应对玄烨有所交代才是。若以图理琛只能向玄烨面陈,不宜公开,则玄烨训谕既冠冕堂皇,可以照录,阿玉奇之对答亦何碍见诸文字?图理琛回国陛见之后,疏云阿玉奇接受清廷诏敕,反复表示其感激之情:"惟愿至圣大皇帝万万岁,虔诚祷祝而已,此外更无他语"。最后一句,实已委婉道出阿玉奇并未表现出玄烨预先的设想,提出与清廷夹击准噶尔部。《异域录》不惜笔墨记载阿玉奇汗对清朝及玄烨的仰慕,云"满洲、蒙古,大率相类,想起初必系同源。如何分而各异之处,大皇帝必已洞鉴。烦天使留意,回都时可奏知大皇帝"。阿玉奇欲示好清廷,何至于数典忘祖,以满洲、蒙古同源?奏疏更言阿玉奇自称"臣幸属籍中华",实情是否如此,不能无疑。而图理琛夸大其词,恰从另一角度反映阿玉奇无意配合清廷进攻准噶尔。

从解决准噶尔部这一目标出发,玄烨当然希望分化喀尔喀蒙古与厄鲁特蒙古以及厄鲁特蒙古各部,从东部蒙古、东南青海以及南面西藏各方将准噶尔隔绝开来,最大限度孤立准噶尔。若能再从准噶尔西北的土尔扈特方面施加影响,断绝准噶尔部后援,无疑将更加理想。所以,对图理琛出使之目的在联络土尔扈特对付策妄阿喇布坦的推测,符合玄烨的整个战略思考。就此而言,很容易倾向于认为图理琛出使失败。但当时土尔扈特部在俄皇管辖之下,清廷很难正式提出要求阿玉奇配合清廷的行动,阿玉奇也不可能接受这样的要求。当初土尔扈特迁徙伏尔加流域,亦非完全因受到准部的威胁而被迫离开故土。[1]土尔扈特与准噶尔虽有嫌隙,但属姻亲,阿玉奇之妻达尔马巴拉即策妄之女。且渊源所系,毕竟同属厄鲁特。历史上联合抗击外侮的"卫拉特法典",在厄鲁特蒙古内其影响仍未消亡。策妄虽于康熙四十年扣留阿玉奇之子三济扎布之属人,引起阿玉奇不满,为此双方遣使交涉多年不决。而准噶尔一旦面临清廷开启的战端,即不排斥策妄阿喇布坦向阿玉奇提出某种条件,以换取土尔扈特成其援奥的可能。我以为玄烨的隐忧端在乎此,这也符合玄烨深谋远虑的习惯。

---

〔1〕 参兹拉特金《准噶尔汗国史》,第163—165页;宫胁淳子《最后的游牧帝国》,第143—144页。

以此看来，图理琛行前玄烨训谕中反复声明绝不同意与土尔扈特夹攻准噶尔的那些台面之辞，实则授意图理琛借机对阿玉奇试探，表明清廷对策妄阿喇布坦已优容有加，万一与准噶尔开战，在清廷来说将是迫不得已。质言之，图理琛的出使，一方面是对阿玉奇示好，另一方面，则希望在清廷进攻策妄时，阿玉奇不要在人员和物力上对策妄予以支持，这是清廷更为现实的目的。较之冠冕堂皇的"训谕"，这些话自然不便形诸楮墨。阿玉奇对清廷感激有加，且反复向图理琛声言，送还阿喇布珠尔断不可经由南路准噶尔领地，而坚持必经由俄罗斯，舍近求远，则是暗示清廷其对策妄阿喇布坦不肯信任，凡此均在保证土尔扈特不可能支持准噶尔对抗清廷。就此而言，图理琛的出使起码不能说是失败。《异域录》对沿途各类事情留心探寻记录，亦说明图理琛对准噶尔的处境相当了解。而其返回北京向玄烨面奏之后仅过半月，玄烨即发动准部之役，[1]很难令人相信两者之间毫无关系。至此似可说，玄烨发起准部之役的原因虽不必归结为图理琛之行，但图理琛返回复命，至少解除了玄烨的一层顾虑，加强其用兵西北的决心。玄烨发动战端之后两月，又派图理琛出使俄国西伯利亚，亦见玄烨对图理琛出使土尔扈特之行甚为满意。

（三）哈密事件的性质及意义

康熙五十四年三月，准噶尔少量军队袭击哈密，旋即为清守军击退。此事直接引发玄烨兴启准噶尔一役。

当初清军平定噶尔丹，哈密伯克曾予以协助，并擒拿噶尔丹之子献于清廷。由于害怕厄鲁特诸部报复，哈密伯克决定伺机脱离准噶尔，归顺清廷，于三十六年编旗。[2]原噶尔丹控制的天山南路回疆诸城仍属策妄

---

〔1〕《异域录》卷下，图理琛于五十四年三月二十七日回京，当日于畅春园陛见。
〔2〕《清圣祖实录》卷185三十六年十月乙酉，哈密额贝杜拉达尔汉白克疏言："厄鲁特必不悦臣。而哈密又素弱，用是危惧，伏乞庇而安之。且臣所畏者，策妄阿喇布坦也。祈皇上降敕，使勿害臣。"清廷给额贝杜拉管辖哈密国印。

阿喇布坦统辖。从地理位置来看，哈密乃准噶尔东境前沿要镇，天山南北两路交汇点。清军入疆由北路即巴尔坤，由南路即吐鲁番。[1] 对于准噶尔而言，哈密地理位置的重要性自不待言。清廷若能得到哈密，无异在准噶尔东面插上一个楔子，既锁住准噶尔东进之门户，并可依此进窥准噶尔腹地。自哈密迤东至嘉峪关、肃州、甘州一线以南至青海湖迤北及西宁，即所谓河西走廊，向来属于青海左翼蒙古驻牧之地。[2] 所以，清廷控制哈密，又有阻隔准噶尔蒙古与青海和硕特蒙古的作用。[3] 哈密距清朝西北最前沿的军事重镇肃州有千余里之遥，其间地僻人稀。若双方起衅，清廷增派大军进驻哈密，固然有供给转输之劳；但从准噶尔方面说，即使占领哈密，于清廷西北肃州以内的防御却不构成多大威胁。这就是说，哈密对清廷和准噶尔的战略意义并不相同。

哈密于准噶尔既如此重要，且原为属藩，今改投清廷，策妄阿喇布坦自不能平，然慑于清廷兵锋，未敢轻启事端。而清廷剿灭噶尔丹之后，玄烨"以征之无名"，暂无图谋准噶尔之意。故多年来清廷并未于哈密驻扎重兵，而准噶尔亦未于吐鲁番大举布防，双方皆维持现状。

至于五十四年准噶尔军队侵扰哈密一事，不过因哈密劫掠准噶尔

---

[1]《西陲要略》卷1《南北两路疆域总叙》。
[2] 这一地带除部分准噶尔蒙古、和硕特阿拉善蒙古及藏族之外，主要是青海左翼首领固始汗第二子鄂木布车臣岱青一系的势力范围。参见青格力《17世纪后期的卫拉特及河西走廊》，载《欧亚学刊》第八辑中华书局2008年版。另据《国朝耆献类征初编》卷首96《外藩蒙古回部王公表传·多罗贝勒达颜列传》："康熙二十九年，我使赴策妄阿喇布坦所，归经嘉峪关，为青海台吉阿奇罗卜藏所掠。"卷首93《青海厄鲁特部总传》："先是，哈密伯克额贝都拉献西吉木达里图、西喇郭勒地，诏设赤金、靖逆二卫及柳沟所，听兵民耕牧。（康熙）五十八年，以其地错青海左翼牧，遣官偕贝子阿喇布坦、台吉阿尔萨兰等勘定界。"卷首95《多罗贝勒衮布列传》："衮布游牧嘉峪关外，邻哈密，准噶尔及诸回使往来必经之。"
[3]《国朝耆献类征初编》卷首93《青海厄鲁特部总传》：康熙三十年甘肃提督孙斯克奏："噶尔丹巢距边月余，从子策妄阿喇布坦虽交恶，恐复合。有侵青海举，道必经嘉峪关外。肃州密迩青海，请设兵三千为备。"报可。三十二年昭武将军郎坦奏："青海诸台吉私与噶勒丹通问，请屯兵哈密绝往来踪。"可见清军若欲阻断准噶尔与青海的联系，哈密、肃州实为要地。

准噶尔之役与玄烨的兴兵之由

商队而行报复，[1]故仅派军队数百人骚扰哈密郊野。与清军驻守游击潘至善所部二百人接触之后，不待清肃州总兵路振声一千人到达，即行退去。[2]此边境小冲突，疆场间习见之事。即使退一步说，准噶尔是有意侵扰哈密，令清朝边境不安，也不意味策妄阿喇布坦有计划的挑起一场战端。且此一时期，准噶尔正面临西边哈萨克和北边俄罗斯的压力，先后在两方面陷入战争状态。[3]因此很难设想策旺阿喇布坦同时对清廷边境发动大规模军事行动。玄烨大举兴师，发动准部之役，就准噶尔方面而言，可以说是完全被动的。

问题是，玄烨兴启准部之役时，对准噶尔上述情况是否了解？回答应当是肯定的。玄烨既久蓄剿灭准噶尔之心，则遣往准噶尔及各地使臣必定对准噶尔形势、动向留意探问，随时奏报玄烨。各部使臣至京，玄烨

---

[1] 参蔡家艺、范玉梅《策妄阿喇布坦功过评述》，载中国社会科学院民族研究所编《准噶尔史论文集》第二集，1981年版。"对（哈密）武装冲突应负主要责任的是清朝，而不是策妄阿喇布坦。与其说是策妄阿喇布坦要搞分裂割据，不如说这是策妄阿喇布坦对清朝'阻绝'贸易通道的一种抗议。"

[2] 综合各方面记载，策妄阿喇布坦之兵于康熙五十四年三月二十四日至哈密郊外抢掠，次日兵至哈密城下。清军哈密游击潘至善以二百兵击败来犯哈密准部兵二千人，恐有夸大；准噶尔兵闻清肃州总兵路振声前来救援，于四月初七日遁去。根本不算一次正式军事行动。分见《满文奏折》五十四年四月初六日《甘肃巡抚绰奇奏闻官兵已前往哈密救援等情折》，第1001页；四月二十七日《头等侍卫阿齐图等奏闻防备策妄喇布坦情形折》，第1006页；及《清圣祖实录》卷263五十四年四月十四日己卯、十九日甲申、二十九日甲午各条。另据《满文奏折》五十四年五月十九日《康熙帝向厄鲁特人询问策妄喇布坦情形事》，回子佐领色珀尔解押俘虏满济等至京，玄烨亲自审讯。色珀尔云：准军"其兵有二千人"，"厄鲁特被杀八十四人，计其受伤致死者，共三百余人，另受伤者亦甚多"云云。而满济供词则曰：策妄阿喇布坦所派人等为"托布齐部落人二百五十名，三月二十四日抵哈密"。掠夺哈密以北托郭栖村，与回子兵交战，"我厄鲁特人阵亡十二名"。第1012—1015页。色珀尔所奏显然夸大其辞，满济所供近乎实情。这是玄烨最直接的消息来源。

[3] 兹拉特金《准噶尔汗国史》："在策妄阿喇布坦执政时期，这类战争（指与哈萨克之战）就一个接一个地不断发生——1711年至1712年，1714年，1717年，1723年和1725年。就连这个时间表也还不是详尽无遗的，因为哈萨克汗和苏丹对卫拉特封建主的历次反击还没统计在内。"见第309—310页。至于准噶尔与俄罗斯方面的冲突和战争，见前注引《准噶尔史略》。

亦必详加询问。早在三十九年,玄烨曾就策妄阿喇布坦扬言欲征西藏一事说:"策妄阿喇布坦素行奸恶,故其附近哈萨克、布鲁特诸部,皆相仇雠。"[1]四十八年赫寿出使西藏,向玄烨奏报:"今年策望阿尔布坦于哈萨克争斗,所以至今尚未有人到藏,喇藏(即拉藏汗)旧年差去之人亦尚未回。"[2]四十五年初,玄烨曰:"近来策旺阿喇卜滩处颇有所闻,朕今年亦不宜南行。"[3]后来清廷使臣抢先一步控制里塘胡必尔汗,致免落入策妄阿喇布坦之手,亦可见玄烨消息灵通。五十二年,玄烨论及西方各国和准噶尔周边诸国情形甚详,"朕曾详悉访问,是以周知也"。[4]而此时图理琛尚在俄罗斯未归。其他如拉藏汗与策妄阿喇布坦联姻,准噶尔使者达克巴喇嘛前往青海等等,皆在玄烨洞鉴之中。今于《满文奏折》检得玄烨致策妄阿喇布坦敕谕一通,云:"尔北临哈萨克、布鲁特皆为敌人,不能会盟,故而停止。此次于围场遇尔使人,朕恩恤有加,尔等之生计,我们俱知悉也。尔等之人,皆由各处会聚而成,真正兵马甚少。"原件无年月日,然其中有云:"尔去年遣使往哲布尊丹巴呼图克图处,本年又遣使求朕,尔疏内所言'乞求安逸众生'一语,朕以为甚是。"[5]与其他史料相参,可以断为五十三年。此时玄烨因知准噶尔有哈萨克、布鲁特之忧,特以示好。五十五年,玄烨谓大学士松柱曰:"朕曾向泽旺阿喇蒲坦之人,将彼处之山河、兽之多寡及容兵多少之处,次第问过。"[6]综上所述,即使玄烨对准噶尔内情未必尽晓,然对其周边形势大体了解,似不为误。

有鉴于此,就可以排斥这样一种推断,即玄烨得知准噶尔侵扰哈密而误认为策妄将由此兵犯内地,故而大举调兵予以反击。确认这一点,对于以下将要论及的玄烨用兵意图,甚有关系。说得更明确一点,玄烨虽然知

---

[1] 《清圣祖实录》卷200三十九年七月庚子。
[2] 《汉文奏折》第2册,四十八年十一月十一日《赫寿奏为到藏后看得西藏情形折》,第693页。
[3] 《起居注》四十五年正月十四日。
[4] 《清圣祖实录》卷253五十二年二月甲寅。
[5] 《满文奏折·谕策妄喇布坦防范哈萨克等来侵等事》,第1530页。
[6] 《起居注》五十五年三月二十五日。

道此时策妄阿喇布坦已非当年之噶尔丹,所谓剿灭准噶尔,谈何容易,但他是深信准噶尔正处在西方哈萨克、布鲁特和北方俄罗斯的双重压力之下,方才兴启准部之役的。就此而言,玄烨自信清军已立于不败之地。

《实录》康熙五十四年四月十五日庚辰:"谕议政大臣等:策妄阿喇布坦作何举动,虽不得知其实,其到我哈密地方,便不可为虚。若彼倾国而来,势有万余。我一总兵之力(按:指肃州总兵)微有不足,不可不预为周备也。"不能否认,玄烨最初得知准噶尔侵扰哈密时,对策妄阿喇布坦的意图判断不清,故而调集军队布防是完全必要的。但四日之后,玄烨获悉准噶尔兵为前方游击潘至善二百人所败。此一小胜,遂令玄烨骤生骄狂之心,竟然欲策妄阿喇布坦就此投降。玄烨于当日通报漠北哲卜尊丹巴,令其速遣使晓谕策妄阿喇布坦:"今既败北,如何度日?何不速遣使至皇帝前跪请伏罪。尔若不如此恳求,必加天讨。"[1]次月,玄烨从俘虏满济供词中得悉准噶尔国内面临困境,更加强大举兴师以逼降准噶尔的意图。因此,我们又绝不能狃于准噶尔侵扰哈密在先,即认为玄烨大举用兵仅仅出自一种防御。

(四)玄烨兴兵的真实意图

综前所述,清廷与准噶尔之间确实存在难以化解的矛盾,但直至康熙五十四年,这种矛盾并未激化到一触即发、非启兵端不可的地步。哈密事件虽为玄烨大举兴兵的口实,而其意却不在此。

玄烨既久蓄剿灭准噶尔之心,又趁准噶尔处于困境发动此役,则理应全力以赴,至少也应深入敌境寻觅战机、一探虚实才是。然观之后两三年内,清军仅耀兵于准噶尔边境,迟迟不肯深入,却不断伴之以诱降,冀图侥幸成功,甚至屡屡乞援于俄罗斯。这是否可以仅仅归结为玄烨自度力有不及?或贸然发动这场战争,实则并未作好充分准备和周密考虑?或者说玄烨此役究竟意图何在?揆诸史实,我以为五十四年玄烨之忧,似不在准噶尔,而应在青海方面。具体地说,就是在安置六世达赖转世灵童里塘呼毕

---

[1]《清圣祖实录》卷263五十四年四月十九日甲申。

勒罕（或译胡必尔汗）一事上，清廷与青海右翼台吉的纠葛尚未了结。

《实录》卷263五十四年四月初六日辛未，即玄烨得知准部侵扰哈密之前八天，前往西藏调查里塘胡必尔汗真伪的众佛保返回京师，奏报西藏、青海方面为此争执不休。此前，青海右翼贝勒戴青和硕齐察罕丹津等奏称："里塘地方新出胡必尔汗实系达赖喇嘛转世，恳求册封。其从前班禅胡土克图及拉藏汗题请安置禅榻之胡必尔汗是假。"玄烨以拉藏汗与青海诸台吉俱为固始汗子孙，欲使共相和睦，若将此胡必尔汗留住青海，恐其兄弟内或起争端。于是特遣侍卫阿齐图等前往青海，谕令青海台吉将里塘之胡必尔汗送至京城，由玄烨亲自验看。同时遣众佛保前往班禅处，问里塘胡必尔汗之真假。至此，众佛保回京，奏称班禅认定里塘胡必尔汗是假。而青海台吉戴青和硕齐等则坚决要求亲往班禅处质问。于是玄烨令阿齐图等传集青海两翼诸贝勒台吉等，宣示皇上仁爱之意及班禅送来印文，暂令将胡必尔汗送至红山寺居住。数日之后，玄烨即得知准噶尔兵侵扰哈密。两事之间有何瓜葛，后文详论。

濮德培认为，此时准噶尔出兵哈密，乃是针对胡必尔汗的一次有预谋的军事行动，借此向清廷和和硕特蒙古施加压力。[1]这种判断固然机警，却难以成立。准噶尔、青海消息相通，清廷干预里塘胡必尔汗之事非止一日，早为准噶尔所知。策妄阿喇布坦若欲参与青海角逐，出兵牵制清廷，似不应仓促从事，必有一系列后续手段。至少其行动方式，应大张旗鼓形成东进之势。舍此不为，而仅以区区数百兵丁侵扰哈密，旋即败遁，既不足以声援青海蒙古，且徒以增加清廷警惕，岂非适得其反？不能否认，准噶尔确有插手里塘胡必尔汗的意图，但没有证据说明，准噶尔军队在哈密的侵扰就是贯彻策妄阿喇布坦这种意图的一次有准备的行动。濮德培的判断倒是与玄烨的思路相吻合。

清廷五十四年对里塘胡必尔汗的调停并未收到效果。阿齐图召集青海台吉会盟之后不久，察罕丹津因左右翼五家台吉不与之同心，与罗卜藏丹津盟誓，欲先攻取五家，然后将胡必尔汗强行送往西藏坐床，以取代

---

[1] Peter C. Pudue, *China Marches West*, pp.228–229.

拉藏此前所立之达赖。玄烨顿感事态严重，即令护军统领晏布率西安满兵一千前往西宁，西宁总兵王以谦以标兵三千预备，另调四川提督康泰、总兵程正李预备兵马，"若察罕丹津果肆猖狂，送胡必尔汗西往，即领兵征剿"。实则还准备调军由云贵以逼青海，并详下文。清廷以兵威相临，果然收到奇效。察罕丹津、罗卜藏丹津于五十五年三月将胡必尔汗送往塔尔寺。玄烨仍不放心，随令西安兵丁前往噶斯口驻守，并对青海左右翼台吉进行改组。迨青海之事安置妥当之后，清廷立即将四川兵丁撤回。[1]

里塘胡必尔汗之事虽未至于燃起战端，但清廷实已准备大动干戈，其反应迅速，行事果决，与西北两路大军恰成鲜明对照。仅此即足以证明，里塘胡必尔汗一事在玄烨心中非同小可。上引史料虽起自五十四年四月初，略早于玄烨对准噶尔兴兵之日，实则里塘胡必尔汗的纠葛肇端于五十三年，一开始即引起玄烨高度关注。也就是说，在准部之役前一年，里塘胡必尔汗问题已成为玄烨思考的重心所在。玄烨兴启准部之役，绝无可能撇开里塘胡必尔汗不加考虑。而哈密偶然的小小冲突，之所以会令玄烨对准噶尔兴师大举，其真实意图也就值得我们认真探讨。然欲说明玄烨用兵西北，其意却在青海，则须追溯里塘胡必尔汗一事的源头以及其所涉及的各种关系，如此方能断定此胡必尔汗确有动一发而关全身的意义。

三、清廷与拉藏汗关系再探索

五十六年准军入藏，拉藏汗身死。拉藏生前向清廷求援，玄烨竟一直怀疑其勾结准噶尔图谋青海。而当前著述仍遵循国外学者所谓拉藏完全堕为清廷工具之说，以为清廷与拉藏亲密无间，这与玄烨对拉藏的判断截然不同。而玄烨对拉藏的误解之所以发生，不得尽归于当时形势

---

[1] 分见《清圣祖实录》卷266五十四年十二月二十日壬午，卷268五十五年闰三月十九日己卯、二十日庚辰。

不明,而当有其伏因。双方关系究竟如何,值得追根溯源,重新探索。

(一)达赖喇嘛的影响及第巴与清廷的周旋

明末厄鲁特和硕特部首领固始汗应格鲁派领袖五世达赖之请,率部进入青海、西藏,从此青藏地区处在和硕特部控制之下,固始汗以宗教事务交付达赖,而行政权力则掌握在自己手中。顺治十一年固始汗去世,五世达赖逐渐集西藏政教大权于一身,内则自行任命桑结嘉错为第巴,掌管西藏政务,[1]外则支持准噶尔以对抗清廷。由于格鲁派在西藏各教派中宗主地位的确立及在蒙古地区的广泛传播,蒙古与西藏"文化上的一致性已经慢慢地形成"。[2]达赖喇嘛作为蒙藏各部的宗教领袖,其影响日益深远,隐然与清朝皇帝分庭抗礼。喀尔喀、厄鲁特蒙古首领虽在清廷奉表朝觐,接受爵位,但真正能使他们号令各部的还是达赖喇嘛的封号。而蒙古各部之间纠纷的调停,达赖喇嘛的意旨也较清廷更为重要。

前述康熙二十四年,和硕特部巴图尔额尔克济农等欲率部归附清廷,玄烨为此致书达赖喇嘛:"巴图尔额尔克济农等亦戴朕恩,愿依朕为生,屡疏奏请敕印。前此朕曾谕厄鲁特噶尔丹博硕克图汗云:'巴图尔额尔克济农等如系尔所属,当即收之。不能,朕另有裁度。'乃彼约:'以丑年春为期。如逾期,悉惟上裁。'今逾期已数月矣。尔喇嘛素以恻隐之心度此众生,凡厄鲁特诸贝子皆供奉喇嘛,信崇尔法。朕思罗卜藏滚布阿喇布坦、巴图尔额尔克济农,皆鄂齐尔图汗之苗裔也。鄂齐尔图汗于喇嘛为护法久矣,何忍默视其子孙宗族至于困穷!今朕欲将伊等归并一处,安插于可居之地,以示兴绝举废之至意。"原始文聘如何,不得而知,但官修《实录》所载玄烨词卑如此。而达赖喇嘛答书曰:"第此青海之地各有分属,若使居天朝境内,又恐厄鲁特或有异言。其阿喇克山之旁亦属狭隘。乞大君矜怜,择水草宽阔处安插一隅。"玄烨最终只得依

---

[1] 伯戴克《十八世纪前期的中原和西藏》第十五章第三节《摄政王》。
[2] 杜齐《西藏中世纪史》,第144页。

循达赖喇嘛之意,将巴图尔额尔克济农安插于贺兰山外。[1]三十四年,噶尔丹遣使至清廷申述兴兵喀尔喀之由:"奈泽卜尊丹巴及土谢图汗二人背皇帝之旨,蔑宗喀巴之法与达赖喇嘛之教,以致诸蒙古尽皆败坏。"而玄烨答书亦云:"是尔违朕之旨,迷惑回子之教,坏宗喀巴与达赖喇嘛之法明甚。"[2]双方所持之旗帜,皆为护宗喀巴之教,兴达赖喇嘛之法。则达赖喇嘛于蒙古各部影响之巨可知,玄烨又焉敢轻忽。是以康熙前期,清廷对达赖喇嘛礼敬有加。此前达赖喇嘛建议清廷与吴三桂划江而治,加噶尔丹博硕克图汗号,皆非玄烨所悦者,然玄烨仍颂扬其"六十年来,塞外不生一事,素行不凡",[3]势有不得已也。尽管乌兰布通之战,玄烨对达赖喇嘛使者偏向噶尔丹甚为不满,但仍于三十三年应允达赖喇嘛疏请,赐予第巴西藏王金印。或许如学者所言,此仅封第巴为宗教方面的王。[4]然第巴(即第悉)本意为西藏摄政王,即代和硕特汗执掌政务。桑结嘉错任第巴,出自五世达赖,意在令西藏政教合一,不受和硕特汗制约。清廷授第巴以西藏王金印,无异承认达赖喇嘛生前安排。

清廷与第巴关系的公开恶化,始于玄烨亲征噶尔丹。五世达赖喇嘛已于康熙二十一年圆寂,第巴桑结嘉错密不发丧,暗中扶植转世灵童仓央嘉错,其后十余年,仍以五世达赖名义发号施令,成为西藏政权的实际操纵者。三十四年,第巴以达赖喇嘛名义致书玄烨,请"勿革噶尔丹、策妄阿喇布坦汗号,并加恩赐敕印,其西海(即青海)等处一带地方所置

---

[1] 并见《清圣祖实录》卷123二十四年十一月癸酉,卷127二十五年七月癸巳,卷128二十五年十一月癸巳。

[2] 《清圣祖实录》卷166三十四年二月乙卯。

[3] 《清圣祖实录》卷227四十五年十月丙午。

[4] 《清圣祖实录》卷163三十三年四月二十九日丙申。其印文曰:"掌瓦赤喇怛喇达赖喇嘛教弘宣佛法王布忒达阿白迪",意为最高弘教王。王森先生解释为:"这个王是宗教事务方面的王,而不是行政方面的王。""这个印是给桑结嘉错个人的印,它使用的范围只限于宗教事务。因为固始汗及其子孙之为藏族地区之汗王是清朝承认并加封的,不可能也不乐意再封桑结嘉错为行政方面的王。"见氏著《西藏佛教发展史略》,中国社会科学出版社1983年版,第195页。王辅仁、陈庆英亦从此说,见《蒙藏民族关系史略》,第170页。王尧《第巴·桑结嘉错杂考》一文,印文解释从王森之说,然认为清廷授予第巴此印,即承认其为西藏王。

戍兵请撤回"。此时玄烨征剿噶尔丹已势在必行,故态度强硬:"第巴乃外藩人,何敢奏请撤我朝兵戍?此特为噶尔丹计耳。"[1]次年,玄烨亲征,得知五世达赖脱缁久矣,严厉责问第巴。所责四事中,前两条即向清廷说明达赖喇嘛之丧以及送班禅来京:"天下蒙古皆遵奉达赖喇嘛,如达赖喇嘛身故,理应报闻诸护法主,以班禅主喇嘛之教,继宗喀巴之道法。"为此,玄烨不惜以兵相胁:"数者或缺其一,朕必问尔诡诈欺达赖喇嘛、班禅胡土克图,助噶尔丹之罪,发云南、四川、陕西等处大兵,如破噶尔丹之例,或朕亲行讨尔,或遣诸王大臣讨尔。"[2]第巴慑于兵威,不得不与清廷虚与委蛇。而三十六年,第巴却突然宣布五世达赖转世灵童已有十五年,拟于十月二十五日出定放参,[3]迅速举行坐床仪式,是为六世达赖喇嘛仓央嘉错,实权仍操于第巴之手。玄烨无可奈何,只得承认既成事实,致书云"因前事四款尔皆遵旨,皇上大悦,故不进兵"。[4]同年,清廷即以青海郭隆寺一世章嘉胡土克图赴藏,颁给六世达赖仓嘉错敕书和印信。[5]玄烨以护法主的身份,欲令后藏班禅来京并主持西藏宗教,打破第巴大权独揽,实过于一厢情愿。班禅从未向清廷派遣自己的使臣,更遑论僭越达赖喇嘛,亲自赴京朝觐。[6]由是玄烨对第巴憎恶日深,后来拉藏汗杀第巴得到清廷配合,即伏因于此。

尽管如此,达赖喇嘛在蒙古各部中仍有巨大影响。除和硕特固始

---

[1]《清圣祖实录》卷166三十四年四月庚子。
[2]《清圣祖实录》卷175三十五年六月癸丑、八月甲午。
[3]《清圣祖实录》卷182三十六年闰三月辛巳。
[4]《清圣祖实录》卷181三十六年三月庚辰。
[5] 见《松巴堪布青海史译注》,载《国外藏学研究译文集》第一辑,西藏人民出版社1985年版。同见《安多政教史》,章嘉为"五十六岁即火牛年,赴藏为达赖递交金册,适逢六世达赖仓央嘉措前往布达拉宫坐床之机,遂奉献许多物品"。
[6]《清圣祖实录》卷188三十七年六月戊午,班禅疏言:"前皇上敕旨召臣入京,达赖喇嘛、第巴亦曾遣使相促。但臣所学者浅,不能为功于道法,且未出痘疹,是以不往。并非第巴沮止。"另据《满文奏折》四十四年十二月二十六日《议政大臣俄费等奏报拉藏班禅奏本内容折》,侍读学士建良从西藏返回时,班禅对我等言:"蒙大君主体恤,颁温旨垂问我好,我应即遣使恭请君主安。但除达赖喇嘛外,我处从未另遣使臣一次。凡此,谅君主亦鉴之。欲与达赖喇嘛商量,由达赖喇嘛遣使。"第399—404页。

汗、准噶尔噶尔丹博硕克图汗封号系五世达赖生前所赠之外,其后准噶尔策妄阿喇布坦、土尔扈特阿玉奇的汗号,皆为六世达赖时期第巴所封。[1]按玄烨的话说,"达赖喇嘛,蒙古等尊之如佛"。[2]"此虽假达赖喇嘛,而有达赖喇嘛之名,众蒙古皆服之"。[3]西藏于厄鲁特蒙古的影响,远非清廷所能及。而这对清廷而言,又是绝对无法容忍的。兹拉特金将清廷与蒙古、西藏的复杂关系归结为"两种对峙的势力和倾向的冲突:一方面是泛蒙古的意图,也可能是西藏某些喇嘛教领导人的泛喇嘛教的意图;而另一方面则是满、汉封建主的扩张计划,他们想侵占全蒙古"。[4]应该是一种深刻的观察。至康熙四十年代,西藏与蒙古依然结成互为表里的关系:厄鲁特蒙古欲借西藏宗教信仰恢复旧日的霸业,而西藏则自恃厄鲁特蒙古为援奥,不受清廷控制。对此,玄烨知之甚悉,其责第巴时已将问题挑明:"尔向对朕使言,四厄鲁特为尔护法之主,尔其召四厄鲁特助尔,朕将观其如何助尔也!"[5]当时玄烨是否作好与厄鲁特蒙古不辞一战的准备,另当别论。但就玄烨主观而言,欲控制西藏则必震慑厄鲁特这一认识已经形成,则毋庸置疑。

(二)六世达赖的废立及清廷与拉藏汗的相与为用

康熙四十四年拉藏汗以武力控制西藏,是和硕特蒙古与西藏贵族多年来矛盾的爆发,也是西部局势发展的转折点。第巴桑结嘉错所代表的西藏僧俗势力不能忍受拉藏对西藏的控制,希望拉藏汗遵照其父达赖汗

---

[1] 王辅仁、陈庆英认为,康熙三十六年,"西藏的达赖喇嘛系统赠给策妄阿拉布坦额尔德尼卓里克图洪台吉的称号",这"表示承认了策妄阿拉布坦的准噶尔汗的地位"。见《蒙藏民族关系史略》,第179页。宫胁淳子认为,康熙三十三年赠给策妄阿喇布坦的称号为"额尔德尼卓里克图珲台吉",三十六年赠给阿玉奇为"岱青阿尤喜汗",分见《最后的游牧帝国》,第169、193页。
[2] 《清圣祖实录》卷180三十六年二月壬寅。
[3] 《起居注》四十五年十月二十一日乙巳。
[4] 《准噶尔汗国史》,第237—238页。
[5] 《清圣祖实录》卷174三十五年八月甲午。

退居青海。[1]据拉藏汗自云:"今年正月十五日,第巴指称达赖喇嘛之言,令我拉藏勿留招地方。与尔兄弟合住,或去何地居住,悉听尔便。"[2]而拉藏汗亦不欲西藏摆脱和硕特而另求外援。事件过程没有必要复述,而其结果则打破了各方势力的平衡,最终造成西藏政权的大变局。

  目前没有材料表明,拉藏汗入藏杀害第巴、拘捕六世达赖仓央嘉错,事前曾受到清廷的指使或暗示。[3]但拉藏杀第巴,为清廷解除青海方面的担忧,玄烨视为莫大功绩。[4]第巴被杀后,仓央嘉错曾通告清廷使臣,请将拉藏暴行奏报玄烨。清使以"皇上未将我等派往尔达赖喇嘛处,尔等之言我等不可启奏"为由而拒绝。而清使返回之际,拉藏汗谓之曰:"我想,既执第巴,如何处置之处,经奏请皇上,遵旨施行。"[5]拉藏汗杀第巴、押送六世达赖一举,得到清廷支持则确凿无疑。玄烨对此均自认不讳。《起居注》四十五年十月二十一日,玄烨谓大学士曰:"前遣护军都统西住等往擒假达赖喇嘛(按:指六世达赖仓央嘉错)及第巴妻子。本朝若不遣人往擒,如策旺喇卜滩迎去,则西域、蒙古皆向策旺喇卜滩矣,故差西住等前去。"《实录》、《方略》西住作席柱。《实录》卷227同年十二月初三日丁亥,先是,拉藏杀第巴,清廷"命护军统领席柱、学士舒兰为使,往封拉藏为翊法恭顺汗,令拘假达赖喇嘛赴京。拉藏以为执送假达赖喇嘛,则众喇嘛必至离散,不从。席柱等奏闻。上谕诸大臣曰:'拉藏今虽不从,后必自执之来献。'至是,驻扎西宁喇嘛商南多尔济果报拉藏起解假达赖喇嘛赴京,一如圣算。"卷259五十三年六月初五日乙亥,谕曰:"拉

---

[1] 参《松巴堪布青海史译注》。

[2] 《满文奏折》,四十四年十二月二十六日《议政大臣俄费等奏报拉藏班禅等奏本内容折》,第399—404页。

[3] 《满文奏折》,四十四年十二月二十六日《议政大臣俄费等奏报拉藏班禅等奏本内容折》,拉藏汗于杀害第巴之后向清廷求援,称:"无知小人我向度量谋略超卓之文殊师利皇帝(指玄烨)启奏虽难,但依前世恩缘,以如雨滴益于海之清白之心具奏,若有非是,请予鉴谅。"第399—404页。据此可知,此前拉藏与清廷联系不多。

[4] 《满文奏折·谕侍郎满柱速赴青海审事事》:第巴在世之时,"于青海周围兴风作浪。杀第巴者为拉藏耳。由此可见,拉藏之功大也",第1534页。原件未具年月日。

[5] 并见前注《议政大臣俄费等奏报拉藏班禅等奏本内容折》。

准噶尔之役与玄烨的兴兵之由

藏汗将凶恶第巴杀死,朕加褒奖,封为扶教恭顺汗。伊真倾心内向,不但朕知之,即各处人亦皆知之。"

今人著述论及拉藏占据西藏事,多将杀第巴与拘捕仓央嘉错二事并举。然据上引玄烨所云"拉藏今虽不从",则知拉藏当初未必有押解仓央嘉错之想。[1]既迫于清廷意旨而行,则另立达赖喇嘛乃势所必然。又"前将假达赖喇嘛解京时,曾奉谕旨令寻真达赖喇嘛"。[2]此系后来拉藏对清廷使臣所言,绝无编造之嫌。是知更换达赖喇嘛一事,始作俑者并非拉藏,而是玄烨。仓央嘉错死于青海途中,西藏民众寄予深切同情,更加憎恨拉藏。拉藏至此骑虎难下,只得借助清廷支持,立其私生子伊喜嘉错为新六世达赖。[3]此举又立即遭致西藏僧俗与青海蒙古诸台吉的普遍反对。然清廷却予以承认,竟于四十六年在五世班禅主持下举行坐床典礼。[4]究其始末,当然是拉藏乞援清廷在先,随后即堕于玄烨彀中,成为清廷工具,由是在西藏丧失人心。我怀疑拉藏后来对清廷虚与委蛇,保持距离,即以此。

无论如何,清廷对拉藏汗的支持和利用,并未能让其唯清廷马首是瞻。五十六年七月玄烨得知准噶尔军由青海进入西藏,立即怀疑拉藏汗勾结准噶尔图谋青海,无疑说明玄烨对拉藏汗甚不信任。而拉藏汗对玄烨的这种态度,应该说也明了于胸。前引《方略》所载拉藏告急奏文最后部分说:"臣现率兵守护招地,但土伯特兵少可虑。若贼兵入据喀木卫藏

---

[1] 伯戴克已经察觉到这一点。其云拉藏"反对前摄政王(第巴桑结嘉错)的斗争已经完全胜利了。但这个胜利却使他自己置于地位不容动摇的达赖喇嘛的对立面"。"为了处理这个微妙的问题,拉藏汗首先联络班禅的感情,其妻于1705年拜见班禅,赠送昂贵的礼品。他还向一些大寺庙献殷勤"。"拉藏汗本人是劝告皇帝(对于六世达赖仓央嘉错)谨慎从事的。皇帝已经下令派人把达赖喇嘛送到北京去;但拉藏汗害怕这样做会在西藏喇嘛当中引起强烈的反对,因此要求暂缓执行。但皇帝通过当时驻西宁的库库和屯大喇嘛商南多尔齐,断然命令拉藏汗逮捕达赖喇嘛并押送到国都。"见《十八世纪前期的中原和西藏》,第14—16页。
[2] 《清圣祖实录》卷236四十八年正月己亥。
[3] 参王尧《第巴·桑结嘉错杂考》。另有说伊喜嘉错被"命名为达赖七世",见杜齐《西藏中世纪史》,第143页。
[4] 见王辅仁、陈庆英《蒙藏民族关系史略》,第175页。

地,窃恐黄教殄灭。以此吁求皇上圣鉴,速发兵并青海兵即来策应。"可见拉藏欲以说动玄烨者有二:其一,在策零攻陷拉萨之后,必将进而东侵占据喀木,直接威胁青海、四川;其二,我拉藏和土伯特固无关紧要,但达赖喇嘛一旦为准部所控制,必将以此号令蒙古各部,你玄烨对此能否漠然处之!拉藏于身陷绝境之际,用以动玄烨之心者,乃清廷之利害,而非己身之存亡。这也表明,拉藏在多次求援无果之后,对于玄烨是否肯予救援并无把握。从双方态度来看,清廷与拉藏汗的结合绝非如流行的看法那样密切。

拉藏汗能谋害其兄丹津旺秋夺得汗位,[1]以及不顾拉萨三大寺调停而袭杀第巴,控制西藏,[2]可知并非一味嗜酒贪财之徒,也绝不糊涂颟顸。相反,他权力欲极强,富于心计,不愿意受人任意摆布。玄烨若想通过支持拉藏入主西藏,使其唯命是从,则是缘木求鱼。拉藏汗与清廷在相与为用的同时,彼此间又甚为猜防。

早在康熙三十六年玄烨开始招抚青海时,拉藏的态度就显示出这一点。时嘉峪关外青海左翼台吉衮布率先奏请清廷:"数年来,青海诸台吉私盟,皆未与。请内附。"清廷使臣召集青海诸台吉会盟察罕托罗海,衮布先后遣二子额尔德尼额尔克托克托鼐、朋素克赴盟。拉藏却以兵胁迫额尔德尼额尔克托克托鼐返回,又责朋素克曰:"尔父私遣使内附,非欲贰青海乎?将兴兵与尔父构难。"寻遣使谓衮布:"尔独希宠天朝,非所宜。我将偕青海诸台吉内附。"因撤兵。[3]拉藏率兵前来,其意图甚为明显,即不欲青海诸台吉各自为计,必保持和硕特部内部紧密联系,亦欲青海台吉仍需听命于己。与清廷定盟后,以达什巴图尔为首的青海台吉多应召赴京朝觐。但"拉藏汗没有去北京,而在第

---

[1] 杜齐《西藏中世纪史》:"(达赖汗)次子拉藏,贪嗜权力,为了攫夺和硕特汗位而杀害了丹津旺秋。"第140页。

[2] 事件过程,王辅仁、陈庆英《蒙藏民族关系史略》第四章第五节有很好的叙述。《满文奏折》四十四年十二月二十六日《议政大臣俄费等奏报拉藏班禅等奏本内容折》,第399—404页,所述甚详,亦可参。

[3] 《国朝耆献类征初编》卷首95《外藩蒙古回部王公表传·多罗贝勒衮布列传》。

二年土虎年（1698）从巴茹楚噶到达前藏,并住在以前蒙古汗王居住的地方"。[1]这次拉藏未曾赴京理由若何,不得而知。但此后直至拉藏被杀的二十年间,亦从未赴京朝觐一次,亦足说明其以一方大汗自居,并不热衷投靠清廷。

拉藏汗继承汗位不久,玄烨又欲班禅五世入京朝觐,命喇嘛商南多尔济召集蒙古诸台吉于青海盟会。拉藏汗虽前来赴盟,但旋即带兵返回西藏。关于拉藏汗退出的真实原因,目前尚不完全清楚。据拉藏汗疏称:"关系君主圣明诸事,无有不愿去之处。听从多尔济喇嘛之言,而去亦不可,驻此亦不成,故起程移营。多尔济喇嘛曰:'班禅不赴朝觐,故君主将降罚教内生灵,尔前去请'等语。窃惟文殊师利汗（按:指玄烨）以使教内生灵安泰为要,巍巍明旨如日月,俾令教民安逸,我虽巧言何用？若皇上有旨,且于政教有益,则我前往。时多尔济喇嘛逼言:'第巴乃我等之敌。尔与第巴一心,我亦知之。'等语。对答良久,言语愈多。唯皇上并未降旨命我前来。且为政教事,与多尔济喇嘛无话可言,故不便去;欲住原处,又与多尔济喇嘛不合。是以惧多尔济喇嘛而移营。倘我之此意非是,请以大慈之心鉴之,鉴之。将礼物、鸟枪一并奏上。"是知喇嘛多尔济宣称以兵相胁,令班禅入京,并认为拉藏与第巴一心,对抗清廷旨意云云,引起拉藏汗强烈不满。而拉藏所谓"皇上并未降旨命我前来,且为政教事,与多尔济喇嘛无话可言",虽针对商南多尔济,却也明白无误地表明不欲清廷干预西藏。除对玄烨客客气气表示一点贡物之外,拉藏竟将清廷计划置于不顾,班禅入京一事自然也因此流产。商南多尔济如何向清廷辩白,在此不论,但他说"我虞拉藏向为多心,疑忌不定",则准确说明了拉藏汗的态度。而奇怪的是,清廷对拉藏汗的呈文非但未有些许质疑指责,反而"颁谕书以劝慰拉藏"。[2]双方关系微妙,可见一斑。霍渥斯《蒙古史》云:拉藏汗"和满洲人十

---

[1] 见《松巴堪布青海史译注》。
[2] 《满文奏折》四十年十二月二十七日《理藩院奏报拉藏西徙原委等事折》,第252—260页。

分友好,实际上几乎就是满洲人的工具",这一看法流行颇广。如所谓"拉藏汗的亲清态度引起了与代表西藏地方割据势力的桑结嘉错的矛盾和斗争",[1]均未必符合实情。拉藏汗与第巴的矛盾根源,主要在于对西藏的控制权,而不在拉藏汗亲近清朝。而为人忽视的是,事实上拉藏汗同样不愿受清廷控制。

(三)赫寿出使西藏与拉藏汗的态度

康熙四十八年清廷使臣赫寿出使西藏一事,亦清楚反映拉藏的立场。五十六年七月玄烨得知西藏有事,即命赫寿致书拉藏,乃因赫寿曾于四十八、四十九年间前往拉藏汗处,调查新六世达赖真伪,并参与主持其坐床典礼,实则代表清廷支持拉藏汗所立伊喜嘉错。

《实录》卷236四十八年正月二十七日己亥:

> 先是,拉藏立波克塔胡必尔汗为达赖喇嘛(按:即伊喜嘉错),青海众台吉等未辨虚实,彼此争论讦奏。上命内阁学士拉都浑率青海众台吉之使人赴西藏看验。至是,拉都浑回奏:"臣遵旨会同青海众台吉之使前往西藏,至噶木地方见拉藏,问以所立达赖喇嘛情由。据云:'前将假达赖喇嘛(按:指仓央嘉错)解京时,曾奉谕旨令寻真达赖喇嘛。今访闻得波克塔胡必尔汗系真达赖喇嘛。'亦不能信。又问班禅胡土克图,据云:波克塔胡必尔汗实系达赖喇嘛。我始为之安置禅榻,非敢专擅。"奏入,命议政大臣等议。寻议:拉藏所立达赖喇嘛,既问之班禅胡土克图,确知真实,应毋庸议。但达赖喇嘛例有封号,今波克塔胡必尔汗年幼,请再阅数年始议给封。又青海众台吉等与拉藏不睦,西藏事务不便令拉藏独理,应遣官一员前往西藏协同拉藏办理事务。得旨:依议。其管理西藏事务,着侍郎赫寿去。

---

[1] 并参马汝珩、马大正《论罗卜藏丹津叛乱与清政府的善后措施》,载二氏合著《厄鲁特蒙古史论集》,青海人民出版社1984年版。

此前四十六年,拉藏新立伊喜嘉错坐床,乃班禅主持。松巴堪布《青海史》云"火猪年(1707),根据一些喇嘛和降神者的预言,门巴益西嘉错被认定为达赖喇嘛"。[1] 由于前藏三大寺皆为拉藏的反对派,此所云"喇嘛和降神者",即暗指后藏班禅。此次调查达赖喇嘛真伪,自然也得到班禅支持。班禅秉承清廷旨意行事,意在一洗往年未能朝觐之嫌。后来清廷予以扶植,赏赐班禅额尔德尼称号,并非偶然。[2] 既然班禅此时已证明伊喜嘉错系真胡必尔汗,清廷即可顺势定夺。然而清廷却又不急于加给伊喜嘉错封号,而欲乘机调查插手西藏事务。后人因"西藏事务不便令拉藏独理",赫寿奉命"前往西藏协同拉藏办理事务"、"管理西藏事务"等语,即以为四十八年清廷已开始在西藏行使管理权。[3] 稽诸史籍,赫寿在西藏仅约一年有余,使命即办理达赖喇嘛一事。[4]

赫寿行至西藏之后,与拉藏汗关系如何,《汉文朱批奏折》载有四十八年十一月十一日《赫寿奏为到藏后看得西藏情形折》并附《朱谕一道》,提供信息甚多。

赫寿折开首云:"奴才请训旨时,奉上谕:如有可密之事,命奴才汉字奏闻。钦此。"此折收入《汉文朱批奏折》以此。密折唯折奏者本人与

---

[1] 见《松巴堪布青海史译注》。
[2] 《清圣祖实录》卷253五十二年正月戊申。王辅仁、陈庆英《蒙藏民族关系史略》,第132页,指出清廷正式册封班禅五世罗桑意希为"班禅额尔德尼",在一定程度上是固始汗平衡达赖、班禅两个系统政策的继续。"平衡"一语,似嫌夸张。
[3] 《清史稿》卷525《藩部八》云:"遣侍郎赫寿协理藏务,是为西藏设官办事之始。然犹不常置也。"张羽新《清代治藏要论》,第41页,"和此前清中央政府派赴西藏执行某项具体任务的'专差'性质不同,赫寿则以钦差大臣的身份常驻拉萨,被赋予的职权是'协同拉藏办理事务',有管理西藏事务之责、之权,有权直接处理西藏地方事务"。又云"仍属执行临时任务的钦差"。前后似相抵牾。中国藏学出版社2004年版其他著述类似模棱两可者甚多,皆因将清廷意图与实际情形混为一谈。
[4] 伯戴克据1735年巴黎出版的杜·哈尔德所著《中华帝国和中国鞑靼人的地理、历史编年、政治、自然的概述》及福克斯所著《耶稣会士的康熙地图》,指出赫寿出使西藏还负有"另一个使命,奏有很不平常的命令",即绘制西藏地图。见《十八世纪前期的中原和西藏》,第19页。

玄烨所知[1]，已属甚秘，且满人当用满文折奏。[2]而赫寿此行特命以汉文折奏，实恐若用满语，落入藏人或蒙古人手中，即能通晓、风传，其中议论拉藏之处，尤不欲令其闻知。玄烨用心深远、处事周密，迥非常人所及。

赫寿继云："奴才到藏，看喇藏（即拉藏）形景，深感圣恩，甚畏天威。且今年奴才等此来，皇上照伊所请，准达赖喇嘛坐床，又将巴尔喀木差役依旧给还。皇上重赏之外，又赐盔甲弓箭海青等物。喇藏见所未见，喜不自胜，感恩颂德，似出自本心。"据此，又知拉藏之所以敢立伊喜嘉错为新六世达赖，即恃清廷支持，实则由赫寿具体操办。赫寿特奏报拉藏感戴出自真心，乃为使玄烨宽心，此赫寿细心处。玄烨不仅承认拉藏汗入藏，并应允其所另立达赖，且以重赏加以笼络，若拉藏汗忘恩负义，则不啻养虎为患，此正玄烨所担心。

事情也非完全如玄烨之意。折中又云："然而伊疏内有'不敢违旨留奴才等居住'等语。细窥其心，此疏往返，奴才等一年将满，并非为奴才等住一年起见，惟恐不册封达赖喇嘛，年年有人久住，皇上耳目咫尺，伊不得自如，又怕旁人疑议，以此深为忧虑。达瓦曾奏'差人协理，于伊主大有裨益'等语。今年入京，不差达瓦而差别人者，恐达瓦难于奏对之意。"可见拉藏汗所以请求清廷使臣来藏，特为增重新六世达赖的权威，但又担心"旁人议论"，即害怕西藏僧俗及青海诸部议论其彻底投靠清廷。拉藏不派倾向清廷的达瓦而另差别人，且"不敢违旨留奴才久住"。据赫寿判断，其原因乃因"年年有人久住，皇上咫尺耳目，伊不得自如"。真实地反映出拉藏汗不愿为清廷所控制，唯希望清廷使者速行册封，事毕即离藏。

赫寿折最后所奏情形，亦将增添玄烨不安："又闻喇藏于策妄阿尔布坦每年彼此有人往来。今年策妄阿尔布坦于（与）哈克萨（即哈萨克）争

---

[1]《满文奏折》四十三年二月二十二日甘肃巡抚齐世武折，朱批："凡尔等总督巡抚所奏一切事宜，朕即亲草批发回，并不起稿，又无人知。朕于事细密，不被泄露之意如此，断不倦怠。"第311页。此类慎重之词甚多，不赘举。

[2]《汉文奏折》第3册，五十年六月十一日，湖广总督额伦特请安折用汉文，玄烨朱批："尔是满州，折子该写清字才是。"第589页。

准噶尔之役与玄烨的兴兵之由

斗，所以至今尚未有人到藏，喇藏旧年差去之人亦尚未回。原有迪巴（第巴）时，土白忒人强而额鲁得弱。今看额鲁得最强而土白忒最弱。然土白忒人情风俗，无耻下流，弱懦不堪。又闻额鲁忒原在藏有五千余人，其所居地方，于人不相宜，生育者少，即生育亦难于长成，所以人丁比先渐减。为此一并奏闻。"按：此中额鲁得即厄鲁特，当指拉藏汗的和硕特部，眼前虽然得势，然能否长期占据西藏，以及拉藏汗与策妄阿喇布坦之间的关系，都很难保证。凡此必然引起玄烨注意。

所附朱谕一道，未具月日，为得知赫寿折奏之后将其召回之旨，依前注当在四十九年三月以后。玄烨特别叮嘱赫寿，返回时须对拉藏讲明：

> 皇上打发我们到此，原非为得藏里土地人民，亦非有他意。今尔所奏既明，所以皇上叫回我等去。我等回去之后，西海（即青海）尔的骨肉亲戚竟不相干，藏里人终来非尔之人。皇上此一断（段）养尔的意思，惟恐无益，反而叫人耻笑。凡事要小心，不可听谗言，再别生事。尔倘若不听我们金石良言，后悔无及矣。[1]

观此，则知四十八年清廷远不敢将西藏视为可得之地，即于青海亦羁縻而已。此谕出自玄烨亲笔，声明清廷无意窥伺西藏，固在安拉藏之心，亦出于不得已。"原非为得藏里土地人民"云云，即得知拉藏不欲赫寿久住，于拉藏不欲清廷插手已甚了然，悻悻然之情不觉流露笔端。此亦如叮嘱图理琛拒绝土尔扈特阿玉奇之言，皆当以反语读之。玄烨表示担心拉藏不能固结西藏、青海各部以致偾事，则此前清廷支持拉藏汗入藏一举将成为笑柄，绝非仅对拉藏示以恩爱，乃谓其离开清廷庇护，必将遭恶报云。玄烨之于拉藏不满，实起缘于此。

拉藏不欲赫寿久住，说明拉藏改换六世达赖之后对清廷若即若离，且与准噶尔部使节来往频繁，积极另寻在西藏的立足之道。而有意思的

---

[1] 见《汉文奏折》第2册，第694页。

是，玄烨得知拉藏真实态度之后，[1]反而唯恐失掉拉藏这张牌，立即满足了拉藏的需要，正式加封伊喜嘉错为六世达赖喇嘛。四十九年三月，"议政大臣等议：拉藏及班禅胡土克图西藏诸寺喇嘛等会同管理西藏事务侍郎赫寿，疏请颁赐波克塔胡必尔汗以达赖喇嘛之封号。查波克塔胡必尔汗因年幼奉旨俟数年后授封。今既熟谙经典，为青海诸众所重，应如所请，给以印册，封为六世达赖喇嘛。从之"。[2]

赫寿的奏折和玄烨的朱笔谕旨，提供了绝对可信的第一手证据。四十八、四十九年清廷借六世达赖册封一事，对拉藏始则试探，后予以支持，绝非因拉藏死心塌地追随清廷，实则相反，拉藏坚持不受清廷摆布，而清廷对西藏亦一时鞭长莫及，故对拉藏汗多所迁就。自表相视之，似乎清廷与拉藏汗的合作愈加亲密，其实彼此互相利用愈多，猜忌也就愈甚。迨五十七年拉藏汗身死之后，按玄烨的解释，原本欲使"达赖喇嘛之床，请博克达班禅于布达拉暂坐。达赖喇嘛之呼毕勒罕(指伊喜嘉错)尚无识认之凭证，真假难辨，岂可轻准坐床？朕虽为大皇帝，但众意不从，不能认为是达赖喇嘛而强立之，是以推辞。后拉藏汗会同青海台吉等奏请，言'未准班禅坐达赖喇嘛之床。若不册封达赖喇嘛坐床，则土伯特人心不稳，将有误喇嘛之教也'等语。朕无可奈何，难辞固始汗之孙(谓拉藏汗)及众意，故派大臣等与青海大小台吉共议，准予坐床矣。后因拉藏再四奏请赐封，始封为六世达赖喇嘛，颁给册印，但未如五世达赖喇嘛授以称号，每年遣使往来，印上惟书六世达赖喇嘛"。[3]所谓册封伊喜嘉错为拉藏汗与青海台吉共同奏请，显系谎言。拉藏汗既依清廷旨意押解六世达赖仓央嘉错，则清廷欲以班禅取而代之，实非拉藏所能接受，作为回报，

---

[1]《满文奏折》四十九年正月二十八日《侍郎赫寿奏报土伯特人生活等情形折》："拉藏汗先遣之人，尚未到策妄喇布坦处。据闻当地人言：哈萨克吞噬策妄喇布坦部下辉特人等，策妄喇布坦率师亲征。"第663页。可见拉藏通使准噶尔及准噶尔动态，赫寿在密切监视并及时汇报玄烨。

[2]《清圣祖实录》卷241四十九年三月十三日戊寅。

[3]《满文奏折·敕谕策妄喇布坦派使人奏明杀害拉藏汗缘由事》，第1528页。原件无年月日，据内容推之，应为五十七年玄烨得知西藏失陷之后。

册立伊喜嘉错,亦势所必然。唯在此过程中,玄烨已明了拉藏决非听任清廷任意摆布,忿懑之情久积于胸,此时方才道出。

大约赫寿返回不久,清廷对拉藏及新立六世达赖态度已开始冷淡。五十一年初,拉藏汗向清廷奏报,说今年使臣无法按期抵京,随即提到清廷接待礼仪及赏赐,颇值得留意。"恩赏达赖喇嘛使臣之盘缠等物,不及前世达赖喇嘛之使臣丰厚。因此,怀有恶意之人,以此为把柄,妄言现世达赖喇嘛之法教不及前世达赖喇嘛等语,怪罪寻隙,未可预料。伏乞皇帝睿鉴,恩准照前为之"。[1]由于清廷对达赖喇嘛使者的冷淡,已使伊喜嘉错的威信更为下落,且原为达赖喇嘛商上的喀木赋税,亦因青海台吉的干扰而无法保证,这里所谓青海台吉即右翼察罕丹津。后一条清廷如何调停,见下文。而对达赖喇嘛使臣的待遇,则似乎依然未变。[2]后来玄烨自云:"前年达赖喇嘛、班禅之使者来觐,赐宴时,朕以为该达赖喇嘛之使者不能照五世达赖喇嘛之使者例,坐于班禅使者之上,遂令坐于班禅使者之下。为此,拉藏去年具疏奏言(力争)。朕对该坐床之呼毕勒罕始终未予确认。"[3]既已册封伊喜嘉错为达赖六世,何得谓始终未予确认?唯转入冷淡,固是实情。拉藏所报策妄阿喇布坦有百余人进入西藏西面的阿里一事,清廷亦不予理睬:"策妄喇布坦之人去阿里、沙札干地方一事,并无其他缘由,亦无庸议。"显然,拉藏与策妄阿喇布坦相互往来已致使清廷相当不快,不欲进一步卷入两者的具体纠纷。总之,拉藏汗所有请求皆未见有清廷的积极响应。

拉藏对此产生何种反应,史料无征。但可以肯定一点,清廷这种态度绝无可能迫使拉藏汗彻底驯服。后来清廷转而支援青海台吉拥立的里塘胡必尔汗,与拉藏所立的六世达赖伊喜嘉错形成对峙,又使清廷与

---

[1] 《满文奏折》五十一年二月二十日《理藩院奏请议定六世达赖喇嘛使臣待遇折》,第770页。

[2] 并参《满文奏折》五十一年七月至八月三份奏折《理藩院奏请赏赉达赖喇嘛使者札咱堪布折》、《理藩院奏报照例赏赉达赖喇嘛使者折》、《理藩院奏报达赖喇嘛使者请求加拨驿车折》,第807—811页。

[3] 《满文奏折·敕谕策妄喇布坦派使人奏明杀害拉藏汗缘由折》,第1528页。

拉藏的裂隙进一步加深。拉藏所立伊喜嘉错既难以自立,故其"依附红教",[1]以扩大在西藏的根基,亦非不可解之事。但由此更加招致黄教三大寺反对,引导准噶尔入藏,以推翻拉藏在西藏的统治。

拉藏面临西藏内部的反对和清廷的冷淡,遂积极加强与准噶尔的联系。这种姿态,玄烨当然心中有数。拉藏之姊本为策妄阿喇布坦之妻,五十三年,拉藏又与策妄结为儿女姻亲,并将长子噶尔丹丹津送至准噶尔。此举立即引起玄烨警惕。《实录》所载玄烨谕旨,恐拉藏堕入策妄阿喇布坦术中,云"伊真倾心内向,不但朕知之,即各处人亦皆知之。但厄鲁特秉性猜疑,又甚疏忽。朕为拉藏汗时常留意"。[2]似在关心拉藏安危,实则掩饰其内心不满却又无可奈何之情。随后拉藏向清廷索要川西打箭炉一地,即为玄烨断然拒绝。[3]至于里塘胡必尔汗致使拉藏与青海台吉产生嫌隙,玄烨态度如何,下文论及。而至五十六年,玄烨一经闻知准噶尔军入藏,不假思索即怀疑有可能是拉藏与策妄阿喇布坦相勾结,当是多年内心所蓄之激发。应该说,这才是玄烨对拉藏的真实思想。

四、游移暧昧的青海蒙古与里塘胡必尔汗的争夺

五十六年玄烨得知准军入藏,即怀疑拉藏勾结准军图谋青海,表示清廷将全力支持青海台吉。然如前所述,玄烨既以准军由青海入藏,则于青海台吉不能无疑。看来,玄烨的态度颇为矛盾,而青海台吉的立场也相当微妙,值得细细分析。

---

[1] 并见《满文奏折·敕谕策妄喇布坦交还拉藏汗妻子及被掠人财事》,第1526页;《敕谕策妄喇布坦派使人奏明杀害拉藏汗缘由折》,第1528页。
[2] 《清圣祖实录》卷259五十三年六月乙亥。
[3] 《清圣祖实录》卷259五十三年七月丙寅。

（一）里塘胡必尔汗现身

拉藏汗杀害第巴，又奉清廷之命更立达赖喇嘛，在西藏激起难以消弭的仇恨。[1]西藏僧俗始终不肯承认伊喜嘉错，依然怀念已经死去的六世达赖仓央嘉错。传说仓央嘉错在押经青海时遇害，死前曾留下遗言，将在里塘转世。[2]果然不到两年，噶桑嘉错就在里塘出生，[3]时维康熙四十七年。拉藏所立伊喜嘉错，引起青海台吉的强烈不满，而对抗拉藏最好的手段，莫过于重新寻找一个合法的转世灵童。于是经西藏三大寺喇嘛验证，里塘出生的噶桑嘉错为转世灵童，立即得到青海众台吉的承认。[4]

《国朝耆献类征初编》卷首104《索诺木达尔扎列传》："唐古特人，初居里塘，其妻曰罗卜藏吹木索。有子二，长罗卜藏噶勒藏嘉穆错（亦称噶桑嘉错），即第六世达赖喇嘛也。幼慧甚，唐古特众及青海诸台吉敬事之。时别有博克达之阿旺伊什嘉穆错者，拉藏汗立为达赖喇嘛，闻罗卜藏噶勒藏嘉穆错名，忌之，将以兵戕。索诺木达尔扎褓负走，乃免。青海诸台吉诘拉藏汗，与争达赖喇嘛真伪，遣官往徙罗卜藏噶勒藏嘉穆错，以索诺木达尔扎护居西宁宗喀巴寺。"则噶桑嘉错居里塘时，已为西藏、青海所拥戴，而拉藏汗则欲杀之以绝后患。《满文奏折》记载："小灵童在里塘

---

[1] 德斯得利《西藏纪事》："达赖喇嘛死亡的消息，在西藏人中引起无限的悲痛，并对拉藏汗产生极大的仇恨，特别是在西藏的僧人中，他们希望推翻拉藏汗。"《松巴堪布青海史译注》："以往的传说认为，没有比这个汗王（拉藏汗）更可怕的了。他建立了邪恶的宗教和世俗的法律，这些法律违背了施主与上师之间的习俗，因此犯下了种种暴行。由于这一点，人们可以想象后来拉藏汗是受到报应的。"杜齐《西藏中世纪史》："这位僭教主（指伊喜嘉错）是软弱无能的一类人物，其受推举并没有得到人们的同意。拉藏汗的政策更不受欢迎。"第143页。

[2] 曾国庆《清代藏史研究》，仓央嘉错生前留下了这样的诗句："天空洁白的仙鹤，请把双翅借给我；不去远处的地方，到理塘转转就回。"第59页。

[3] 《松巴堪布青海史译注》："土鼠年（1708），达赖喇嘛噶桑嘉措出生在康区的里塘。"杜齐《西藏中世纪史》，第143页，以1708年为土鸡年，转世的具体日期是七月十九日。

[4] 参见王森《西藏佛教发展史略》，第196—197页。

时,(拉藏汗任命的里塘总管堪布)在拉藏前有诽谤小灵童之处。后青海王贝勒将该灵童请来。"[1]据此,拉藏汗欲对里塘胡必尔汗有所不利。德斯得利《西藏纪事》记载里塘胡必尔汗的现身对西藏的冲击:"一种流言在西藏传开了:出生在下鞑靼(即青海)和中国交界处(西宁附近)的一个幼童宣称:他就是被拉藏汗杀死的那个西藏达赖喇嘛,是这个达赖喇嘛临终前按照他对亲爱的西藏人许下的诺言而转世的,拉萨的达赖法座是他的。他的唯一愿望是会见他亲爱的弟子,并帮助他们摆脱眼前的不幸境遇。这种传说,在西藏人中引起了难以置信的轰动,特别是在僧人中。他们都渴望见到自己的达赖喇嘛,热切地祈望他回来,再次登上法座。拉藏汗派出一些可靠的喇嘛和学者,来到这孩童的住地,以便慎重地验证所说的孩童是否为前一个达赖所转生。这些喇嘛和学者经过严格的调查后,回来向拉藏汗报告,他们没有足够的证据证明这孩童就是前一个达赖喇嘛。因此,拉藏汗不仅禁止把这个孩童带回西藏,而且还同中国皇帝商定,把他关在一个城堡里,用可靠的警卫看守。"[2]德斯得利说拉藏仅是禁止里塘胡必尔汗入藏,并无加害之事,与上引《耆献类征》抵牾。而杜齐依据《七世达赖喇嘛传》认为:"拉藏汗看着他拒绝里塘的新达赖没有成功,就千方百计要掌握这个小孩子,但终归失败。"[3]

伯戴克根据藏文史料,认为里塘胡必尔汗转入青海时维康熙五十三年初,而早在前两年,清廷已派使臣前往后藏咨询班禅的意见,并试图将新转世灵童送至北京,但未能成功。[4]但据《清实录》、《满文奏折》,清廷对里塘胡必尔汗引起青海台吉与拉藏汗之争进行干预,始于五十三年

---

[1]《满文奏折》五十八年七月二十六日《胤禛奏办理里塘巴塘户口茶等情折》,第1424—1426页。

[2] 见前揭《清代西人见闻录》,第126页。

[3]《西藏中世纪史》,第143页。伯戴克据《七世达赖喇嘛传》、《第四十八任甘丹寺法台传》补充这一说法,"虽然拉萨的乃穷护法神已确认了新的转世灵童,但(拉藏派出的)这些官员还宣称他是骗子。"见《十八世纪前期的中原和西藏》,第21页及第37页注。

[4]《十八世纪前期的中原和西藏》,第21—22页。

准噶尔之役与玄烨的兴兵之由

九月。直至五十五年,青海台吉才按清廷之意将里塘胡必尔汗转入西宁塔尔寺。不论如何,此前里塘胡必尔汗一直在青海右翼台吉的保护之下。而主持其事的,正是拉藏汗同族的右翼首领察罕丹津与达什巴图尔、罗卜藏丹津父子。

与明末固始汗入主西藏的情形不同,经过五世达赖和第巴桑结嘉错数十年经营,格鲁派一统西藏的局面已根深蒂固。第巴排斥拉藏汗,并非仅仅是由于个人恩怨,而是代表西藏僧俗势力企图摆脱和硕特蒙古的控制,故获得拉萨三大寺一致支持。前述康熙四十四年初,拉萨传召大会调停第巴与拉藏的矛盾,共议以第巴退居山南,而以拉藏返回青海,实则令其退出西藏。拉藏汗回师入藏,无异是自元初以来蒙古首领以武力占领西藏的重演。然而时非势异,西藏既非如昔日分裂,拉藏亦非阔端、却图、固始之流,可以号令群雄。其攻占西藏,固是绰绰有余,然欲稳稳掌控西藏局势,对付各种外部干预,却势有不能。更重要的是,清王朝不是宋、明,且远较蒙古各部更为强大,更时时觊觎青海、西藏。第巴拥立六世达赖仓央嘉错,实为维系各方势力暂时平衡的纽带。拉藏汗自恃武力,一味蛮行,遂使这一纽带断裂,为准噶尔、清廷干预西藏提供了机会与口实。从此,里塘胡必尔汗即成为各方关注的焦点。我以为此事最大意义,即加速了清廷与准噶尔、青海及西藏关系的进程。

若非拉藏一举,则不会有里塘胡必尔汗,青海与西藏亦不可能出现巨大的裂隙。玄烨欲青海蒙古彻底听命于清廷,恐仍需大费周章;而清廷若不能驾驭青海,则统治西藏亦无从谈起。里塘胡必尔汗一经现身,青海与西藏的对峙便不可避免,对清廷可谓天赐良机。此时清廷欲控制青海,关键又在阻断准噶尔部与青海和硕特蒙古的联系。玄烨兴启准部之役,正为此而发。

(二)玄烨亲征噶尔丹与青海台吉朝觐

明末固始汗占领青藏之后,本人驻跸拉萨,以其子十人驻牧青海,其中八人后来受封清廷,即所谓青海八台吉。固始汗去世之后,因五世达赖的安排,青海蒙古分为左右翼。[1]大约东起东科尔山,沿青海湖北缘向西至布隆吉尔河为界,北为左翼,包括甘州至哈密一线以南;南为右翼,包括川西里塘、巴塘地区。固始汗长子达延号鄂齐尔汗,鄂齐尔汗及其裔达赖汗、拉藏汗坐镇西藏,亦分领青海左翼。[2]第二子鄂木布车臣号岱青为左翼长。第六子多尔济号达赖巴图尔为右翼长,佐理藏务。[3]多尔济死后,右翼长由其子萨楚墨尔根继领。迨康熙三十六年清廷迫使青海台吉朝觐之后,右翼长遂转入固始汗第十子扎什巴图尔(亦作达什巴图尔)。清初固始汗和五世达赖虽然都接受清廷册封印信,遣使朝贡,但只是一种象征性的意义。清廷对青海、西藏政教事务并不干预,和硕特首领和五世达赖处置辖境内事务,亦不必请示清廷。

在清廷与青海蒙古的关系进程中,有两个重要时期:一为康熙三十五、三十六年间对青海蒙古的招抚,一即五十三年至五十五年间对里塘胡必尔汗的争夺。

三十五年清军击溃噶尔丹,玄烨宣捷于青海、西藏,虽称"朕无责达赖喇嘛、达赖汗、青海诸台吉之意",[4]而责问第巴桑结嘉错四事,即有与青海台吉有关者:"青海博硕克图济农潜与噶尔丹结姻,往来通使,而尔又不举发。如噶尔丹、博硕克图济农无尔之言,有相与为姻者乎?"故责令第巴"解青海博硕克图济农所娶噶尔丹之女"来京。[5]但达赖喇嘛所遣管理青海事务善巴陵堪布言:"此事大,我不得独主其议。俟青海诸台吉同来会盟,定议再覆。"于是檄令青海台吉会盟议定。显然,玄烨欲以博硕克图济农与噶尔丹联姻一事为制服青海台吉的突破口。博硕克图济农为固始汗第五子伊勒都齐之子,察罕丹津之父,属青海右翼

---

[1] 见《松巴堪布青海史译注》,并参《蒙藏民族关系史略》,第212页。
[2] 《国朝耆献类征初编》卷首98《噶勒丹达什列传》:"鄂齐尔汗为顾实汗长嗣,世领青海左翼及唐古特众。"并见同卷《索诺木达什列传》。
[3] 《国朝耆献类征初编》卷首103《西藏总传》,固始汗于藏卫,"遣长子达延辖其众,号鄂齐尔汗;第六子多尔济佐之,号达赖巴图尔台吉。"
[4] 《清圣祖实录》卷174三十五年六月癸丑。
[5] 《清圣祖实录》卷175三十五年八月甲午。

台吉,其势力范围为青海西北至西南,与控制青海东部的右翼之长固始汗第六子多尔济一系以及左翼长固始汗第二子鄂木布一系,共同构成青海蒙古的核心。[1]

三十六年,清廷令达什巴图尔、博硕克图济农及其族子额尔德尼台吉三人召集青海诸台吉赴京朝觐,[2]达什巴图尔成为清廷拉拢的对象。清廷以博硕克图济农与噶尔丹联姻一事大做文章,欲逼迫青海台吉就范并借此改组青海左右翼。"七月初八日,扎什巴图尔等三十一台吉俱到盟所,以檄文授之。扎什巴图尔言:噶尔丹杀我鄂齐尔图汗,取我属裔,与我亦有仇。但噶尔丹之女嫁博硕克图济农之子,乃告知于达赖喇嘛而结姻者。我等俱达赖喇嘛之徒,俟启闻达赖喇嘛,视其言如何,遵依而行,非可任我等之意覆奏"。[3]扎什巴图尔乃固始汗诸子中最小的第十子,时诸兄俱逝,故扎什巴图尔辈分最高,但其当时并非右翼台吉之首,势力并不大。[4]达什巴图尔答复清廷使臣,以青海台吉皆达赖喇嘛之徒,必遵其之意而行,实则不欲听命。清廷欲令青海台吉朝觐,非仅凭言辞可致又甚明。是时噶尔丹尚存,玄烨对青海台吉不能急于求成,只得严词敕谕达赖喇嘛、第巴。

第巴桑结嘉错表面敷衍清廷,暗自却紧急传谕"青海诸首领,俱于正月二十八日在察罕托罗海地方会盟,缮修器械"。清廷以"第巴无故令青海诸台吉缮修器械,又约从来未与盟会之噶尔亶多尔济,其意叵测"。[5]噶尔旦多尔济属西套和硕特蒙古,其父鄂齐尔图汗于康熙十六年

---

[1] 参见青格力《17世纪后期的卫拉特与河西走廊》。
[2] 《清圣祖实录》卷180三十六年二月辛卯。
[3] 《清圣祖实录》卷174三十五年八月甲申。
[4] 《安多政教史》(摘登二)载达什巴图尔之母多有歧义:第一说,"法王(固始汗)长妻陀郭力莎生四子,二妻霍同莎生五子,藏妃额尔克哈坦生一子"。若以上十子皆合时间顺序,则达什巴图尔为藏妃所生。第二说,"达什巴图尔系固始汗一女仆之子"。第三说,"另据蒙古文文献记载,法王纳有二妻,长妻所生……达什巴图尔六人;次妻所生……四人。还有一种说法认为,第六个儿子以前的全部为青海右翼蒙古"。本文以为第一、第二种说法都有可能,理由见后注。
[5] 《清圣祖实录》卷182三十六年闰三月辛巳。

为噶尔丹所杀,清军征讨噶尔丹,噶尔旦多尔济以与噶尔丹"不共戴天仇也。愿效力从戎,答殊恩,且复私仇"。而此时"噶勒丹(即噶尔丹)遣使说噶尔亶多尔济曰:尔姊阿努存日,言必以我女钟齐海妻尔。今阿努殁,尔娶我女与否,其自为计"。阿努即噶尔丹之妻,故噶尔丹与噶尔旦多尔济又有甥舅之谊。《国朝耆献类征》于此事云:"唐古特部第巴煽青海诸台吉盟察罕托罗海,缮军械助噶勒丹。"[1] 第巴命青海台吉修缮器械,并特以噶尔旦多尔济与盟,其意在对付清廷,当然引起玄烨警惕。

三十六年玄烨第三次亲征噶尔丹,实兼有威胁青海之意。玄烨兵至宁夏,"噶尔丹大败,只身窜逃,其下尽降,今势穷力蹙,气数已尽。青海诸台吉闻之惧惊"。玄烨乘机急速遣使赴青海招降。清廷使臣于闰三月十一日抵达青海察罕托罗海地方,颁谕扎什巴图尔等:"请青海诸台吉来,施恩相见。"二日后,青海台吉经会议答复清使,以达赖喇嘛本年出禅以及防守领地不便轻离为由,决定仅以博硕克图济农、额尔德尼台吉二人前往。清使乃云:"达赖喇嘛虽今年出禅,但尔等前往行礼,此乃平常事。圣主现幸宁夏,尔等千载难逢,前去叩见圣主方为是也。"其中"千载难逢"一语最可玩味,意即再行执迷不悟,则必开罪清廷。在生存与信仰之间,毕竟前者更为重要。扎什巴图尔权衡利弊,只得屈从:"凡事本应先奏知达赖喇嘛而后行。今既文殊师利皇帝念我父、祖,为黄教造益,特颁谕旨,则不上闻达赖喇嘛。"拟于四月二十日率诸台吉前往宁夏镇海堡觐见。玄烨得悉大喜,特以扎什巴图尔等"乃唐古特、厄鲁特二部专主固始汗嫡子孙,不可与前赴京朝觐者比。此来朝觐乃初次,且关系大典,于郊外似不妥。若四月起程前来,正值关内大暑,令彼于九月、十月左右入京朝觐为宜。"[2] 据松巴堪布《青海史》,代表清廷前往西藏册封六世达赖仓央嘉错的章嘉活佛也意味深长地劝说青海台吉:"如果你们去朝见皇帝的话,那是最恰当的行动。"《安多政教史》记载此前章嘉曾至宁夏觐见

---

〔1〕《国朝耆献类征初编》卷首91《外藩蒙古回部王公表传·阿拉善厄鲁特部总传》。
〔2〕《满文奏折》三十六年四月初七日《议政大臣苏努等议奏青海台吉赴京朝觐折》,第180页。

玄烨，则其劝谕青海台吉之言，即奉玄烨面谕，带有极大威胁性。由上可知，此次招抚青海台吉，实际上是清廷与西藏方面的较量，同时也是一场交易。清廷承认仓央嘉错为六世达赖，却凭借兵威，软硬兼施，终于成功争取青海台吉赴京朝觐。当年年底，扎什巴图尔率部分台吉赴京，受亲王、贝勒等爵。如前述，拉藏并未同行前往，而以留守领地为名，仅遣使问安而已。

（三）清廷的积极笼络与青海台吉的若即若离

康熙三十七年，第巴奏策妄阿喇布坦将侵青海及唐古特，同时策妄亦声言兵伐第巴，遣使赴青海阴觇强弱，皆为玄烨所斥。关于青海与西藏的关系，玄烨曾一口道破：

> 众蒙古以第巴为达赖喇嘛传戒之人，皆缄口不敢议。朕曾以敕谕往责第巴，彼甚心服，具疏认罪，朕因宥之。嗣后第巴若改前行，敬奉班禅、达赖喇嘛则已；若仍怙终不悛，朕不但不宽贷第巴，即其亲密之青海台吉等，朕亦不轻恕也。前者青海台吉等闻朕出师宁夏之信，尽皆震动，游牧移营而去。今者青海台吉等以噶尔丹平定，亲来庆贺，伊等并无过端，朕岂肯加兵？朕统驭天下，总愿宇内群生咸获安堵，岂有使尔两国生衅之理？凡事惟期安静而已。[1]

众蒙古尊崇达赖喇嘛之教，唯遵第巴之命行事，故欲招抚蒙古，必先慑服第巴。而西藏所以能与清廷周旋者，又在于自恃有众蒙古保护，故欲慑服第巴，又必以兵威加诸蒙古，尤其是和硕特蒙古。这一点玄烨看得清清楚楚。但另一方面，青海蒙古一旦赴京朝觐，清廷则视为归附，不容策妄阿喇布坦干预。为此即需对青海台吉恩威并施，不能单恃武力，否则就可能迫使其倒向准噶尔。前述玄烨因博硕克图济农与噶尔丹联姻，严饬第巴

---

〔1〕《清圣祖实录》卷287三十七年正月庚寅。

必将噶尔丹之女送至北京,青海蒙古朝觐之后,此事亦予宽免,即或出于此种考虑。《国朝耆献类征初编·察罕丹津列传》:"寻青海诸台吉定盟内附,达什巴图尔等入觐。博硕克图济农以疾不至。唐古特部第巴疏请免解(其子)根特尔妻。理藩院议:噶勒丹罪甚重,其女断不可留青海。若博硕克图济农携至,或可赐生全。今反令第巴代请,仍当檄取。上从之。博硕克图济农寻卒。子察罕丹津嗣,奏:噶勒丹女为臣弟根特尔妻。第巴疏请免解,未蒙允许。但圣主优眷顾实汗子姓,乞以噶勒丹女仍给臣弟,令完聚。上鉴其情,谕免解。未几,根特尔卒。四十年,察罕丹津来朝,诏封多罗贝勒。"此察罕丹津,即前述玄烨闻知准噶尔军入藏时,檄令清军支援之青海台吉戴青和硕齐。但作为青海右翼诸台吉首领,察罕丹津并未因清廷拉拢而与准噶尔部斩断联系。"准噶尔族与和硕特族世婚。察罕丹津弟根特尔既以噶勒丹女为妻,阿喇布坦为噶勒丹从子,察罕丹津复以女妻之。噶勒丹乱既平,准噶尔族不附逆者,诏仍游牧青海,听和硕特族与姻好如故"。[1]

松巴堪布认为,自康熙三十六年以后,清朝皇帝"就把库库诺尔地区(即青海)的人民置于他的统治之下,用金银使汉地和蒙古结成友好的关系"。[2] 恐对清廷有所顾忌而言。今人的结论则不然。马汝珩、马大正认为:"青海和硕特蒙古作为清朝的'外藩',大体上又与中央政府恢复了'朝贡'关系。然而清政府当时并没有对青海地区作进一步的统治,更没有使之直接控制于中央政府之下,只是采取'羁縻'而已,即所谓'向虽修贡,未隶臣属'。"[3] 马楚坚意见亦然:清廷令青海台吉入京时,"时右翼部长策旺阿拉布坦,及名望较大博硕克图济农、哈坦巴图尔等大台吉二十余人拒绝入觐受封,使圣祖心知清廷未能彻底控制青海,各部只是慑于其

---

[1]《国朝耆献类征初编》卷首98《外藩蒙古回部王公表传·扎萨克辅国公阿喇布坦列传》。
[2] 见《松巴堪布青海史译注》。
[3] 参见马汝珩、马大正《论罗卜藏丹津叛乱与清政府的善后措施》,载《厄鲁特蒙古史论集》。其中引文为祁韵士《皇朝藩部要略》卷9《厄鲁特要略一》。

威"。[1]检诸史籍,这一结论较合实情。

细考四十年察罕丹津之来京袭职,似非倾心向化,而是别有缘故。当年玄烨欲令拉藏汗和青海台吉偕同促成班禅来京。据员外郎保柱揭发,受命办理此事的喇嘛商南多尔济"于十月初九日擅自领兵前往塔尔寺立大营,布下藤牌、鸟枪,派人传拉藏、戴青和硕齐等前来。时青海人等为之惊动"。又云:"顷自称带青海台吉等往京城之事始,青海人等俱骚动。台吉拉藏召集其属下千余兵马,于其所驻之博罗崇克讷地方立营;亲王扎西巴图鲁(即扎什巴图尔)弃账房牛羊,自其驻所之尹德尔图进入柴吉地方,从达赖岱青处领兵五百立营;戴青和硕齐、金塔尔立营于黄河岸边,玛里凯木步将其属下人等收于一处;贝勒额尔德尼收聚其下兵马于西哈克地方立营;贝子盆苏克领兵立营于锡拉库特儿。青海大小皆弃帐篷牛羊,纷纷迁移,大为骚动矣。"清廷檄令青海台吉协助班禅来京,居然引起青海局势如此震荡,实非玄烨意料所及。据商南多尔济辩解:"王扎西巴图鲁遣人来曰,我等青海大小部众除一心效力于圣主帝业外,别无二心。"察罕丹津亦奏:"望准我等三台吉往觐皇上。"[2] 但如前述,拉藏汗、班禅进京一事并未实现,以后也不了了之,足以说明此次召班禅入觐,青海蒙古台吉并未积极配合。而察罕丹津之所以肯随多尔济赴京,主要还是为青海台吉免受清廷威胁。

上引《满文奏折》四十年敦促班禅来京时,商南多尔济曾奏:"因第巴挑唆达颜台吉欲捉拿王扎西巴图鲁,故数次奏请青海诸台吉通力征讨逐斥第巴。"此达颜即固始汗第六子多尔济之孙。据《国朝耆献类征》卷首96《多罗贝勒达颜传》,其父"萨楚墨尔根台吉嗣父多尔济为青海右翼长。康熙三十五年,萨楚墨尔根为第巴所惑,以兵万余声援噶尔丹。"噶勒丹败遁。归,寻卒。子达颜嗣"。则三十五年达颜当为右翼长。同书卷首94《多罗郡王策旺喇布坦传》:"三十六年,遣使招抚青海。时多

---

[1] 参见马楚坚《青海归清的历史转折与突破》,载《清史研究》1993年第2期。
[2] 《满文奏折》四十年十二月二十七日《理藩院奏报拉藏西徙原委等事折》,第252—260页。

尔济前卒,策旺喇布坦代已久。和硕特八台吉集盟坛,我使谕之曰:'达赖岱青(策旺喇布坦号)当以身入朝,否则遣子弟代。'盖以多尔济子,故重之。"似右翼长又为达颜之叔策旺喇布坦所嗣,要之不出多尔济一系。然而后来青海右翼长却转移到固始汗第十子达什巴图尔担任。据《达颜传》,"先是,亲王达什巴图尔为和硕特长,以私憾诬讦达颜罪,诏禁京师。以其叔父策旺喇布坦代辖所属。寻策旺喇布坦来朝,乞宥达颜罪,携归青海,允之"。达什巴图尔诬陷达颜拘禁京师,取代多尔济一系长青海右翼,必三十六年十一月朝觐之结果。果尔,则青海右翼长的更变仍是清廷在背后操纵。据《安多政教史》记载,"(五世)达赖曾对青海诸首领说:此乃固始汗亲子,系尔等父辈,应尊其为总管"。[1]然五世达赖于二十一年圆寂,达什巴图尔任右翼长不得早于三十六年,此言不可能出自五世达赖甚明,倒可能是第巴迫于清廷压力而对青海台吉的劝谕。《实录》记此次朝觐不载策旺喇布坦随来。《策旺喇布坦传》记其来京在达什巴图尔之后不久,与《达颜传》同,清廷"优赍遣归"。据此,策旺喇布坦、达颜返回青海当在三十七年。四十年商南多尔济言第巴挑唆达颜欲捉拿达什巴图尔,应不为无据。但据清廷所责商南多尔济:"今青海台吉等何以不向第巴用兵,反而台吉孙塔尔、贝巴、索诺木丹津、散吉扎布,今又有台吉拉藏等,皆各率兵马陆续向西而行耶?"[2]可见达颜与达什巴图尔之隙,并未被第巴所乘,导致青海右翼与拉藏汗反目成仇。相反,在清廷胁迫面前,青海左右翼台吉态度虽有不同,却多与拉藏汗立场一致,以逃避的方式抵制清廷的要求。总的来说,在里塘胡必尔汗出现之前,青海

---

[1] 见前揭《安多政教史》(摘登二)。杜常顺《简论1654年至1723年的青海和硕特蒙古》,载《青海社会科学》1990年第1期,以此认为达什巴图尔"与达赖喇嘛为首的黄教集团的关系更为密切"。按《安多政教史》,正文引语之上文为:"达什巴图尔系固始汗一女仆之子。"下文为:"藏、汉、蒙史料中所载之'五世达赖曾曰:法王(即固始汗)四妻,生子达什。'似乎是指此而言的。"所以,从字面意思看,达赖谓达什巴图尔为固始汗亲子,乃是为达什巴图尔正名分。而据当时情形分析,更有可能是第巴桑结嘉错迫于清廷压力,而立达什巴图尔为右翼长。达什若系藏妃所生,则第巴更便于利用;若系女仆之子,则第巴立之,于西藏有益无害。

[2] 《满文奏折》四十年十二月二十七日《理藩院奏报拉藏西徙原委等事折》。

右翼台吉与西藏的拉藏汗之间虽有矛盾,但毕竟同属固始汗子孙,彼此并不愿意加深对立,更不愿兵戎相见。

四十四年拉藏率军入藏杀第巴之后,六世达赖仓央嘉错曾分别致书向达什巴图尔和青海台吉求救。云虽与拉藏无仇,但因"我与第巴一心,岂能离之耶!"又以拉藏汗专恃威杀,难以服众,望青海台吉率兵入藏稳定局势,"尔等本意若实,则今正值效力之时"。[1] 然而青海台吉却并无响应,非但无发兵之举,而且毫无遣责拉藏汗的表示。具体原因不得而知,从后来青海台吉积极寻求新胡必尔汗并且不惜与拉藏公开对立来看,则可初步推断,在拉藏遵清廷之旨拘捕仓央嘉错、私立伊喜嘉错之前,青海台吉并不愿以新的护法者身份卷入与拉藏的互斗。由此可见,拉藏若只是处置第巴,谋图恢复对西藏的统治,这只是与西藏单方面的矛盾,而并不触犯和硕特部的共同利益。事实上,拉藏汗擒杀第巴,至少得到达什巴图尔亲王之婿金塔尔台吉的协助。[2]

问题是拉藏汗再走一步,情形遂发生本质变化。拘捕六世达赖押送清廷,改立伊喜嘉错,不仅凌驾西藏僧俗势力之上,而且意味着将重新与西藏黄教相敌对。不止于此,拉藏既立其私生子为达赖,显然还有更大的野心,即借达赖喇嘛之名控制整个和硕特蒙古,甚至准噶尔亦须听命。如此一来,拉藏汗与西藏贵族在西藏地区的矛盾,就势必将整个和硕特蒙古连带进来,同时引起和硕特蒙古内部以及准噶尔蒙古并起以争夺全蒙古的统治权。问题的严重性还在于,拉藏汗之所以冒天下之大不韪,原是奉清廷之旨,以期取得清王朝的支持。但拉藏汗若由此成为清廷的工具,又蕴含着使西藏沦入清廷控制的危险,这又是西藏和厄鲁特诸部蒙古难以接受的。苟明乎此,则青海台吉对里塘胡必尔汗的承认和拥护,其含义就不仅仅是对抗拉藏,而同时也隐然是针对清廷。青海台吉之所以不情愿将里塘胡必尔汗送交清廷,亦可从此得到解释。同样,

---

[1] 《满文奏折》四十四年十二月二十六日《议政大臣俄费等奏报拉藏班禅等奏本内容折》,第399—404页。
[2] 同上。

拉藏之所以在清廷册封伊喜嘉错之后,立即令清使离藏,冷却与清廷的关系,恐怕也与西藏和包括青海台吉在内的整个厄鲁特蒙古的态度有关。可惜历史的客观进程与其当事人的主观意识,总是出现较大差异。伊喜嘉错与里塘胡必尔汗的对立一经产生,拉藏欲与青海台吉及准噶尔弥合彼此之间的裂隙,已绝非易事。更何况清廷不会坐失良机。

(四)争夺里塘胡必尔汗之始末

据《满文奏折》,五十三年九月十三日,青海亲王达什巴图尔及右翼属总台吉奏曰:"今闻得,达赖喇嘛之呼毕勒罕已于理塘寻得。"右翼台吉经派人前往验证,认为果真系六世达赖转世。并告清廷,前拉藏汗所立达赖喇嘛伊喜嘉错,清廷本不认可,因勉从拉藏之请,方予册封。但西藏方面"除钦遵主子谕旨外,彼处所有之人皆称:'我等已说此非呼毕勒罕。'不表虔诚。今真五世(按:当为六世)达赖喇嘛之呼毕勒罕既已显出,我等拟将伊公同迎至青海。所有缘由,奏请睿鉴"。

欲以里塘胡必尔汗对抗清廷支持的拉藏汗和伊喜嘉错,这无疑令玄烨极为难堪。且青海台吉的奏报,只是咨会清廷,并不欲待清廷出面以定是非,这也是显而易见的。但玄烨毕竟是枭雄,自不能坐视不理,听任西藏和青海方面自行其是。玄烨决定采取一个更大胆的步骤,即直接处置达赖喇嘛的废立。侍卫阿齐图等被立即派往与青海台吉会盟,其借口是"青海之台吉、拉藏内部必反目,互相争斗。倘嗣后争斗后再议,必难"。叮嘱阿齐图等起初须尽量向青海台吉施放善意:"达赖喇嘛之呼毕勒罕惟一人耳。总出达赖喇嘛之呼毕勒罕,则不完矣。"最终目的是将里塘胡必尔汗带至京城,由玄烨亲自验看。由清廷来主持达赖喇嘛的真伪是非,意味西藏宗教的最高护法主将由蒙古转移之清廷,这又是破天荒的大变局。玄烨预计这一试探未必顺利,扎什巴图尔、察罕丹津不会轻易听命。乃故伎重演,指示阿齐图:"倘(青海台吉)不给,不遣派此呼毕勒罕,即告(此非达赖喇嘛之呼毕勒罕)等语,断言后,将敕谕弃置,返回可也。"[1]

在阿齐图的奏折中,达什巴图尔既与右翼属总台吉并称,又置之于前,则其以唯一的亲王爵为青海蒙古总管王甚明。据《安多政教史》,达什巴图尔死于康熙五十三年。"按达什遗嘱,右翼让济农执权。"此济农应即博硕克图济农,其时已故,右翼总台吉即由其子察罕丹津担任。《国朝耆献类征初编·察罕丹津列传》:"先是,议由里塘迁达赖喇嘛瑚毕勒罕。罗卜藏丹津违命,且煽察罕丹津盟,谋兴兵袭诸台吉。察罕丹津有惑志,寻悔罪。"《实录》载罗卜藏丹津赴京袭王爵在五十五年年底,[2]则清廷当时尚不承认察罕丹津总领右翼台吉又甚明。而迎里塘胡必尔汗至青海一事在此前的五十三年,则必达什巴图尔、罗卜藏丹津父子与察罕丹津合谋。清廷未令罗卜藏丹津立即袭职,或以此。所谓察罕丹津"有惑志"云者,乃史家之曲笔,以其后来屈从清廷,并随清军入藏以及抵制罗卜藏丹津叛乱之故也。

青海台吉当然不愿遵照清廷旨意,将胡必尔汗从里塘送至京城。据上引《索诺木达尔扎列传》,青海台吉实际上至迟在奏请清廷的同时,已经发兵里塘,将胡必尔汗劫至青海。后来清廷从里塘地区得到的奏报也可以证明。"据青海人言:理塘之呼图克图去年已被带到青海,现已认作六世达赖喇嘛"。[3]另据五十四年四月阿齐图奏报,青海去冬今春天寒雪深,而察罕丹津却在为里塘胡必尔汗强征赋税贡献,"其属下之人均限马、驼、牛、羊、金银之数,于四月十五日进献"。[4]凡此,皆可见察罕丹津等在奏报清廷的同时,又不顾清廷的意旨,而将里塘胡必尔汗控制于手中。

可注意的是,察罕丹津在劫持里塘胡必尔汗之际,与策妄阿喇布坦

---

[1] 《满文奏折》五十三年九月十八日《理藩院奏请验看五世达赖喇嘛之呼毕勒罕折》,第974—975页。

[2] 《清圣祖实录》卷270五十五年十二月乙卯。

[3] 《满文奏折》五十四年十月初五日《议政大臣苏努等奏请西藏青海纷争四川提督等应预备折》,第1065—1066页。

[4] 《满文奏折》五十年四月二十七日《头等侍卫阿齐图等奏闻防备策妄喇布坦情形折》,第1006页。

联系频繁。侍卫阿齐图等奉命抵达青海后奏称,据回子台吉阿訇来禀:"策妄喇布坦属下达克巴喇嘛率领百余人,多半留于后面,达克巴喇嘛本人率领三十余人,业已先期抵达青海。达克巴等于今年九月返回。"[1]阿齐图奏折已于九月初一日清廷议覆,则达克巴"于今年九月返回",乃揣度之言。达克巴喇嘛此行意图何在,阿齐图并不明确。此前玄烨曾言,命令拉藏汗拘送仓央嘉错赴京,稍迟一步,即为策妄阿喇布坦遣使迎去。此时里塘胡必尔汗现身,达克巴很可能即为此而来。

更值得注意的是,达克巴在返回准噶尔之前,曾到达察罕丹津之处。据后来青海蒙古左翼盟长达彦贝勒、色布腾札勒贝勒合遣使者希尔达哈希哈来告:"亲王罗卜藏丹津、贝勒察罕丹津等,与拉藏汗甚恶。先前,察罕丹津将其青克图尔克依与策妄喇布坦之使臣达克巴喇嘛,往返差遣。后达克巴喇嘛、青克图尔克依共同来青海后,察罕丹津匿留,给马驼、廪饩而遣返。观之,彼此不可无谋。今策妄喇布坦来征伐拉藏汗者,察罕丹津差遣达克巴喇嘛,于策妄喇布坦处诽谤,由此遣兵搅乱。"[2]青海左翼地处青海与准噶尔之间,其所奏当非尽虚。数年之后,罗卜藏丹津亦向大将军王胤禛揭发,所述更为详细。达克巴喇嘛之前,策妄阿喇布坦派遣使者努和里至青海,谓扎什巴图尔亲王及青海诸台吉云:"我等四厄鲁特自古以来患难与共,今一心一意而行。"遭到青海台吉的冷淡。而察罕丹津独自表示:"四厄鲁特乃为族亲,我等确实亲近。今老亲王(扎什巴图尔)与其交恶,似投汉人为妥。"与扎什巴图尔不同,察罕丹津竭力与策妄阿喇布坦修好,"凡言行迎合而行"。遣返努和里之后,察罕丹津派使者克图尔克依往准噶尔,约准噶尔侵占哈密:"我在此处有备,尔等由彼处始取哈密。"克图尔克依返回,准噶尔派达克巴喇嘛前来言称:"取哈密令兵启程。尔诸事有备,由我处取

---

[1]《满文奏折》五十四年九月初一日《议政大臣苏努等奏请达克巴喇嘛返回事折》,第1051—1052页。
[2]《满文奏折》五十六年八月二十六日《议政大臣海金等奏报策妄喇布坦消息并请调军折》,第1228—1234页。

信。"随后察罕丹津又复遣克图尔克依回报准噶尔,言:"先取哈密之事能成。尔等自彼处派兵,前来西方,我亦从此处率兵前往,会合捕拉藏汗,取土伯特后,易于取汉地。"后因清廷大军征讨,察罕丹津与策妄阿喇布坦联系受阻,"各自不能差人取信,不能于西方会师。故大圣主向西方遣使时,谕令我等青海王、贝勒、贝子、公、诸伯共同遣使。我等共遣可靠不失言之人。且郡王戴青和硕齐(察罕丹津)独差其婿阿喇布坦者,一则可靠,二则乃策妄喇布坦弟辈,伊感大圣主之恩宠少,而叛逆圣主,会同策妄喇布坦商定一切言行等情"。[1] 罗卜藏丹津是劫持里塘胡必尔汗之主谋之一,乃于数年之后清廷大军进入青海,方才向胤禛竭力表白其父对清廷忠心无贰,其言不可尽信。至于说策妄阿喇布坦出兵哈密,乃与察罕丹津合谋西藏,然后进攻清朝,恐系出于自我洗白,尽量夸大察罕丹津罪行。对此,察罕丹津予以辩解:"先亲王札西巴图尔在时,爱我强于诸子,凡事均同我商议而行。嗣后亦如此。王罗卜藏丹津我等二人,凡事统一行之。因贝子丹忠从中挑唆我等"云云。丹忠为察罕丹津亲侄,因婚嫁之事与察罕丹津成隙。胤禛亦以"丹忠乃年幼之人,因为愚钝,乱听属下小人之言","准噶尔同尔等结亲,相互问候,遣使送礼,乃是平常之事",以宽慰察罕丹津。而丹忠仍坚执其辞,言策妄阿喇布坦专遣使者达克巴喇嘛来察罕丹津处,并至罗卜藏丹津家拜访。丹忠当时在塔尔寺,非亲自闻见,[2] 故其真伪难以确究。但丹忠、罗卜藏丹津所云准噶尔与察罕丹津双方互派使者往来,互为声援,有前述青海左翼台吉之言可参,恐非尽属虚词;而其中关于清军征讨西北,有截断准噶尔与青海右翼之功效,对玄烨用兵西北的真实意图也颇值得参考。

  青海右翼因与拉藏汗交恶,故联络准噶尔图谋支持。而此时策妄阿喇布坦受制于俄罗斯、哈萨克,一时无力他顾,故只能限于与拉藏汗修好联姻,同时又汲汲利用里塘胡必尔汗加强与青海右翼台吉的结合。很可

---

[1]《满文奏折》五十八年七月初二日《胤禛奏闻四厄鲁特内部情形折》,第1407—1408页。
[2]《满文奏折》五十八年七月初四日《胤禛奏报教诲青海贝子丹忠折》,第1422—1424页。

能正是受到策妄阿喇布坦的鼓动,察罕丹津和罗卜藏丹津才敢于打出里塘胡必尔汗这张牌。而新胡必尔汗一出,察罕丹津即宣称玄烨"所封之达赖喇嘛(即伊喜嘉错)为假",[1]不啻公然挑战清廷权威。故玄烨欲控制青海台吉及胡必尔汗,则非震慑准噶尔不足为功,亦形势使然。

五十四年八月,即玄烨兴师准噶尔四个月之后,清廷使臣抵达青海会盟之所。据阿齐图所奏,青海左翼台吉表明愿遵清廷之意,但力有不及。而察罕丹津、罗卜藏丹津等,"以我等与伊等意向不和,视如仇敌。以其势观之,此呼毕勒罕断难送往口内"。于是阿齐图齐集众台吉,传达玄烨旨意,命将里塘胡必尔汗送至宗喀巴庙。察罕丹津等会盟后,起先以口内宗喀巴寺一带流行天花,"俟患病、出痘期间过后再送等语,托词固执"。阿齐图等"据理竭尽晓喻所有台吉六日。然察干丹津等仍以'此呼毕勒罕本年无前往之造化'等因推托"。至此,阿齐图图穷匕见:"此呼毕勒罕倘不内遣,留于尔等之地,尔等能奉伊为达赖喇嘛乎?占据巴尔喀木租税后,可凭威力将伊送布达拉乎?有将伊送策妄喇布坦处之念乎?"况且,"今夫班禅奏称,此呼毕勒罕为伪,而现坐床之呼毕勒罕为真等语,所奏钤印之文甚明显,尔等俱已亲见"。若坚持不送至宗喀巴寺,"竟作难推诿,由是观之,显系有伪矣。倘如此,系尔等专欲滋事,随意带一名唐古特男童迷惑众人行乱矣"。"倘尔等谓此呼毕勒罕为真,则我等可谓无达赖喇嘛乎?左翼台吉亦有达赖喇嘛之呼毕勒罕,策妄喇布坦又出达赖喇嘛之呼毕勒罕,倘如此,我等亦为各自之达赖喇嘛拼力争抢看"。最后威胁道:"俟所有之处滋乱之时,虽奏请圣主,主子概不理会。彼时尔等悔之无及,甚属非是矣。"如果说,四十四年清廷废黜仓央嘉错一举尚假手于拉藏,而此时阿齐图就将清廷的意图表达得不加任何掩饰:达赖喇嘛的立与废,最终是靠实力决定的。"尔等能奉伊为达赖喇嘛乎?"即明言唯清廷有此能力。从阿齐图等人"断言后,置之返

---

[1]《满文奏折》五十六年九月十三日《理藩院奏报拉藏汗请颁法律遣员办事折》,第1140—1141页。

回"来看,察罕丹津等人并未当即就范。[1]

然而在清廷的压力之下,青海左右翼台吉裂痕加深。大约在阿齐图离开青海不久,青海左翼贝勒色布腾扎尔来称:"贝勒察罕丹津等因去年胡必尔汗之事,贝勒阿喇布坦鄂木布、盆苏克汪扎尔、色布腾扎尔,台吉达颜、苏尔杂等遵旨不与同心。今欲与罗卜藏丹津等盟誓,先攻取五家,将胡必尔汗送往西地。"[2]则似察罕丹津在清廷采取进一步行动之前,欲孤注一掷,吞并五家,然后径行送胡必尔汗入藏。对此,玄烨不再以调停者的面目出现,干脆命令西宁、松潘两处军队进入战备状态,随时准备追剿。与此同时,史料中又有"青海左翼贝勒、台吉等各以备兵"。[3]至此,对察罕丹津、罗卜藏丹津等实已形成三面合围之势。值得一提的是,在此稍前玄烨已得知察罕丹津因贡赋征收之争而兵犯里塘、喀木等地,但批旨:"戴青和硕齐征伐伊属郭罗特,与我等无干。"并以咨文明示:"伊等内部互相用兵,与我等无干。"[4]既公言和硕特蒙古内部争斗与清廷无干,则当初双方划分疆界之成约依然有效。若察罕丹津等强行送里塘胡必尔汗入藏,与拉藏如何交涉,结果虽难以预料,但清廷无疑将失掉里塘胡必尔汗这张牌。是以玄烨一旦闻知,也就顾不得历来成约,有干无干,都非进行军事干预不可。两相对照,里塘胡必尔汗在玄烨心目中居于何等地位,一目了然。

陷入夹击之中的察罕丹津此时进退维谷。青海已难以自安;即或强行入藏,又并无胜算;求援准噶尔则不但为青海左翼所阻,且担心从此完

---

[1]《满文奏折》五十四年九月二十六日《议政大臣苏努等报呼毕勒罕等情折》,第1063—1064页。

[2]《清圣祖实录》卷266五十四年十二月二十日壬午。另据《国朝耆献类征初编》卷首94《外藩蒙古回部王公表传·多罗郡王策旺喇布坦列传》:"五十四年,议由里塘迁达赖喇嘛瑚毕勒罕,遣谕所部。朋素克旺札勒称听命,察罕丹津不从,将构衅。久之,事如定"。

[3]《满文奏折》五十四年九月初一日《理藩院奏请巴特玛色布腾暂免来朝折》,第1053—1054页。

[4]《满文奏折》五十四年十月初五日《议政大臣苏努等奏请西藏青海纷争四川提督等应预备折》,第1065—1066页。

全受制于策妄阿喇布坦,成为清廷死敌;唯有一途可走,即向清廷屈服,交出胡必尔汗。这在五十五年正月察罕丹津对清廷的奏报中看得至为明显。其竭力为自己辩白:"惟因札希巴图鲁王(即扎什巴图尔)屡喻我奏请皇上,该新呼毕勒罕是真,故曾奏请。我等不敢违背圣旨而行,此乃我众人之意,非我一人之意。我所信赖,扶育我者,除神圣文殊师利皇帝外,别无他主。今我青海兄弟诬告我归附策妄喇布坦。策妄喇布坦乃准噶尔之一台吉,我系固始汗之子孙矣,是我霸占策妄喇布坦,或策妄喇布坦霸占我耶?此等苦难之处,伏乞文殊师利圣主明鉴。"玄烨当然洞悉其窘境,乃进而施之以压力:"时唯独察罕丹津抵制,始终推诿,谓呼毕勒罕无前去(西宁)之造化,不令起程。而今又以王札希巴图鲁为托辞。诚有王札西巴图鲁在,则无此等之事,不敢违背皇上谕旨。察罕丹津等专擅该呼毕勒罕之事,岂可推诿他人耶?"并咨晓察罕丹津,众蒙古俱听命清廷:"黄教之达赖喇嘛,乃我众蒙古供奉之喇嘛,并非青海所独有者。确立推广黄教之达赖喇嘛者,是统一寰区之文殊师利大圣皇帝裁定耳,小人岂可妄言?"声称"倘仍不令起程,借故推诿,则不用皇上派大军,我众扎萨克等将统兵开赴青海,以争辩是非"。清廷方面则"调护军统领晏布等兵,云南、贵州、四川、松潘、西安、西宁等界地众兵,务必征剿。彼时尔将悔之矣"。[1]据阿齐图奏报,察罕丹津等"果尔恐惧,于三月十五日将胡必尔汗送至宗喀巴寺居住"。[2]据《实录》,清廷既达目的,即行撤兵。实则直至五十六年四川、松潘军队仍在青海、西藏边缘。故察罕丹津奏报:"圣主仁鉴我全青海,于西宁、松潘等处差派大臣备兵之事,因驻西宁郎中常寿咨文,我等贝勒见后,不胜欢怃。因备有圣主此大军,策妄喇布坦岂敢前来。"[3]清军的震慑效果显著,而察罕丹津等对于清廷的意图亦甚明了。

---

[1] 《满文奏折》五十五年正月十九日《理藩院奏请檄令察罕丹津将呼毕勒罕送往塔尔寺折》,第1080—1081页。
[2] 《清圣祖实录》卷268五十五年闰三月己卯。
[3] 《满文奏折》五十六年正月二十一日《议政大臣巴珲岱等奏为四川备兵折》,第1167—1168页。

（五）里塘胡必尔汗与准部之役

比较康熙三十年间与五十年间清廷与青海蒙古的纠葛，可以发现一个共同点：皆先兵临准噶尔，顺势威胁青海蒙古。然而细检史实，两者之间又有所不同。前者是以征讨噶尔丹余威，乘机招抚青海蒙古。虽则青海蒙古中不乏追随噶尔丹者，但总起来说，青海蒙古并未对清廷形成威胁，征讨噶尔丹亦非因青海蒙古而起。而后者却不然。准噶尔在策妄阿喇布坦统治下声势复振，与清廷的疆土问题亦未解决，且有联络青海、西藏之种种迹象，然皆不过遵循蒙藏传统联系，并无与清廷发生武装冲突之意图。恰恰相反，倒是清廷因西藏、青海方面的风波，主动加兵于准噶尔，试图以此来为解决青海、进而解决西藏创造条件。

如前所述，自四十九年清廷册封拉藏所立伊喜嘉错之后，拉藏即表现出不欲清廷继续干预西藏的意图，并加强与准噶尔的联系，由是清廷与拉藏的关系转入冷淡。而清廷欲制服拉藏，一时也拿不出特别的办法。青海台吉拥立的里塘胡必尔汗，深合西藏僧俗势力之愿，但同时也为清廷提供了一个契机。玄烨之所以不惜以兵相胁，势必将里塘胡必尔汗掌握在自己手中，正是看准了唯有里塘胡必尔汗才是要挟拉藏、干预西藏的不二法门。玄烨所谓青海台吉、拉藏汗皆固始汗子孙，不欲其彼此兵戎相见云者，冠冕堂皇。后来一旦得知准军入藏，即欲支持察罕丹津等进剿拉藏，足知玄烨乃唯利之所趋，何曾怜惜固始汗子孙。青海台吉拥立里塘胡必尔汗，固然形成青、藏之间的对立，然若无清廷相逼，青海台吉未必欲以武力强行护送入藏。即便青海与西藏之间冲突加剧，只要里塘胡必尔汗仍在青海台吉手中，清廷也终只能作壁上观。更何况策妄阿喇布坦与青海台吉积极联络，极有可能出现全体厄鲁特蒙古以里塘胡必尔汗迫使拉藏汗就范，重新形成一股势力与清廷对抗，这才是玄烨最为担忧的。

至此，我们可以进而探究里塘胡必尔汗与玄烨兵发准噶尔之间的关系。

五十四年四月,准部之役尚在已发未发之际。前往办理里塘胡必尔汗一事的阿齐图正在西宁,即向玄烨奏报准噶尔军有可能侵入青海。上年九月阿齐图受命前往,在青海境上逗留近一年,直至次年八月方与青海台吉会盟。之所以如此,从阿齐图的奏折中可知,他于五十四年四月接到西北提督师懿德奏报准军侵扰哈密的咨文,即派人分赴左右翼各台吉侦其动向。则其必负有使命调查里塘胡必尔汗之事引起的各方面包括准噶尔的反应,这将成为玄烨如何部署下一步行动的重要参考。四月二十六日,阿齐图得到左翼台吉额尔德尼额尔克托克托奈报告:"策妄喇布坦之兵前来抢掠哈密一个村子。故臣等派员往告我左翼众台吉:策妄喇布坦极为狡黠,前来我青海之地,亦不可料。无论如何各属兵丁务要预备。臣亦遣员赴布隆吉尔探信。俟返回后,再告大臣。"次日,阿齐图折奏清廷,玄烨即有明旨:

> 策妄喇布坦之兵前往青海之处,亦不可料。令各路兵现成预备。(于折尾批曰:)览此奏情形,阿齐图怕了,嗣后再看。[1]

正因青海里塘胡必尔汗一事悬于玄烨心中,故一闻知准噶尔兵犯哈密,即联想到准军欲侵青海。其对阿齐图奏报准军欲侵青海之所以显得胸有成竹,也正因已在调集大军征伐准噶尔。玄烨用兵准噶尔意图何在,已甚清楚。

五十四年九月,阿齐图于青海调停失败之后的奏报说得更直白:

> 奴才等看得,察干丹津虽无敢与圣主抵牾之意,惟因与拉藏不睦,伊本人、子弟、族人,占伊等一半,各种托词穷尽。又以呼毕勒罕为托词者,盖因将此呼毕勒罕西送,可图拉藏汗,期以互援,不可谓未与策妄喇布坦商议。现我大军于巴里坤等地占据要隘

---

[1] 《满文奏折》五十四年四月二十七日《头等侍卫阿齐图等奏闻防备策妄喇布坦情形折》,第1006页。

驻扎,策妄喇布坦之人不准过来,是以造作种种托词,推延日久,未将呼毕勒罕内送者,概源于此。(中略)**俟策妄喇布坦败亡事定之时,此呼毕勒罕自然送来。且凡青海之大小事办理之时,极易完竣。**

阿齐图所奏察罕丹津与策妄阿喇布坦联合,以送里塘胡必尔汗为名图谋拉藏;且以为唯有解决准噶尔,才能获得里塘胡必尔汗云云,实将玄烨意图和盘托出。乃因其此时已能准确理解玄烨用兵之意故也。而清廷议覆也完全同意阿齐图的判断:

> 由此观之,此系因策妄喇布坦、察干丹津等互派使臣所致,与达赖喇嘛之呼毕勒罕并无干系。**现圣主已命巴里坤一路、阿尔泰一路预备大军,明年派遣大军,既估料(征讨)策妄喇布坦之事必成。俟策妄喇布坦之事定时,或许呼毕勒罕之事、青海诸事俱可定准。**[1]

议政大臣所议当然是秉承玄烨之意,即不必理会策妄与察罕丹津之间的往来,而径直以大军进逼准噶尔。在玄烨看来,没有准部之役,即无可能顺利解决里塘胡必尔汗之事,而准噶尔一旦屈服,青海诸事自然获得解决。当然,在此同时,必须对青海台吉软硬兼施,势将里塘胡必尔汗稳稳控制于清廷之下。至此,我们已毫无疑义,玄烨发起准部之役,虽用兵西北,实则意在青海。就此而言,可以说玄烨最终是如愿以偿。濮德培认为,乃是清廷征伐准噶尔在先,只是因其距离遥远,清军转输困难且长期未获成功之故,故转而图谋西藏,[2] 实为倒果为因的皮相之见。

---

[1]《满文奏折》五十四年九月二十六日《议政大臣苏努等报呼毕勒罕等情折》,第1063—1064页。

[2] *China Marches West*, p.227.

但麻烦的是,拉藏汗所立伊喜嘉错毕竟得到清廷的承认与支持,又经班禅验看是真;玄烨若立即宣布里塘胡必尔汗为真,苍黄翻覆,则不啻自毁形象,将更难取信于人;且如此一来,势必与拉藏彻底决裂,又可能迫使拉藏于走投无路之际倒向策妄阿喇布坦,这同样是玄烨所不情愿看到的。故里塘胡必尔汗被安置塔尔寺之后,暂且悬而不发。玄烨后来对策妄阿喇布坦有一番解释,即可清楚玄烨之所以不立即裁断里塘胡必尔汗真伪,实欲先观察蒙古各部的反应:

> 青海之扎西巴图尔、戴青和硕齐等启奏,确认德尔格特地方(即里塘)出现之新呼毕勒罕为达赖喇嘛之呼毕勒罕。朕即副众意,请入塔尔寺学习经书。朕亦未曾断言该呼毕勒罕是假,不能坐达赖喇嘛之床。全蒙古共奉之喇嘛,宜当共同确立,岂能各自随意立之?倘若随意各自争立达赖喇嘛,则朕亦立一达赖喇嘛又有何不可。此绝非可以擅自之事。[1]

玄烨当日不敢擅自宣布里塘胡必尔汗为真,因时机尚未成熟,尤意在以此制约各方,也包括不愿立即失去拉藏这张牌。玄烨智珠在握,也就不必急于求成。五十五年七月,对拉藏、达赖喇嘛(即伊喜嘉错)、班禅使者照例赏赐。[2]

而可惊异的是,两月之后拉藏汗的奏闻中竟云:

> **伏闻"照封今世达赖喇嘛之呼毕勒罕,恢复如初,裁断从中所出之其余呼毕勒罕为假,送来塔尔寺"之温旨**。又谕我所派使臣曰:"朕不令尔等交恶不睦,即欲反目为仇,朕亦断然止之,分裂并

---

[1] 《满文奏折·敕谕策妄喇布坦派使人奏明杀害拉藏汗缘由事》,第1528页。
[2] 《满文奏折》五十五年七月二十五日《理藩院奏请班禅额尔德尼等之使者返回赏给驿车折》,第1129页;五十五年八月二十二日《理藩院奏请照例赏赐班禅额尔德尼等之使者折》,第1135页。

非善事。"[1]

这暴露出玄烨在控制里塘呼毕勒罕之后,仍在安慰拉藏,并承认伊喜嘉错为合法的胡必尔汗。其"不令尔等交恶"、"分裂"云云,意谓为保护拉藏而制止青海台吉入藏。甚至派人向拉藏传旨:

与朕为敌之人,亦尔之敌;与尔为敌之人,亦朕之敌。[2]

清廷羁縻拉藏,不欲令其疑而生变,可见一斑。前后翻覆,实为玄烨本色,若仅观其只言片语,或一时所云,焉能得其实情。

拉藏却不识时务,欲得寸进尺,要求惩办察罕丹津等强行征收里塘、喀木地区贡赋、拘捕拉藏所置官员等罪。玄烨当然不会为拉藏而损害与察罕丹津刚刚愈合的关系,对拉藏请求"严格法度"的答复是"毋庸另议"。并告诫拉藏:"今青海台吉等皆遵皇上训谕,共相和好,发誓于黄谕前,未结之事业已了结。今既无事端,则拉藏及其兄弟内应消除互相猜忌,不再提及往事,太平安逸,和睦相处。"[3]

对于清廷而言,此时更重要的是稳住青海台吉,保证西宁方面的安全。对青海左右翼则采取众建诸侯以少其力,同时拉拢左翼台吉:"将罗卜藏丹津、察罕丹津、达颜管理右翼事务,额尔得尼厄尔克托克托奈、阿喇布坦鄂木布管理左翼事务,再派大臣同郎中长受、主事巴特麻至青海会盟,令其永远和睦。"[4]达颜即前述与扎什巴图尔构隙者,此时参与管理

---

[1]《满文奏折》五十五年九月十三日《理藩院奏报拉藏汗请颁法律遣员办事折》,第1140—1141页。
[2]《满文奏折》五十六年八月二十六日《议政大臣海金等奏报策妄喇布坦消息并请调驻军折》,第1228—1232页。
[3]《满文奏折》五十五年九月十三日《理藩院奏报拉藏汗请颁法律遣员办事折》,第1140—1141页。
[4]《清圣祖实录》卷268五十五年闰三月己卯。

右翼,以分罗卜藏丹津、察罕丹津之权,五十六年竟称"青海盟长"。[1]额尔德尼厄尔克托克托奈为固始汗第三子达兰泰之孙,其父衮布,原游牧嘉峪关外,即前述首先归顺清廷者,令其分领左翼,以分固始汗第二子鄂木布车臣岱青一家世管左翼之权。当年年底,即以罗卜藏丹津袭封亲王,仍为青海蒙古中唯一王爵,似授为青海蒙古之总管王,使之驾驭察罕丹津,并与拉藏相抗衡。在玄烨看来,只要里塘呼毕尔罕在清廷控制之中,青海台吉即失去了兴风作浪的本钱,唯有对清廷服服帖帖;同时也有了制服拉藏的王牌,故对西藏暂时以静待动。所以,五十六年七月玄烨一得知准军入藏,即与里塘胡必尔汗联系起来。[2]

此后玄烨上谕所表达的倾向,主要是担心拉藏汗勾结策妄阿喇布坦图谋青海。这一点并不奇怪,清廷与拉藏彼此猜疑,已有时日。拉藏不欲清廷控制而加强与准噶尔的联系,显然令玄烨不满。同样,清廷控制胡必尔汗也会引起拉藏汗不安,乃至怀疑青海台吉借助清廷。奇怪的是玄烨对青海台吉的态度,既认定准军由青海入藏,则青海台吉自然脱不了干系。即使此前青海台吉迫于压力,将里塘胡必尔汗送交西宁,然以玄烨的性格和心理,似亦不会释然于怀。而上谕中却对青海台吉一味袒护,竭力支持,又何以解释? 我以为,这恰表明玄烨对青海台吉较拉藏更为担心。青海台吉所处的地理位置及其与西藏、准噶尔的关系,在玄烨心目中当然最为重要。但如上述,其一,此时不宜用兵青海;其二,将来进入西藏,还需借重青海台吉。故玄烨对青海台吉所表现的极度信任,实欲以安其反侧之心。而五十五年以来青海台吉的反应,似乎也达到了这一目的。只要青海台吉听命,清廷对准噶尔、西藏终能有所作为。前述五十六年七至九月间玄烨尚能保持某种优容,似也可由此得到解释。当然,他没有预料到拉藏会不堪一击,西藏完全落入准噶尔之手。

---

[1] 见《满文奏折》,第1228—1232页。
[2] 《国朝耆献类征初编》卷首93《外藩蒙古回部王公表传·青海厄鲁特部总传》云:五十六年,"靖逆将军富宁安谍策妄阿喇布坦遣兵赴唐古特,驰疏闻。上以里塘达赖喇嘛瑚毕勒罕事初定,拉藏汗或阴导准噶尔侵青海"。此一概述可谓有识。

准噶尔之役与玄烨的兴兵之由

未完的结语:兴师准噶尔是否为合理选择

现在我们可以进而追问,既然玄烨兴启准部之役意在青海胡必尔汗,那么是否可以仅于甘州、肃州一带对准噶尔加强防御,而直接兵临青海?玄烨何以计不出此,而偏偏反其意而行之,以致后来准军入藏时清军远水不救近火?

从玄烨得知察罕丹津欲送胡必尔汗入藏即采取强硬态度及其结果来看,可以断言,清廷完全有能力以兵威逼青海台吉交出胡必尔汗。然而"青海虽通西藏,不过荒徼绝塞"。经青海西北噶斯一带,又可与准噶尔相通,属右翼台吉所辖。[1]当时清廷在青海并无军事据点,噶斯口设兵防守,起于兴启准部之役以后,此前仅以口内西宁设置大臣交涉青海事务。清廷之所以能在五十五年轻易逼迫察罕丹津交出里塘胡必尔汗,还有一个重要原因,即青海至嘉峪关一带的左翼台吉倾向清廷,全力相助,否则必将事倍功半。

从事件的进程而言,清廷开始干预里塘胡必尔汗一事在五十三年九月,初决定派使臣将其送至京城。清使迟至五十四年八月于青海萨喇图地方与青海台吉会盟时,才获悉左翼台吉与右翼的分歧以及察罕丹津的意图,而准部之役已经启动四月。此时玄烨宣谕"现在酌议进兵机宜",[2]表明西北大军正按筹划逐步进入前线。如前所述,玄烨在兴启准部之役时,曾作好准部可能派兵侵袭青海的准备,但却没有史料说明玄烨曾估计青海右翼台吉会对抗清廷。玄烨在兴兵准噶尔时,满以为可以一举两得,既威胁准噶尔,又促成青海胡必尔汗事件的解决。前述阿齐图

---

〔1〕 并见《国朝耆献类征初编》卷首93《外藩蒙古回部王公表传·青海厄鲁特部总传》。
〔2〕 《汉文朱批奏折》第6册,五十四年八月初一日闽浙总督范时崇折中所引玄烨谕旨,第412页。

与青海台吉会盟之前迁延将近一年,以探听各方面的动静,由此亦可推断,玄烨起初并未预料到青海方面的问题会如后来那样严重。质言之,五十四年八月间青海右翼台吉于会盟中表现出来的顽抗,出乎玄烨意料之外。而此时清廷西北两路大军部署已定,玄烨自然不能取消成命,令西北大军转旆回师。如果玄烨事先对青海右翼台吉能有准确的估计,就很难说清廷一定会兴师动众于西北。所以,不能因玄烨兴启准部之役在先,以兵相胁青海台吉在后,即否定上述玄烨用兵西北而意在青海的结论。倒是可以进而推测,察罕丹津等人或许正借清军大举进发西北之机,以为清廷无暇顾及青海,方在里塘胡必尔汗一事上顽固抗拒。另一方面,玄烨一经在西北大举用兵,则保持青海方面的稳定就至关重要。清军非但不能同时在准噶尔和青海两个战场作战,而且,欲阻止准噶尔部经青海入藏,必须有赖于青海台吉的配合。五十五年罗卜藏丹津入觐,玄烨不计前嫌,准其袭封亲王。次年十一月玄烨得知西藏危急,非但不急速出兵青海,反与青海台吉盟约之后命青海清军撤出,并严禁四川清军出境,[1]明显是迁就青海台吉。五十七年察罕丹津赴京,玄烨惊喜异常,曰:"察罕丹津于人心疑虑之际,舍身来投朕,实属可嘉,即封郡王,应视为褒奖。"[2]青海台吉在玄烨战略中何等重要,即由此可见。因此,里塘胡必尔汗安置西宁甫定,清廷即不为已甚,立即转而安抚笼络青海台吉,对拉藏汗惩办察罕丹津的要求予以拒绝,原因即在于此。

毋庸置疑,五十三年以来里塘胡必尔汗的出现,即成为玄烨全盘筹划的重心。将里塘胡必尔汗掌握在清廷手中,就可避免西藏局势恶化,暂时维持住虽不令人满意,但一时又无法加以取代的拉藏汗。不仅如此,一旦时机成熟,里塘胡必尔汗又是制约拉藏干预西藏的一张王牌,还可以防止准噶尔部借此号令青海、西藏。而欲达此目的,首先需使青海蒙古服从

---

[1]《满文奏折》五十六年十一月二十八日《议政大臣苏努等奏为松潘等处调军及军需折》,议政大臣议奏:"青海会盟竣,若无事,俟额伦特奏后,酌情留兵数百,撤退余兵之处,再议奏。"朱批:"依议速行。年羹尧不可自省城轻举妄动。"第1272—1274页。
[2]《满文奏折》五十七年九月十三日《领侍卫内大臣海金等奏为赏赉青海贝勒等折》朱批,第1328—1329页。

清廷意旨。青海地处准噶尔与西藏之间,故清廷欲威逼准噶尔同时遥制西藏,其战略地位的重要自不待言。此外,还有一层原因亦须充分估计,即青海传统上属于藏区,[1]且为"第二佛陀"宗喀巴诞生之地,历代高僧辈出,在宗教上与西藏本属一脉。清廷一旦时机成熟,护送胡必尔汗进入西藏,争取青海、蒙古联合,不仅可以在兵力上弥补西宁、四川方面清军的不足,而且更为名正而言顺。这一点,从后来一些材料中看得至为明显。五十七年色楞、额伦特率军入藏,本无青海台吉参与,玄烨却对策妄阿喇布坦宣称:"本年五月,我大军一万,青海兵二万。"[2]将青海台吉争取到清廷一边,实为玄烨打击策妄阿喇布坦信心之一策。迨玄烨得知清军覆没,令清军暂停进藏,封锁西藏各通商口道,以待西藏内乱。"俟其败毁之时,惟用青海为黄教效力,即能成功。我等惟在后坐视"。[3]则清军入藏必借重青海台吉方能成功又甚明。

从青海台吉方面而言,既因真假胡必尔汗与拉藏汗及清廷双方皆发生矛盾,所要对付的就不仅是拉藏汗,更需要提防清廷借机兵临青海,失掉自己的地盘。察罕丹津等交出里塘胡必尔汗,显然是迫于清廷兵威。而交出之后,即不愿清军驻扎青海。五十七年初,玄烨得知西藏落入准军之手,摆出从西宁、四川两面出兵的架势。据《实录》,侍卫查什遵旨将松潘等处兵马应否撤回,前往问察罕丹津。察罕丹津的意图表达得甚是显豁:"大兵前往西边,策妄阿喇布坦必不敢前来。"于是清廷曲从其意,将松潘之军撤回境内。[4]

必须指出,玄烨不惜以武力相逼,从青海台吉手中夺取胡必尔汗,若其目的仅为便于清廷在西藏方面作文章,则察罕丹津等并不乐从,这是显而易见的。五十七年,色楞、额伦特从西宁方向孤军深入西藏而遭灭顶之灾,

---

[1] 《国朝耆献类征初编》卷首93《外藩蒙古回部王公表传·青海厄鲁特部总传》云,青海与卫、藏、喀木"旧称唐古特四大部"。并见《圣武记》卷5《外藩·国朝抚绥西藏记上》。
[2] 《满文奏折·敕谕策旺喇布坦交还拉藏汗妻子及被掠人财事》,第1526页,原件无年月日,据其内容应为五十七年七月之后。
[3] 《满文奏折》五十八年正月初三日《和硕诚亲王胤祉奏为办理军务折》,第1350页。
[4] 《清圣祖实录》卷277五十七年正月戊辰。

其中一个重要原因是未得到青海台吉的配合。直至五十八年年底，清廷商议以大军送胡必尔汗进藏，青海台吉的意愿方在玄烨心目中变得至关重要。"今新胡必尔汗奏称，'各处俱有禅床，皆可安设。若为我兴兵，实关系众生。'此或是新胡必尔汗之意，或是青海台吉畏惧策妄阿喇布坦，密嘱新胡必尔汗奏，亦难预知。倘新胡必尔汗与青海台吉等意同，此新胡必尔汗不可送往；青海台吉等若无此意，必将新胡必尔汗送往，安设禅床，广施法教，令土伯特之众诚心归向，则策零敦多卜自畏势逃遁。"[1]有鉴于此，清廷欲使青海台吉与清军联合入藏，必须诱之以甘饵，也就不言而喻了。

据《满文奏折》所载玄烨上谕，当年拉藏入主西藏时，"第巴给拉藏之成吉思汗之名"。[2]成吉思汗一号，意谓全蒙古的汗。自帖木真之后，唯察哈尔林丹汗曾自称此号。拉藏不过控制西藏一隅，第巴乃以此号相赠，其在与拉藏交恶之前或之后，难以确定，要之清廷不能承认。玄烨以拉藏唯应继承其父达赖汗之号，故授予"翊法恭顺汗"，即仅承认其为西藏地区汗王。这一规格显然无法满足青海台吉。故五十六年清廷议奏："我等大臣既然与察罕丹津互有盟约，俟小呼毕勒罕坐床，青海民众、诸土伯特、唐古特，俱赖察罕丹津、策旺喇布坦之力，以树黄教。"[3]则似清廷许诺察罕丹津者，不只为继承拉藏汗在西藏的统治权，且兼辖青海各部，实不啻为固始汗再现。《满文奏折》所载雍正元年青海台吉失意之后盟誓："阿穆呼朗汗（即玄烨）克取土伯特部后，因自尔等内立汗；后或念由我等内立汗。"可见青海台吉对清廷的许诺领悟在心。"自我等祖父、父辈以来及至我等本身，均奉行阿穆呼朗汗之谕旨。今观之，毫无益于我等"。可知此前青海台吉自归顺清廷之后，虽接受封爵名号，却并无实际利益。清廷不施以足够的诱饵，即使控制里塘胡必尔汗，亦未必有把握进

---

[1]《清圣祖实录》卷286五十八年十二月丙辰。
[2]《满文奏折》四十四年十二月二十六日《议政大臣俄费等奏报拉藏班禅等奏本内容折》，第399—404页。据稍后出访准噶尔的俄国人翁科尔斯基亦记载拉藏曾号为成吉思汗，见伯希和《卡尔梅克史评注》，中华书局1994年版，第63页。
[3]《满文奏折》五十七年六月十七日《领侍卫内大臣海金等奏报进剿策妄喇布坦计划折》，第1302—1304页。

而决定青海台吉的走向。问题是,清廷利用青海台吉完成护送里塘胡必尔汗入藏,却未实践前诺,引起青海台吉的悔恨和不满。"我等同准噶尔,自祖父、父辈以来及至我等本身,极为亲热,友好相处。惟自拉藏汗作恶以来,为敌矣,于我等何干?"〔1〕于是又欲转向联络准噶尔。雍正初年青海台吉的翻覆,论者多归咎于罗卜藏丹津的野心,而穷究其原,实在清廷先诱之以甘饵,后又失信于人。〔2〕要之当年玄烨急欲入藏,非依赖青海台吉不能为功。青海蒙古与准噶尔原本有联姻传统,呼吸相通,清廷方面知之甚悉:"准噶尔与青海之人联姻,已经多年。大将军若领兵出口外,我兵所出之多寡,青海人等一知,则准噶尔之人即得闻知矣。"〔3〕青海台吉与准噶尔及西藏的历史渊源及现实关系,使其成为清廷、准噶尔、西藏三方之间举足轻重的砝码。凡此,玄烨皆深明底细。故其在五十九年清军入藏以前,对青海方面的处置,可谓慎之又慎。

综上所述,即可明了五十三年至五十五年之际,对于清廷而言,首要之务即尽量以怀柔稳定青海台吉,而绝不能轻易示以兵威。我还以为,玄烨之所以先用兵西北,虽然未曾预料青海右翼台吉会出现后来那样大的阻力,但对青海台吉首鼠两端的立场已有充分估计。而从当时形势而言,玄烨若一闻知里塘胡必尔汗为察罕丹津等人迎至青海,即以大军相胁,其实师出无名,并不可取。因为这很可能会立即激化青海台吉对清廷的不满,引起青海诸台吉的合力抵抗,清军将面临极大困难。"尔等兄弟和睦共处,在外尔等无敌",〔4〕这一点玄烨心中有数。更糟糕的是,强行

---

〔1〕《满文奏折》六十二年(原文如此)二月十八日《公策旺诺尔布密奏青海台吉诺彦哈希哈等密札内情折》,第1523—1524页。

〔2〕据《松巴堪布青海史译注》,青海台吉随清军护送胡必尔汗入藏之后,深感蒙受清军统帅"轻视",其成就"遭到贬低",更因"固始汗王族的后裔一直占据着藏王的高位",清军入藏后却背信弃义。"由于这些原因,羞耻的汗水洗刷着我们的脸,我们的心像被利箭穿透一般。我们埋藏下我们的仇恨,在西藏佛陀像前宣誓要举行反对汉地的暴乱。"

〔3〕《清圣祖实录》卷284五十八年四月乙巳。

〔4〕《满文奏折》五十五年正月十九日《理藩院奏请檄令察罕丹津将呼毕勒罕送往塔尔寺折》,第1080—1081页。

用兵青海,甚至会促成其与准噶尔东西呼应,使清军陷入两面应付的窘境。所以,玄烨对青海引而不发,而采取阻断准噶尔与青海联系的策略,这一点并没有错。

但对此,玄烨本可以有两种选择:其一,不与准噶尔公开宣战,而将重点放在加强境内的防御,于哈密、肃州至西宁一线驻守重兵;并积极联络青海左翼台吉,固守包括噶斯路在内的青海西北防线。这是一种较为实际的选择。其二,即如玄烨所行,公开与准噶尔起衅,摆出大举进攻的姿态。但如此一来,双方即进入战争状态,清廷不仅要准备进攻,且需提防准噶尔反击,就必须连同喀尔喀蒙古也考虑进来。故玄烨不得不兵分两路,既派西路兵由哈密、巴里坤进逼吐鲁番,同时还要从北路由归化城横越漠北进抵科布多。以此用兵,对准噶尔的压力当然较第一种选择为大,但清廷本身的负担无疑也更加沉重。这还是仅就军事方面来讨论得失利弊。

而更重要的还在于,战争必须服从于政治。康熙晚年的政治核心,既如前述旨在争取清王朝的合法性,即"自古莫如"。而其具体体现,则不仅在于开疆拓土,亦在于承平盛世,或者说前者实为后者的应有之义。玄烨兴兵准噶尔既怀有那样大的意图,但是否愿意轻易打破经营多年的承平之世的外表,倾尽全力以争准噶尔一端,这又是他内心面临的矛盾和难题。稽诸史籍,我以为玄烨兴启准部之役伊始,并未作好这种心理准备。五十四年清廷虽然出动两路大军,但不过耀兵于准噶尔边境。在西藏为准噶尔占领之前,玄烨仍有相当保留。清军在战争头两三年内"进剿"所遇到的困难,即与此相关。而五十七年以后,玄烨任命皇子允禵为统帅,重新进行全面部署,除增兵西北之外,更在西宁、四川、云南聚集大军进逼西藏。[1] 前后相较,简直不可同日而语。西藏落入准军之手,玄烨视为奇耻。西北两路奏请进剿,以分玄烨之忧,而玄烨批复曰:"若策妄

---

[1]《满文奏折》五十八年正月初三日《和硕诚亲王胤祉等奏为办理军务折》:"今大将军王前往西宁办理一应军务,率兵二三十万,即刻由三路进军。"第1350—1353页。另据同书《胤禛等奏索洛木驻军平定准噶尔备战情形折》,所谓"大将军王率三十余万兵",乃"依圣主深谋,扬三十万军威,遣使明确晓谕(青海、准噶尔)",第1379页,不过是玄烨的心理战。然此后清廷于青海、四川、云南征调大军进藏,却是事实。

阿喇布坦果带妻子前往西藏而去,我国两路大军即至伊里地方,恐属徒然。"[1]实则无异承认至此为止,所谓西北两路进剿徒劳无功。为此,玄烨已无法顾及国内状况的日益恶化,势将扩大战争规模,非赢得这场战争不可;也唯有如此,才能勉强挽回康熙盛世的些许颜面。

  本文从考证五十六年准军入藏线路开始,继而检讨玄烨的判断失误及其致误之由。玄烨误断的客观背景,是清廷两路大军远悬西北。揆诸康熙五十四年的西部形势,清廷的实际需要止在切断准噶尔与青海台吉的联系,稳住青海及里塘胡必尔汗,以图将来控驭西藏。若仅如此,玄烨原可另有选择。而玄烨之所以大举耀兵准噶尔,实则怀有更大冀望,即准噶尔在清军压力下出现内乱,清军趁势一举而两得。事实证明,玄烨的盘算过于一厢情愿,以至西藏为准军占领之际措手不及。本文铺述考辨不免繁赘,结论却不过如此。至于玄烨何以作此选择,则必须联系到其盛世心态,才能作出透彻的论证。

(原载《燕京学报》新二十九期)

---

[1]《清圣祖实录》卷277五十七年二月十三日壬辰。

准噶尔之役与玄烨的盛世心态

康熙五十四年玄烨兴师准噶尔,其真实意图并不在此而在青海,具体说即在控驭青海里塘胡必尔汗。其时准噶尔面临俄罗斯、哈萨克、布鲁特诸国侵扰,无暇另辟战场与清廷作战。玄烨不采取控驭嘉峪关内线直至西宁这一更为实际的策略,却以两路大军远征西北,企图一举两得,既威胁准噶尔,同时震慑青海。欲完整地把握这场战争所呈现的特定形式与康熙朝后期政治核心任务之间的关系,势必要由事实层面进入到玄烨的思想与心理层面中进行剖析,本篇宗旨正在于此。

康熙朝准部之役最显著的特点,即清廷与准噶尔双方皆在巨大空间内驱遣兵马,却始终未曾进行真正激战。西北清军仅有两次"进剿":一为五十六年秋的"三路袭击",时准噶尔已派军偷袭西藏,故于东境坚壁清野,清军进抵乌鲁木齐城郊数日,无功而返;其二,五十九年为配合大军入藏,清军再度抵至乌鲁木齐而回,有征无战而据有辟展、吐鲁番。此后战争陷入停滞,准军欲收复吐鲁番而不能,清军亦无力再作深入。其间五十六年十一月,准军攻陷拉萨,出乎玄烨算度之外。此后玄烨摆出决战的姿态,重新增派兵力,战争性质与规模均发生变化,西藏成为玄烨用兵之重。五十九年九月,准军于清军抵藏之前撤离,清军"一矢不发,平定西藏",[1] 西藏遂再度易手。八年间双方有如博弈,调动频繁,形势翻覆,却不见残子累累。策妄阿喇布坦避实就虚,出奇制胜,固可收效于一时;

---

[1]《清圣祖实录》卷294六十年九月丁巳"招地御制碑文"。

玄烨始则虚张声势以图侥幸,继而犹豫迟缓,却因能持久而终有所获。适见主导战争进程与结果的,并不完全取决于双方决策者之优劣,更在于两国实力差距。

康熙六十一年十一月清世宗胤禛继位,即命清军统帅胤禵回京,旋与准噶尔议和。雍正三年议定阿尔泰疆界,并从吐鲁番、巴里坤撤军,[1]仍退守哈密。准噶尔最后失败,尚在三十年之后。然玄烨在世时,清军已取得对青海、西藏的初步控制,为乾隆朝最后吞并准噶尔奠定了基础。清朝西部疆域格局之大变亦发端于此,影响清朝乃至中亚历史甚巨。[2]

准部之役的意义如何,是一个价值判断问题,见仁见智,无法强求统一。历史研究是从事件的表相背后探索导向其进程的真实原因,为价值判断提供更多和更为可信的史实基础。而推进历史进程的动因,即包括统治者的主观思想与心理。本篇的具体任务为:

一、考察玄烨的用兵方略,西北两路清军的态势、兵员数量及军饷挽输,以见玄烨仓促弄兵;

二、分析玄烨汲汲臻于盛世的心态及其由以产生的国内环境,以见此役并非势所必然;

三、探讨形成玄烨凡事独断的政治体制及康熙后期君臣之间的疏离,以见玄烨独断与抉择的无所制约。至于隐然而又切实存在的满汉矛盾,亦略兼及。

---

[1] 玄烨卒于六十一年十一月十三日甲午,清世宗胤禛当日即位。次日乙未,即令胤禵驰驿赴京。雍正元年正月丙午,传谕策妄阿喇布坦使臣,有云:"若尔台吉即遣亲信之人诚恳陈辞,朕即宽宥,以宁尔土宇。"次月,即量撤各路官兵。均见《平定准噶尔方略·前编》卷11。双方议疆界,见卷15雍正三年四月己卯。清军从前线撤军,分见卷15雍正三年四月丙子,五月己未;卷16雍正四年四月癸酉有关诸条。

[2] 参见 China Marches West, p.518。

一、西北清军的合击态势与剿抚兼施

康熙五十四年,清廷以两路大军分出巴里坤、科布多,耀兵于准噶尔东境,战争大有一触即发之势。但随后清军顿兵不进,对准噶尔不断诱降,并卑词乞援于俄罗斯。凡此皆可证玄烨兴起此役并无充分准备。

(一)两路大军合剿与噶斯口疏于驻防

玄烨用兵方略,大致沿袭当年征剿噶尔丹之故套而略加变化,即一面施压于准噶尔,同时阻断其与青海蒙古的联系。所不同者,噶尔丹以乌兰布通重创之余,残部仅数千人,且本土已落入策妄阿喇布坦之手,进退失据,终至败亡。而准噶尔之役,清廷以两路大军远出西北成合击之势:西路出嘉峪关外一千四百余里抵哈密以窥吐鲁番,另由哈密逾天山科舍图岭二百里至巴里坤以窥乌鲁木齐;北路更遥悬于阿尔泰山东麓之科布多。巴里坤距策妄阿喇布坦巢穴伊犁尚有三四千里之遥,而科布多越阿尔泰山至伊犁亦有二千余里,[1]皆山川险阻,军行不易。总之,清军劳师远征,兵力不多于当年,而挽输之难,则不啻倍蓰。

1. 西北清军的态势与实际兵力

五十四年四月初,甘肃提督师懿德闻知哈密伯克告急,即命肃州总兵路振声率兵一千先赴哈密。四月中旬,朝廷议发西安满洲兵三千、总督标兵二千,甘肃提督标兵亦酌量派出,三处兵马俱于文到三日内启行。此为西路,初拟兵力八千人,统帅即西安将军席柱,以吏部尚书富宁安等度粮饷。又以归化城右卫驻防满洲兵三千、并内蒙古察哈尔等地兵一千、

---

[1] 详参祁韵士《西陲要略》卷1《南北两路疆域总叙》、《南北两路军台总目》。

鄂尔多斯兵二千、厄鲁特额驸阿宝兵五百、归化城土默特两旗兵一千,共七千余人,形成北路军,统帅为右卫将军费扬古,以散秩大臣祁里德筹度粮饷。此外,西宁、四川松潘诸路"各令整备"。随又有所谓"筹度三路进剿",即于两路大军之外,"再若由噶斯路进兵一万,赴伊里河源,抵彼巢穴;由哈密、吐鲁番进兵一万;由喀尔喀进兵一万,如此三路进剿,料必成功"。以上方案均拟定于五十四年四月。[1]而在实际进程中,清廷仅配备两路大军,其战略意图如下:

北路又称阿尔泰一路,以喀尔喀、归化城为基地,经翁金河、推河,越杭爱山西进抵达阿尔泰山东麓科布多。科布多以东至杭爱山西麓一带旷地,原属准噶尔游牧之所。噶尔丹败亡后,虽置为喀尔喀、准噶尔之间闲地,然清军于此建城设哨,阻止准噶尔渡越阿尔泰山梁。故此地带成为准噶尔与清廷边界争端之关键。[2]杭爱山南要镇乌里雅苏台、察罕叟尔,则为清军驻防及储粮之所。

北路大军旨在封锁准噶尔从阿尔泰山与天山北路东犯喀尔喀。[3]除上述归化城右卫满洲兵及内外蒙古兵之外,后又配备东北黑龙江满兵、打牲索伦、打虎儿各部共二千人。至征调喀尔喀蒙古各部兵员,初拟一万人,喀尔喀王公以"我等喀尔喀兵止一万,须合内地之兵,方可深入",请与清廷合兵共四万人,两路大军并进,喀尔喀兵于七月起行。清军前线大臣祁里德以只须一万五千即可。商议中,玄烨已放弃当年进兵,"于明岁

---

[1] 《清圣祖实录》卷263五十四年四月十四日己卯、十五日庚辰、二十四日己丑、三十日乙未;并参《平定准噶尔方略·前编》卷1。

[2] 《国朝耆献类征初编》卷首89《厄鲁特扎萨克多罗郡王阿喇布坦列传》,"初,巴图尔珲台吉游牧阿尔台(阿尔泰)。子噶勒丹嗣,为厄鲁特长,诸台吉皆附之"。其族子"罕都、阿喇布坦与噶勒丹聚牧阿尔台之科布多,仍各领部众"。卷首82《和硕超勇襄亲王策凌列传》,雍正十三年,噶尔丹策零请议和。谕曰:"夫阿尔台之属厄鲁特,乃噶勒丹从前之事。尔准噶尔并未越此游牧,乃谓为厄鲁特牧地,可乎?且喀尔喀尚不令近阿尔台,原欲两界稍远,免启事端,而可令尔居之乎?"乾隆二年,噶尔丹策凌贻策凌书,欲仍游牧阿尔台。策凌遵旨报书曰:"自灭噶尔丹以来,我等建城驻兵其地,众所共知。其不令尔游牧者,原欲以此为闲地,两不相及,以息争端耳。"

[3] 《平定准噶尔方略·前编》卷1康熙五十四年四月十四日己卯,议政大臣等遵旨议覆:"策妄阿喇布坦现侵哈密,未必不至喀尔喀地方。"并见《清圣祖实录》卷263同日。

进兵时再行添发可也"。以费扬古与喀尔喀仍自成一路,不必与西路合剿。[1]揆诸形势,由科布多越阿尔泰山北麓西进伊犁,艰险重重;若抵乌鲁木齐汇合西路军,亦有二千七百余里之遥;[2]皆不可取。故清军北路止可作呼应防御之势。

西路又称巴尔坤一路,为清军精锐所在。其中西安驻防满洲兵,玄烨诩为"屡经对敌之兵,且人人怀报效之志,若策妄阿喇布坦来战,不论何地,制胜有余"。[3]除上述肃州总兵、西安驻防满兵、川陕总督标兵、甘肃提督标兵之外,后又增派凉州、固原、宁夏绿旗兵各二千,配成足额一万二千名。[4]五十五年初曾减至八千,拟明年补充至一万三千名。[5]西路一线不仅为准噶尔进入嘉峪关之大路,亦为天山经由青海入藏的主要和便捷之路。[6]控制此路,即可防止策妄阿喇布坦与青海蒙古、西藏连成一气。清军进讨虽或不足,固守则绰绰有余。清军于五十四年八月十八日进据巴尔坤。[7]五十九年获得吐鲁番之前,哈密、巴尔坤即清军最前沿,以窥伺天山南北要道。

由于两路兵员时有变化,北路征调喀尔喀蒙古各部兵力又难以保证,故清军兵员总数难以确估。五十七年,玄烨于准军占领西藏之后大举增兵,据议政大臣议覆:"查将军傅尔丹处见有兵二万三千四百名","合计富宁安处所领之兵及今拨往之兵,通共一万七千二百有余名"。则西、北两路共四万人。傅尔丹掌管喀尔喀与科布多屯田及转输军粮,此二万三千似包

---

[1]《清圣祖实录》卷263五十四年四月十五日庚辰、二十二日丁亥、三十日乙未,卷264六月二十二日丙戌。
[2]《清圣祖实录》卷296六十一年二月壬申,协理将军阿喇衲请将阿尔泰之军会合巴里坤一路并进。己卯日又议覆:"阿尔泰一路之兵亦进击至乌鲁木齐,其间沙漠间隔共有二千七、八百里,路途遥远,往回或有迟滞之虞。"而未予允。
[3]《清圣祖实录》卷263五十四年四月二十四日己丑。
[4]《清圣祖实录》卷263五十四年四月十四日己卯、五月二十三日戊午。
[5]详见《清圣祖实录》卷267五十五年三月二十五日丙辰。
[6]法国学者沙畹《中国的两幅最古的地图》认为,古代中国于河西走廊设置一系列重镇,"割断了突厥各族与藏族的联系,使中国人得以同西方交往"。转引自巴德利《俄国·蒙古·中国》,商务印书馆1981年版,第190页。
[7]《清圣祖实录》卷265五十四年九月二十九日辛酉。

含屯丁及随役。六十一年二月,前线大臣共议进剿事宜,协理将军阿喇衲议由阿尔泰、巴里坤、吐鲁番三路各派一万五千人,则西路拟为三万人,西北两路合计四万五千人。然仅拟议之中,亦非实际兵额。当年五月富宁安疏奏:"见今巴尔库尔(即巴里坤)、吐鲁番、科舍图、俄隆吉等四处所有满洲、蒙古、绿旗官兵共二万一千一百名,计算随役,共三万三千四百九十名。自阿尔泰遣往官兵一万二千名,计算随役约二万五千名。"[1]此为更为准确数据。是知不算随役,西北各路大军合计三万三千人,为五十七年之后玄烨大举增兵后其极至。加上噶斯口一路些微守军,总计西北前线总兵力不超过四万人。五十七年以前当少于此数。

2. 噶斯口疏于驻防原因之推测

清廷当初议定噶斯口一路以大军一万直抵伊犁,则纯属纸上谈兵。

前篇所述康熙五十六年玄烨闻知准军入藏,即判断其经由青海。而这一判断的其前提,必以准军沿天山南路东行,绕开西路清军及肃州、西宁一线的重兵布防,突破清军防御薄弱的青海西北要隘噶斯口。这一行军线路历史上确有先例,松巴堪布《青海史》述明末固始汗征伐西藏之前,由南疆塔里木盆地东行进入青海柴达木,则必经噶斯口。由此南下,可经青海西南的木鲁乌苏直入西藏。另据《明实录》万历二十年二月乙巳,天山回部勾引瓦剌攻袭游牧于青海湖东南莽剌、捏工二川的火落赤部,而未由明朝境内经过,亦必入噶斯口之后东行而至。噶斯口的战略地位既如此重要,玄烨又曾拟发大兵由此,则何以始终疏于防守?此于玄烨战略思考甚有关系,学者似未留意。

五十四年四月至六月间,清廷从西路军抽调满、汉兵各一千,派董大成率领前往噶斯口驻防。[2]董到达后奏称:"臣于六月二十二日领兵从肃州出嘉峪关,自嘉峪关至噶斯口三千余里。行至常马尔河,因山水暴发,所

---

[1] 分见《清圣祖实录》卷282五十七年十二月庚午,卷296六十一年二月壬申,卷297六十一年五月癸巳。

[2] 《清圣祖实录》卷263五十四年四月十四日己卯、三十日乙未;卷264六月十二日丙子。

有运米牲口及兵丁所乘马匹多致伤损倒毙。今于八月十二日抵噶斯口。"经巡视又奏:"臣至噶斯口巡查,并无来往人迹。噶斯地方三面雪山,中有一线水草,皆系芦苇。其大路在得布特里地方,西南走藏,东南走青海西宁大通河,半月即到永固城,西北走柴旦木、吐鲁番等处,乃策妄阿喇布坦出入咽喉要路。"然玄烨已于前疏批示:"噶斯口路径甚窄,策妄阿喇布坦断不由彼行走。今正寒冷之时,著董大成将噶斯口迆内放火烧荒,领兵回赴肃州。"[1]可知清军抵至噶斯口,非由西宁取途青海西向,乃从肃州出嘉峪关由西偏南而行,路途迂远。此前阿南达云一千七百里,董云三千余里,恐皆非确数。[2]噶斯口为准噶尔东走青海之要隘,然地形险恶,供给不便,军队难以驻扎。后玄烨承认:"所遣噶思路兵,亦因粮不到撤回。"[3]加之需由肃州抽调兵力,仅分兵二千,玄烨已觉"由哈密进发之兵稍觉单弱"。出于这些考虑,玄烨决定撤销噶斯口的驻防,令兵丁返回肃州。但不久玄烨又生疑虑,"撤回噶斯口驻扎之兵,倘策妄阿喇布坦闻知,发兵从噶斯路来袭我兵之后,亦未可定",次年初令人前往侦探,却并未拨兵驻守。[4]

五十四年、五十五年之际,玄烨得知青海蒙古左右翼台吉内讧,急令护军统领晏布率西安满洲兵一千人西宁,以西宁总兵官王以谦三千标兵预备,同时增派四川松潘驻军,防止青海右翼察罕丹津强行送里塘胡必尔汗入藏。然噶斯在青海西北,西宁在青海东北口内,隶属甘肃,两地相隔悬远;松潘更在四川,增兵西宁、松潘,实无助于加强噶斯口防御。五十五年闰三月,清廷将里塘胡必尔汗安顿于西宁甫毕,晏布即被派往哈密一路接替将军席柱。对噶斯口防御具有实际意义的,是仅留西安满洲兵五百驻守,同时以羁留于清朝的土尔扈特贝子阿喇布珠尔率所部五百人驻扎于噶斯通往柴达木之地察罕齐老图地方。[5]意在防止准噶尔由噶斯东进

---

[1]《清圣祖实录》卷265五十四年八月二十九日壬辰、十月初六日戊辰。
[2]《清圣祖实录》卷268五十五年闰三月壬戌。
[3]《起居注》五十四年十一月二十二日。
[4]《清圣祖实录》卷263五十四年五月二十三日戊午,卷267五十五年正月十八日己酉。
[5]《清圣祖实录》卷267五十五年三月十二日癸卯、二十二日癸丑,卷268闰三月初二日壬戌、二十日庚辰。

西宁劫持胡必尔汗,而非如前议由噶斯出兵形成三路合剿准噶尔本土。

稍后,办理青海事务侍卫阿齐图疏言:"臣于六月初六日到察罕乌苏地方,据台吉达赖等言,察罕乌苏地方水草既好,地亦宽阔,宜于驻兵。若策妄阿喇布坦使人到青海,必由此路。若往西藏,必由察罕托灰之路。此两路设兵防守,则噶斯口以内更无可行之路。再,自噶斯口过打布孙瀚海,有地名噶顺,可进色尔腾地方,此处亦当设兵防守。臣遣人往视噶斯口,果无可驻兵之处。今将兵分为四营驻扎察罕乌苏,令护军参领钦第由等领兵驻扎噶顺设汛防守。"[1]噶斯地形险要,然无驻兵之所,与前董大成所奏相合。阿齐图由青海达赖台吉处得知,察罕乌苏乃策妄入青海必经之地,察罕托灰一地则为策妄入藏必经之地,皆当设兵防守。故知察罕乌苏、察罕托灰皆在噶斯口内。若准军入噶斯口,可道分两途,东向为察罕乌苏,南向为察罕托灰。又,噶斯以东,"柴达木之北伊逊察罕齐老图地方,乃直达安西沙州之路,为巴里坤军营之后户,关系最为紧要"。[2]仅前述以土尔扈特阿喇布珠尔率本部五百人驻守,实过于单薄。故不论从防御准军入藏,或保护清军南路后方,噶斯一路皆非守不可之地。玄烨若真加重视其战略地位,至少应考虑阿齐图疏奏,于此数处加强设防,然仅报闻而已。

当年十月,策妄阿喇布坦以小股军队偷袭青海清军马匹,旋为清军驱逐。[3]此事又引起玄烨不安,考虑增强噶斯驻防:"策妄喇布坦甚为诡诈,谙练征战,知我军在巴里坤、阿尔泰一带防守严密,探知噶斯一带我军力单,欲由噶斯大举来犯青海,以克西边,亦未可知,我不可不预为防备。是以朕意派西安满洲兵、总督督标营兵二千名,著署理西安将军事务总督额伦特

---

[1]《清圣祖实录》卷269五十五年七月十四日辛未。据《满文奏折·议政大臣海金等奏噶斯口至察罕乌苏地势并设防情形折》第1233页,台吉达赖应为达彦,亦即达颜。噶斯口属达颜驻牧地,见后引《达颜列传》。

[2]《平定准噶尔方略·前编》卷24雍正九年七月丙寅"命议伊逊察罕齐老图防汛事宜"条。

[3] 策妄军偷袭马匹之事,见《清圣祖实录》卷270五十五年十月二十日丙午。十二月十三日,青海蒙古贝勒察罕丹津即遣人来报青海无事,见《满文奏折》五十六年正月二十一日《议政大臣巴珲岱等奏为四川备兵折》,第1167页。

带往西宁预备。如此,策妄喇布坦果由噶斯路大举来犯青海,以克西边,则我西宁预备兵与青海左翼台吉等会合,提督康泰率四川兵与贝勒察干丹津右翼台吉等会合,两路协守,策妄喇布坦能大举来犯耶?"[1]此次重新布防噶斯口,不再如前从肃州抽调兵丁,而改由西宁派往。然噶斯口与西宁相隔数千里,仅西宁至察罕乌苏单程即需四十日,一旦有警,赴援何及?

五十六年初,清廷决定再增西安满洲兵二千,西宁标兵一千,合原驻守一千共四千,"分为两班,更换行走。换班时令兵丁各带口粮,以省挽运之费"。将一年春、冬二季更番改为"一年一调",实则驻守仍二千人。且仅驻扎察罕乌苏一地,而放弃对入藏要害察罕托灰的防守。[2]另据五十七年二月西宁总兵官王以谦疏言:"往噶斯换班兵丁,在镇标所属内派往,实属不敷。"[3]三月,侍卫色楞、总督额伦特及策旺诺尔布俱在西宁,分别奏请率兵入藏,议政大臣议覆时,即顾虑噶斯路阿齐图率兵丁一千入藏,所剩兵丁仅一千,而"噶顺、古木二处地方无兵驻扎"。担心策妄"侦知我军欲取西藏,或从噶斯一路潜有兵来"。[4]以上皆可证清军于青海西北噶斯防守甚疏。

五十六年玄烨闻知准噶尔军偷袭西藏,之所以认定经由青海,即因确有准军通过噶斯而南折察罕托灰入藏的可能。问题是,玄烨既知噶斯口为准噶尔入藏必经之地,何以又疏忽若此? 以客观而言,噶斯口一带险要荒僻,距离西宁遥远,供给困难;青海西北其他地方亦"无水草",难以驻军,[5]无法构成纵深防线。玄烨后来承认"噶斯等处实为难行",[6]

---

[1] 《满文奏折》五十五年十月二十三日《议政大臣苏努等奏拨兵以防策妄喇布坦侵扰折》,第1151页。
[2] 《清圣祖实录》卷271五十六年正月十七日壬申;并参《平定准噶尔方略·前编》卷4,同日"增设噶斯路驻防官兵"条。
[3] 《清圣祖实录》卷277五十七年二月初九日戊子。
[4] 《清圣祖实录》卷278五十七年三月十四日癸亥;并见《方略·前编》卷5。
[5] 《满文奏折》五十六年八月二十六日《议政大臣海金等奏报策妄喇布坦消息并请调驻军折》,拉藏请求清廷与青海台吉出兵相援,清廷驻西宁大臣曰:"尔等青海地方,既然无水草,不必将(四川、西宁)兵驻于边外。"第1228—1232页。
[6] 《起居注》五十六年十一月二十四日甲戌。

恰又说明此前玄烨始终抱有侥幸，不相信准军真敢由噶斯入藏。五十七年以前，不仅噶斯口未加重视，即西宁、四川亦无重兵。清廷于青海设置驿站，则在胤禛出征之后的五十八年。[1]正因如此，玄烨一旦闻知准军进藏，又坚持准军必经由噶斯先入青海。这种矛盾心理，反映玄烨已隐约意识到自己失策，且觉察出战线过于广阔，清军兵力有所不敷。而一个不可忽视的事实是，五十七年之前，玄烨一直未曾动用京师八旗禁旅以及其他地区的驻防八旗和绿营兵。

五十五年准噶尔由色拉袭青海，掠台吉罗卜藏、丹济卜等牧畜，复谋盗噶斯口官军驼马。玄烨以"准噶尔侦噶斯口兵势稍弱，前来侵扰青海，不可不严备之。着西安兵会青海左翼，四川督标兵会青海右翼，协力防御"。[2]简言之，依赖青海右翼台吉配合清军防御噶斯口以内，而噶斯以外至嘉峪关、哈密，则依赖青海左翼台吉，以阻止准噶尔侵入青海。[3]而其所以如此，即在于虚矫和侥幸心理始终支配着玄烨，使其过分相信西北清军的威慑作用并低估策妄阿喇布坦的反击。玄烨的如意算盘是，清军耀兵于准部东境，策妄当无暇分拨大兵于噶斯一路；即或冒险进入青海，遭青海蒙古和西宁、松潘清军夹攻，亦难站稳脚跟；而准军一旦在青海或西藏陷入苦战，清军即可掌握西北方面的战争主动权，甚至长驱直入。故准军潜入青海的隐忧，看来玄烨似尽量驱除于意识之外，并未转为实际部署。

玄烨的一厢情愿，使西北清军陷入一种莫名其妙的境地：两路大军悬于准噶尔东境，深入进剿，苦兵力装备不足，并无绝对把握；若仅为防御

---

[1]《国朝耆献类征初编》卷首93《青海厄鲁特蒙古总传》。
[2]《国朝耆献类征初编》卷首93《青海厄鲁特蒙古总传》；并见《清圣祖实录》卷270五十五年十月二十一日丁未。
[3]《国朝耆献类征初编》卷首96《多罗贝勒达颜列传》："五十四年，准噶尔侵哈密败遁。议撤噶斯驻防兵，以达颜属台吉等游牧柴达木，通噶斯之察罕齐老图，遣侍卫驻其地，侦准噶尔踪。五十五年三月，诏选所部兵百屯噶斯。"卷首94《盆苏克汪扎尔列传》："五十五年，诏选兵百屯噶斯路防准噶尔贼。六十一年，诏撤噶斯驻防军，仍备兵游牧。"并参《平定准噶尔方略·前编》卷11康熙六十一年十二月己卯。

计,则又何必劳师远征?大军既远出西北,则防御噶斯一路,又只得寄托于并不放心的青海台吉。清军战线漫长,挽输困难,准噶尔则以逸待劳,双方实已主客易势。准噶尔"每一部落有千五百户,约共三万人。自和朔特、图尔古特、辉特、杜尔伯特台吉属人外,策妄阿拉布坦十四部落之人"。[1]是知仅准噶尔一部即四五十万人,兵力不下四万。[2]欲剿灭准噶尔,谈何容易!此皆玄烨所悉知。

而玄烨所以不惜空縻粮饷,耀兵边境,实寄希望于准噶尔受到俄罗斯、哈萨克等国压力,断无出军与清军相抗之可能;相持之下,或生内乱,清军则取乱侮亡,至少可以迫使其订立城下之盟。在玄烨看来,只要清军不冒险深入,不过分逼迫准噶尔使之与清军一拼死活,此役者将有赢无输;所以,放弃噶斯口一处驻防,其实并无实际风险;由此又可以反过来解释玄烨何以不令西北两路大军先声夺人,速战速决。

(二)诱降准噶尔与乞援俄罗斯

战事初起,玄烨视之甚易。五十四年三月,准军游骑侵扰哈密旋即撤去。四月中旬,玄烨闻驻守哈密游击潘至善以二百兵丁击败准军二千,即敕令喀尔喀泽卜尊丹巴劝谕准噶尔投降,"速遣使至皇帝前跪请伏罪"。随又得知肃州总兵路振声所率前锋距哈密尚百余里,"策妄阿喇布坦兵闻信,已于(四月)初七日遁去"。[3]仅些许小胜,后来玄烨屡加宣扬,意在表明准军不堪一击。

五月,前方俘虏供词更加强了玄烨的自信。准部俘虏满济供称:"其(策妄)征赋俱无定规,凡有所需,一切向属下敛取,人皆疲敝。自和朔特、图尔古特、辉特、杜尔伯特台吉属人外,策妄阿拉布坦十四部落之人无不怨

---

[1] 《清圣祖实录》卷263五十四年五月十七日壬子。
[2] 《清圣祖实录》卷264五十四年六月二十二日丙戌,祁里德等遵旨议奏云:"臣思策妄阿喇布坦纵有兵四万,各处分守,兵亦无多。"
[3] 《清圣祖实录》卷263五十四年四月十九日甲申、二十九日甲午。

之。去年雪深三尺余,其所居伊里等地方牲畜尽毙。其子往攻安箭地方之布鲁特,被杀者五百人,回时又多染疾而死。再我图尔古特一万余人俱愁苦度日,各有恋土之心,常思乘变奔回本地,或来归天朝。"[1]满济乃土尔扈特阿玉奇汗之子三济扎布属人。三济扎布与父有隙,携万人投准噶尔,策妄阿喇布坦将其驱逐,而扣留其属人。满济供词真伪如何,自当审慎再三。可惜玄烨侥幸之心太重,亲自审问后,竟信以为真,认为准噶尔既遭困境,一旦清军相临,势必内讧加剧,向清廷乞降。于是踌躇满志,当即准备一份招降敕书,并示之于议政大臣,声称"今观满济所言,策妄阿喇布坦情势,与朕所预料者相合。乘彼人马疲弱之时,应两路兴兵扼要驻扎,遣使往谕"。"今问其言,朕胸有成竹"。[2]敕书虚矫狂妄,不啻最后通牒。摘录如下:

> 今尔无故领兵二千侵我哈密,为我兵二百人所败而遁。今我兵已四路云集,断难中止。从前尔虽狂妄启奏,朕为天下主,无不宽容。况尔曾奏云"令我等喀尔喀、厄鲁特、青海之众皆复旧业,以安人众"。尔今可令和朔特、图尔古特、辉特之人俱回原处,与伊兄弟完聚;其在我处之辉特,朕亦令回原处完聚,于阿拉克山居住。拉藏汗之子,尔可速送还拉藏。尔只领准噶尔之众,僻在额尔齐斯居住则已。再,前给尔准噶尔之众,本我所应有之人,彼等亦不愿属尔处。尔之人心离异,各为身计。尔常自以为强,可亲身前来会盟定议。……今何无端食言,侵我哈密?若不来会盟,断无了期。[3]

宣战理由,仍不过哈密一事。玄烨则漫天要价,令策妄阿喇布坦放弃厄鲁特各部盟主,仅为一部之长,且收拾厄鲁特人偏居于阿尔泰山以内额尔齐斯河一带,此外蒙古各部均当臣属于清廷。"前来会盟"云者,即

---

〔1〕《清圣祖实录》卷263五十四年五月十七日壬子。
〔2〕《清圣祖实录》卷263五十四年五月十八日癸丑;并参《满文奏折》五月十九日《康熙帝向厄鲁特人询问策妄喇布坦情形事》,第1012页。
〔3〕《清圣祖实录》卷263五十四年五月二十日乙卯。

与清廷订立城下之盟也。至于厄鲁特蒙古各部的传统联系与游牧疆域，以及准噶尔谋求统一蒙古各部的诉求，对玄烨及其后继者而言，则意味满蒙联盟解体，根本无考虑之余地。策妄阿喇布坦必须服从清廷的要求，否则即被置于不愿天下安宁的境地，此即玄烨的准则。玄烨自恃国富兵强，故肆言无忌，处处挑衅恐吓："我兵已四路云集，断难中止"，"断无了期"，"朕必亲征，或令王大臣等领兵直抵尔巢穴"。又可留意者，玄烨既将此敕谕遍示群臣，则意在表明抓住哈密一事出兵准噶尔的果断英明，策妄阿喇布坦既不足灭，清廷进兵的决心自然不会动摇。这样一来，玄烨就将自己推到一个不能转圜的境地，一旦准噶尔不肯投降，玄烨即无法收手，必须将战争进行到底。

而更不可忽视的是，五月下旬玄烨派图理琛通告俄罗斯边境头目，"令其加意防守边界，如有策妄阿喇布坦之人投向尔处，即宜收留"。[1]图理琛六月间再次派往俄罗斯边境，《异域录》下卷详载其事："四月初旬，恳请随驾避暑效力，前往热河。值征剿逆寇策旺拉布坦有事之际，兵部臣具疏题请调补兵部员外郎，办理军务。又特旨差往俄罗斯国界二次焉。时夏六月，因大兵四路进剿逆寇，令余晓谕俄罗斯国，特旨遣往。"图理琛至楚库柏兴地方，致书于俄西伯利亚总督加加林，其辞如下：

> 尔国与厄鲁特人迥异，秉心诚实，系礼义之邦。我至圣大皇帝深为嘉悦。
>
> 剿灭噶尔丹之后，其准噶尔部落人民，应属我国。大皇帝明知不纳，听其在彼，以遂其生计。虽洞悉策旺拉布坦势力凋敝，穷迫已极，我大皇帝不忍征伐，豢育至今。
>
> 策旺拉布坦赋性奸伪，背恩寡信，盖其天性使然，终莫能悛。即今言之，尔国之塔喇斯科及托穆斯科边陲地方居住之巴尔巴忒并塔塔拉人等，归附尔国已久，彼犹勒取贡物；其已归附尔国之货通人等，彼复屡次遣使索取；又邀夺尔国贸易之人，羁留数月。（略）至

---

[1]《清圣祖实录》卷263五十四年五月二十三日戊午。

于盐场屯兵,狂悖妄举诸事,其不道无知,昭然可见矣。

近者策旺拉布坦不自量力,不度其丑类罹灰烬之祸,乃敢潜遣贼众,侵我边隅回子所居之哈密地方。(略)我大皇帝特旨酌调边兵,并派喀尔喀兵,现今声罪致讨。如策旺拉布坦部下有流窜逃亡者,令尔边境之人即行收纳,我国并不讨取。(略)其收纳策旺拉布坦逃亡之事,当深为留意。

须知,此并非外国使臣的报告或推测,而是清廷官员的自供,故尤其值得注意。

若说三年前图理琛土尔扈特之行意图尚有模糊之处,而准部之役发动之后图理琛再次前往俄方边境,则将玄烨的目的暴露无遗:

其一,图理琛向俄方传达玄烨信心十足,以为准噶尔将在清军进逼下迅速瓦解,故而提醒俄方收纳准噶尔逃人,是明告俄方将在清廷与准噶尔的冲突中获取实利。此固属一种外交手腕,目的在于引诱俄方对清廷发动此次战争的支持,却清楚地反映了玄烨的立场与态度。众所悉知,根据此前中俄尼布楚条约,双方不得接纳彼此逃人。[1]此际玄烨允许俄方收留准噶尔逃人,则不仅取悦俄方,更说明清廷未将准噶尔视为境内属夷,实以外夷待之。

其二,对于准噶尔与俄罗斯边界属民、商人之争端,则完全站在俄方立场。所谓"盐场屯兵"一事,当指准噶尔人于斋桑泊或亚梅什湖一带布防,以抵御俄罗斯入侵,玄烨则指责为"狂悖妄举"。为争取"礼义之邦"俄罗斯对准噶尔施压,可谓不择手段。直至五十九年,清军已将准军驱逐出西藏,准备进攻准噶尔本土时,玄烨仍未放弃寻求俄罗斯方面的支持。[2]后人谓清廷对于准噶尔的征伐是克服分裂主义、维护国家主权统

---

〔1〕 参约瑟夫·赛比斯《耶稣会士徐日升关于中俄尼布楚谈判的日记》第八章《日记中所载条约文本》,《徐日升神甫的日记》第53《条约文本》中第四款:"自两国永好已定之日起,嗣后有逃亡者,各不收纳,并应械系遣还。"商务印书馆1973年版。
〔2〕 详见兹拉特金《准噶尔汗国史》,第322页。

一,与历史实情颇不相符。

玄烨既大张声势,以为胜券在握,即应积极推进,方能予准部以更大压力。然而事实却非如此。五十四年六月初,前方统帅席柱、富宁安拟于七月出哈密进剿吐鲁番时,玄烨却以"九月间方取吐鲁番,则时值冬令,且伊地方太近",决定"不如仍照原议,明年前进为当"。旋谕示议政大臣"今年未便进兵"。此距敕令准噶尔投降仅过两月。迨九月得知策妄阿喇布坦准备西征哈萨克,不来哈密,玄烨又出大言:"今大兵见于巴尔库尔一路、阿尔泰一路整备,正欲策妄阿喇布坦前来。"[1]言辞豪迈,却仍未乘机进攻。

更令人奇怪的是,玄烨派遣使臣赴准噶尔时的态度。五十五年三月,上年派往敕谕策妄归降的使臣回到北京,同来的尚有策妄阿喇布坦派往喀尔喀哲卜尊丹巴处的使臣。《实录》载玄烨亲询其事:

> 朕询问策妄阿喇布坦情形,皆已悉知。策妄阿喇布坦乃巨猾奸诡之人,甚属无耻,以朕之"使臣非系使臣,旨意非系谕旨,是部文"等语。[2]

《满文奏折》所记玄烨之言更详:

> 据策妄喇布坦奏,恳遣使一贤能大员等语。伊并未认错。伊不遣使臣,若我等遣大员,甚属不合。克什图、保柱出使策妄喇布坦处所已经数次,倘授伊等大衔遣往,即系大员矣。(略)书谕旨时,令克什图、保柱等面看缮写。伊等若言此不可,朕随改之,再明示诸大臣。[3]

策妄以清廷所遣非使臣,敕谕系部文,显然以清廷非正式谈判而拒绝

---

〔1〕《清圣祖实录》卷264五十四年六月初十日甲戌、二十二日丙戌,卷265五十四年九月二十九日辛酉。

〔2〕《清圣祖实录》卷267五十五年三月初十日辛丑。

〔3〕《满文奏折》五十五年三月十三日《议政大臣苏努等议覆向策妄喇布坦遣使等情折》,第1090—1093页。

接待,清廷使臣多次碰壁而回。玄烨有失体面,又不甘心尽依对方之意改派更高级别官员,仅对克什图授之以大衔重新前往。所云"伊并未认错",即策妄阿喇布坦不肯以侵扰哈密为非,则仍坚持哈密为其旧属;准噶尔"不遣使臣",与清廷使臣往来"已经数次",恰成鲜明对比,反映策妄阿喇布坦态度强硬,要求双方以平等姿态对话,于清廷恫吓招降无动于衷。[1]

按玄烨原先的架势,本该即刻大举进剿,以示天威,岂料玄烨前倨而后恭,竟完全遵从策妄阿喇布坦的要求。改写谕旨时,令出使二臣"面看缮写,伊等若言此不可,朕随改之"。可见,玄烨唯恐触怒策妄阿喇布坦,不肯接纳使臣开读谕旨,自己无法下台,故一改昔日骄狂,不惜屈尊听从使臣之言,尽量使谕旨写得得体。

玄烨之所以迁就准噶尔,实以当年无法进兵。据议政大臣议覆:

> 策妄阿喇布坦系巨猾奸诡之人,今仍遣使前往颁示谕旨。伊若怙恶不悛,则现今阿尔泰、巴尔库尔两路大兵俱已齐备,应于明年草发时进剿。
>
> 再,策妄阿喇布坦现行文与泽卜尊丹巴胡土克图,应令泽卜尊丹巴胡土克图给与回文,仍差楚杨托音带去。策妄阿喇布坦向喀尔喀台吉扎穆巴拉极力修好,又唆调喀尔喀等,应令喀尔喀汗王等给与回文,仍差楚杨托音带去。
>
> 现今两路军前粮米甚属充裕,应行文都统图思海、尚书富宁安等,从容运送。
>
> 得旨:依议。着护军统领晏布前往代将军席柱。[2]

其实,此时清军兵员粮草远说不上充裕,巴尔坤一路尚需更易统帅;同时,喀尔喀蒙古受到策妄蛊惑,态度暧昧不明。总之西北清军两路合剿一时难以兑现,故而早早决定推迟至下年。此即玄烨何以在使臣屡遭策

---

[1] 并参《准噶尔汗国史》,第257页。
[2] 《清圣祖实录》卷267五十五年三月十四日乙巳。

妄拒绝之后,乃不惜降低姿态遣使至准噶尔的真实原因。

然而克什图再次蒙羞而返。策妄阿喇布坦"拒纳使臣科西图(即克什图)、保柱等人,詈骂遣回","并抢去衣物,俾我使臣徒步赤身而归。此乃前所未有"。[1]策妄阿喇布坦拒绝清廷招降,使玄烨难堪至极,但又进退维谷:就此罢手,则当初豪言犹在众耳;而贸然深入,一旦失利,玄烨权威即将受到质疑,故又不敢轻易涉险。战事不到一年,玄烨即云"今泽旺阿喇布坦力亦不弱",[2]"策妄阿喇布坦甚为诡诈,谙练征战"。[3]玄烨苦恼的是不知策妄阿喇布坦意图何在,究竟于何处用兵。五十五年准军偷袭青海一带军营马匹,即令清廷风声鹤唳。不过,玄烨表面仍充满夸诞掩饰之辞:"泽旺阿喇蒲坦如此小丑,何用朕亲征?"准噶尔"乃极小之国",[4]"策妄阿喇布坦无知蠢动,侵扰我哈密,应发大兵即行殄灭,但朕好生为念,不忍骤加剿除"。[5]实则清军年年推迟进剿,空糜粮饷,皆玄烨仓促兴兵所致。

(三)西北清军的运输供给与五十六年"三路进剿"

清廷之所以一时不能动用更多的兵力深入进剿准噶尔,确有多种因素困扰着玄烨,而前线转输之难首当其冲,这也反映出玄烨举事轻率。

1. 西北两路的内外线转输

玄烨有亲征噶尔丹前车之鉴,战争伊始便重视挽运粮饷:"今欲用

---

[1]《满文奏折·敕谕策妄喇布坦交还拉藏汗妻子及被掠人财事》,第1526页,原件无年月日,据内容当是五十七年;并参同页《敕谕厄鲁特台吉策妄喇布坦速来会盟事》,原件无年月日,当是五十九年。
[2]《起居注》五十四年十一月二十二日甲寅。
[3]《满文奏折》五十五年十月二十三日《议政大臣苏努等议奏拨兵以防策妄喇布坦侵扰折》,第1151页。
[4]《起居注》五十五年三月二十五日丙辰、十月二十五日辛亥。
[5]《清圣祖实录》卷267五十五年三月二十七日戊午。

兵,兵非不敷,但虑路远,运饷殊难。诚能挽输无误,令全军得至策妄阿喇布坦之地,朕心始慰。"[1]

要想对清军挽输之难有更为清晰的了解,先当确认前线清军的粮食需要。据五十四年六月议覆,南路军除官员口粮另行配备之外,兵丁随役"总计有二万人,按每人每月给发口粮二斗计算,每月需粮四千石"。[2]而前引六十年富宁安疏言,"南路官兵及随役,共三万三千四百九十名,每月需粮六千六百九十余石。自阿尔泰遣往官兵一万二千名,计算随役约二万五千名,每月需粮五千石"。依此,包括士兵与夫役,平均每人每月消费粮0.2石,每年2.4石。此时两路大军士兵并夫役共约六万人,合计一年共需粮十四万余石。其运输费用,即使以最低估计的南路运费每石三十两通算,[3]一年即需四百三十万余两。依此推理,准部之役前后八年,仅西北两路粮食运输费用一项,总计当超过三千万两。

清军粮饷转输工程巨大,分为内线与外线两部分。先述外线。

西路由西北重镇肃州出嘉峪关至哈密、巴里坤,即河西走廊故道。运输工具除马骡、骆驼之外,又从山西、陕西征调小车三千辆,每辆用夫三名,共计九千人;从嘉峪关至哈密设置十二站,每站二百五十辆,陆续递运。从哈密至巴里坤共设六站台,由两处兵丁用骆驼递送。肃州至巴里坤一千六百五十余里,[4]以日程计,五十四年富宁安曾率头队兵丁从肃州至巴尔坤,将近二十天,[5]挽输粮刍当费时更多。

---

[1]《清圣祖实录》卷263五十四年四月二十四日己丑。
[2]《满文奏折》五十四年六月十四日《议政大臣苏努等奏报备办进剿军需折》,第1025—1029页。
[3]《清圣祖实录》卷297六十一年五月癸巳。另据《平定噶尔方略·前编》卷41乾隆元年三月戊午,总理王大臣议奏:"康熙六十一年以前遣官办运,每石自一百余两至四十两不等。"乃通计南北两路言之。其北路运费,《碑传集》卷42《范府君毓馪墓表》:"康熙丙子、丁丑间,圣祖仁皇帝有事准噶尔,官军馈饷,率以百二十金致一石,且或后期,苦不继。辛丑(康熙六十年)西征,官运视前值为准。"
[4]《清圣祖实录》卷267五十五年正月三十日辛酉,《方略·前编》卷3同日"初用车运"条,《清史列传》卷18《刘统勋传》。
[5]《清圣祖实录》卷265五十四年九月辛酉。

清廷最初拟西路军粮使用甘州储存和就地采买,并庄浪、西宁、巩昌三地旧储粟米尚有四万石,先以三万石运往甘州,以为无需邻省协运,足供大军支用,[1]再经沿途驿递大路可直抵哈密。依上引富宁安所奏,一万二千人月费米五千石,则一年需六万石。即使甘肃各地储粮不虚,四万石亦仅供南路军支撑大半年,之后即需于内地采买转输。[2]战争头两年,西路军发生粮草军马不济,主要原因在准备不足。

经玄烨大力整饬,运输状况似颇有好转。五十六年玄烨驳斥刘荫枢云:"渠云雪深三四尺,米粮难运,水草缺乏。今粮亦运到,马亦甚肥。"[3]五十八年富宁安疏奏:"自哈密至巴里坤,今已成通衢。"[4]看来西路外线挽输渠道甚是通畅,问题在于内线供应能否源源不绝。

北路运输之难,较南路尤有过之。搜诸史籍,拟循玄烨亲征噶尔丹所辟线路,由归化城附近粮储基地湖滩河朔为起点,度越漠北向西北,经翁金河至推河,共设七十台站;[5]然后再向西,经乌里雅苏台、察罕叟尔抵科布多。

五十四年六月,拟两年内从湖滩河朔运送细米二万四千石至前线驻兵之处,所需骡马三万匹,分别于直隶、山西、山东、河南四省采买。随后玄烨恐届冬骡马不耐严寒,供给不继:"现今运米一事,朕甚为踌躇。近日直隶、河南巡抚奏称,牲口已如数起解;又称因雨水过多,恐泥泞不能即到等语。看来今岁雨水实大。此项牲口到湖滩河朔定疲瘦不堪。且前去路远,必值沍寒之时,追回时更属岁暮严寒,人与牲口不惯受冷,必致伤损。满洲、索伦、蒙古兵粮若能节用支持到明年五月,则今岁预备齐毕,来春青草一发,运米前往,于计为得也"。于是议增买骆驼三千只,保

---

[1]《清圣祖实录》卷265五十四年八月二日乙丑,议政大臣议覆四川陕西总督鄂海疏言。
[2]《清史列传》卷11《孙思克传》,康熙三十年疏言:"甘肃地瘠民贫,一切布种收获,与腹地迥别。""本地富庶之家有限。""并无盖藏。本地兵马粮料不敷供支,节年折价,已苦无处籴买。""本地无粮可买。"可作参考。
[3]《清圣祖实录》卷271五十六年二月辛亥。
[4]《平定准噶尔方略·前编》卷7康熙五十八年十月丙寅。
[5] 分见《清圣祖实录》卷263五十四年四月三十日乙未,卷264六月十六日庚辰。

证冬运。现有官驼仅一千只,所缺二千只令在口外蒙古地区采买。随后骆驼数量大增,令于内蒙古蒿齐忒、苏尼特等旗各买四千只,至冬又令喀尔喀左翼车臣汗协济六千只。[1]三万只马骡和万余匹骆驼,运夫及护送兵丁亦当不止十万人。如此庞大的运输队伍往来于数千里草原戈壁,可谓空前奇观。

五十六年十月,负责阿尔泰一路的兵部左侍郎李先复回京复命:"臣等向未至口外,初以为难。今二年运米往返六次,处处悉得水草,始知其易。"玄烨甚是得意,曰:"口外路径,未经者辄谓其难。伊等运米两年,便知其易。明年若再运米,益不啻轻车熟路矣。"[2]两年内往返六次,则北路运输似通行无阻。五十五年初,玄烨云:"喀尔喀一路都统穆赛(接替费扬古)等所统之兵,俱系满洲、蒙古熟练之人,并无粮饷不足等事。"[3]

五十八年十月,督理军饷侍郎敦稗言:"臣等于康熙五十六年八月中,收都统图思海等先后运到米三万五百石。已散给官兵一万七千二百五十余石,存米一万三千二百四十余石,足支八月。"[4]都统图思海掌管喀尔喀一路挽输,仅指北路而言。此时奏报五十六年运至米石,则两年内未有继运可知。五十六年八月得米,至此已两年又两月,而只散给官兵一万七千余石,是知此前发兵必随军带有口粮。[5]云所余一万三千余石足支八月,则每月为一千六百五十余石。仍以每人每月消费0.2石计,所供给的军队人数当为八千人。待北路军增至二万三千人,若运输规模不变,则三分之二的军士不能依赖转输供给。北路军多由蒙

---

[1]《清圣祖实录》卷264五十四年六月初八日壬申、七月十四日丁未、十八日辛亥,卷265八月初七日庚午,卷266十二月二十二日甲申。

[2]《平定准噶尔方略·前编》卷4康熙五十六年十月丙午;十一月甲戌,玄烨谕曰:"今李先复系汉人,自阿尔台口外来。"故知其挽输北路。并参《起居注》五十六年十月二十六日。

[3]《清圣祖实录》卷267五十五年二月壬戌。

[4]《平定准噶尔方略·前编》卷7,康熙五十八年十月丙寅。

[5]《清圣祖实录》卷264五十四年六月初八日壬申,谕议政大臣:"现在右卫等处官兵所领之粮虽足一年之用。"

古各部组成,必以牲畜或屯田所获青稞为补充。

塞外漠北大规模运输,必赖国内转输为保证。

湖滩河朔作为北方粮储基地,形成于征剿噶尔丹时期。此前清廷为安辑内蒙古,多储粮归化城。康熙二十七年,噶尔丹东侵,喀尔喀部众迁徙清朝汛界,玄烨即命以"所运归化城米粮均散赈济"。随后喀尔喀溃败南逃,清廷于"口上积粮,特为众蒙古计"。乃以喜峰口、张家口、古北口、独石口、张家口、杀虎口储粮施赈。[1]同时,清廷准备迎击噶尔丹,又从五口加紧修筑驿道,设置驿站,分别通往"边外蒙古地方",即科尔沁、乌朱穆秦、蒿齐忒、归化城、鄂尔多斯诸部,而粮草集中贮存归化城。湖滩河朔地处归化城西南百余里,有河道与黄河相连,[2]地理位置和条件更为优越。三十一年,玄烨为解决宁夏运米西安的困难,发现此道,[3]故湖滩河朔迅速发展成供给北方的粮储基地。[4]后来征剿噶尔丹,玄烨中路大军粮草供应不绝即赖此。于成龙供给费扬古西路军,亦从湖滩河朔起运。[5]或担心出征中路军行粮殆尽,玄烨曰:"如粮尽,则取湖滩河朔之米,何虑之有?"[6]足见湖滩河朔贮积充实。五十四年准部之役前一月,内蒙及喀尔喀蒙古等十四旗受灾,喀尔喀五旗即由"湖滩河朔存仓米石散给"。[7]湖滩河朔储粮,当由大同及上述长城五口

---

[1]《清圣祖实录》卷137二十七年十月乙巳,卷141二十八年八月丁丑。

[2]《清圣祖实录》卷259五十三年六月丙子,玄烨云当年从宁夏回銮,"由横城坐船,计二十一日至湖滩河朔"。

[3]分见《清圣祖实录》卷154三十一年三月壬申、癸酉,卷155三十一年五月庚戌。另,《满文奏折》三十二年七月二十一日,《川陕总督佛伦奏请省城预筹积储粮米折》:"省城现有漕米及自湖滩河朔运至草甸之米,足够自本年七月至年终支给。"第50页。

[4]《清圣祖实录》卷164三十三年七月癸酉,谕领侍卫内大臣:"若果噶尔丹来近土喇,扰害喀尔喀,我军有可乘之机,将军等相度而行。""宁夏兵即携宁夏之米,归化城与右卫兵即携湖滩河朔之米。"

[5]分见《清圣祖实录》卷177三十五年十月丙午,卷180三十六年二月癸未,卷182三十六年闰三月壬午、辛卯。

[6]分见《清圣祖实录》卷178三十五年十一月戊寅、庚辰。

[7]《清圣祖实录》卷262五十四年三月壬子。

转输,[1]而其夫车、驼只供给,则由大同。[2]准部之役兴启,北路大军供给即全赖湖滩河朔。

西路内线,甘肃所属西宁、兰州、临洮、巩昌、庄浪皆储粮之地。[3]挽输线路有两途:北面为山西大同至宁夏保德州、花马池及甘肃肃州、凉州、西宁、庄浪、兰州驿道,此线路亦始于平定噶尔丹之役;而主要运输线路起点在西安,由河西走廊运至甘肃。而陕西粮产不丰,米粮储备依赖河南,其次为湖广襄阳。如何将内省之米运往西安积贮,自来备受玄烨关注。

玄烨以多路挽输接济陕西的设想,始于康熙三十年赈济陕西大旱。其中从归化城、湖滩河朔水运至陕,道远劳苦,至三十二年即予放弃。[4]同时,玄烨又"命江南、湖广三十万余石米送至潼关、蒲州等地预备,故陕西之民断然无妨"。[5]起先试图从河南逆黄河而上,并由汉水上游襄阳以水陆转输。两条路线均困难异常,而"黄河上自三门而下,建瓴之势如同奔马",逆水挽运尤为艰险。督办各臣竭尽全力,却得不偿失。玄烨亦承认:"此事无益之处,朕早已知之。"[6]四十三年,

---

[1] 《起居注》五十六年十月二十六日。另据《方略·前编》卷14雍正二年六月己卯,总管阿尔台路军台奏扎卜奏言:"阿尔台路军台四十七处,除十二站不移如故,其自杀虎口扎克拜达里克城所设军营三十五站,水草不佳,道里迂远,请移设张家口外。"则通过经营准部之役,阿尔泰山前线挽输渠道已直抵长城。

[2] 《清圣祖实录》卷286五十八年十二月戊午,议政大臣等议覆山西巡抚苏克济疏言:"兵部咨称,臣查先年自湖滩河朔运米,将所用之骆驼并鞍屉、口袋等物,自大同雇觅夫车送赴湖滩河朔,每次用银一万余两。若就近即将大同府大有仓之米由得胜口转运,则路途既近,且可节省雇觅夫车之费。"应如所请。从之。

[3] 参见《满文奏折》四十二年七月初七日《川陕总督华显奏报甘肃各粮并蝗蝻情形折》,第285—286页。

[4] 分见《清圣祖实录》卷154三十一年三月壬申,卷161三十二年十二月戊子。

[5] 《满文奏折》三十一年三月初九日《两江总督傅喇塔奏南赣总兵詹六奇瘫痪并报地方事宜折》,第26页。

[6] 《满文奏折》三十二年七月二十一日《川陕总督佛伦奏陈漕运情形折》,第49页。靳辅河运困难,见《文襄疏奏》卷8《治河题稿》内《运米未尽疏》、《恭报开运疏》、《恭报回空疏》诸篇;并参《清史列传·靳辅传》。

玄烨又空发奇想,[1]命豫、山、陕三省抚臣及四川总督分别考察汴河、汾河、渭河及三门峡砥柱,[2]其中关键又在由豫至陕的黄河段逆流而上。四十三年经各省督抚会勘合疏,以为"溜急滩多,行舟艰难",仍请陆运豫省漕粮,[3]玄烨的得意之笔只能束之高阁。五十九年七月,再次命漕督施世纶前往勘察河南至陕西河道挽运,并协同川陕总督鄂海办理粮饷。[4]此时正值西藏平定,大军云集西北,下一步即欲进剿准噶尔。故玄烨不惜代价,坚持增添黄河水道转输豫省漕粮,[5]但仍无成效。次年五月,户部等衙门议覆漕运总督施世纶疏言,以原先河南所运米十万石所剩无几,拟再由河南、湖广各运十万石至陕。[6]可知陕西之米,主要仍由陆运。

然而中国北方均非产粮大省,河南漕粮长期采买他省,列入漕粮七省名不副实。清初漕粮每年四百万石,匪独为京师命脉,实兼作北方边储之后备,明显含有战争经济的意味。各省征收地丁钱粮,首先保证漕粮足额,[7]非特恩不予蠲免。漕运条例森严,犯者无赦。时人议论"粮运之费,每年治理河工,修造船只,雇募水手纤夫,一切官役俸工,论者谓约粮一石当费银六两余而后达仓。凡官禄兵粮皆取于此"。[8]三十年大学士议奏:"臣等会同户部确查米数,现今仓内储米七百八十万石有奇,足供三

---

[1]《起居注》五十六年三月初九日,玄烨谓大学士等:"朕昔日西巡至三门砥柱,见设立炮台巡卒,询之皆为防御私盐船只直下之故。朕思盐船可以直下,粮船不可溯流而上乎? 自后一二百石粮船从河南至渭河,竟可直达西安城下。"
[2]并参《清圣祖实录》卷216四十三年四月庚辰、戊子、丙申、丁酉,卷217四十三年十月己丑。
[3]《清史列传》卷11《博霁传》。
[4]《清圣祖实录》卷288五十九年七月乙亥。
[5]《清圣祖实录》卷289五十九年九月辛卯、十月壬寅。
[6]《清圣祖实录》卷292六十年五月辛巳。
[7]《汉文奏折》第3册,五十年六月十三日,苏州织造李煦奏言:江南"地丁钱粮各府征收,目下未足四分之数。至于南省漕船,业已全兑过淮。"第604页。五十年九月,浙江巡抚王度昭折奏:"浙江赋役繁重,州县官以漕粮紧急,催兑完毕,始征地丁。"第785页。
[8]《永宪录》卷1康熙六十一年四月庚午,"始令漕运总督亲催粮艘赴通"条。

准噶尔之役与玄烨的盛世心态

年给放。"[1]据此,则每年京师八旗官民所需二百六七十万石,每年剩余达一百三四十万石之多。北方诸省受灾民众往往就食京师,[2]八旗兵丁亦多以份粮放卖,原因即漕粮定额超过京师实际需求,可知漕运亦在为经略北方。准部之役一年之后,玄烨曾云:"京师所赖者,山东、河南之麦。此两省俱通水路,不知一年贩来几何?"[3]每年漕粮已多有余存,犹需山东、河南之麦,即因京师实为北方粮食转运枢纽。准部之役一经发动,清廷国家机器便开始加速运转起来。

2. 前线清军的困难

西北两路大军挽输之难,是一个不争的事实,但如何估价这种困难的意义,是否可以将清军一直不能取得进展的根本原因归结于此,则另当别论。

众所习知,康熙中期经营东北,驿站由吉林乌喇一直延伸至数千里之外墨尔根、黑龙江城,又从宁古塔北向拓展至白都讷、齐齐哈尔,[4]筑城驻军,运输不绝。康熙末年广东、福建灾荒,朝廷有能力在南方大规模越省运米赈济。尽管西北戈壁沙漠,路途遥远,然而康熙朝准部之役,数万清军毕竟支撑八年之久。有鉴于此,即知玄烨若能未雨绸缪,周密实施,挽输虽难,非不能至。前引清廷君臣的言论,也能证明这一点。

战事之初玄烨虽知"运饷殊难",然而虚矫的心态又使其低估这场战争的困难。玄烨曾夸口:"今若三路进兵,或即行进剿;或前逼近彼处,

---

[1] 《清圣祖实录》卷153三十年十二月壬午。
[2] 《清圣祖实录》卷215四十三年二月丙申,山东、河北饥民就食京师。"以京城米价腾贵,命每月发通仓米三万石运至五城平粜"。至三月庚戌,"着八旗于本旗城外分三处煮粥饲之,八旗诸王亦于八门之外施粥,大为利济"。辛酉,谕大学士等:"朕因山东及直隶河间府等处饥民流至京城者甚多,特命八旗诸王贝勒大臣总管、内务府各官及汉大臣官员,于数十处立粥工厂,日煮粥赈济,务使流移之人得所,酌量赈给数月。"
[3] 《清圣祖实录》卷268五十五年五月壬申。
[4] 分见《清圣祖实录》卷121二十四年七月壬申,卷122二十四年九月甲申,卷155三十一年四月乙巳,六月乙未。据乾隆朝《大清会典则例》卷121《兵部·车驾清吏司》各条估算,京师至吉林乌喇2245里,而最远者为黑龙江城(瑷珲),距京师4127里。

遣使招降。""度今所用钱粮,最多不过三四百万可以足用。着户部动支正帑运送。"并先将盐课银四五十万两解送陕甘。[1]据前文估算,所谓三四百万两可以足用,只能是指一年的挽运之费,绝非全部军费开支。而且这一数字并不像国外学者估计的那样严重,仅较山西省一年地丁钱粮略多,约相当于康熙朝一年赋税总额十分之一,而当时户部库银亦超出此十倍有余。而值得我们注意的是,玄烨以为区区三四百万即可敷衍,其意必以为清军马到成功,全然未曾预料战事将迁延不决。

战事启动仅过半年,至五十四年年底,玄烨即忧心忡忡谓大臣曰:"用兵之际,运粮果要紧。马毙则粮误,粮误则人必至于死。近解巴尔库尔处之一千二百匹马,死者八百有余,以致误事。所遣噶思路兵,亦因粮不到撤回。此即明证也。今泽旺阿喇布坦力亦不弱,不可不及。"[2]当年未能进军,实因粮饷难继。[3]

次年初,玄烨坦言:"去年驻防哈密二百名兵战败策妄阿喇布坦时,众大臣俱欲进兵。如果彼时即行进兵,路途遥远,米粮焉能接济?现在驻扎,食用米粮尚不能接续,若彼时即行进剿,不知作何景况矣。"[4]这番话绝不能视为玄烨的见识高人一筹。"众大臣俱欲进兵",适暴露当初在玄烨的鼓吹下,几乎所有的臣僚都误解了玄烨兴兵的真实意图。玄烨令清军积极开赴前线,耀兵准噶尔边境,不过静观待变,并非真欲以区区数万之众与准噶尔生死相搏。不料准噶尔并未如玄烨所期,立即屈服于清军的威慑。于是下一步如何进行,玄烨一时尚无算度,故数万大军孤悬境外,进退两难,也就自在情理之中了。

---

[1]《清圣祖实录》卷263五十四年四月二十九日甲午、三十日乙未。
[2]《起居注》五十四年十一月二十二日甲寅。
[3]《碑传集》卷21《诸城县志·王度昭传》:康熙五十四年,疏论西域屯田,有云:"(皇上)念兵行粮从,先计积谷,屡发帑金购买骆驼,捐备马骡,以运送米石。其鞍筐绳席等项,所费已不下数十百万。究之运到之米,不敷支给。巴儿苦儿、阿尔太之地,车辙不通,水草不时,即使驼马足以领运,而人夫数千越山逾岭,沙壅石阻,所运之米,恐亦未能旦夕到也。"王度昭时任工部右侍郎,当不为无据。
[4]《清圣祖实录》卷267五十五年二月初一日壬戌。

一年之后，清军粮饷不足、军马短缺、器械朽坏，种种弊端暴露无遗。南路统帅席柱的撤职，实为玄烨之替罪羊。玄烨起初认为"米粮不能运至，皆由水草不足之故"。而今年不能进兵，乃因席柱未能通盘筹划，无将领之才，且所率军士"尚未熟练"。"将军席柱缺少兵丁盔甲器械，倒毙马匹一万四千有余"。陕西巡抚鄂海揭露"巴尔库尔留驻兵丁账房、衣帽等物俱已破坏"，[1]经审理皆实。"所率满洲、绿旗全军内，无甲胄者有八千余人。查看兵丁之马匹，共缺少一万四千四百六十匹"。加上"屯田所需牲畜、田器、籽粒不即行料理备办，管辖官兵之员不行加意遴选"，席柱以此拟绞。[2]

玄烨将责任全部推到席柱身上，云其"任都统时，放官及放披甲、拨什库，混索贿赂。此处朕并不知。及为西安将军，受贿贪滥不堪"。由是感叹"今旧人俱尽"，"昔年所用武大臣迩来俱尽"。痛斥前线将领"不谙事体，琐屑侵尅，不能约束兵丁，兵丁全无畏惧，法度大为废弛"；或有"不顾品行，声名不堪"。[3]玄烨之言，无非掩饰自己仓促兴兵，以致军需不济之责。

撤换统帅，并不能改变军队现状。不仅前线，西安驻防满洲兵情况也同样堪忧。据前往西安的总督额伦特奏报："查得西安原有驻防额定马甲兵共计七千人，每马甲兵配备马各三匹，甲胄一应军械皆齐备。今奴才抵达之后，查得除出征之三千三百披甲外，留守之三千七百披甲，共计欠马五千一百六十八匹，甚至甲胄、军械等项亦不齐全。"[4]这显然不能归咎于席柱等辈的贪腐无能。

此时玄烨总算清醒过来，为鼓舞前方士气，一面补充马匹粮草，一面

---

[1]《清圣祖实录》卷269五十五年正月三十日辛酉，二月初一日壬戌，三月二十四日乙未，五月初八日丁卯。

[2]《满文奏折》五十五年七月三十日《议政大臣苏努等奏报席柱等贻误军务案情折》，第1130—1133页；《清圣祖实录》卷269五十五年九月十八日甲戌。

[3]《起居注》五十五年九月三十日丙戌、十月初一日丁亥。

[4]《满文奏折》五十五年十一月初一日《湖广总督奏报整饬西安官兵军械马匹情形折》，第1154页。

免除绿营兵丁出征所借款项,使南路军能"秋毫无犯"。[1]同时又将进兵推至两年之后。"朕综理军务年久,经历甚多,且曾亲统大兵安定边塞。众议欲于明岁进兵,又虑路远,粮米难运,其见不可谓非。但大兵进剿,策妄阿喇布坦势不能当,必致逃避。明年着暂停进兵,加意耕种,将粮饷马匹预备整齐,后年再行进兵"。[2]玄烨此类自相矛盾的言说甚多,反映出当战事实际进程与其预想不符时多少有些无所适从。玄烨当然不能承认自己轻率失当。然据《起居注》五十五年十月十二日所载上谕,"朕劳心政治,从前微有怔忡,久已痊愈。今年朕于口外水土好处调养,朕躬较往年甚属康健,在外并无他恙。近日又微觉发动"。足见玄烨内心烦躁不安,其根由即在前方大军的窘境。"两路军兵驻扎边塞二三年矣,劳苦殊甚,衣服亦将损敝,朕深加轸念"。[3]

3. 三路进剿和玄烨的心理刺激

大举劳师进入第三年,没有一场胜利是说不过去的。哪怕仅仅取得一场表面上的胜利,对于玄烨都将是极大安慰。

自玄烨兴师以来,策妄阿喇布坦一直未与清军正面交锋。据《实录》、《方略》,准军只有两次小股部队偷袭。其一为五十四年五月,准军派兵至哈密城北。应哈密佐领色珀尔之请,清军前方总兵移驻于此,此后便长期不见动静。其二是五十五年十月间在青海噶斯口一带清军马场偷盗马匹,旋为驻守清军击退,遁走时执青海台吉罗卜藏丹济布而去。[4]随后青海方面又"无事无息"。[5]显然,准军这两次骚扰都带有试探虚实的性质。次年,策妄阿喇布坦避开清军正面防线,派策零敦多布率军由西部

---

[1] 分见《清圣祖实录》卷269五十五年八月初五日壬辰,卷270五十五年十月初一日丁亥,初七日癸巳,谕兵、户二部。
[2] 《清圣祖实录》卷270五十五年十一月初五日辛酉。
[3] 《清圣祖实录》卷277五十七年正月二十九日戊寅。
[4] 分见《清圣祖实录》卷263五十四年五月二十四日己未,卷267五十五年五月初二日庚午,卷270五十五年十月二十日丙午。
[5] 《满文奏折》五十六年正月二十一日《议政大臣巴珲岱等奏为四川备兵折》,第1167页。

翻越雪山入藏,当与这些试探有关。但总的来说,策妄确实给玄烨造成一种纯粹被动防御的印象,似乎被哈萨克和俄罗斯弄得应接不暇。而玄烨从多方面得到的情报似乎又进一步证实了自己的推测。五十五年,玄烨由祁里德奏报得知,俄罗斯西伯利亚方面和土尔扈特部正在对准噶尔施加压力,[1]也将加强玄烨急需一场胜利为满足的侥幸心理。五十六年七月所谓三路进剿的背景就是如此。

然而筹划中,玄烨仍犹豫再三,颇费周折。五十五年商议进剿,祁里德曾拟"(西路)巴尔库尔之兵若前进,必易得吐鲁番,乘势即可攻取朱尔土斯地方。(北路)相应选兵一万六千,分为两路,一由布拉罕河,一由额伦哈必尔汉前进"。[2]年底,玄烨遣侍卫郎泰往谕富宁安:"明岁暂停进兵之故,朕亲加筹度,复命议政大臣等详议,已降旨与两路出征大臣矣。遣兵袭击之处,尔等与富宁安彼处大臣及公傅尔丹并厄鲁特、喀尔喀王贝勒贝子公等会同详议具奏。"富宁安奏报,自肃州至巴尔坤,沿途运输无误,"运至哈密之米堆积甚多,运至营内积米亦甚多"。巴尔坤一带满洲、绿营马匹"膘皆肥壮,牧场甚好",[3]进军无虞。此前祁里德亦奏请,"巴尔库尔之兵若前进,必易得吐鲁番",不必待至后年,"必于明年进兵,始为有益"。这些奏请着实诱人,故玄烨又谕议政大臣:"祁里德奏请明年必宜进兵,意见亦是。在祁里德必有确见之处,或一应粮饷马匹俱已齐备,有易于成功之机会,亦未可定。"遣使臣先后赴祁里德处及富宁安处商议:"倘明年进兵之处稍有迟疑,即照朕从前谕旨,将袭击之处详议具奏。"[4]

---

[1]《满文奏折》五十五年四月二十五日《议政大臣苏努等奏请派官兵驻特斯河折》:本年三月,喀尔喀台吉策妄扎布派人向来喀尔喀的俄罗斯人探取消息。四月初十日,"据闻,驻楚库、尼布楚两城迤北诸城俄罗斯等有出兵之消息。据称,策妄喇布坦地方沙土产金,故俄罗斯正在备兵。又闻得,土尔扈特阿育锡欲追回其于策妄喇布坦处之万人"。第1104—1105页。

[2]《清圣祖实录》卷270五十五年十二月二十日丙午。

[3]《满文奏折》五十六年正月二十六日《吏部尚书富宁安奏报巴里坤等处军营情形折》,第1168页。

[4]《清圣祖实录》卷270五十五年十二月二十日丙午。

至五十六年三月,玄烨终于坚持原意,不作进剿,只派大军前往袭击。原因即在兵力不敷,与前方统帅要求相去甚远。北路祁里德奏请一万六千人,但基本兵力仍为满洲兵三千人;[1]其余需动员蒙古各部配合,却并无保证。《满文朱批》云此际"阿尔泰路有三四万兵",[2]显系夸大之词。南路富宁安先奏请进派八千五百人分路进剿吐鲁番、乌鲁木齐。袭击之后,富宁安再次请求征剿,将兵力增加二千至一万五千人。[3]可知五十六年往袭时,南路兵员为一万三千人,与五十七年大举增兵后的二万一千相差不少。

玄烨究竟作何考虑?《满文朱批》所载上谕原件较之《实录》所载更说明问题:

> 兹我等所议之兵为最轻装进征而预备者。若以武力攻取吐鲁番,或使降顺,则吐鲁番即如哈密为我属地矣。若业已攻克而不能常保之,可乎?仅以此兵力似乎薄弱。凡事不可没有预见。策妄喇布坦若大力来援吐鲁番,或吐鲁番人等复变,彼时不能守,弃之而回,则关系大矣。此事军前之臣若详细筹划仍犹豫不定,则仍照原议征后返回为好。至兵征之事,须相机而行。面对征剿大军,若策妄喇布坦兵营自乱,纷纷溃散,频频来降,攻取甚易,又岂可奏请候旨?身为将军,凡事宜果断而行,不可优柔寡断。[4]

在玄烨看来,能得吐鲁番固好,却又担心策妄阿喇布坦举国迎战,则清军势将难敌,必得而复失;同时又心存侥幸,冀望策妄阿喇布坦之军"纷纷溃散,频频来降"。筹备大半年,玄烨依然患得患失,并无定见:清军进剿

---

[1] 《清圣祖实录》卷271五十六年三月初九日甲子,二十三日戊寅,"阿尔泰一路,授公傅尔丹为振武将军,祁里德授为协理将军,令都统穆赛率阿尔泰兵三千出汛界。"
[2] 《满文奏折》五十六年八月十七日《议政大臣额伦岱等奏报征伐策旺喇布坦情形折》,第1222—1223页。
[3] 《清圣祖实录》卷274五十六年九月二十一日壬申。
[4] 《满文奏折》五十六年三月二十三日《康熙帝上谕》,第1178—1179页。

不无困难,[1]富宁安所奏情形未必可信,故不敢孤注一掷;而停止进剿,顿兵于关外两年之久,又显得无所作为,将何以服人?于是将此难题抛到将领身上,听任富宁安等所请,越过吐鲁番而进抵乌鲁木齐。[2]而富宁安、傅尔丹之主动请缨,当然是因对准部设防情况比玄烨了解得更清楚,清军并无风险,也懂得玄烨需要一场保全面子的胜利。玄烨仍不放心,指示前方将帅,进逼"乌鲁木齐及厄尔齐斯河、乌图等处,应击则击,应取则取。有不便袭击之处,仍将兵整队而回"。

出乎玄烨意外,此时策妄阿喇布坦正在实施偷袭西藏,故收缩东境防线。清军"六月二十六日由巴尔库尔进发","七月初三日至乌兰乌苏地方",拿获哨兵数人。"初十日至乌鲁木齐,擒获回人探问准噶尔消息。即于十一日率师前进至通郭巴什,分兵搜其山林,擒获回众男女一百六十九人,所获驼马牛羊无算。其乌鲁木齐、塞音塔拉、毛塔拉等处田亩悉蹂躏之。于十二日整兵而归"。[3]清军前后往返仅半月,除俘获几名哨探和百余名百姓之外,几乎毫无所得,此即三路"进剿"的全部战果,也是战争进入第三年清军初次深入到乌鲁木齐。[4]然而玄烨却欣喜欲狂。

《起居注》七月二十日壬申,玄烨在热河,马齐奏曰:"观将军富宁安所奏,袭击之兵一进,即败泽旺阿拉蒲坦哨兵,擒其二人。不出皇上睿算之中。今伊等必共相惊恐,此后捷音自应相继而至矣。"玄烨此时又显

---

[1] 《满文奏折》五十六年九月初六日,进剿之后,富宁安等奏报,据额伦特咨称:"我官兵(满洲兵)鞍辔、兵器等项毁朽者甚多,且马畜亦减。"第1239—1240页。又据甘肃提督师懿德等奏报,绿营兵情况无异。盖借进剿之后减免债务,无意中暴露清军普遍配给不足。

[2] 后来玄烨闻知西藏为准噶尔所得,致书对策妄阿喇布坦解释,此次进剿并非己意,乃清军驻边之人"擅自领兵而进。朕闻后与哲卜尊丹巴呼图克图驰速递书撤兵"。见《满文奏折·敕谕厄鲁特台吉策旺喇布坦速来会盟事》,第1526—1528页。

[3] 分见《清圣祖实录》卷272五十六年六月十六日己亥;卷273七月十九日辛未、《方略·前编》卷4同日。

[4] 次年,前方统帅傅尔丹等再拟依前进剿,此时玄烨得知西藏已为准军所占,故犹豫再三,终未准行。分见《清圣祖实录》卷277五十七年二月十三日壬辰,卷278三月二十六日乙亥,卷279六月初五日壬午。

得成竹在胸:"泽旺阿拉蒲坦之人,皆乌合之众,其心不一。我大兵一到,即或降或散。朕经理军务已久,老年每事谨慎,所以用袭击之兵。"《实录》前一日辛未,初闻富宁安疏报获策妄哨兵二人,玄烨批旨:

> 朕年日增,血气渐衰,故此事(按:谓大军进剿准噶尔之事)迟疑至今。如当朕少壮时,早已成功矣。**然朕以老年之人,筹划调遣无不符合者。此即军机之吉兆也。初兆既吉,终无不吉矣**。此疏着示皇子及众大臣。

两书所记实为一事。这场袭击对于玄烨有如一针强心剂,突然故态复萌,意得志满,此前的忧虑犹豫一扫而光,脑中又涌现平定三藩、噶尔丹的种种神话。[1]此后玄烨久久沉醉于此,谓议政大臣,西北"三路袭击军兵俱遵朕指示,成功整旅而还"。左右逢迎道:"自逆贼策妄阿喇布坦起衅以来,一应军务,皆系皇上睿虑周详,豫行指授。贼不能当我军锐气,惊骇逃窜。今三路袭击兵俱各成功旋师。"[2]九月下旬,玄烨仍向满洲阁臣马齐、松柱吹嘘:"朕料理军务年久,屡次亲统大军。满洲兵只用二千,蒙古兵只用五千,朕亲统时,任意所向,绰然可以成功。""今扎萨克蒙古等,虽不给与粮饷于伊等,该管王、台吉等皆实心效力"。[3]

策妄于清军面前故意示弱,以隐瞒另派大军偷袭西藏的意图,可谓善于用兵。奇怪的是玄烨,前方大军三路掩袭,仅获探哨数人,其实无功而返,何至得意忘形至此,认定策妄部众即成鸟散之势?所谓"当其少壮之时早已成功",意谓此时年老持重,筹划调遣更为周密,成功虽属来迟,但确信其必至。所云"吉兆",乃不啻梦呓;而汲汲以示之众皇子,则其笃信不疑又可知。玄烨用兵两年有余,未见任何实效,久处疑虑之中,期冀过切,骤有所得,自不免幻想时现。

---

〔1〕《起居注》五十六年七月二十日壬申。
〔2〕《清圣祖实录》卷273五十六年八月十三日丙申。
〔3〕《起居注》五十六年九月二十日辛未。

玄烨处于此种心理驱使之下,很难对不利的情报进行冷静思考,发现其中隐藏的危机。西北清军所谓进剿大捷之时,西藏方面拉藏汗已于达木被准军击溃,困守于大小招、布达拉几个孤立据点,坐以待毙。拉藏紧急向清廷呼请救援,玄烨即或觉察事情不妙,仍拒绝相信准军偷袭西藏成功,甚至怀疑拉藏与策妄阿喇布坦相勾结,已见前篇。在此所要指出的是,玄烨这种错误判断正因陶醉于西北大捷所至。

然而此后不久,西藏彻底落入准军之手终无可疑,而西北两路清军又不能有所进展,玄烨实处于开战以来最狼狈之境地。玄烨绝望之余,乃于五十七年十月派道士李庆安赴富宁安军中,作法助阵,特赋予其折奏、与策妄阿喇布坦交涉及进京禀奏之权。[1] 李庆安折奏前往策妄之处,玄烨朱批:"若往策妄喇布坦前,必定成功!"并加圈红。[2] 吾人只知玄烨平日祈佛求道,岂料其于疆场兵戎之事,亦借重方外之士如此。

准噶尔占领西藏于玄烨心理产生何种冲击,是我们必须关注的。五十七年初,西北前线统帅请按原部署奏两路进剿,遭到玄烨严厉训斥:

虽其虚实未可悬定,而传闻拉藏有阵亡之信。**若策妄阿喇布坦**

---

[1]《满文奏折》五十七年十一月初四日《富宁安奏闻道士欲以神法训练军士折》:道士李庆安十月二十八日至富宁安巴尔坤军营。"伊言,我来时,皇上有旨:'尔前往同富宁安商议,可行则行,倘有不可,即悄悄停止返回。'将满洲、绿营兵内酌选年轻者八百名,另外设营,我以六丁六甲神法进行操练。"第1338—1339页。五十七年十一月十五日《富宁安密奏道士以神法灭策妄喇布坦折》:李庆安谓富宁安曰:"将军尔等率大军正面攻入,我率我所操练之兵,守隘口不进,施神法,断山横入,攻入伊内部。伊如何能抵?以此贼败逃,可灭策妄喇布坦。"玄烨朱批:"向朕所请诸物,俱命内府制作,固装遣发,唯密则妥。"第1340页。五十七年十一月二十二日《富宁安密奏道士祭神显灵情形折》云,李庆安两次在军中作法,搞得神乎其神,乌烟瘴气。富宁安深信其"当属特异之人。况且我皇上甚神圣英明,诸事无所不晓,果非特殊异学者,能派遣乎?"玄烨表面较富宁安稳重,然内心却惟恐道士神法不成功,朱批:"惟机密,事成后方可言矣。先言而不合宜,关系重大。"见第1342页,并参第1344、1345、1346页富宁安各折。

[2]《满文奏折》五十八年二月三十日《富宁安奏报道士李庆安前往策妄喇布坦处折》,第1372页。

果带妻子前往西藏而去,我国两路大军即至伊里地方,恐属徒然。[1]

此语最能道出玄烨内心惊恐绝望。以前玄烨心中担忧与侥幸并存,且时时以幻想驱除忧虑,一旦得知西藏为准噶尔所得,两三年来西北大军徒劳无功,必至羞愤难当,欲哭无泪。当初玄烨唯恐两路大军稍有闪失,于既定方针绝不变通。至此才发现策妄根本无意与清军相抗,却转而偷袭西藏成功,清廷两路大军如同废棋。西藏一失,迫使玄烨不得不停止西北两路大军进剿,重新搜罗大军,并将重点转向西藏。他屡次自吹用兵如神,声称策妄阿喇布坦小丑不足灭的豪言,以及坐收渔人之利的幻想,终成天下后世笑柄。

二、盛世心态与玄烨内心的满汉纠葛

毫无疑问,战争进行到此,失败的一方是玄烨。

美国学者濮德培强调准噶尔地理遥远,戈壁荒漠,清军粮饷运输不易,诚为睿见卓识。[2] 然细检史籍即可发现,西北清军最初供给困难,主要是因准备不足;而真正发生粮饷不继,则在康熙六十年以后。[3] 但我们必须考虑到,五十七至五十九年玄烨用兵重点并不在西北,而在西藏,即使如此,准噶尔亦未对西北清军作任何反击。尽管康熙末年清朝国内社会经济现状不如人意,但整体国力毕竟远胜于准噶尔,且在战争中逐步形成大规模长途转运能力。故我们有理由推测,战争开始之前玄烨若能慎重其事,准备充分,一旦兴师即全力以赴,积极寻觅战机,西北清军未必

---

〔1〕《清圣祖实录》卷277五十七年二月十三日壬辰。
〔2〕 分见 *China Marches West*, pp.229—230、303。
〔3〕《清圣祖实录》卷291六十年三月乙丑、甲申、乙酉,卷297六十一年五月癸巳;《永宪录》卷1六十一年十月癸酉(《实录》卷299作戊寅)。

无所作为;或一开始就如后来那样,在增兵西北的同时,派大军从青海、四川、云南三方面威胁西藏;无论是哪种情况,策妄阿喇布坦都难以出奇制胜,分兵入藏。迨西藏为准军占领,清军已在西北白白消耗两三年。玄烨虽于五十九年派大军进藏,驱逐准军,然已历时年久,国力虚耗殆尽,清廷后继无力,很难再深入征剿准噶尔本部。

我以为,问题的关键恰在于玄烨兴师之初的意在耀兵,同时又心存侥幸,不肯倾全国之力以争西北一隅,由是造成日后的难局。因此,我们很难同意濮德培似是而非的判断,认为清军是由于在西北无功方转图西藏;而毋宁说,正因准噶尔在西藏的成功刺激了玄烨,使其不惜以举国之力,与准噶尔一较输赢。而且,玄烨五十四年之后的身体状态也并非不济,以至衰弱昏聩到不能处理政事。[1]显然,在本文的范围内,问题的提法应该是:玄烨既久蓄剿灭准噶尔之心,清廷在人力物力上俱占优势,何以当初会轻启战端,打一场毫无准备的战争?或者说,玄烨究竟受何种心理驱使,使他弄兵于准噶尔边境?

(一)臻于盛世与正统之争

胤禛《大义觉迷录》盛推乃父"在位六十二年,仁厚恭俭,勤政爱民,文德武功,超越三代,历数绵长,亘古未有"。此为子述父圣,不无溢美之嫌。窃以玄烨谨慎谦避,出言或不至此。而检《起居注》五十三年六月初六日,玄烨于热河行宫与满洲大臣论及有清代明曰:

> "朕自幼读书,听政已久,治国之道,莫要于宽舒。今天下承平无事,故凡已至七十、八十之人,每以年老为恨。"揆叙奏曰:"今生圣世者,皆有福之人也。"松柱奏曰:"先前官员等,年至五六十,率

---

[1] *China Marches West*,关于准部之役于清军入藏的关系,见p.227;关于玄烨的身体状况,见p.229;作者坚信玄烨上谕,认为兴起准部之役的目标就是不惜任何代价根除策妄阿喇布坦,见p.234。

欲致仕,今逢盛时,即至七十余岁尚不忍辞官也。"[1]

以生于当世为有福,则玄烨之于万民恩德何以复加,斯世非盛世而何?玄烨虽多次表示反感臣下谀颂之词,然此番对话表明,满洲君臣皆以清朝开创出一个空前盛世而得意非常。此为准部之役前一年。迨战事第三年,玄烨又于《面谕》高倡"自古得天下之正莫如我朝",则兴兵征讨,亦为盛世之标志。胤禛所云"文德武功,超越三代",实承玄烨之自评。

《起居注》五十四年二月二十二日,玄烨于巡视途中面谕直隶巡抚赵弘燮:

> 朕每年春间行幸水淀,近见民生虽不能家给人足,比之往时,亦谓粗可。但村庄之中诵读尚少,况移风易俗,莫过于读书,非此无可上进。朕思畿辅之地乃王化所先,宜当穷乡僻壤皆立义学,觅人教书,亦勉励孝弟,可望成人矣。尔即遍示村庄,皆知朕崇文好学之深意。

与上年玄烨君臣对话合读,可以推断,玄烨似已摆脱废黜皇太子以来的心理危机。不出两月,即有准部之役。也就是说,这场战争发起于玄烨太平兴致正浓之际。

当初玄烨讨伐噶尔丹,秣马厉兵,广造舆论;而准部之役之前竟毫无踪迹可循,难免令人觉得突兀。但我并不认为玄烨一直于暗中积极策划,史籍上连篇累牍地致天下于承平皆为掩饰之辞。第一,如前所述,根据玄烨争正统概念,对外征伐与承平盛世二者非但并行不悖,且相得益彰,否则即不足以称"自古莫如"。而且在玄烨看来,准部之役的意图既在青海,则对准噶尔只需示以兵威,即可令其束手,甚或取乱侮亡,因此

---

[1] 《清圣祖实录》卷259同日所记稍异,曰:"今天下承平无事,凡属老幼,无不欢欣鼓舞,以为得生斯世,皆有福之人也。"是则玄烨亦视本朝为盛世。

毋庸全力以赴，也无碍于天下承平。至少其初衷如此。第二，自四十七年废皇太子以来，玄烨背负着巨大精神压力，为争取清王朝的合法性，消除汉人对满洲统治的质疑，必须而且也确实在为国内臻于承平而汲汲孜孜，因此无暇筹划一场真正意义上的战争。正是这两点，决定了准部之役的性质与形式。

如前篇所述，清廷公然倡言"得天下最正"，始自康熙五十年戴名世案，即四十七年初废皇太子之后而五十一年再废之前。玄烨与胤礽的冲突，表面看来是父子之间长期失和，彼此猜疑积累所致，而更深层的原因，则需追溯到玄烨坚持满洲家法与汉族士大夫传统的较量。玄烨将皇太子视为一注筹码，从而引起父子双方严重心理失衡，导致最终不可收拾。而胤礽被废的影响，也远不止于诸皇子的明争暗斗，更重要的还在于引起玄烨统治信心的动摇，怀疑大清是否仍为上天眷佑，国祚是否能久长，此为玄烨不愿触及的隐痛。储位长期悬而不决，以及突然兴启准部之役，皆与玄烨此种心境有关。

五十二年，玄烨就臣下疏奏立储批旨云："必能以朕心为心者，方可立之"，[1] 显然指未来的嗣君当如其本人一样，能体现大清得天下自古最正。但在此之前，却必须先创造出一个超越三代的规模和氛围，方能证明天命仍在大清，其国祚绵长无可置疑。而太子既废，这一任务就只能由玄烨本人承担，颇似汉武之谓昭帝"吾受其劳，君享其成"。

若就外部形势而论，康熙三十年喀尔喀并入版图，三十六年歼灭噶尔丹，青海蒙古台吉朝觐，已令玄烨极为满足。[2] 外部纠纷一旦解除，玄

---

[1]《清圣祖实录》卷253五十二年二月庚戌。
[2]《满文奏折》三十年六月初十日《山东巡抚佛伦奏贺喀尔喀汗等来归折》："圣主成全太祖、太宗、世祖皇帝未竟之志矣。自古以来，既无如此盛事，亦无若皇上如此成行者。"第20页。陈廷敬《午亭文编》卷1《谨献大驾三临沙漠亲平僭逆圣武雅表一首》："普天所有之土宇，咸入版图。"《南巡歌十二章并序》："我国家功德诚远俾三代之隆，断非汉以来盛时所可比拟万一。"玄烨本人于剿灭噶尔丹之后，亦得意洋洋地说道："塞外蒙古多与中国抗衡，自汉唐宋至明，历代俱被其害。而克宣威蒙古，并令归心如我朝者，未之有也。"见《清圣祖实录》卷180三十六年二月壬寅。

烨便转向国内休养生息。四十四年拉藏汗攻占拉萨引起西藏政局更变,玄烨支持拉藏捕杀第巴,又指使其拘送六世达赖,派赫寿前往安置新六世达赖坐床,反映其欲染指西藏。然此后拉藏拒绝清廷插手,与策妄阿喇布坦联姻通使,玄烨虽悻悻然,无奈一时不能大动干戈,只得先稳住青海,将来再作远图。四十七年,里塘胡必尔汗一经现身,西藏方面反应迅速,派使团前往调查,而清廷虽有所关注,然迟至五十三年方着手干预,当与玄烨注意力集中于国内有关。

质言之,自康熙四十六、四十七年以来,玄烨承受的压力主要是来自国内汉人方面,而并非来自准噶尔的威胁。玄烨虽密切关注西藏、准噶尔形势,但毋庸置疑,其当务之急则是致力于国内粉饰太平,营造盛世,以本朝成就证明大清得天下自古最正。康熙末年玄烨的一切举措,皆以此为宗旨。就此而言,玄烨借哈密一事发动准部之役,则为营造盛世的必然之举。

在玄烨看来,准噶尔积极插手西藏,成为西藏不安的策源地,这一判断并不错。玄烨若能持有正常心态和准确估计,则完全不必在西北劳师多年,仅固守西宁、青海一线即可。可惜玄烨虚矫之心过重,仓促兴师,却希望一箭双雕,既施压于准噶尔,又兼顾青海。若有机会灭掉或招降准噶尔,则不啻再次超越三代。而另一方面,准部之役又必须服从玄烨的政治宗旨,维持承平盛世的外表,所以这又是一场输不起的战争;由是导致玄烨的更大错误,既已调发大军,却不肯全力争胜。清军进退战守,皆由玄烨居京遥度,唯恐有失,根本原因即在于此。玄烨此种心理趋向及其矛盾根源,必须结合清廷政治形势才能充分把握。

(二)"家给人足"与"移风易俗"

上引玄烨所谕赵弘燮"移风易俗"、"家给人足",殆非泛泛而论。五十四年二月初,纠缠多年的江宁巡抚张伯行与总督噶礼互参案呈奏,玄烨曰:"张伯行向曾奏称:'臣无以图报,惟期风移俗易,家给人足。'乃抚吴几载,风俗未见移易;民食维艰,所云'家给人足'者何在?朕自幼好学,听政年久,从未敢以夸诞之词轻出诸口。"[1]可见,二语专为汉人理学名臣而发。

实则此前玄烨多次说过:"民为邦本,必使家给人足";"总期藏富于民,使家给人足,则礼让益敦,庶几渐臻雍穆之治";"庶臻于家给人足之风",[2]可见为玄烨之口头禅。三征噶尔丹之后,玄烨似又觉得此一境界难以企及,未必敢作此想。[3]但随着形势变化,家给人足又变成玄烨为大清争正统的口号,不但乐于群臣如此颂扬,其本人亦以为庶几近之。五十二年玄烨六旬大庆,赵弘燮恭维道:"我皇上久道化成,业已年无不登,家无不给。"[4]玄烨帖然受之。次年大学士九卿遵旨议时政:"皇上至圣至明,临驭天下,每事皆符合天心,故致时和年丰,家给人足。"[5]又可知此语为玄烨专利,且富有政治含义。玄烨自诩不务虚诞,"虽未能家给人足,比之往时,亦谓粗可",乃故作谦词。何况盛世人丁繁衍,势不能周遍充裕,玄烨已屡屡言之在先。[6]其令赵弘燮于穷乡僻壤,皆兴义学,自信人心淳厚必由此务实之道,方可望移风易俗,致天下于极盛。要之,康熙朝之能臻于承平盛世,皆玄烨一手所致,此其莫大政治资本,绝不能由汉人分享。

1. 高额赋税——仁政的本钱

玄烨致力于承平盛世最为人称道者,莫过自康熙五十年起三年内蠲

---

〔1〕 《起居注》五十四年二月初一日。
〔2〕 分见蒋氏《东华录》卷9康熙六年五月丙午;《起居注》二十八年正月二十五日;《清圣祖实录》卷161三十二年十一月甲子。
〔3〕 《清圣祖实录》卷206四十年十月辛未,山西道御史靳让条奏:"凡为州县者,须令百姓家给人足,野无荒亩,方为良吏。"玄烨谕曰:"朕御极四十年,惟冀天下黎庶尽获安全,边疆无事。果如靳让所言,必令海宇生民家给人足,不致一人饥馁,此非朕所可必者。"
〔4〕 《汉文奏折》第4册,五十二年闰五月初八日《直隶巡抚赵弘燮奏报二麦实在收成分数折》,第853页。
〔5〕 《清圣祖实录》卷258五十三年二月丙申。
〔6〕 分见《御制文集》第三集卷44四十八年《告祈谷坛祭文》;《实录》卷250五十一年四月乙亥,卷259五十三年六月丙子。

免天下一周，凡钱粮三千二百余万两；[1]五十一年又将人丁税勒为定额，此后"滋生人丁，永不加赋"，玄烨自诩"亦一盛事也"。[2]凡此皆空前之举，"天恩浩荡，真从古所未有"。[3]四十四年，"户部查自康熙元年以来所免钱粮数目共九千万有奇"，玄烨曰："凡蠲除额赋，专为小民乐业遂生，一岁以内足不践长吏之庭，耳不闻追呼之扰，庶几修养日久，驯致家给户足，而民咸得所也。"[4]家给人足，正是玄烨臻于盛世的目标。

一举而普蠲全国，发生在两废太子之际，于窥测玄烨心理颇可注意且甚有意思。四十六年江浙大旱，玄烨原拟将当年新征钱粮酌量预留赈济，并蠲免江苏四十三年以前未完漕项。迨四十七年十月初废太子不久，玄烨即令江浙两省次年地丁钱粮八百余万全部蠲免。[5]此后李煦密奏："奉上谕：蠲四十八年江南、山东、河南被灾州县应免钱粮之外，又四十九年江南、山东、河南被灾州县地丁钱粮通行蠲免。百姓伏读圣谕，欢欣鼓舞，俱称连岁恩蠲，自古未有。"[6]

我们必须注意的是，地方百姓对朝廷恩惠反应如何，自来为玄烨极度关注。四十二年三月为玄烨五旬庆典，故其特地匆匆结束南巡，赶回京城颁布恩诏。谈到南巡诸省所见，自云：

> 耆老人民俱中心爱戴，虽童稚亦咸欢心瞻仰。是知民心皆一，用是益深轸念。

---

[1]《清圣祖实录》卷251五十一年十月癸丑。据卷244四十九年十月甲子、卷248五十年十月戊午、卷251五十一年十月癸丑，三次蠲免谕旨合计，所免各地地丁钱粮总数为2785万两。
[2]《清圣祖实录》卷249五十一年二月壬午。
[3]《汉文奏折》第4册，五十一年六月二十八日礼部右侍郎胡作梅折，第292页。
[4]分见《清圣祖实录》卷203四十年正月乙卯，卷210四十一年十一月乙卯，卷217四十三年十月甲戌，卷223四十四年十一月癸酉。
[5]分见《清圣祖实录》卷231四十六年十月乙酉，卷235四十七年十月戊午。
[6]《汉文奏折》第2册，四十八年十一月初八日《苏州织造李煦奏报苏扬米价民情折》，第692页。

四十四年南巡途经山东,谓巡抚赵世显曰:

> (沿途)夹岸黄童白叟,欢呼载道,感恩叩谢者,日有数十万。

至江宁,谓总督阿山、巡抚宋荦曰:

> 编氓皆朕赤子,休息培养已数十年,民虽至愚,亦所深悉。所以扶老携幼,日计数万,随舟拥道,欢声洋溢者,皆由中而发,非假饰也。[1]

可见玄烨观察何其用心细致!这些表述即或经过润饰,但必出自玄烨本意无疑。四十三年,玄烨于托何齐密折内朱批:

> 全国大概无不感激朕恩者![2]

赢得国内汉人的由衷爱戴,是玄烨内心的真实追求。

只有充分了解玄烨的这层心理,才能懂得他何以对蠲免格外重视。四十八年李煦报告江南百姓称颂"自古未有",恰与玄烨此时的政治目标即力争大清"自古最正"相合,可以说正中玄烨下怀,不能不对其心理发生影响。于是玄烨又以"现在户部库银存贮五千余万两。时当承平,无军旅之费,又无土木工程,朕每年经费极其节省,此存库银两并无别用",欲将四十九年钱粮配备地方,并蠲免次年天下钱粮。其谕户部云:"前后蠲除之数,据户部奏称,共计已逾万万,朕一无所顾惜。百姓足,君孰与不足?朝廷恩泽,不施及于百姓,将安施乎?"部臣担忧库存不足、调拨不便,于是改为三年轮蠲一周。仅过三年,轮蠲天下甫毕,玄烨又因福建、广

---

[1] 分见《清圣祖实录》卷211四十二年三月癸亥,卷219四十四年三月己亥、壬戌。
[2] 《满文奏折》四十三年正月初八日《托和齐奏为检举奸佞折》,正反映玄烨上年南巡与西巡之后的心情,第309页。

东青黄不接欲行蠲免。户部尚书张鹏翮奏曰："顷蒙皇上特加殊恩,已令运米赈济矣。且连年蠲免甚多,现今动用至康熙四十九年钱粮矣。"玄烨的答复是:"即动用至五十年钱粮有何妨碍。今米虽运去,但足糊口,不能办钱粮也。朕心惟以百姓为重。蠲免之事不可迟延。"[1]此距二废皇太子仅过一年,玄烨亟亟赢得民心乃何等迫切。

需要指出,明万历初年与清康熙末年的人丁数和征税田土数大体相当,而赋税收入却相差悬殊。清初常年赋税,仅地丁钱粮一项即高达3000万两,几与明末赋税常额加上三饷总和相埒。[2]玄烨之能实行大量蠲免,根本原因即在于高额赋税远远超出地方百姓的承受能力。所谓蠲免,实则是将竭泽而渔亦无法征得的亏欠转化为朝廷恩惠。玄烨于理智清明之时,未尝虑不及此。三十八年南巡,谕户部:"额赋浩繁,民生拮据,历年逋负计算日增。江苏、安徽所属旧欠带征钱粮几及百万。念小民方供新税,复急旧逋,物力维艰,势难兼办。"又曰:"历年正供钱粮,因输纳维艰,致多逋负。"[3]

但身为满洲统治者,玄烨又必须掩饰事实并歪曲历史:"朕屡经蠲免钱粮,何以仍然如此?想由明末伤残,本朝休养六十余年,元气尚未尽复。或有司不善抚循之过欤?"[4]或归咎小民不知节俭。玄烨曾不无焦虑:"各省朕虽不时蠲免钱粮,屡加恩恤,而小民生计终属艰难。"[5]李光地曾感叹:

---

[1] 分见《清圣祖实录》卷240四十八年十一月丙子、庚辰,卷244四十九年十月甲子,卷256五十二年十月庚寅。
[2] 此问题复杂,略而言之。就承担赋税的田亩而言,《大明会典》万历六年为701万顷,《清实录》康熙六十年为735万顷。至于人口,吴承明主编《中国经济通史·清代经济卷》,估计明万历中期人口,"倾向于在1.2—1.5亿之间。在此以后,人口便由高峰向低谷滑落"。而"康熙末年,已进至1.2—1.4亿之间"。经济日报出版社2000年版,第181—182页。就赋税总额而言,《广阳杂记》卷2:"天下钱谷总数,每岁所进,通共34844975两,遇闰加177282两;内地丁银29068062两,遇闰加204607两。"中华书局1957年标点本。此指康熙中叶。据《清实录》,康熙五十年地丁钱粮,征银2990万两、米麦豆700万石。六十年地丁银2800万两,米麦豆700万两。合计皆超过3000万两。
[3] 分见《清圣祖实录》卷192三十八年三月壬午、乙未。
[4] 台湾《康熙朝起居注册》第十八册,四十二年十二月十九日。
[5] 《清圣祖实录》卷206四十年十月辛酉。

"朝廷一免江南银米即二百万,自古无如此之多者,只是天地间却不见有宽裕润泽之气。""国家免钱粮动数百万,而民不感。"然而慑于玄烨的威严,他将原因归结为"总是无好官","想是官不好"。[1]亦唐甄所云"五十年以来,为政者无一人以富民为事"。[2]殊不知康熙朝财经赋税的基本特征之一,即在于决不真正实行减轻赋额,而宁愿以不断蠲免逋欠来宣扬"爱养黎元"的"古今第一仁政"。[3]否则,又何以造成大清得国最正的明证?与之相应,便是各地大量积欠和新旧兼征,百姓永无喘息之日。稍检史料,即知三年蠲免全国一周之际,地方上仍积欠如旧。[4]蠲免的实际效果与其政治意义截然有异,而今之史家竟多有津津乐道如不疲者。

在玄烨的大量言论中,似清廷得以蠲免钱粮,国帑充盈,全来自其节俭。"若非撙节于平时,安能常行蠲赈之事耶?""如人谓朕奢费,则户部库内何现有银四千万两有奇乎?""本朝自入关以来,外廷军国之费与明代略相仿佛。至宫中服用,则以各宫计之,尚不及当时妃嫔一宫之数。三十六年之间,尚不及当时一年所用之数。"玄烨信口开河,处处丑化明朝,无非要证明有清代明的合理性。另如:"明朝费用甚奢,兴作亦广,一日之费可抵今一年之用。""朕每岁供御所需,概从俭约,各项奏销浮冒,

---

[1]《榕村续语录》卷18《治道》。
[2]《潜书·存言》。又,《潜书·室语》:"大清有天下仁矣!自秦以来,凡为帝王者皆贼也。……杀天下之人而尽有其布粟之富,乃反不谓之贼乎?"故不难知其本意,大清之有天下,其仁乎?不仁乎?
[3]《石渠余纪》卷1《纪蠲免》。
[4]仅以江浙两省为例。江苏五十二年为蠲免之年,当年八月初六日江宁巡抚张伯行奏:"今岁应征地丁以及各年旧欠钱粮复荷圣恩全免。"见《汉文奏折》第5册,第111页。然次年开征时,张伯行与安徽巡抚梁世勋即以五十年、五十一年积欠不能完纳,请求蠲免,见《起居注》五十四年十一月初五日。此后江苏几乎年年亏欠,自康熙五十一年至雍正六年,积欠钱粮已至千余万两,见《清经世文编》卷27《户政二》彭维新《与马虞樽少司空书》。五十年为浙江蠲免之年,例不准征收旧欠,然因上年"地丁通省所完未及七分",故巡抚王度昭请于当年将积欠征收。至五十二年底,王度昭奏:"本年正赋,(各府)从未有岁内通报全完者",查十一月以前,所完不到六分,所欠部分,"岁前不能照数如期报解"。分见《汉文奏折》,王度昭各折,第3册,第785页;第5册,第291页。

亦渐次清厘。外无师旅饷馈之烦，内无工役兴作之费。因以历年节损之储蓄，为频岁涣解之恩膏。朕之蠲免屡行而无国计不足之虑，亦恃此经画之有素也。"玄烨谓大学士："朕自御极以来，酌量撙节，不敢滥费，从古无如朕之节用者。"左右趁机逢迎："不但如此节用为从古未有，皇上爱民，蠲免天下钱粮，亦古所未有。"[1]

然据《满文朱批》，五十六年，清廷内务府属在京二十七处各种工匠凡五千八百余名，所属劳力二十四万余，另雇用工匠近六千人，劳力五万余。"康熙四十二年、四十三年，广储司、营造司每年雇佣建造之各种工匠不逾四万。设管理工匠处以来，每年雇佣各种工匠额逾五万在案"。而未算及劳力。[2]明隆庆、万历时宫中匠役万余人，远瞠乎其后矣。试想数十万工匠劳力日夜营作不休，京师活脱成一大作坊，然玄烨竟夸耀节俭！《永宪录》卷2下，雍正元年八月戊申"禁直省建庆祝圣寿道场"条上谕："圣祖仁皇帝御极六十余年，四海内外，无不食德饮和，沦肌浃髓。臣工黎庶无以致其感激爱戴之诚，故每于万寿圣节，京师暨直省各建道场，将来必为成例。从事奢靡，稽迟公事，更恐科派属员，贻累地方，以有用之财，供无益之费，非朕以勤俭励有位之心也。其宣布中外，尽行停止。"扰民如是，以至胤禛继位之初即不得不改其父道。康熙五十二年玄烨六旬大庆尤为隆重，见诸《实录》及各种私家记载，玄烨却云："朕自六十年来，正旦之外，未尝受庆。"[3]其节俭可信乎？节俭与蠲免，皆玄烨吹嘘超越历代的两面招牌。

2. 承平之世下的紧张心理

从另一角度而言，大量实行蠲免，至少可以说明玄烨为赢得民心，不愿社会矛盾过于尖锐化。玄烨以其高度的政治敏感，一旦察觉到大清统

---

[1] 分见《清圣祖实录》卷167三十四年五月庚子，卷240四十八年十一月癸未，卷255五十二年闰五月乙卯；《起居注》四十五年五月十五日；《御制文集第三集》卷16四十九年十月初三日谕户部；《石渠余纪》卷1《纪节俭》。

[2] 《满文奏折》五十七年二月初六日《内务府奏为查宫内各工程处所用工匠数目折》，第1277页。

[3] 《永宪录》卷1康熙六十一年十月丁巳。

治存在危机,立即将争取民心与力证清朝统治的最高合法性联系起来并发挥到极致。这又反映出稳固国内统治乃玄烨之首务。

而与本文直接有关者,即证明康熙五十年之后,玄烨并未为兴师准噶尔而积极筹备。准部之役伊始,玄烨以为仅凭西北些微积贮加上区区数百万银两即能蒇事,亦其佐证。不唯蠲免钱粮,玄烨大规模在南方分贮漕粮,亦可证明玄烨当时考虑的重点在国内而非边疆。五十二年,玄烨大沛洪恩,仿上年赈济福建之例,命截留漕粮赈济广东。次年七月,又因河南采买漕粮米价腾贵,经部议"豫省康熙五十三年分漕粮暂行停买,令其于康熙五十四、五、六等年分买补运"。陕西储粮主要由河南挽输,将豫省漕粮缓征,亦足证玄烨无意于西边大举。当年年底,玄烨更"思赈济灾歉,以速为贵。今漕挽通行,大仓充裕,江浙地方年来颇有歉收州县,应酌量截留漕米,分贮各处。江宁原留五万石,今再截留十万石;苏州原留八万石,今再截留二万石;安庆截留十万石;杭州原留十万石,今再截留十万石。皆于本年起兑内就近截留,令地方官加谨收贮"。[1] 此时距兴启准部之役不到半年。玄烨若果真积极准备起衅于西北,当不至大量储粮于东南。

更说明问题的是,准部之役开始以后,亦未打断玄烨营造盛世的兴致。五十二年,甘肃巡抚乐拜因地方受灾请将甘肃卫所应征之米一体蠲免,玄烨斥其"但为己之声名,于兵饷紧要之处乃并不计及也"。次年,玄烨确知灾情后,即行赈济,并将受灾州县卫所钱粮予以蠲免。[2] 五十四年六月,准部之役已启动近两月,玄烨与阁臣讨论如何继续赈济甘肃,特谕九卿曰:

赈济饥民之事,较之征剿策妄阿喇布坦更为紧要。[3]

---

[1] 分见《清圣祖实录》卷254五十二年三月庚子,卷259五十三年七月丁卯,卷261五十三年十一月乙卯。

[2] 分见《清圣祖实录》卷255五十二年六月乙未,卷258五十三年三月乙巳,卷261五十三年十一月庚戌。

[3] 《清圣祖实录》卷264五十四年六月十六日庚辰。

其中当然有稳定边徼人心的意图。但更引起我们兴趣的是,玄烨并不愿以这次出兵破坏承平之世的景象。这在玄烨于甘肃提督师懿德奏折的朱批中看得甚为明白:

> **近日用兵之事,无甚关系。救民之饥,最为紧要。**故特使大臣同督抚议赈去了,尔等亦该留心。[1]

当年年底,御史严开昶奏请以河南所贮漕粮二十三万石运往甘肃备荒。玄烨的答复是:"河南固然有米,陕西之米亦多,若将彼处之米运去,则兵民不胜食矣。河南之米存贮,别有用处。陕西米多,尔不知耳。"[2]玄烨视征伐准噶尔无碍于国内承平,可谓溢于言表。

对于臣下揣度是否因战争影响蠲免,玄烨甚为敏感。五十五年十月,江南总督赫寿因五十一年曾奉有"免征比年所欠钱粮"之旨,至此仍分年带征。赫寿折奏以"江南赋重,钱粮之多,本年钱粮尚且拖欠,而业已奉命豁免之钱粮,不但民力所不能完结,且民意亦以为业已豁免,顾不完结,实则兼征",故请依照陕西已行之例蠲免江南旧欠。玄烨"批令缮本具奏"。迨赫寿题奏至京,却为户部所格,以至次年三月未见施行,原因是玄烨怀疑赫寿奏请恩蠲乃受江南籍汉人赵申乔请托,[3]以取悦地方。而赫寿疏中"且以西边正用兵饷之时,故旧欠未准蠲免,照依部议分年带征"一语,令玄烨尤为反感:"朕御极以来,蠲免天下钱粮数千万两,岂有惜此些微钱粮之理!"[4]表明战争绝不影响蠲免。所以,当年年底玄烨得知准军侵入西藏、前线形势明显恶化,以至不得不向汉官曝白之际,仍以"近者民力虽已稍纾,然分年带征银两,若不格外优宽,则小民一岁之获,

---

[1] 《汉文奏折》第6册,五十四年六月二十四日陕甘提督师懿德折,第323页。
[2] 《起居注》五十四年十二月初一日。
[3] 《起居注》五十六年十月三十日,玄烨追论此事云:"蠲免之事,恩出自上则可。前赵申乔欲以己意行之,可乎?"
[4] 分见《满文奏折》五十五年十月十六日《两江总督赫寿奏请豁免江南旧欠钱粮折》,第1149—1150页;《起居注》五十六年三月初一日、十六日。

分纳二年之赋,其盈余赡养室家,断难充足。每念及此,轸恻良深,宜更加殊恩,通行豁免"。宣称将东南和西北八省地丁屯卫银二百余万全部蠲免,并将安徽、江苏漕项免征一半。[1] 玄烨信誓旦旦,必欲坚持赈济蠲免,即担心汉人因准部之役而怀疑大清政权的稳定和承平盛世。五十八年,玄烨已经着手调集大军进藏,仍行截留部分漕粮贮积东南以备赈。[2] 至六十年夏,"直隶、山东、河南、山西、陕西麦已无收,民多饥馁",其中陕西尤甚。玄烨不禁叹息:"屡令大学士九卿议奏,茫无头绪。似此尚忍而不言,将来不知作何底止也。"此时承平盛世已难于继续粉饰,清军亦无能深入进剿准噶尔,然玄烨仍赈济五省当务之急。[3] 次年又因江苏巡抚吴存理题请,免上年旱灾地丁银七十五万两有奇。[4] 综上可见,玄烨始终不肯忽视清廷赖以立足的"汉地中国"。

高额赋税使玄烨得以营造一个虚有其表的盛世,但同时又斲伤清廷赖以树立的基础。各种潜在社会矛盾日益加深,玄烨不能高枕无忧,相反,其内心充满危机感,远非如蠲免、赈济所表现的那样轻松。

所谓"移风易俗",即指转移世道人心,对此玄烨曾有明确论说。准部之役前夕,玄烨以数事宣谕群臣,似就细事泛泛而论,然其结语却惊人:"所谕数者,俱于世道人心大有关系。"而总其要旨,即在"天下承平久矣。自昔太平日久,必生事端";"制治于未乱,保邦于未危,朕之素志也"。[5] 此前,康熙五十年玄烨于圣诞前谢却尊号,曰:"朕今春秋渐高,血气渐衰,而朝乾夕惕,实与日加增。正当恪慎保终,孜孜为万姓图治安之时也。"[6] 随又屡屡公开于五十一年、五十二年的殿试策:"大业戒于鲜

---

[1] 《起居注》五十六年十一月二十六日。
[2] 《清圣祖实录》卷283五十八年正月壬寅,议"将江西、湖广见今起运米内,苏州截留十万石,镇江截留三万石,江宁截留十五万石,淮安截留五万石,安庆截留十万石,俱交地方官加谨收贮"。
[3] 《清圣祖实录》卷292六十年五月甲申、乙酉。
[4] 《永宪录》卷1康熙六十一年四月辛巳。
[5] 《起居注》五十四年三月二十九日。
[6] 《清圣祖实录》卷245五十年三月庚寅。

终,远虑谨于防微。""今国家承平日久,文恬武嬉。""古帝王所以深根固本,杜渐防微,是朕之所夙夜而不敢康者也。"〔1〕是知玄烨之论"世道人心"皆有其内涵,绝非一时心血来潮。

自三藩之乱以来,玄烨实时时警惕汉人叛乱再起。此为玄烨一以贯之的思想,至死不渝。康熙四十年代,已进入玄烨所谓"承平之世",〔2〕满汉关系亦似平稳。玄烨仍说:"国家承平之日,武备不可一日少弛。""今天下太平,海内无事。然兵可百年不用,而不可一日无备。"〔3〕承平不忘武备,居安思危,仍属一种盛世思维,并不意味玄烨真正意识到出现危机。然而,四十六年出现"一念和尚"与"朱三太子"案,则明显令玄烨坐卧不安。〔4〕次年初废皇太子,玄烨为清朝命运担忧,临深履薄之心骤增。故一面大施德恩,鼓吹天下乐享太平,同时严密关注地方民情动向,弭乱于未萌。

玄烨担心朱明阴魂复活与明末起义再现,甚至二者合流,故流民在他眼中至为危险。五十年刑部奉旨"狱囚甚多,俱着速行完结",以山西流民陈四等发回原籍安插。玄烨大为不满,批旨:"部议甚谬!"陈四称因饥荒流移,玄烨以为:"此等言语,显系欺诳。"原因是"自朕巡陕西等省以来,每年俱系大有"。玄烨因陈四等成群结伙,且携带器械、骡马,长途迁徙数省,岂承平盛世所宜有。"前伪朱三太子,人知之者甚多,曾有巨室迎接至家,供其酒食,延之读书,朕无不知也"。故严谕大学士等曰:"窃盗、强盗皆系不良之徒,不可姑息。乃地方官不肯缉拿,督抚提镇文移往来,不过沿袭故套,州县有司概行不究。更有乡绅大户,始而

---

〔1〕 分见《清圣祖实录》卷250五十一年四月甲寅,卷256五十二年十月癸未。
〔2〕 《清圣祖实录》卷212四十二年四月己卯,殿试制策:"比岁以来,利兴弊革,随事剔厘,蒸蒸然有治平之象、康乐之风矣。"
〔3〕 《清圣祖实录》卷210四十一年十月丁未,卷215四十三年二月丁酉。
〔4〕 《汉文奏折》第1册,四十六年六月《苏州织造李煦折》朱批:"朕南方回来,即闻江南盗案颇多,地方文武所管何事?"第675页。《满文奏折》四十六年八月二十八日《江南总督邵穆布折》内引奉上谕:"闻朕回宫后,江南省频报匪警等语。现在盗案亦多。皆地方文武平时不能严行查拿之所致,彼等所掌何事?"第540页。

畏贼,相为容隐;久之便作窝家。盗贼横行,皆由于此。直隶、山东向年盗案甚多,今日地方官协力躧缉,渐渐稀少。北方盗贼流往南方,因而江南、浙江所在多有。若地方官实心办事,何难消弭。即如往年朱三一案,初不过一二人,州县不能缉获,致成大盗。今年福建山寇至于拒伤官兵。此皆地方官畏葸之故,须严行申饬。"玄烨否认陕西等省灾荒,且将流民与朱三太子相联系,以奸宄之徒与反清势力相与煽惑,必将陈四立斩,余犯及妻子发往黑龙江披甲为奴,[1]显然是玄烨心理趋于紧张,政治气氛由宽转严的体现。

次年,川陕总督殷泰疏参地方官员纵容流民,玄烨批旨曰:"朕前谕各省督抚查拿越省游行者,另有深意。若不防微杜渐,严行禁止,令其任意行走,结成党类,渐至人多势盛,即行劫掠,有害地方,或致难图。凡多费钱粮,豢养兵丁者,特欲剪除恶乱之辈耳。明代李自成即其验也,不豫为之计,可乎?"[2]为杜绝地方乱萌,各地督抚必须严加访查,及时奏报。"朕历观前史,凡事皆坏于隐匿。明代盗贼情形,俱隐匿不报,追贼已及门,尚然不知也。岂知旱涝之灾、民生疾苦,乃自古所有之事,奏闻何伤?若果督抚凡事皆据实奏闻,预为防备,虽有事亦复何害?"[3]"朱三太子"案发之后,一直允许民间使用的火器、鸟枪,此时则被断然禁止,[4]足见玄烨顿感形势严重。

玄烨的这种心理变化,从处理各地案情的态度以及对前途的预感中亦有反映。五十二年河南宜阳县民亢斑聚众械斗一事,玄烨朱批:"近来如此案者各省颇有,地方不可有恶棍如此行事,当从重严查才是","必竟除根才是","此贼不尽拿获,断乎不可!"乃至以丰收之年,即白莲教易

---

[1] 分见《满文奏折》五十年三月二十四日《湖广总督鄂海奏报县民叩阍案折》,第714页;五十年四月二十九日《湖广总督鄂海奏报将流民陈四等人拿获折》,第717页;《清圣祖实录》卷247五十年七月己酉,卷248五十年十月丙辰、辛未。
[2] 《清圣祖实录》卷250五十一年五月戊申。
[3] 《清圣祖实录》卷255五十二年六月乙未。
[4] 《清圣祖实录》卷232四十七年闰三月甲午,卷233四十七年六月丙辰。

于聚众为乱之时。[1]兴启准部之役以后,玄烨内外兼顾,更需慎防饥民为乱。谓阁臣曰:"百姓刁风渐不可长。近闻陕西有方耕种,而即挟制州县官报荒者。今岁钱粮俱已恩免,而此辈奸恶之民又思明岁幸免,其无厌之心,如何可遂? 总之,此风断不可长也。盖聚饥寒之人于一处,势必至于争夺。明时闯贼亦以散粮而起,此不可不慎也。"[2]后屡屡教谕群臣:"凡事不可小视,往往因小而至大。现今海防为要。(略)凡事不可不深思远虑。目今正北方用兵之时,海贼闻风妄动,亦未可知。""天下事未有不由小而至大。小者犹不可忽,大者益宜留心。即如海防,乃今日之要务。国家承平日久,务须安不忘危。""若有变动,或在中国。"[3]以上谕旨皆有实指,与从前泛泛而论"居安思危",味道大不相同。

综上所述,自四十六年起,玄烨表面经营承平盛世,炫耀仁德武功,同时又深感统治并不稳定,内地海隅亦处处不安,危机四伏。玄烨处于此种心理之下,似无可能暗中筹划一场大规模征伐准噶尔的战争。

五十四年哈密地区的一次微小的边境冲突,玄烨竟至兴兵准噶尔,又当作何解释? 我们说玄烨未曾积极筹划战争,绝不意味他会放弃征讨;关注国内形势动向,致力于承平盛世,也并不妨碍去进行一场有赢无输的战争;恰恰相反,如果无需任何风险,玄烨倒宁愿努力寻找战机,以炫耀盛世武功。正因潜藏着这种心理,所以任何偶然因素都有可能使玄烨诉诸对外征伐。玄烨借口准噶尔侵扰哈密而兴兵,声称欲将其根除,适见玄烨善于把握和创造机会。

然而哈密事件很快证明不过是一场虚惊,至多只能估计为准噶尔的一次试探。而以玄烨对准噶尔处境的了解,他完全明白准噶尔不可能对内地形成威胁。清军只要固守嘉峪关内至青海西宁一线,上述担心皆可

---

[1] 分见《汉文奏折》第5册,五十二年十月初十日河南巡抚鹿祐折,第221页;第7册,五十六年四月初十日河南巡抚张圣佐折,第817页;《起居注》五十六年七月二十七日、十月十九日。
[2] 《起居注》五十四年十一月初八、初九日。
[3] 分见《起居注》五十五年十月二十五日,《清圣祖实录》卷270五十五年十月壬子,《起居注》五十六年十一月二十六日。

消除。如前所述,玄烨之所以计不出此,实则欲乘准噶尔多面受敌之困,耀兵其边境,不仅得以护卫青海,甚至有可能逼降准噶尔。果尔,则将为康熙朝超越三代的"自古未有"添加巨大的砝码,更有本钱向汉人证明,唯有满洲统治才能创造这莫大荣耀。苟明乎此,则何以玄烨正在国内亟亟营造承平之际,一旦得知准军为少量清军所败,便立即兴启准部之役,也就不是什么难解之谜。

(三)对外征伐与汉人的梦魇

1. 内亚背景与汉地中国

国外学者强调清朝与历代汉族政权的差异性,而以清等同于辽、金、元,即满族由北方边境入主中原,具有所谓"内亚背景",故以为清廷立国之道在征服扩张,且暗示其统治重心不在中原。这确实在某种程度上把握住清王朝的本质特征。玄烨虽声称:"自昔平定三逆之后,培滋元气,欲措斯民于衽席,未尝轻言兵事。"[1]然而疮痍未复,山西、京师相继地震,东南连年大水,皆不妨碍玄烨毅然三征噶尔丹。

但清王朝与辽、金、元毕竟不同,满洲以不到二十万人奄有中国,举族移居内地,其社会性质不可能停留在入关前的阶段,而势必发生迅速转变,与中原经济相依存。尽管清廷统治者在内心深层并不认同其治下的汉人,竭力阻止满汉融合,实际上满洲也远未融入中国,但上述客观趋势无法逆转,并且不能不影响统治者的主观意识。

深入检讨康熙一朝的政治史,即可明显看到玄烨经营北方时,背负着来自所谓"他者",即汉人方面的压力。玄烨谓李光地曰:"汝辈汉人,说予向征噶尔丹时,不必如此穷黩,身蹈不测之下;太平当休养生息。此都是不知事务语。本朝以四十八家为藩篱。噶尔丹自恃强胜,煽动四十八家。若四十八家为所煽诱并吞,我兵出则彼去,我兵归则彼来。噶尔丹边衅一动,兵疲于奔命,民穷于转饷,欲休养生息,得乎?所以予不

---

[1]《御制文集》第二集卷30《论息兵安民》。

惮亲征,去此大害,今而后庶可言'休养生息'四字。"[1]所谓"汝辈汉人",当然是与"我满洲"相对立而言,是"我满洲"在为"汝辈汉人"效力。这种对立之所以发生,除客观现实的映射之外,在颇大程度上还出自玄烨对汉人不能认同满洲的忧虑,意在于消除汉人意识中的对立。玄烨内心不欲满洲认同汉人,却又希望汉人认同满洲,这种矛盾,正是清初特定的社会政治结构的表现。故我们在把握玄烨内心中的"他者"时,必须谨慎对待。

玄烨《论息兵安民》云:"议者咸曰:'蛮夷荒服,治以不治,古惟有驱逐之而已,防守之而已;远劳师旅,未必遂能灭除也。'予思我朝规模,与往代异。我朝蒙古四十九部列居塞下,久奉臣贡。若任其蹂躏而不加庇覆,不特失外藩之心,将恐事成养痈,滋蔓边境,不若早为图之。"其中"本朝规模与往代异"一语,依其语境,即指将蒙古包举于清朝之内,实则以承继和超越历代中原王朝相标榜,并非欲异立于中原王朝之外。玄烨之所以屡称剿灭噶尔丹是为中原生灵免遭涂炭,亦反映出其深知清朝立国基础实已不同于关外。

同样的意思亦体现在玄烨撰《论兵》一文:"顷者灭噶尔丹之道有三:国家当隆盛之际,宇内熙恬,外藩倾服,独一噶尔丹妄逞凶顽,岂非自取覆亡,是我之得天时也;朔幕地虽辽阔,川原险要,可以何地进兵,何地犄角,了然指掌,是我之得地利也;师行雷动之顷,甲仗颁自禁中,粮饷出之公府,未尝轻劳民力,而禁旅养之有素,踊跃思奋,是我之得人和也。"[2]所谓师行之资出之公府,自是虚词,但玄烨坦言无讳,清廷之所以能战胜噶尔丹,根本原因在于清朝已非关外一隅,而是立足于中原的国力丰厚的大国,与往昔同列的外藩迥然有别。唯有依赖国内充裕稳定,才有可能取得对外藩征服的胜利,这是玄烨通过征剿噶尔丹获得的切实认识,并非只是说给汉人听的门面话。

必须承认,客观上虽因喀尔喀的并入而导致清廷与西藏、准噶尔之

---

[1]《榕村续语录》卷18《治道》。
[2]《御制文集第二集》卷30《论兵》。

争加剧,但这并不能改变玄烨的立足于"汉地中国"这一基本事实。而清廷定鼎中原之后,其经营西北,则明显承袭中原王朝征伐四夷的模式,虽其间仍有某种"华夷之别"。但随着时间的推移,立足中国的客观现实终究会转化为满洲统治者的认识。是以当准部之役陷入难局而面临汉人质疑时,玄烨不得不解释说:

> 今日出兵,惟以安宁百姓,保护地方。[1]
> 柔远能迩之道,汉人全不理会。本朝不设边防,赖有蒙古部落为之屏藩耳。[2]

而在驱准入藏之后,玄烨内心焦虑得以缓解,于乾清宫千叟宴以"忧勤诚敬"之旨遍谕满汉群臣,就发起准部之役的初衷予以剖白:

> 如西贼(准噶尔)骚扰边外诸番,议者咸谓只宜守边。夫我兵不能救援诸番,则边外部落势必为贼所并。此时而议守边,庸有济乎?

且意味深长地宣称:

> 朕今所治之天下即明代之天下,所居之宫殿即明代之宫殿。[3]

玄烨的文过饰非,一目了然。然其特地向汉官表示清承明统,既非穷兵黩武,亦非往昔边夷本色,适见其为准部之役辩护,正是以中原王朝的统治者为其立场。故而玄烨称征伐策妄阿喇布坦乃为天下承平,不可尽以虚言视之。通过前文的考察,我们甚至可以在某种程度上说,正因玄烨为致力国内"盛世"所累,才形成了弄兵数千里之外、进退维谷的难局。

---

[1]《起居注》五十六年十一月二十四日谕汉官。
[2]《起居注》五十六年十一月二十六日谕大学士。
[3]《永宪录》卷1康熙六十一年正月辛卯。

满洲建立的清朝,在传统观念中仍视为异族征服王朝。以现代的史学观念来看,满洲与其他民族如何在一个国家内进行整合,仍是一个充满争议的问题。但一个基本事实无法否认,即满洲统治者对汉人不予认同,却并不妨碍其自视为立足中国的统治者。本文强调这种意识是植根于业已变化的现实基础,同样是一种真实的历史存在。若因满洲统治者在思想上对汉族不能完全认同,于是进而对其于"中国"的主观认同亦予以否定,将清朝统治下的"中国"限定为一个"内地",与"外地蒙古"、"外地西藏"相并立,而以"外地"作为清朝统治的基点,这种思维方式,本质上是将历史中的某些主客观因素无限夸大,乃至模糊了其中最稳定的基本客观事实。[1]

2. 财政集中与战争负担转移——"盛世"的奥秘

对外征伐需要财政支持,如何在进行战争的同时,又能不亏损朝廷,仍能手握经营盛世的资本,这是准部之役开始时玄烨面临的选择,也是与征剿噶尔丹之时的相异之处。

玄烨实行大规模蠲免、赈济之类的德政来营造盛世,为大清争正统,并能坚持准部之役达八年之久,高额赋税是其根本原因,但不是问题的全部。玄烨所以能够将对外征伐与承平盛世紧紧地维系在一起,还在于剥夺地方财政存留,将赋税收入高度集中于朝廷。不止于此,清廷更通过捐纳等各种手段尽量将战争负担转嫁地方,以维持朝廷财政不亏。对此缺乏基本认识,则无从捕捉住康熙朝盛世的政治奥秘。

按玄烨本人的检讨,康熙后期各地亏空之由约有三端:军旅、巡幸,而以裁减地方存留为最:

---

[1] 法国传教士张诚陪同玄烨口外狩猎,记载玄烨"嘲笑了中国的一句俗语'一切星辰只统帅中华帝国,和别国无关'。他(玄烨)有时对和他这样说话的中国人说:'至少要留几颗星照管邻国嘛。'"见《张诚日记—1691年张诚神甫第三次去鞑靼地区旅行》,载《清史资料》第五集第200页。这是玄烨相当坦率的谈话,并无顾忌。若按某些国外学者的理解,则玄烨似应说:主要的星辰在中华帝国之外;或曰:中华帝国只有依靠邻国的星辰照耀,才有光明。遗憾的是,无论我们如何挖掘,也无法找到玄烨有此类思想。

> 朕听政日久,历事甚多,于各州县亏空根原知之最悉。从前各省钱粮,除地丁正项外,杂项钱粮不解京者尚多。自三逆变乱以后,军需浩繁,遂将一切存留项款尽数解部。其留地方者,惟俸工等项必不可省之经费。又经节次裁减,为数甚少。此外则一丝一粒无不陆续解送京师,虽有尾欠,部中亦必令起解。州县有司无纤毫余剩可以动支,因而有挪移正项之事。此乃亏空之大根原也。[1]

玄烨虽道出实情,然而问题并不起自三藩之乱。

清廷财政分配基本特征,是尽量剥夺地方存留,将全部赋入最大限度归集中央,这是满洲以武力得天下所决定的。清初大规模武装对抗结束之后,清廷仍维持庞大军队,军费开支成为财政最大负担,[2]这又折射出清初立国的基点正在于民族征服和民族压迫。据《广阳杂记》卷2,康熙朝中期各省八旗驻防及绿营官兵俸饷高达1300余万两,禁旅八旗又500余万两。而明崇祯三年"皮骨俱尽之时",全国赋税总额1400余万两,[3]远逊于康熙朝常年军费支出。玄烨所谓"外廷军国之费与明代略相仿佛",仅可与内外交困的明崇祯朝相比,岂可作经制耶?

清廷军费如此之大,加之朝廷需为各种大兴作而聚集库帑,地方存留所剩无几,此自清初而然。顺治十一年清廷财政各项岁入约折银3000万两,而当年六月癸未户部疏,各省地方存留仅837万余两,[4]不及三分之一,远低于明代。所谓存留项款,主要为驿站、河夫、漕银,实则为地

---

[1] 《清圣祖实录》卷240四十八年十一月丙子。
[2] 《清圣祖实录》卷246六月戊申,御世萧震疏言:"国用不敷之故,皆由于养兵。以岁费言之,杂项居其二,兵饷居其八;以兵饷言之,驻防之禁兵、藩兵居其二,绿旗兵又居其八。"兵费以绿营居多,特清初汉人的隐讳之辞。《清世祖实录》卷127顺治十六年八月壬辰,折库纳云"今天下钱粮大半耗于绿旗",更是满人的偏见。魏裔介《兼济堂文集》卷2顺治十四年《因变陈言修省疏》云,八旗"戍兵减其二三",即可省"数百万供应之费"。则清初八旗军全部开支可想而知。
[3] 孙承泽《天府广记》卷13《本计》,崇祯三年御史吴履中疏言,北京古籍出版社1984年版。
[4] 分见《清世祖实录》卷84,卷87。

方支出的朝廷事务；而各地兵饷总属户部，不在其中。康熙元年，清廷规定各地赋税钱粮首先保证起运京师户部。[1]在经济残破之际，这几乎彻底剥夺了地方存留的可能。据蒋良骐《东华录》卷9，康熙七年七月户部议覆，康熙初年各地"实原额存留银"仅655万余两，较之顺治十一年的837万两已减少近180万两。而至康熙七年之前，地方存留更减至338万两，七年又裁去一半以上，仅剩164万余两。经群臣力争，清廷拟于九年恢复到七年数额。

然而次年，米斯翰擢户部满洲尚书，以"是时各直省岁赋听布政使存留司库，蠹弊相仍，疏请通饬各直省，俸饷诸经费所余悉解部。由是钩稽出纳，权尽属户部"。三藩之乱前夕，米斯翰称朝廷财政足支十年，支持玄烨三藩并撤，或以此。[2]为平定三藩之乱，清廷又将大量军事供给转嫁地方。《圣武记》曾惊讶："三藩叛逆，云贵川湖闽粤陕浙江西各省变动，天下财赋复去三分之一。（中略）竟不知当日庙堂如何经营，内外如何协济？"[3]魏源颂圣，乃故作疑词。除对百姓敲骨吸髓，清廷岂别有生财之道！陆陇其论地方存留宜酌复："自兵兴之际，将存留款项尽行裁减，由是州县掣肘，私派公行，不可救止，百弊皆起于此。康熙二十年渐次奉复，然尚有应复而未复者。"[4]《广阳杂记》卷2记载康熙中期，"各省存留俸饷、驿站、修河、颜料、漕项"共740余万，与用于地方事务的存留，完全不相干。工部尚书王鸿绪则明确将此归入户部在地方的开支。[5]

地方存留阙如，其弊病即私派繁兴。"今民穷财尽，多因有司私派。

---

[1]《乾隆大清会典则例》卷36《户部·田赋三·存留动支条》："康熙元年题准，州县钱粮先尽起运之数全完，方准存留。"

[2]《清史稿》卷268《米斯翰传》。《清圣祖实录》卷58十四年十二月丙寅，叛乱已经两年，当时京、通仓共计新旧积贮不下七百万石，可见米斯翰言不尽虚。

[3]《圣武记·附录》卷11《武事余记·兵制兵饷》。

[4]《碑传集》卷16柯崇朴《陆陇其行状》。

[5]《汉文奏折》第1册，四十五年《工部尚书王鸿绪奏陈防止冒销钱粮办法并请盘查户库折》："臣查各省地丁税课各项钱粮，在本地支销兵饷、驿站、俸工、漕项等件，每年约共用银二千余万两，皆系该督抚具本奏销，此定例也。""惟户部银库总收天下解京地丁税课各项银两，每年约有一千余万。"第572页。

盖每年正供赋额各有抵销,遇有别项费用,部臣辄请敕该督抚酌量设法,不得动用正项钱粮。百姓除正供粮税外别无余物可以设法,名为设法,实则加派而已"。[1]尽管康熙朝明令地方官员考核"以无加派火耗等事为第一条",[2]实则各地财政无着,唯有加派民间。玄烨甚至坦言以此作地方军费补充。[3]康熙朝加派火耗屡禁不止,乃至"数倍于正额者",[4]根源在此。正因赋税高度集中朝廷,户部每岁存剩银高达700余万两,大半用于八旗,而仍有结余。[5]四十一年,玄烨称"今户部库帑有4500万两"。四十八年又云"现在户部库银存贮5000余万两"。[6]康熙后期,户部库存一直维持在4000万两以上。

玄烨虽承认"从前恐内帑不足,故将外省钱粮尽收入户部。以今观之,未为尽善"。也曾考虑充实地方存留,"若各省库中酌留帑银,似于地方有济"。其出发点是,"倘在外各省一旦仓猝需用,反从京师解出,得无有缓不及事之虑?"故"欲将四十九年应征钱粮预配各省用度"。[7]然五十六年谓马齐等曰:"现今库银积聚甚多。从前各省俱有存留钱粮,有此项钱粮

---

〔1〕《张文贞集》卷2《请杜设法名色疏》。
〔2〕《国朝耆献类征初编》卷7《宰辅七·陈廷敬·国史馆本传》。
〔3〕《起居注》五十四年十一月二十二日,谕曰:"为督抚者,明赏慎罚,以鼓励兵丁,临事用时方能致命效死。平日并无恩惠,彼何所感而舍身效力?向者不将火耗全除,亦为此也。"
〔4〕《清经世文编》卷27《户政二》钱陈群《条陈耗羡疏》。时人议论甚多,不赘举。
〔5〕《广阳杂记》卷2"天下钱谷总数"条。另据《清圣祖实录》卷240四十八年十一月庚辰,户部尚书希福纳奏云:"每年天下地丁钱粮及盐课关税杂项钱粮内,除照常存留各省应用及解往别省协济之外,一年共起解一千三百万两有余,京城俸饷等项一年需用九百万两有余,每年所积不过一二百万两。"与刘献廷所记相差600余万。细检《广阳杂记》"在京需用"条内:满洲王大臣官员俸银112万余两,汉官俸银不及4万两,蒙古王俸银约6万两,各部院杂项117万两,公费银6万两。共约245万两。而"在京每岁需用兵饷"条,盛京俸饷银85万余两,八旗月粮414万余两,拴马银16万两,前锋、护军喂马银18万余两,外加牛种银若干,共535万两。两条合计凡近800万两。是知希福纳所谓"在京俸饷等项"九百余万,包括京师及盛京八旗开支。
〔6〕分见《清圣祖实录》卷210四十一年十一月乙卯谕大学士,卷240四十八年十一月丙子谕大学士。
〔7〕《清圣祖实录》卷240四十八年十一月丙子、庚辰。

公事费用,于地方百姓大有裨益。不知何年入于应解钱粮项下解交矣。今每省地方存留钱粮数目若干,着查明具奏。"[1]两相对读,即知此前不过口头空谈。至五十六年,西线战事已经两年,且无结束的迹象,所谓补充增加地方存留只能是一纸空文。而地方存留无几,各地普遍财政亏空势所难免,因之相伴的吏治腐败,就成为康熙朝盛世挥之不去的浓重阴影。

3. 推广捐纳与地方财政破产

大规模地方官员捐纳,即以薪俸充为公费,起自三藩之乱,日后成为清廷弥补地方财政的法门。康熙朝后期,捐纳悬为令甲,蔚然成风,如同市廛。军马、军粮、地方工项,即湖滩河朔所积军需,无不依赖捐纳,甚至公然责成地方官员以薪俸抵民欠。[2]其范围之广,规模之大,令人瞠目,[3]亦可谓"盛世"之一奇。

准部之役初起,议筹军需是否开捐纳,玄烨似颇踌躇。五十四年五月,直抚赵弘燮奉上谕:"兵粮之事,甚属紧要。今大人所议着三省民人捐助马匹。(按:三省谓直隶、山东、河南,民人谓汉民。)现在户部库内所存钱粮不下数千万两,即用正项钱粮运米就近。若令各省捐助,地方辽远,未免迟滞。着动户部正项钱粮运米。"[4]两江总督赫寿"情愿捐银一万两",协助朝廷采买兵丁马畜,玄烨以"各省督抚并未具奏,尔奏不

---

[1] 《起居注》五十六年五月初七日。
[2] 《清圣祖实录》卷214四十二年十二月丁丑,玄烨西巡回京道经河南,谕巡抚徐潮:"今岁所欠乃至四十万两,著将河南通省俸工银两补足所欠之数。如有不完,停其升转,俟完日开复。"
[3] 《汉文奏折》第1册,四十六年九月二十三日工部尚书王鸿绪折奏。公议捐马时,满洲大学士席哈纳说:"凡经纪之人,有货物卖不去,可以减价卖去。朝廷官爵如何说捐者无人? 遂令减半捐纳;且展限旨意下来不及一月,安见得便无人捐呢?"真乃传神之语! 见第724页。五十四年六月二十四日,户部满汉堂官折奏:"查得康熙五十一年在部捐纳一案,自康熙五十一年三月初五日起,至六月初五日止,限内具呈捐纳官生16787人,共收银4396597两。"此准部之役以前,捐纳数量可见一斑。见第6册,第273页。
[4] 《汉文奏折》第6册,五十四年五月十一日直隶巡抚赵弘燮折,第195页。

合",且"户部之银甚为充盈,此一万两银,并无关系"。[1]各省捐纳虽可减轻朝廷负担,却无以解玄烨燃眉之急。

据《起居注》五十四年六月二十二日,玄烨已决定二者并行:"现今军需,各省俱行捐助。俟彼捐助办理,则误事未可知也。军务所需钱粮不多,俱着动正项钱粮,事既不误,且有益处。此外地方各官再行捐助,更有济矣。"即先支付户部库帑,随即辅之以捐纳。于是地方督抚闻风而动,竞相效尤。即前线军队官兵鞍辔、军械等项,亦借用官员、士兵俸银垫付,后由玄烨内库捐出抵补。[2]据赵弘燮所奏,直隶地方各项开销,包括"购买军需马骡解送盘费折价等项种种,难以枚举。悉据守巡两道会详,量捐俸工银两,以公济公。此例自前任抚臣相沿至今,推之别省,谅亦皆然"。[3]但地方存留本近乎无,官员俸银无几,故只得动用藩库银两,请用各官将来俸银填补藩库,实则以空补空。

五十六年初,战争进入第三年,捐纳已在各地推行。户部尚书张鹏翮奏言:九卿会议以"现今军务紧要",请开捐纳,"于军务甚有益,于铨法亦无碍"。玄烨虽承认"现今正属动用钱粮之时",[4]却偏偏对九卿所议不以为然:"军务所需几何?况军需极数不过七八十万,一省钱粮尚用之不尽。今所需钱粮不多,何用捐纳?"[5]此时两路大军军需困难已经开始暴露,去年进剿推迟至今年。然而提出公开捐纳,玄烨却忸怩作态,竭力淡化征伐准噶尔一事。其意欲向汉官表明:这场战争不会影响国计民生,当今仍属承平之世;西北大军尽管面临困难,然继续耀兵边境,维持对准噶尔的攻势,不成问题。

实际上,捐纳一旦推行,便雷厉风行,无所底止。上引五十六年初赵

---

[1]《满文奏折》五十四年六月初六日《两江总督赫寿奏愿捐银平定策妄喇布坦折》,第1018页。
[2]《满文奏折》五十六年九月初六日《议政大臣海金等奏报借支俸饷以补置马畜及军械折》,第1239页。
[3]《汉文奏折》第7册,五十六年正月二十六日直隶巡抚赵弘燮折,第638页。
[4]《起居注》五十六年二月二十六日、三月初九日。
[5]《起居注》五十六年二月二十六日。

弘燮折承认，地方官员捐俸助军已难以为继，"再四思维，计无所出"。玄烨明知如此，次年仍"将（直隶）各官所捐银内动银十万两，今即陆续买马分给八旗"。而赵弘燮又自认捐马五百匹，经玄烨朱笔删减一半。[1]唯苏州织造兼理河务李煦已捐瓜州河工银二十四万两；欲再以织造库银先垫捐十五万两，玄烨以为断然行不得，[2]以其属私房钱耳。据雍正初年湖广总督杨宗仁疏言："湖广州县以上俸工报捐，已经十有余年，总无分厘给发，责成官役枵腹办事，焉能禁其不需索闾阎？"[3]从五十七年开始争夺西藏，战争规模进一步扩大。"西事方殷，急馈饷，大将军入觐以为言。内大臣定议，各途守选及迁补并停止，专用捐赀运饷，人事可集，已得旨，始下外廷"。[4]六十年，入藏军队经由云南撤回，巡抚杨名时云："滇中此番满兵回来，及再入藏与江浙兵回，计除去开销项外，其应捐之项不下八九万两，而供应藏兵及坐台官兵等方未有艾。目下俸工已捐至（康熙）七十二三年！"[5]然而保持朝廷库帑充盈，最大限度地以地方财政承担战争需用，是玄烨的既定方针。

随着战争旷日持久，各地亏空呈现无遗。五十八年初，玄烨谕大学士九卿："京城通州仓内贮米甚多，各省漕粮亦无亏欠。"京师固然充裕，但"各省钱粮亏空甚多"。次年，谕户部："直隶各省钱粮亏空甚多。"六十年，谕大学士："至于各省积贮谷石，虽俱报称数千百万，实在存仓者无几。"[6]《永宪录》卷1康熙六十一年十月丁巳，玄烨终于承认：

  今天下钱粮，各省皆有亏空，而陕西为甚。盖自用兵以来，大军

---

[1] 并见《汉文奏折》第8册，五十七年八月初四日赵申乔折、十月初七日赵弘燮折，第273页、334页。
[2] 《汉文奏折》第8册，五十七年闰八月初二日李煦折，第303页。
[3] 蒋氏《东华录》卷25雍正元年五月。
[4] 《方望溪全集·集外文》卷6《记所闻司寇韩城张公事》。
[5] 《碑传集》卷24《杨名时·附录十三则》。
[6] 分见《清圣祖实录》卷283五十八年正月壬寅，卷288五十九年七月庚午，卷292六十年四月己酉。

经过之地,领兵之人,督抚皆助其鞍马衣服,州县等官食物供应,不无烦费。仓卒应付,不能不动用官银。及兵回之日,又各给兵丁马匹银两,即如川、陕回京之兵,中途所得,过于正项。又,各官捐助军需,动以万计。此费皆从何来乎? 至于捐纳一项,多有并未交银而空取实收者。此皆尔等之所知也。州县安得不亏空乎!

战争虽因地方捐纳得以维持,而为时八年的准部之役最终令地方财政陷入绝境亦以此。

4. 玄烨内心的阴影——刘荫枢

以当时的所谓承平盛世是否适宜兴启准部之役,自始即有不协之音。玄烨所云"如西贼骚扰边外诸番,议者咸谓只宜守边",主要当指汉人,其中就包括贵州巡抚刘荫枢。《永宪录》卷2下,雍正元年十一月"前贵州巡抚刘荫枢卒"条下:"阻谏西征诏,则内阁学士长寿忤旨廷杖死,荫枢其继者。"长寿为满洲,其事无征。刘荫枢于康熙四十七年巡抚贵州,此前历任所至皆有贤声,为朝廷知闻。[1] 下就刘荫枢一事稍作引征,以见玄烨心中对立汉官之阴影。

刘荫枢阻谏西征在五十四年十月七日,时玄烨兴师不到半年,摘录如下:

> 窃谓泽旺阿喇蒲坦,小丑也,侵犯哈密,小警也,不过边将之事,略加备御而已。皇上大振兵威,四路合围。臣愚窃揣圣心,当此四海孝顺、万方攸同之世,尚有一夫不逞,抗我声教。(我国)财富兵强,一举而歼灭之,摧枯拉朽耳。(令其)畏威怀德,一劳永逸,庙算深微,超越千古。

> 臣尝观之天道矣。今岁直隶、河南大水;陕西平、庆一带,数年无收;西、凤今岁五六月无雨,秋禾未获全种。除大兵而外,运送

---

[1] 《起居注》五十四年二月初一日,五十五年二月初二日。

安塘、捐纳人等,无虑千万,食从何办?草从何出?臣阅邸抄,见上谕令运送马骡暂回内地喂养,仰见皇上圣明,动合机(宜),从容慎重之意。今内外文武臣工,请缨效用、助济军需者有人,皆助皇上之雄风;无一人一言劝皇上弘覆载之量,平气息怒者。臣愚以为威已振矣,势已张矣,弹丸小丑,自知震惧,(似宜)从容化诲,使其归向。深入之兵,量留若干名于要地。余撤归粮草便宜之处,分屯四五处所,驻扎应援,以省馈送之劳。俟明岁四月以后,水草茂盛,再商进止,亦息力养锐之一道也。惟皇上俯察可否,密而勿发,乾断施行。[1]

此折上于玄烨决定暂停进剿,并于前线实行屯垦之后。依刘荫枢所见,国内形势实不宜用兵。其以陕西困苦为言,与前引玄烨上谕"陕西米多","兵民不胜食"云云,截然迥异。然次年玄烨以"闻山西、陕西今岁收成较往年甚丰。但西边现有军务,行兵坐台,沿边一带地方钱粮及旧欠钱粮应予蠲免"。[2]则刘荫枢所言陕西灾荒并非子虚。

陕西地瘠民贫,然赋税甚重,据《广阳杂记》卷2,全省地丁钱粮竟达163万两。因常年驻扎大军,即承平之时,"西安府省城驻防官兵家口约有数万,本色粮草俱于西安、凤翔所属州县征取,百姓苦于解送"。加上督抚提镇标兵,"西安省会旗、标官兵,一岁所需本色粮米三十万石有奇"。[3]若以全省计,粮饷支出更昂。即草料一项,"数年军用草料价银200万余两"。[4]故陕西"每年库征各项钱粮共134万余两,因以此为八旗各营、镇、标之绿旗兵钱粮拨给"。本省不足,赖他省捐助。"四川、陕西每年所需钱粮甚多,由各省捐送者,一年仍有百万余两"。"每年由山西、河南二省捐解

---

[1]《汉文奏折》第6册,《贵州巡抚刘荫枢折》,第544页。
[2] 参见《起居注》五十五年九月三十日;《清圣祖实录》卷270五十五年十月癸巳,以挽输军需之苦,免山、陕二省历年积欠并五十六年额征银八万余两、米豆三十一万余石。
[3] 分见《清圣祖实录》卷159三十二年六月庚子,卷160三十二年八月甲午。
[4]《满文奏折》四十二年三月初六日《川陕总督华显奏报甘肃地方情形折》,第279页。

银二十万两"。[1]康熙末年,各省亏空以陕西尤甚,主要原因即常年驻扎重兵。准部之役以来,陕西又成为西征基地,备受各种征派及挽输之劳。

五十六年以前,康熙朝还能勉强维持一个虚有其表的承平盛世,玄烨也依然沉醉于虚幻的梦境,完全不能察觉到长期顿兵西北所引起的国内经济财政的恶化。战事进行两年有余,玄烨仍夸诞:"朕于各省钱粮,均匀蠲免,无不周遍。今年各处丰收,亦无可免。"[2]既如此,即无可能平心静气对待刘荫枢谏言。

刘荫枢云"万方攸同之世",玄烨乃不容"一夫不逞",欲"一举而歼灭","超越千古",可谓洞悉玄烨之心。可惜他全不理解准部之役的意义。玄烨暂停进剿,刘荫枢则乘机建议就此停止大举。据陆奎勋《刘公荫枢墓志铭》:"密疏谏沮,复奏陈六事。"赵元祚《秉烛子(荫枢自号)传》亦云密疏之后,"复密条奏六事",并略引其端:"重内地弗勤远略,谨喜怒而慎用人,核名实以重国本。"[3]既为复奏,当就玄烨内外举措详加敷陈。"公忠形于色,曰:'老臣且告退矣,它日死,不能言。'于是朝拜密折,随拜告老疏"。又知荫枢条陈六事为其最后进言,势难顾及其余。荫枢折中所陈陕西灾荒,军输难继,玄烨未必不知;至于"俟明岁四月以后,水草茂盛,再商进止,亦息力养锐之一道也",又与玄烨本意暗合。然条陈六事引出"国本"一义,由战事连及储位未建,似谓玄烨内外举措皆失其宜,玄烨岂能平情待之!

玄烨以"刘荫枢听信讹传邸抄,妄行具奏";又以"现今在此汉大臣内,或意朕亲往,有缮疏者,亦未可知。为此明告尔等"。[4]一年之后,玄烨仍悻悻言其"听传闻之言,即劝朕息怒休兵。用兵之事如此妄奏,可乎?

---

[1]分见《满文奏折》四十四年六月二十八日《川陕总督博霁奏请官生捐纳完结未完米石折》,第376—377页;四十五年十月二十九日《陕西巡抚鄂海奏请补授布政使折》,第469—470页。
[2]《起居注》五十六年十月三十日。
[3]并见《碑传集》卷68。
[4]分见《起居注》五十五年三月二十三日甲寅、二十五日丙辰,《清圣祖实录》卷267同月二十七日戊午。

伊不过用此空言作文章而已。无知之徒,即由此互相传布"。[1]是知玄烨所恶刘荫枢者,以其妄奏沽名,以致互相传播,引起在京大臣起而效尤。由刘荫枢泛及汉大臣以及国内舆论,足见玄烨心中所负汉士大夫之巨大压力。刘荫枢八十老翁被发配西北巴里坤军营效力,玄烨必借此以儆其余。

刘荫枢远赴巴里坤前线之后,竟不悛改。《实录》载刘荫枢五十五年九月疏言:"臣遵旨亲赴巴尔库尔军前,阅视满汉官兵共立二十三营,周围二百余里,军势雄壮,首尾相应。但巴尔库尔地方居雪山之后,闻入冬大雪动深数尺。倘道路壅阻,粮何以运?草皆覆压,马驼何以牧放?臣不胜忧惧,谨密奏闻。"如果说上年折中所言"除大兵而外,运送安塘、捐纳人等,无虑千万,食从何办?草从何出"云云,尚是得自于邸报而后所作揣测之辞,而此番所云士马粮草难以为继,则是在前线军营耳闻目击,如实陈奏"侃侃洋洋,凡数千言",[2]希冀玄烨能有所悟。不料,玄烨却因此大发议论:"军机事务,关系重大,一言可以鼓励士气,一言可以退缩人心。"[3]玄烨认定刘荫枢动摇人心,一言丧师,即绝无容忍之可能。而谓其一经雪后即惊慌失措,进而推论其若遇强敌,必效三藩叛乱时曹申吉之流无耻迎降,甘为助虐,则直将刘荫枢以逆贼视之。此时玄烨向满洲大臣一泄其忿,乃其真实心理。

玄烨于刘荫枢不肯宽免,实以其在巴尔坤前线蛊惑人心,非但绿营将领师懿德效尤,[4]即南路军满洲统帅晏布亦为其所惑。[5]据《秉烛子传》,刘荫枢回黔"视事甫半载,有旨休致来京。公即拜疏行。已而下刑部,部议以阻扰军务拟绞,援师懿德例,发西边屯田,俟大军凯旋另行治

---

[1]《起居注》五十六年七月二十日壬申。
[2]《碑传集》卷68赵元祚《秉烛子传》,并见《方望溪全集·集外文》卷7《都察院副都御史巡抚贵州刘公墓表》。
[3]《清圣祖实录》卷269五十五年九月戊寅。
[4]《起居注》五十六年十一月二十四日,为师懿德不肯进兵一折,召汉大学士等人,近御座前,谕曰:"此折所议亦是。但彼处督抚不奏,师懿德等独奏,亦是仿刘荫枢之意。"
[5]《清圣祖实录》卷271五十六年二月辛亥,谕九卿等:"去年刘荫枢所奏军前之事,并无实见,徒饰虚语,摇惑人心,以至将军晏布亦为所惑,任事不如以前。"

准噶尔之役与玄烨的盛世心态

罪。有旨着发往傅尔丹处种地,时公年已八十一矣"。傅尔丹种地处,即喀尔喀北路大军屯田处,较巴尔坤距内地更为遥远。岂知此老生命异常顽强,流放喀尔喀四年,居然无恙。六十一年正月玄烨于畅春园设千叟宴,特召其回京,以年齿最高居人瑞首席。[1]玄烨已自知愧悔耶?抑或以为西藏已定,欲令刘荫枢折服耶?

刘荫枢前后疏谏,诚不自量力,不过其中所折射的玄烨心理,仍有意义。玄烨既欲以准噶尔之役为盛世增辉,则其姿态实乃居中国以伐四夷,这才可能有汉人刘荫枢的疏谏。然而玄烨骨子里却又欲以此向汉人证明满洲统治的合理性,在某种意义上说,这场战争又成为玄烨与汉人的较量。关于兴兵是否得宜的争论,客观上即带有满汉之争的色彩。质疑准部之役,即意味质疑玄烨的决策,反而会刺激玄烨。仅此而论,玄烨即绝无可能采纳刘荫枢之谏,而势必坚持到底,与汉人一较输赢。而可注意的是,玄烨征伐噶尔丹、策妄阿喇布坦,根本无需征询汉人的意见;而玄烨事后的解释,却又总是淡化问题的满洲特性。这反映玄烨在兴兵前的决断过程,必竭力排斥头脑中与之立异的汉人阴影;唯待成功之后,深信自己立于不败之地,可以居高临下,才肯与汉人直面相质。

如前所述,康熙四十七年、五十一年两次废黜皇太子引起玄烨的危机感,形成一种为大清争正统的心理驱向。这种危机感不仅关乎玄烨本人,而且必然会调动整个统治集团起而诉诸清廷的成就,为其最高统治者恢复自信,[2]因此也歆动玄烨的征伐之心。但这一阶段,玄烨的思想聚焦显然仍在国内,不大可能兴师境外。而自五十二年起,致力国内承平似已取得某种成效,玄烨的精神震荡也逐渐平复,心理上的"成就需要"即重新萌发。在这

---

[1]《碑传集》卷68陆奎勋《刘荫枢墓志铭》。
[2]《清圣祖实录》卷245五十年三月庚寅,玄烨诞辰,诸王大臣为玄烨御极五十年议上尊号,云:"今综考舆图所载,东至朝鲜、琉球、暹罗,南至于交趾,西至于青海、乌斯藏诸域,北至于喀尔喀、厄鲁特、鄂罗斯诸部,以及哈密、番彝之族,使鹿、使犬之区,皆岁时朝贡,输诚恐后。声教之远,孰有媲隆于今日者!"卷252五十一年十一月己亥,诸王群臣又为次年玄烨六旬庆典拟上尊号,云:"向风被化者,千百余国。论功则超越三王,语德则包涵二帝。"凡此谀词,均有其功效,不能漠然置之。

种情况下,就极有可能促使玄烨努力寻觅对外征伐的时机。而满汉对立的深层意识存在,又迫使玄烨虽欲争取成功,却必须谨慎从事。至于单纯采取防御青海这一更为实际的战略,不仅需固守嘉峪关至西宁一线,且需开辟青海西北荒僻之区,设军布防,方为万全之策。如此则甚费力而难见功,与玄烨此时心态全然不符。五十四年玄烨突然兴启准部之役,而后清军却又长期耀兵于西北,并不积极进取,或许可以得到进一步的解释。

但决策者毕竟是玄烨。欲进而明乎玄烨何以能一手发起准部之役,还须从康熙朝政治体制及君臣关系上进行探究。

三、专制皇权与玄烨晚年的孤独

康熙五十七年八月,萧永藻奏请休致,中有"血气渐衰","心神恍惚,故总忘事"等语,玄烨朱批云:"朕之苦与尔之苦虽相同,尔之事较轻。"[1]玄烨曾引萧永藻为"尔我同心",此又谓与之同病相怜,一代天子何至自怜若是!玄烨苦于不得歇肩,勉力支撑,上年十一月《面谕》实已真切道出:

> 若帝王仔肩甚重,无可旁诿,岂臣下所可比拟?臣下可仕则仕,可止则止,年老致政而归,抱子弄孙,犹得优游自适。为君者勤劬一生,了无休息。
>
> 每览老臣奏疏乞休,未尝不为流涕。尔等有退休之时,朕何地可休息耶?但得数旬之怡养,保全考终之死生,朕之欣喜,岂可言罄![2]

---

[1]《满文奏折》五十七年八月初一日《大学士萧永藻请卸任折》,第1313页。
[2]《清圣祖实录》卷275五十六年十一月辛未。

自五十六年准军占领西藏,准部之役陷入难局。玄烨彷徨失据,内心忧虑宁诉诸笔端,或以密折朱批,或以长篇《面谕》,其孤立无助可知。

玄烨虽自谓不堪承受天子宝座,然仍紧握权柄,至死不悔。五十八年,谕群臣:"无论巨细,事不敢忽,天性然也。"然又云:"勉强支持,心劳力竭。尔诸臣曾无一人为朕黾勉抒诚者。或有不肖之徒,见朕精神气血渐不如前,因以为奸,亦未可定。此诸臣俱应留心者也。"[1]玄烨万机独断,疑心甚重,处处防微杜渐,终成名副其实的孤家寡人。究其根源,既为专制体制使然,亦其本人心理人格有以致之。

(一)满汉阁臣之别

清初皇权专制甚为严厉,原因在于:其一,激烈的满汉矛盾导致的民族压迫与歧视;其二,满族八旗制家族主仆关系的延续。满洲以武力立国,特重军事固其本色。然而定鼎中原以来,权力结构已发生明显变化,皇权摆脱对八旗的依赖,日趋鼎盛。作为国家官僚机构的内阁,遂取代议政会议,成为政本所出的决策中枢。《养吉斋丛录》卷4:"章疏票拟,主之内阁;军国重事,主之议政处。"赵翼云:"康熙中虽有南书房拟旨之例,而机事仍属内阁。"[2]与明代内阁独立票拟不同,清初阁臣票拟必当皇帝面前,或奉旨票拟,当即下部发科。其效率之高,自远胜于明,然阁臣权力却因此低落。[3]

玄烨处理政事,其大端有御门听政与讨论折本两种形式。前者为玄烨在乾清门或其他处所,"听部院各衙门官员面奏政事"。后者指玄烨

---

[1]《清圣祖实录》卷284五十八年四月辛亥,谕曰:"今天下大小事务,皆朕一身亲理,无可旁贷。若将要务分任于人,则断不可行。所以无论巨细,朕必躬自断制。"
[2] 赵翼《军机处述》,见《清经世文编》卷14《治体八》;并参《檐曝札记》卷1。
[3] 程晋芳《章奏批答举要序》云:"我朝定鼎,取监夏殷,票拟虽由政府,天子综核庶务,一一览披,毋或敢以意进退高下其间,盖宰相之权轻矣。"见《清经世文编》卷14《治体八》。

专与阁臣商讨折本,《起居注》记为阁臣"捧折本面奏请旨"。[1]部院章奏之日常庶务,则当即处理,即属前者;而"内有关系用人行政刑名钱粮要务,必折出";"其一切折出票签应加酌定者,皆国家切要政务,得失所系"。[2]故阁臣协同玄烨处理折本,较之御门听政更为重要。

而本文所关注者,在于内阁成员中的满汉之别。玄烨在京处理政事,无论御门听政,抑或商讨折本,大多满汉阁臣同时参与。而巡幸北方,或居留塞外,扈从阁臣玄烨便成为满洲的特权。以中华书局本《起居注》、台湾故宫博物院所藏《清代康熙朝起居注册》与《实录》相参读,知玄烨北方口外和热河之行,扈从阁臣几纯为满洲、汉军。自四十八年起,玄烨每年在外二百余天,而所见仅五十年有汉大学士张玉书于热河捧本凡两日,实为特例,详后,此外绝无汉人参与其事。此乃康熙朝满汉阁臣最显著之差异,亦其最突出的政治特征之一,而今人尽皆未曾留意。

1. 玄烨在京听政与满汉阁臣——以康熙十九年为例

玄烨并不如其所说"每日御朝听政",[3]或接见阁臣,正如其日讲。康熙十六年,全年御乾清门听政凡235天;此外,在南苑33天,巡狩边外30天,赴巩华城七次13天,不听政仅81天;加上各类庆典、祭祀,确如年末起居注官赞云"锐意图治,宵旰励精,一岁之中,昧爽始朝,无有虚日"。然二十六年,玄烨以"部院事务稍简,嗣后着间一日一面奏",[4]全年听政减至169天。至四十五年,听政仅55天;而在京外与阁臣讨论折本者,凡173天。五十三年,听政之日唯26天,巡幸在外竟长达217天。

检诸《起居注册》,自康熙十八年九月二十二日起,玄烨允许起居注官参与并记录与阁臣的折本讨论。玄烨在京之时,起居注官均于每日记

---

[1]《起居注》二十二年二月十一日:"上因章皇后忌辰,不理政事,各部院衙门章奏俱交内阁。辰时,上御乾清宫,大学士勒德洪、明珠,学士阿兰泰捧折本面奏请旨。"当日虽御门而未听政,且仅接见满洲阁臣。
[2] 分见《起居注》二十三年七月十一日、十八年九月二十二日。
[3]《起居注》二十一年九月二十一日。
[4]《起居注》二十六年五月二十三日。

事末尾署名;在外巡幸,扈从记注官则并书于回京之日。由是我们得以判断玄烨听政或讨论折本之日满汉大臣之构成。

限于篇幅,仅以康熙十九年为例。是年玄烨在京听政共261天,以乾清门为主,凡170天;其余91天皆在瀛台。乾清门听政的170天之内,二月21日,三月12、15、20、24日,四月12、22日,五月5、6、14、18日,六月13日,七月11、19、26日,八月26、27、30日,闰八月7日,九月8、26、29、30日,十月14、21日,十二月7、9日,凡27日,或因讲书,或因他事,仅听取部院官员面奏,其余143天皆于听政之后与阁臣讨论折本。

凡听政之日,记注官多为两员,一满一汉,或增置一名,要之必满汉兼备。瀛台听政亦然。[1]如二月初四日,玄烨于听政、讨论折本后,又召见满汉大学士明珠、李霨,当日记注官为满洲朱马泰、汉人董讷。四月初一日,玄烨先召见满汉阁臣议事,复又召满汉阁臣与六部都察院堂官议事,当日记注官为库勒纳、沈荃,亦满汉各一人。

值得注意的是正月22—25日,玄烨在巩华城、神头山行宫,随行阁臣为大学士索额图、明珠,学士佛伦,记注官则为牛钮;二月10—16日,玄烨在南苑东宫,与索额图、明珠,学士佛伦、希福商讨折本,扈从阁臣皆满洲,扈从记注官库勒纳、牛钮,亦皆满洲。再如闰八月12—24日,玄烨在南苑,扈从阁臣明珠、噶尔图,扈从记注官,乃至日讲官亦全为满洲。十月5—9日,在南苑,扈从阁臣明珠、噶尔图,记注官库勒纳。十二月16—22日,玄烨在南苑调养,扈从大学士明珠、学士希福,记注官库勒纳。

可见,玄烨若同时接见满汉大臣,记注官亦必满汉兼备。若仅与满洲(含汉军)阁臣讨论折本,则记注官必为满洲。由是我们可以进而大胆地逆向推断:若知某日记注官是满洲、汉人,或满汉兼备,则可确定当日接见臣工相应为满洲、汉人或满汉同列;即《起居注》当日不记事,亦可借助

---

[1]《清经世文编》卷9《治体三》徐乾学《勤政殿说》云:"勤政殿在西苑,以岁之夏日听政于其中。臣昔起家侍从,待罪公卿之后,常因奏事殿中,得奉清燕,流览寓目。"据《起居注》二十四年三月初五日,徐乾学由詹事升内阁学士。二十五年五月,玄烨听政瀛台勤政殿,与满汉阁臣讨论折本。其中初六日至二十三日,徐乾学以阁学参与捧本。

记注官身份,推知玄烨当时是与满汉官员相处,抑或仅有满员扈从。

有些情况需作说明,本年二月初九日,玄烨先"召满大学士等至懋勤殿面商折本",之后"辰时,上幸南苑,驻跸东宫"。当日唯召见满臣,而记注官则为库勒纳、牛钮、常书、董讷,其中董讷为汉人,此何故?检得《起居注》十六日,明载是行扈从记注官为库勒纳、牛钮。可知初九日董讷列入记注官者,非谓其参与满洲阁臣折本讨论记录,只因玄烨当日由京出发,其行止应载入《起居注》,故四名记注官中,常书、董讷一满一汉,乃指玄烨在京之日记注官。凡玄烨离京或回京之日,该日记注官亦例有汉人。如当年闰八月十一日,玄烨于辰时率皇太子幸南苑,谕部院衙门本章俱交内阁每日汇送南苑。"本日起居注官格尔古德、张玉书,扈从起居注官库勒纳、牛钮、常书"。前者一满一汉,后者皆为满人,皆遵此例。学者稍加留心,即不至误会。[1]

玄烨在京听政及商讨折本,大体同时接见满汉臣工,亦有不尽然者。如上举二月初九日即仅召见满洲大学士。又,十一月8日至十二月5日,玄烨宫内养病,记注官为一满一汉。然《起居注》十二月初五日又明载:"是日以前,各部院衙门本章,每日俱交内阁汇进。有紧要折本,仍召满大学士等入,商榷批发。"则玄烨曾于宫内召见满阁臣。同样,二十二年正月27日,二月11、12日,玄烨御乾清宫,捧旨者大学士勒德洪、明珠,学士阿兰泰,均为满洲;而记注官则一满一汉。二十八年九月11日、12日、17日,御乾清宫,捧本者为大学士伊桑阿、阿兰泰,学士凯音布、拜礼、朱都

---

[1] 另以《起居注》二十一年十月十九日至十一月初九日玄烨北巡为例,是行扈从阁臣为大学士勒德洪、学士阿兰泰、金世鉴,见于十月二十三日;扈从记注官为牛钮、葛思泰,见十一月初九。其中金世鉴为汉军,其余皆满员。但十月十九日玄烨出宫之日,并未听政,而记注官为朱马泰、曹禾,一满一汉,即以当日玄烨曾在宫中之故。他如二十二年正月二十七日至三十日南苑之行,二月十二日至三月初六日幸五台山,皆循此例。再如台湾《康熙朝起居注册》第一册,二十九年二月十八日,玄烨离宫驻跸畅春园,当日起居注官顾仪、顾藻。其中顾仪为满洲。而三月二十五日回宫,起居注官为顾仪、蔡升元,一满一汉。而其间二月二十二、二十五、二十八日,三月初三、初七、初十、二十、二十三日所见捧本阁臣皆满洲汉军,扈从起居注官则库勒纳、尹泰、顾仪三满洲中每日以两人侍直。亦见上说不误。

准噶尔之役与玄烨的盛世心态 417

纳、迈图、郭世隆、西安、博济、王国昌。郭、王为汉军,载《八旗通志初集》卷117《八旗阁臣大臣年表下》,余皆满洲;而记注官则满汉并列。十一月至十二月,玄烨在乾清宫,连续二十一天只召见满洲部院大臣,或随后与满洲阁臣讨论折本,记注官仍满汉兼备。[1]以阁臣与起居注官民族成分必保持一致的惯例来推测,此时玄烨与满洲阁臣在宫内商讨折本,汉记注官并不在侧;否则,玄烨出巡由满洲阁臣扈从之时,记注官即不必仅为满洲。其之所以记注官署名满汉并列,仍因玄烨尚在宫中,或不止召见阁臣一事,意在表明其为满汉共主。

上所举十九年玄烨在南苑,扈从皆满员,然又非谓南苑为满洲禁地。如十二年七月9—24日,玄烨谕曰:"朕或出郊外,或幸南苑,常不辍讲,故翰林官员每次随从。"当时扈从讲官为傅达礼、孙在丰、张英,一满二汉,扈从记注官为傅达礼喇沙里、孙在丰,为二满一汉。[2]然而十三年十月奉太皇太后幸南苑,十四年六月、八月幸南苑,十六年二月12—18日南苑阅兵,扈从则全为满员。是知若不召汉人日讲,则不必令汉人同行。如上所举,十九年闰八月南苑之行,即扈从讲官亦惟满员。玄烨在外,扈从官员如何,视玄烨政治需要而定。如二十年初祭奠仁孝、孝昭两皇后兼巡视畿甸,自二月14日至三月12日在外凡二十八天。其间三月初八日,于孝陵移两皇后梓宫,曾记载"诸王、满汉大臣齐集",则是行有汉官同行。然玄烨处理折本之日,所见捧本阁臣为大学士明珠、学士额库里、库勒纳,扈从记注官库勒纳、阿哈达,皆满洲。是知汉官扈从仅为礼仪需要,[3]而不意味汉阁臣参预讨论折本。其他如巡幸畿甸、谒陵、游五台山,皆类此。玄烨

---

〔1〕 分见《起居注》二十八年十一月二十三日至十二月十四日。
〔2〕 分见《起居注》十二年七月十一日、二十四日。十月十三日至二十二日扈从起居注官为喇沙里、孙在丰、张英,一满二汉。
〔3〕 《碑传集》卷4,王熙《大学士李霨墓志铭》:"公久在相位,凡朝廷大典礼,每以属公,出则扈从,入则进讲。"云云。适以作满洲朝廷之点缀为荣。卷12,徐乾学《大学士宋德宜行状》:康熙十一年,"迁内阁学士,兼礼部侍郎。驾幸口外,驻跸赤城,公时扈从。上从容问及江南逋赋之田"。据《起居注》,当年正月二十四日至三月二十九日,玄烨奉孝庄太后往赤城汤泉,命"内阁间二日驰奏一次"。是行记注官为满人傅达礼、莽色。然是时记注官不参与玄烨与阁臣商讨本章。故此事性质难以确认。

六次南巡,因关系观察南方风俗民情,收揽人心,故不专以满臣扈从。

畅春园起初唯召见满洲阁臣,唯二十六年六月因皇太子读书于此,始召见汉人。[1]相对于宫内、瀛台而言,畅春园即京外之热河。后因每年长期避暑口外,故畅春园又不避汉人,成为玄烨召见满汉臣工之所。[2]汤泉行宫类似,初唯满人扈从,后亦偶尔召见汉人。[3]可见玄烨在外则轻内,与在乾清宫之重内而轻外恰相反,皆于判断康熙朝满汉格局及满洲统治集团的所谓"内亚背景",颇具启示。凡此,非细察《起居注》不得其解。

2. 巡幸在外扈从阁员皆满洲

二十二年之后,玄烨每年口外避暑,扈从阁臣以及记注官必用满洲,此与本文关系甚大。

除十年东巡不论,《起居注》最早记载玄烨口外之行为十一年正月24日至三月29日奉孝庄太后赴汤泉,在外凡六十一天。所见扈从人员为康亲王杰书、安亲王岳乐及诸王贝勒,内大臣常舒等四人,大学士巴泰,兵部尚书明珠,户部侍郎班第,内务府总管噶禄等,扈从起居注官傅达礼、莽色,清一色满人。[4]玄烨长时间在外,政事不能中辍,故需阁臣与部院大

---

[1] 因辅导皇太子读书而召汉臣至畅春园,参见《起居注》二十六年六月初七、初十日,七月初四、初六、初八、十五日。玄烨与满洲阁臣于畅春园讨论折本,见同书二十六年二月二十二由玉泉山移跸畅春园至本月三十日,扈从阁臣为大学士勒德洪、明珠,学士禅布、徐廷玺、吴喇代、额尔黑图、吴兴祖,记注官库勒纳。其中徐廷玺、吴兴祖为汉军。又如二十七年六月初三日至七月十二日玄烨在畅春园凡三十九天,扈从阁臣、记注官皆满员,唯石文桂为汉军。二十八年五月二十六日至七月初七日在畅春园四十天,阁臣除郭世隆为汉军外,其余皆满员。

[2] 台湾《康熙朝起居注册》第一册,二十九年二月十八日至三月二十五日畅春园听理折本,仍止召见满洲阁臣。而五月十七日至六月二十五日驻跸畅春园,其中听理折本,已有汉阁臣在场,畅春园满汉阁臣共同捧本当始于此。

[3] 据《起居注》,玄烨在汤泉行宫,自十一年二月二十二日,至五十七年二月二十八日,绝大部分时间扈从皆满员。然亦间或接见汉臣,如五十五年二月初八日,召见吏部尚书张鹏翮、户部尚书赵申乔、侍郎汤右曾,礼部尚书陈铣,兵部尚书李先复;亦见满汉阁臣捧本,五十七年二月二十三日,汉大学士有李光地、王掞,学士有张廷玉、蒋廷锡、励廷仪。

[4] 分见《起居注》十一年二月初七日、二十六日,三月初六日、二十九日。

准噶尔之役与玄烨的盛世心态

臣随行。其后离京避暑,或口外、热河之行,皆如此。扈从阁臣则满洲,或参以汉军。如二十二年四月21日至五月1日,玄烨在玉泉山处理折本,命学士萨海扈从,更番赴玉泉山启奏之阁臣为大学士勒德洪,学士阿兰泰、席柱、王守才;大学士明珠,学士佛伦、喇巴克、金汝祥,扈从记注官为满人牛钮、常书。王守才、金汝祥二人为汉军,并见《八旗通志·阁臣大臣年表》。[1]二十三年五月至八月玄烨赴口外,"出巡之时,各部院衙门及督抚奏章,令其三日一送。奏章到时,必亲加详阅,迟至更深。内有关系用人、行政、刑名、钱粮要务,必折出,着扈从内院诸大臣请旨商酌。复奏之时,诸臣各尽言其意,然后皇上始行独断。或内阁大臣于本内一时未悉原委,启奏容有错误,皇上必逐一明晰其理,诸臣未有不悦服者"。[2]唯随行阁臣只限于满洲,此《起居注》未便明言者。

所需辨明者,《起居注》所载四十五年九月二十四日记载扈从记注官揆叙、阿尔法、塞尔图、查升、陈壮履、钱名世、励廷仪、张廷玉,后五人为汉人。据台湾《康熙朝起居注册》,此前的四十年、四十一年两年口外巡幸,所见扈从阁臣与记注官均满臣。[3]然至四十二年,扈从热河之阁臣大学士马齐、席哈纳,学士常寿、赵世芳,虽尽为满官,然扈从起居注官揆叙、满保、查升、陈壮履、海保,[4]汉人查、陈即在列。由于《起居注册》四十三、四十四年阙如,四十五年扈从记注官出现汉人是否为四十二年之新例,尚难断言。其后又缺四十六至四十九年,无以知汉人记注官扈从热河延续至何年。然合读中华书局本与台湾本《起居注册》,自五十年起,扈从热河起居注官又纯为满洲。故四十年间所出现的汉起居注官扈从热河,一时无能确解。

―――――――

[1] 钱实甫《清代职官年表·内阁学士年表》以二人误作汉人。二人为汉军,并见《起居注》二十一年六月十一日,二十三年四月三十日。
[2] 《起居注》二十三年七月十一日。
[3] 第十六册载四十年热河之行,扈从阁臣为大学士马齐,学士辛保、法良,起居注官为法良、揆叙、阿金。第十七册载四十一年热河之行,扈从阁臣为大学士马齐,学士铁图、纪尔塔珲,记注官揆叙。以上成员俱见《八旗通志初集·内阁大臣年表下》。唯《表》四十年不见辛保,而有舒辂,二名汉字读音颇异,不知是否为一人,待考。
[4] 参台湾《康熙朝起居注册》第十八册,四十二年五月二十五日至九月二十一日。赵世芳见《八旗通志初集·内阁大臣年表下》。

内翰林（南书房）官员扈从，以康熙二十年侍直南书房高士奇扈从东巡为滥觞。[1]《查慎行年谱》四十一年，"奉旨：'查慎行、汪灏着同查升每日进南书房办事。'先是，内廷皆词臣轮班入直，专命之荣，盖自此始。"从此入直内廷成为南书房专职。次年热河行宫新成，[2] 玄烨命"南书房翰林七人俱着随行"。其中查升、陈壮履、励廷仪、钱名世四人即列名《起居注》四十五年扈从记注官。此后查慎行年年扈从口外，以"烟波钓徒查翰林"为佳话。[3] 张廷玉自四十四年起，亦以"侍直南书房"，后每年例行扈从。[4] 据汪灏所撰《随銮纪恩》，四十二年翰林官员扈从至热河，主要为校书，间或奉特旨观看围猎，并未侍从记载商讨折本。[5] 因玄烨在热河，于政事、围猎外，尚需编纂典籍，吟咏诗歌。按玄烨《佩文斋咏物诗选序》，《起居注》四十五年热河之行五名汉人扈从记注官，以及汪灏、查慎行等人，皆在《咏物诗选》编纂者之列。[6]《序》作于该年六月，玄烨正在热河，查升等五人作为记注官扈从，其职责或在于此。

必须指出的是，内翰林扈从热河与阁臣商讨折本不可相提并论。据《起居注》四十五年是行凡一百二十二天，"各部院奏章由内阁三日一次

---

[1] 徐乾学《憺园全集》卷19《高侍讲扈从东巡日记序》："侍讲高君，以康熙十六年选直南书房，其扈跸上陵以抵塞外，则自二十年始。君以弱书生出入于期门、射生间，终日驰逐，不离乘舆左右。上数召入帐殿赐酒，夜深乃退。顾以其间述为行记，凡上之上膳长信宫，祗谒陵寝，及驻跸、赋诗、校射、班赏、来朝诸部落，次第必书。"虽极被恩宠，然无与于折本事。至于献替密询，则另当别论。

[2] 参袁森坡《清代口外行宫的由来与承德避暑山庄的发展过程》，载《清史论丛》第二辑。

[3]《查慎行年谱》康熙四十二年五月并以下各年，中华书局1992年点校本。

[4]《张廷玉年谱》康熙四十三年四月，"奉旨侍直南书房。自后辰入戌出以为常"。五十四年，谕大学士掌院学士曰："张廷玉学问素优，在内廷供奉年久，其勤劳数倍于外廷翰林，宜加迁擢，以示奖励。"中华书局1992年点校本。《起居注》五十四年正月二十七日，玄烨曰："内廷行走及武英殿修书之翰林，亦比在外翰林迥乎不同，诗文皆大方，总因每日纂修校对之故。"是知内廷行走之翰林即侍直南书房翰林。

[5] 此与下引张玉书《扈从赐游记》并见《小方壶舆地丛钞》第一帙第四册。

[6] 见《御制文集》第三集卷22。《诗选》由大学士陈廷敬、尚书王鸿绪校理，编录者除正文所列七人外，尚有蔡升元、杨瑄、陈元龙、蒋廷锡，皆内翰林。后来张、蒋以内阁学士蒙恩游览热河或由此，见正文。

驿递行在听理"，而所见阁臣大学士马齐，学士升兵部侍郎恩丕，学士黑寿、舒兰，刑部侍郎常绶，郎中索尔敏，并不见有汉人。故查升等五名汉人虽列为扈从记注官，但是否参与记录阁臣讨论折本，仍大有疑问。再以《起居注》所载五十一至五十六年四年间热河之行证之，所见扈从阁臣并记注官一律皆为满员，或有汉军，而绝无汉人。故《起居注册》四十二年、四十五年扈从记注官出现满汉夹杂，或玄烨承平盛世兴味正浓，破例赏赐扈从汉人词臣以扈从记注官之名，亦未可知，似不足以推翻玄烨热河之行专与满洲阁臣讨论折本的成例。

按张玉书《扈从赐游记》，四十七年曾扈从热河，其身份为大学士。《起居注册》无当年记载，无从知晓张玉书是否参与捧本。然《记》所载为五月至六月间之事，亦不过游览、听乐、赐食而已，与题名"赐游"相符。玄烨九月方从热河回京，看来张玉书亦只被以恩宠，邀游一时。《记》于赴热河之前，四月初四日"上御畅春园内澹宁居，大学士伊某等以折本请旨"，是知畅春园讨论折本张玉书在场，且慎重记载其事。若其在热河期间亦曾参与捧本，似无不记之理。且张玉书自三十七年任大学士，至此已十有一年，却云"臣初与扈从"，则此前从未扈从可知。由此可以推断，《起居注》四十年至四十二年、四十五年所记热河期间仅满洲阁臣以折本请旨，洵属实情，非有意遗漏汉人阁臣。

唯一的例外是，据台湾《起居注册》，五十年扈从热河起居注官皆满洲，而扈从阁臣却有汉大学士张玉书。张玉书参与捧本为五月初五日、十三日，凡两见；其同僚则为大学士温达、户部侍郎兼管学士事噶敏图、学士满保，皆满洲。十七日，张玉书病危，玄烨欲送其回京，不料次日子夜病逝。旋传玄烨谕旨云，张玉书"照汉礼衣殓，发往京师"。大学士温达等代张玉书恭谢天恩，云："大学士张玉书在京患病，再三恳请随皇上至边外凉爽之地，调养病症，冀幸痊愈，不意至此病势日增。"则张玉书以汉阁臣扈从热河实为特例，或以其再三恳请为玄烨效力至死，或玄烨开恩允其顺便调养，不意此行竟成送终之典。而"照汉礼衣殓"一语颇怪。张玉书汉人，自当以汉礼，何须谕旨特为点出？岂张玉书感激此行得如满阁臣扈从，竟欲以满洲习俗入殓自效？不可解。按《清史列传·张玉书传》,四十九年即以病乞休,揆之情理,当不致如驽马恋栈,于临终前亟亟恳请随满阁臣赴热河,是与《起居注册》所云不协。《起居注》此后所载五十一至五十六年热河之行无阙漏,不再见有汉阁臣扈从。

还需辨明的是,汉人大臣被恩游览热河,亦不可与讨论折本混同。《张廷玉年谱》五十五年十二月授内阁学士兼礼部侍郎,朝廷公卿例不入直南书房,汉阁学则不当扈从热河。而《年谱》记次年"五月,扈从出口避暑。七月,奉召游避暑山庄"。张廷玉以阁学扈从口外,身份非词臣可比,似应参与捧本。而检《起居注》,五十六年玄烨赴热河在四月十七日辛丑至十月二十日庚子,凡一百八十天。所见扈从阁臣为大学士马齐,侍郎兼学士查弼纳,学士渣克旦、勒什布、常鼐,扈从记注官徐元梦、阿克敦、阿尔塞,并无张廷玉。可知张廷玉五月赴热河,七月又奉召游览避暑山庄,皆出特恩。《年谱》云五十七年"五月,圣驾出口避暑,廷玉例应扈从。因学士有批发红本之责,奉旨留京,在内阁办事。"而五十八年、五十九年两年,又书"圣驾出口避暑,奉旨留京批本",六十年迁刑部左侍郎兼阁学,六十年、六十一年两年书"圣驾出口避暑,以部务留京",皆无"例应扈从"一语。[1]学士若不参与捧本,仅批红不过誊录票拟,一文书而已,故叶凤毛《内阁小志》云"职票红无他事"。张廷玉五十六年被殊恩,以学士扈从游览,次年被冷落在京批红,所云"例应扈从",乃自掩其失落之情,不可为训。另据《起居注册》,五十二年汤右曾以侍郎随行热河,然不过令观玄烨书大字而已。[2]五十四年,大学士李光地请假回籍,"臣蒙恩允回乡,趋(热河)行在谢恩陛辞,蒙皇上钦赐寓馆,每日赐食两次,又赐见六次","又命(扈从)诸王及大臣赓和成篇"。[3]《张廷玉年谱》五十六年七月,同游者有大学士李光地、学士蒋廷锡,乘舆马"游避暑山庄,凡山庄内高峻旷远之胜景,无不周览"。皆玄烨笼络汉人,宠之以"异数"耳。即使玄烨私下召见,询以政事,亦不可视为成例。

---

[1] 《张廷玉年谱》康熙四十四年至六十一年有关各条。
[2] 台湾《康熙朝起居注册》第二十二册,五十二年五月二十五日。
[3] 《汉文奏折》第6册,五十四年八月李光地谢恩折,第476页。

核检《起居注》、《实录》，康熙后期，玄烨不只赴热河避暑，即冬季亦往。五十年至五十三年，玄烨每年两次赴热河，天数在180—200日之间。加上其他巡幸，在外时间更多。即便在京，亦多居畅春园，在宫内多不足一月。其后，五十四年至五十八年，皆每年两赴热河。五十九年、六十年、六十一年三年冬季未往，然在外亦分别达194、238、209天。玄烨在热河，相伴者皆满洲大臣。作为政地，热河始终是满洲君臣的禁脔，汉人不能染指其间。苟明乎此，即知在京汉官难睹天颜，玄烨如何决策，如何行事，唯遥度悬想而已。

玄烨在热河，在京官员无特许，不得随意赴行在启奏，亦可证这一点。《碑传集》卷20劳之辨《自序》：

> 现行例，上远出，言官不得擅达封事。本年（四十七年戊子）五月，上出口避暑，特谕内阁，言官本章，着出口启奏。余于六月初五日出都，次日出古北口，初九日到热河宫门外。以有密奏告传事大人傻子，大人白中官转奏。旋奉旨："取本来看。"之辨将本交传事大人转交中官。良久，中官捧本出，传旨云："本已阅过，即发行在内阁翻清。劳之辨赐他茶饭吃，再赐他所网鲜鱼并小菜等物带回去。"之辨既饱御厨，复尝食品，鸿慈异数，深惧无以仰酬，向宫门行三跪九叩礼，谢恩而归。本月十四日，奉旨："原本发还。"随赴在京内阁祗领讫。

劳之辨时为左副都御史，年初曾面奏于畅春园澹宁居。然六月奉命赴热河启奏，居然未允进入宫门。领赐茶饭，即令其感戴莫名，以为格外之恩，足见热河门禁森严。同书卷55，蒋家驹《高都谏遐昌传》："提督九门陶和气恃权不法，戊子七月，公赴热河行在，特疏参之。"亦四十七年之特许，不得引为通例。何以知之？五十四年五月，户部尚书赵申乔为铸钱事急，竟赴热河，玄烨为此大为恼火。满洲大学士松柱代为转环："今铸钱之铜全无，赵申乔情急方来请旨。"玄烨斥之曰："伊情急即可向朕奏乎？"[1]

---

[1]《起居注》五十四年五月二十九日。

同年九月,监察御史任奕弥为左都御史刘谦家人殴打,赴热河诉告,为奏事太监双全斥回。[1]热河行宫既为满洲君臣处理政事所在,满人尚不得轻至,对汉人而言,更无异"密勿之地"。

3. 满汉阁臣的实际地位

康熙朝后期汉阁臣被如此冷落,乃制度使然。而制度之所以如此,当然由于玄烨心存畛域。李光地对此有深刻体会:"如今做官人,都说汉人无权,阁部事汉人何曾有一点权!"李光地虽为玄烨所重,却洞悉玄烨之心。"予在皇上前,一语不及仇怨。皇上固问之,亦浅淡说一二句。不是要见度量也,是恐触引出皇上长出忌讳报复之心来。"其所以畏惧玄烨有"报复之心",乃深知玄烨憎恶汉人"轻看满洲!"[2]

玄烨心中满汉歧见如此之深,汉阁臣焉能有所作为。陶蔚尝客张玉书所,有《夜坐偶题与诸同学》一首,云:"列炬分编丙夜中,纷纷占毕竞雕虫。不知何与丝纶事,逐字平章属相公。"自注:"时纂修《佩文韵府》诸书,凡在词臣,各有分职,虽首辅亦蚤夜不遑。"[3]乃宰辅与词臣何殊!五十四年,大学士王掞折奏:"臣备位纶扉,忝预机务,兼直南书房,所掌皆皇上经天纬地不朽盛业。而臣筋力独衰,才识最短,且两地行走,实难兼办。"因请"照故大学士臣熊赐履故事,解阁务,使臣得专心典籍"。[4]汉阁臣为玄烨崇儒佑文装点门面,全然被排斥于机要之外,更不得预闻军机;而汉阁臣亦乐于退处编书以避嫌,欲其于军国重事献替可否,则无异痴人说梦。完全可以推断,五十四年玄烨兴启准部之役虽然在京,亦无可能询及汉人阁臣。

满洲阁臣扈从捧本请旨,似应亲信无间,然稽诸史实,却又不然。玄烨每在热河,为时甚长,而与阁臣讨论折本之日却甚稀,有旨或由奏事官、

---

[1] 《满文奏折》五十四年九月二十一日《内务府奏报监察御史任弈弥被殴打案情折》,第1058页。
[2] 《榕村续语录》卷18《治道》。
[3] 见邓之诚《清诗纪事初编》卷5《甲编下》。
[4] 《汉文奏折》第6册,五十四年十二月二十日王掞折,第715页。

太监传谕,臣下难得觐承颜色。五十三年六月,玄烨在热河与满洲阁臣论及明朝之弊,曰:"今宫中使令,无太监不可,故使之耳。朕岂肯以权假此辈致伤臣工乎?权亦只一人主之,安可旁落?盖时会不同。今尔等六人与朕总系一体,有启奏事即可启奏,何惧太监之有?"松柱受宠若惊,奏曰:"臣等幸逢盛世,得以面奏,于太监并无所求,无所惧也。"[1]以面奏为盛世,可见满洲君臣之间亦甚为隔绝。按照马国贤的记载,热河行宫的"外宫","对内阁所有人开放,用来办理公事。但是内宫里,则由太监看守,哪怕皇子和皇侄们也不让进"。[2]唯骑射围猎、会见宴饮蒙古王公等盛大排场,群臣得以瞻仰玄烨风采,其余时间玄烨都被一层神秘幕纱所掩盖。《起居注》纪事常付诸阙如,原因或在于此。

满洲君臣有主仆之分,随意驱遣,不足为奇。自五十一年,密折制度推行至三品以上官员,[3]玄烨通过密折直接指示臣下,得心应手,专制独断大为加强。其谓大学士松柱:"尔等但观折本而已,其余事件实不遐览。"[4]阁臣无从知晓政事,权力益发转轻。然玄烨仍疑心重重。四十六年,玄烨谓马齐曰:"闻内阁诸臣常将部院题奏本章驳回删改,近为内阁侍读题补盛京员缺事,屡次驳回。果有不当,则有票拟之例在。题奏本章擅自驳回删改,殊为可骇。俟进京时察奏。"[5]五十三年,松柱以一叩阍事议交尚书富宁安或赵申乔审理。玄烨大为不满,曰:"权在人主,八旗、十五省凡事俱俟人主裁夺,富宁安能当之乎?如此则必至于专权,专权则

---

[1]《起居注》五十三年六月初六日。
[2] 据意大利神甫马国贤目睹:"当皇帝需要到外宫去上朝的时候,他通常是坐船去,总是和几个妃子坐船一起来。到达这一地点后,有一扇秘密的门,他把妃子们留给太监负责照看,自己就进到召见大臣的房间里。"平日,玄烨"总是在轿子里被抬着,由一群说说笑笑的妃子们簇拥着。有时他坐在像皇位一样的高座上,大群的太监围着他"。"无论是在乡间,还是在北京,他的周围除了嫔妃、太监之外,别无他者"。见《清廷十三年——马国贤在华回忆录》,第100—102页。其所记虽康熙六十年之事,但对玄烨在热河的生活颇可参考。
[3]《汉文奏折》第4册,五十一年六月二十八日,礼部侍郎胡作梅折:"仰念我皇上虚己求言,特谕三品以上得具折陈奏。"第292页。
[4]《起居注》五十四年十月初四日。
[5]《清圣祖实录》卷231四十六年十月辛卯。

人附之。一有权,则人辄变异矣。"[1]

玄烨出巡,留京阁务由亲信满大学士掌管,其要务不必令汉阁臣预闻,径奏玄烨。[2]不仅如此,即满洲阁臣,玄烨亦不放心。机密奏折,则撇开内阁,直达于留京掌事诸皇子。四十六年,甘肃巡抚齐世武以雨水情形题奏内阁,玄烨朱批斥责:

> 将尔奏折应送与掌事阿哥等。因为送交内阁,看情形启封后再行贴封。此折内所报系雨水等平常事,故如此耳。若有别事,则甚不妥。**朕若不在宫,务必交与阿哥等**。此亦尔之糊涂之处。[3]

实则不欲阁臣稍有事权。方苞批评时政云:"内阁拟票,从未有摘发部议之非,而奏请改议者",人主则"时有尽屏廷议,而独断其行止"。[4]可谓一针见血。

然而玄烨对此却甚是得意。《实录》卷243四十九年八月庚辰,谕大学士等:

> 朕自即位以来,办理军务甚多。……用兵之道,朕知之甚明。**部院诸事,朕尚与诸臣商酌之,惟军旅之事,皆出自一心筹画**。

卷255五十二年六月乙未,谕大学士等:

> 朕临驭年久,凡事有应商酌之处,朕必与大臣等商酌而行。**惟军机、河工事,朕即批示**,恐与不知之人商酌,反致有误也。

---

[1]《起居注》五十三年九月十八日。
[2]《清圣祖实录》卷168三十四年八月辛卯,谕大学士阿兰泰:"朕出巡后,蒙古事情及诸章奏,尔皆开看,然后奏闻。"
[3]《满文奏折》四十六年四月初九日《甘肃巡抚齐世武奏报甘肃得雨雪情形折》,第499—500页。
[4]《方望溪全集·集外文》卷2《请矫除积习兴起人材札子》。

《起居注》五十五年九月初二日,玄烨谓大学士曰:

> 朕用计将噶尔旦诱来剿灭之后,马齐在于会议处云:"**我等但遵依皇上指示而行,岂得妄议军机之事。**"

以上玄烨自道、臣下自白,时间在准部之役前后。据此,准部之役当为玄烨一手发起,绝无可疑。当初玄烨自信满满,何尝料到终将独自品尝自己酿成的苦酒。

(二)战事期间的祈雨风波

自四十六年、四十七年"朱三太子"现身及随后皇太子被废黜,政治空气趋于紧张,玄烨与满汉大臣之间逐渐产生一种明显而深刻的疏离,这对玄烨心理及判断力影响甚巨。

1. 应激之下的心理应对模式

五十五年的祈雨风波,发生在兴启准部之役后一年,颇有助于窥视玄烨的心理及其与满汉朝臣的关系。

玄烨并不奉信汉人传统中的天人感应,康熙十八年的京师大地震及前述征讨噶尔丹期间的种种灾异,皆不影响玄烨的决策行事。然而玄烨却善于利用天人感应加强权威,打击心目中的异己,早在康熙二十六年的祈雨中已表现得甚为明显。当年五月,玄烨欲亲行祈雨,令九卿会议。九卿议奏:"前因天旱,上谕欲亲行祈祷。臣等原议得,近日时有微雨,虽未沾足,亦不至大旱,皇上可不必亲祷。乃至今未得大雨,苦旱犹甚。皇上念切民生,宵旰罔逸,欲亲行祈祷,臣等何敢劝止?但仰见圣躬劳瘁,臣子之心实有不安。今如圣意虔祷,自然天心感应。"群臣以爱护玄烨为辞,然敷衍之意甚明。玄烨虽以为"然,朕惟有诚心亲祷",但怨气难平,故随即颁谕,一泄其愤:

> 至于臣工,凡系斋戒求雨,徒事具文,诚敬者少,或偷安不斋戒者有之。今值此大旱,犹然忍心不思斋戒,虽斋戒而不诚心者,此等真非人类!朕虽查出,亦不足责。但朕如此祈雨,或反有幸灾乐患,以不雨为快者,或有祈雨时,因己不诚,反指某某为不诚者,俱未可知。如此匪类与禽兽无异,更何足道![1]

此时玄烨正为皇太子出阁读书以及由治河引起的满汉党争表面化而心绪不宁,故直斥臣工"真非人类!""与禽兽无异!"即其内心积愤喷发之征兆。虽以"亦不足责","更何足道",勉强隐忍,然不出一月,即有汤斌案,随之而来的则是明珠、徐乾学案。检诸史籍,玄烨每于政事有忧,则欲惩诫臣下,而祈雨之类即为导火索。玄烨情绪反应和应对方式,多年如一,足证其人格如此。

五十年夏祈雨,发生在两废皇太子之间。《实录》卷246四月丁丑谕大学士等:"去岁冬雪应时,入春以来,雨泽沾足,无风。朕即向众谕云'交夏必旱,秋月转恐雨水过多'。今观天时果旱,云气方起,即继以风。自古人事有失,必干天和,或政事未尽合宜,或用人未能允当。大小官员,有暗结党援,以及残忍之人尚居职位,图圄中或有无辜,凡若此等不能保其必无。尔内阁会同九卿科道一一详问具奏。"上月初一,玄烨以御极五十年接受尊号,且普蠲天下钱粮,致力粉饰承平。此时却大谈天人感应,由旱灾连及政治人事,乃针对满洲结党而发。[2]据玄烨自云,其于祈雨之诚,恐亦自古莫如。[3]然而对臣工却未能有任何感召作用,原因即在

---

〔1〕《起居注》二十六年五月十六日。
〔2〕《清圣祖实录》卷234四十七年九月庚寅,玄烨初废皇太子,联想开国以来乃至康熙初年,满洲内部互相残杀,谓满洲大臣云:"此等大案,间常有之,而宗室内互相倾陷者尤多。此皆要结党援所致也,尔等可不戒乎?"其后满洲内部纠纷,可参前篇《评"自古得天下之正莫如我朝"》。
〔3〕《满文奏折》四十八年六月十八日《胤祉等奏报接旨传谕皇太后及诸臣情形折》:"再奉旨:十四日(热河)水势可畏。朕甚着急,遂于黄幄前供香,跪于泥泞地,向上天虔诚祈祷。"玄烨此时心理急切,与初废皇太子引起的担忧天不佑清有关,第628页。

于君臣情感心理上的疏离。

　　三日后庚辰,大学士九卿科道等覆奏:"臣等恭绎圣谕,不胜悚惶。皇上行政无阙,用人悉当,天下臣民罔不共知。至于臣子结党,乃王法所不宥,一有败露,即祈立正刑章。残忍之人,存心险刻,谗毁媢嫉,设有其人,亦即祈严加处分。今天时稍旱,皆臣等奉职无状,致干天和,并祈即赐罢斥。(中略)伏望纾释天怀,毋过焦劳,以慰臣民之望。"群臣早已看透玄烨,对这套把戏习以为常。表面引咎自责,实则反将一军,意谓玄烨所云臣工结党、阴险残忍之人弄权并无确证,纯属庸人自扰。玄烨当然也读得懂群臣之意,只得悻悻"报闻"。

　　玄烨并不甘心,到热河之后,即传谕京城:三日不宰牲,虔诚祈雨,并令各庙诵经。三天之后,又传谕礼部,十一日至十三日祈雨三日。"礼部大臣不虔诚,亦未可定。尚书贝和诺系懒惰懈弛之人,令户部尚书穆和伦代伊祈祷"。随即指责"大抵诸臣内,实心以国家为念者,固自不少,而秉性奸恶,亦不可谓无人"。以至于抱病回京相胁,直闹到在京大臣连报得雨为止。[1]而究其原因,仍以皇太子一事在玄烨心中翻澜,认定满朝大臣皆附皇太子而结党图谋,故先发制人,以证其先见之明。实则闹得举朝不宁、人心惶惶的,正是玄烨自己。

　　次年皇太子再废,玄烨于畅春园命奏事官传谕诸王大臣:"朕心甚寒!日后若再复此事,难觌人面。"[2]废黜太子何等大事,满洲君臣竟两不觌面!隔膜若斯,孰令为之?

2.玄烨心中的汉人党魁

　　五十四年春,玄烨以"颂圣之语殊多"提到"世道人心大有关系"的高度,除反感朝臣敷衍逢迎的显义之外,还含有儆戒汉人与满洲离心离德、暗中颉颃的意思。《起居注》所载当年两段上谕,可作注脚:

---

[1] 分见《清圣祖实录》卷246五十年五月癸巳、乙未、丙申、丁酉、戊戌、辛丑、庚戌、壬子、癸丑。
[2] 台湾《康熙朝起居注册》第21册,五十一年十月初一日。

> 看来近日或有人欲专权用事。此辈在朕前则不可。凡事俱宜满汉合一,折衷办理。自用可乎?朕听政五十四年,虽未臻至善,亦经五十四年之守成。总之,率由旧章,即为善耳。如赵申乔不遵成宪,任意而行,断乎不可。
> 今看两议之事,满洲大臣一议,汉大臣一议,此处大有关系。当初未有如此,自赵申乔来(京任职)始然。[1]

皇太子一事引起统治集团内部的疏离,根源在玄烨,在满洲,汉官大多旁观,少数附和而已。准部之役以来,玄烨矛头转向汉人,可见其所争"大清得天下之正",鹄的正在汉人。

赵申乔之所以令玄烨反感,起因其于钱法上纠缠不休。自康熙中期以来,私铸小钱盛行,朝廷赋入受损。铜斤采买,自来为满人利薮,内务府、工部托付商人,从中牟利;而各地奏销,户部每年委派监督征收,亦多满人,弊端丛生。朝廷铜铅不充,旧制小钱不能禁绝。[2] 五十一年朝廷拟以所铸大钱收购各省小钱,三年为期,未果。[3] 五十三年底,玄烨命内务府与户部会议,以官商承办。户部尚书赵申乔以为不可,然满洲堂官不待赵画题,即行具奏。赵申乔愤然请罢斥,玄烨责其偏激,[4] 谓"赵申乔不遵成宪,任意而行"。更令玄烨恼怒的是,赵申乔欲将"自康熙四十六年至今(五十四年)"户部各差彻底追查。玄烨严斥赵申乔"固执己见,以图更改"。[5] 罢职的满洲户部尚书穆和伦乘机密奏赵申乔自"放部以来,总翻旧事,已定之规,屡行更张。伊等汉官互相附和争胜攻讦,奴才虽竭力开导,概不理

---

[1] 分见《起居注》五十四年五月二十九日、十月三十日。
[2] 分见《汉文奏折》第1册,四十四年《工部尚书王鸿绪奏陈宝泉局炉头借帑情弊缘由等情折》,第270页;四十六年二月二十四日《直隶巡抚赵弘燮奏为民间额赋似应银钱并收折》,第602页;《清圣祖实录》卷225四十五年四月己亥,卷233四十七年七月丙戌,卷250五十一年七月辛卯,卷258五十三年正月癸亥,卷260五十三年八月丁亥;《碑传集》卷68储大文《潘宗洛传》。
[3] 《清圣祖实录》卷259五十三年七月己未。
[4] 《清圣祖实录》卷261五十三年十二月戊子,卷262五十四年二月癸巳。
[5] 分见《起居注》五十四年二月二十六日,《清圣祖实录》卷264五十四年六月戊辰。

睞"。又云赵申乔"甚为奸宄","装作厉害正直,然于伊等心中矜夸"。[1]赵申乔既被视为汉官党魁,玄烨无法容忍,认定赵申乔妄生事端:"已经料理完结之事,岂得再有纷更?"又为满官文过饰非:"商人等所欠银两已经偿完该部。至工部宝源局内所欠铜斤亦已偿完,并无丝毫亏缺之处,彰彰明矣。"[2]玄烨后来承认弊端累累,[3]但此刻事关满汉之争,则绝无退让余地。赵申乔不识时务,贸然欲往热河请旨,玄烨愤怒难忍:

> 朕昔年办理机密军务时,今之大臣等悉系微员,朕并无倚藉大臣理事之处。而此时大臣何以神奇至此?今若有人向朕奏,旧时所理之事不合当改,朕亦断然不改也。[4]

赵申乔急欲表现,玄烨反视为对满洲挑战,蔑视朝廷成宪,即因玄烨心中认定汉人未能承认满洲统治。玄烨对大清命运的担忧与满洲内部矛盾的公开化,从而导致玄烨与汉官关系紧张,可以说是势所必然。而赵申乔与玄烨的冲突,正好与兴启准部之役相前后。在玄烨看来,赵申乔在户部专擅,必有汉人结党支持。玄烨欲对外征伐,视汉官为潜在的阻力,是以惩罚示儆势在必行,此即五十五年祈雨风波的伏因。

五十五年春,直隶顺天、永平两府,米价腾贵,民多乏食。[5]灾情起因,则在上年直隶大水。准部之役方兴,巡抚赵弘燮首倡捐纳迎合玄烨。六、七月间直隶各处大水,赵弘燮竟奏云:"直属为畿辅内地,依光最近。近蒙我皇上深仁厚泽,上召天和,是以大有频书,民游熙皞。今夏雨泽优

---

[1]《满文奏折》五十四年六月初九日《户部尚书穆和伦密奏赵申乔乱行情形折》,第1019页。

[2]《清圣祖实录》卷264五十四年七月壬寅,《起居注》同日。

[3]《起居注》五十六年四月十六日,大学士马齐等遵旨所查各关自四十四年以后历年亏欠钱粮数目并监督职名,缮二折呈览覆请。玄烨曰:"各关监督等所欠钱粮甚多,历年追索总不见完,甚属不合。"

[4]《起居注》五十四年五月二十九日。

[5]《清圣祖实录》268卷五十五年闰三月壬午。

渥,秋稼更为繁盛。"至于"今岁夏秋之交雨水过多,其地势最洼之处不无积水未消,但直属地土高阜,平原十居八九,最洼者不过十之一二。见在百谷秀实非常,统计实为丰稔之年"、"大有之年"。至九月,灾情已无可掩盖,赵弘燮这才奏请缓征受灾十四州县未完钱粮,并拟明年麦收前动用仓粮赈济。"至所赈仓粮,仍于直属通省俸工银内俟捐抵军需、城工等项银两完日,即行捐发买补还仓"。[1]

至五十五年夏初,据云北方各省皆获丰收,然而京师压力并未减轻,麦价居高不下。影响及于热河,每石至银一两七钱。[2] 旱情虽不严重,但当年二月玄烨早早决定今年不行进剿,正为西北前线供给不足而烦恼。若直隶继上年大水之后今年又逢旱灾,必致米价腾贵,乃至影响八旗生计,[3] 致使京师人心恐慌。五月初,玄烨于前往热河途中,即以"望雨心切","朕心不安",接连传谕京师大臣斋戒祈雨,严禁端午节互相会饮,并令"竭诚祈祷"。[4] 汉官无动于衷,玄烨深致不满。《起居注》五月初二日,玄烨在热河传谕大学士松柱:

> 朕因祈雨,曾下两次旨意。在京诸臣迟延日久,此时方行奏闻。因热河得雨,有"臣等不胜欣幸"之语。但为此处得雨,有何欣幸之处?朕愈思之,愈加慨然。部院大臣但知营求财贿,在家安逸而已。求雨之处,亦未必去。
>
> 朕曾两次下旨,令松柱写旨发去。尔并不直书申饬,又不严查题参,但务趋奉李光地、赵申乔,令伊于朕前称汝之善而已。**今汉大臣欺压满大臣,八旗皆受辱矣**。朕几次令科道条陈,尔令科道缄口不言,皆入李光地、赵申乔之党。凡事只徇情面,唯唯诺诺而已。今

---

[1] 分见《汉文奏折》第6册,赵弘燮各折:五十四年七月二十二日,第377页;七月二十三日,第388页;八月二十二日,第465页;九月十一日,第499页。直隶大水,参见同册赵弘燮有关各折,第330—399页。
[2] 分见《清圣祖实录》卷268五十五年四月乙巳,五月壬申。
[3] 分见《清圣祖实录》卷268五十五年五月壬戌、乙丑。
[4] 分见《清圣祖实录》卷268五十五年四月戊申、己未,五月庚申。

满洲大臣内，竟无能御汉大臣者！

在京汉官祈雨消极，在玄烨则视为对满洲统治的挑衅！玄烨为此大动干戈，斥罢松柱，起用因皇太子案被黜革的马齐以控制内阁，以穆和伦为户部尚书制约赵申乔。又命松柱持朱书上谕驰驿赴京，追查在京群臣祈雨奏本内"不胜欣幸"为谁之语？何人不曾与会？"若仍徇情面，不行题参，朕一经察觉，并汝诛之。"行前又郑重叮嘱：

> 看部院衙门大臣，并无以人君之事为重，以民生之事关系甚大为意，无有不图恩威己出，多方诡计，极力结党者而已。今正当大旱之际，朕心忧劳不安，两次下旨，方见"臣等不胜欣幸"之语陈奏，朕心已灰。由此观之，九卿大臣并未会集，或但听一人之言。为臣如此，欲免欺君之语，能乎？伊等党类甚众。

三日后，松柱奏报京师得雨。玄烨批旨："宋儒有言'求雨得雨，旱岂无因。'必处处沾足，方可停止也。"此时京畿各处雨水沾足，玄烨已甚满意，甚至担心雨水过多，然不肯就此罢休，定要将灾异与人事相连，并最终归咎于汉人"党类甚众"。故其一面宣称北方山、陕、鲁、豫各省"二麦丰收"，以稳定人心，一面命令京师继续祈雨，实则静待松柱在京如何办理。六月，包括大学士萧永藻、王掞以及各部院堂官包括吏部尚书张鹏翮、户部尚书赵申乔在内凡三十余人皆被察参，降革有差。[1]此事一毕，京师立降霖雨。

而可注意者，玄烨在闽浙总督满保的请安折中批道："四月京城一带旱，朕甚焦虑。五月得雨沾足，如今好了。尔地处遥远，恐有误报谣传，故特此寄信。此谕亦给李光地看。"[2]五月间，玄烨谓内务府总管观宝："去年直隶所属地方水涝，未得丰收，目今京师又旱，朕心深为忧虑。自明

---

[1]《清圣祖实录》卷268五十五年五月庚午、壬申、丁丑、甲子，卷269六月己丑、辛丑。
[2]《满文奏折》五十五年四月初八日《闽浙总督满保奏请万安折》，第1100页。

日为始,朕于宫中每日止进膳一次。先人而忧,后人而乐,庶可感召天和也。"[1]可见上天降雨乃玄烨精诚所至,当然亦是惩办汉官之效。简单一场祈雨,居然又寓有与汉人较量的深意。然如此众多大臣,其中不乏满人,谓皆入于李光地、赵申乔之党,实不可思议!况且李光地当时请假回福建原籍,并不在京。京师无雨,乃至令玄烨担心谣传至数千里之外的东南,而李光地亦竟能与在京大臣遥相呼应,成为汉人党魁!

康熙朝后期,汉官已甚服帖,无力掀起波澜,以至玄烨公然谓汉官后继无人。[2]玄烨指责汉官于会议时,"若不涉于彼之事,即默无一语",形容为"泥塑木雕之人"。[3]而稍抒己见,辄遭严斥。张廷枢任刑部尚书,对一拟斩监候者另议发充,玄烨即以其"诸事偏执,素性好胜,有忝大臣之任,着革职"。吏部侍郎汤右曾,玄烨则恶其"在九卿会议处颇多言,所荐之人亦过多",将其解任。[4]所谓汉官不肯实心任事,其咎在谁?玄烨巡行在外,对京师监视尤严,一有风吹草动,即浮想联翩。五十五年祈雨,即担心留京的满洲大臣不能控制局面,朝廷为汉人所动摇。准部之役已有一年,未见战果,而内地情景又着实堪忧,玄烨唯恐汉人借机议论。

玄烨因祈雨大做文章,适见其虽外事征伐,内心却彷徨不安。而其心中所忧,并非战争前途难料,实怀疑汉人不能与之一心,以及满人为汉人所惑,则又可断言。正因玄烨所忧在内更甚于外,我们即可明了,玄烨何以不能让西北清军稍有闪失,同时也就不难理解,何以看似风马牛不相及的汉人注书刻书,亦被玄烨视为关乎"世道人心",必亲自以"真道学"与汉人一较输赢。

战事方殷,玄烨却有闲暇编纂典籍,论学不辍。其曾自诩"以治天下国家之道存之于心",至此又斥赵申乔、张伯行辈"自谓得道统之传

---

[1]《清圣祖实录》卷268五十五年五月壬戌。
[2]《清圣祖实录》卷241四十九年三月乙亥,谕大学士等曰:"今观汉大臣俱已年迈,继此可用者难得其人。至于直隶,见为大臣者无一人矣。"
[3] 分见《清圣祖实录》卷236四十八年正月乙未,《起居注》五十六年二月二十六日。
[4] 分见《清圣祖实录》卷242四十九年六月戊午,《清史列传》卷9《汤右曾传》。

者,彼此纷争,与市井之人何异？"[1]两相对读,即知玄烨并非空谈道问学尊德性,实则谓治统在我,道统亦在我。愈是有大举措,玄烨便愈须把握"话语权",绝不允许汉人坐而论道。所以玄烨才敢鄙视汉官"但能作无实之文,说现成话。至军务大事,并不能尽职"。"山、陕督抚尚赖满洲,如张伯行为之,必至误事"。非但眼下入仕清廷的汉官如此,即汉人传统中的经世之学,在玄烨眼中亦一钱不值。"朕曾亲统大军,经历军务甚多。用兵无谋略学问,断然不能。朕阅宋、明马政、兵书,皆纸上空谈,全无用处。"[2]玄烨讥讽汉人"平时读书,至临大事,竟归无用,则所读何书？所学何事耶？"汉人若自恃清正,玄烨则曰:"不能办事,虽正亦无用。"[3]汉人既简陋如此,朝廷政事则全无置喙的余地。一场准部之役,竟被赋予挑战整个汉人士大夫及文化传统的含义,玄烨无疑又背负着另一层心理负担。

准部之役初起,玄烨曾谓大学士松柱、萧永藻、李光地、王掞四人"事事同心,不分尔我,朕心甚喜"。[4]似满汉协和,君臣无间。松柱又曾被许为与玄烨"总系一体"。然仅过一年,李光地即成汉人党魁,松柱因依违于满汉之间罢职,萧永藻亦以此受惩,真是君心莫测。

玄烨因废黜皇太子而疑心满洲,又因兴启准部之役而猜忌汉人。玄烨自恃聪敏,向来不容满汉臣工稍有质疑,公然宣称：

大约仰遵朕旨者,无有不得;不遵朕旨者,无不有失也！

于是朝臣纷纷颂扬：

诸凡大事,皇上独断于心,以一二言决之者甚多。

---

[1] 分见《清圣祖实录》卷163三十三年闰五月癸酉,《起居注》五十四年十一月十七日。
[2] 《起居注》五十四年十一月二十二日。
[3] 分见《清圣祖实录》卷236四十八年正月乙未,《起居注》五十六年二月二十六日。
[4] 《起居注》五十四年四月二十五日。

> 诸凡大事,唯皇上能断,诸臣无能断者。凡事一经上虑,无不符合者。[1]

凡此,皆足以启玄烨虚矫之心。至此我们可以说,康熙朝后期没有任何人能够左右玄烨的政治决策。玄烨本人的形势判断和心理状态支配着政局的走向,这是当时政治结构所决定的。

玄烨亲自大倡清朝得天下之正,又莫测高深地耀兵西北绝域,即顺理成章成为"自古莫如"的盛世标志,左右臣工唯有顶礼膜拜。玄烨身肩如此重负,凡内外举措总于一人之手,无人可以分忧,一旦有失,其何以堪!

(三)《面谕》颁发的时机与进一步解读

《起居注》五十五年三月二十五日,载有玄烨与大学士松柱一段对答。

> 玄烨曰:"泽旺阿喇蒲坦如此小丑,何用朕亲征?顷因朕问西宁地方形势,彼处以朕为亲往,修理道路,预备粮草。朕曾至宁夏,未到西宁,故尔问及,并未有欲往之心。"松柱奏曰:"**皇上问西宁地方,已甚有益。插汉丹津闻知此信甚惧,遂将忽必尔汉送来。**"

玄烨用兵准噶尔之意图,实由松柱一语道出。次月,察汗丹津将胡必尔汗送至西宁,玄烨目的既已达到,清军的任务实际也就此完成。此后两路清军滞留西北,只是等待时机,以取乱侮亡。于是我们即可理解,《起居注》所载五十六年十月之前,玄烨何以能在热河优游自适,从容不迫。这与此后形成鲜明对照。

五十六年《面谕》是清前期最重要的历史文献,我曾就其宗旨及与立储一事的关系作过申说,然于《面谕》何以不迟不早,选择在五十六年

---

[1] 分见《起居注》四十五年十月初九日、二十二日,十二月十二日。

十一月下旬颁发,以及其中明显的矛盾情绪,却意犹未尽。今联系准部之役与玄烨的心理变化,或能补此缺憾。

1. 玄烨在热河与回京之后的精神反差

五十六年,玄烨在京及赴热河之初,身体虚弱,情绪亦差。然至六月下旬,已经康健如常,心情转好,开始围猎。[1]检阅《起居注》,七月初至十月二十日回京,玄烨以大量精力审阅《太宗实录》,而与阁臣谈论得最多的,则是明清嬗代。七月初六日,玄烨君臣论及《太宗实录》。马齐奏曰:"徐元梦等将满文校对汉文,汉文校对满文,已看两番。臣又磨对一次。其错误遗漏之处,已皆加签。"准备回京后再与内阁所藏《实录》底稿对检。玄烨曰:"进宫之后,朕即无暇。《太宗皇帝实录》此处即有,尔等取去磨对,即在此呈览具奏。"一部《太宗实录》满汉文对校三遍已过,玄烨仍命与所带稿本加紧复校,旨在"核实"论明清之际一段历史。直至十月下旬回京之初,玄烨仍以隋、明两朝亡于乱贼儆戒臣工。试观《面谕》开篇所论,重点即在太宗朝事以及历代流贼为真命天子作驱除,可见玄烨在热河作过充分准备。故可推断,《面谕》的基本构思在热河期间已大体完成。

玄烨在热河期间心情颇好,且甚为自诩。刑部题本一处讹写,玄烨将本发回,马齐对此五体投地,"诚为神奇"。玄烨曰:"朕一身所赖者,惟在记性。纵有极冗长之本,朕俱能全记。"马齐以《太宗实录》致朝鲜国王书中关于女真源流记载有可疑之处,请旨进京再奏,玄烨自云早已发现。玄烨被左右奉为神奇,其自视亦不少疑。徐元梦恭维道:"观皇上所行之事,即与太宗皇帝无异。于松山、杏山等处将洪承畴十三万众击败之时,太宗皇帝亲率师旅,指授方略,一切预定成算,皆不出所料。"玄烨则历数清廷定鼎的四大战役,以其奠基即松锦之战,并曰:

---

[1] 分见《满文奏折》五十六年五月十九日《大学士嵩祝请安折》,第1190页;六月初九日《山西巡抚苏克济请安折》,第1203页;六月二十五日《两江总督鄂请安折》,第1208页。

"朕曾至松山、杏山等处,于太宗皇帝用兵之地一一详阅。"意谓其深得皇太极用兵精髓。马齐奏曰:"太宗皇帝甚是神奇,皇上亦如太宗皇帝。向者皇上驻跸汤泉时,传谕作速移出树林,方移定,迅雷立至,众人无不惊异。"玄烨当仁不让,曰:"我祖孙皆如此!"即得自天授,故获天佑。忆及"前往宁夏时,豫州无水,地方官预贮三百瓮以待。朕见有涸河故道,因遣马武、海青往看,伊等去犹未远,即回奏云河水发矣"。又举亲征噶尔丹时亦神奇如此。[1]此类言谈甚多,要之玄烨颇为自得,乃至迹近荒诞。玄烨将自己神化,不仅为有效控制满洲大臣,亦为建立自信。

如前所述,至五十六年西北挽输困难似已克服,战事进程也完全符合玄烨的预想。玄烨心中所憾,唯有皇储未定。但他早已持定主意,欲在时机成熟时,以一份总结性谕旨来彻底消除群臣在储位一事上的疑虑。《面谕》以明清嬗代证明"自古得天下之正莫如我朝",并以本朝成就和玄烨圣明证明天命仍眷佑大清,这一思想应定型于当年热河之行。而其灵感所自,即前述七月二十日前线"三路进剿大捷"传至热河的"吉兆"。数年前废黜皇太子的忧郁以及上年清军供给困难的烦恼,顿时荡然无存。从这种乐观的心理趋势出发,玄烨必然会尽力搜寻历史和现实中的一切正面证据,而拒绝各种反向的阴影。对于准军入藏的奏报,玄烨不予积极印证,宁愿盲目乐观,[2]显然受到这种心理支配。而一旦玄烨确知西藏真相,其心理冲击也就可想而知。

玄烨于十月二十五日确信准军攻入西藏,而《面谕》颁发则在次月

---

〔1〕 本段所引均见《起居注》五十六年七月初六日至十月二十三日。
〔2〕《起居注》五十六年七月二十日,玄烨初闻准噶尔俘虏供称策妄派兵由阿里克入藏,怀疑拉藏勾结准噶尔,指示赫寿致书拉藏。事毕,玄烨与满洲阁臣论及西北前线事。马齐奏曰:"今伊等(谓策妄)必共相惊恐,此后捷音自应相继而至矣。"玄烨即曰:"泽旺阿拉蒲坦之人,皆乌合之众,其心不一。我大兵一到,即或降或散。"随即斥斤小道舆论荒唐无稽,忆及平定三藩,满洲兵神勇。又论"蒙古等感戴本国之恩,忘身以奉事者甚众"。且一改平日鄙薄汉人武官的态度,曰:"近日绿旗武官亦好。""绿旗武官感朕之恩,皆有捐生勇往之心。朕于此惟恐太过,以致有伤耳。"皆见玄烨注意力与兴趣实在西北,且极其乐观。

准噶尔之役与玄烨的盛世心态

二十一日,已近一月之后。得知准军占领西藏后,玄烨的心绪变化与《面谕》有何关系,必须细细考察。

十月二十日,玄烨自热河返回畅春园。二十五日《起居注》未记玄烨听政,而《实录》记载当日玄烨三次谕议政大臣,其中即包括罗卜藏丹津报告准军进攻西藏的议覆。次日,《起居注》记载玄烨于畅春园听政,处理事务甚多,言谈亦健,未见心绪不佳。

然二十七至二十九日,连续三天不接见臣工。至三十日听政,玄烨心情大变。当日有太常寺致祭天坛应遣大臣恭代一疏,则此前已知玄烨不能亲往。对此玄烨感慨丛生:

> 朕自即位以来,凡大祀皆躬亲行礼。去年大臣等以朕年高,恐致劳瘁,请遣大臣恭代。朕虽年老,于大祀犹思躬亲行礼。此时朕躬尚好,故下旨亲往行礼。今大臣等又以遣官恭代具奏。今年入夏雨水稍不及时,虑伤稼穑,积闷之极,身体甚是不安。顷虽较前稍愈,犹觉无力,难以行礼。祀典关系重大,勉强而行,倘略有错误,反非诚敬之意。

五十六年冬至在次月二十日,玄烨竟早早决定放弃亲祭,他何以能预知自己一定不能康复前往,而必由臣工恭代?听政毕,又召群臣复入,谓曰:

> 朕有数事,屡欲为尔等言之,及见时,又相忘矣。
> 朕身亦有一事,为尔等言之,朕近日精神渐不如前,凡事易忘。向有怔忡之疾,每一举发,愈觉迷晕。

这与在热河时的志得意满简直判若两人!玄烨的怔忡、头晕、精神不佳,不可能是体质骤然恶化,其实皆因情绪极度低落所致,即心理刺激导致的生理反应。究其根由,除数日前确悉西藏即将落入准军之手外,别无他由。

《起居注》所记十一月听政更稀,初一日不听政,初二、初三、初七听政之后,又连续十六天不听政,且记事绝少。《实录》亦然。前线形势突变,玄烨本应积极采取对策,方属正常,然而却不见其有何举动。我们可以推断,《面谕》颁发之前一段时间,即自十月下旬以来,玄烨精神状态极差,无心御门听政,或以羞于面对朝臣。

直至十一月二十一日,玄烨才召集满汉臣工颁发《面谕》。三日后玄烨重新听政,召谕汉官准军入藏之事。此时玄烨似乎精神一振,言谈充满夸诞。破天荒以前线军机疏奏示之于汉官,实唯恐汉官留意前线形势,人心浮动。故玄烨竭力打消汉人疑虑,不必因策妄阿拉布坦进军西藏一事张惶惊恐,战争前途仍在其睿算之中。玄烨贬低汉名将赵良栋于用兵之道不得要领,则意谓当年剿平云南,全赖自己发踪指示。又以平定三藩、亲征噶尔丹为证,炫耀当年亲率中路出兵,天寒马瘦,渡越漠北而破噶尔丹。今策妄阿拉布坦既能兵至西藏,则满兵亦必能翻越雪山入藏,且仅需数百余人,即足以破之。与前数日《面谕》中自诩"于用兵临戎之事,皆所优为","平定三藩,扫清漠北,皆出一心运筹",恰相吻合,意在使汉人信服大清社稷依然稳固。随即召谕满官,就前线军营中所暴露的问题论及清廉效忠,反复告诫叮咛。二十六日听政,又与阁臣高谈阔论,泛及立储,密折,满洲、蒙古、汉人风俗习性诸事。凡此,皆在表明依然胸有成竹,从容若定。

后来的情况证明,这显然是玄烨为克服惊惶失措的一种应对。玄烨此时并没有走出心理阴影,正视现实,积极寻求务实之道,但至少说明其身体并无大碍。

2. 玄烨的病情与隐痛

《起居注》五十六年十一月三十日,记注官记载:"自皇太后违豫,皇上昼夜焦劳,以致圣体违和,头晕足痛,艰于动履,犹勉强诣宁寿宫问安。"依此,似前一段时间玄烨听政日少,乃玄烨忧虑太后,以致身体欠安。然而事实并不如此。

此前十一月初二日,玄烨谕左右曰:"朕自回京,腿膝疼痛。因皇太后圣体违和,故勉强支持。昨因往宁寿宫问安,稍受风寒,以致咳嗽声哑。如再强忍数日，恐愈加增。今皇太后圣躬少愈，朕明日往汤泉调理数日。"则玄烨十月二十日回京之后才生病，病在腿膝。十一月初一日，玄烨从畅春园赶往宫内探视太后，"稍受风寒"引起咳嗽，并不严重。十五日，玄烨返回畅春园，[1]又可知太后病情亦非危急，否则，以玄烨之为人，当日绝不可能撇开太后返回畅春园，并于初三日前往汤泉。

此后的情况，苏州织造李煦十一月十五日奏折可供参考："十一月十四日接阅京抄，云'皇上原拟二十四日进宫，因天雨腿疼不进宫'等语。"京师与苏州之间驿递单程需三四日，则京抄当在十一月十日前后发出，其时玄烨亦仅"天雨腿疼"而已。李煦奏折到京当在十一月十八日、十九日，玄烨朱批不得早于此。其云："京抄也不可全信。因皇太后春秋太高，偶得痰症。朕自夏天身体亦不甚好，又兼忧愁，所以如此。"[2]十一月十六日玄烨"闻皇太后违和"，当夜自畅春园入宫。然两三日之后玄烨对李煦的朱批，以为当时太后仅"偶得痰症"，并无不祥之兆。玄烨本人身体不好起自夏初，但前文证明，六月玄烨身体已甚康健，围猎如常。总之，玄烨十月三十日云腿疼、头晕、无力、健忘，十一月初二云风寒咳嗽，以及十八、十九日云"不甚好"，主要为"忧愁"所致。而这忧愁并不在太后病情。退一步说，玄烨自十月下旬以来连日不听政，即使存在上述症状，其原因也是由于精神和心理。

另据《起居注》五十七年正月初四日，内侍捧出玄烨手书谕旨交群臣遍阅，云："不幸身罹大忧，肢体不能动履，已寝卧五旬矣。"以此计之，则上年十一月中旬玄烨已卧病在床。果如此，则势不能于十一月下旬召集群臣颁发《面谕》，并于二十四日、二十六日夸夸其谈，故此手谕不尽可信。五十七年三月十四日，诚亲王胤祉率满汉大臣合辞谏止玄烨亲送梓宫，历述玄烨病情：去年春闻太后违豫，体甚不安。"幸秋间进哨，水土甚

---

[1] 并见《清圣祖实录》卷275五十六年十一月初二日壬子，《起居注》五十六年十一月十五日乙丑。

[2] 见《汉文奏折》第8册，第28页。

佳,日愈一日,甚觉康健,尚于查喀等处哨鹿行走。自热河回时,圣容又复消瘦"云云。若五十六年十月以来,玄烨果重病在身,诸王大臣焉敢如此奏闻?

　　玄烨晚年体质良好,还可从以后的情况得到印证。五十七年十月,因担忧入藏清军杳无消息,曾谕大学士等:"朕近日以西边军务颇关念虑,前已降有谕旨。今冬至在迩,腿足渐觉不快,颜面亦殊消瘦。"至五十八年四月赴热河之前,仍云"气血渐衰,精神渐减,办事殊觉疲惫,写字手亦渐颤"。[1]揆之事实,实由担心胤祯执意进兵所致。而一经议定胤祯"遵旨不出口外,驻扎西宁",[2]玄烨随后赴热河,情绪即转好,身体亦无碍。五月,玄烨于胤祯请安折批道:"朕体今年较往年甚好。此连续三年不能写文,今照常能写。"[3]八月,在热河连日围猎。谕近御侍卫:"朕自幼至今,凡用鸟枪弓矢获虎一百三十五、熊二十、豹二十五、猞猁狲十、麋鹿十四、狼九十六、野猪一百三十二,哨获之鹿凡数百,其余围场内随便射获诸兽不胜记矣。朕曾于一日内射兔三百一十八,若庸常人,毕世亦不能及此一日之数也。"[4]玄烨对以往围猎成就历历如数家珍,只见其兴奋之情,而毫无疲惫之状。五十九年十月,织造李煦折奏其子李鼎煋从玄烨口外围猎,回苏州谈起围猎情形:"万岁圣躬极其强健,精神极其充足。行围哨鹿时节,如何骑马,如何射箭,如何打枪,如何射鹿,细细形容,奴才为之狂喜。"[5]六十年,玄烨仍在热河"照常围猎","气色大好,乘马至日落"。[6]随行的意大利传教士兼内科医生佛奥塔博士经过详细诊断,也证实玄烨"健康状况非常好"。[7]

　　要之,五十六年十月下旬以来玄烨出现身体失调和精神抑郁,或因

---

[1]　分见《清圣祖实录》卷281五十七年十月乙丑,卷284五十八年四月辛亥。
[2]　分见《清圣祖实录》卷284五十八年四月乙巳、戊辰。
[3]　《满文奏折》五十八年五月十二日《胤祯等请安折》,第1392页。
[4]　《清圣祖实录》卷285五十八年八月己未。
[5]　《汉文奏折》第8册,五十九年十月二十三日李煦折,第735页。
[6]　《满文奏折》六十年八月三十日《胤祯奏为皇父体安喜悦折》,第1483页。
[7]　见《清廷十三年》,第100页。

太后之丧加剧,却非因太后而起,真正原因是前线形势变化出乎意外。

3.《面谕》的混乱及玄烨对准噶尔的态度

前述五十七年初,玄烨闻知拉藏汗身亡,失声道:若西藏为策妄所得,西北清军即使攻占准噶尔王庭伊犁,亦属徒然。无意间承认自己用兵彻底失败。然五十四年兴兵之际,西藏鞭长莫及,玄烨本非志在必得,西藏易手,似无关乎清廷得失,且五十七年青海尚在清军控制之下,玄烨何至怅然若失,懊悔如是?

为此,我们必须紧扣玄烨的用兵意图:准部之役表面是威胁准噶尔,实则意在控制青海胡必尔罕,本书于此凡三致意焉。而玄烨之不惜为区区一胡必尔罕大动干戈,乃因怀有更大目的,即希望有朝一日能借此胡必尔罕进入西藏。玄烨满以为两路清军威逼准噶尔东境,故准军绝无可能分兵他途。今西北清军虽安然无损,但最为玄烨内心所系而又不便轻举妄动的西藏,却让策妄阿喇布坦突然攫走,这不啻将玄烨的远景蓝图撕得粉碎。他之所以顿觉出兵西北两三年来纯属徒劳,原因在此。

不宁唯是,从心理上分析,玄烨既贵为帝王,将自己塑造为神话般的形象,孤独耸立,作了那么多吹嘘,又自觉肩负与汉族及其文化传统一争胜负的强烈使命感,在这种处境之下,玄烨即无可能真正达观平和;加之自视奇高,高自尊又导致对他人反应的极为关注,故时于脑中勾起过去的言谈情境:凡此皆令其难以理性的态度接受这次失败,而必引为奇耻大辱。须知直至玄烨确信准军入藏之前不久,群臣仍在逢迎:"自逆贼策妄喇布坦肇事以来,诸军务圣主均预先详加谋定。圣主运筹帷幄,料事如神。"[1]"皇上料理军务,凡所筹画,事后无有不验者。"[2]不难想知,此时玄烨的内心冲突当何等剧烈!此前所有的骄狂都将变成无情的讽刺和鞭挞,令他无法承受。而最为难堪却又无法逃避的,即如何面对被他视为蔑

---

[1]《满文奏折》五十六年八月十七日《议政大臣额伦岱等奏报征伐策旺喇布坦情形折》,第1222页。
[2]《起居注》五十六年十月十九日。

如的满汉群臣![1]

　　我于前篇判断,玄烨确信准部占领西藏的时间为五十六年十月二十五日,理由即在于玄烨于此前后精神上的鲜明反差。我们甚至不妨进而推测,玄烨在接到罗卜藏丹津的情报伊始,虽如当头一棒,但一时间仍能强作镇定,是以十月二十五日对议政大臣议覆批旨时继续幻想,次日也还能听政。但以下接连三天不见群臣,随后三十日听政时便反复论说自己的病情和身体衰退。正是在这几天,玄烨才真正体会到前线局势和由此带来的后果是何其严重,为悔恨和恐惧所笼罩,抑郁情绪愈来愈浓。若刚一得知准军攻入西藏,便当即失声痛哭,或晕厥扑地,一病不起,反倒不像经历过大风大浪的玄烨。然而心理反应以及抑郁情绪,却不似其他偶遇风寒之类可以药到病除,而将持续发生作用。同时,本能的心理防御机制亦会启动,以压抑、转移等方式来缓解焦虑和惊恐。

　　在强烈的心理应激之下,玄烨对未来前途的种种担忧和不祥之感,令其无法保持从容与自信。而对前途深感莫测,又害怕将来无暇顾及其余。为驱除内心恐惧,玄烨此时必须尽力将一切干扰他心绪的因素统统排除,先集中精力应付他不得不直面的朝臣。故特选择在前线真相尚未为尽人皆知之际,将其酝酿已久以论证大清得天下自古最正的基本构思匆匆加以补充草就,即以带有遗诏性质的《面谕》颁示臣工。所以,《面谕》末尾才会用"若有遗诏,无非此言,朕言不再"作结,随后又以手谕再次强调:"朕一生之事,缮写十年,朕言不再之语,已尽之矣!"[2]这虽在情理和文理上都说不通,却符合玄烨此时的心理和思维逻辑。

　　现存《面谕》文本不易读,即在其中情感因素过多,自豪与悲观相

---

〔1〕《清圣祖实录》卷251五十一年十月朔辛亥,玄烨第二次废黜皇太子,在畅春园传谕诸王大臣,末尾表示,"日后朕若再行复立,其何以示天下耶?"台湾《康熙朝起居注册》第21册同日,玄烨两次传谕诸王大臣,皆通过奏事员外郎傻子宣读,君臣并未觌面。《实录》一语,原作"朕心甚寒,日后朕若再复此事,难觌人面。"而此刻颁布《面谕》,非但皇储未建,前线又遭挫折,玄烨心境较五年以前更恶,何以与人觌面!更何况有汉人!

〔2〕《起居注》五十六年十二月二十五日。

掺杂。今重审《面谕》全文,方知玄烨落笔之际,交织着两种截然冲突的心理。就其本意而言,无疑是要证明大清得天下自古最正,唯恐天下臣民动摇对玄烨及大清国祚久长的信念。但前线战局突变,又使玄烨心理上产生一种前途莫测的恐惧,故其诉诸文字时,则不经意流露笔端。是以《面谕》论述有清代明而得天下,虽在歪曲历史,却写得相当概括;论及本朝及玄烨本人的成就,带有大量的夸诞之辞和无法掩饰的自我满足感。这些显然是当年在热河期间乐观心态的延续。然而于立储一事,玄烨却并无准备,面对群臣的吁请,又必须有所交代。但《面谕》却付诸阙如,根本不能称之为"遗诏",焉得谓"若有遗诏,无非此言"?

再读"自康熙四十七年大病"以下,旁出插叙,语义含混,暧昧不明。其中掺杂对人生前途莫名其妙担忧和恐惧:

> 朕已老矣,在位久矣,未卜后人之议论如何。而且以目前之事,不得不痛哭流涕,豫先随笔自记,而犹恐天下不知吾之苦衷也。
> 近日多病,心神恍惚,身体虚惫,动转非人扶掖,步履难行。食少事多,岂能久存?虽心有余而精神不逮,悔过无及,振作不起,呻吟床褥,死不瞑目,岂不痛恨于未死![1]

凡此种种,全不似精神状态正常的诉说,与大清得天下最正的宗旨迥然异调,绝无可能酝酿于热河期间,而只能是回京后确知西藏为准军所得,仓皇之间所添加的。《面谕》宗旨与所传达的情绪明晦夹杂,令人难以把握,原因也在这里。

虽然五十六年十一月下旬,玄烨强打精神颁布《面谕》,随后于两次接见大臣时高谈阔论,但如前所述,并不表明其已恢复信心。玄烨真正的应激源在准军占领西藏,故其心理的持续应激以及由此产生的防御机制都不可能在短期内消失,而将继续支配玄烨的思维,并妨碍他对客观局势作出合理应对。

---

[1]《清圣祖实录》卷275五十六年十一月二十一日辛未。

次年二月,玄烨令色楞、额伦特率数千满兵仓猝率军入藏,毫无疑问是急欲挽回面子的一时冲动。九月间,入藏清军全军覆没,三千满洲被玄烨一手送断。玄烨公开扬言派大军出征西藏,暗中却允许策妄阿喇布坦使臣来京觐见,欲与准噶尔和谈,商讨如何区处被俘拉藏汗家属以及安顿达赖、班禅、里塘胡必尔汗。[1]其致策妄阿喇布坦敕书以及为前方统帅胤祯代拟的致策零敦多卜书,皆云额伦特、色楞率兵入藏,乃其闻知准军攻入西藏,愤激所致,"并非因奉旨而往者。伊等擅率边界地方二三千汉兵丁即进攻"。[2]真不知玄烨下笔之时曾否想到满洲将士的亡灵?五十七年、五十八年之交,玄烨考虑大举入藏方略,拟以清军暂驻西宁,并阻断西藏对外交通,俟其困弊,再以青海蒙古作前驱,清军坐收渔人之利。[3]据玄烨自云,为此"尽心筹谋三月余,思虑数日方缮写一字"。乃一览胤祯折奏主张积极进取,顿时"心竟稍有混乱","尔所奏之二折,如今朕内心不安,甚感忧愁"。[4]足见上年入藏清军覆灭,玄烨心有余悸,至此仍惶惑

---

[1]《满文奏折·敕谕策妄喇布坦派使人奏明杀害拉藏汗缘由折》,第1528页,不具年月日,似为胤祯大军出兵之前。玄烨向策妄解释,辞甚卑,云其本意原不欲支持拉藏汗立伊喜加错为达赖喇嘛。"无奈难辞固始汗之孙及众意",方"准予坐床"。迨准军入藏,"致事情恶化。一统法度事大,彼此备兵设防事小。故尔速派贤者前来陈明缘由,若有何意亦一并奏来。为此大事,朕本应派专使往送敕书,但恐如若遣使,尔又以部臣推脱,借口不信任而予阻拦,以致将误大事"。故通过策零与青海方面转致。《敕谕厄鲁特台吉策妄喇布坦速派人奏明缘由事》,第1529页,亦不具年月日,应为胤祯出师之后而进入西藏之前,玄烨仍无把握,故谓策妄云:"班禅是否在世,呼毕勒罕以孰者为真达赖喇嘛,法度如何弘扬,黄教交付于谁等事,已遣人致书与策凌敦多布,约一地会盟定议。"
[2]《满文奏折》五十八年正月二十六日《议政大臣海靳等奏为遣使等事折》,第1363页;五十八年正月二十六日《议政大臣巴珲德等奏请阿旺达希入京城折》,第1364页。
[3]《满文奏折》五十八年正月初三日《和硕诚亲王胤祉等奏为办理军务折》:"康熙五十七年十二月二十七日奉朱谕:今不可急遽,务应详慎尽心。朕意令我大军自十一月撤至西宁等处养马上膘,春季青草生,各自出关,于水草丰美之处牧肥。会同青海谨守哨堆,自诺木浑乌巴锡此方固守,暂禁西地所谓黄教,固守通往西诸路,将茶、布、帕巾等物断绝。不到来年冬季,即致混乱。俟其败毁之时,惟用青海为黄教效力,即能成功,我等惟在后坐视。"第1350页。
[4]《满文奏折》五十八年正月十九日《胤祯奏请入藏或取吐鲁番事由折》朱批,第1359页;五十八年二月初十日《胤祯奏谢皇父教诲事折》,第1369页。

不知所为。

在结束本篇之前,我想仅就玄烨在太后病危和死后大做文章一事,来说明其心理趋向和意图。

结语:太后之丧与玄烨的道德诉求

据《起居注》,自五十六年十一月三十日起,玄烨又陷入太后临终的悲痛之中。

十二月初一日,即太后逝世前五日,诸王大臣以太后脱有不虞,玄烨不宜忧劳过甚,合词劝谏玄烨遵居丧之制:

> 皇上孝事两宫,超越万古。即如太皇太后宾天已经三十年,而皇上前日与廷臣言及,辄涕下如雨,哀不自胜。正孟子所谓"大孝终身慕父母",虞舜而后,惟我皇上一人也。《礼记》论居丧之制:"五十不致毁,六十不毁,七十饮酒食肉,处于内。"此先王定制。凡寻常无疾之人,尚宜如此,况皇上年近七旬,今又抱疴,断宜遵循礼制。

所谓两宫,即指孝庄太皇太后和孝惠皇太后。按:皇太极孝庄皇后为科尔沁贝勒宰桑之女、宰桑子乌克善(一作吴克善)之妹;而福临废后为乌克善之女,继后孝惠、淑惠妃姊妹皆乌克善子绰尔济之女。则福临废后为孝庄之侄女;而孝惠及淑惠皆孝庄侄孙女,与玄烨为同辈,较玄烨生母慈和太后则晚一辈。淑惠死于康熙五十二年,孝惠死于五十六年,享年七十七,诸妃中最高寿。孝惠长玄烨十三岁,因其身份为福临继后,故与玄烨处于母姊之间。孝惠甚得于孝庄,其侍孝庄亦尤谨,玄烨敬重孝惠或以此。[1]

---

[1] 分见《清史稿》卷214《后妃传》,卷518《藩部一》。

孝惠七十寿诞，玄烨亲为满洲"蟒式舞"以称觞。[1]据玄烨自云，孝惠死前二日，玄烨探视执手云："母亲，我在此。"[2]则玄烨视之如母，笃情可感。然较之孝庄、慈和，辈分、地位究竟有别，丧典礼仪自不宜等同。

诸王大臣所谏礼仪，即指割辫、服布二事。礼部满洲尚书奏称："查例，皇帝孝服向用纺丝。慈和皇太后之事，皇上亦服纺丝，载之档案。又查得，慈和皇太后之事，皇上并未割辫。"玄烨仍坚持服布，且"必行割辫"。于是满汉大臣遵旨会议："满洲旧例，年老有疾者，皆以孝服为忌。今皇上年近七旬，圣体违和，又穿孝服，于孝道已极尽矣。"孝惠死日，玄烨"拊膺哀号，即行割辫，孝服用布，哭泣不止"。[3]其后十二月十七日送梓宫，又"恸哭不已"。次年正月初三日祭满月，"甫至，即大恸。奠酒三爵毕，复恸哭不已"。左右"哭劝移时，方止哭"。太后去世之前，玄烨已是"足背浮肿，不能转移"，需"用手帕缠裹"，软舆而行。[4]居丧一月有余，直到"肢体不能动履"、"容颜憔悴"、"皮骨仅存"。[5]凡此皆超出常情之外者。

然则论理，孝惠得年七十有七，可谓高寿。《面谕》云："《尚书》五福，以考终命列于第五者，诚以其难得故也。"即以玄烨观点视之，孝惠可以无憾。论亲，则不当亲于生母孝慈太后。孝慈之丧，玄烨尚不割辫服布；孝惠有知，大可瞑目于九泉。论恩、论情，则玄烨皇位为孝庄一手所赐，孝惠无与。即孝惠亦感恩于孝庄，与玄烨同调，然则玄烨侍奉孝庄在外，亲子之丧与皇后染疾，皆不欲暂离孝庄而回京，则其克制力超乎常情可知，云于孝庄出自衷情可乎？玄烨之于皇后、亲子如此，则于他人可知。于孝庄如此，则于孝惠不当过之。

玄烨于孝惠生前礼仪虽周，敬重有加，然六十年热河之行，却将其热

---

[1] 《清圣祖实录》卷241四十九年正月壬午。
[2] 并见《起居注》、《清圣祖实录》卷276五十六年十二月初五日乙酉。
[3] 并见《起居注》、《清圣祖实录》卷276五十六年十二月初四日甲申、初五日乙酉。
[4] 《起居注》五十六年十二月初四日、初五日。
[5] 分见《起居注》五十七年正月初四日、二月初六日。

准噶尔之役与玄烨的盛世心态

河寝宫让与西方传教士作卧榻,[1]岂得云衷心虔敬,一往情深？五十七年初,翰林院检讨满人朱天保遵旨议立皇太子,疏谏复立胤礽,固不当玄烨之意。而玄烨的处置却骇人听闻,谓其父朱都纳曰:"令尔看杀尔子后,始将尔凌迟。"[2]居丧期间,出言如此,则其心残忍可知。云玄烨为仁爱可乎？且"君子发乎情而止于礼","毁不灭性",玄烨口诵义理,安得不知？满汉皆有礼俗,玄烨何必定要置之于不顾？天子以日代月,玄烨则坚持百日不剃头,此又何苦？《面谕》分明写道:"人之有生必有死。如朱子之言'天地循环之理,如昼如夜',孔子云'居易以俟命',皆圣贤之大道,何足惧乎？"此何其豁达。而太后之丧,玄烨却要将自己折磨不休。举凡侍奉太后及丧礼之事,玄烨必令诸王群臣议覆再三,而终又不听劝谏,仍按己意而行,反责"诸臣视朕如驾车之马,竟无一人怜恤！"[3]既如此,则又何必令群臣反复议覆？凡此皆不可以常理度之。

《面谕》云:"天下神器至重",其本人"夙夜不遑,未尝少懈",随亦曾念及储嗣:"此等大事,朕岂有遗忘之理？""天下之事,岂可分理乎？"[4]储位与战事并重,然在当时,前者可缓而后者不可缓,玄烨岂有不晓？检诸《实录》,自五十六年十月二十五日乙巳议覆大军准备进入西藏,直至次年正月初五日甲寅,方与议政大臣商讨前方军事。其间近七十天,除十二月二十日丁未议覆四川松潘兵变一事之外,对于西藏发生的大变局竟毫无积极应对的讨论。《满文奏折》关于前线军机,亦只十一月二十八日批复"松潘等处调军及军需"一折。如此,则当时整个国家机构几处于停顿。

从表面视之,玄烨似陷入太后一事而不能自拔,但却能对谕旨满汉

---

[1] 康熙六十年,马国贤随从至热河,有如下记载:"按照中国人严格执行的规矩,皇帝不能住在他父母曾经住过的房间里。因为皇帝的母亲在几年前死了,于是就让希普和我占用了她的空屋子。"几年前死去的"母亲",必指孝惠,且描述居所的规格亦可信为孝惠寝宫。见《清廷十三年》,第101页。
[2] 《起居注》五十七年正月二十一日。
[3] 《起居注》五十六年十二月二十五日。
[4] 《起居注》五十六年十一月二十六日。

文互译亲加详加检核,以及对臣工所拟孝惠谥号锱铢必较,[1]可信玄烨非但没有思维混乱,而且心细如发。然其心理导向却值得注意。《起居注》五十七年正月二十一日:

> (玄烨)问众大臣:"昨所奏折内,用武王梦文王锡以九龄、宋仁宗因仁德增寿一纪,典故系谁所作?"(众人答曰李光地。)玄烨曰:"此亦典故而已,不可全信。即如汉人居官在外,于家信中知父母有疾,伊即回信云:'从来积德,寿算必永,断然无伤也。'此信未到之前,早已物故。伊闻讣,不过成服行礼而已。若满洲于父母之丧甚是慎重,断不如此。"

此分明对李光地反唇相讥。而李光地不得回籍以尽孝道,又岂非无奈于玄烨天威。[2]玄烨之于李光地不满,或以其折内引用典故,乃属刻意做文章,而未能体会自己的"衷心至情",如此,则李光地私心必不肯许自己为"虞舜以后一人"。其下文以满洲重礼胜于汉人,即为此而发,其意至为显豁。

此中透露的另一层含义更值得我们注意。满人慎重父母之丧既胜于汉人,而玄烨本人临丧哀毁又大过于满人,其自视道德若何,即可推知。玄烨之于诸王群臣合奏"超越万古","虞舜之后,我皇上一人而已","于孝道已极尽矣","大孝至极,无以复加"云云,[3]又如何肯稍有谦避?

---

[1] 参见《起居注》五十六年十二月十九日、二十日、二十一日、二十六日各条。
[2] 徐乾学《憺园全集》卷10《乞归第一疏》:"故事,京官在任五年者,许给假迁葬。臣自母丧服阕,趋赴阙廷,于今十年矣。"李光地乞怜回籍更难,五十年九月初二日,云:"今年已七十,血气益衰。臣离家二十四年,自臣母以至兄弟子嗣,死丧相继。臣父死于闽乱之时,浅土窆封,与臣母犹未合袝,臣长子亦未埋葬。"然四年之后玄烨方许其回籍。原给假两年,实仅一年,便连连促其来京。分见《汉文奏折》第3册,第723页、第6册,407页;《满文奏折》,第1128页。据《清史列传·李光地传》,五十六年四月至京。五十七年正月,"内阁议上孝惠章皇后尊谥,疏中未书章皇后,部议降三级调用,得旨宽免"。恰可证本文所引玄烨上谕特为李光地而发。五月,李光地卒于官,忧病以死也。
[3] 《起居注》五十六年十二月二十八日。

他独出心裁,固执己意,岂非正在超越"旧制所未能行,群工所莫能赞者"。[1]须知此时正玄烨痛悔战局部署失误,深感自己无往不胜的神化形象将随之破灭,羞愧之情难当。何以解脱?唯有竭力体现为道德纯粹的伟人,方能弥补缺憾。而孝惠之丧,恰为玄烨提供了机会。

试观居丧之际玄烨所言所行,我们断然否定他全受情绪与潜意识驱使,而是有意识所为。若属前者,尚可相信他情感单纯,全然是心理防御机制在起作用;然而玄烨是深谙权术的帝王,即或有时存在某种潜意识导引,但绝大多数则是玄烨清醒地将其意识化,用于具有政治意义的道德诉求。

我批判《面谕》时曾指出,玄烨论证大清得天下自古最正的依据之一,即自以为超越历代帝王,包括多寿和在位之久的满足感。唯有孝道一途尚未提及。于是"虞舜之后一人",即以汉人所特重的孝道,[2]维持其满汉共主的精神典范,又成为他的寄托所在。从神坛走向道德圣殿,满汉群臣永远只能匍匐其下而仰视,则是玄烨的不懈追求。但此时玄烨已信心失落,对前途深感无望。除此之外,岂有他哉!

附识

本篇以较多的文字纠缠于玄烨的思想和心理,这固然是康熙朝政治史研究的需要,也是目前被冷落的领域,而且没有谨慎细致的分析,似也不易说清。但拙文无意对此全面论说,如玄烨思想上的理性成分、性格上的近乎偏执以及某些变态心理,都未予置论。本篇旨在剖析玄烨兴启准噶尔之役的虚矫心态和侥幸心理。我仅以为,忽视这些主观因素,则准部之役的意图和特征即无法明了,充其量也只能对战争过程作一些表象描述。

从长期观点来看,清廷与准噶尔之间的战争似所难免,但这并不意味玄烨发起准部之役也是历史必然。玄烨一手兴启此役,似全凭其主观

---

[1]《起居注》五十六年卷末记注官赞云。
[2] 王明珂《华夏边缘——历史记忆与族群认同》,"孝道可以说是中国人的一项主观文化特征。"社会科学文献出版社2006年版,第39页。

意志,是出于玄烨炫耀盛世并以证明大清得天下最正的需要。毋需赘言,这意志的背后,是当时社会政治结构的制约。历史事件之所以往往表现为偶然,恰反映历史进程的复杂性。

  清代政治史研究的目的,不是去重新描绘统治者为自己装饰的光环,而应揭示其本来面目;不是去反复颂扬他们的文治武功,而应追问社会和人民大众为之付出的代价;更不能被一时的表面兴盛所眩惑,而应发掘其中导致后来衰败的伏因。唯其如此,我们才能判别历史累积所形成的社会潜力和统治者的个人作用。如果抹杀前者而将社会的发展全然归结到后者身上,则历史岂非变成尽由统治者表演的舞台,史学研究也就难免堕落到为其粉墨登场作鼓吹弹唱。

(原载《燕京学报》新三十期)

主要参考文献

《清太祖朝老满文原档》，广禄、李学智译注，台湾"中央研究院"历史语言研究所专刊，1970年。
《满文老档》，日本东洋文库1956年版，中华书局1980年版。
《重译满文老档》，《清初史料丛刊》第一种，辽宁大学历史系1979年排印本。
《汉译满文旧档》，《清初史料丛刊》第二种，辽宁大学历史系1979年排印本。
《清初满洲内国史院档编译》，中国第一历史档案馆编辑，光明日报出版社1989年版。
《清太祖弩儿哈奇武皇帝实录》，北平故宫博物院1932年版。
《清实录》（太祖朝至世宗朝），中华书局1985年影印本。
蒋良骐：《东华录》，中华书局1980年点校本。
《康熙起居注》，中华书局1984年点校本。
《清代起居注册》（康熙朝），台湾故宫博物院藏，台湾联经出版事业公司2009年影印本。
《康熙朝满文朱批奏折全译》，中国社会科学出版社1996年版。
《康熙朝汉文朱批奏折汇编》，档案出版社1984年影印本。
玄　烨：《清圣祖仁皇帝御制文集》（一至四集），文渊阁《四库全书》，台湾商务印书馆1982年影印本。
玄　烨：《圣祖仁皇帝圣训》，文渊阁《四库全书》，台湾商务印书馆1982年影印本。
玄　烨：《圣祖仁皇帝庭训格言》，文渊阁《四库全书》，台湾商务印书馆1982年影印本。
玄　烨：《御批资治通鉴纲目》，文渊阁《四库全书》，台湾商务印书馆1982年影印本。
玄　烨：《御批资治通鉴纲目前编》，文渊阁《四库全书》，台湾商务印书馆1982年影印本。
玄　烨：《御批续资治通鉴纲目》，文渊阁《四库全书》，台湾商务印书馆1982年影印本。
胤　禛：《大义觉迷录》，中国社会科学院历史研究所清史研究室编《清史资料》第四辑，中华书局1983年版。

弘　历:《御制历代通鉴辑览》,文渊阁《四库全书》,台湾商务印书馆1982年影印本。

弘　历:《钦定古今储贰金鉴》,文渊阁《四库全书》,台湾商务印书馆1982年影印本。

乾隆朝《大清会典则例》,文渊阁《四库全书》,台湾商务印书馆1982年影印本。

罗振玉辑:《史料丛刊初编》,东方学会1924年版。

《清代三朝史案》,江苏广陵古籍刻印社1993年版。

傅　恒:《平定准噶尔方略》,文渊阁《四库全书》,台湾商务印书馆1982年影印本。

《明实录》(神宗、光宗、熹宗朝),台湾"中央研究院"历史语言研究所1966年校印本。

《崇祯长编》,台湾"中央研究院"历史语言研究所1966年校印本。

《明会典》,万历朝重修本,中华书局1989年影印本。

《明史》,中华书局1974年点校本。

陈子龙:《明经世文编》,中华书局1962年版。

谈　迁:《国榷》,中华书局1958年版。

夏　燮:《明通鉴》,中华书局1959年点校本。

《清史列传》,中华书局1987年点校本。

《清史稿》,中华书局1976年点校本。

钱仪吉:《碑传集》,中华书局1993年点校本。

李　桓:《国朝耆献类征初编》,清光绪十年湘阴李氏藏版。

《八旗通志初集》,东北师范大学出版社1985年版。

贺长龄、魏源:《清经世文编》,中华书局1992年版。

陶宗仪:《南村辍耕录》,中华书局1959年点校本。

沈德符:《万历野获编》,中华书局1959年点校本。

孙承泽:《天府广记》,北京古籍出版社1984年点校本。

刘献廷:《广阳杂记》,中华书局1957年点校本。

萧　奭:《永宪录》,中华书局1959年点校本。

于敏中:《日下旧闻考》,北京古籍出版社1983年点校本。

王士禛:《池北偶谈》,中华书局1982点校本。

王士禛:《香祖笔记》,《明清笔记丛书》,上海古籍出版社1982年点校本。

王士禛：《居易录》，文渊阁《四库全书》，台湾商务印书馆1982年影印本。

吴长元：《宸垣识略》，北京古籍出版社1983年点校本。

吴振棫：《养吉斋丛录》，北京古籍出版社1983年点校本。

昭　梿：《啸亭杂录》，中华书局1980年点校本。

王庆云：《石渠余纪》，北京古籍出版社1985年点校本。

魏　源：《圣武记》，中华书局1984年点校本。

图理琛：《异域录》，《丛书集成初编》，中华书局1985年影印本。

祁韵士：《西陲要略》，《丛书集成初编》，中华书局1985年影印本。

《卫藏通志》，《丛书集成初编》，中华书局1985年影印本。

《西藏记》，《丛书集成初编》，中华书局1985年影印本。

《西藏考》，《丛书集成初编》，中华书局1985年影印本。

章乃炜：《清宫述闻》，北京古籍出版社1988年点校本。

钱谦益：《初学集》，上海古籍出版社1985年点校本。

黄宗羲：《明夷待访录》，中华书局1981年点校本。

魏裔介：《兼济堂文集》，中华书局2007年点校本。

魏象枢：《寒松堂全集》，中华书局1996年点校本。

魏　禧：《魏叔子文集》，中华书局2003年点校本。

汤　斌：《汤子遗书》，文渊阁《四库全书》，台湾商务印书馆1982年影印本。

汤　斌：《汤文正公家书》，《潜庵先生遗稿》之一，清康熙刻本。

姜宸英：《湛园未定稿》，清光绪十五年（1883）刻本。

朱彝尊：《曝书亭集》，《四部丛刊》，上海商务印书馆1929年影印本。

唐　甄：《潜书》，四川人民出版社1984年点校本。

徐乾学：《憺园文集》，清光绪九年（1889）刻本。

靳　辅：《文襄奏疏》，文渊阁《四库全书》，台湾商务印书馆1982年影印本。

徐元文：《含经堂集》，《续修四库全书》，上海古籍出版社1996年影印本。

宋　荦：《西陂类稿》，清康熙五十年（1711）刻本。

陈廷敬：《午亭文编》，文渊阁《四库全书》，台湾商务印书馆1982年影印本。

张玉书：《张文贞集》，文渊阁《四库全书》，台湾商务印书馆1982年影印本。

李光地：《榕村语录》、《榕村续语录》，中华书局1995年版。

李光地：《榕村全集》，福建人民出版社2013年点校本。

邵廷采：《思复堂文集》，浙江古籍出版社1987年版。

戴名世：《戴名世集》，中华书局1986年编校本。

方　苞：《方望溪全集》，中国书店1991年版。

全祖望：《全祖望集汇校集注》，朱铸禹汇校集注，上海古籍出版社2000年版。

钱大昕：《潜研堂文集》，《四部丛刊》，上海商务印书馆1929年影印本。

章学诚：《章学诚遗书》，文物出版社1985年版。

彭绍升：《二林居集》，《续修四库全书》，上海古籍出版社1996年影印本。

方苞、杨椿：《汤文正公年谱定本》，清乾隆八年（1743）树德堂刻本。

翁叔元：《清初翁铁庵先生叔元自叙年谱》，清道光四年（1824）《借月山房汇抄》本。

查慎行：《查慎行年谱》，中华书局1992年点校本。

张廷玉：《张廷玉年谱》，中华书局1992年点校本。

永瑢等：《四库全书总目》，中华书局1965年影印本。

章太炎：《訄书》，生活·读书·新知三联书店1998年版。

章太炎：《清建国别记》，1924年聚珍本。

孟　森：《明清史论著集刊》，中华书局1959年版。

孟　森：《明清史论著集刊续编》，中华书局1986年版。

孟　森：《明清史讲义》，中华书局1981年版。

孟　森：《明元清系通纪》，中华书局2006年版。

陈　垣：《陈垣学术论文集》，中华书局1984年版。

陈　垣：《明季滇黔佛教考》，河北教育出版社2001年版。

邓之诚：《清诗纪事初编》，上海古籍出版社1965年版。

郑天挺：《清史探微》，北京大学出版社1999年版。

王锺翰：《清史杂考》，人民出版社1957年版。

王锺翰：《清史新考》，辽宁大学出版社1991年版。

王锺翰：《学术论著自选集》，中央民族大学出版社1999年版。

柴德赓：《史学丛考》，中华书局1982年版。

饶宗颐:《中国史学上之正统论》,上海远东出版社1996年版。

蔡美彪主编:《中国通史》(第6—10册),人民出版社2004年版。

编写组:《中国史稿》第7册,人民出版社1995年版。

王戎笙主编:《清代全史》,辽宁人民出版社1991年版。

中国人民大学清史所:《清史编年》第2卷《康熙朝上》、第3卷《康熙朝下》,中国人民大学出版社1988年版。

顾　诚:《明末农民战争史》,中国社会科学出版社1984年版。

顾　诚:《南明史》,中国青年出版社1997年版。

袁良义:《明末农民战争》,中华书局1987年版。

袁良义:《清代一条鞭法》,北京大学出版社1995年版。

何龄修:《五库斋清史丛稿》,学苑出版社2004年版。

郭松义:《民命所习》,中国农业出版社2010年版。

郭松义:《清代赋役商贸及其他》,天津古籍出版社2011年版。

王　超:《中国历代官制与文化》,上海人民出版社1989年版。

陈祖武:《清初学术思辨录》,中国社会科学出版社1992年版。

孟昭信:《康熙帝》,吉林文史出版社1993年版。

冯尔康:《雍正帝》,人民出版社1985年版。

阎崇年:《满学论集》,民族出版社1999年版。

定宜庄:《清代八旗驻防制度》,天津古籍出版社1992年版。

郭松义、杨珍:《康熙帝本传》,辽宁古籍出版社1996年版。

杨　珍:《康熙皇帝一家》,学苑出版社2009年版。

杨　珍:《清朝皇位继承制度》,学苑出版社2001年版。

姚念慈:《清初政治史探微》,辽宁民族出版社2008年版。

道润梯步:《新译校注蒙古源流》,内蒙古人民出版社1981年版。

尼玛太、星全成译:《安多政教史》(摘登),载《青海民族学院学报》1984年第4期、《青海民族研究》第三辑。

杨合瑨、向红笳、陈庆英:《松巴堪布青海史注译》,载《国外藏学研究译文集》第一辑,西藏人民出版社1985年版。

王　森:《西藏佛教发展史略》,中国社会科学出版社1983年版。

编写组:《准噶尔史略》,人民出版社1985年版。

马汝珩、马大正:《厄鲁特蒙古史论集》,青海人民出版社1984年版。

王辅仁、陈庆英:《蒙藏民族关系史略》,中国社会科学出版社1985年版。

编写组:《中华民族凝聚力的形成与发展》,民族出版社2000年版。

曹永年主编:《内蒙古通史》,内蒙古大学出版社2007年版。

曾国庆:《清代藏史研究》,西藏人民出版社1999年版。

方行等主编:《中国经济通史·清代经济卷》,经济日报出版社2000年版。

《剑桥中国明代史》,中国社会科学出版社1992年版。

《剑桥中国晚清史》,中国社会科学出版社1993年版。

（意）杜齐:《西藏中世纪史》,中国社会科学院民族研究所1980年版。

（意）德斯得利:《西藏纪事》,载《清代西人见闻录》,中国人民大学出版社1985年版。

（意）伯戴克:《十八世纪前期的中原和西藏》,西藏人民出版社1987年版。

（法）伯希和:《卡尔梅克史评注》,耿昇译本,中华书局1994年版。

（法）加恩:《彼得大帝时期的俄中关系史》,商务印书馆1980年版。

（英）巴德利:《俄国、蒙古、中国》,商务印书馆1981年版。

（日）和田清:《明代蒙古史论集》,商务印书馆1984年版。

（日）田山茂:《清代蒙古社会制度》,商务印书馆1987年版。

（法）格鲁塞:《草原帝国》,青海人民出版社1991年版。

（美）拉铁摩尔:《中国的亚洲内陆边疆》,江苏人民出版社2005年版。

（苏）兹拉特金:《准噶尔汗国史》,商务印书馆1980年版。

（日）宫胁淳子:《最后的游牧帝国》,内蒙古人民出版社2005年版。

（美）Mark C. Elliot, *The Manchu Way* Stanford University Press Stanford, California, 2001.

（美）Peter C. Perdue, *China Marches West — the Qing conquest of Central Eurasia*, The Belknap Press of Harvard University Press, 2005.

萧公权:《中国政治思想史》,辽宁教育出版社1998年版。

徐复观:《两汉思想史》,华东师范大学出版社2001年版。

余英时:《朱熹的历史世界》,生活·读书·新知三联书店2004年版。

(日)沟口雄三、小岛毅主编:《中国的思维世界》,江苏人民出版社2006年版。

何炳棣:《明初以降人口及其相关问题》,生活·读书·新知三联书店2000年版。

黄仁宇:《万历十五年》,中华书局1982年版。

黄仁宇:《十六世纪明代中国之财政与税收》,生活·读书·新知三联书店2001年版。

(美)孔飞力:《叫魂》,生活·读书·新知三联书店2012年版。

杨启樵:《雍正帝及其密折制度研究》,上海古籍出版社2003年版。

庄吉发:《清高宗十全武功研究》,中华书局1987年版。

王业键:《清代田赋刍论》,人民出版社2008年版。

(美)魏斐德:《洪业——清朝开国史》,江苏人民出版社1992年版。

(美)史景迁:《中国皇帝——康熙自画像》,上海远东出版社2005年版。

(美)史景迁:《康熙与曹寅》,上海远东出版社2005年版。

何冠彪:《戴名世研究》,台湾稻香出版社1988年版。

(法)戴廷杰:《戴名世年谱》,中华书局2004年版。

黄进兴:《优入圣域:权力、信仰与正当性》,台湾允晨文化实业股份有限公司1994年版。

王明珂:《华夏边缘——历史记忆与族群认同》,社会科学文献出版社2006年版。

(法)白晋:《康熙帝传》,《清史资料》第一辑,中华书局1980年版。

(法)张诚:《张诚日记》,商务印书馆1973年版。

(法)张诚:《张诚日记》,《清史资料》第五辑,中华书局1984年版。

(美)塞比斯:《耶稣会士徐日升关于中俄尼布楚谈判的日记》,商务印书馆1973年版。

(意)马国贤:《清廷十三年》,上海古籍出版社2004年版。

(奥)弗洛伊德:《精神分析引论》,商务印书馆1996年版。

(奥)弗洛伊德:《精神分析引论新编》,商务印书馆2000年版。

(奥)弗洛伊德:《释梦》,商务印书馆2001年版。

(瑞士)荣格:《荣格自传》,国际文化出版公司2005年版。

(奥)阿诺德:《超越自卑》,国际文化出版公司2005年版。

(德)弗洛姆:《逃避自由》,国际文化出版公司2007年版。

(美)沙利文:《精神病学的人际理论》,浙江教育出版社1999年版。

（美）凯根:《发展的自我》,浙江教育出版社1999年版。

（美）多拉德、米勒:《人格与心理治疗》,浙江教育出版社2002年版。

（美）Richard M. Ryckman:《人格理论》,陕西师范大学出版社2005年版。

（美）Jerry M. Burger:《人格心理学》,中国轻工业出版社2000年版。

（美）David H. Barlow, V. Mark Durand:《异常心理学》,中国轻工业出版社2006年版。

（美）布兰查德:《卢梭与反叛精神——一项心理学研究》,中央编译出版社2012年版。

张培炎、吉中孚编著:《精神病诊断治疗学》,中国药物科技出版社1988年版。

（美）David A.Tomb:《美国名医诊疗手册——精神病学》,天津科技翻译出版公司2001年版。